W9-CZM-093

NTC's

BULGARIAN

and

ENGLISH

Dictionary

Elena Stankova
Ivanka Harlakova

National Textbook Company
a division of *NTC Publishing Group* • Lincolnwood, Illinois USA

Published by National Textbook Company,
a division of NTC Publishing Group.
© 1994 by NTC Publishing Group, 4255 West Touhy Avenue,
Lincolnwood (Chicago), Illinois 60646-1975 U.S.A.
Originally published by Naouka i Izkoustvo Publishers, Sofia, Bulgaria.
© 1991 Elena Vasileva Stankova and Ivanka Stefanova Harlakova,
c/o Jusautor, Sofia, Bulgaria. All rights reserved.
Manufactured in the United States of America.

3 4 5 6 7 8 9 BP 9 8 7 6 5 4 3 2 1

CONTENTS

743924

Preface

This newly updated dictionary is equally useful for speakers of English and speakers of Bulgarian. The vocabulary is selected from the most common words, both spoken and written, in Bulgaria and the English-speaking world. There are approximately 10,000 main entries for each language. The definitions for both language sections of the dictionary are brief, accurate, and concise.

In the English section, the pronunciation is indicated for the English words in the International Phonetic Alphabet. A Simple Key to Transliteration appears on page 6 and gives English speakers the English equivalent sounds for the Cyrillic alphabet as used in Bulgaria. The same chart shows the alphabetical order used for the Cyrillic characters.

Where there are several meanings of a word, they are separated by a semicolon. Synonyms are separated by a comma. A grave accent mark is used in both sections of the dictionary to show which syllable receives the heaviest stress in Bulgarian words. The primary stress in English words is indicated in the phonetic transcription by an acute accent mark placed before the stressed syllable. Secondary stress is indicated in the phonetic transcription by an acute accent mark placed at the bottom of the line before each syllable that receives a secondary stress.

This dictionary will be useful to travelers, business persons, and students both in Bulgaria and in the English-speaking world.

ТРАНСЛИТЕРАЦИОННА ТАБЛИЦА
A SIMPLE KEY TO TRANSLITERATION

Cyrillic Alphabet	English Equivalent	Sound Value
А, а	a	bath
Б, б	b	bath
В, в	v	vat
Г, г	g	gun
Д, д	d	dog
Е, е	e	den
Ж, ж	zh	measure
З, з	z	zeal
И, и	i	bit (bee at end of word)
Й, й	y	youth
К, к	k	kit
Л, л	l	lit
М, м	m	meet
Н, н	n	not
О, о	o	got (never as go)
П, п	p	pot
Р, р	r	rot
С, с	s	sat
Т, т	t	tan
У, у	ou	youth
Ф, ф	f	fruit
Х, х	h	hut (aspirate)
Ц, ц	ts	shuts
Ч, ч	ch	church
Ш, ш	sh	fish
Щ, ш	sht	fishtail
Ъ, ъ	u	but
Ю, ю	yu	yule
Я, я	ya	yarn

Bulgarian-English

СЪКРАЩЕНИЯ
Abbreviations

ам - американски - American
анам - анатомия - anatomy
безл - безлично - impersonal
биол - биология - biology
бом - ботаника - botany
вж - виж - see
геогр - география - geography
грам - граматика - grammar
ел - електротехника - electronics
ж - женскн род - feminine gender
жп - железопътен - railways
изк - изкуство - art
м - мъжки род - masculine gender
мат - математика - mathematics
мед - медицина - medicine
мн.ч. - множествено число - plural number
муз - музика - music
печ - печатарство - publishing
поет - поетична дума - poetic word
полит - политически термин - political term
прен - преносно значение - figurative
разг - разговорно - colloquial
рел - религия - religion
сз - съюз - conjunction
сп - спорт - sports
ср - среден род - neuter gender
съкр - съкратено - abbreviated
театър - театър - theater
тех - техника - technical
търг - търговия - commerce
физ - физика - physics
хим - химия - chemistry
юр - юридически термин - legal term

smb. - somebody
smth. - something
o.s. - oneself
o.'s - one's
s.o. - someone
s.o.'s - someone's

A

a and, while; yet; but.
абажу̀р *м* lampshade.
абонамѐнт *м* subscription.
абонамѐнтна ка̀рта *ж* season-ticket.
абонѝрам се subscribe to.
абсолю̀тен absolute.
абсолю̀тно absolutely.
абстрахѝрам се (от) disregard, set aside.
абсу̀рден absurd.
абсцѐс *м* abscess.
аванга̀рд *м* vanguard.
ава̀нс *м* advance.
аванпо̀ра *ж* adventure.
авантюрѝст *м* adventurer.
авантюристѝчен adventurous.
авантюрѝстка *ж* adventuress.
ава̀рия *ж* damage; breakdown.
а̀вгуст *м* August.
авиа̀тор *м* pilot, airman.
авиа̀ция *ж* aviation, aircraft.
австралѝйски Australian.
австрѝец *м*, австрѝйка *ж* Austrian.
австрѝйски Austrian.
автобиогра̀фия *ж* autobiography.
автобу̀с *м* bus; coach.
автогра̀ф *м* autograph.
автома̀т *м* slot-machine, automatic machine; (*телефонен*) ~ public telephone, call-box.
автоматѝчен automatic.
автомобѝл *м* (motor-)car.
автопортрѐт *м* self-portrait.
а̀втор *м*, ~ка *ж* author.
авторитѐт *м* authority, prestige.
авторемо̀нтна работѝлница *ж* motor-car repair shop; garage.
автостра̀да *ж* motorway.
автотранспо̀рт *м* motor transport.
агѐнт *м* agent.
агѐнция *ж* agency, bureau.
агита̀тор *м* propagandist.
агита̀ция *ж* propaganda.
а̀гне *ср* lamb.
а̀гнешко (месо) *ср* lamb.
агра̀рен agrarian.
агрѐсия *ж* aggression.
агроно̀м *м* agronomist, agriculturist.
агроно̀мство *ср* agronomy, agriculture; rural economy.
ад *м* hell, inferno.
адвока̀т *м* lawyer; barrister; solicitor.

администратѝвен administrative.
администра̀ция *ж* administration; (*управляващ персонал*) management.
адрѐс *м* address.
адрѐсна ка̀рта *ж* registration form.
адресѝрам address.
аерога̀ра *ж* air-port.
аз I.
а̀збука *ж* alphabet.
азиа̀тски Asiatic.
азо̀т *м* nitrogen.
азо̀тен nitric; азо̀тна киселина̀ nitric acid.
академѝк *м* academician.
академѝчен academic.
акадѐмия *ж* academy; ~ на нау̀ките Academy of Sciences.
акварѐл *м* water-colour.
аква̀риум *м* aquarium.
аклама̀ция *ж* acclamation, applause.
аклиматизѝрам (се) get/become acclimatized; acclimatize.
ако̀ if.
акомпанимѐнт *м* accompaniment.
акомпанѝрам accompany.
ако̀рд *м муз* chord; contract work, labour.
акордео̀н *м* accordeon.
акредитѝрам accredit.
акроба̀т *м* acrobat.
акт *м* act; (*документ*) deed; certificate.
актѝв *м* (*дейност*) achievements; (*деятели*) the most active members; *фин* assets.
актѝвен active.
активизѝрам activate, rouse, stir (up).
актѝвност *ж* activity.
актрѝса *ж* actress.
актуа̀лен topical, current, up-to-date.
актуа̀лност *ж* actuality.
актьо̀р *м* actor.
аку̀ла *ж* shark.
акумула̀тор *м* battery.
акура̀тен accurate, precise.
акура̀тност *ж* accuracy, precision.
аку̀стика *ж* acoustics.
акушѐрка *ж* midwife.
акцѐнт *м* accent; stress.
акционѐрно дру̀жество *ср* joint-stock company.
а̀кция[1] *ж* action, campaign; *ам* drive.
а̀кция[2] *ж фин* share, stock.
а̀лгебра *ж* algebra.
а̀лен scarlet.
алѐя *ж* alley, lane, walk.
алкохо̀л *м* alcohol.

àло hallo, hullo, hello.

алпинѝзъм м mountaineering, mountain climbing.

алпинѝст м mountain climber, mountaineer.

алумѝний м aluminium.

àлчен greedy, avid, covetous.

àлчност ж greed, greediness, avidity, covetousness.

амà but.

аматьòрски amateur.

амбалàж ж packing.

амбалàжна хартѝя ж wrapping paper; brown paper.

амбициòзен ambitious.

амбѝция ж ambition.

амбулàнтен търгòвец м pedlar, street-vendor.

амбулатòрия ж dispensary, out-patients' clinic.

америкàн м ünbleached calico.

америкàнец м, америкàнка ж American.

америкàнски American.

амонѝк м ammonia; (течност) ammonia water.

анàлиз м analysis.

анализѝрам analyze.

аналòгия ж analogy.

анàрхия ж anarchy.

анатòмия ж anatomy.

ангажимèнт м commitment, engagement.

ангажѝрам engage; (място) reserve, book; ~ се commit o.s.; promise.

àнгел м angel.

ангѝна ж quinsy, tonsilitis.

англѝйски English.

англичàнин м Englishman.

англичàнка ж Englishwoman.

ангросѝст м wholesale merchant.

анекдòт м anecdote.

анèмия ж anaemia.

анкèта ж inquiry, investigation.

анонѝмен anonymous.

ансàмбъл м ensemble; (група) group, company.

антèна ж aerial.

антиквàрна книжàрница ж second-hand bookshop.

антиквàрен магазѝн м curiosity shop.

антипàтия ж antipathy.

антифашѝст м antifascist.

антрàкт м interval, intermission.

антрè ср entrance hall.

анулѝрам annul; (присъда) repeal; render void; (договор) cancel.

àнцуг м training suit.

апарàт м apparatus; appliance.

апаратỳра ж apparatus; appliances.

апартамèнт м flat, rooms; ам apartment.

апелѝрам appeal (to).

аперитѝв м appetizer.

апетѝт м appetite.

аплодѝрам applaud, acclaim.

аплодисмèнти мн. ч. applause.

апрѝл м April.

аптèка ж chemist's shop, pharmacy; ам drugstore.

аптèкар м chemist; ам druggist.

арбѝтър м arbitrator; arbiter.

аргумèнт м argument.

аргументѝрам (се) argue, adduce (bring up) arguments.

арèна ж arena.

арестàнт м prisoner, detainee.

арестỳвам arrest, take (s. o.) into custody.

аристократѝчен aristocratic.

аристокрàция ж aristocracy.

аритмèтика ж arithmetic.

àрия ж aria, air.

àрка ж arch.

àрмия ж army.

арогàнтен arrogant.

арогàнтност ж arrogance.

аромàт м aroma, fragrance, perfume.

аромàтен aromatic, fragrant.

артèрия ж artery.

артѝкул м article, commodity.

артилèрия ж artillery.

артѝст м actor.

артѝстка ж actress.

àрфа ж harp.

археолòг м archaeologist.

археолòгия ж archaeology.

архѝв м archives; държàвен ~ public records.

архѝва ж records; (помещение) record office.

архипелàг м archipelago.

архитèкт м architect.

архитектỳра ж architecture.

асансьòр м lift; ам elevator.

асистèнт м assistant.

асортимèнт м assortment.

асоциа̀ция ж association; по ~ by association.

аспира̀нт м post-graduate student.

аспиранту̀ра ж post-graduate work/course.

аспирѝрам aspire.

астрага̀н м astrak(h)an.

астроно̀мия ж astronomy.

асфалтѝран asphalted.

ата̀ка ж attack, assault, onset.

атаку̀вам attack, assault.

аташè м attachè; ~ по печа̀та press attachè; воѐнен ~ military attachè; търго̀вски ~ commercial attachè.

ателиè ср (work)shop, work room; (на худо̀жник) studio.

атеѝст м atheist.

атента̀т м attempt on s. o.'s life; outrage.

атлѐт м athlete.

атлѐтика ж athletics; лѐка ~ track-and-field athletics.

атлетѝчески състеза̀ния мн. ч. track-and-field events.

атмосфѐрен atmospheric.

а̀том м atom.

а̀томен atomic; а̀томна енѐргия atomic energy; а̀томна бо̀мба atomic bomb (A-bomb); а̀томно тегло̀ atomic weight.

аудиѐнция ж audience.

аудито̀рия ж auditorium, lecture hall; (слу̀шатели) audience.

афектѝрам се become overexcited/exasperated.

афѝш м poster, bill, placard.

африка̀нец м , африка̀нка ж African.

африка̀нски African.

а̀хвам exclaim (with surprise), gasp.

Б

ба̀ба ж grandmother, granny; old woman.

бава̀чка ж nurse, nanny.

ба̀вен slow; tardy; sluggish.

ба̀вене ср delay; protraction; lingering.

ба̀вно ср slowly.

ба̀вя се be long, be slow, linger, tarry.

бага̀ж м luggage; ам baggage; (бюро) luggage office.

бага̀жник м luggage carrier; (мрежа) rack.

ба̀гер м excavator.

багерѝст м excavator operator.

ба̀гра ж colour; tint, hue, shade.

бадѐм м almond.

баджана̀к м brother-in-law.

ба̀за ж base; (прен) basis.

ба̀йр м hill, elevation.

бака̀лин м grocer.

бака̀лница ж grocer's (shop), grocery.

бака̀лски сто̀ки мн. ч. groceries.

бактѐрия ж bacterium, germ.

бактериологѝчна война̀ ж germ warfare.

бакшѝш м tip; да̀вам ~ tip.

бал[1] м ball.

бал[2] м (бележки) examination marks.

бала̀нс м balance.

балансѝрам balance.

балдѐза ж sister-in-law.

балерѝна ж ballet-dancer, ballerina.

балѐт м ballet.

балетѝст м ballet-dancer.

балка̀н м mountain.

балко̀н м balcony; (в театър) пъ̀рви ~ dress circle; вто̀ри ~ upper circle.

бало̀н м balloon.

балто̀н м overcoat, greatcoat, topcoat.

бана̀лен commonplace, ordinary, trite, banal.

бана̀н м banana.

ба̀нда ж gang, band.

бандеро̀лна пра̀тка ж printed matter.

ба̀ница ж cheese pastry, banitsa.

ба̀нка ж bank.

банкѐр м banker.

банкѐт м banquet.

банкно̀та ж bank-note, ам bill.

ба̀нски: ~ костю̀м bathing-suit; ~ гащѐта bathing trunks.

ба̀ня ж (дома̀шна) bathroom; (об ществена) public baths; (къпане) bath.

бар м bar; night club.

бараба̀н м drum; тех cylinder.

бара̀ж м barrage, dam.

бара̀ка ж shed.

барелѐф м bas-relief.

барѐта *ж* cap, baret.
бариѐра *ж* barrier, bar.
барикàда *ж* barricade.
баритòн *м* baritone.
баромѐтър *м* barometer.
барỳт *м* gunpowder.
бàрхет *м* flannelette.
бас¹ *м муз* bass.
бас² *м* (*облог*) bet, wager.
басѐйн *м* reservoir, (*плувен*) swimming pool.
басѝрам се bet, wager.
бàскетбол *м* basketball.
басмà *ж* cotton print, (printed) calico.
баснослòвен fabulous.
бàсня *ж* fable.
бастỳн *м* cane, walking stick.
бàте *ср* elder brother, (*обръщение*) brother.
батѐрия *ж* (electric) battery.
бацѝл *м* bacillus.
бащà *м* father.
бàщин, бàщински fatherly, paternal.
бдѝтелен vigilant, watchful, alert.
бдѝтелност *ж* vigilance, alertness.
бдя lie/keep awake; watch.
бѐбе *ср* baby, babe.
бѐбешки baby; babyish.
бегàч *м* runner.
беглѐц *м* runaway, fugitive.
бѐгъл cursory.
бедà *ж* misfortune, calamity; disaster, trouble.
бѐден poor, needy.
бѐдност *ж* poverty, poorness.
беднàшки квартàл *м* slum.
бедрò *ср* thigh.
бѐдствие *ср* calamity, disaster, distress.
бѐдствен disastrous, calamitous.
бежанѐц *м* refugee.
бѐжов beige.
без without; (*за часовник*) to; *мат* minus; ~ òглед на regardless of, irrespective of; ~ да without.
безбòжен godless, atheistic; impious.
безболѐзнен painless.
безбрòен countless, numberless, innumerable.
безбрòй *м* multitude, host.
безвкỳсен tasteless, insipid.
безвкỳсица *ж* lack of taste.
безвлàстен powerless.

безвòден waterless, arid, dry.
безвòлев weak-willed; irresolute; obedient.
безврѐден harmless, innocuous.
безвъзврàтен irretrievable; irrevocable.
безвъзврàтно irrevocably; irretrievably; for good.
безвъздỳшно прострàнство *ср* vacuum.
безвъзмѐзден gratuitous, unpaid, free.
безгранѝчен boundless, limitless, infinite.
безгрѐшен sinless, blameless.
безгрѝжен carefree, easygoing; happy-go-lucky.
безгрѝжие *ср* unconcern, jauntiness, ease.
безгръбнàчен *биол* invertebrate; *прен* spineless.
бездàрен untalented, ungifted, inept.
бездѐен inactive, passive; idle, inert.
бездѐйствувам remain/be idle, be inert.
бездѐлие *ср* idleness.
бездѐлник *м* idler, loafer, good-for-nothing.
бездѐлнича loaf, idle, do nothing.
бездѐтен childless.
бѐздна *ж* chasm, abyss.
бездòмник *м* waif, homeless person.
бездỳшен lifeless, soulless; heartless.
бездỳшие *ср* heartlessness.
бездънен bottomless, fathomless.
безжàлостен pitiless, merciless, ruthless.
безжѝзнен lifeless; dull.
безжѝчен wireless; ~ телеграф wireless (telegraph).
беззавѐтен devoted, selfless.
беззакòнен lawless, unlawful.
беззакòние *ср* lawlessness; unlawful act.
беззащѝтен defenceless.
беззвѐзден starless.
беззвỳчен voiceless.
безидѐен unprincipled; lacking in ideas.
безѝзразен expressionless; (*за лице*) blank.
безѝзходен *прен* hopeless.
безѝзхòдица *ж* impasse, deadlock.
безимòтен devoid of property; landless.
безинтерѐсен uninteresting, dull.
безѝр *м* linseed oil.
безклàсов classless.
безкомпрòмисен uncompromising.
безкòристен disinterested, selfless, unselfish.

безкра̀ен boundless, infinite, endless.
безкра̀йност ж infinity, boundlessness.
безлѝхвен free of interest.
безлѝчен м personal; nondescript.
безлю̀ден deserted, empty; uninhabited.
безмѐсен meatless, vegetarian.
безмѝлостен merciless, pitiless, ruthless.
безмѝтен duty-free.
безмъ̀лвен silent, speechless, mute.
безнадѐжден hopeless.
безнака̀зан unpunished.
безнра̀вствен immoral.
безобѝден inoffensive; harmless.
безо̀блачен cloudless.
безобра̀зен repulsive, hideous.
безобра̀зие ср outrage, scandal, disgrace.
безоглѐден unscrupulous.
безопа̀сен secure, safe; безопа̀сна игла̀ safety pin.
безопа̀сност ж safety, security.
безотгово̀рен irresponsible.
безо̀чие ср impudence, cheek, sauciness.
безо̀члив impudent, saucy, cheeky.
безпарѝчие ср lack of money.
безпартѝен non-party.
безпла̀нов unplanned.
безпла̀тен free (of charge), gratuitous.
безпла̀тно free of charge, gratis.
безпло̀ден fruitless, vain.
безпогрѐшен faultless, impeccable, infallible.
безподо̀бен matchless, unparalleled.
безпоко̀йствие ср trouble, uneasiness, anxiety.
безпоко̀я trouble, bother, disturb; ~ се worry, be anxious/uneasy.
безполѐзен useless; vain; futile.
безпо̀мощен helpless.
безпоря̀дък м disorder, confusion.
безпоща̀ден ruthless, merciless, relentless.
безпра̀вен deprived of rights.
безпра̀вие ср lawlessness, arbitrary rule.
безпредѐлен boundless, limitless, infinite.
безпредмѐтен pointless, vain.
безпрепя̀тствен unhindered, unimpeded.
безпрецедѐнтен unprecedented.
безпризо̀рен homeless, stray.
безпрѝмерен unparalleled, unprecedented, unheard of.

безпрѝнципен unprincipled, unscrupulous.
безпристра̀стен impartial, unbiased.
безпричѝнен causeless, motiveless.
безпъ̀тен licentious, profligate, dissolute.
безпъ̀тица ж impasse, deadlock; blind alley.
безрабо̀тен unemployed, jobless.
безрабо̀тица ж unemployment.
безра̀достен joyless, cheerless.
безразбо̀рно indiscriminately, at random.
безразлѝчен indifferent, apathetic, nonchalant.
безразлѝчно ми е it's all the same to me.
безразлѝчие ср indifference, unconcern.
безразсъ̀ден reckless, rash.
безрѐдие ср disorder, disturbance.
безрѐдици мн. ч. riots, rioting.
безрезѐрвен unreserved, wholehearted.
безрезулта̀тен ineffective, futile.
безрезулта̀тно in vain, to no purpose.
безро̀потно without a murmur; obediently.
безсѝлен powerless, impotent.
безсѝлие ср impotence; weakness.
безсистѐмен unsystematic.
безскру̀пулен unscrupulous.
безсла̀вен inglorious.
безсмѝслен (за думи) meaningless; (за постъпка) senseless, pointless.
безсмѝслица ж nonsense, absurdity.
безсмъ̀ртен immortal.
безсмъ̀ртие ср immortality.
безсо̀лен saltless; прен insipid.
безспѝрен incessant, continual.
безспо̀рен indisputable; (за истина) irrefutable.
безспо̀рно indisputably; (разбира се) certainly.
безсра̀мен shameless, impudent.
безсра̀мие ср shamelessness, effrontery.
безсро̀чен termless; (за заем) permanent.
безстра̀шен fearless, dauntless.
безсъ̀вестен unscrupulous.
безсъдържа̀телен empty; uninteresting; dull.

безсъзна̀ние *ср* unconsciousness; в ~ съм be unconscious; изпа̀дам в ~ lose consciousness.
безсъ̀пен sleepless.
безсъ̀ние *ср* sleeplessness, insomnia.
безсъ̀рдѐчен heartless, hard-hearted.
безтегло̀вност *ж* weightlessness.
безу̀мен mad, insane.
безу̀мие *ср* madness, insanity.
безу̀пречен irreproachable; flawless; impeccable.
безусло̀вен unconditional.
безусло̀вно undoubtedly, certainly.
безуспѐшен unsuccessful.
безуча̀стен impassive, indifferent.
безфо̀рмен shapeless, formless.
безхара̀ктерен weak-willed.
безцвѐтен colourless.
безцѐлен aimless, useless.
безцѐнен priceless; (*за камък*) precious.
безцѐница *ж*; на ~ very cheap, for a song.
безцеремо̀нен unceremonious, off-hand.
безчѐстие *ср* disgrace, dishonour.
безчестя̀ disgrace, dishonour; defame.
безчѝнствувам commit outrages.
безчовѐчен inhuman, fierce, cruel.
безчу̀вствен unconscious; insensible (of); indifferent (to), insensitive.
безшу̀мен noiseless.
бѐлег *м* (*от рана*) scar; (*знак*) mark; sign; хара̀ктерен ~characteristic.
белѐжа mark, note; show; register.
белѐжит notable, eminent, distinguished.
белѐжка *ж* note; (*за успех*) mark; служѐбна~ certificate.
белѐжник *м* notebook; (*ученически*) school report.
белетрѝст *м* novelist, short-story writer.
белетрѝстика *ж* fiction, belles lettres.
белгѝец *м*, белгѝйка *ж* Belgian.
белгѝйски Belgian.
белѝна *ж* bleaching solution.
белодро̀бен pulmonary.
белоко̀ж fair-skinned, white-skinned.
белота̀ *ж* whiteness.
белтъ̀к *м* egg-white.
белтъчинѝ *мн. ч.* proteins.

бельо̀ *ср* underwear; (*дамско*) lingerie; *разг* undies; (*спално*) bed-clothes, (bed-) linen.
бѐля peel; pare; ~ce peel (off) (*за кора и пр.*).
беля̀ *ж* nuisance; mischief; trouble.
бемо̀л *м муз* flat.
бенга̀лски о̀гън *м* fire-works.
бензѝн *м* benzine, petrol; *ам* gasoline.
бензиноста̀нция *ж* filling-/gas-station.
бѐнка *ж* mole.
бент *м* dam.
бера̀[1] (*късам*) pick, gather.
бера̀[2] (*гноя*) gather, fester.
бера̀ч *м* , ~ка *ж* picker.
берѝтба *ж* harvest, picking.
бесѐда *ж* talk, lecture, discourse.
бесѐдвам converse, discourse.
бесѐдка *ж* summer-house, bower.
бѐсен mad, raging.
бесѝлка *ж* gallows.
бето̀н *м* concrete.
би, бих would; бѝхте ли... would you mind...; бѝх ѝскал I would like.
биберо̀н *м* dummy; (*шише*) feeding bottle.
библиотѐка *ж* library; (*шкаф*) bookcase.
библиотека̀р *м* , ~ка *ж* librarian.
бѝблия *ж* the Bible.
бѝвол *м* buffalo.
бѝвш former; ex-.
бидо̀н *м* can, canister.
бижу̀ *ср* jewel, gem.
бижутѐр *м* jeweller.
бижутѐрия *ж* jewellery.
бик *м* bull.
билѐт *м* ticket; дирѐктен ~ through ticket, ~ за запа̀зено мя̀сто reserved ticket;~ мо̀ля fares, please; (*разрешително*) licence.
бѝлка *ж* herb.
бѝло *ср* ridge.
бино̀къл *м* opera/field glasses.
бинт *м* bandage.
бинто̀вам bandage.
биогра̀фия *ж* biography.
биоло̀гия *ж* biology.
бѝра *ж* beer, ale.
бира̀рия *ж* beer house, alehouse.
бис *м* encore; вѝкам на ~encore; свѝря на ~ play an encore.
бѝсер *м* pearl.
бискѝти *мн. ч.* biscuits.
бѝстър clear.

бит *м* mode/manner/way of life.
битиѐ *ср* being, existence.
бѝтка *ж* battle, fight.
бѝтови условия *мн. ч.* living conditions.
бифтѐк *м* beefsteak.
бич *м* whip, lash.
бия beat; whip; lash; (*звънец*) ring.
благ gentle, kind, sweet.
благà *мн. ч.* goods.
блàго *ср* good, welfare.
благоволѐние *ср* goodwill, benevolence.
благоволявам condescend; deign.
благовòнен fragrant, sweet-smelling.
благоговѐние *ср* awe, reverence.
благодàрен thankful, grateful.
благодарѐние на thanks to, owing to.
благодàрност *ж* gratitude, thankfulness.
благодарѝ thank.
благодàт *ж* blessing, boon.
благодàтен beneficial.
благодѐнствие *ср* prosperity.
благодѐнствувам prosper, flourish.
благодѐтел *м* benefactor.
благодеяние *ср* benefaction, beneficence.
благодушен good-natured, kindly.
благозвучен harmonious, melodious.
благозвучие *ср* euphony, harmony.
благонадèжден reliable, dependable.
благопожелàние *ср* good wish; мòите благопожелàния my best wishes.
благополучеп successful.
благополучие *ср* prosperity, well-being.
благополучпо safely; well, successfully.
благоприлѝчен proper, decent, decorous.
благоприлѝчие *ср* propriety, decency, decorum.
благоприятеп favourable; propitious; ~ случай opportunity.
благоразположѐние *ср* favour.
благоразумеп prudent, reasonable.
благоразумие *ср* prudence, reasonableness; common sense.
благорòдеп noble; generous.
благорòдпик *м* noble, nobleman.
благорòдство *ср* nobility; nobleness; generosity.
благосклòнеп favourable, well-disposed, benevolent.

благосклòнност *ж* benevolence.
благославям bless, give o.'s blessing.
благословѐн blessed.
благословѝя *ж* blessing.
блàгост *ж* kindness, goodness.
благосъстоя̀ние *ср* prosperity, well-being.
благотвòрен beneficial; wholesome.
благотворѝтелен charity; charitable; бл аготворѝтелно дрỳжество charity organization.
благотворѝтелност *ж* charity, alms(-giving).
благоустроѐн well laid out; with all amenities.
благоустрòйство *ср* townplanning, urbanization.
благоуха̀нен sweet-smelling, fragrant.
благоуха̀ние *ср* aroma, fragrance.
благочестѝв pious, devout.
блàжен oily; (*мазен*) fat.
блажѐн blessed, blissful; happy.
блажѐнство *ср* bliss, felicity.
блазѐ:~ми! how happy I am; ~ ти (му)! lucky man!
блàнка *ж* form.
блатѝст marshy; swampy.
блàто *ср* marsh; swamp; bog.
блѐден pale.
блѐдност *ж* pallor, paleness.
блѐдосин light blue.
блепỳвам dream (of), yearn (for), long (for).
блестя̀ shine; sparkle; glisten; glitter.
блестя̀щ shining; sparkling; glistening; *прен* brilliant.
блещỳкам twinkle; glimmer; flicker.
блѐя bleat.
блѝжа lick.
близпàк *м* twin; (*брат*) twin-brother; (*сестра*) twin-sister.
блѝзо (*за място*) near; near by; ~ до near to; (*приблизително*) nearly, about.
блѝзост *ж* nearness, proximity; (*за отношения*) intimacy.
блѝзък near; neighbouring; *за време* : (*за минало*) recent; (*за бъдеще*) future, forthcoming; *м* friend; (*роднина*) relation.
блѝкам gush, well out.

блок *м* block; (*жилищен*) block of flats; (*за рисуване*) drawing block; *полит* bloc.

блокада *ж* blockade.

блокирам blockade; *фин* freeze.

блуден lecherous, profligate.

блудкав insipid, tasteless, *прен* insipid; uninteresting.

блуждая roam, wander.

блуза *ж* blouse.

блъскам push, shove; ~ **се** hit (against); dash; jostle; (*за кола*) knock down.

блъсканица *ж* crush, jostle, press.

блюдо *ср* dish.

блян *м* dream, day-dream, reverie.

бляскав brilliant.

блясък *м* brilliance, lustre; (*на камък, метал*) glitter.

боб *м* beans; зелен~ string beans.

бобина *ж* *тех* coil.

бог *м* god.

богат rich, wealthy, opulent.

богаташ *м* rich man.

богатство *ср* wealth, riches; (*състояние*) fortune; природни богатства natural resources.

богиня *ж* goddess.

богословие *ср* theology.

боготворя worship; adore; deify.

богохулство *ср* blasphemy.

Богородица *ж* Mother of God, the Virgin Mary.

бод *м* stitch.

бода prick.

бодеж *м* shooting pain.

бодил *м* thorn, prickle.

бодрост *ж* briskness, freshness; cheer.

бодър cheerful, lively, energetic.

боеви militant.

боен fighting, militant; military; бойно поле battlefield.

боеприпаси *мн. ч.* ammunition.

боец *м* fighter; champion.

божествен divine.

божур *м* peony.

бозайник *м* mammal.

бозая suck.

бой *м* beating; whipping; (*битка*) battle; fight.

бойлер *м* boiler, water-heater.

боклук *м* rubbish, garbage.

бокс[1] *м* *сп* boxing.

бокс[2] *м* (*вид кожа*) calfskin.

боксьор *м* boxer.

боксувам skid.

боледувам be ill; suffer.

боледуване *ср* illness.

болезнен (*за вид*) sickly; (*причиняващ болка*) painful, sore.

болен sick, ill, *м* patient.

болест *ж* disease, illness; sickness; вътрешни ~ и internal diseases.

боли *безл* hurt, ache, be sore; it hurts; ~ ме глава/гърло/зъб/стомах have a headache/ a sore throat/ a toothache/ a stomachache.

болка *ж* pain, ache.

болнав ailing, sickly, poorly.

болница *ж* hospital.

болшевизъм *м* Bolshevism.

болшинство *ср* majority.

болярин *м* boyar, nobleman.

бомба *ж* bomb.

бомбардирам bombard; (*от въздуха*) bomb.

бомбардировач *м* bomber.

бомбардировка *ж* shell fire; bombardment; въздушна ~ air-raid.

бон *м* : съкровищни ~ове treasury bonds.

бонбон *м* sweet, bonbon; *ам* candy.

бор *м* pine.

боравя (*занимавам се*) deal with, handle.

борба *ж* fight; struggle; (*състезание*) contest; *сп* wrestling.

борд *м* (*палуба*) deck; на ~ на ... on board the ...

борец *м* fighter; *сп* wrestler; *прен* champion.

боровинка *ж* bilberry; whortleberry, blueberry.

борса *ж* exchange; черна ~ black market.

борчески fighting, militant.

боря се fight; wrestle.

бос barefoot; *прен* ignorant.

ботаника *ж* botany.

ботинки *мн. ч.* lady's (half) boots.

ботуш *м* (high) boot.

ботушки *мн. ч.* (small) boots.

боя *ж* paint; (*за прежда*) dye; (*за обувки*) shoe-cream; блажна ~oil-colour/-paint; водни бои water-colours; (*молив*) crayon.

бояджия *м* painter.

боя се be afraid of, fear.

боядѝсвам pain; dye.
бравà ж lock (of a door).
брàво! bravo! well done! good for you!
брадà ж анат chin; (косми) beard.
брадàвица ж wart.
брàдва ж ax(e).
браздà ж furrow.
брак¹ м marriage, matrimony.
брак² м тех scrap.
бракỳвам scrap, discard.
брàня (се) defend (o. s.); protect (o. s.).
брат м brother.
братовчèд м, ~ка ж cousin.
брàтство ср brotherhood, fraternity.
брàтски brotherly, fraternal.
брàчен matrimonial.
брашнò ср flour.
брезà ж birch.
брезèнт м tarpaulin, canvas.
брème ср burden.
брèменна pregnant, with a child.
бригàда ж brigade; (от работници) team.
бригадѝр м member of a brigade; brigade/team leader.
бридж м bridge.
брикèт м briquette.
брилѝнт м diamond; (плат) artificial silk lining.
брѝмка ж stitch; (на чорап) ladder.
британски British.
брод м ford.
бродèрия ж embroidery.
бродѝрам embroider.
брòдя rove, roam.
брожèние ср unrest, discontent.
брой м number; (на издание, вестник) issue; copy; плàщам в ~ pay cash.
броненòсец м battleship.
брòнзов bronze.
бронѝран armoured; plated; ~ и войскѝ armoured forces.
бронхѝт м bronchitis.
брòня ж armour.
брòшка ж brooch.
брошỳра ж booklet, pamphlet, brochure.
брой count; reckon.
брутàлен brutal, cruel.
брỳтно теглò ср gross, gross weight.
брѝмбар м beetle.
брѝмчà buzz, hum, drone.
брѝсна shave; ~ ce shave; (при бръснар) have a shave.
бръснàр м barber.
бръснàч м razor.
бръснàрски салòн м the barber's.
брѝчка ж wrinkle, furrow.
бръшлѝн м ivy.
брѝг м (на море) coast, shore; (на река) bank.
бряст м elm.
буболèчка ж insect, beetle; ам bug.
бỳден awake; (умен) intelligent, alert, clever; (за ум) keen.
будѝлник м alarm-clock.
бỳдка ж (за вестници) news-stand/stall; kiosk.
бỳдя wake s. o. (up), awaken s. o.; ~ ce wake up, awake.
бỳен hot-tempered, violent; (за река) swift-flowing.
бỳза ж cheek.
бỳйствувам behave violently; rage; rave.
бук м beech(-tree).
бỳква ж letter.
буквàлно literally.
буквàр м primer.
букèт м bouquet, a bunch of flowers.
бỳкла ж curl, lock.
булевàрд м avenue, boulevard.
бỳлка ж bride; wife.
бỳло ср veil.
бульòн м clear-soup.
бунт м revolt, rebellion; riot.
бунтòвник м rebel.
бунтỳвам ce rebel, revolt; rise against.
бỳре ср keg.
бỳрен м weed(s).
бỳрен stormy, violent; rapid.
буржоàзен bourgeois.
буржоàзия ж bourgeoisie, the middle class.
буркàн м jar.
бурмà ж screw.
бỳря ж storm; tempest.
бут м leg; свѝнски/òвнешки~ leg of pork/mutton.
бỳтам push, shove; (пипам) tóuch; nudge.
бутѝлка ж bottle; ~ бѝра a bottle of beer.
бутòн м button.
бỳхал м owl.
бỳца ж lump; clod.
бучà rumble; roar.

бу̀чка ж (small) lump.
бушо̀н м fuse.
бушу̀вам rage, rave.
бъ̀брек м kidney.
бъ̀брив talkative.
бъ̀бря chatter.
бъ̀да be.
бъ̀дещ future, (forth-) coming.
бъ̀деще ср future; в ~ in the future.
бъ̀дни вѐчер м Christmas Eve.
бъ̀клица ж wine/brandy wooden vessel.
бъ̀лгарин м , бъ̀лгарка ж Bulgarian.
бъ̀лгарски Bulgarian.
бълну̀вам talk in one's sleep; be delirious; прен rave about.
бълха̀ ж flea.
бърз fast, quick, rapid, swift; ~а по̀мощ first aid.
бъ̀рзам hurry, be in a hurry; бъ̀рзай! hurry up!
бързина̀ ж speed; swiftness, quickness.
бъ̀рзо quickly, fast, swiftly.
бързова̀р м immersion heater.

бъ̀ркам (размесвам) stir, mix; (греша) make a mistake; ~ се interfere.
бъркотѝя ж confusion, disorder.
бърса̀лка ж mat, door-mat; (за черна дъска) eraser, duster.
бъ̀рша wipe; (прах) dust; ~ се wipe o.'s hands/face.
бъ̀чва ж cask, barrel.
бюджѐт м budget.
бюлетѝн м bulletin.
бюлетѝна ж voting paper, ballot.
бюро̀ ср (writing) desk; (кантора) office; информацио̀нно ~ inquiry/information office; ~ за билѐти booking office.
бюрокра̀ция м bureaucracy; разг red tape.
бюст м (скулптура) bust; анат bosom; bust, breast.
бюфѐт м (мебел) sideboard; (обществен) refreshment room.
бя̀гам run; run away; fly.
бя̀гане ср race; ~ с препя̀тствия hurdle race.
бя̀гство ср flight; (от затвор) escape.
бял white; (за кожа) fair.
бяс м мед hydrophobia; (за животно) rabies; прен fury, rage.

В

в, във in; (за място) in; on; at; (за движение) to, into; (за време:час) at; (за ден) on; (за година) in.
ваго̀н м carriage, coach; ам car; спа̀лен ~ sleeper; ~-ресторант dining car.
ва̀дя take out, pull out; ~ си зъб have a tooth pulled out/extracted.
важа̀ be in force; be valid.
ва̀жен important, of importance; (надменен) haughty.
ва̀жно important(ly).
ва̀жност ж importance, consequence.
ва̀за ж vase.
вазелѝн м vaseline.
вака̀нция ж holidays, vacation; (за служба) vacancy.
ваксинѝрам vaccinate, inoculate.
валѐж м rainfall; snowfall.
валѝ безл (дъжд) it rains; (сняг) it snows; (град) it hails.
валѝден valid; (за билет и пр.) good.
валѝдност ж validity.
валс м waltz.
валу̀та ж foreign exchange (currency).
ва̀на ж tub, bath-tub.
ванѝлия ж vanilla (powder).
вар ж lime.
ва̀рварин м barbarian.
ва̀рварски barbaric; barbarian.
варѝрам vary.
варио̀ла ж smallpox.
варо̀свам whitewash.
варя̀ (се) boil, cook; make.
вас you.
ва̀тман м (tram-)driver.
ва̀фла ж waffle.
ваш your, yours, of yours.
вая̀ sculpture, model.
вбеся̀вам се be furious, get enraged.
вглѐждам се stare, gaze; look intently.
вдѝгам lift, raise; ~ шум make a noise.
вдѝшвам inhale, breathe in.

вдлъбнат concave.
вдовец *м* widower.
вдовица *ж* widow.
вдругиден the day after tomorrow.
вдъхвам inhale, breathe in; *прен* inspire.
вдъхновен inspired.
вдъхновение *ср* inspiration.
вдъхновявам inspire; ~ ce be inspired.
вдявам thread (a needle).
вегетарианец *м* vegetarian.
веднага immediately, at once, right away.
веднъж once; ~-дваж once or twice.
ведомство *ср* department.
вежда *ж* eyebrow.
вежлив polite, civil, courteous.
везни *мн. ч.* scales, balance.
век *м* century; Средните ~ове the Middle Ages.
вековен age-old, centuries-old.
велик great.
великан *м* giant.
Великден *м* Easter.
великобритански British.
великодушен magnanimous, generous, noble.
великодушие *ср* magnanimity.
великолепен magnificent; splendid, superb.
великолепие *ср* magnificence, splendour.
величая glorify, exalt, extol.
величествен majestic.
величество *ср* majesty.
величие *ср* grandeur, greatness.
величина *ж* size; *мат* quantity.
велосипед *м* bicycle.
велур *м* (*плат*) velveteen; (*кожа*) suède.
вена *ж* vein.
венец[1] *м* wreath, garland.
венец[2] *м* *анат* gum.
вентил *м* valve.
вентилатор *м* fan, ventilator.
венчавка *ж* wedding, marriage ceremony.
верен correct, right; (*предан*) true, faithful, loyal; (*за часовник*) right.
версия *ж* credit; на ~ on credit.
верига *ж* chain; (*планинска*) range; вериги *мн. ч.* (*окови*) chains, fetters.
верижка *ж* chain; (*за часовник*) strap.
вероизповедание *ср* creed, faith; religion.

вероломен treacherous, perfidious.
вероятен probable, likely.
вероятно probably, likely.
вероятност *ж* probability.
вертикален vertical.
весел gay, cheerful, jolly, merry.
веселие *ср* gaiety, fun, merriment.
веселя се enjoy o. s., have fun.
весло *ср* oar.
вест *ж* (a piece of) news; ~и *мн. ч.* news.
вестибюл *м* vestibule, hall.
вестник *м* newspaper, journal.
ветеринарен лекар *м* veterinary surgeon, vet.
вето *ср* veto.
ветрило *ср* fan.
вехна fade, wither; (*линея*) languish.
вече already; няма ~ no more, no longer.
вечен eternal; everlasting, unending.
вечно always, forever.
вечност *ж* eternity.
вечер *ж* evening.
вечерта in the evening.
вечеря *ж* dinner; supper.
вечерям have dinner/supper, dine.
вечнозелен evergreen.
вечност *ж* eternity.
вещ *ж* thing; ~и *мн. ч.* things, belongings.
вещ experienced; clever; ~ о лице expert.
вещество *ср* matter, substance.
вещина *ж* experience; skill.
вещица *ж* witch.
вея blow; ~ ce (*за знаме*) flutter.
взаимен mutual, reciprocal.
взаимно mutually, reciprocally.
взаимодействие *ср* interaction, reciprocity.
взаимоотношение *ср* interrelation.
взаимопомощ *ж* mutual aid.
вземам take; (*получавам*) get; (*вдигам*) pick up; ~ да (*започвам*) begin to.
вземане-даване *ср* dealings, business; intercourse.
взирам се gaze, stare (at).
взискателен exacting.
взрив *м* explosion.
взривно вещество *ср* explosive.

вид[1] _м_ (_външност_) appearance, air; пред ~ на in view of; имам пред ~ bear in mind.

вид[2] _м_ (_род_) kind, sort; _биол_ species.

виден eminent, outstanding, notable.

видение _ср_ vision; apparition.

видим visible.

видимост _ж_ visibility.

вие you.

виелица _ж_ blizzard.

виждам see; (_схващам_) see, realize; ~ ce can be seen; (_срещам се с_) meet.

виза _ж_ visa; входна/изходна ~ entrance/exit visa.

визита _ж_ visit, call; правя ~ call (on s. o.).

визитна картичка _ж_ visiting card.

вик _м_ cry, shout.

викам cry (out), call out, shout; (_повиквам_) call.

вила[1] _ж_ villa, country house.

вила[2] _ж_ pitchfork.

вилица _ж_ fork.

вина _ж_ guilt, fault; по ~ на through s. o.'s fault.

винаги always; ever.

вино _ср_ wine.

виновен guilty (of); ~ съм за be to blame for; _разг_ it's my fault.

винт _м_ screw.

винтяга _ж_ windproof jacket.

виня blame, find fault with.

виолетка _ж_ violet.

виолетов violet, purple.

виолончело _ср_ violoncello.

вирея grow, thrive, flourish.

виртуоз _м_ virtuoso.

висок high; (_за човек_) tall; (_за смях, говор_) loud; ~а пещ blast furnace.

високо high.

високоговорител _м_ loudspeaker.

висококачествен high-grade quality.

височина _ж_ height, _геогр_ altitude; (_възвишение_) hill.

висш high, higher; supreme; ~e учебно заведение higher educational institute; university; college.

вися hang.

витрина _ж_ shop window.

вихрушка _ж_ whirlwind.

виц _м_ anecdote, funny story, joke.

вишна _ж_ morello (-cherry).

включвам include; (_радио и др._) switch on, turn on; ~ ce join in.

включително including, inclusive.

вкус _м_ taste.

вкусвам taste; try; (_хапвам_) have a bite.

вкусен tasty, delicious.

влага _ж_ dampness, moisture; humidity.

влагам put in; (_пари_) invest; deposit.

владение _ср_ possession; (_имение_) estate.

владетел _м_ ruler, monarch.

владея rule, govern; (_притежавам_) possess; (_зная_) master; (_език_) speak (a language).

владика _м_ bishop.

владичество _ср_ rule, domination.

влажен damp, moist; (_за климат_) humid.

влак _м_ train; бърз ~, | fast train; | директен ~ through train.

влакно _ср_ fibre, filament.

власт _ж_ power; (_политическа_) rule.

властвувам rule, dominate, exercise power.

влача drag, pull; tow; ~ ce drag along.

влечение _ср_ inclination, bent.

влечуго _ср_ reptile.

вливам ce empty, flow (into).

влизам enter, go in (to).

влияние _ср_ influence.

влиятелен influential.

влог _м_ deposit.

влошавам make worse, aggravate; ~ ce grow/get worse.

влюбвам ce fall in love (with).

влюбен in love; ~ съм be in love.

вместимост _ж_ capacity.

вместо instead of.

вмешателство _ср_ interference.

внасям bring in; _търг_ import.

внедрявам introduce, inculcate, bring into use.

внезапен sudden, unexpected.

внимавам pay attention; be careful.

внимание _ср_ attention; care; ~! attention! look out!

внимателен attentive; (_предпазлив_) careful, cautious.

внос _м_ _търг_ import; членски ~ membership dues.

вносен imported.

вноска _ж_ instalment.

внук _м_ grandson.

внучка *ж* granddaughter.

внушавам suggest; ~ си put s.th. into o.'s head.

внушение *ср* suggestion.

внушителен imposing, impressive.

вода *ж* water.

водач *м* leader; (*гид*) guide.

воден път *м* waterway.

воденица *ж* water-mill; ~ за кафе coffee-mill.

водноелектрическа централа *ж* hydroelectric power station.

водносилов път *м* hydroelectric scheme.

водовъртеж *м* whirlpool.

водолаз *м* diver.

водопад *м* waterfall, falls.

водопровод *м* water-main, water-line.

водоравен horizontal.

водорасли *мн. ч.* seaweeds, algae.

водород *м* hydrogen.

водородна бомба *ж* H-bomb.

водоснабдяване *ср* water supply.

водя lead, conduct.

водачество *ср* leadership.

военен military.

военноморски флот *м* navy.

вожд *м* chieftain; leader.

возя drive, carry; ~ се ride; (*в кола*) drive.

воин *м* warrior, soldier.

война *ж* war, warfare.

войник *м* soldier.

войнолюбец *м* warmonger.

войнствен warlike, aggressive

войска *ж* army, troops.

вол *м* ox.

волев strong-willed.

волейбол *м* volley-ball.

волен free, unrestricted.

волност *ж* liberty.

воля *ж* will.

воювам be at war (with); wage war (on, against).

впечатление *ср* impression.

впоследствие later (on), subsequently.

впрочем anyhow, besides, by the way.

впрягам harness; *прен* get s.o. to do s.th.

врабче *ср* sparrow.

враг *м* enemy; foe.

вражда *ж* hostility, enmity, animosity.

враждебен hostile.

враждебност *ж* hostility.

врана *ж* crow.

врат *м* neck.

врата *ж* door; *сп* goal.

вратар *м* door-keeper; *сп* goalkeeper.

вратовръзка *ж* neck-tie.

вреда *ж* damage, injury, harm.

вреден harmful.

вредя harm, be harmful (to).

време[1] *ср* time; *грам* tense.

време[2] *ср* (*климат*) weather.

временен temporary.

вроден inborn, innate, inherent.

връзвам tie; bind.

връзка *ж* string, lace; (*отношение*) relation, connection, tie, link.

връх *м* top, peak; (*острие*) top; *прен* height.

връчвам hand in; deliver; present.

връщам (*някого*) send back; (*нещо*) return; ~ се return, come back.

връщане *ср* return; на ~ on my way back.

вря boil.

всеки everyone, everybody; anyone, anybody; (*поотделно*) each.

всекидневен daily; (*обикновен*) everyday.

вселена *ж* universe, the Cosmos.

всемогъщ almighty, omnipotent.

всенароден national, nation-wide.

всеобщ universal, common, general.

всесилен omnipotent, almighty.

всестранен thorough, universal.

всички all, everyone, everybody.

всичко everything, all; преди ~ first of all; before all, above all.

вследствие на as a result of; owing to.

всред amid, amidst, among.

всъщност actually, as a matter of fact.

всякакъв various, of all kinds; по ~ начин in every way, by all means.

всякога always, ever.

всякъде everywhere.

втори second; ~чен secondary.

вторичен продукт *м* byproduct.

вторични суровини *мн. ч.* scraps.

вторник *м* Tuesday.

второкачествен second rate.

второстепенен secondary; minor.

втренчвам се gaze, stare (at).

втръсва ми се get sick of, be fed up with.

втурвам се rush (in, into).

вход *м* entrance; ~ свобо́ден admission free; ~ забране́н no entrance.

вче́ра yesterday.

вче́рашен yesterday's, of yesterday.

въведе́ние *ср* introduction.

въве́ждам bring into, introduce.

въглеро́д *м* carbon.

въглеро́ден carbon; ~ двуо́кис carbon dioxide.

въглехидра́т *м* carbohydrate.

въглища *мн. ч.* coal; дъ́рвени ~ charcoal.

въже́ *ср* rope; cord; *(за простиране)* line.

възбу́ден excited, agitated.

възбуди́телен exciting, stimulating.

възбу́ждам excite; ~ ce get exited.

възбужде́ние *ср* excitement, agitation.

възва́ние *ср* appeal.

възгла́вница *ж* pillow; *(за украса)* cushion.

възглас *м* exclamation.

възгле́д *м* point of view, view; conception.

възде́йствие *ср* effect, influence; impact.

възди́шам sigh, heave a sigh.

възди́шка *ж* sigh.

въздух *м* air.

въздухопла́ване *ср* aviation, aeronautics.

възду́шни си́ли *мн. ч.* Air-Force.

възду́шни съобще́ния *мн. ч.* air-lines, air transport.

въздъ́ржам ce refrain; abstain.

въздържа́тел *м* abstainer, teetotaller.

въздъ́хвам sigh.

въ́зел *м* knot; *жп* junction.

възклица́вам exclaim.

възклица́ние *ср* exclamation.

възкресе́ние *ср* resurrection; *рел* Easter.

възли́зам на amount to.

възме́здие *ср* vengeance.

възмо́жен possible; *(вероятен)* likely.

възмо́жно possibly, probably, perhaps.

възмо́жност *ж* possibility; по ~ if possible.

възмути́телен shocking, revolting.

възмуща́вам ce be indignant.

възмуще́ние *ср* indignation.

възнагражда́вам reward, recompense.

възнагражде́ние *ср* reward; *(парично)* remuneration.

възнамеря́вам intend, have the intention.

възни́квам arise.

възобновя́вам renew.

възпале́ние *ср* inflammation.

възпи́тавам bring up, educate.

възползу́вам ce make use of, profit (by).

възпрепя́тствувам impede; prevent.

възприе́мам grasp, perceive; adopt.

възра́ждане *ср* revival; renascence; *(епоха)* Renaissance; *(българско)* National Revival.

въ́зраст *ж* age.

въ́зрастен elderly, old; ~ чове́к adult; old man.

възстановя́вам restore; recover; *(сграда)* reconstruct, rebuild.

възто́рг *м* rapture, enthusiasm.

възхища́вам ce admire.

възхище́ние *ср* admiration.

възхо́д *м* progress, advance.

вълк *м* wolf.

въ́лна *ж* wool.

вълна́ *ж* wave.

въ́лнен woollen.

вълне́ние *ср* emotion, excitement; *(морско)* a rough sea; *(бунт)* riot; *разг* thrill.

вълноло́м *м* breakwater, pier.

вълну́вам ce be excited/moved/agitated.

вълше́бен magic, enchanting.

вън, ~ка out of, outside; ~! get out!

въ́ншен outer, outward, external; *(чуждестранен)* foreign.

въ́ншност *ж* appearance.

въображ́ем imaginary.

въображе́ние *ср* imagination.

въобразя́вам си imagine, fancy.

въобще́ in general, on the whole; at all.

въодушевле́ние *ср* enthusiasm, fervour.

въодушевя́вам inspire; ~ ce be inspired.

въоръжа́вам arm.

въоръже́н armed; ~и си́ли armed forces.

въоръже́ние *ср* armament.

въпреки́ in spite of, despite; ~ това́, ~ че nevertheless, although, though.

въпро́с *м* question.

въпроси́телен questioning; *грам* interrogative.

въпро̀сник *м* (*формуляр*) question-
naire.

въ̀рвя̀ go; (*пеша*) walk.

въртя̀ (се) turn (round); revolve.

върхо̀вен supreme.

върху̀ on, upon, over.

въ̀рша do.

въ̀ршачка *ж* threshing machine.

въ̀ршитба *ж* threshing.

въста̀вам revolt, rebel, rise.

въста̀ние *ср* rebellion, revolt, uprising.

въ̀тре in; inside; into; within.

въ̀трешен inside, interior, inner; inter-
nal; *полит* home, domestic.

вя̀ра *ж* belief, faith, trust, confidence.

вя̀рвам believe (in); trust (in).

вя̀рно (that's) right; truly, true.

вя̀рност *ж* faithfulness, loyalty, fi-
delity.

вя̀тър *м* wind.

Г

га̀вря се mock (at), deride.

га̀дая tell fortunes, divine; (*пред-
полагам*) guess.

газ *м* gas; светѝлен ~ coal gas; (*за го-
рене*) petroleum; *разг* oil; *ам* kerosene.

газѝрана вода̀ *ж* soda-water.

га̀йда *ж* bagpipe.

галантѐрия *ж* haberdashery, fancy
goods.

га̀лен spoilt; pet.

галѐрия *ж* gallery; картѝнна ~ pic-
ture gallery.

гало̀ши *мн. ч.* galoshes; *ам* rubbers.

га̀ля caress, stroke; ~ ce fondle.

га̀ма *ж* scale.

га̀мен *м* street-boy.

га̀нгстер *м* gangster.

га̀ра *ж* (railway) station.

гара̀ж *м* garage.

гарантѝрам guarantee, warrant.

гара̀нция *ж* guarantee, warrant.

га̀рван *м* raven.

га̀рга *ж* crow.

гардеро̀б *м* wardrobe; (*в театър*)
cloak-room.

гарѝрам park.

гарнизо̀н *м* garrison.

гарнѝрам (*рокля*) trim; (*ястие*) garn-
ish.

гарниту̀ра *ж* trimming, decoration;
(*към ястие*) garnish; (*мебел*) suite.

гастролѝрам star, be a guest artist.

гастроно̀м *м* grocery store; *ам* deli-
catessen.

гася̀ put out, extinguish; (*лампа, радио*)
turn off, switch off.

гата̀нка *ж* riddle.

гащѐта *мн. ч.* trunks; pants; (*дамски*)
panties.

генера̀л *м* general.

генера̀ция *ж* generation.

гениа̀лен of genius.

геогра̀фия *ж* geography.

геоло̀гия *ж* geology.

геомѐтрия *ж* geometry.

герб *м* coat of arms; (*държавен*) state
emblem.

герда̀н *м* necklace.

герма̀нски German.

героѝзъм *м* heroism, gallantry.

героѝня *ж* heroine.

героѝчен heroic.

геро̀й *м* hero.

геро̀йство *ср* heroism.

ги them.

гѝбел *ж* doom, destruction, ruin.

гига̀нт *м* giant.

гимна̀зия *ж* secondary school; *ам* high
school.

гимна̀стика *ж* gymnastics.

гишѐ *ср* pay-desk.

гѝри *мн. ч.* dumb-bells.

глава̀ *ж* head; (*на книга*) chapter.

гла̀вен chief, main, principal.

гла̀вно chiefly, mainly, mostly.

главнокома̀ндуващ *м* commander-in-
chief.

главобо̀лие *ср* headache.

главозама̀йвам turn s. o.'s head.

глаго̀л *м* verb.

глад *м* hunger; famine.

гла̀ден hungry.

гладу̀вам starve, be hungry.

гла̀дък smooth, even.

гла̀дя iron.

глас *м* voice; на ~ aloud.

гласност _ж_ publicity.

гласоподаване _ср_ voting; suffrage.

гласувам vote, poll.

гледам look at, watch, gaze; see; (_за сграда_) face, look (towards), give upon.

гледище _ср_ point of view.

гледка _ж_ (_изглед_) view, scenery; sight.

глезен spoilt.

глезен _м_ ankle.

глезя spoil; ~ се (_за дете_) behave badly; (_преструвам се_) be affected.

глина _ж_ clay.

глоба _ж_ fine, penalty.

глупав foolish, silly, stupid.

глупост _ж_ folly, foolishness; ~и! nonsense!

глух deaf; (_който не дочува_) hard of hearing.

глухоням _м_ deaf-mute; deaf-and-dumb.

глътка _ж_ gulp, sip.

гмуркам се dive, plunge.

гневен wrathful, angry.

гневя се get angry, lose o.'s temper.

гнездо _ср_ nest.

гнет _м_ oppression.

гния rot; decay.

гной _ж_ pus, matter.

гнус ме е it makes me sick; feeldisgust.

гнусен loathsome, repulsive.

гняв _м_ anger, wrath, rage.

го him.

говеда _мн. ч._ cattle.

говеждо месо _ср_ beef.

говор _м_ speech; (_диалект_) dialect.

говорител _м_ speaker.

говоря speak, talk.

годеж _м_ engagement.

годен fit.

годеник _м_ fiancè.

годеница _ж_ fiancèe.

година _ж_ year; Нова ~ New Year.

годишен yearly, annual.

годишно време season.

годишнина _ж_ anniversary.

гол naked.

гол _м_ _сп_ goal; вкарвам ~ score a goal.

големина _ж_ size; extent.

голф _м_ _сп_ golf.

голям big, large; great.

гонение _ср_ persecution.

гоня run after; chase; pursue.

гора _ж_ wood, forest.

горд proud.

горделив haughty, supercilious.

гордея се be proud (of).

гордост _ж_ pride.

горе above; (_за посока_) up; (_вкъщи_) upstairs.

горен upper, higher; _ам_ top.

горещ hot; _прен_ ardent, fervent.

горещина _ж_ heat.

горещо hot.

гориво _ср_ fuel.

горски forest, wood.

горча have a bitter taste.

горчив bitter.

горчица _ж_ mustard.

горене _ср_ burning, combustion.

горя burn.

Господ _м_ God, the Lord; ~и! dear me!

господар _м_ master.

господарка _ж_ mistress.

господин _м_ mister; _съкр._ Mr; ~е (_обръщение_) Sir.

господство _ср_ domination.

господствувам dominate, rule.

госпожа _ж_ mistress; _съкр._ Mrs; госпожо (_обръщение_) Madam.

госпожица _ж_ miss; госпожице (_обръщение_) Madam.

гост _м_ guest; visitor; caller.

гостилница _ж_ restaurant.

гостоприемен hospitable.

гостоприемство _ср_ hospitality.

гостувам stay (with s. o.); be on a visit.

гостуване _ср_ visit.

готвач _м_, ~ка _ж_ cook.

готвено _ср_ stew.

готвя cook; make; (_приготвям_) prepare; do; ~ се prepare o. s.; be about to.

готов ready, prepared.

готовност _ж_ readiness, willingness; с ~ gladly; в бойна ~ in fighting trim; ready for action.

грабвам snatch (up), grab, seize; (_отнасям_) carry off.

грабеж _м_ robbery; pillage, plunder.

грабител _м_ robber; plunderer.

грабя seize, grab; rob, plunder.

гравирам engrave.

град¹ _м_ town; (_голям_) city.

град² _м_ (_валеж_) hail.

градина _ж_ garden.

градина̀р *м* gardener.

градина̀рство *ср* gardening, horticulture.

гра̀дски съвѐт *м* towncouncil, municipality.

гра̀дус *м* degree; 10 ~а над/под ну̀лата 10 degrees above/below zero.

градя̀ build, construct.

гра̀жданин *м* citizen.

гра̀ждански civilian; civil.

грам *м* gram(me).

грама̀ден huge, tremendous, enormous, immense.

грама̀тика *ж* grammar.

грамота̀ *ж* charter; diploma.

грамо̀тен literate.

грамофо̀н *м* gramophone; record-player.

грамофо̀нна пло̀ча *ж* record, disc.

грана̀та *ж* shell.

грандио̀зен impressive, imposing, majestic.

гра̀ница *ж* (*държавна*) frontier, border; (*на имот*) boundary; зад ~ abroad; limit.

гра̀пав rough, uneven, rugged.

гра̀тис gratis, free.

гра̀фик *м* chart, (time-)schedule.

гра̀фика *ж* black and white drawing; graphic art.

грах *м* peas.

грацио̀зен graceful.

гра̀ция *ж* grace.

грѐбане *ср* rowing.

грѐбен *м* comb; (*на птица*) comb, crest.

греда̀ beam.

греша̀ make mistakes, err; trespass.

грѐшен sinful; (*погрешен*) wrong.

грѐшка *ж* mistake, error; blunder; (*по телефон*) wrong number; (*печатна*) erratum.

грѐя give out warmth; (*светя*) shine.

грѝвна *ж* bracelet.

грѝжа *ж* care.

грѝжа се take care of; (*безпокоя се*) worry, be anxious.

грижлѝв careful, thoughtful.

гриза̀ gnaw (at).

грим *м* make-up.

грима̀са *ж* grimace.

грип *м* influenza, 'flu(e), grippe.

грис *ж* semolina.

гроб *м* grave.

гро̀бище *ср* cemetery.

гро̀бница *ж* tomb, sepulchre.

грозд *м* bunch/clustre of grapes.

гро̀зде *ср* grapes.

гроздобѐр *м* vintage, grape-gathering.

гро̀здов сок *м* grape-juice.

гро̀зен ugly; (*за мъж*) plain; *ам* homely.

грозота̀ *ж* ugliness.

груб coarse, ~ rough; (*за глас*) harsh; (*невъзпитан*) rude.

гру̀бост *ж* roughness; rudeness.

гру̀па *ж* group, party.

групѝрам group (together), arrange in groups.

грухтя̀ grunt.

гръб *м* back.

гръбна̀к, гръбна̀чен стълб *м* spine, backbone.

гръд *ж* breast; *поет* bosom.

грѝден кош *м* chest, thorax.

грък *м* Greek.

гръм *м* thunder.

гръмотѐвица *ж* thunder.

грѝмък (*за глас*) loud; (*за реч*) high-flown.

грѝнци *мн. ч.* pots, pottery, earthenware.

грънча̀рство *ср* pottery, ceramics.

грѝцки Greek.

грях *м* sin, trespass.

губерна̀тор *м* governor.

гу̀бя lose; ~ се disappear; lose one's way.

гу̀зен shamefaced; guilty.

гуля̀й *м* feast.

гуля̀я feast, make merry.

гу̀ма *ж* rubber; въ̀ншна ~ tyre, tire; въ̀трешна ~ inner tube; спу̀квам ~ have a puncture.

гу̀менки *мн. ч.* tennis-shoes.

гу̀ша *ж* throat; ѝдва ми до ~ be fed up (with).

гу̀щер *м* lizard.

гъ̀ба¹ *ж* mushroom; fungus.

гъ̀ба² *ж* (*за баня*) sponge.

гъ̀вкав flexible, pliable.

гъ̀дел ме е be ticklish.

гъ̀лтам swallow, gulp down.

гъ̀лъб *м* pigeon, dove.

гъмжа̀ swarm; (*за хора*) throng; ~от teem with.

гъ̀нка *ж* fold, crease.

гъ̀рбав hunchbacked; (*за нос*) hooked.

гърда̀ _ж_ breast; гърдѝ _мн. ч._ chest, breast.
гъ̀рло _ср_ throat.
гърмѝ fire, shoot; thunder.

гърнѐ _ср_ pot.
гъ̀ска _ж_ goose.
гъ̀ст thick, dense.
гъстота̀ _ж_ thickness, dénseness, density.
гьон _м_ sole-leather.
гювѐч _м_ (_ястие_) (vegetable) hotch-potch; (_съд_) earthenware dish.
гюллѐ _сп_ shot

Д

да[1] (_с глагол_) to; (_с предлог_) без ~ without; за ~ in order to; вмѐсто ~ instead of.
да[2] (_полож. частица_) yes; (_влез_) come in!
да̀вам give; (_подавам_) hand, pass, grant.
давлѐние _ср_ pressure.
да̀вя drown; ~ се drown; (_съзнател-но_) drowr o.s.
да̀ден given, fixed, certain; ~о! I agree; certainly.
да̀жба _ж_ ration.
да̀же even.
далекоглѐд far-sighted.
далѐч far, far away.
далѐчен far off, distant; remote.
далечина̀ _ж_ distance.
далѝ if, whether.
далновѝден far-sighted, foreseeing.
далтонѝст _м_ colour-blind.
да̀ма _ж_ lady; (_карта_) queen.
дамаджа̀на _ж_ demijohn.
да̀мски lady's, ladies'.
дан _ж_ tribute, tax, contribution.
да̀нни _мн. ч._ data, facts, information.
дано̀ may; I hope; let.
да̀нсинг _м_ dance-hall/floor.
дантѐла _ж_ lace.
да̀нък _м_ tax; rate.
дар _м_ gift, present.
да̀рба _ж_ talent, gift.
даровѝт gifted, talented.
да̀та _ж_ date.
датѝрам date.
два, двѐ two; и два̀та both; ~- три two or three; ~ пъ̀ти twice.
два̀десет twenty.
двана̀десет twelve.
двѐста two hundred.

двига̀тел _м_ motor, engine; ~ с въ̀трешно горѐне internal combustion engine.
двѝжа се move, stir; (_за машина_) run, work.
движѐние _ср_ motion, movement; (_улично_) (street) traffic.
двѝжим movable.
дво̀ен double.
двоето̀чие _ср_ colon.
дво̀йка _ж_ two; (_бележка_) poor mark; (_чифт_) couple.
двор _м_ country-yard, yard.
дворѐц _м_ palace.
дворя̀нин _м_ nobleman, gentleman.
дворя̀нство _ср_ gentry, landed aristocracy; nobility.
двоумѐние _ср_ hesitation.
двоумя̀ се hesitate.
двоя̀к two-fold, double.
двубо̀й _м_ duel.
двукра̀тен double, two-fold.
двулѝчен double-faced, hypocritical.
двумѐстен two-seated.
двуо̀кис _м_ dioxide.
двусѐдмичник _м_ fortnightly/bi-weekly.
двусмѝслен ambiguous.
двустра̀нен bilateral.
дебаркѝрам disembark, land.
деба̀т _м_ debate.
дебѐл thick; (_пълен_) fat.
дебелина̀ _ж_ thickness; (_пълнота_) fatness.
дебелогла̀в stubborn, pigheaded, obstinate.
дебит _м_ фин debit; (_на вода и пр._) capacity.
дѐбна be on the watch for; lurk.
дѐвер _м_ brother-in-law.
дѐвет nine.
девѐти ninth.
деветна̀десет nineteen.
дѐветстотин nine hundred.

девѝз *м* motto.
девóйка *ж* (young) girl, maiden.
дедѝ *мн. ч.* ancestors, forefathers.
дѐен, дееспосóбен active.
дееŭ *м* worker; active member/figure.
дежýрен on duty.
дежýрство *ср* duty.
дезертѝрам desert.
дезертьóр *м* deserter.
дезинфекцѝрам disinfect.
дезинфѐкция *ж* disinfection.
дезорганизѝрам disorganize.
дѐйност *ж* activity, work.
дѐйствие *ср* action, operation; (*за пи еса*) act.
действѝтелен real, actual; (*валиден*) valid.
действѝтелно really, indeed.
действѝтелност *ж* reality.
дѐйствувам act, operate.
декáн *м* dean; *ам* head.
декѐмври *м* December.
декларѝрам declare.
деколтѐ *ср* neckline.
декóр *м* scenery.
декоратѝвен decorative, ornamental.
делегáт *м* delegate.
делегáция *ж* delegation.
деликáтен delicate.
деликатѐс *м* delicacy; delicatessen.
деликатѐсен магазѝн *м* delicatessen.
делѐние *ср* partition; *мат* division.
дѐлник *м* week-day; work-day.
дѐличен everyday.
дѐло *ср* work, act, deed; *юр* case; suit.
деловѝ busines-like; (*за човек*) efficient.
делфѝн *м* dolphin.
делѝ divide; ~ ce divide, be divided.
демобилизѝрам demobilize.
демократѝчен democratic.
демокрáция *ж* democracy.
дѐмон *м* demon.
демонстратѝвен demonstrative.
демонстрáция *ж* demonstration.
демонстрѝрам demonstrate.
ден *м* day.
дѐнем by day, during the day, in the daytime.
денонóщие *ср* day and night, twenty-four hours.
денонóщно night and day.
денонсѝрам denounce.
депó *ср* depot.
депозѝрам deposit.
депутáт *м* deputy; (*в Англия*) Member of Parliament.

десáнт *м* landing.
дѐсен right.
десѐн *м* design, pattern.
десѐрт *м* dessert, sweet.
дѐсет ten.
десѐти tenth.
десетилѐтие *ср* decade.
десетѝчен decimal.
дестилáция *ж* distillation.
детѐ *ср* child.
детектѝв *м* detective.
детелѝна *ж* clover.
детѝнски childish.
детѝнство *ср* childhood.
детѝнщина *ж* childishness.
дѐтски child's, children's; дѐтска градѝна kindergarten; ~ дом *м* nursery.
дефѐкт *м* defect, fault, flaw.
дефѐктен defective, faulty.
дефилѐ *ср* defile; gorge.
дефинѝрам define.
дефицѝтен deficient., scarce.
дѐйтел *м* worker.
деяние *ср* act, action.
джаз *м* jazz.
джáзов оркѐстър *м* jazz-band.
джамѝя *ж* mosque.
джоб *м* pocket.
джуджѐ *ср* dwarf.
джýнгла *ж* jungle.
джýфка *ж* bow.
диагнóза *ж* diagnosis.
диагонáл *м* diagonal line.
диалѐкт *м* dialect.
диалектѝчески материалѝзъм *м* dialectical materialism.
диалóг *м* dialogue.
диамáнт *м* diamond.
диамѐтър *м* diameter.
див wild; (*за племе*) savage, barbarous.
дивáк *м* savage.
дивáн *м* couch, sofa.
дивáшки savage.
дѝвен marvellous, wonderful, fascinating.
дѝвеч *м* game.
дивѝзия *ж* division.
дѝга *ж* dike, embankment.
диѐз *м муз* sharp.
диѐта *ж* diet; пáзя ~ be on a diet.
диетѝчен dietetic.

диктатор *м* dictator.

диктатура *ж* dictatorship.

диктувам dictate; *прен* impose (on).

дим *м* smoke.

динамика *ж* dynamics; *прен* action.

династия *ж* dynasty.

диня *ж* water-melon.

диплома *ж* diploma.

дипломат *м* diplomat.

дипломатическо тяло *ср* diplomatic corps (body).

дипломация *ж* diplomacy.

дипломирам се graduate, take o.'s degree.

директен direct.

директива *ж* instructions.

директор *м* , ~ка *ж* director, manager; (*на училище*) principal, headmaster/mistress.

дирекция *ж* (*учреждение*) department; (*управление*) board of directors.

диригент *м* conductor.

дирижирам conduct.

диря *ж* trace, trail.

диск *м* disk; *сп* discus.

дискотека *ж* discotheque.

дискредитирам discredit; ~ се bring discredit on o.s.

дискретен discreet.

дискретност *ж* discretion.

дискриминация *ж* discrimination.

дискусия *ж* discussion, debate.

дисциплина *ж* discipline; (*клон от науката*) subject.

дисциплинирам discipline.

дишам breathe.

дишане *ср* breathing.

длан *ж* palm.

длето *ср* chisel.

длъжен owing money; (*задължен*) obliged.

длъжност *ж* office, post, position.

дневен day; ~ ред agenda.

дневник *м* diary; (*училищен*) classbook.

дневно daily, a day, per day.

днес today; (*в днешно време*) now, at present; ~ сутринта this morning.

днешен today's.

до (*при, край*) at, by, beside; (*за движение*) to; (*за време*) till, until; (*за минало*) till, up to, before.

добавка *ж* addition, supplement.

добавям add (to).

добив *м* production, output; (*от земя*) crop, yield.

добивам (*произвеждам*) obtain; produce; (*получавам*) receive, get.

добитък *м* cattle, livestock.

доблест *ж* valour.

доблестен valiant, valorous.

доближавам bring near, put close (to); ~ се approach; come/draw near.

добре good; well; right; по-~ better; най-~ best; ~ дошъл! welcome! много ~ fine! well done!

добрина *ж* goodness, kindness.

добро *ср* good, goodness.

доброволен voluntary.

доброволец *м* volunteer.

добродетел *ж* virtue.

добродетелен virtuous.

добродушен good-natured, kind (hearted).

добродушие *ср* kindheartedness, kindness.

доброкачествен of high quality.

добросъвестен conscientious.

добър good; добро утро good morning; ~ден good morning; good afternoon; ~ вечер good evening; по-~ better; най-~ best.

довеждам bring; fetch.

доверие *ср* confidence, faith, trust.

доверчив trustful.

довечера tonight, this evening.

довод *м* argument.

доволен pleased, satisfied (with), contented.

довършвам finish (off), end, conclude.

догадка *ж* conjecture, guess, surmise.

догарям burn out, die (down).

доглеждам see out.

договарям се come to an agreement/terms; negotiate.

договор *м* contract, agreement; (*международен*) pact, treaty.

догодина next year.

догонвам catch up (with s. o.).

дожалява ми feel sorry.

доживотен life-long.

доза *ж* dose, portion.

дойка *ж* nurse.

док[1] *м* dock.

док[2] (*плат*) duck, denim, dungaree.

доказателство *ср* proof; evidence, testimony.

доказвам prove.

докарвам bring; (*причинявам*) bring about.

докато while; as long as.

докачлив touchy, easily offended.

доклад *м* (*служебен*) report; (*сказка*) lecture, talk.

докладвам report, make a report.

докладчик *м* lecturer, speaker.

докога how long, till when.

доколко how, how much, how many.

доколкото as far as, in so far as.

докосвам touch lightly, barely touch.

докрай to the very end; through.

докривява ми feel hurt/offended.

доктор *м* doctor; *съкр* Dr.

документ *м* document; ~и *мн. ч.* papers.

докъде how far.

докъдето as far as.

долавям˙ catch; (*схващам*) get, make out.

долап *м* cupboard.

долар *м* dollar.

долен lower, under; *прен* base, mean.

долина *ж* valley.

долнокачествен low grade, poor quality.

долу down; below; (*в къща*) downstairs.

долуподписан undersigned.

долуспоменат mentioned below.

дом *м* home; културен ~ house of culture; почивен ~ rest home; у дома at home.

домакин *м* (*стопанин*) master (of the house); (*при гости*) host.

домакински household.

домакинство *ср* household, housekeeping.

домакиня *ж* housewife; (*господарка*) mistress; (*при гости*) hostess.

домат *м* tomato.

доматен сок *м* tomato juice.

домашен domestic; домашно упражнение homework.

домилява ми miss; (*за родина*) get homesick.

доминион *м* dominion.

домогвам се aspire (to), strive after.

домоуправител *м* housemanager.

домофон *м* house telephone; *ам* speaking tube.

донасям bring; fetch.

донос *м* denunciation; slander.

донякъде to a certain extent.

допада ми it suits me, I like it.

допир *м* contact, touch.

допирам (се) touch.

дописка *ж* article; (newspaper) report, dispatch.

дописник *м* correspondent.

допитвам се ask (s.o.'s advice), consult.

доплащам pay the difference.

допринасям contribute (to).

допускам admit.

допустим admissible.

допустимо е it is possible.

допълвам add to; supplement.

допълнение *ср* addition; supplement; *грам* object.

допълнителен additional, supplementary.

допълнително in addition.

дори even; ~ да even if.

досада *ж* boredom, tediousness.

досаден boring, tedious.

досаждам bore, tire, bother.

досега so far, till now.

досегашен former, past.

досетлив quick-witted, sharp; thoughtful.

досещам се guess; remember.

досие *ср* personal file.

доскоро until recently.

доскучава ми feel bored.

дословно literally.

доспива ми се be/feel sleepy.

досрамява ме feel ashamed.

доста fairly, somewhat, very; *разг* pretty; quite a lot (of).

доставка *ж* supply; (*пратка*) shipment, delivery.

доставчик *м* supplier.

доставям supply, furnish, provide.

достатъчен sufficient, enough.

достатъчно enough.

достигам reach; get to.

достоверен reliable, authentic.

достоен worthy, deserving (of).

достойнство *ср* worthiness, dignity; (*положително качество*) merit.

достояние *ср* possession(s); ставам ~ become generally known.

достъп *м* approach, access, admission.

достъпен accessible.

дотам as all that; up to the point; (*за място*) up to there.

дотогава till/until then; by then.

дотолкова so, so much.

дотук up to here; (*за време*) up to now, so far.
дотягам bore, annoy.
дотяга ми be sick of, be tired of.
доход *м* income; (*на държава*) revenue.
доходен profitable.
дохождам come, arrive.
доцент *м* reader; *ам* associate professor.
дочени панталони *мн. ч.* ducks, dungarees.
дочитам read (a book) through, finish.
дочувам catch; (*узнавам*) hear; **дочуване!** so long!
доя milk.
доядява ме get me angry.
дояжда ми се feel like eating (having).
драг dear.
дразня irritate; (*умишлено*) tease; ~ **се** get angry.
драма *ж* drama.
драматичен dramatic.
драматург *м* dramatist, playwright.
драперия *ж* drapery, hangings.
драскам scratch; (*пиша*) scribble.
драскотина *ж* scratch.
дребен small; fine; **дребни пари** change, petty cash; (*продавам*) на **дребно** (sell) retail.
дребнав petty, small; narrow-minded.
дребнобуржоазен petty-bourgeois.
дреболия *ж* (a mere) trifle.
древен ancient; antique.
древност *ж* antiquity.
дрезгав hoarse, husky.
дрезгавина *ж* dusk; twilight.
дремя doze, nap.
дресирам train; (*кон*) break in.
дреха *ж* garment; **горни дрехи** clothes; outer garments; **долни дрехи** underwear; *разг* undies.
дроб[1] *м* (*бял*) lung; (*черен*) liver.
дроб[2] *м* *мат* fraction.
друг (an)other, some other; (*различен*) different.
другаде elsewhere.
другар *м*, **~ка** *ж* companion, comrade; friend.
другарски friendly, comradely; (*наречие*) in a friendly manner.
другарство *ср* comradeship.
другояче otherwise, differently.

дружа be friends with; (*общувам*) mix with people.
дружба *ж* friendship.
дружелюбен amicable, friendly.
дружелюбно amicably, in a friendly manner.
дружество *ср* association, society; *търг* company.
дружина *ж* (*военна*) battalion; (*чета*) band.
дружно together; hand in hand.
дръжка *ж* handle.
дръзвам dare, venture.
дрязги *мн. ч.* differences, clashes.
дрямвам doze, nap, take a nap.
дрямка *ж* nap, doze.
дрян *м* cornel tree.
дрянка *ж* cornel-cherry.
дубликат *м* duplicate.
дуел *м* duel.
дуелирам се fight a duel.
дует *м* duet.
дузина *ж* dozen.
дума *ж* word.
дупка *ж* hole; cavity.
дупча make a hole.
дух *м* spirit, mind; (*видение*) ghost.
духам blow; (*загасям*) blow out, **духа** *безл* there is a draught.
духов инструмент *м* wind instrument.
духов оркестър *м* brass band.
духовен spiritual, of the mind.
духовенство *ср* clergy, priesthood.
духовит witty.
духовитост *ж* wit, wittiness.
духом: падам ~ lose heart.
душ *м* shower.
душа sniff; scent.
душа (*задушавам*) choke, stifle.
душа *ж* soul; *прен* heart, feelings.
душевен spiritual, mental.
душен close, sultry, stuffy.
дъб *м* oak(-tree).
дъбилно вещество *ср* tanning material.
дъвка *ж* chewing gum.
дъвча chew.
дъга *ж* rainbow; *мат* arc.
дъжд *м* rain; (*ситен*) drizzle; (*проливен*) shower; **вали** ~ it rains.
дъждлив, дъждовен rainy.
дъждобран *м* umbrella; (*мушама*) plastic mac.
дълбая dig (out), hollow.
дълбок deep.

дълбо̀ко deep(ly).
дълбочина̀ ж depth.
дълг м (паричен) debt; (задължение) duty.
дъ̀лго (for) a long time; не след ~ before long.
дългогодѝшен of many years.
дългосро̀чен long-term.
дълготра̀ен lasting.
дължа̀ owe; be indebted; дължа̀щ се на owing to.
длъжѝм due.
дължина̀ ж length; геогр longitude.
дъ̀лъг long.
дъ̀нер м trunk.
дъ̀но ср bottom.
дърва̀ мн. ч. wood, firewood.
дърва̀р м woodcutter.
дъ̀рвен wood(en); ~ материа̀л wood, timber; ~о масло̀ olive oil.
дървенѝца ж(bed-)bug.
дървесѝна ж wood; (в текстила) staple fibre.
дърво̀ ср tree; (за горене) piece of wood.
дърводѐлец м carpenter; joiner; cabinet-maker.
дърводо̀бив м lumbering; timber industry.
дървообрабо̀тване ср woodworking.
дърворезба̀ ж woodcarving.
държа̀ (с ръка) hold; (поддържам) support; (пазя) keep; ~ изпит sit for

examination; ~ ce hold; (за обноски) behave (o.s.).
държа̀ва ж state; country.
държа̀вен state, of state, public; ~ вѐстник official gazette.
държа̀вник м statesman.
държа̀ние ср behaviour; manners.
дъ̀рзост ж audacity; boldness; (нахалство) impudence.
дъ̀рзък audacious, bold; (нахален) impudent.
дъ̀рпам pull, tug, draw, haul.
дъска̀ ж board, plank; чѐрна ~ blackboard.
дъскорѐзница ж sawmill.
дъх м breath; (миризма) scent; smell; на едѝн ~ at a gulp.
дъщеря̀ ж daughter.
дю̀ля ж quince; (дърво) quince-tree.
дю̀на ж (sand) dune.
дюшѐк м mattress.
дя̀вол м devil.
дяволѝт mischievous; (хитър) sly.
дя̀до м grandfather.
дял м share, part; (отдел) branch.
дя̀лам (дърво) carve, cut; (камък) hew, cut.
дя̀сно right.

Е

евакуа̀ция ж evacuation.
евакуѝрам evacuate.
ева̀нгелие ср gospel.
евентуа̀лен eventual, possible.
еволю̀ция ж evolution.
еврѐин м Jew.
еврѐйка ж Jewess.
европѐйски European.
ѐвтин cheap, inexpensive.
егоѝзъм м selfishness; egoism.
егоѝст м egoist, selfish man.
едва̀ hardly, scarcely, barely; ~ сега̀ only now; ~ ли hardly, scarcely.
ѐди: ~ кой си so and so; ~ кога̀ at such and such a time.
едѝн one; (неопред. член) a, an;

~ път once; едно̀ врѐме once.
единадесет eleven.
едѝнен (обединен) united; (еднакъв) uniform.
едѝница ж unit.
едѝничен single.
единоду̀шен unanimous.
едѝнствен only, sole.
едѝнство ср unanimity, unity.
една̀кво equally, alike.
една̀къв the same, identical, equal.
едноврѐмнен simultaneous.
еднокра̀тен single.
еднообра̀зен uniform; monotonous.
еднообра̀зие ср uniformity.
еднопосо̀чна у̀лица ж one-way street.
едноро̀ден homogenious.
едностра̀нен unilateral.
едностра̀нчив one-sided.

ѐдро: на ~ wholesale.
ѐдър (*голям*) big; large-scale; (*за пясък и пр.*) coarse.
ежегоден anual, yearly.
ежеднѐвник *м* daily.
ежеднѐвно daily.
ежемѐсечник *м* monthly.
ездà *ж* riding.
ездàч *м* rider.
ѐзеро *ср* lake; (*в градина*) pond.
езѝк[1] *м анат* tongue.
езѝк[2] *м* language, tongue; speech.
езикознàние *ср* linguistics.
езѝчник *м* heathen, pagan.
еквàтор *м* equator.
екзѐкутѝрам execute, put to death.
екзекỳция *ж* execution.
екземплѝр *м* (*за книга*) copy; *биол* specimen.
екзотѝчен exotic.
екѝп *м* team.
екипàж *м* crew.
екипѝрам equip.
екипирòвка *ж* equipment.
екрàн *м* screen.
екскавàтор *м* digging machine, excavator.
екскỳрзия *ж* excursion; trip; hike.
екскурзовòд *м* guide.
експанзѝвен expansive, exuberant.
експедѝрам dispatch, forward; (*с кораб*) ship.
експедитѝвен efficient, energetic.
експедитѝвност *ж* efficiency.
експедѝтор *м* forwarding agent, dispatcher.
експедѝция *ж* dispatching, forwarding; (*по море*) shipping; (*пътуване*) expedition.
експеримѐнт *м* experiment, test.
експѐрт *м* expert, specialist.
експлодѝрам explode, blow up.
експлòзия *ж* explosion.
експонàт *м* exibit.
експòрт *м* export.
експрѐс *м* express.
екстàз *м* ecstasy, rapture; изпàдам в ~ be enraptured.
ѐкстра extra, extra-special, de luxe.
екстравагàнтен extravagant.
екстравагàнтност *ж* extravagance.
екстрàкт *м* extract.

ексцентрѝчен eccentric.
елà *ж* fir-tree.
елà, ~те come.
елегàнтен elegant, smart.
елегàнтност *ж* elegance, smartness.
електрификàция *ж* electrification.
електрифицѝрам supply with electricity; electrify.
електрѝчески electric.
електрѝчество *ср* electricity.
електрокàр *м* electric truck.
електростàнция *ж* (electric) power station.
електротехнѝк *м* electrician.
електроцентрàла *ж* (electric) power station.
елемѐнт *м* element.
елементàрен elementary.
елѐн *м* deer.
елиминѝрам eliminate.
елмàз *м* diamond.
елхà *ж* (*коледна, новогодишна*) Christmas (New-Year) tree.
емайлѝран enamelled.
емигрàнт *м* emigrant.
емигрѝрам emigrate.
емѝсия *ж* (*за пари*) issue, emission; (*по радиото*) broadcasting programme.
емоционàлен emotional.
емòция *ж* emotion.
енергѐтика *ж* energetics.
енергѝчен energetic.
енѐргия *ж* energy.
ентусиазѝрам се become enthusiastic.
ентусиазѝран enthusiastic.
ентусиàзъм *м* enthusiasm.
енциклопѐдия *ж* encyclop(a)edia.
епидѐмия *ж* epidemic, outbreak.
епизòд *м* episode.
епѝскоп *м* bishop.
ѐпос *м* epic, epos.
епòха *ж* epoch.
епрувѐтка *ж* test-tube.
ѐра *ж* era, epoch; предѝ нàшата ~ B.C.; от нàшата ~ A.D.
ергѐн *м* bachelor.
ѐрес *ж* heresy.
есѐ *ср* essay.
ѐсен *ж* autumn; *ам* fall.
есенѐн autumn.
есѐнция *ж* essence.
ескалàтор *м* escalator, moving staircase.
ескимòс *м* eskimo.
ескòрт *м* escort.

естествен natural; (*непристорен*) unaffected; ~а история natural history; ~и науки natural sciences.

естествено certainly, of course.

естество *ср* nature, character.

естетика *ж* aesthetics.

естетически aesthetical.

естрада *ж* platform; (*програма*) variety show.

естраден variety; естрадна музика pop music; ~ концерт variety concert; ~ певец popsinger.

етаж *м* floor, storey; приземен ~ ground floor.

етажерка *ж* shelf; (*за книги*), bookshelf.

етап *м* stage.

етика *ж* ethics.

етикет[1] *м* label.

етикет[2] *м* (*етикеция*) etiquette.

ето here it is; here they are; ~ ме here I am; ~ защо that's why; which is why.

етюд *м изк* study, sketch; *муз* etude.

ефект *м* efect, result.

ефектен striking, spectacular, impressive.

ефективен effective, efficient.

ефикасен efficacious.

ехо *ср* echo.

ехтя resound.

ечемик *м* barley; (*на око*) sty(e).

Ж

жаба *ж* frog; toad.

жаден thirsty.

жадувам thirst; *прен* yearn, crave (for).

жажда *ж* thirst; *прен* lust.

жакет *м* jacket.

жал *м* pity; ~ ми е feel sorry (for s.o.); pity s.o.

жалба *ж* complaint, grievance; бюро жалби complaints office.

жалко I am sorry, it's a pity.

жалък pitiful, wretched.

жанр *м* genre, style.

жар *ж* (glowing) embers; *прен* passion, fervour.

жаргон *м* jargon; slang.

жартиер *м* suspender, garter.

жега *ж* heat, swelter.

жезъл *м* sceptre.

желание *ср* wish; (*силно*) desire; концерт по ~ request programme/show.

желая wish (for), desire.

желе *ср* jelly.

железария *ж* ironware; *ам* hardware; (*магазин*) hardware store.

железен iron, made of iron.

железница *ж* railway.

железобетон *м* reinforced (ferro-)concrete.

железопътен railway.

жёлъд *м* acorn.

желязо *ср* iron; ковано ~ cast (wrought) iron.

жена *ж* woman; (*съпруга*) wife.

женен married.

женитба *ж* marriage.

женски woman's; women's; *грам* feminine.

женя се marry; get married.

жертва *ж* sacrifice; (*за човек*) victim.

жертвувам sacrifice; ~ се sacrifice o.s.

жест *м* gesture.

жесток cruel; fierce.

жестокост *ж* cruelty, atrocity.

жив live, living; alive; (*бърз*) brisk.

живак *м* quicksilver; *хим* mercury.

живея live; да живее ... long live ...

живопис *ж* painting.

живописен picturesque.

живот *м* life.

животворен life-giving.

животно *ср* animal; beast.

животновъдство *ср* stock-/cattle-breeding.

живущ living, residing.

жизнен of life; living; vital.

жизнерадостен cheerful.

жилав tough.

жилетка *ж* waistcoat; *ам* vest; (*плетена*) cardigan.

жилище *ср* home, house.

жилищен house, housing.

жиля sting.

житѐйски worldly.
жѝтел *м* inhabitant, resident.
жѝтелство *ср* residence (permit).
жѝтни растѐния *мн. ч.* cereals, corn.
жѝтница *ж* granary.
жѝто *ср* wheat, corn; (*зърно*) grain.
жѝца *ж* wire.
жлезà *ж* gland.
жлъч *ж* venom, acrimony.
жрѐбие *ср* lot; тѐгля ~ draw/cast lots.

жрец *м* priest.
жỳри *ср* jury.
журнàл *м* magazine.
журналѝст *м*, ~ка *ж* journalist, press-
man; *ам* newsman.
журналѝстика *ж* journalism.
жълт yellow.
жълтѝца *ж* gold piece; (*английска*)
sovereign.
жълтъ́к *м* yolk.
жѐна reap, harvest.
жѐтва *ж* harvest.
жътвàрка *ж* reaper.

З

за for; (*посока*) to, for; (*времетраене*)
in, for; till.
забàва *ж* entertainment, party.
забавàчница *ж* kindergarten.
забàвен entertaining, amusing.
забавлѐние *ср* entertainment.
забавлявам amuse, entertain; ~ ce
amuse o.s., enjoy o.s.
забàвям delay, retard; ~ ce be late,
become late, be delayed.
забележѝм visible, noticeable.
забележѝтелен remarkable, notable.
забележѝтелности *мн. ч.* sights;
разглѐждам ~ go sightseeing.
забелѐжка *ж* remark; (*към текст*)
note.
забелязвам remark, notice, note;
(*казвам*) remark.
забѝвам drive (in), hammer.
заблуждàвам mislead; ~ ce be mis-
taken.
забогатявам grow rich.
забрàва *ж* oblivion.
забрàвен forgotten.
забрàвям forget.
забрàдка *ж* kerchief.
забрàна *ж* prohibition, ban.
забранѐн forbidden, prohibited;
минàването ~о no throughfare;
пỳшенето ~о no smoking;
паркѝрането ~о no parking!
забранявам forbid, prohibit.
завàрвам find.
заведѐние *ср* institution, estab-

lishment; ~ за общѐствено хрàнене
restaurant, snack bar.
завѐждам take s.o. to.
завѐждащ *м* (*отдел*) head (of a depart-
ment)
завѐса *ж* curtain.
зàвет *м* lee; shelter.
завѐт *м* testament, legacy.
завещàвам bequeath; leave by will.
завещàние *ср* will; testament.
завзѐмам seize, capture, occupy.
завѝвам cover; (*увивам*) wrap up; (*па-
кет*) do up; (*правя завой*) turn (off).
завѝвка *ж* cover.
завѝден enviable.
завѝждам envy, be envious.
завѝнаги for ever.
завѝсим dependent.
завѝсимост *ж* dependence.
зàвист *ж* envy.
завѝся depend (on).
завладявам conquer; seize, capture.
завòд *м* works, mill; *ам* plant.
завоевàние *ср* conquest; *прен* achieve-
ment.
завòй *м* bend; turn, curve.
завою`вам conquer; *прен* win.
завръ́щане *ср* return, homecoming.
зàвчера the day before yesterday.
завъ́ртам turn (off).
завъ́ршвам complete, end, finish; con-
clude; (*университет*) graduate.
завъ́ршен complete(d).
загàдка riddle, puzzle; (*тайна*) mys-
tery.
загàсвам (*огън*) extinguish, put out;
(*лампа*) put out, switch off; (*радио*)
turn off, switch off.

загàтвам hint (at); allude (to).
загѝвам perish, die.
заглàвие *ср* title, heading.
заглушàвам deafen; drown, muffle; *прен* suppress.
заглушѝтелен deafening.
заглѝхвам die away/down.
зàговор *м* plot; conspiracy.
заговòрнича conspire, plot.
загорѝл burnt; (*от слънцето*) sunburnt.
загрѝжвам се worry, be anxious/troubled.
загрѝжен worried, anxious.
загрѝженост *ж* anxiety, care, concern.
зàгуба *ж* loss; (*щети*) damage.
загỳбвам (се) *вж* изгубвам.
зад behind.
задàвам assign; (*въпрос*) ask, put a question; ~ се appear.
задàвям choke; stifle.
задàча *ж* task; *мат* problem; sum.
задгрòбен after-death, after-life, beyond the grave.
зàден back; rear; (*за крак, колело*) hind.
заднешкòм backwards.
задоволѝтелен satisfactory, satisfying.
задовòлство *ср* satisfaction.
задоволѝвам satisfy, content; (*нужда*) meet.
задòчник *м* extra-mural/correspondence student.
задòчно обучèние *ср* correspondence courses.
задрàсквам cross out.
задрỳжен joint, collective.
задушàвам stifle, choke; (*ядене*) stew; ~ се suffocate, stifle.
задушèн choked, strangled; (*за ядене*) stewed.
задỳшен (*за въздух*) close.
задълбочàвам се go deeper; extend.
задълбочèн profound, thorough.
задължàвам oblige; ~ се engage o.s., undertake.
задължèн obliged.
задължèние *ср* duty, obligation; engagement.
задължѝтелен obligatory, compulsory.
задѝржам detain, keep, hold back; ~ се stay.
задѝхвам се pant, gasp (for breath).
зàедно together; (*едновременно*) along with.
зàек *м* rabbit; (*див*) hare.
заèквам stammer.

зàем *м* loan; взѐмам на ~ borrow; дàвам на ~ lend.
заèмам (*изпълвам*) occupy, take up, fill; (*завземам*) occupy, capture; ~ се take on (a job).
заèт (*за човек*) busy; (*за място*) taken, occupied.
заèто (*за телефон*) the line/number is engaged/busy.
заздравѝвам strengthen; *прен* consolidate.
заѝмствувам borrow.
заинтересòван interested (in), concerned (with).
заинтересòваност *ж* interest.
заинтересỳвам get s.o. interested in; ~ се take an interest (in).
закалѝвам harden; (*стомана*) temper.
закàнвам се threaten.
заканѝтелен threatening.
зàкарвам (*с кола*) take, drive.
закачàлка *ж* hat-rack/stand; (*гардероб на*) hanger.
закàчам¹ hang (up).
закàчам² (*шегувам се*) tease, chaff.
закачлѝв playful, teasing.
заклèвам се swear; take an oath.
заклеймѝвам brand, stigmatize.
заключàвам conclude.
заклỳчвам lock.
заключèние *ср* conclusion.
заключѝтелен conclusive.
заковàвам (*пирон*) drive (in); (*дъска*) nail.
закòн *м* law; act.
закòнен lawful, legitimate; *юр* legal.
закòнност *ж* lawfulness, legality.
законодàтелен legislative.
законодàтелство *ср* legislation.
закономèрен regular; natural.
законопроèкт *м* bill.
закопчàвам button, do up; ~ се button (o.'s coat, dress).
закрèпвам fix; prop (up).
закрѝвам cover, close down.
закрѝла *ж* protection.
закрѝлям protect; guard.
закрѝт covered.
закỳпчик *м* buyer.
закусвàлня *ж* snack-bar.
закỳсвам (*сутрин*) have o.'s breakfast; (*в друго време*) have a snack.

закуска ж breakfast; snack; ~и мн. ч. (*на прием и пр.*) refreshments.
закърпвам mend; patch up: (*замрежвам*) darn.
закъснение ср delay; влакът има ~ the train is late.
закъснявам be late; (*стоя до късно*) stay (up) late.
закъснял late.
закътан sheltered.
зала ж hall; (*в театър*) house.
залавям catch, take hold of; ~ се set to.
залагам pawn.
заледен frozen, iced.
залежи мн. ч. deposits; каменовъглени ~ coal beds.
залез м sunset; *прен* decline, wane.
залепвам stick (*бн*).
залесяване ср afforestation.
залив м bay; (*затворен*) gulf.
заливам flood; suffuse; ~ се от смях roar with laughter.
заличавам erase, rub out, delete.
залог[1] м pledge; pawn.
залог[2] м *грам* voice.
заложба ж talent, gift.
заложна къща ж pawn-broker's.
залък м bite.
залюбвам fall in love with.
залязвам (*за слънце*) set; *прен* decline.
замайвам make dizzy; замайва ми се главата feel dizzy.
замаскирвам disguise.
замах м stroke, blow; *прен* daring, initiative.
замаян dizzy.
замесвам (*намесвам*) involve; (*тесто*) knead.
замествам replace, substitute.
заместител м substitute.
заместник м substitute; ~-министър deputy minister.
замечтан dreamy.
замижавам close o.'s eyes.
заминавам leave, start, depart.
заминаване ср departure.
замислен thoughtful, pensive.
замислям plan, contemplate; ~ се become thoughtful, brood.
замисъл м plan, design.
замлъквам become silent.

заможен well-to-do, well off.
замразен frozen.
замразявам freeze.
замрежвам (*кърпя*) darn; *прен* veil.
замръзвам freeze.
замък м castle.
замърсявам soil, polute.
замяна ж exchange.
занапред from now on.
занасям carry, take.
занаят м trade, (handi)craft.
занаятчия м craftsman, artisan.
занемарявам neglect.
занемявам grow/be dumb, be struck dumb.
занесен scatter-brained; off o.'s head.
занимавам occupy, interest; entertain; ~ се be occupied (with), be engaged (in).
занималня ж study-room, study-hall.
занимание ср occupation; study.
занимателен entertaining, interesting.
занятие ср occupation; учебни занятия school work, classes.
заобикалям surround, go round.
заоблачава се it gets cloudy.
заострям point, sharpen; *прен* intensify.
запад м west.
западен west, western.
запазвам keep, preserve; (*ред*) maintain; (*ангажирам*) reserve, book.
запазен well preserved; (*за нрави*) pure; (*ангажиран*) reserved; ~а марка trade mark.
запалвам light, kindle; (*кибрит*) strike a match; (*лампа, радио*) turn (switch) on; (*цигара*) light; ~ се take (catch) fire.
запалителен inflammable, combustible.
запалка ж (cigarette) lighter.
запалянко м fan.
запаметявам learn by heart, memorize.
запас м stock, supply.
запасен reserve, spare; (*военен*) in the reserve, retired.
запасявам stock, store; ~ се provide o.s.
запек м constipation.
запечатвам seal; *прен* imprint, impress.
запис м (*пощенски*) postal order; (*на плоча*) record; (*магнетофонен*) tape recording.
записвам write/put/take/note down; make/take notes; (*в дневник, списък и*

пр.) enter; enrol; inscribe; (*правя запис*) record.

записка *ж* note; ~**и** *мн. ч.* notes.

запитвам ask (a question); question, inquire.

запитване *ср* question, inquiry.

запланувам plan.

заплата *ж* salary, pay; wages.

заплаха *ж* threat, menace.

заплашвам threaten, menace.

заплашителен threatening.

заплетен intricate, complicated.

заповед *ж* command, order, bidding.

заповеднически imperative, peremptory, commanding.

заповядвам command, order, bid.

заповядайте (*вземете си*) help yourself, have some; (*при подаване*) here you are; ~ **у дома** come and see us.

запознавам acquaint; (*някого*) introduce to; ~ **ce** get acquainted; be introduced (to).

запознаване *ср* introduction.

запомням remember.

запор *м* distraint; **слагам** ~ distrain.

започвам begin, start.

запречвам bar, obstruct.

запролетява ce spring is coming.

запустявам become desolate.

запустял desolate; wild; (*за къща*) deserted.

запушалка *ж* stopper; (*тапа*) cork.

запушвам stop, plug; (*c тапа*) cork; ~ **ce** get clogged.

запържвам brown, fry.

запътвам ce start, make for.

запъхтявам ce be out of breath, pant.

запявам begin to sing; burst into song.

зар *м* die (*мн. ч.* dice).

заравям bury.

зарадвам please, delight; ~ **ce** be pleased/delighted/glad, rejoice.

заради for (s.o.'s) sake.

зараза *ж* infection.

заразен, заразителен infectious, contagious.

заразявам infect; ~ **ce** catch, be infected.

зараствам heal.

зарзават *м* vegetables, greens.

зарзаватчийница *ж* greengrocer's.

зарзала *ж* apricot; (*дърво*) apricot-tree.

заробвам enslave, reduce to slavery.

зародиш *м* embryo, foetus.

заря *ж* ray, beam; ~ **c церемонии** tattoo.

засада *ж* ambush.

засаждам plant.

засвидетелствувам bear witness; (*изразявам*) manifest.

засега for the time being, for the present.

заседавам sit, be in session.

заседание *ср* sitting, session; conference.

заседявам ce stay/remain long.

засилвам (*укрепвам*) strengthen; reinforce; (*увеличавам*) intensify; increase; speed up; ~ **ce** become stronger, gain strength, grow strong.

заслепявам blind, dazzle.

заслон *м* shelter, refuge.

заслуга *ж* merit, service.

заслужавам deserve, be worthy of.

заслужен (well) deserved, merited.

заслужил honoured.

засмян smiling.

заснежен covered with snow.

заспал asleep.

заспивам go to sleep; fall asleep.

засрамвам make ashamed; put to shame; ~ **ce** be ashamed of.

заставам stand; (*спирам ce*) stop, halt.

заставям force, compel.

застой *м* standstill, stop.

застраховка *ж* insurance.

засуха *ж* drought.

засъхвам dry up.

засягам (*докосвам*) touch; (*отнасям ce до*) concern; (*споменавам*) touch on; (*обиждам*) offend; ~ **ce** be touched.

затварям shut, close; (*в затвор*) imprison; (*кран, ключ*) turn off; (*радио*) switch off; ~ **ce в себе си** retire/withdraw into o.s.

затвор *м* prison, jail, gaol; (*наказание*) imprisonment.

затворен closed, shut.

затворник *м* prisoner.

затвърдявам strengthen, consolidate; (*знания*) assimilate.

затишие *ср* calm; **временно** ~ lull.

затова therefore, for that reason, that is why.

затоплям warm up.

заточвам banish, send into exile.

заточение *ср* exile, banishment.

заточеник *м* exile.

затруднѐн difficult; hard; embarrassed.
затруднѐние *ср* difficulty.
затрудня̀вам make/render difficult, impede.
затру̀пвам cover up.
затъжа̀вам се begin to miss; become homesick (for).
затъмнѐние *ср* (*слънчево*) eclipse; (*военно*) black out.
затъмня̀вам darken, obscure, eclipse.
затя̀гам tighten, make fast.
зауча̀вам learn.
за̀ушки *мн. ч.* mumps.
за̀хар *ж* sugar; **пу̀дра ~** powdered sugar; **~ на пя̀сък** granulated sugar; **~ на бу̀чки** lump sugar.
за̀харна бо̀лест *ж* diabetes.
захарнѝца *ж* sugar bowl/basin.
захвъ̀рлям throw; (*изоставям*) neglect.
захлада̀ва it gets/becomes cool.
захла̀ждане *ср* lowering of the temperature.
захла̀свам се be enraptured, be entranced, be carried away, be fascinated.
зачервя̀вам (*при печене*) brown; **~ се** redden, turn red, blush.
зачѐрквам cross out, delete.
зачестя̀вам become more frequent.
зачѝтам (*уважавам*) respect, have respect for; (*признавам*) recognize, take into consideration.
зашеметя̀вам stun, make dizzy.
защѝта *ж* defence, protection.
защѝтник *м* defender, protector; *юр* counsel for the defence; *сп* back.
защита̀вам defend, protect.
защо̀ why, what for.
защо̀то because, for, as.
зая̀вка *ж* request; (*поръчка*) order.
заявлѐние *ср* application.
заявя̀вам declare, announce, state.
зая̀длив quarrelsome, nagging, peevish.
зая̀ждам се nag (at), find fault (with).
зва̀ние *ср* title, name.
звезда̀ *ж* star.
звѐзден starry.
звено̀ *ср* link; (*група*) team.
звеново̀д *м* team/group leader.
звероукротѝтел *м* tamer.
звѐрски bestial, brutal, ferocious.

звѐрство *ср* atrocity, bestiality, brutality.
звук *м* sound.
звуча̀ sound; ring.
зву̀чен melodious, sonorous.
зву̀чност *ж* sonority.
звън *м* ring(ing); peal, clang; (*камбанен*) chime.
звънѐц *м* bell.
звънлѝв resonant.
звъня̀ ring; (*по телефона*) ring up; **звънѝ се** s.o. is ringing.
звяр *м* beast; wild animal.
зда̀ние *ср* building.
здрав healthy, sound; (*силен*) strong, robust; (*устойчив*) firm, solid.
здра̀ве *ср* health; **мно̀го ~ на...** my best regards to ...
здравеопа̀зване *ср* public health; hygiene, sanitation.
здра̀вец *м* crane's bill, wild geranium.
здравина̀ *ж* solidity; strength.
здравѐй hallo, hello, hullo, *ам* hi.
здравосло̀вен sanitary; healthy; wholesome.
здрач *м* dusk, twilight.
зѐбра *ж* zebra.
зѐле *ср* cabbage; **цвѐтно ~** cauliflower.
зелѐн green; (*неузрял*) green, unripe.
зеленина̀ *ж* verdure; greenery.
зеленчу̀к *м* vegetables, greens.
зеленчу̀кова градѝна *ж* vegetable garden, market-garden.
зеленчукопроизво̀дство *ср* market-gardening.
земевладѐлец *м* landowner.
земедѐлец *м* farmer.
земедѐлие *ср* agriculture, farming.
зѐмен earth, earthy; terrestrial; earthly
земетресѐние *ср* earthquake.
земя̀ *ж* earth; ground; (*почва*) soil; (*имот*) land.
зенѝца *ж анат* pupil.
зѐстра *ж* dowry.
зет *м* son-in-law; brother-in-law.
зехтѝн *м* olive-oil.
зид *м* wall.
зѝма *ж* winter.
зѝмен winter.
зимо̀вище *ср* winter supplies.
зифт *м* pitch.
злата̀р *м* goldsmith; jeweller.
зла̀тен gold; (*като злато*) golden; (*позлатен*) gilt.
зла̀то *ср* gold.

зле badly; (*болен*) ill, unwell; (*в оскъди-ца*) badly off.

злепоставям compromise, discredit.

зло *ср* evil; (*вреда*) harm, wrong.

злоба *ж* spite, malice.

злобен spiteful, malicious.

злободневен topical, actual.

зловещ sinister, ominous, eerie.

зловреден ˋpernicious, harmful, noxious.

злодей *м* villain, evildoer.

злодейство *ср* villainy, evil deed.

зложелателен ill-willed, malevolent.

злокачествен *мед* malignant.

злонравен ill-tempered, ill-natured.

злопаметен rancorous, resentful.

злополука *ж* accident.

злополучен unlucky, ill-fated.

злорадство *ср* gloating.

злорадствувам gloat.

злословя speak ill of, slander.

злоупотреба *ж* abuse; (*с пари*) misuse.

злоупотребявам abuse; take advantage of; misuse.

змей *м* dragon.

змия *ж* snake, serpent.

знак *м* sign, mark, token; symbol; **в ~ на** in token of, as a mark of.

знаме *ср* flag, banner.

знаменателен significant, portentous.

знамение *ср* omen, sign.

знаменит famous, eminent.

знаменитост *ж* celebrity.

знаменосец *м* standard-bearer.

знание *ср* knowledge.

знатен illustrious, distinguished, eminent; (*благороден*) noble.

знача mean.

значение *ср* meaning; (*важност*) importance, significance; **няма ~** it doesn't matter.

значи so, then; that means.

значителен considerable, important, significant.

значка *ж* badge.

зная know, be aware of.

зноен sweltering, scorching.

зов *м* call; appeal.

зова call.

зона *ж* zone, area.

зоологическа градина *ж* zoological garden, zoo.

зоология *ж* zoology.

зора *ж* dawn, daybreak; sunrise.

зорница *ж* morning star.

зорък vigilant, watchful.

зреене *ср* ripening; maturation.

зрелище *ср* spectacle, show.

зрелост *ж* ripeness; maturity.

зрелостно свидетелство *ср* (school-leaving) certificate.

зрение *ср* eyesight; vision.

зрея ripen; mature.

зрител *м* spectator; onlooker; viewer.

зрители (*публика*) audience, public.

зрителен visual, optic.

зрял ripe; mature.

зубря cram, swot.

зъб *м* tooth.

зъбен dental.

зъбобол *м* toothache.

зъболекар *м* dentist.

зъбно колело *ср тех* cogwheel.

зълва *ж* sister-in-law.

зърнени храни *мн. ч.* grain, cereals.

зърно *м* grain; (*плод*) berry; (*на боб, кафе*) bean.

зяпам gape (at).

И

и and; (*дори*) even; also, too; **~ то** at that; **~ ... ~** both ... and; **~ т. н.** and so on, etc.

й her, to her; (*неин*) her.

игла *ж* needle.

иглика *ж* cowslip; primrose.

иго *ср* yoke

игра *ж* game; play; *театр* acting, performancce; **~ на думи** pun, play upon words; **Олимпийски игри** Olympic Games; *ам* Olympics.

играчка *ж* toy, plaything.

играя play; *театр* act, perform; **~ си с някого** play/trifle/fool around with smb.

игрив playful; lively; frolicsome.

игрище *ср* playground; sportsground.

йдвам come; ~ ми да feel like; ~ на себе си recover, come to.

йдване *ср* coming.

идеал *м* ideal.

идеален ideal, perfect.

идеализирам idealize.

идеализъм *м* idealism.

идеалистичен, идеалистически idealistic.

идеално perfectly.

идеен ideological; (high-)principled.

идеологически ideological.

идея *ж* idea; notion; concept.

идиот *м* idiot; *разг* fool, ninny, cuckoo.

идущ (forth)coming; next.

из of; (*навън*) from, out of; (*в*) about, in.

изба *ж* cellar; vault.

избавление *ср* deliverance; riddance.

избавям save, deliver, rescue; ~ се get rid of.

избелявам lose colour, fade.

избелял discoloured, faded.

избивам massacre, slaughter; exterminate.

избирам choose, pick out, select; *полит* elect.

избирател *м* voter, elector.

избирателен electoral.

изблик *м* outburst; (*пристъп*) fit.

избликвам spring, spout, gush; burst out, burst forth.

изблъсквам push out, drive out.

избор *м* choice; (*с гласуване*) election.

избори *мн. ч.* election(s).

избран choice, select.

изброявам count (up), enumerate.

избръснат *прил* shaven; гладко ~ clean-/ well-shaven.

избухвам explode, burst up/ out, break out; (*в плач, смях*) burst into.

избухване *ср* explosion; outbreak.

избухлив explosive; *прен* irascible, quick-tempered.

избързвам hasten (up); be hasty; (*за часовник*) gain.

избърсвам wipe; dry; mop up; clean; (*прах*) dust.

избягвам run away, escape, flee; (*страня*) avoid, keep away from, shun.

изваждам take out; extract; pull out; *мат* subtract, deduct.

изваждане *ср* extraction; removal; *мат* subtraction.

изведнъж suddenly, all of a sudden; at once.

известен famous, (well-) known; (*някой*) certain.

известие *ср* news, message; information, note.

известност *ж* renown, repute.

известявам notify, inform, let smb. know; announce.

изветрял flat; *прен* dotty.

извехтял shabby; faded.

извивам bend; twist; curve; (*лъкатуша*) wind.

извиквам cry (out), shout; (*назовавам*) call; (*повиквам*) send for.

извинение *ср* excuse; apology; (*прошка*) pardon, forgiveness.

извинителен excusable; pardonable; justifiable; apologetic.

извинявам excuse, pardon; (*оправдавам*) justify.

извинявай(те) excuse me; I beg your pardon; (I am) sorry.

извирам spring, take source from.

извит curved, arched.

извлечение *ср* extract, abstract; digest.

извличам drag, pull out; (*добивам*) extract; derive, obtain.

извод *м* deduction; inference, conclusion.

извозвам convey, transport; carry; *прен* cheat.

извор *м* spring; (*източник*) source.

извоювам win, gain.

извратен perverse, perverted.

извращавам pervert; *прен* distort, misrepresent.

извращение *ср* perversion; *прен* distortion, misrepresentation.

извън outside, out of; ~ града out of town, in the country.

извънбрачен illegitimate.

извънкласен extracurricular.

извънреден extra, extraordinary; (*спешен*) emergency; (*твърде*) extreme, utter.

извънредно extremely; most.

извъртам twist, distort.

извършвам do; accomplish, perform; (*престъпление*) commit.

изгарям burn out/ down/ up; *прен* burn (with); (*за бушон*) blow.

изга̀ряне ср burn.

изга̀снал extinct; dead.

изгася̀вам extinguish; put out; (с духа-не) blow out; (лампа) switch off, turn off.

ѝзглед м view

ѝзгледи мн. ч. prospects; ~ за врѐмето weather forecast.

изглѐждам look, appear, seem.

изгна̀ние ср exile, banishment.

изгнѝвам rot(away); decompose, decay.

изгнѝл rotten, decayed, putrid.

изгова̀рям pronounce, utter; articulate.

ѝзговор м pronunciation, articulation.

изго̀да ж (полза) advantage; interest; (печалба) profit, gain.

изго̀ден advantageous, profitable; favourable.

изго̀нвам drive away, turn out; expel.

изгоря̀л burned, burnt; (от слънцето) brown, tanned, sunburnt.

изго̀твям prepare, make, get ready.

изгра̀ждам build up.

ѝзгрев м sunrise.

изгря̀вам rise.

изгу̀бвам lose; ~ се be/ get lost, lose o.'s way.

изгу̀бен lost; hopeless.

изда̀вам¹ betray; give away; (разкри-вам) reveal, disclose; (за звук и пр.) emit, produce.

изда̀вам² (книга) publish; issue.

изда̀вам се protrude, project; jut out; stick out; give o. s. away.

изда̀ние ср publication; edition.

изда̀тел м publisher.

изда̀телство ср publishing house; publishers.

издева̀телство ср outrage.

издѐйствувам procure, obtain, get.

издѐлие ср make; article; product; ware.

издѝгам raise, hoist; (изправям) erect; set up, put up; ~ се rise.

издѝрвам investigate, find out; trace.

издѝшвам exhale, expire, breathe out.

издѝшване ср exhalation.

издръ̀жка ж maintainance, upkeep; allowance.

издръ̀жлив tenacious; hardy.

издръ̀жливост ж tenacity; endurance; resistance.

изду̀т swollen, bulging.

издълба̀вам excavate; (с длето) chisel, carve.

издължа̀вам се pay off.

издъ̀нка ж sprout, shoot; прен offspring.

издъ̀ржам stand, bear, endure; (устоявам) withstand, resist; (семейство) maintain, support.

издъ̀ржан up to standard; in style; sustained.

издъ̀хвам expire, breathe o.'s last.

изживя̀вам live through, go through.

иззвъня̀вам ring out.

изигра̀вам (мамя) cheat; take in, fool.

изѝскан refined, exquisite, in good taste.

изѝсканост ж refinement, fineness, good taste.

изѝсквам demand; require.

изѝскване ср requirement.

изка̀звам¹ speak out, express; state.

изка̀звам² (издавам) betray, give away, tell on s. o.; disclose.

изка̀зване ср statement; (на събрание) speech.

изка̀лвам muddy, soil; ~ се get muddy, get dirty.

изка̀рвам finish (off); (навън) drive out, take out; (печеля) make, earn.

изка̀чвам (занасям на високо) take up; ~ се climb, ascend.

изка̀шлям се clear o.'s throat.

изкипя̀вам boil over.

изклю̀чвам exclude, shut out; rule out; bar; (отстранявам) expel; suspend; (радио и пр.) switch off, turn off.

изключѐние ср exception; по ~ for once, as an exception.

изклю̀чено impossible, out of the question.

изключѝтелен exceptional, unusual; exclusive.

изключѝтелно exceptionally; only, solely, exclusively.

ѝзкоп м ditch, excavation.

изкопа̀вам dig up, excavate.

изкореня̀вам uproot, eradicate.

изкрещя̀вам scream, shriek (out).

изкривя̀вам twist, distort, contort.

изку̀пвам compensate, make amends for; atone for.

изкупѝтелен redeeming.

изкуплѐние ср redemption; expiation, atonement.

изкупу̀вам buy up.

изкусен skilful, deft, dexterous.

изкуствен artifical, false; (превзет) affected.

изкуство ср art; (умение) skill.

изкуствовед м art expert, art critic.

изкушавам tempt; allure.

изкушение ср temptation; allurement.

изкълчвам sprain; прен distort.

изкълчен sprained, dislocated, out of joint.

изкъпвам give a bath; ~ се bathe; take/ have a bath.

изкъртвам knock out; dislodge.

излагам (стока) display, expose, exhibit; (подробно) set out, state; (компрометирам) disgrace, compromise; ~ се make a fool of o. s.

излаз м outlet; issue.

излежавам (наказание) serve o.'s term; ~ се lounge, loll.

излет м outing, hike, excursion.

излетник м hiker, tripper.

излечим curable.

изливам pour out, empty; прен give vent to.

излизам come/go/get/walk out; (появявам се) appear, emerge.

излитам fly out; (за самолет) take off.

излишен superfluous, unnecessary; redundant.

излишък м surplus, excess.

излияние ср effusion, outpouring.

изложба ж exhibition, show; exposition, display.

изложение ср exposition; statement.

излъгвам tell a lie; deceive, swindle; ~ се be mistaken.

излъчвам radiate; emit.

излъчване ср radiation, emission.

измазвам paint, coat; (с вар) whitewash; (с мазилка) plaster.

измама ж deceit, deception, fraud; (заблуда) delusion.

измамвам deceive, cheat; fool, take in.

измамен deceitful, fraudulent, illusory.

измамник м deceiver, swindler.

измачквам crumple; wrinkle, crease.

измежду from among; out of, amongst.

изменение ср change, alteration.

изменник м traitor.

изменнически treacherous, traitorous.

изменчив changeable, fickle.

изменяем changeable, variable.

изменям change, alter; (изневерявам) be unfaithful, be false (to).

измервам measure; (тегля) weigh.

измерение ср dimension.

измествам displace, oust, take the place of.

измивам wash (up); ~ се wash (o. s.).

изминавам travel, cover; (за време) pass, go by.

измирисвам се lose o.'s smell.

измислица ж invention; fiction.

измислям invent, contrive, think out; fabricate.

измолвам obtain by entreaties.

изморен tired, weary.

изморителен tiring, wearisome.

изморявам tire, weary; ~ се tire o. s. out.

измръзвам freeze, be frozen, be nipped.

измръзнал frozen, chilled; frost-bitten.

измъквам pull/drag/draw out; fish out.

измърсявам dirty, soil, foul.

измъчвам torture, torment; ~ се torment o.s.

измъчен tortured, tormented.

измяна ж breach of faith; betrayal; (предателство) treason, treachery.

изнамирам invent, devise, contrive; find out.

изнасилвам rape, violate, ravish.

изнасям carry/take/bring out; (стоки) export.

изневерявам be unfaithful (to).

изневиделица out of the blue.

изневяра ж unfaithfulness.

изнежен delicate, coddled.

изнемощял exhausted, spent, done up.

изненада ж surprise.

изненадвам (take by) surprise, take unawares.

изниквам grow, shoot forth; spring up.

износ м export; exportation.

износен[1] (стар) shabby, threadbare, worn out.

износен[2] (изгоден) profitable, paying.

износ export.

износител м exporter.

изнудвам blackmail, extort.

изнудвач м blackmailer.

изобилен abundant, plentiful, profuse.

изобилие ср abundance, profusion, plenty.

изобилствувам abound, be abundant (in).

изобличàвам expose, unmask.

изобличѝтелен unmasking, condemnatory.

изображѐние *ср* picture; effigy; representation.

изобразѝтелно изкỳство *ср* painting.

изобразя̀вам picture, portray.

изобретàтел *м* inventor.

изобретàтелен inventive, ingenious, resourceful.

изобретàтелност *ж* inventiveness; ingenuity, resourcefulness.

изобретѐние *ср* invention; contrivance, device.

изобретя̀вам invent; contrive, devise.

изо̀бщо in general, on the whole, generally speaking.

изолàтор *м* insulator.

изолàция *ж* insulation, isolation.

изолѝрам insulate, isolate.

изопачàвам misrepresent, distort.

изо̀пнат tense, tight, strained.

изостàвам fall/ lag behind; (*за часовник*) lose.

изостàвям desert, abandon, forsake; leave; give up.

изостàнал backward; underdeveloped.

изо̀стрям sharpen; whet; *прен* strain.

изпàдам fall out; be ruined; deteriorate.

изпàднал degraded; seedy.

изпарѐние *ср* evaporation; fumes.

изпаря̀вам (се) evaporate; *прен* make o.s. scarce.

изпѐчен well-baked, well-done; *прен* experienced, seasoned.

изпѝвам drink (up).

изпѝсвам (*поръчвам*) order; (*от болница*) discharge.

ѝзпит *м* examination.

изпѝт sallow, hollow-cheeked.

изпѝтан tested, tried out.

изпитàние *ср* trial, test, probation; *прен* ordeal.

изпитàтелен inquisitive, searching.

изпѝтвам examine; test, try out; (*чувство*) feel, experience.

изплàквам (*пране*) rinse (out).

изплàшвам frighten, scare; ~ се be frightened, be scared.

изплàщам pay off.

изплàщане *ср* paying off; на ~ on the hirepurchase system; pay by instalments.

изплѐзвам се slip out; steal away; dodge.

ѝзповед *ж* confession.

изповедàние *ср* creed, religion.

изповя̀двам (се) confess.

изпо̀д from under.

използвàч *м* sponger.

използ(ỳ)вам use, make use of, make the most of.

изпо̀лз(у)ване *ср* use; utilization.

изпотя̀вам се sweat, perspire.

изпрàвен upright; (*редовен*) in good shape, in working order.

изпрàвност *ж* good repair, working order.

изпрàвям set upright; straighten; ~ се stand up, rise.

изпрàзвам empty; discharge, unload.

изпрàщам send (off), dispatch; (*на гара*) see off.

изпращàч *м* sender.

изпревàрвам outstrip, overtake; be ahead of.

изпрѐчвам put in the way; ~ се stand in s. o.'s way.

изпро̀бвам test; try; (*дреха*) try on, fit.

изпръ̀сквам splash; besprinkle, spray.

изпỳскам drop; let slip; (*пропускам*) leave out slip; (*влак и пр.*) miss.

изпъ̀ждам turn out, drive away; expel.

изпъ̀квам protrude, project, jut out; *прен* stand out.

изпъ̀кнал protruding, jutting out; (*за леща*) convex.

изпъ̀лвам fill up; fill with.

изпълнѐние *ср* execution; fulfilment; *театр* performance.

изпълнѝм practicable, feasible.

изпълнѝтел *м* executor; performer.

изпълнѝтелен executive; thorough, diligent.

изпълня̀вам execute; carry out, fulfil; perform.

израбо̀твам work out, create; produce, manufacture; make, do.

израбо̀тка *ж* making, make; production.

изравня̀вам level, make even; balance; ~ се с catch up with.

изрàвям dig out, excavate; unearth.

изрàждам се degenerate; deteriorate.

изражѐние *ср* expression, mien, air.

ѝзраз *м* expression; phrase; *прен* token.

изразѝтелен expressive, vivid.

изразхо̀двам spend; use up.

изразявам express; voice.

израствам grow up; shoot up; spring up.

израстък *м* growth, excrescence.

изреждам enumerate; ~ се take turns.

изрезка *ж* scrap; cutting, clipping.

изречение *ср* sentence.

изригвам erupt; belch.

изригване *ср* eruption.

изричам say, utter; pronounce.

изричен express, explicit, specific.

изряден perfect, immaculate.

изрязвам cut out, clip.

изселвам deport, expatriate.

изселник *м* emigrant; deportee.

изсипвам pour out, empty.

изскачам jump out, spring out; pop up.

изскубвам pluck out, pull out; ~ се escape, break loose.

изследвам examine, study; explore; investigate.

изследване *ср* study; investigation; research.

изследовател *м* research-worker; explorer.

изследователски research.

изслушвам hear out, listen to.

изсмивам се laugh out, burst into laughter.

изсмуквам suck up, suck dry.

изстивам grow cold; (*простудявам се*) catch cold.

изстисквам squeeze, press out; (*дрехи*) wring out.

изстрел *м* shot, report.

изстудявам cool, chill.

изстъпление *ср* outrage, excess; frenzy.

изстъргвам scrape off; grate.

изсушавам dry (up); wither, parch.

изсъхвам dry; wither.

изтеглям draw (out); pull out; (*войски*) withdraw; ~ се withdraw, pull out.

изтезавам torture, rack, torment.

изтезание *ср* torture, torment.

изтекъл past, last; (*за срок*) expired.

изтичам flow out, run out; (*за срок*) expire.

изтласквам push out.

изток *м* east.

източен east, eastern; oriental.

източник *м* source.

изтощавам exhaust, wear out; ~ се grow weak, be exhausted.

изтощен weak; wasted.

изтощение *ср* exhaustion.

изтощителен exhausting; wasting.

изтребител *м* destroyer; *ам* fighter.

изтрезнявам (become) sober.

изтривалка *ж* door-mat; (*за черна дъска*) duster, eraser.

изтривам wipe off, rub out, erase, blot out.

изтръгвам root out, pull out, pluck out; *прен* wrest, wrench; ~ се escape, break loose.

изтръпвам (*от ужас*) shudder; (*от вълнение*) thrill; (*за крак*) go dead, go asleep.

изтръпнал dead, asleep.

изтупвам beat out.

изтъквам point out, bring forward.

изтъкнат outstanding, distinguished, eminent.

изтънчен refined; subtle, exquisite.

изтънченост *ж* refinement, fineness.

изтървавам drop, let fall.

изтъркан worn out, threadbare.

изтърквам scour; scrub; ~ се wear out.

изтърсвам shake out; knock off; ~ се tumble down.

изтягам се stretch o.s.

изумен amazed.

изумителен amazing, stupendous.

изумявам amaze, astound.

изучавам study; learn.

изхабявам spoil, waste.

изхарчвам spend; use up.

изхвърлям throw out, eject.

изход *м* exit, way out; *прен* outcome, issue.

изходен (*начален*) initial, starting; (*за виза и пр.*) exit.

изходящ outgoing.

изцапвам soil, dirty; stain; smear.

изцеждам press, squeeze out; drain.

изцяло wholly, entirely.

изчаквам bide o.'s time; sit back; wait for.

изчезвам disappear, vanish.

изчезнал vanished; extinct; missing.

изчервявам се blush, flush.

изчерпан exhausted; (*за издание*) out of print.

изчерпателен thorough, comprehensive.

изчерпа̀телно thoroughly; at full length.

изчислѐние *ср* calculation.

изчислѝтелна машѝна *ж* computer.

изчисля̀вам calculate, estimate, reckon.

изчѝствам clean out; clear.

изявлѐние *ср* statement, declaration.

изя̀ждам eat up; devour.

изяснѐние *ср* clarification.

изясня̀вам clear up, clarify, make plain.

изя̀щен graceful, refined, exquisite.

изя̀щество *ср* grace; refinement, exquisiteness.

икòна *ж* icon.

икономика *ж* economy.

икономѝсвам save, economize; put aside.

икономѝст *м* economist.

икономѝчен economical; frugal, thrifty.

икономѝчески economic.

икономѝя *ж* economy.

илѝ or; ~ ... ~ ... either ... or ...

илю̀зия *ж* illusion.

илюминàция *ж* illumination.

илюстрàция *ж* illustration.

илюстрѝрам illustrate; exemplify.

илюстрòван illustrated.

им to them; (*техен*) their.

ѝма *безл* there is, there are.

ѝмам have; own, possess.

ѝме *ср* name.

имѐние *ср* estate.

именѝт eminent, renowned.

ѝменно namely, that is to say, viz.

имитѝрам imitate; copy; mimic.

имòт *м* property, possession; belongings.

императòр *м* emperor.

империалѝзъм *м* imperialism.

империалистѝчески imperialist(ic).

империя *ж* empire.

импровизѝрам improvise, extemporize.

импровизѝран improvised, off-hand.

импу̀лс *м* impulse; incentive, stimulus.

имунитѐт *м* immunity.

имущество *ср* property.

ѝнак, ѝначе otherwise; differently; or else.

ина̀т *м* stubborness, obstinacy.

инвалѝд *м* invalid, disabled person.

инвентàр *м* inventory; stock.

индиàнец *м* Red Indian.

индиàнка *ж* red Indian, squaw.

индивѝд *м* individual; *биол* specimen.

индивидуàлен individual; personal.

индивидуалѝзъм *м* individualism.

индѝго *ср* carbon paper.

индѝйски Indian.

индус *м* ; ~ка *ж* indian.

индустриàлен industrial.

индустрия *ж* industry.

инѐртен inert; slow, sluggish.

инѐрция *ж* inertia.

инжектѝрам inject.

инжѐкция *ж* injection.

инженер *м* engineer; машѝнен~ mechanical engineer; строѝтелен ~ civil engineer; ѐлектро ~ electrical engineer.

инженѐрство *ср* engineering.

инициатѝва *ж* initiative; enterprise.

инициàтор *м* initiator, originator; organizer.

инспѐктор *м* inspector.

инсталàция *ж* installation, fitting.

инсталѝрам install, fit, fix up.

инстѝнкт *м* instinct.

инстинктѝвен instinctive.

институ̀т *м* institute.

инструктѝрам instruct, brief, advise.

инстру̀кция *ж* instructions.

инструмѐнт *м* instrument; tool.

интелѐкт *м* intellect, brains.

интелектуàлен intellectual.

интелектуàлец *м* intellectual.

интелигѐнтен intelligent, clever, bright.

интелигѐнтност *ж* intelligence, cleverness.

интелигѐнция *ж* intelligentsia; intellectuals.

интензѝвен intensive.

интервàл *м* interval; space, gap.

интервѐнция *ж* intervention.

интервю̀ *ср* interview.

интерѐс *м* interest.

интерѐсен interesting.

интересу̀вам interest; ~ се be interested (in), take an interest (in).

интерна̀т *м* boarding-house; boarding-school.

интернационàлен international.

интернѝрам intern.

интернѝст *м* specialist in internal diseases.

интерпретѝрам interpret.

интѝмен intimate; bosom, close.

интѝмност *ж* intimacy.

интрѝга *ж* intrigue, plot.

интригант *м* intrigant, intriguer, schemer.
интуиция *ж* intuition, flair.
инфекциозен infectious, contagious.
инфекция *ж* infection.
инфлация *ж* inflation.
информация *ж* information, news.
информирам inform; notify, advise.
инцидент *м* incident.
ирландец *м* Irishman.
ирландка *ж* irishwoman.
ироничен ironical, derisive.
ирония *ж* irony.
иск *м* claim.
искам want; require, demand

искане *ср* demand, claim.
искра *ж* spark.
искрен sincere, frank, candid.
искреност *ж* sincerity, frankness, candour.
испанец *м* , **испанка** *ж* spaniard.
испански Spanish.
истеричен hysterical.
истина *ж* truth.
истински true, real, genuine.
историк *м* historian.
исторически historic(al).
история *ж* history; (*разказ*) story, tale; (*случка*) affair, business.
италианец *м*, **италианка** *ж* Italian.
италиански Italian.
их! there! now!.
ишиас *м* sciatica.

Й

йерархия *ж* hierarchy.
йод *м* iodine.

К

кабел *м* cable.
кабина *ж* cabin; cubicle; (*телефонна*) callbox, callbooth.
кабинет *м* study; (*лекарски*) consulting room, surgery.
кабърче *ср* drawing pin; *ам* (thumb) tack.
кавалер *м* cavalier; gallant; (*на орден*) knight.
кавалерия *ж* cavalry.
кавга *ж* quarrel, wrangle, brawl.
кавички *мн..ч.* inverted commas, quotation marks.
кадифе *ср* velvet; (*рипсено*) corduroy.
кадифен velvet, velvety.
кадър[1] *м* personnel, staff.
кадър[2] *м* (*от филм*) frame.
казан *м* cauldron, copper; *тех* boiler, tank.
казарма *ж* barracks.
казвам say; tell;   се my name is.

кайма *ж* minced meat.
каймак *м* cream.
кайсия *ж* apricot; (*дърво*) apricot-tree.
как how.
кака *ж* elder sister.
какао *ср* cocoa.
какво what.
каквото what; whatever.
както as.
какъв what, what kind of.
какъвто what, whatever;   ~   и да е no matter what, any kind.
кал *ж* mud, dirt, mire.
калай *м* tin.
кален muddy, dirty.
кален hardened, hardy, seasoned; (*за метал*) tempered.
календар *м* calendar.
калий *м* potassium.
калций *м* calcium.
калъф *м* case, cover, slip.
калявам harden, toughen; (*метал*) temper.
калям soil, dirty, bespatter.
камара *ж* chamber, parliament.
камбана *ж* bell.
каменист stony.
каменовъглен coal.
камерен chamber.
камила *ж* camel.
камина *ж* fireplace, chimney piece.
камион *м* lorry, truck; (*закрит*) van.
камо ли let alone, much less.
кампания *ж* campaign; drive.
камшик *м* whip, lash.

ка̀мък *м* stone; *ам* rock; **скъпоцѐнен**
  ~ precious stone, gem.
ка̀мъче *ср* pebble, shingle; *ам* rock.
ка̀на *ж* water-jug, pitcher.
кана̀л *м* (*изкуствен*) canal;
  (*естествен*) channel; (*градски*) sewer.
канализа̀ция *ж* sewerage; drainage.
кана̀п *м* string, cord.
канапѐ *ср* sofa, couch; settee.
кана̀рче *ср* canary.
кандида̀т *м* candidate; (*за женитба*)
  suitor, wooer.
кандидати̇рам *се* stand for, run; be a
  candidate for.
канта̀р *м* scales, balance.
канто̀ра *ж* office.
канцела̀рия *ж* office.
ка̀нцлер *м* chancellor.
ка̀нче *ср* mug; pannikin.
ка̀ня invite, ask; ~ *се* be about, in-
  tend, plan.
капа̀к *м* lid, cover, top; flap.
капа̀н *м* trap, snare, pitfall.
ка̀паро *ср* earnest money, deposit.
капацитѐт *м* capacity; (*специалист*)
  expert, authority.
капита̀л *м* capital.
капитали̇зъм *м* capitalism.
капиталисти̇чески capitalist.
капиталовложѐние *ср* capital invest-
  ment.
капиталовложи̇тел *м* investor, fund-
  holder.
капита̀н *м* captain; **помо̀щник-~**
  mate.
капитули̇рам capitulate, surrender,
  give in.
ка̀пка *ж* drop; *прен* a bit (jot, whit) of.
капри̇з *м* caprice, whim, freak.
капри̇зен capricious, whimsical.
ка̀пя drip; trickle; leak; (*падам*) fall out.
ка̀рам drive; ride; (*принуждавам*) make
  smb. do smth., force.
ка̀рам *се* scold; quarrel.
карамѐл *м* caramel; burnt sugar. do
  smth., force.
карамфи̇л *м* carnation; (*подправка*)
  clove.
кариѐра[1] *ж* career.
кариѐра[2] *ж*(*каменна*) quarry.
кариери̇зъм *м* self-seeking, time-serv-
  ing.
кариери̇ст *м* pusher, self-seeker, caree-
  rist.
карикату̀ра *ж* caricature; cartoon.
карикату̀рен grotesque.
карикатури̇ст *м* caricaturist; cartoon-
ist.
кари̇ран checked, checkered.
карнава̀л *м* carnival; fancy-dress ball.
ка̀рта *ж* card; (*географска*) map; (*мор-
  ска*) chart; **ли̇чна ~** identity card.
картѐчница *ж* machine-gun.
карти̇на *ж* picture; painting.
карти̇нен vivid, picturesque, lifelike.
ка̀ртичка ж(*пощенска*) post-card;
  (*ил юстрована*) picture post-card.
карто̀н *м* cardboard, pasteboard.
карто̀ф *м* potato.
кару̀ца *ж* cart, wag(g)on.
карфио̀л *м* cauliflower.
карфи̇ца *ж* pin.
ка̀са *ж* safe; (*в магазин*) pay-desk, cash-
  desk; (*за билети*) box-office.
каса̀я *се* concern, have to do with.
касиѐр *м* cashier, treasurer.
ка̀сова белѐжка *ж* receipt.
каскѐт *м* cap.
кастро̀н *м* casserole bowl.
ка̀стря prune, lop; trim; (*карам се на*)
  rate, lecture.
катало̀г *м* catalogue.
катара̀ма *ж* buckle.
катастро̀фа *ж* accident, crash; disaster.
катастрофи̇рам crash, have an acci-
  dent.
катего̀рия *ж* category; class; grade.
катѐдра *ж* desk; (*в университетспе-
  циалност*) chair.
катедра̀ла *ж* cathedral.
ка̀терица *ж* squirrel.
катѐря *се* climb; clamber.
катина̀р *м* padlock.
като̀ like; as; (*когато*) when.
католи̇к *м* (Roman) Catholic.
катра̀н *м* tar.
ка̀уза *ж* cause; ideas.
ка̀учук *м* (india-)rubber.
кафѐ *ср* coffee; **~ -сладка̀рница** cafè.
кафѐз *м* cage.
кафенѐ *ср* coffee-house, cafè.
кафя̀в brown.
ка̀ца *ж* barrel, cask.
ка̀цане *ср* (*за самолет*) landing.
ка̀ц(в)ам perch; alight; (*за самолет*)
  land.
ка̀чвам bring up, take up; ~ *се* rise,
  go up, climb; mount.
ка̀чествен quality; high grade.
ка̀чество *ср* quality; grade; property.

качу̀лка ж hood.

кашкава̀л м yellow cheese.

ка̀шлица ж cough; мага̀решка ~ whooping-cough.

ка̀шлям cough; have a cough.

каю̀та ж berth, cabin.

квадра̀т м square.

квадра̀тен square.

квалифика̀ция жqualification.

квалифицѝран qualified, skilled, trained.

кварта̀л м quarter; district.

квартѐт м quartet(te).

квартѝра ж lodging(s), rooms.

квартира̀нт м lodger; tenant.

квита̀нция ж receipt, voucher.

кеба̀пче ср grill, kebapchè.

кей м quay.

кейк м cake.

кѐлнер м waiter.

кѐлнерка ж waitress.

кѐпе ср cap; beret.

кера̀мика ж ceramics, pottery.

кера̀мичен ceramic.

кѐревиз м celery.

керемѝда ж tile.

кесѝя ж(за пари) purse; (книжна) paperbag.

кѐстен м chestnut; chestnut-tree; (див) horse chestnut.

кестеня̀в chestnut, auburn.

кѐцове мн. ч. sneakers, keds.

кибернѐтика ж cybernetics.

кибрѝт м match; box of matches.

килѐр м closet; (за храна) larder, pantry.

килѝм м carpet, rug.

килѝя ж cell.

килогра̀м м kilogram(me).

киломѐтър м kilometer.

кѝмам nod.

кинематогра̀фия ж cinematography, the cinema.

кѝно ср cinema, movie, the pictures.

киноартѝст м film actor.

киноартѝстка ж film actress.

кинозвезда̀ ж film star.

кинолюбѝтел м cinema-goer, cinema-fan.

киноопера̀тор м camera man, cinema operator.

кинопрѐглед м newsreel.

кинопредставлѐние ср cinema show.

кинорежисьо̀р м film producer, film director.

кѝпвам boil up.

кипя̀ boil, seethe.

кирѝлица ж Cyrilic alphabet.

кѝрка ж pick(axe).

кѝсел sour; acid.

киселина̀ ж sourness, acidity; хим acid.

кислоро̀д м oxygen.

кислоро̀дна вода̀ ж hydrogene peroxide.

кит м whale.

кита̀ец м , кита̀йка ж Chinese.

кита̀йски Chinese.

кита̀ра ж guitar.

кѝтка¹ ж bunch, nosegay, posy.

кѝтка² ж (на ръка) wrist.

кѝфла ж roll, bun.

кѝхам sneeze.

кѝчур м lock, tuft.

кѝша ж slush, slosh.

клавѝрен piano.

клавѝш м key, note.

кла̀да ж pyre, pile; stake.

кла̀денец м well.

кла̀ксон м hooter, horn.

кла̀мер м paper-clip.

кланѐ ср slaughter, butchery; прен massacre.

кла̀ням се bow, bend; pay homage to.

кла̀па ж valve.

кларнѐт м clarinet.

клас¹ м form, class, grade.

клас² м бот ear.

класѝрам class, grade; ~ се come, finish, be classed.

класифика̀ция ж classification.

класифицѝрам classify.

класѝчески classic.

кла̀сов class.

класоосъзна̀т class-conscious.

клата̀ (се) shake; rock; dangle.

клевета̀ ж slander; libel, calumny.

клевѐтник м slanderer.

клевѐтнически slanderous; libellous.

клеветя̀ slander; libel.

клепа̀ч м eyelid.

клѐпка ж eyelash.

клѐтва ж oath, vow; curse.

клѐтка ж cage; биол cell.

клѐтник м wretch, wretched person.

клѐчка ж stick; (за зъби) toothpick; (кибритена) match.

клѐщи мн. ч. pincers; (плоски) pliers; (хирургически) forceps.

клиѐнт м customer; patron.

клѝка ж clique, faction.

клѝмат *м* climate.

климатѝчна инсталѐция *ж* air-conditioning.

клин *м* wedge.

клѝника *ж* clinic; hospital.

клинѝчен clinical.

клѝнча shirk, dodge.

клису̀ра *ж* gorge.

клишѐ *ср* plate, cut; *прен* cliche̐, tag, hackneyed expression.

клозѐт *м* water-closet (W.C.), lavatory, toilet; (*обществен*) public conveniences.

клоко̀ча bubble, gurgle.

клон *м* branch; bough.

кло̀нче *ср* twig, spray, sprig.

клоня̀ incline, lean, tend.

кло̀пка *ж* trap, pitfall.

кло̀ун *м* clown, jester, joker.

клош *м* flare.

клуб *м* club.

клю̀ка *ж* gossip; scandal.

клюка̀р *м* , ~ка *ж* gossip, tattler, scandalmonger.

клюка̀рствувам gossip, talk scandal.

клю̀мнал drooping, flagging.

клюн *м* beak, bill.

ключ *м* key; (*секретен*) latch key; (*ел ектрически*) switch; *муз* clef; *тех* wrench; spanner.

ключа̀лка *ж* lock; keyhole.

кля̀кам squat.

кмет *м* mayor.

кмѐтство *ср* town-hall; municipality.

кнѝга *ж* book.

книгообмѐн *м* book exchange.

книжа̀ *мн. ч.* papers, documents.

книжа̀р *м* book-seller; stationer.

книжа̀рница *ж* bookshop; bookstore; (*за канцеларски материали*) stationer's.

кнѝжен paper.

кнѝжка *ж* booklet; (*шофьорска*) driving licence.

книжо̀вен literary.

коалѝция *ж* coalition.

кова̀ forge; hammer.

кова̀н hammered; wrought.

кова̀рен treacherous, perfidious.

кова̀рство *ср* treachery, perfidy.

кова̀ч *м* (black)smith.

ковчѐг *м* coffin.

кога̀ when.

кога̀то when; while.

кого̀, кого̀то whom.

ко̀декс *м* code.

коефициѐнт *м* coefficient.

ко̀жа *ж* skin; (*на животно*) hide, pelt; (*с козина*) fur; (*обработена*) leather.

ко̀жен skin; leather; fur.

кожу̀х *м* fur coat.

кожуха̀р *м* furrier.

кожу̀хче *ср* sheepskin.

коза̀ *ж* goat.

ко̀зина *ж* fur; pelt.

козмѐтика *ж* cosmetics.

козуна̀к *м* Easter cake.

кой who; (*при избор*) which.

ко̀йто who; that; which.

кок *м* bun/ knot/ coil of hair.

ко̀кал *м* bone.

кокѐтен trim, neat, spruce.

кокѝче *ср* snowdrop.

кокоша̀рник *м* hen-house, coop.

коко̀шка *ж* hen.

кокс *м* coke.

кол *м* post, stake.

кола̀ *ж* cart, wag(g)on; лѐка ~ car.

ко̀ла¹ *ж* (*нишесте*) starch.

ко̀ла² *ж печ* (printer's) sheet.

кола̀н *м* belt, girdle; (*за жартиери*) suspender girdle/ belt.

колба̀си *мн. ч.* sausages, cold cuts.

колба̀сница *ж* pork butcher's, sausage shop.

колеба̀ние *ср* hesitation, wavering.

колеба̀я се hesitate, waver, fluctuate.

колеблѝв hesitant, wavering.

колѐга *м* colleague; mate.

Ко̀леда *ж* Christmas.

колектѝв *м* body, group, team.

колектѝвен collective, joint.

колекционѐр *м* collector.

колѐкция *ж* collection.

колело̀ *ср* wheel; (*велосипед*) bicycle.

коленѝча kneel.

колѐт *м* parcel.

колиѐ *ср* necklace.

колѝчество *ср* quantity, amount.

колѝчка *ж* wheelbarrow; (*детска*) perambulator, pram.

ко̀лко how much; how many; how.

ко̀лкото as, as much as; as many as.

коловоз *м* rut; (*за влак*) line.

коло̀квиум *м* preliminary examination.

коло̀на *ж* column; pillar, post.

колониа̀л *м* groceries; grocer's shop.

колониа̀лен colonial.

колониза̀тор *м* colonizer; settler.

коло̀ния *ж* colony.

колорѝт *м* colour(ing), picturesqueness.

колорѝтен colourful, picturesque.

колоса̀лен colossal, huge, immense.

коло̀свам starch.

ко̀ля slaughter, kill; butcher.

коля̀но *ср* knee.

командѝр *м* commander.

командиро̀вам commission, send on a business trip.

командиро̀вка *ж* mission, business trip.

кома̀нд(у)вам give orders, command.

кома̀нд(у)ване *ср* command; (*щаб*) headquarters.

кома̀р¹ *м* mosquito, gnat.

кома̀р² (*хазарт*) gambling.

комба̀йн *м* combine (harvester).

комбина̀т *м* combine.

комбина̀ция *ж* combination; *прен* design, scheme.

комбинезо̀н *м* slip; (*работнически*) overalls.

комбинѝрам combine; *прен* design.

комѐдия *ж* comedy.

комента̀р *м* commentary, comment.

комента̀тор *м* commentator.

коментѝрам comment.

комѝк *м* comedian; jester, joker.

комѝн *м* chimney; (*на параход*) funnel.

комѝсия *ж* commission, committee, board.

комитѐт *м* committee.

комѝчен comic(al); funny, ridiculous, absurd.

комѝчност *ж* humour, absurdity.

компа̀ния *ж* company, party; set.

компа̀с *м* compass.

компенса̀ция *ж* compensation, recompense.

компенсѝрам compensate, make amends.

компетѐнтен competent.

компетѐнтност *ж* competence.

комплѐкс *м* complex; (*жилищен*) blocks, housing estate.

комплѐкт *м* set.

комплимѐнт *м* compliment.

композѝрам compose.

композѝтор *м* composer.

композѝция *ж* composition.

компо̀т *м* stewed fruit.

компрѐс *м* compress.

компрометѝрам compromise, disgrace.

компро̀мис *м* compromise.

компро̀мисен compromise.

Комсомо̀л *м* Komsomol, Young Communist League.

комсомо̀лец *м* member of the Young Communist League.

комуна̀лен communal; municipal; комуна̀лни услу̀ги public utilities/ services.

комунѝзъм *м* communism.

комунѝст *м* communist.

комунистѝчески communist.

комфо̀рт *м* comfort, luxury.

комюникѐ *ср* communiquè, official statement.

кон *м* horse; *поет* steed; (*в шах*) knight.

конгрѐс *м* congress.

конду̀ктор *м* conductor, guard.

конѐц *м* thread.

конкрѐтен concrete, tangible.

конкретизѝрам render concrete, specify.

конкурѐнт *м* competitor, rival.

конкурѐнция *ж* competition, rivalry.

конкурѝрам compete, rival, vie.

конку̀рс *м* competition.

ко̀нник *м* horseman, rider.

ко̀нница *ж* cavalry.

коно̀п *м* hemp.

консѐрва *ж* tinned/ preserved food; *ам* canned food.

консерватѝвен conservative, Tory.

консерва̀тор *м* conservative, Tory.

консерва̀тория *ж* school of music; *ам* conservatory.

консѐрвена кутия̀ *ж* tin, can.

консервѝран tinned, canned, preserved.

ко̀нспект *м* syllabus; synopsis.

конспира̀ция *ж* conspiracy, plot.

констата̀ция *ж* inference, conclusion.

константѝрам infer; find out.

конститу̀ция *ж* constitution.

констру̀ктор *м* constructor; designer.

констру̀кция *ж* construction; design; structure.

ко̀нсулство *ср* consulate.

консултѝрам (се) consult, see.

консумѝрам consume, use up.

конта̀кт *м* contact; touch; *ел* point, wall-socket.

контѐ *ср* dandy, fop.

континѐнт *м* continent.

кòнтра counter, against.

кòнтраатàка *ж* counterattack.

контрабàнда *ж* smuggling, contraband.

контрабандѝст *м* smuggler.

контрапỳнкт *м* counter-point.

контраразузнàване *ср* counter-espionage.

контрареволюция *ж* counter-revolution.

контрàст *м* contrast.

контрòл *м* control, check(ing).

контролѝрам control, check.

контрольòр *м* controller.

контỳзия *ж* bruise; *мед* contusion.

контỳр *м* outline, contour.

кòнус *м* cone.

конфèкция *ж* ready-made clothes; *ам* ready-to-wear clothes.

конферансиè *ср* conferencier, announcer, entertainer.

конферèнция *ж* conference.

конфитюр *м* jam, preserve.

конфлѝкт *м* conflict, clash.

концентрѝрам (се) concentrate.

концèрн *м* concern, combine.

концèрт *м* concert; (*творба*) concerto.

кòнцлагер *м* concentration camp.

концлагерѝст *м* internee, camp inmate.

конюшня *ж* stable.

коняк *м* cognac, brandy.

кооператѝвен co-operative.

коопèратор *м* member of a co-operative (farm).

коопèрация *ж* co-operation; co-operative, co-operative store.

копая dig.

кòпие¹ *ср* spear, pike; (*дълго*) lance.

кòпие² *ср* (*препис*) copy; duplicate.

копнèж *м* longing, craving, yearning.

копнèя long, yearn, crave.

копрѝва *ж* nettle.

копрѝвна трèска *ж* nettle-rash; *мед* urticaria.

копрѝна *ж* silk; (*изкуствена*) rayon.

копрѝнен silk; silken.

кòпче *ср* button.

кòпър *м* fennel, dill.

корà *ж* (*на дърво*) bark; rind; (*на плод*) peal, rind; (*на хляб*) crust.

кòраб *м* ship, boat, vessel; космѝчески ~ space-ship.

корабокрушèние *ср* ship-wreck.

корабоплàване *ср* navigation.

корабостроѝтелница *ж* dock-yard, ship-yard.

корàв hard, stiff, rigid.

коравосърдèчен hard-hearted, callous.

корèктен correct, proper.

корèктност *ж* correctness, propriety, good manners.

корèктор *м* proof-reader.

корèкция *ж* correction; amendment.

корèм *м* stomach; belly; abdomen.

кòрен *м* root.

кореспондèнт *м*, ~ка *ж* correspondent.

кореспондèнция *ж* correspondence.

кореспондѝрам correspond, be in correspondence with.

коридòр *м* corridor; *сп* lane.

корѝст *ж* self-seeking, self-interest.

користолюбѝв self-seeking, self-interested.

користолюбие *ср* вж кòрист.

корѝто *ср* trough, wash-tub; (*на река*) bed, channel.

корѝца *ж* cover; (*мека – на книга*) paper back.

кормѝло *ср* steering wheel; (*на велосипед*) handle-bar.

корнѝз *м* curtain rod.

корòна *ж* crown.

кос *м* blackbird.

косà *ж* hair.

кòсвен indirect, oblique.

косѝтба *ж* mowing, hay-making.

космѝчески cosmic, space.

космонàвт *м* astronaut, spaceman.

космонàвтика *ж* astronautics.

кòсмос *м* cosmos, space.

кост *ж* bone.

костелѝв bony; (*за орех*) hard.

костенỳрка *ж* tortoise; (*морска*) turtle.

костѝлка *ж* stone; *ам* pit.

костюм *м* suit; *театр* costume.

кòсъм *м* hair.

кося mow.

кòтва *ж* anchor.

котèл *м* cauldron, copper; (*парен*) steamboiler.

кòтка *ж* cat.

котлèт *м* cutlet; chop.

котлòн *м* electric ring, hot plate.

кòфа ж pail, bucket; (за въглища) coal-scuttle; (за боклук) dust-bin.

кофрàж м casing, shuttering.

кòчина ж pig-sty.

кош м basket; crate; pannier.

кошàра ж sheep-fold; pen.

кòшер м bee-hive.

кошмàр м nightmare.

кòшница ж basket.

кòшче ср waste-paper basket.

кощỳнство ср sacrilege; profanation.

крàва ж cow.

кравàрник м cow-shed.

крадà steal; lift; pilfer; pinch.

крадèц м thief; (джебчия) pickpocket.

крадешкòм stealthily, furtively, sneakingly.

крàен last; terminal; (за време) final, ultimate; (изключителен) extreme, utter.

крàжба ж theft, pilferage; (с взлом) burglary.

крàй м end; (страна) land, region, parts.

крàй past, by; along, beside.

крайбрèжие ср shore, coast; riverside, bank.

крàйник м limb.

крàйници мн. ч. extremities, limbs.

крàйно extremely, utterly, most.

крàйност ж extreme, excess.

крак м leg; (стъпало) foot.

крал м king.

кралѝца ж queen.

крàлство ср kingdom.

кран м tap, cock, faucet; (за тежести) crane.

красàвица ж beauty.

красѝв beautiful, lovely; (за мъж) handsome.

красноречѝв eloquent.

красnorèчие ср eloquence.

красотà ж beauty.

крàставица ж cucumber.

крàставичка ж gherkin.

краткосрòчен short-term.

краткотрàен short-lived, brief; passing.

крàткост ж brevity; conciseness.

крàтък short, brief; (сбит) concise.

крах м crash, downfall.

крàчка ж step; (ход) stride, pace.

крачòл м trouser-leg.

кревàт м bed, bedstead.

крèдит м credit.

кредитѝрам credit.

кредитоспосòбен solvent.

крем[1] м cream.

крем[2] м бот lily, Easter lily.

крèмав cream-coloured.

крèнвирш м Frankfurter; ам wiener.

крèпост ж stronghold; fortress; прен bulwark.

крèпостник м serf.

крепя́ support, sustain, hold up, uphold; прен back.

креслѝв shrill, piercing, strident.

креслò ср armchair, easychair.

кретòн м cretonne, chintz.

крèхък fragile, brittle, delicate.

крещя́ scream, yell, shriek; shout.

крещя́щ screaming, shrill; прен urgent.

крив crooked, twisted; curved; awry; distorted; (виновен) to blame.

кривоглèд squint-eyed, cross-eyed.

кривоглèдство ср squint, squinting.

криволѝча zigzag, wind, twist, meander.

криворазбрàн misconceived, ill-advised.

крѝза ж crisis.

крилò ср wing.

криминàлен criminal.

кристàл м crystal.

кристàлен crystal; прен crystal clear.

критèрий м criterion.

критѝк м critic.

крѝтика ж criticism; review.

критикỳвам criticize; review.

критѝчен, критѝчески critical; критѝческа възраст change of life, climacteric.

критѝчност ж critical attitude seriousness, gravity.

крѝя hide, conceal.

крòйка ж cut, style.

крокодѝл м crocodile.

кромѝд м onion.

крòтък quiet, meek, mild, gentle.

кроя́ cut (out); прен scheme.

кроя́ч м cutter, tailor.

крỳпен large-scale, big; prominent.

крỳша ж pear; (дърво) pear-tree.

крỳшка ж ел electric bulb.

кръв ж blood.

крѝвна картѝна ж blood test.

крѝвно налягане ср blood pressure.

кръводарѝтел м blood donor.

кръвожа̀ден bloodthirsty, fierce.
кръвойзлив *м* haemorrhage.
кръвоно̀сен съд *м* blood vessel.
кръвообращѐние *ср* blood circulation.
кръвопрелѝване *ср* blood transfusion.
кръвопролѝтие *ср* bloodshed.
кръвотечѐние *ср* bleeding, haemorrhage.
кръг *м* circle.
кръго̀м! about turn!
кръ̀гъл round, circular.
кръжо̀к *м* circle, group.
кръ̀пка *ж* patch.
кръст¹ *м* cross.
кръст² *м анат* waist.
кръстоно̀сен по̀ход *м* crusade.
кръстопъ̀т *м* crossing, crossroad(s).
кръсто̀свам cross.
кръстосло̀вица *ж* crossword puzzle.
кръ̀стя се cross o. s.
кръ̀чма *ж* public house, pub, tavern.
кръчма̀р *м* tavern-keeper.
кръ̀шен graceful; (*за смях*) ringing.
кръща̀вам baptize; christen.
кръщѐлно свидѐтелство *ср* birth certificate.
кръщѐние *ср* baptism.
кря̀скам yell, shout, shriek.
кря̀сък *м* shout, scream, shriek.
куб *м* cube.
кубѐ *ср* dome, cupola.
кувѐрт *м* cover.
ку̀ка *ж* hook; (*за плетене*) knitting needle.
ку̀кла *ж* doll.
ку̀клен теа̀тър *м* puppet-theatre.
ку̀кувица *ж* cuckoo.
ку̀ла *ж* tower.
кулминацио̀нна то̀чка *ж* climax, culmination.
култ *м* cult.
култивѝрам cultivate.
култу̀ра *ж* culture, civilization.
култу̀рен cultural; civilized, cultured.
кум *м* sponsor; godfather; first witness, best man.
кума̀ *ж* godmother, sponsor.
ку̀мове *мн. ч.* sponsors.
куп *м* heap; pile, stack.
ку̀па *ж* bowl; (*спортна*) cup.
купа̀ *ж* (hay-)stack.
купѐ *ср* compartment; ~за нѐпушачи nonsmoker; ~ за пу̀шачи smoker.
куплѐт *м* verse, couplet.
купо̀н *м* coupon.

купу̀вам buy, get, purchase.
купува̀ч *м* buyer, purchaser.
купчѝна *ж* pile, heap.
курабѝя *ж* cookie, biscuit.
кура̀ж *м* courage, pluck.
куриѐр *м* messenger, carrier, courier.
курио̀з *м* curiosity.
куро̀рт *м* (health-)resort.
курортѝст *м* holiday-maker.
курс *м* course; (*валутен*) rate of exchange.
куршу̀м *м* bullet; lead.
кутѝя *ж* box.
ку̀фар *м* suit-case, valise, trunk.
кух hollow.
кухина̀ *ж* hollow, cavity; о̀чна ~ (eye) socket.
ку̀хня *ж* kitchen.
куц lame, limping.
ку̀цам limp, be lame.
ку̀че *ср* dog.
кушѐтка *ж* couch.
къдѐ where.
къдѐто where; wherever.
къ̀драв curly.
къдрѝца *ж* curl, lock.
кълбо̀ *ср* ball; globe, sphere.
кълна̀ curse; ~ ce swear.
кълня̀ sprout, germinate.
къ̀лцам pound, chop; mince; grind.
към to, toward.
къ̀нки *мн. ч.* skates; лѐтни ~ roller skates; ка̀рам ~ skate.
кънтя̀ ring, resound, echo.
къпа̀лня *ж* public baths; ля̀тна ~ swimming pool.
къпѝна *ж* blackberry; (*храст*) bramble.
къ̀пя bathe, give a bath (to); ~ ce have/ take a bath.
къ̀рвав bloody; blood-stained.
кървя̀ bleed.
кърма̀че *ср* suckling.
къ̀рмя suckle, nurse, breastfeed.
къ̀рпа *ж* cloth, kerchief; (*пешкир*) towel; (*за прах*) duster; (*за нос*) handkerchief.
къ̀рпя mend, repair; patch; (*чорапи*) darn.
къртѝца *ж* mole.
къс short, brief.
къс *м* piece, bit, morsel.

късам tear; (*бера*) pick, pluck.
късен late.
късмѐт *м* luck, fortune.
кѝсно late.

късоглѐд short-sighted.
късоглѐдство *ср* short-sightedness.
кѝсче *ср* morsel, bit, scrap.
кът *м* nook, corner, recess.
кѐтник *м* molar, cheek tooth.
кѝща *ж* house; home.
кюнѐц *м* stove-pipe.
кюфтѐ *ср* meat ball, rissole.

Л

лабѝлен unstable, unsteady.
лабирѝнт *м* maze, labyrinth.
лаборѐнт *м* laboratory assistant.
лаборатòрия *ж* laboratory, lab.
лавѝна *ж* avalanche, snow-slip.
лавѝрам manoeuvre, temporize.
лѐвка *ж* canteen.
лѐгер *м* camp.
лазỳрен azure.
лѐзя creep, crawl.
лай *м* bark.
лѐйка *ж* camomile.
лак *м* varnish, lacquer; polish; (*кожа*)
patent leather.
лакѐй *м* footman; valet; lackey.
лакѝрам varnish, polish.
лѐком greedy, gluttonous.
лакомѝя *ж* greed, gluttony.
лѐкомство *ср* dainty, titbit, delicacy.
лѐкът *м* elbow.
лалѐ *ср* tulip.
ламарѝна *ж* sheet iron.
лѐмпа *ж* lamp; (*на радио*) valve,
ламтѝ crave, thirst.
лансѝрам launch, start, set forth.
лѐпа *ж* paw.
лапѐвица *ж* sleet, slush.
лѐпам gobble; swallow, gulp.
лѐска *ж* caress, endearment.
лѐскав caressing, endearing; favourable,
flattering.
ласкѐтел *м* flatterer.
ласкѐтелство *ср* flattery.
лаская flatter.
лѐстик *м* elastic; rubber band; (*плет-
ка*) ribbing.
лѐстичен elastic.
латѝнски Latin.
лауреѐт *м* laureate, prize-winner.
лѐчен (of) patent leather.

лѐя bark.
лѐбед *м* swan.
левѝца *ж* left-wing, the left.
легѐлен legal.
легѐция *ж* legation.
легѐн *м* basin.
легѐнда *ж* legend.
легендѐрен legendary.
легитимѝрам се produce o.'s identity
card.
леглò *ср* bed.
лед *м* ice.
лѐден ice, icy.
лѐдник *м* glacier.
лежà lie, recline; (*разположен съм*) be
situated.
лейбърѝстки Labour.
лейкоплѐст *м* adhesive tape.
лек *м* remedy, cure.
лек light; easy; ~а нощ good night.
лѐкар *м* physician, doctor.
лѐкарски medical; ~ кабинѐт
surgery.
лекѐрство *ср* medicine, drug.
лекѐ *ср* stain, spot; *прен* rotter, cad.
лековѐрен credulous, gullible.
лековѝт curative.
лекомѝслен frivolous, light-minded.
лекомѝслие *ср* frivolity, flippancy.
леконрѐвен loose, wanton.
лекотà *ж* lightness, ease.
лѐксика *ж* vocabulary.
лѐктор *м* lecturer.
лекỳвам cure, heal; treat.
лѐкция *ж* lecture.
лѐля *ж* aunt.
лен *м бот* flax; (*в текстила*) linen.
ленѝв lazy, idle, indolent.
лѐнта *ж* band; tape; ribbon.
лентѝй *м* lazy bones; loafer, idler.
леопѐрд *м* leopard.
лѐпенка *ж* sticking plaster.
лепѝло *ср* gum, glue, paste.
лѐпкав sticky, glummy.

лѐппа stick, be sticky.
лепя̀ stick, glue, paste.
лес *м* wood, forest.
лѐсен easy, light.
лескà *ж* hazel bush.
леснинà *ж* ease, facility.
лесничѐй *м* forester, woodman.
лѐсно easily.
лесовѣ̀дство *ср* forestry.
лѐтен summer.
летѐц *м* flyer, pilot, airman.
летѝще *ср* airport, airfield.
летлѝв volatile.
летòвище *ср* summer resort.
летòвник *м* holiday-maker.
летопѝс *м* chronicle, annals.
летỳвам spend the summer.
летя̀ fly; soar.
лехà *ж* bed; (*с цветя*) flower bed.
лечѐбен healing, curative.
лечѐбница *ж* public health station; out-patients' department in hospital.
лечѐние *ср* medical treatment.
лѐшник *м* hazel-nut; (*храст*) hazel.
лѐща[1] *ж бот* lentils.
лѐща[2] *ж* (*лупа*) lens.
лѐя (*метал*) cast, found.
лея̀р *м* caster, founder, moulder.
лея̀рство *ср* foundry.
ливàда *ж* meadow.
лѝгавниче *ср* bib.
лигнѝн *м* woodwool, cleanex.
лѝжа lick.
лик *м* image, effigy.
ликвидѝрам do away with.
ликò *ср* bast, raffia, fibre.
ликỳвам jubilate, exult, triumph.
ликьòр *м* liqueur.
лилàв lilac, purple, violet.
лѝлия *ж* lily; вòдна ~ water lily.
лимòн *м* lemon.
лимонàда *ж* lemonade.
лимòнтузу *ср* salt of lemon.
линѐен linear.
линѐйка *ж* ambulance car.
линѐя pine, languish; wither.
лѝния *ж* line, ruler.
липà *ж* lime-tree; linden.
лѝпса *ж* lack, want; shortage, absence.
лѝпсвам be wanting, be missing, be absent.
лѝра *ж* pound; англѝйска ~ pound sterling.
лѝрика *ж* lyric poetry.
лирѝчен lyric.
лисѝца *ж* fox.

лист *м* leaf; (*на цвят*) petal; (*хартия*) sheet.
литерàтор *м* man of letters.
литератỳра *ж* literature.
литератỳрен literary.
лѝтър *м* litre.
лѝхва *ж* interest.
лихвàрство *ср* usury, money-lending.
лицѐ *ср* face; countenance; (*човек*) person, individual.
лицемѐрен hypocritical.
лицемѐрие *ср* hypocrisy, cant.
личà show, appear, stand out.
лѝчен personal, private; (*бележит*) eminent.
лѝчно personally, in person.
лѝчност *ж* personality.
лишàвам deprive (of), divest.
лишѐние *ср* privation, want.
лов *м* hunting, shooting, chase.
ловджѝя *м* hunter, huntsman.
ловѐц *м* hunter, huntsman.
лòвкост *ж* dexterity, deftness, skill.
лòвък dexterous, skilful; deft.
ловя̀ catch, seize.
лòгика *ж* logic.
логѝчен logical.
лòдка *ж* boat; bark.
лодкàр *м* boatman, oarsman.
лòжа *ж* box.
лозà *ж* vine.
лозàрство *ср* vine growing, viticulture.
лòзе *ср* vineyard.
лòзунг *м* slogan.
лòй *ж* tallow, suet; fat.
локàл *м* public house, restaurant.
лòква *ж* puddle, pool.
локомотѝв *м* locomotive, engine.
локỳм *м* Turkish delight.
лопàта *ж* spade, shovel.
лост *м* lever.
лотàрия *ж* lottery, raffle.
лош bad, wicked, ill; poor.
лòшо ми е feel bad.
лоя̀лност *ж* loyalty.
луд mad, insane, crazy.
лỳдница *ж* madhouse, asylum, mental home.
лудорѝя *ж* foolery, frolic.
лỳдост *ж* madness, insanity, folly.
лук *м* onion.
лукàв sly, cunning, crafty.

лукàнка *ж* flat sausage.
лỳковица *ж бот* bulb.
лукс *м* luxury.
луксòзен luxurious, sumptuous; de luxe.
лулà *ж* pipe.
лунà *ж* moon.
лỳпа *ж* magnifying glass.
лỳтам се rove, ramble, roam, wander.
лъв *м* lion.
лъ̀жа lie, tell a lie.
лъжà *ж* lie, falsehood.
лъжесвидèтел *м* perjurer, false witness.
лъжèц *м* liar, fibber.
лъжѝца *ж* spoon.
лъжѝчка *ж* tea-spoon.
лъжлѝв false, deceitful.
лъкатỳша meander, wind.
лъ̀скав shining, lustrous, glossy.
лъскавинà *ж* lustre, gloss.
лъ̀скам polish, shine.
лъх *м* breath, waft, puff.
лъ̀хам breathe, waft.
лъч *м* ray, beam.
лъчѝст radiant, beaming.
лъщà shine, gleam; glitter.
любèзен kind, polite.
любèзност *ж* kindness, courtesy.
любенѝца *ж* water melon.
любѝм loved, beloved, favourite; pet.
любѝм *м* ; ~а *ж* sweetheart, darling, beloved.

любѝмец *м* favourite.
любѝтел *м* lover; amateur, diletante.
любѝтелски amateur.
любòв *ж* love, affection; love affair, romance.
любòвен love, amorous, loving.
любòвник *м* lover, paramour; sweetheart.
любòвница *ж* mistress, paramour; sweetheart.
любознàтелен studious, eager to learn.
любознàтелност *ж* studiousness.
любопѝтен curious, inquisitive.
любопѝтство *ср* curiosity
любопѝтствувам be curious, show curiosity.
любỳвам се enjoy, admire, feast o.'s eyes upon.
любя love, make love to, be in love with.
люлèя rock, swing, sway.
люлка *ж* swing, hammock; (*бебешка*) cradle.
люляк *м* lilac.
люспа *ж* scale; husk.
лют hot, biting, pungent.
лютеница *ж* pepper relish, ketchup.
лютѝв hot.
лютѝче *ср* buttercup.
лющя peel, skin, shell; ~ се peel off.
ляв left.
лягам lie down; ~ си go to bed, turn in.
лястовица *ж* swallow.
лято *ср* summer.

M

магазѝн *м* shop, store; универсàлен ~ department store.
магàре *ср* donkey, ass.
магданòз *м* parsley.
магистрàла *ж* thoroughfare; trunk-road.
магѝя *ж* magic, sorcery, witchcraft, charm.
магнетофòн *м* tape recorder.
магнетофòнен зàпис *м* recording.
магнетофòнна лèнта *ж* recording tape.
магьòсник *м* magician, wizard, sorcerer.

мàжа spread; plaster, coat; smear.
мажòрен major.
мазà *ж*, мазè *ср* cellar, basement.
мàзен oily, greasy, fat; *прен* unctuous.
мазѝлка *ж* plaster.
мазнинà *ж* fat, grease.
мазòл *м* corn, callosity.
май *м* May.
май (*изглежда*) it seems, very likely.
мàйка *ж* mother.
маймỳна *ж* monkey, ape.
майонèза *ж* mayonnaise.
майòр *м* major.
мàйстор *м* master.
майсторлъ̀к *м* knack, know-how.
мàйсторски masterly, skilful.
мàйсторство *ср* mastery, skill.

ма̀йчински motherly, maternal.

ма̀йчинство *ср* motherhood, maternity.

мак *м* poppy.

мака̀р though, even though, although, if.

макара̀ *ж* reel, spool of cotton; *mex* pulley.

макаро̀ни *мн. ч.* macaroni.

максима̀лен maximum, utmost.

мала̀рия *ж* malaria.

малѝна *ж* raspberry.

ма̀лко little; a little, some; few; по-~ less; най-~ least.

малобро̀ен not numerous, scanty.

малова̀жен unimportant, minor.

малоду̀шен cowardly, pusillanimous.

малокръ̀вие *ср* anaemia.

малолѐтен under age, juvenile.

малоу̀мен half-witted, imbecile.

малоцѐнен of little value, cheap.

малоцѐнност *ж* inferiority.

малтретѝрам ill-treat, maltreat, bully.

малтретѝране *ср* ill-treatment.

малцѝна *мн. ч.* few.

малцинство̀ *ср* minority.

ма̀лък small, little; tiny.

ма̀ма *ж* mother, mum(my), mamma.

ма̀мя cheat, deceive, swindle; ~ ce be mistaken.

манастѝр *м* monastery.

мандарѝна *ж* tangerine.

маневрѝрам manoeuvre.

мания̀к *м* lunatic, maniac; crank.

маниѐр *м* manner, way, style.

маникю̀р *м* manicure.

манипулѝрам manipulate, handle; process.

манифеста̀ция *ж* demonstration.

манифестѝрам demonstrate.

манкѝрам shirk.

манса̀рда *ж* garret.

манто̀ *ср* overcoat, topcoat.

маншѐт *м* cuff; (*на панталони*) turn-up.

маргарѝн *м* margarine.

маргарѝта *ж* daisy.

марионѐтка *ж* puppet, marionette.

ма̀рка *ж* stamp; търго̀вска ~ trademark.

марксѝзъм *м* Marxism.

марксѝст *м* Marxist.

марку̀ч *м* hose.

ма̀рля *ж* gauze, lint.

мармела̀д *м* jam; (*от портокали*) marmalade.

март *м* March.

мару̀ля *ж* lettuce.

марш *м* march.

марширу̀вам march.

маршру̀т *м* route, itinerary.

мас *ж* lard; fat.

ма̀са¹ *ж* table.

ма̀са² *ж* (*количество*) mass.

маса̀ж *м* massage; (*на лицето*) facial.

масѝвен massive, solid.

ма̀сичка *ж* small table; но̀щна ~ bedside table.

ма̀ска *ж* mask.

маскѝрам ce disguise o.s.; dress up.

маслѝна *ж* olive.

маслѝнов olive.

масло̀ *ср* butter; (*течно*) oil; (*смазка*) grease.

маслода̀ен oil-yielding.

ма̀сов mass, popular.

ма̀сово in large numbers.

мастѝлница *ж* ink-pot, ink-stand.

мастѝло *ср* ink.

математѝк *м* mathematician.

матема̀тика *ж* mathematics.

материа̀л *м* material, matter, stuff.

материа̀лен material.

материалѝзъм *м* materialism.

материалѝст *м* materialist.

материалистѝчески materialist(ic).

матѐрия *ж* matter, material, substance, stuff.

ма̀тов mat, dull, lustreless.

матра̀к *м* mattress.

мату̀ра *ж* matriculation.

ма̀хам (*с ръка*) wave; (*отстранявам*) remove, take away; ~ ce clear off, get away.

мач *м* match.

ма̀чкам crumple, crush, squash; ~ ce crease.

ма̀чта *ж* mast.

маша̀ *ж* tongs; *прен* tool, cat's paw.

машѝна *ж* machine; engine; шѐвна ~ sewing machine; пѝшеща ~ typewriter.

машинѝст *м* enginedriver.

машинопѝсец *м*, машинопѝска *ж* typist.

машиностро̀ене *ср* machine building; mechanical engineering.

маща̀б *м* scale.

ме me.

мѐбел *ж* piece of furniture.
мебелирòвка *ж* furniture, furnishings.
мед¹ *м* honey.
мед² *ж* (*метал*) copper.
медѐл *м* medal.
медицѝна *ж* medicine.
медицѝнски medical; медицѝнска сестрà trained (hospital) nurse.
междѝнен intermediate.
междỳ between; (*сред*) among, amongst; ~ дрỳгото by the way, incidentally.
междуврѐменно meanwhile, in the meantime.
междуграѐдски interurban; ~ рàзговор trunk call.
междумѐтие *ср* interjection.
междунарòден international.
междуособѝца *ж* civil war.
междупланѐтен interplanetary; space.
междучàсие *ср* recess, break, interval.
мезѐ *ср* appetizer, relish.
мек soft; mellow.
мѐкост *ж* softness.
мекошàв weak, feeble, flabby.
мелàнж *м* white coffee; (*цвят*) pepper and salt.
меланхòлия *ж* melancholy.
мѐлница *ж* mill.
мелодѝчен melodious.
мелодѝчност *ж* melody, melodiousness.
мелòдия *ж* melody, tune, air.
мѐля grind, mill; (*месо*) mince.
мѐн(е) me.
мѐнта *ж* peppermint.
менѝ *ср* bill of fare, menu.
менѝ (се) change, alter.
мѐрзост *ж* vileness, iniquity.
меридиàн *м* meridian.
мерѝло *ср* measure; criterion; standard.
меринòсен merino.
меродàвен authoritative, reliable.
мероприѝтие *ср* measure, action; enterprise, undertaking.
мѐря measure; (*тегло*) weigh; (*пробвам*) try on.
месàр *м* butcher.
месàрница *ж* butcher's (shop).
мѐсен meat; мѐсна хранà meat diet; мѐсна консѐрва tinned meat.
мѐсест fleshy, meaty; pulpy.

мѐсец *м* month; (*луна*) moon.
мѐсечен monthly.
месò *ср* meat; (*плът*) flesh.
мѐстен local, native.
мѐстност ¯*ж* locality; country, place.
местожѝтелство *ср* residence.
местоимѐние *ср* pronoun.
местоназначѐние *ср* destination.
местонахождѐние *ср* location; whereabouts.
местоположѐние *ср* position, situation.
месторождѐние *ср* birthplace.
мѐстя move, shift, transfer.
мѐся knead; mix.
мѐся ce intervene, interfere; meddle.
метà sweep.
метàл *м* metal.
метàлен metal; metallic.
металỳргия *ж* metallurgy; чѐрна ~ black metallurgy; цвѐтна ~ colour metallurgy.
метеоролòг *м* meteorologist.
метеоролòгия *ж* meteorology.
метлà *ж* broom.
метлѝчина *ж* cornflower.
мѐтод *м* method.
метòдика *ж* methods.
метрò *ср* Underground, (*в Лондон*) tube; *ам* subway.
мѐтър *м* metre.
механà *ж* tavern.
механизàция *ж* mechanization.
механизѝрам mechanize.
механѝк *м* mechanic.
механѝка *ж* mechanics.
механѝчен mechanical.
мехлѐм *м* ointment, salve, cream.
мехỳр *м* bladder, sac; (*пришка*) blister.
мецосопрàно *ср* mezzosoprano.
меч *м* sword.
мѐчка *ж* bear.
мечтà *ж* day-dream, reverie.
мечтàтел *м* day-dreamer.
мечтàтелен dreamy.
мечтàя dream (of); long (for).
ми me, to me; (*мой*) my.
мѝвка *ж* wash-stand, wash-basin; (*кухненска*) sink.
миг *м* instant; twinkling, flash.
мѝгам blink; wink; twinkle.
мѝгла *ж* eyelash.
мигновѐн instantaneous, momentary.
мигновѐно instantly, in a trice.
мѝда *ж* mussel, clam.
мизѐрен wretched, miserable

мизѐрия ж misery, poverty; (низост) meanness.
мизѐрствувам live in poverty.
микрòб м microbe, germ.
микроскòп м microscope.
микрофòн м microphone.
мил dear; nice, kind.
мѝлвам caress, fondle, pet.
милѐя care for, hold dear.
милиàрд м milliard; ам billion.
милиардѐр м multi-millionaire.
милимѐтър м millimetre.
милиòн м million.
милионѐр м millionaire.
милиционѐр м militiaman.
миловѝден comely, pretty, sweet.
милосѐрдна сестрà вж медицѝнски.
мѝлост ж mercy, pity, compassion.
милостѝв merciful, kind, compassionate.
милостѝня ж alms, charity.
милỳвка ж caress, endearment.
мѝля ж mile.
мимолѐтен transient, short-lived, fleeting.
мѝна ж mine.
минàвам pass, go by; be over.
мѝнал past, bygone; (предишен) former; (за година, месец и т.н.) last; грам past.
мѝнало ср past.
минерàл м mineral.
минерàлен mineral; минерàлни бàни spa.
минзухàр м crocus; (лилав) saffron.
миниатюрен tiny, teeny-weeny.
минимàлен minimum.
министѐрски ministerial; ~ съвѐт Cabinet Council, Council of Ministers.
министѐрство ср ministry, office, board; ам department.
минѝстър м Minister, Secretary of State.
минувàч м passer-by.
минỳта ж minute, moment, instant.
миньòр м miner.
миньòрен муз minor.
мир м peace.
мѝрен peaceful, quiet.
миризмà ж smell, odour; scent.
мѝрис м smell.
мирѝша smell.
мироглѐд м view of life, ideology.
миролюбѝв peace-loving.
мѝсия ж mission.
мѝслен mental.

мѝслим imaginary, thinkable, conceivable.
мислѝтел м thinker.
мѝсля think, reason; (възнамерявам) intend.
мистериòзен mysterious.
мѝсъл ж thought, reflection, idea.
мит м myth.
мѝтинг м rally.
мѝтница ж custom-house, the customs.
митничàр м custom-house officer.
мѝтническа провѐрка ж customs inspection.
мѝто ср customs duty.
митолòгия ж mythology.
мѝшка ж mouse.
мѝшница ж arm pit; под ~ under o.'s arm.
мѝя wash, clean; (съдове) wash up.
млад young.
младѐж[1] м youth, young man.
младѐж[2] ж youth, young people.
младѐжки youth; youthful.
младинѝ мн. ч. o.'s young years/days.
младожѐнец м bridegroom.
младожѐнка ж bride.
младожѐнци мн. ч. newly-married couple.
младолѝк youthful, young-looking.
млàдост ж youth.
млекàр м milkman, dairyman.
млекàрница ж milkshop, dairy.
млѐчен (of) milk, milky; млѐчни продỳкти dairy produce.
млък! shut up!
млѐквам stop talking.
мляко ср milk; кѝсело ~ sour milk, yog(h)urt.
млян ground; (за месо) minced.
мляскам smack.
мнѐние ср opinion.
мним sham, feigned, pretended.
мнѝтелен distrustful, suspicious.
мнòго much; many; a lot, lots, plenty.
многобрòен numerous.
многогодѝшен of many years; бот perennial.
многоетàжен many-storeyed.
многозначѝтелен significant, meaning, knowing.

многократно repeatedly, time and again.
многолюден crowded, populous.
многоочакван long-expected.
многостранен multilateral, many-sided.
многоуважаван highly-respected.
множество *ср* multitude, great number.
мнозина many, lots of.
мнозинство *ср* majority.
мобилизация *ж* mobilization.
мога can, be able to; (*за позволение*) may.
могъщ powerful, mighty.
могъщество *ср* power, might.
мода *ж* fashion, vogue.
модел *м* model; pattern, design.
моден fashion(able), stylish.
модерен modern, contemporary; up-to-date; fashionable.
модернизирам modernize.
модистка *ж* modist; dressmaker.
може may; ~ би perhaps, probably; -ам maybe.
мозък *м* brain.
мозъчен brain, of the brain, cerebral.
мой my, mine.
мокря wet; (*леко*) moisten; (*силно*) soak, drench.
мокър wet, damp, moist.
молба *ж* request; (*настойчива*) entreaty; (*просба*) petition; (*писмена*) application.
молекула *ж* molecule.
молив *м* pencil; химически ~ indelible pencil; цветен ~ crayon.
молитва *ж* prayer.
моля beg, ask; request; ~ ce pray; **моля?** (I beg your) pardon.
мома *ж* girl, lass; maiden.
момент *м* moment, instant.
моментален momentary, transitory.
моментално instantly, in a moment.
момёнтен momentary, transitory, instantaneous.
моминство *ср* girlhood, maidenhood.
момиче *ср* girl, lass.
момче *ср* boy, lad; youngster.
момчешки boyish, boylike.
момък *м* young man, youth, lad.
монарх *м* monarch, sovereign.
монархия *ж* monarchy.

монета *ж* coin.
монолог *м* soliloquy, monologue.
монотонен monotonous.
монотонност *ж* monotony.
монтирам fit, install, mount; assemble.
монтьор *м* fitter, assembler.
монументален grand, monumental, stately, impressive.
морав purple, voilet.
морава *ж* lawn, grassplot.
морал *м* morality; morals.
морален moral, ethical.
морбили *ср* measles.
море *ср* sea.
мореплаване *ср* navigation, sea-faring.
мореплавател *м* sea-farer, navigator.
морзова азбука *ж* Morse code.
морков *м* carrot.
морски sea; maritime.
морфинист *м* drug addict.
моряк *м* sailor, seaman.
мост *м* bridge.
мостра *ж* sample, specimen; pattern.
мотел *м* motel.
мотив *м* motive; ground, reason.
мотивировка *ж* motivation.
мотика *ж* hoe, mattock.
мотор *м* motor, engine.
моторница *ж* motor-boat.
мотоциклет *м* motorcycle, bike.
мотриса *ж* Diesel train, motor carriage.
мочур *м* bog, swamp, morass.
мошеник *м* swindler, rascal.
мошеничество *ср* swindle, knavery, roguery.
мощ *ж* might, power.
мощен mighty, powerful.
мощност *ж* power, capacity.
мравка *ж* ant.
мраз *м* frost, chill.
мразовит frosty, chilly.
мразя hate; detest, dislike.
мрак *м* darkness, gloom, dusk.
мрамор *м* marble.
мрачен dark, gloomy, sombre.
мрежа *ж* net; network.
мрьзна freeze.
мръква ce night is drawing on.
мръсен dirty, filthy, grimy, soiled.
мръсотия *ж* dirt, filth, squalor.
мръщя ce frown, scowl.
му him, to him; (*негов*) his.
муден slow, sluggish.
музей *м* museum.
музика *ж* music; забавна ~ light music.

музика̀лен musical.

музика̀нт *м* musician.

мукава̀ *ж* cárdboard, pasteboard.

му̀ле *ср* mule.

му̀ргав swarthy, tawny, dark.

му̀скул *м* muscle.

муста̀ци *мн. ч.* moustaches; (*на котка и пр.*) whiskers.

муха̀ *ж* fly.

мухля̀сал mouldy, musty.

мухля̀свам go/grow mouldy.

му̀хъл *м* mould.

муцу̀на *ж* muzzle, snout; mug.

мушама̀ *ж* oilskin, water-proof; (*за маса*) oilcloth; (*за дъжд*) mackintosh.

му̀шкам poke, thrust, shove.

мушка̀то *ср* geranium.

мъгла̀ *ж* mist, fog; smog.

мъглѝв misty, foggy, hazy.

мъгля̀в nebulous, hazy; dim, obscure, vague.

мъдрѐц *м* sage, wise man.

мъ̀дрост *ж* wisdom, sagacity.

мъ̀дър wise, sagacious.

мъж *м* man.

мъждѐя flicker, glimmer.

мъжѐствен manly, virile, manful.

мъжѐственост *ж* manliness, virility.

мъжество̀ *ср* valour, courage.

мъ̀жки male, gentlemen's; *грам* masculine.

мъ̀ка *ж* pain, agony, torment.

мъ̀кна drag, haul, tug; ~ се drag o.s.

мълва̀ *ж* rumour, gossip, hearsay.

мъ̀лком silently, tacitly.

мъ̀лния *ж* lightning.

мълча̀ keep silence, be silent.

мълчалѝв silent, taciturn, reticent.

мълча̀ние *ср* silence.

мъ̀мрене *ср* scolding, chiding, rebuke.

мъ̀мря scold, chide.

мъ̀ничко a little, a trifle.

мъ̀ничък tiny, wee.

мъ̀нкам mumble.

мъ̀рдам (се) stir, move.

мъ̀рзел *м* laziness, indolence.

мързелѝв lazy, idle, indolent.

мързелу̀вам laze.

мързѝ ме feel/be lazy.

мърмо̀ря mumble, grumble.

мърся̀ dirty, soil, stain, foul.

мъртвѐц *м* dead person, corpse.

мъ̀ртъв dead.

мъ̀ршав lean, scraggy, meagre.

мъст *ж* revenge, vengreance.

мъ̀тен turbid, muddy.

мъх *м* moss, lichen.

мъ̀ча torture, torment; ~ се suffer; take pains, do o.'s best.

мъ̀чен hard, difficult; arduous.

мъчѐние *ср* torture, torment.

мъченѝк *м* martyr.

мъчѝтелен painful, tormenting, racking.

мъ̀чно hard, with difficulty.

мъчнотѝя *ж* difficulty, hardship.

мя̀рка *ж* measure, measurement.

мя̀сто *ср* place, spot; seat; room.

мя̀там throw, cast; hurl, fling; toss.

Н

на on, upon; to; at; in; of; by; per.

на (*вземи*) here, here you are, take it.

наба̀вям supply, provide, furnish.

набедѐн slandered; alleged.

набеля̀звам plan, outline.

наближа̀вам approach, draw near.

наблѝзо near by, close by.

наблюда̀вам observe, watch; (*пазя*) control, keep an eye on.

наблюда̀тел *м* observer.

наблюда̀телен observant, watchful.

наблюда̀телница *ж* observatory; watch-tower.

наблюдѐние *ср* observation; control.

набля̀гам stress, emphasize.

набо̀жен religious; pious, devout.

на̀бор *м* (*военен*) recruitment.

наброя̀вам count, number.

набръ̀чквам wrinkle, knit.

набъ̀рзо hastily, in a hurry.

нава̀лица *ж* crowd, throng.

наведнъ̀ж at once; at the same time.

навѐждам (се) bend down.

на̀вес *м* shelter, shed; lean-to.

навестя̀вам call on, drop in on.

навечѐрие *ср* : в ~то на on the eve of.
навѝвам roll up; coil; wind.
нàвик *м* habit, custom.
навѝквам get accustomed, get used to.
навлажнѝвам wet, moisten, damp(en).
навлѝзам enter; penetrate.
навлѝчам pull on, slip on; ~ си incur.
наводнѐние *ср* flood, inundation.
наводнѝвам flood, inundate.
наврѐждам injure, (do) harm.
наврѐме on time; in time.
наврѐменен timely, opportune, seasonable.
навсѝкъде everywhere, all over.
навѣн out, outside, outdoors.
навѣршвам finish, complete.
навѣтре in, inside, inward.
навѝвам drift; (мисъл) bring to mind.
навѝрно probably, most likely.
навѝхвам sprain.
навѝхване *ср* sprain.
нагàждам се adapt, adjust, accommodate (o.s.).
нагласѝвам fit, fix, adjust; adapt.
наглѐден clear; vissual, graphic.
наглѐждам watch, keep an eye on.
нàглост *ж* impudence, impertinence.
нагòн *м* instinct, urge, impulse.
нагòре upwards; uphill.
нагорещѝвам heat.
нагòрнище *ср* up-slope, rise.
нагòтово without effort.
награ̀да *ж* prize, award, reward.
нàграден awarded, rewarded.
награждàвам award, reward; decorate.
нагревàтел *м* heater.
нагрубѝвам insult, be rude to.
нагрѝвам heat, warm.
нагрѝвка *ж* heat-ray treatment.
нàгъл impudent, impertinent.
нагѣрбвам се take upon o. s.
над over, above.
надалèч far away, a long way off.
надарèн gifted, talented, endowed.
надбѝгвам outrun; ~ ce run a race.
надбѝгване *ср* race.
надвèсвам ce bend over, lean over.
нàдвечер at nightfall.
надвѝвам overcome, get the better of.
надвѝсвам hang over; прен threaten, impend.

надвишàвам surpass, exceed.
надгрòбен funeral; ~ кàмък tombstone.
наддàвам bid, outbid.
надделѝвам prevail, get the upper hand.
надèжда *ж* hope.
надèжден promising, reliable.
надживѝвам survive; outlive.
надзирàвам control, supervise, superintend.
надзирàтел *м* supervisor; foreman.
надзòр *м* control, supervision.
надлѣж(ен) lengthwise.
надмèнен haughty, supercilious.
надмèнност *ж* haughtiness.
надминàвам outstrip, outdistance; прен surpass.
надмòщие *ср* predominance, preponderance.
нàдница *ж* wage.
наднѝчам peep.
надничàр *м* day-labourer.
надòлнище *ср* downhill, downward slope.
надòлу downward(s), downhill.
нàдпис *м* inscription.
надслòв *м* title, heading; head-line.
надсмѝвам ce laugh at, sneer at, mock, jibe.
надстрòйка *ж* superstructure.
надỳвам swell; blow; ~ ce put on airs.
надỳт swell-headed, puffed up, conceited.
надценѝвам overrate, overestimate.
надѣлго at great length, in detail.
надѝвам ce hope.
надѝсно on/ to/ the right.
нàедно together.
нàем *м* rent, hire; дàвам под ~ let.
наèмам rent, hire; ~ ce undertake.
наемàтел *м* tenant, lodger.
наèмен hired, mercenary.
наèмник *м* hireling, mercenary.
наемодàтел *м* landlord.
нажежèн red hot, white hot.
назàд back, backward; behind.
назàдничав backward, retrograde.
назвàние *ср* name, denomination.
наздрàве your health, here's to you
наздрàвица *ж* toast.
назидàние *ср* admonition, edification.
назначàвам appoint, nominate.
назначèние *ср* appointment, nomination.
назовàвам call, name; term, designate.
назѣбен indented, notched, cogged.

найвен naïve, artless, simple.
найвност *ж* naïvety, artlessness.
наизу̀ст by heart.
наименова̀ние *ср* name, denomination.
на̀йстина really, indeed.
найло̀нов nylon.
наказа̀ние *ср* punishment, penalty.
наказа̀телен penal, penalty.
нака̀звам punish.
нака̀нвам се be about, be on the point.
нака̀рвам make, cause, induce.
наква̀свам soak; wet, moisten.
накѝсвам soak, steep.
накло̀н *м* slope, inclination.
накло̀нен sloping, slanting; (*склонен*) inclined, disposed.
накло̀нност *ж* inclination, disposition.
наклоня̀вам incline, tilt; bend.
накра̀й at the end, in the end.
накра̀тко in short, briefly.
накрѝво awry, on one side.
накривя̀вам cock, tilt.
накъдѐ where to, whither, which way.
накърня̀вам impair, infringe.
накѐсвам tear to pieces.
нала̀га се it is necessary.
нала̀гам force, impose; inflict; ~ се have o.'s way.
належа̀щ urgent, pressing, exigent.
на̀леп *м* coating.
налѝ is it not.
налѝвам pour, pour out.
налѝчен available, on hand.
нало̀жен imposed.
наложѝтелен imperative, exigent.
налу̀чквам hit, guess right.
наля̀во to (on) the left.
наля̀гам press, exert pressure.
наля̀гане *ср* pressure; кръ̀вно ~ blood pressure; атмосфѐрно ~ atmospheric pressure.
нама̀звам smear, daub; (*с боя*) paint, coat.
намалѐние *ср* decrease, reduction.
намаля̀вам decrease, lessen, reduce.
на̀мек *м* hint, allusion, insinuation.
намѐквам hint, allude.
намерѐние *ср* intention, purpose.
намѐса *ж* intervention, interference.
намѐсвам се intervene, meddle.
намѐствам fit, adjust, set.
намѝгам wink.
намѝрам find; (*считам*) consider, think.
намѝслям think of; make up o.'s mind.
намо̀крям wet, moisten.

намра̀звам come to hate.
намръ̀щвам се frown, scowl.
намръ̀щен frowning, scowling, sullen.
наму̀сен sulky, sullen.
намя̀там throw over, slip on.
нана̀сям inflict; (*удар*) deal; ~ се move in.
нао̀коло around, about, round about.
нао̀паки wrong side out; upside down.
напа̀дам attack, assail, fall on, raid.
нападѐтел *м* assailant; aggressor; raider.
нападѐтелен aggressive.
нападѐние *ср* attack, assault; (*въздушно*) air-raid.
напакостя̀вам harm, injure, do harm.
на̀паст *ж* plague, pest, scourge.
напеча̀твам print.
напѝвам се get drunk.
напѝсвам write down, take down.
напѝтки *мн. ч.* drinks; безалкохо̀лни ~ soft drinks; алкохо̀лни ~ strong/hard/alcoholic drinks.
напла̀швам frighten, scare, intimidate.
на̀плив *м* flow, influx; crowd, throng.
наподобя̀вам resemble.
напойѝтелен irrigating.
наполовѝна in half, in two; by halves.
напо̀мням remind, call to mind.
на̀пор *м* pressure, urge, push.
напослѐдък lately, of late.
напосо̀ки at random.
напоя̀вам irrigate; water; soak.
напоя̀ване *ср* irrigation.
напра̀ва *ж* make; structure, construction.
направлѐние *ср* direction.
направля̀вам direct, guide.
напра̀во straight, straight ahead.
напра̀зен vain, futile, useless.
напра̀зно vainly, in vain, to no purpose.
напра̀швам cover with dust.
напра̀шен dusty, covered with dust.
напрѐгнат strenuous, strained; tense, close.
напрѐд forward, onward, ahead.
напрѐдвам advance, progress.
напрѐдничав progressive; advanced.
напрѐдък *м* progress, advance.
напрежѐние *ср* tension, strain; (*усилие*) exertion, effort.
напрѐко across, cross-wise.

напрѐчен transverse, cross.
напрѝмер for instance, for example.
напрòлет in spring.
напрòтив on the contrary.
напрѝсквам sprinkle.
напрѝстник *м* thimble.
напрягам strain, exert.
напỳк out of spite, in defiance of.
напỳквам (се) crack, chap; fissure.
напỳскам leave, abandon, desert, forsake.
напѝвам strain, exert.
напѝлвам fill, load.
напѝлно completely, fully, quite.
напълнявам put on weight, grow stout.
напѝпил budding, in bud.
напѝтствувам direct, advise, admonish.
нарàвно equally, on a level.
наранявам wound, injure, hurt.
нарàствам grow in size, increase.
нарàстване *ср* growth, increase.
нарѐд in order, in line; in turn.
нарѐдба *ж* regulation, instruction, order.
нарѐждам arrange, put in order; (*заповядвам*) order, give instructions.
нарѐждане *ср* order; instruction.
нàрез *м* groove, rifling.
нарѐчие *ср* adverb; dialect.
нарѝчам call, name, give a name.
нарòд *м* people, nation.
нарòден people's, national; popular.
нарòднодемократѝчен of people's democracy.
нарòдност *ж* nationality.
нарòчен special; deliberate, intentional.
нарòчно on purpose, deliberately.
нарушàвам violate, break, transgress.
нарушѐние *ср* breach, violation, offence.
нарушѝтел *м* offender, trespasser.
нàрцис *м* (*жълт*) daffodil; (*бял*) narcissus.
нарѝсвам sprinkle, besprinkle.
нàръч *м* armful.
нарѝчник *м* handbook, manual, guide.
нарязвам cut into pieces, slice.
нас us.
насаждѐние *ср* plantation, plant.
насàм this way, here.
насамѐ in private, privately.
насекòмо insect.

насѐлен inhabited, populated.
населѐние *ср* population, inhabitants.
населявам populate, inhabit.
насѝла by force, forcibly.
насѝлвам force, compel; ~ се exert o.s.
насѝлие *ср* force, violance, coercion.
насѝлствен forced, forcible.
нàсип *м* embankment.
насѝтен saturated, concentrated.
насѝчам cut, chop.
насѝщам saturate, satiate, sate; ~ се be full, be sated.
наскòро recently; lately, of late; (*за бъдеще*) soon, before long.
наскърбѐн sad, grieved, sorrowful.
наскърбявам make sad, sadden, grieve, pain.
наслàда *ж* enjoyment, relish, delight.
наслаждàвам се enjoy, take pleasure in, delight in.
наслѐдник *м* heir.
наслѐдница *ж* heiress.
наслѐдствен hereditary; inherited.
наслѐдственост *ж* heredity.
наслѐдство *ср* inheritance, legacy.
наследявам inherit, succeed to.
насмѐшка *ж* mockery, ridicule.
насмѐшлив mocking, derisive.
насòка *ж* direction, trend.
насòчвам direct; point at, turn to, bend.
насрѐд in the middle of.
насрѐща opposite, over there.
насрòчвам fix the day/ date.
настàвам set in, come (on); fall.
наставлѐние *ср* direction, instruction.
настàвнически admonishing, admonitory.
настанявам accomodate, put up, fix place; ~ се settle, put up (at).
настѝвам catch cold.
настѝгам catch up with, overtake, reach.
настòйник *м* guardian.
настòйчив insistent, persistent, pressing.
настòйчивост *ж* insistence, persistence, perseverance.
настоявам insist, persist.
настояване *ср* insistence, persistence.
настоятелен insistent, pressing.
настòяще *ср* present.
настранà aside, on one side.
настроѐние *ср* mood, temper, spirit(s).
настъпвам come, set in; (*някого*) step, tread on.

настъпле́ние *ср* offensive.
настъ́ргвам grate.
насърча́вам encourage, reassure.
насърче́ние *ср* encouragement, reassurance.
насърчи́телен encouraging, reassuring.
ната́тък that way; further on.
нате́гнат tense, strained.
на́тиск *м* pressure.
нати́скам press; ~ се press, push.
натова́рвам load; charge, entrust with.
натопя́вам dip, soak, wet.
наторя́вам dung, manure; fertilize.
натра́пвам force, impose, press; ~ се intrude, force o.s.
натра́пчив obtrusive, importunate.
натри́вам rub, rub in.
на́трий *м* sodium.
натру́пвам pile, heap, store up, accumulate.
натру́пване *ср* heaping, piling, accumulation.
натурали́зъм *м* naturalism.
натуралисти́чен naturalistic.
натъжа́вам sadden, make sad; ~ се grow sad.
натъ́квам се come across, run against.
натъ́пквам stuff, cram, pack, jam.
натъ́ртвам (се) bruise, contuse.
натъ́ртване *ср* bruise, contusion.
натюрмо́рт *м* still life.
натя́квам harp, rub it in.
нау́ка *ж* science.
нау́м mentally, in o.'s mind.
наумя́вам си take it into o.'s mind.
науча́вам (*урок*) do, learn; (*някого*) teach; ~ се learn; (*свиквам*) get into the habit of.
нау́чен scientific, scholarly.
нау́чноизследова́телски research.
наха́лен impertinent, cheeky, saucy.
наха́лство *ср* impertinence, cheek.
нахлу́вам invade; rush into, force o.'s way.
нахлу́ване *ср* invasion, rush.
нахо́дка *ж* find.
нахо́дчив resourceful, ingenious, inventive.
нахо́дчивост *ж* resourcefulness, ingenuity.
нахра́нвам feed, nourish; ~ се eat enough (o.'s fill).
национа́лен national.
национали́зъм *м* nationalism.
националисти́чески nationalistic.
национа́лност *ж* nationality.

на́ция *ж* nation.
нача́лен initial, first, opening; elementary, primary.
нача́лник *м* head, chief; boss.
нача́ло *ср* beginning, start; по ~ as a rule.
наче́ло at the head of, in the lead.
наче́нки *мн. ч.* beginnings, rudiments.
начерта́вам draw, sketch, outline.
наче́тен well-read, erudite.
на́чин *м* way, manner, method.
начина́ещ beginning, commencing; *м* beginner.
начина́ние *ср* undertaking, initiative.
наш our, ours.
наше́пвам whisper.
наше́ственик *м* invader.
наше́ствие *ср* invasion.
нашуме́л sensational, much talked about.
нащре́к on the alert, on o.'s guard.
на́яве in the open.
не no; not.
неакура́тен unpunctual, careless.
небе́ *ср* sky; heaven.
небе́сен heavenly, celestial.
неби́вал unprecedented, unheard of.
неблагода́рен ungrateful, thankless.
неблагода́рност *ж* ingratitude.
неблагополу́чен unsuccessful, unhappy.
неблагополу́чие *ср* failure, ill success.
неблагоприли́чен illmannered; indecent.
неблагоприли́чие *ср* indecency.
неблагоприя́тен unfavourable, adverse.
неблагоразу́мен imprudent, ill-advised.
неблагоразу́мие *ср* imprudence.
небостърга́ч *м* skyscraper.
небре́жен careless, negligent.
небре́жност *ж* carelessness, negligence.
неведнъ́ж more than once, time and again.
неве́жество *ср* ignorance.
неве́рен false, wrong, untrue; unfaithful.
неве́рие *ср* lack of faith, disbelief.
неверо́ятен improbable, incredible, unbelievable.
неверо́ятно beyond belief, incredibly.

невзискателен inexacting, unpretentious.

невидим invisible.

невиждан unseen, unprecedented.

невинен innocent; harmless.

невинност ж innocence; harmlessness.

невменяем юр irresponsible.

невменяемост ж юр irresponsibility.

невнимание ср carelessness, inattention.

невнимателен careless, inattentive.

неволен involuntary, unintentional.

невралгия ж neuralgia.

неврастения ж neurasthenia.

невредим unhurt, intact, unimpaired.

невроза ж neurosis.

невролог м neurologist.

неврастен infant, young.

невъздържан immoderate, unrestrained.

невъздържаност ж lack of restraint.

невъзможен impossible.

невъзможно impossibly.

невъзмутим imperturbable, stolid.

невъзпитан ill-bred, badmannered.

невъзпитание ср ill-breeding, bad manners.

невъзприемчив unreceptive, slow.

невъобразим unimaginable, inconceivable.

негласен tacit, secret.

него him, it.

негов his, its.

негоден unfit, good-for-nothing, no good.

негодник м scoundrel, good-for-nothing.

негодувам be indignant; protest.

негодувание ср indignation, remonstrance.

негостоприемен inhospitable.

неграмотен illiterate.

неграмотност ж illiteracy.

негър м ; ~ка ж Negro.

негърски Negro.

недалеч not far off/away, near by.

недвижим immovable.

недвусмислен plain, unambiguous.

недей, недейте don't.

недействителен unreal; invalid, void.

неделикатен indelicate.

неделим indivisible.

неделя ж Sunday.

недисциплиниран undisciplined.

недисциплинираност ж lack of discipline.

недоброжелателен malevolent, ill-disposed.

недоброкачествен of poor quality, low grade.

недобросъвестен unconscientious, unscrupulous.

недобросъвестност ж unconscientiousness.

недоварен underdone.

недоверие ср mistrust, distrust, suspicion.

недоверчив mistrustful, suspicious.

недовиждам have poor sight.

недоволен dissatisfied, displeased.

недоволство ср discontent, dissatisfaction.

недоволствувам grumble, show discontent.

недовършен unfinished, incomplete.

недоглеждам overlook, miss.

недоказан unproved.

недокоснат untouched, intact.

недоловим imperceptible; subtle.

недооценявам underestimate, underrate.

недопечен underdone, half-baked.

недопустим inadmissible, unthinkable.

недоразумение ср misunderstanding.

недосетлив slow witted.

недосетливост ж slow wits.

недостатък м defect, fault, flaw, shortcoming.

недостатъчен insufficient, inadequate.

недостиг м shortage, lack, want.

недостижим unattainable.

недостоверен doubtful, unauthentic.

недостоен unworthy, undeserving.

недостъпен inaccessible, out of reach.

недоумение ср bewilderment, perplexity.

недоумявам be puzzled, be at a loss.

недоходен unprofitable.

недочувам be hard of hearing.

недояждане ср malnutrition.

недружелюбен unfriendly.

недъг м defect, infirmity; прен weakness.

недъгав crippled, infirm.

нееднакъв unequal, different; uneven.

неестествен unnatural; (превзет) affected.

неестетичен inartistic; ugly.

нежела́н undesired.

нежела́ние *ср* reluctance, unwillingness.

нежела́тзлен undesirable, objectionable.

не́жен tender; delicate, fine.

нежѐнен unmarried, single.

не́жност *ж* tenderness, delicacy.

незаба́вен immediate.

незаба́вно immediately, at once, without delay.

незабележи́м imperceptible, unnoticeable.

незабеля́зан unnoticed.

незабеля́занс imperceptibly.

незабрави́м unforgettable.

незабра́вка *ж* forget-me-not.

незави́ден unenviable.

незави́сим independent.

незави́симост *ж* independence.

незавъ́ршен unfinished, incomplete.

незадоволи́телен unsatisfactory, inadequate.

незадължи́телен optional, facultative.

незаинтересо́ван disinterested, detatched.

незако́нен illegal, unlawful.

незаличи́м indelible, ineffaceable.

заменѝм irreplaceable, unique.

незапо́мнен unrecorded, unprecedented.

незаслу́жен undeserved, unmerited.

незачи́тане *ср* disrespect, slight.

незащитѐн unprotected, exposed.

нездравосло́вен unwholesome, unhealthy.

незна́ние *ср* ignorance, lack of knowledge.

незнач́и́телен insignificant; negligible.

незря́л unripe; immature.

неизбѐжен inevitable.

неизбро́йм countless, innumerable.

неизвѐстен unknown.

неизго́ден unprofitable, not paying.

неизживя́н not overcome.

неизлечи́м incurable.

неизличи́м indelible, ineffaceable.

неизмѐнен invariable, unchanging.

неизмѐнно invariably, always.

неизпи́тан untried, not tested.

неизпра́вен out of order, faulty.

неизпра́вност *ж* disrepair, defect; в ~ out of order.

неизпълни́м impracticable, unfeasible.

неизпълни́телен careless, negligent.

неизрази́м inexpressible, unspeakable.

неизрази́телен inexpressive.

неизчерпа́ем inexhaustible.

неимовѐрен tremendous, unbelievable.

нѐин her, hers.

нейскрен insincere.

нейскреност *ж* insincerity.

нѐка let.

некадъ́рен incapable, incompetent, inefficient.

некадъ́рник *м* inefficient/incompetent person, duffer, good-for-nothing.

неквалифици́ран unskilled.

некомпетѐнтен incompetent.

некорѐктен improper, incorrect.

некраси́в homely, plain; improper.

некулту́рен uncultured, uncivilized.

нелега́лен illegal, underground.

нело́вко awkwardly, ill at ease.

нело́вък awkward, clumsy, blundering.

нелоги́чен illogical.

нело́ялен disloyal; unfair.

нело́ялност *ж* disloyalty.

нелюбѐзен discourteous, unkind.

нѐмец *м*, немки́ня *ж* German.

неми́лост *ж* disgrace, disfavour.

неминуѐм inevitable.

неми́рен naughty, mischievous, unruly.

немисли́м unthikable, inconceivable.

немора́лен immoral.

нѐмощен infirm, feeble.

нѐмски German.

ненави́ждам hate, detest, loathe.

нена́вист *ж* hatred, abhorrence, dislike.

ненаврѐменен untimely, inopportune.

ненадѐйно all of a sudden.

ненадми́нат unsurpassed, unrivalled.

ненакърнѐн unimpaired, unhurt, untouched.

ненамѐса *ж* non-interference, non-intervention.

ненападѐние *ср* non-aggression.

ненаси́тен insatiable, greedy.

ненау́чен unscientific, unscholarly.

ненорма́лен abnormal; insane, unhinged.

нену́жен unnecessary, needless.

необикновѐн unusual, uncommon, extraordinary.

необита́ем uninhabited, desert.

необми́слен hasty, rash.

необми́слено rashly, on the spur of the moment.

необоснован ungrounded, unfounded, groundless.

необработен uncultivated; raw, crude, rough.

необразован uneducated, unlettered.

необуздан unbridled, unrestrained, wild.

необходим necessary, indispensable.

необходимост ж necessity.

необщителен unsociable, uncommunicative.

необясним inexplicable, unaccountable.

необятен unbounded, boundless, immense.

неограничен inlimited; boundless.

неодобрение ср disapproval.

неодобрителен disapproving, deprecating.

неокачествим beneath comment/criticism.

неомъжена unmarried, single; spinster.

неопетнен immaculate, spotless, stainless.

неописуем indescribable, beyond discription.

неопитен inexperienced, unpractised.

неопитност ж inexperience.

неоправдано without justification, unjustified.

неопределен indefinite; vague.

неопровержим irrefutable, undeniable.

неорганизиран unorganized.

неорганичен inorganic.

неосведомен uninformed, ignorant.

неоснователен groundless, unfounded, undue.

неоснователно without any ground.

неоспорим indisputable, irrefutable.

неосъзнат unconscious, subconscious.

неосъществим unfeasible, impracticable.

неотдавна recently, not long ago.

неотдавнашен recent.

неотзивчив unsympathetic, unresponsive.

неотклонно steadily, perseveringly.

неотложен urgent, pressing.

неотменим irrevokable, irreversible.

неотслабващ unremitting, unabated.

неотстъпчив unyielding, relentless; stubborn.

неофициален informal, unofficial.

неохота ж reluctance, unwillingness.

неохотно unwillingly, reluctantly.

неоценим invaluable, priceless.

неочакван unexpected, sudden, abrupt.

неочаквано unexpectedly, suddenly.

неплатежоспособен insolvent.

неплодороден barren, sterile; infertile.

непобедим invincible, unconquerable.

непогрешим infallible, unerring.

неподатлив unsusceptible, tenacious.

неподвижен immovable, motionless.

неподвижност ж immobility.

неподготвен unprepared.

неподкупен incorruptible; unbribed; honest.

неподозиран unsuspected; unexpected.

неподходящ unsuitable, unfit, inappropriate.

неподчинение ср disobedience.

непозволен impermissible, inadmissible, forbidden.

непознат unknown, unfamiliar; м stranger.

непокварен incorruptible.

непоколебим firm, stable, steadfast.

непоколебимост ж firmness, steadfastness.

непокорен disobedient, undutiful.

непокътнат untouched, intact.

непоносим intolerable, unbearable.

непонятен incomprehensible.

непоправим incorrigible; irretrievable.

непопулярен unpopular.

непорочен immaculate, pure.

непосилен strenuous.

непоследователен inconsistent.

непослушание ср disobedience, naughtiness.

непослушен disobedient, naughty, unruly.

непосредствен immediate, direct.

непостижим unattainable.

непостоянен inconsistent, fickle; changeable.

непотребен useless, discarded.

непочтен dishonest, dishonourable, unfair.

непочтеност ж dishonesty.

непочтителен disrespectful.

неправда ж injustice.

неправилен irregular; incorrect, wrong.

непрактичен unpractical; unbusinesslike.

непредвиден unforseen, unprovided for.

непредвидлив improvident, short-sighted.

непредвидливост *ж* improvidence.

непредпазлив imprudent, careless.

непредпазливост *ж* imprudence, carelessness.

непредубеден unprejudiced, unbiased.

непрекъснат continuous, uninterrupted.

непрекъснато ceaselessly, incessantly.

непременно by all means, without fail; certainly.

непреодолим insurmountable, irresistible.

непрестанен ceaseless, unceasing, endless.

непретенциозен unpretentious, simple.

непривлекателен unattractive.

неприемлив unacceptable, inadmissible.

непризнат unrecognized; unacknowledged.

непризнателен ungrateful, unappreciative.

неприкосновен inviolable, sacred.

неприличен indecent, improper, indecorous.

неприложим inapplicable, impracticable.

непримирим irreconcilable, inappeasable.

непринуден natural, unaffected, spontaneous.

непристъпен inaccessible.

неприязън *ж* hostility, ill-will, resentment.

неприятел *м* enemy, foe.

неприятелски hostile, inimical.

неприятен unpleasant, disagreeable.

неприятност *ж* trouble, nuisance.

непроверен unchecked, unverified.

непроизводителен unproductive.

непроменен unchanged, unaltered.

непромокаем waterproof, impermeable.

непроницаем inpenetrable, impermeable.

непросветен uneducated, unenlightened.

непростим unpardonable, inexcusable.

непроходим impassable, impenetrable.

непълнолетен under age; minor.

непълноценен inferior, second-rate.

неравенство *ср* inequality.

неравномерен uneven, irregular.

нерадостен joyless, cheerless.

неразбираем unintelligible, incomprehensible.

неразвит undeveloped.

неразделен inseparable.

неразположен indisposed, unwell, poorly.

неразположение *ср* indisposition.

неразрешим insoluble.

неразривен unbreakable, indissoluble, binding for ever.

неразумен unwise, unreasonable.

нерв *м* nerve.

нервен nervous; fidgety, flurried.

нервирам get on s.o.'s nerves; ~ се be nervous.

нервност *ж* nervousness.

нереален unreal, unrealistic.

нереден improper, wrong.

нередовен irregular.

нерешителен irresolute, hesitating.

нерешителност *ж* indecision, irresolution.

нерушим indestructible.

неръждаем non-corrosive, rust-proof; (*за стомана*) stainless.

несбъднат unfulfilled, unrealized.

несвързан incoherent.

несгода *ж* discomfort, hardship.

несдържан unrestrained.

несериозен not serious, light, frivolous.

несесер *м* dressing-case, toilet case.

несигурен uncertain, insecure; inreliable.

несигурност *ж* uncertainty, insecurity.

несимпатичен not likable.

нескромен immodest.

неспирен ceaseless, endless; unceasing.

неспокоен restless, uneasy; troubled.

несполука *ж* failure, ill-success, bad luck.

несполучлив unsuccessful, unlucky.

неспособен unable, incapable.

неспособност *ж* inability, incapability.

несправедлив unjust, unfair.

несправедливост *ж* injustice, unfairness.

несравним incomparable, matchless, peerless.

несръчен clumsy, awkward.

нестабилен unstable, shaky.

нестабилност *ж* instability.

нестихващ unabating, unabated.

несъвместѝм incompatible.
несъвместѝмост *ж* incompatibility.
несъвършѐн imperfect.
несъвършѐнство *ср* imperfection.
несъглѐсие *ср* disagreement, discord, dissent.
несъзнѐтелен unconscious; inconscientious.
несъкрушѝм indestructible, invincible.
несъмнѐн undoubted, unquestionable.
несъмнѐно doubtless, undoubtedly.
несъобразѐн incongruous, incompatible.
несъобразѝтелен slow-witted, resourceless.
несъотвѐтствие *ср* discrepancy, disparity.
несъразмѐрен disproportionate.
несъстоѐтелен inconsistent; groundless.
несъщѐствен immaterial, inessential.
несъществувѐщ non-existent.
нетактѝчен tactless, indiscreet.
нѐто *ср* net weght.
нетѐчен inexact, inaccurate.
нетѐчност *ж* inexactness, inaccuracy.
нетърпелѝв impatient.
нетърпѐние *ср* impatience.
нетърпѝм intolerable, unbearable.
нетърпѝмост *ж* intolerance.
неубедѝтелен unconvincing.
неуважѐние *ср* disrespect.
неувѐрен uncertain.
неувѐреност *ж* uncertainty; diffidence.
неудѐбен uncomfortable, inconvenient.
неудѐбство *ср* inconvenience; discomfort.
неудовлетворѝтелен unsatisfactory.
неудовѐлствие *ср* displeasure, dissatisfaction.
неудържѝм irresistible, uncontrollable.
неузнавѐем unrecognizable.
неукротѝм untamable, indomitable.
неуловѝм ellusive; subtle, imperceptible.
неумѐл awkward, inept; incompetent.
неумѐние *ср* lack of skill.
неумѐрен immoderate; intemperate.
неумѐстен irrelevant, inappropriate.
неумѝшлен unintentional; unpremeditated.
неумолѝм inexorable, implacable.

неумѐрен, неуморѝм untiring, indefatigable.
неуредѐн unsettled, undecided.
неурѐдица *ж* disorder, confusion; mess.
неусѐтен imperceptible.
неуслужлѝв unobliging.
неуспѐх *м* failure; flop; setback.
неуспѐшен unsuccessful.
неустановѐн unsettled, unfixed.
неустѐйка *ж* default; forfeit.
неустѐйчив unstable, unsteady; fluctuating.
неутешѝм inconsolable, desolate.
неутолѝм unquenchable, unappeasable.
неутрѐлен neutral.
неутралитѐт *м* neutrality.
неучтѝв impolite, discourteous.
неучтѝвост *ж* impoliteness, discourtesy.
неуязвѝм invulnerable, immune.
нефт *м* petroleum, mineral-oil.
нехѐен careless, negligent.
нехѐйство *ср* carelessness, negligence.
нехаѐ neglect, take no heed of.
нехранимѐйко *м* good-for-nothing, scoundrel.
нечѐстен dishonest, unfair.
нечѐстност *ж* dishonesty.
нечѐтен uneven, odd.
нечетлѝв illegible, unreadable.
нечовѐчен inhuman; inhumane.
нечовѐшки inhuman.
нечѝван unheard of, unprecedented.
нечувствѝтелен insensitive, insensible.
нечуплѝв unbreakable.
нещѐстен unhappy, miserable, unlucky.
нещѐстие *ср* misfortune, misery, unhappiness.
нещѐстник *м* wretch, ill-fated fellow.
нѐщо[1] something.
нѐщо[2] *ср* thing.
неѐ her.
нейсен dim, vague, obscure.
неяснотѐ *ж* vagueness, dimness, obscurity.
ни us; to us; (наш) our.
нѝва *ж* field, cornfield.
нивѐ *ср* level.
нѝе we.
нѝжа string.
низинѐ *ж* lowland, low place.
нѝзост *ж* meanness, baseness, vileness.
низходѐщ descending, downgrade.
нѝзш lower; inferior.
нѝзък mean, base, vile.

нѝкак not at all, not a bit.
нѝкакъв no, none.
нѝкел *м* nickel.
нѝкна grow, shoot, sprout.
нѝкога never.
нѝкой nobody, no one.
нѝкъде nowhere, not anywhere.
нимà really, indeed.
нѝмфа *ж* nymph.
нѝско low.
нѝсък low; short, undersized.
нит *м* rivet.
нѝто not a, never a; ～ ... ～ ... neither...nor.
нѝша *ж* recess, niche.
нишестè *ср* starch.
нѝшка *ж* thread.
нищетà *ж* poverty, destitution, penury.
нѝщо nothing.
нищòжен insignificant, worthless.
нищòжество *ср* nonentity, nobody.
но but.
нов new.
новàтор *м* innovator.
новàторство *ср* innovation.
новèла *ж* novelette, long short story.
новелѝст *м* short-story writer.
новинà *ж* news, tidings.
новобрàчен newly married, newly-wed.
нововъведèние *ср* innovation.
новогодѝшен New Year('s).
новодошъ̀л newly arrived; *м* new-comer.
новолỳние *ср* new moon.
новоназначèн newly appointed.
новооткрѝт newly opened; newly discovered.
нòвост *ж* novelty; fresh news.
ноèмври *м* November.
нож *м* knife.
нòжица *ж* scissors.
нòжче *ср* pen-knife, pocket-knife; (*за брьснене*) razor blade.
нòздра *ж* nostril.
нòкът *м* nail.

нòмер *м* number; (*мярка*) size; (*в програма*) item.
номерàтор *м* indicator; switchboard.
номерѝрам number, put numbers to.
нòрма *ж* norm, standard, rate.
нормàлен normal.
нормѝран fixed, standardized.
нос *м* nose; *геогр* cape.
носàч *м* porter; carrier.
носѝлка *ж* stretcher, litter.
носѝтел *м* bearer; carrier.
носѝя *ж* dress, costume.
ностàлгия *ж* nostalgia, homesickness.
нòся carry, bring; (*за дрехи*) wear.
нòта[1] *ж* note.
нòта[2] *ж полит* note.
нощ *ж* night.
нòщен night, nightly; nocturnal.
нощèс last night.
нòщница *ж* night-gown.
нощỳвам spend the night, put up for the night.
нрав *м* temper, disposition; ～и *мн. ч.* customs, ways.
нрàвствен moral.
нрàвя се please, suit.
нỳжда *ж* need, necessity.
нуждàя се need, want; require.
нуждàещ се *м* needy; destitute.
нỳжен necessary, requisite.
нỳла *ж* zero; nought, naught, nil.
нюàнс *м* shade, nuance.
нюх *м* scent; flair, acumen.
нѝкак (*си*) somehow.
нѝкакъв some, somekind.
нѝкога once, formerly; some time.
нѝкогашен former, of former times.
нѝкой some, somebody, someone.
нѝколко some, a few, several.
нѝкъде somewhere.
ням dumb; *прен* mute, silent.
нѝма *безл* there is not; there are not.

О

оàзис *м* oasis.
обàждам tell, let s.o. know; inform; re-

port; (*клеветя*) tell on; ～ се answer; say; (*по телефона*) ring up, call up; answer the telephone; (*навестявам*) call on.
обàче but; however.
обаяние *ср* fascination, charm.

обаятелен fascinating, charming.

обвивам wrap (up), envelop.

обвивка *ж* covering; (*на книга*) jacket.

обвинение *ср* accusation; charge.

обвинител *м* accuser; *юр* prosecutor.

обвинителен accusatory.

обвинявам accuse, charge; blame, find fault with.

обвиняем *м* defendant.

обвързвам bind; ~ се commit o.s.

ограждам surround, encircle.

обгръщам envelop; *прен* grasp.

обед *м* (*ядене*) lunch; dinner; (*време*) noon; на ~ at noon; преди ~ in the morning; след ~ in the afternoon.

обединен united; incorporated.

обединение *ср* union; alliance, society.

обединявам unite; combine, merge, incorporate; ~ се unite, form a union.

обеднявам grow/become poor.

обезкуражавам discourage, dishearten, dispirit.

обезмитявам pay customs duty.

обезоръжавам disarm.

обезпечавам secure, guarantee.

обезпечен (*материално*) well provided for, well to do.

обезпокоявам disturb, trouble, bother.

обезсилвам (*документ*) invalidate, annul.

обезумявам go crazy, go mad; lose o.'s mind.

обезценявам depreciate, devaluate; cheapen.

обезчестявам dishonour, ravish, rape.

обезщетение *ср* compensation, amends; *юр* damages.

обезщетявам compensate, make amends for.

обект *м* object.

обективен objective; unbiased, impartial.

обективност *ж* objectivity.

обелвам *вж* беля.

обем *м* volume; content, bulk.

обемист voluminous, bulky.

обесвам hang.

обет *м* vow, pledge; давам ~ vow.

обеца *ж* ear-ring.

обещавам promise.

обещание *ср* promise.

обжалвам appeal.

обзавеждам fit out, equip, furnish; ~ се furnish o.'s house.

обзалагам се bet, wager.

обзалагане *ср* bet(ting); wager.

обземам seize; take hold/possession of.

обзор *м* survey.

обида *ж* insult, affront; outrage.

обиден (*причиняващ обида*) insulting, offensive; (*понасящ обида*) hurt, offendend.

обиждам offend, insult; hurt s.o.'s feelings; ~ се take offence; be/feel hurt.

обикалям go round, walk round; (*страна*) (be on) tour, travel over.

обикновен ordinary, usual; commonplace.

обикновено usually, as a rule; както ~ as usual, as ever.

обиколен round, round about.

обиколка *ж* (*пътуване*) tour.

обилен abundant, plentiful, rich.

обир *м* robbery.

обирам rob; (*бера*) pick, gather.

обиск *м* search.

обитавам inhabit; dwell in.

обитател *м* inhabitant, dweller.

обица *ж*, *вж* обеца.

обич *ж* love, liking, affection, fondness.

обичаен customary, habitual.

обичай *м* (*навик*) habit; (*народен*) custom.

обичам love; (*харесвам*) like; be fond of.

обичлив lovable, amiable, likable.

окръжавам surround.

облага *ж* profit, benefit, advantage.

облагам tax, assess.

облагодетелствувам favour.

облагородявам ennoble; *прен* refine; (*растения*) engraft.

облак *м* cloud.

област *ж* province, region; district; area; *прен* field, sphere.

областен provincial, regional.

облачен cloudy, overcast.

облегало *ср* back.

облекло *ср* clothes, garments, dress.

облекчавам (*товар*) lighten; (*труд*) make easier; (*болка*) ease.

облекчение *ср* relief.

облигация *ж* share, bond, stock.

близвам lick.

облик *м* aspect.

обличам dress, clothe; ~ се (си) put on (o.s.) clothes.

облог *м* bet, wager.

обло̀жка ж, кнѝга с ~ jacket-book.
облъ̀чвам irradiate, treat with therapeutic rays.
облъ̀чване ср radiation; X-ray treatment.
облѝгам (се) lean, rest; *прен* rely, depend (on).
обмѐням exchange.
обмѝслям think over, consider.
обмѝна ж *вж* размѝна.
обнаро̀двам publish, promulgate.
обновлѐние ср renewal, renovation.
обновѝвам renew, refresh, renovate.
обно̀ска ж мн. ч. manners, behaviour, demeanour; добрѝ обно̀ски good manners.
обобщѝвам generalize, summarize.
обобщѐние ср generalization, summary.
обогатѝвам enrich.
обогатѝтелен заво̀д м redressing plant.
ободрѝтелен encouraging, reassuring; refreshing.
ободрѝвам encourage, cheer up, reassure.
обожѝвам adore, worship.
обожѝване ср adoration, worship.
обожѝтел м admirer.
обонѝние ср (sense of) smell.
обо̀р м cow-house, cattle-shed.
обо̀рвам refute, confute.
оборо̀т м turnover.
обосновѝвам се base o.s.; state o.'s grounds.
обоснова̀н well-grounded.
обработва̀ем arable.
обрабо̀твам (*земя*) cultivate, till; (*метали*) work (up), process.
обрабо̀тка ж treatment, processing.
о̀браз м shape, form; appearrance; image; character.
о̀бразен figurative.
образѐц м model, pattern; standard; (*за стока*) sample, specimen.
образо̀ван educated, well-read.
образова̀ние ср education; вѝсше ~ higher education.
образова̀телен educational.
образу̀вам form, make, constitute.
образу̀ване ср formation.
образцо̀в model, exemplary.
обра̀съл overgrown; (*небръснат*) unshaven.
обра̀т м turn, change.
обра̀тен reverse, opposite.
обра̀тно (*назад*) back; (*противно*) on the contrary, the opposite.

обра̀тното the opposite, on the contrary.
о̀бред м ritual, rite, ceremony.
обременѝвам burden, load; overburden.
о̀брив м rash, eruption.
обрѝчам doom, destine; ~ се vow.
обрѝсвам се (have a) shave.
о̀бръч м hoop; *тех* ring, rim.
обрѝщам turn; (*наопаки*) turn upside down; ~ се turn round/back; ~ се към нѝкого address s.o.; (*за молба и др.*) apply to s.o.
обръщѐние ср address, appeal; (*за пари*) circulation.
обса̀да ж siege.
обса̀ждам besiege, lay siege to.
обсѐбвам appropriate; (*власт*) usurp.
о̀бсег м sphere, scope, range.
обсервато̀рия ж observatory.
обслѐдвам inspect, examine, investigate.
обслу̀жвам serve; attend to; cater to.
обслу̀жване ср service; attendance.
обстано̀вка ж furnishings, set up; *прен* condition, situation.
обсто̀ен thorough, detailed.
обстоѝтелство ср circumstance.
обстрѐлвам bombard, fire at; shell.
обсъ̀ждам discuss; talk over; (*обмислям*) consider.
обува̀лка ж shoehorn.
обу̀вам се put on o.'s. shoes.
обу̀вка ж shoe.
обуслѝвям stipulate.
обуча̀вам teach, instruct, train.
обучѐние ср teaching, instruction, training.
обущѝр м shoemaker.
обущѝрница ж shoemaker's shop.
обхва̀щам embrace, take in, envelop.
обшѝрен wide, vast, extensive; large.
общ common; general.
общежѝтие ср hostel.
общѐствен social, public.
общѐственост ж public society.
общество̀ ср society.
община̀ ж (*градска*) municipality; (*селска*) commune; (*хората*) community; (*сградата*) town-hall.
общѝтелен sociable.
о̀бщност ж community; commonwealth.

общо generally; (*заедно*) altogether; ~ взето generally, on the whole.
общодостъпен free to all; popular.
общоизвестен well-known.
общоприет generally accepted.
общопризнат universally acknowledged.
общочовешки universal, common to all mankind.
общувам associate, have intercourse; (*дружа*) be friends (with).
общуване *ср* association, intercourse.
объркввам mix (up); (*смущавам*) confuse; ~ пътя lose o.'s way; ~ ce get mixed (up), be/become confused.
объркан mixed (up), confused.
обява *ж* announcement, notice; (*във вестник*) advertisement; давам ~ advertise.
обявявам announce; declare, proclaim; (*давам обява*) advertise.
обявяване *ср* announcement, declaration, proclamation.
обяд *вж* обед.
обядвам have/take o.'s lunch/dinner.
обяснение *ср* explanation.
обясним explicable.
обяснителен explanatory, explicative.
обяснявам explain.
обятия *мн. ч.* arms, embrace.
овации *мн. ч.* ovation, cheers; applause.
овдовявам become a widow; (*за мъж*) become a widower.
овен *м* ram.
овес *м* oats.
овесени ядки *мн. ч.* oatmeal.
овехтявам grow old, be worn out.
овладявам take possession of; (*усвоявам*) master; ~ ce get control of o.s.
овлажнявам become/grow moist/damp.
овнешко месо *ср* mutton.
овощарство *ср* fruit-growing.
овощен: овощно дърво fruit-tree; овощна градина orchard.
овца *ж* sheep.
овцевъдство *ср* sheep-breeding.
овчар *м* shepherd.
овчарски скок *м* pole vault.
огладнявам grow/become hungry.

оглед *м* survey; review; inspection; с ~ на with a view to; без ~ на regardless of; irrespective of.
огледало *ср* mirror, (looking-)glass.
оглеждам ce look around; look o.s. in a mirror.
оглупявам become/grow stupid.
оглушавам grow deaf.
оглушителен deafening.
огнеопасен inflammable.
огнестрелно оръжие *ср* fire-arm.
огнеупорен fire-proof, fire-resistent.
огнище *ср* hearth, fire-place; *прен* centre.
огняр *м* fireman.
огорчавам pain, hurt, grieve.
огорчение *ср* pain, grief.
ограбвам rob; plunder.
ограбване *ср* robbery; plunder; pillage.
ограда *ж* fence, enclosure.
ограждам fence (in), enclose.
ограмотявам teach to read and write.
ограничавам limit, confine (to); (*разходи*) cut down; ~ ce confine o.s., restrict o.s.
ограничен (*за човек*) narrow-minded.
огромен huge, enormous, immense, tremendous.
огрявам shine on, light up.
огъвам bend, twist; *прен* give in.
огън *м* fire; *прен* fire, ardour; лагерен ~ camp fire.
огърлица *ж* necklace, string of beads.
одеколон *м* eau-de-cologne.
одеало *ср* blanket.
одобрение *ср* approval; sanction, ratification.
одобрителен approving, approbative.
одобрявам approve (of); (*закон*) sanction; ratify.
одумвам gossip about s.o.
одухотворявам spiritualize.
одухотворен inspired, animated.
ожаднявам become/grow thirsty.
ожесточен fierce, ferocious.
оживен animated, lively; (*за улица*) bustling, busy; (*за търговия*) brisk.
оживление *ср* animation, spirit.
озаглавявам entitle.
озадачавам puzzle, perplex.
озарявам light up, illuminate.
оздравявам recover, become well.
оздравяване *ср* recovery, convalescence.
озеленявам lay out lawns, plant trees.
озлобен bitter, embittered.

озлобя̀вам се be/become embittered.
ознаменỳвам celebrate.
означа̀вам mark; (знача) signify, mean.
озова̀вам се find o.s.
озъ̀ртам се look round.
ока̀звам give, show, render; ока̀за се, че it turned out that.
оказио̀н м bargain.
оказио̀нен магазѝн м second-hand shop.
ока̀чвам вж закачвам.
окачествя̀вам qualify.
окая̀н wretched.
океа̀н м ocean.
о̀кис м oxide.
окисля̀вам oxidize.
око̀ ср eye.
око̀ви мн. ч. chains, fetters.
око̀лен surrounding; (за път) roundabout; око̀лна среда̀ environment.
око̀лия ж district.
око̀лност ж neighbourhood, vicinity, surroundings.
около̀ (a)round, about; (приблизително) about.
оконча̀вам end (in).
оконча̀ние ср ending.
оконча̀телен final, conclusive.
око̀п м trench.
окопа̀вам earth up; ~ се entrench (o.s.).
окрѝлям inspire (with hope), give wings (to).
о̀кръг м district, county; province; region.
окръжа̀вам surround, encircle.
окръ̀жност ж circle.
оксиженѝрам тех weld; (коса) peroxide.
окто̀мври м October.
окупа̀тор м occupier, invader.
окупа̀ция ж occupation.
окупѝрам occupy.
окуража̀вам encourage.
олѐквам become lighter; lose weight.
олѐква ми feel relieved.
олимпиа̀да ж Olympic games.
о̀лио ср (vegetable) oil.
олицетворѐние ср personification.
олицетворя̀вам personify.
оло̀во ср lead.
олта̀р м altar.
омагьо̀свам cast a spell on, bewitch.
ома̀йвам facinate, charm; intoxicate.
омаломоща̀вам exhaust; ~ се be worn out.

ома̀ра ж haze.
омѐквам grow softer, soften; (за време) get warm.
омлѐт м omelette.
омра̀за ж hate, hatred.
омра̀зен hateful, odious.
омръ̀зна ми be tired of, be sick of.
омъ̀жвам marry; ~ се за marry.
омърлỳшен crest-fallen.
ондула̀ция ж; во̀дна ~ water/set wave.
онеправда̀н wronged, underprivileged.
о̀нзи that; ~ ден the day before yesterday.
опа̀звам preserve.
опа̀зване ср preservation.
о̀пака страна̀ ж (на плат) reverse side.
опако̀вам pack (up), wrap (up).
опако̀вка ж packing.
опа̀рвам се burn o.s.
опа̀сен dangerous, perilous; опа̀сно за живо̀та danger! caution!
опасѐние ср fear, apprehension.
опа̀сност ж danger, peril.
опася̀вам се fear, apprehend.
опа̀шка ж tail; (от хора) queue; стоя̀ на ~ queue up.
о̀пера ж opera; (сградата) opera-house.
оператѝвен operative.
опера̀тор м camera-man; operator.
опера̀ция ж operation.
оперѐта ж musical (comedy), operetta.
оперѝрам operate; ~ се have an operation, be operated on, have ... out.
опетня̀вам stain.
опечалѐн grieved, sad.
опечаля̀вам grieve, make sad.
опѝвам се become intoxicated.
опѝрам touch; (подпирам) lean (on), set (against); ~ се; прен rely upon.
о̀пис м list; inventory.
описа̀ние ср description.
описа̀телен descriptive.
опѝсвам describe, depict, portray.
о̀пит м attempt (at); (проба) test; trial.
опѝтвам се try, make an attempt.
о̀питен experienced, skilled; experimental.
о̀питност ж experience; proficiency.
опитомя̀вам tame.
опиянѐние ср elation, exultation.

оплаквам се complain.
оплакване *ср* complaint.
оповестявам announce.
опожарявам burn down, destroy by fire.
опозиционер *м* member of the opposition.
опозиция *ж* opposition.
опознавам get to know.
опозорявам disgrace, dishonour.
опомням се come to o.'s senses.
опора *ж* support; bulwark.
оправдавам excuse; *юр* acquit; vindicate; ~ се justify o.s., prove o.'s innocence.
оправдание *ср* justification; acquittal; vindication.
оправям set in order; set right; (*легло*) make; (*уреждам*) settle; ~ се (*напълнявам*) put on weight, gain weight.
опразвам empty; (*квартира*) leave.
определен definite; (*установен*) fixed.
определям define, determine; (*уточнявам*) fix.
опреснявам refresh.
опровергавам refute, disprove.
опровержение *ср* refutation, denial.
опропастявам ruin.
опростявам simplify.
опрощавам pardon; forgive, remit.
опустошавам devastate.
опустошение *ср* devastation.
опустявам become desolate.
опъвам stretch; pull; *прен* strain.
опълчвам се oppose; stand against.
опърничав shrewish.
ора plough.
оран *ж* ploughing.
оранжада *ж* orangeade.
оранжев orange.
оранжерия *ж* hot-house.
орач *м* ploughman.
орбита *ж* orbit.
орган *м* organ.
организация *ж* organization.
организирам organize.
организъм *м* organism.
органичен organic.
орден *м* order; decoration; награждавам с ~ decorate.
ордьовър *м* hors-d'oeuvre.
орел *м* eagle.

орех *м* walnut; (*дърво*) walnut-tree; (*кокосов*) coco-nut.
ореховка *ж* macaroon.
оригинален original.
ориенталски oriental.
ориентация *ж* orientation.
ориентирам orientate; ~ се orientate o.s., find o.'s bearings.
ориз *м* rice.
оркестър *м* orchestra.
орляк *м* flight, flock.
орнамент *м* ornament; design; decoration.
оръдие *ср* instrument, tool.
оръжие *ср* arms, weapon(s).
ос *ж* axis.
оса *ж* wasp.
осанка *ж* bearing; figure.
осведомен informed.
осведомителен informative, information.
осведомявам inform, notify; ~ се inquire, ask (about), make inquiries (about).
освежавам refresh.
освежителен refreshing.
освен except (for); save, but; (*в добавка*) besides; ~ ако unless; ~ това besides; ~ че not only.
осветление *ср* light, lighting; *прен* elucidation.
осветлявам light (up), illuminate; *прен* elucidate.
освещавам sanctify; (*с тържество*) inaugurate.
освирквам hiss.
освободител *м* liberator.
освободителен liberatory, of liberation.
освобождавам liberate, free.
освобождение *ср* liberation.
осезаем tangible.
осезание *ср* sense of touch.
осем eight.
осемдесет eighty.
осемнадесет eighteen.
осемстотин eight hundred.
осеян dotten, studded.
осигуровка *ж* insurance, assurance.
осигурявам secure, ensure; (*застраховам*) insure.
осиновявам adopt.
осквернявам profane, desecrate.
оскъден scanty, scarce.
оскъдица *ж* scarcity, scantiness.
оскърбление *ср* insult.
оскърбявам insult, offend; hurt.

осланям се rely, depend (on).

ослепѝтелен blinding, dazzling.

осмелявам се dare, venture; take the liberty.

òсми eighth.

осмѝвам ridicule, mock (at).

оснòва ж foundation, base; прен basis; grounding; (принципи) principles; хим base.

основавам found, ground; ~ се base o.s. on.

основàние ср grounds, reason.

основàтел м founder.

основàтелен well-grounded, sound; just, justified.

основàтелно justly.

оснòвен basic, fundamental; (пълен) thorough.

осòбен special; (необикновен) peculiar, strange.

осòбеност ж peculiarity.

оспòрвам contest, question.

осребрявам cash.

остàвам remain, stay; ~ назàд lag behind.

остàвка ж resignation.

остàвям leave; (позволявам) let; ~ се да let o.s. be.

остàналите the rest.

остàнки мн. ч. remains; (старини) relics.

остарявам grow/become old.

остарял old; (несъвременен) out-of-date, old-fashioned.

остàтък м remainder, rest; (пари) change.

остриè ср edge; (връх) point.

острѝлка ж pencil-sharpener.

òстров м island.

островрѝх pointed; peaked.

остроумен witty.

остроумие ср wit.

òстря sharpen.

òстър sharp; прен keen.

осуетявам frustrate, spoil.

осъвременявам modernize, bring up-to-date.

осъждам blame, censure; юр condemn, sentence.

осъзнàвам become conscious of, realize.

осъществѝм feasible, practicable.

осъществявам realize, carry out; accomplish; ~ се come true.

осъществяване ср realization.

от (отдалечаване) out of, from, off; (материя) of; (произход) from; (причина) with, for; (за време) from; for; (със сравнителна степен) than; (с превъзходна степен) of; (за деятел) by; ~ ... до from...to...

отбелязвам mark; (изтъквам) record, note, mention.

òтбив м deduction, discount.

отбѝвам се (от път) turn aside/ off; (навестявам) drop in.

отблагодарявам се repay, show o.'s gratitude.

отблѝзо from a short distance; прен intimately.

отблъсквам beat back/off, repel.

отблъскващ repulsive.

отболява ме cease aching; stop being painful.

отбòр м team.

отбрàна ж defence.

отбранѝтелен defensive.

отбранявам се defend o.s.

отбягвам avoid, shun.

отварàчка ж (tin) opener.

отварям open; (радио) turn on, switch on; (бутилка) uncork.

отвеждам lead away/off.

отвѐрка ж screw-driver.

отвѐсен vertical.

отвѝквам (някого) break s.o. of a habit; (себе си) break o.s of a habit.

отвлечен abstract.

отвлѝчам carry of, carry away; ~ се digress.

отводнявам drain.

отвòр м opening, hole.

отвòрен open.

отвратѝтелен disgusting, repugnant.

отвращàвам се loathe, be disgusted (with).

отвращѐние ср disgust; loathing, repugnance.

отвръщам reply; retort; (отплащам се) repay, retaliate.

отвсякъде from all sides, everywhere.

отвън from without; (on the) outside.

отвързвам untie, undo.

отвътре from within; (on the) inside.

отгàтвам guess.

отгдè from where, where from.

отглеждам (деца) bring up; (животни) breed; (растения) grow.

отговарям answer, reply; respond; ~ за be responsible for.

отговор *м* answer, reply; предплатен ~ reply prepaid.

отговорен responsible.

отговорност *ж* responsibility.

отгоре (*върху*) upon; on top of; above; (*за посока*) from above.

отдавам give, render; (*посвещавам*) give (up), devote (to); (*приписвам*) attribute; ~ се на take up, devote o.s. (to).

отдавна long ago, a long time ago.

отдалеч from afar.

отдалечавам се move (go) away; *прен* become alienated.

отдалечен distant, remote.

отдалеченост *ж* remoteness.

отдел *м* (*в учреждение*) department; (*част*) section.

отделен separate; (*единичен*) individual.

отделение *ср* compartment, section; (*в училище*) grade, form.

отделям separate, detach; (*слагам настрана*) put aside; ~ се separate.

отделяне *ср* separation; detachment.

отдих *м* rest; relaxation; (*кратък*) break.

отдолу below; from below.

отдръпвам се move away; withdraw.

отдъхвам си rest, take a rest.

отдясно on o.'s right side; to the right.

отегчавам bore; ~ се be bored.

отегчение *ср* boredom.

отегчителен boring, dull.

отечествен patriotic.

отечество *ср* fatherland, mother country.

отживял antiquated, obsolete.

отзад behind; from behind; at the back.

отзвук *м* echo; response.

отзив *м* report; review.

отзивчив responsive; obliging.

отзивчивост *ж* responsiveness.

отзовавам recall; ~ се respond.

отивам go; ~ си go home.

отиване *ср* going.

отичам swell.

отказ *м* refusal.

отказвам refuse; decline; ~ се give up.

откак(то) since.

откачвам unhook; take down; *тех* ungear.

отклонение *ср* digression; diversion.

отклонявам divert; (*предложение*) decline; ~ се (*за път*) branch off; (*от мисъл*) digress.

отключвам unlock.

откога how long.

откогато since.

отколкото than.

откопчавам unbutton, undo.

открадвам steal.

откривам discover; find out; open.

открил *м* discoverer; (*изобретател*) inventor.

открит open; open-air.

откритие *ср* discovery; invention.

откровен frank, sincere.

откровение *ср* revelation.

откровеност *ж* frankness, sincerity.

откуп *м* ransom.

откъде from where.

откъм from; (*по отношение на*) in, as regards.

откъс *м* extract; excerpt.

откъсвам tear off; (*цвете*) pick.

откъслечен fragmentary, scrappy.

отлагам put off, postpone.

отлагане *ср* postponement.

отлежал seasoned.

отлив *м* ebb(-tide).

отлитам fly away, fly off.

отличавам distinguish; honour; ~ се differ.

отличен excellent.

отличие *ср* distinction; (*за успех*) excellent mark.

отличителен distinctive; ~ знак badge.

отличник *м* excellent pupil/student/worker.

отлично excellently, perfectly.

отляво to the left; on the left side (of).

отменям abolish; (*заповед*) cancel; (*закон*) repeal.

отмествам remove, draw aside, move aside.

отминавам pass by; *прен* pass over.

отмора *ж* rest; relaxation, recreation.

отмъстителен revengeful.

отмъщавам (си) revenge o.s.

отмъщение *ср* revenge, vengeance.

отмяна *ж* help.

отнасям take, carry; ~ се (*за държане*) treat; behave; (*за помощ и др.*) appeal (to); **отнася се за** (*до*) it refers to.

отначàло from the beginning.
отнèмам take away; deprive (s.o. of s. th.).
отнѝкъде from nowhere.
отнòво again.
относѝтелен relative; относѝтелно теглò relative weight.
относѝтелно relatively, comparatively.
отнòсно about, concerning.
отношèние *ср* relation; bearing; в това ~ in this respect; по ~ на with respect to.
отнѝкъде from somewhere.
òток *м* swelling.
отоплèние *ср* heating; пàрно ~ central heating.
отоплѝвам heat.
отплàщам (се) pay, repay, retaliate.
отплувàм sail away; set sail.
отпòр *м* resistance; дàвам ~ resist.
отпрàвям send, direct; ~ се make for.
отпразнỳвам celebrate.
отпрèд in front of.
òтпуск *м* holiday, leave (of absence).
отпỳскам lengthen; widen; ~ се relax, feel at ease.
отпỳснат loose; (небрежен) slack; negligent.
отпỳшвам uncork, open; unclog.
отпътỳвам leave, start.
отпътỳване *ср* departure.
отрàвяне *ср* poisoning.
отражèние *ср* reflection.
отразѝвам reflect.
отрàсъл *м* branch, field.
òтред *м* detachment.
отрицàтелен negative; unfavourable.
отрѝчам deny; ~ се от deny, renounce.
отрòва *ж* poison.
отрòвен poisonous.
отрỳпвам pile, heap.
отрѝзвам cut.
отсàм on this side.
отсегà натàтък from now on.
отсèчено sharply, abruptly.
отсѝчам cut off; cut down, fell; *прен* snap.
отскòро (for) a short time.
отслàбвам grow weak; loose weight; (за буря) abate, subside.
отсрèща opposite; across the way; over there.
отсрòчвам put off, postpone; (плащане) defer.
отстоѝвам defend; maintain, uphold.

отстранà by the side of, alongside.
отстранѝвам remove.
отстѝпвам go back, retreat; *прен* yield, give in.
отстъплèние *ср* retreat.
отстъпчѝв yielding, pliant.
отсѝствие *ср* absence.
отсѝствувам be absent.
отсѝдам stay, put up.
оттàм from there.
оттàтък on the other side.
оттèглям withdraw, draw back; ~ се withdraw; retire.
оттèгляне *ср* withdrawal, retirement.
оттèнък *м* shade, tint, hue.
оттогàва since (then).
оттỳк from here; this way.
отхвѝрлям throw off; push back; (предложение) reject, turn down.
отчàйвам dispirit, discourage; ~ се despair, give up hope.
отцèпвам (се) split off; break away (from).
отчàсти partly.
отчàян desperate, downcast.
отчàяние *ср* despair, despondency.
отчèт *м* account; (доклад) report.
отчèтен доклàд *м* report.
отчèтно-ѝзборно събрàние *ср* annual meeting.
отчèтлив clear, distinct.
отчѝтам report.
отчуждàвам alienate; (имот) expropriate; ~ се be estranged, be alienated.
отчуждàване alienation, estrangement; expropriation.
отчỳпвам (се) break (off).
отщѝва ми се no longer feel like.
отъждествѝвам identify.
отървàвам save; ~ се get rid of; get off safe.
офанзѝва *ж* offensive.
офèрта *ж* offer.
официèр *м* officer.
официàлен official, formal.
офòрмѝ(ва)м form, shape.
òхкам groan, moan.
охлàждам cool; chill.
òхлюв *м* snail.
охòлен rich, opulent.
охòлно in luxury.
охòлство *ср* opulence, prosperity.

охрàна *ж* guard; protection.
оцàпвам soil, stain.
оцèнка *ж* valuation, assessment; estimation; (*бележка*) mark.
оценявам evaluate, estimate; value.
оцèт *м* vinegar.
очàквам expect; look forward to.
очàкване *ср* expectation.
очарòвам charm, enchant.
очаровàние *ср* charm, enchantment, fascination.

очаровàтелен charming, fascinating.
очевѝден obvious, evident, clear; conspicuous.
очевѝдец *м* eye-witness.
òчерк *м* sketch.
очертàвам outline; delineate; describe.
очертàние *ср* outline; delineation.
очилà *мн. ч.* (eye-)glasses, spectacles.
очѝствам clean.
очистѝтелно *ср* purgative, laxative.
ощастливявам make happy.
òще (*повече*) more; (*все още*) still; yet.
ощетявам injure; damage, bring loss to.

П

павàж *м* pavement.
павилиòн *м* pavilion; (*за стока*) stand.
павѝрам pave.
пàгубен pernicious, fatal.
пàдам fall (down); пада се (*случва се*) happen; be; пада ми се win; deserve it.
пàдане *ср* fall.
падèние *ср* fall; (*позор*) disgràce.
падинà *ж* hollow.
пазàр *м* market; market-place.
пазарлѝк *м* bargain.
пазарỳвам buy; go shopping.
пазарѝ се bargain.
пазàч *м* watchman; guard.
пазѝтел *м* guardian; protector.
пàзя guard; protect; (*съхранявам*) keep; (*съблюдавам*) observe; ~ се take care of o. s.; пази се! look out! watch out!
пак again; все ~ still.
пакèт *м* package; parcel, pack.
пакèтче *ср* packet.
пàкост *ж* mischief; harm, damage.
пакостя do mischief, do s.o. harm.
пакт *м* pact.
пàлав mischievous; (*игрив*) playful.
паламỳд *м* tunny.
палàт *м* palace.
палàта *ж*: търгòвска ~ chamber of commèrce; съдèбна ~ law court.
палàтка *ж* tent.

палàч *м* executioner; *прен* hangman.
палачѝнка *ж* pancake.
пàлец *м* thumb.
пàлка *ж* stick; (*диригентска*) baton; (*полицейска*) club.
пàлма *ж* palm.
палтò *ср* coat, overcoat, topcoat.
пàлуба *ж* deck.
пàля (*огън*) make, light; (*лампа, радио*) turn on, switch on.
палячо *ср* clown, fool.
пàмет *ж* memory.
пàметник *м* monument, memorial.
памỳк *м* cotton.
памỳчен cotton.
панаѝр *м* fair.
пàнделка *ж* ribbon; (*вързана*) bow.
пàника *ж* panic; в ~ panic-stricken.
панѝца *ж* bowl.
панорàма *ж* panorama, view.
пансиòн *м* boarding-house; пълен ~ board and lodging.
панталòни *мн. ч.* trousers; *ам* pants.
пантòфи *мн. ч.* slippers.
пàпа *м* pope.
папагàл *м* parrot.
пàпка *ж* portfolio; file.
пàпрат *ж* fern.
пàприкаш *м* pepper stew.
пàра *ж* steam; vapour.
паравàн *м* screen.
парàд *м* parade.
парадѝрам parade.
парàдност *ж* showiness, show.
парàлиза *ж* paralysis.
парафѝрам initial, endorse.
парахòд *м* steamship, steamer.

парахо̀дно дру̀жество *ср* shipping company.

парашу̀т *м* parachute.

пардесю̀ *ср* light overcoat.

парѝ *мн. ч.* money; дрѐбни ~ change.

парк *м* park.

паркѐт *м* parquet (floor).

парламѐнт *м* parliament.

па̀рник *м* hot-house, greenhouse.

паро̀ла *ж* password, parole.

па̀ртер *м* ground floor; (*в театър*) pit.

партѝен party.

партѝец *м* party-member.

партиза̀нин *м* partisan, guerilla.

партиту̀ра *ж* score.

па̀ртия *ж* party.

парфю̀м *м* perfume, scent.

парфюмѐрия *ж* perfumery.

парца̀л *м* rag.

парцалѝв ragged.

парцѐл *м* plot.

парчѐ *ср* piece; fragment; slice.

па̀ря be hot; burn, scald; (*за слънце*) scorch.

паса̀ graze.

паса̀ж *м* passage.

па̀сбище *ср* pasture.

пасѝв *м фин* liabilities.

пасѝвен passive.

паспо̀рт *м* passport.

па̀ста *ж* paste; ~ за зъ̀би toothpaste.

пастѝр *м* herdsman.

патѐнт *м* patent.

па̀тица *ж* duck.

патрио̀т *м* patriot.

патриотѝзъм *м* patriotism.

патриотѝчен patriotic.

патро̀н[1] *м* cartridge.

патро̀н[2] *м* (*покровител*) patron.

па̀тя suffer, endure.

па̀уза *ж* interval; pause, break.

пау̀н *м* peacock.

пациѐнт *м* patient.

па̀яжина *ж* cobweb.

па̀як *м* spider.

певѐц *м,* певѝца *ж* singer.

педаго̀гика *ж* pedagogy, education.

педагогѝчески pedagogic(al).

пѐдя *ж* span.

пѐене *ср* singing.

пейза̀ж *м* view; landscape.

пѐйка *ж* bench.

пека̀ bake; roast; (*на скара*) broil, grill.

пека̀рница *ж* baker's (shop).

пелена̀ *ж* diaper.

пелерѝна *ж* cape, cloak.

пелтѐча stammer, stutter.

пенсионѐр *м* pensioner.

пенсионѝрам се retire (on a pension).

пеньоа̀р *м* dressing-gown.

пѐня се foam.

пѐпел *ж* ash(es).

пепелнѝк *м* ash-tray.

пеперу̀да *ж* butterfly.

пера̀ wash.

пера̀лня *ж* washing machine, washer; (*обществена*) laundry.

пергѐл *м* (pair of) compasses.

пердѐ *ср* curtain.

перио̀д *м* period, space of time.

периодѝчен periodic; ~ печа̀т periodicals.

перифѐрия *ж* periphery; (*на шапка*) brim.

пѐрка *ж* (*на самолет*) propeller; (*на риба*) fin.

пѐрла *ж* pearl.

перо̀ *ср* feather.

перодръ̀жка *ж* penholder.

перо̀н *м* platform.

перпендикуля̀рен perpendicular.

персѝйски Persian.

персона̀л *м* personnel, staff.

перспектѝва *ж* perspective; *прен* vista.

перу̀ка *ж* wig.

перушѝна *ж* feathers.

пѐрча се swagger, strut.

пѐсен *ж* song.

песимистѝчен pessimistic.

пестелѝв thrifty, sparing.

пестя̀ save; (*пари*) put aside.

песъчлѝв sandy.

пет five.

пѐти fifth.

пета̀ *ж* heel.

петгодѝшен five-year.

петдесѐт fifty.

петѐл *м* cock.

петилѐтка *ж* five-year period.

петѝция *ж* petition.

петна̀десет fifteen.

петно̀ *ср* spot; stain.

петня̀ stain, spot; blemish.

петро̀л *м* petroleum, oil; (*рафиниран*) petrol.

петролопрово̀д *м* oil pipeline.

пѐтстотин five hundred.

пѐтък _м_ Friday.
пехо̀та _ж_ infantry.
печа̀л _ж_ grief, sadness, sorrow.
печа̀лба _ж_ gain, profit, return; (_от ло-тария_) prize.
печа̀т _м_ seal, stamp; (_публикуване_) printing; press.
печа̀там print, publish.
печата̀р _м_ printer.
печа̀тница _ж_ printing house.
печа̀тно _ср_ printed matter.
печелѝвш winning.
печѐля earn, gain; win.
пѐчено _ср_ roasted meat.
пѐчка _ж_ stove; (_готварска_) (cooking) range.
пеша̀ on foot; вървя̀ ~ walk.
пешехо̀дец _м_ pedestrian.
пешкѝр _м_ (face-/hand-) towel.
пещ _ж_ oven; (_индустриална_) furnace.
пещера̀ _ж_ cave.
пѐя sing.
пиа̀но _ср_ piano.
пѝвница _ж_ public house; _разг_ pub.
пѝво _ср_ beer, ale.
пѝене _ср_ drinking.
пиѐса _ж_ play.
пижа̀ма _ж_ pyjamas.
пика̀нтен (_за ядене_) savoury, piquant.
пила̀ _ж_ file.
пѝле _ср_ chicken.
пилѐя scatter; (_разхищавам_) squander.
пило̀т _м_ pilot.
пионѐр _м_ pioneer.
пѝпам touch.
пипѐр _м_ (_чер_) pepper; (_червен_) red-pepper, paprika.
пир _м_ feast, banquet.
пирамѝда _ж_ pyramid.
пира̀т _м_ pirate, buccaneer.
пирогра̀фия _ж_ pokerwork.
пиршество̀ _ср_ feast, banquet.
писа̀лище _ср_ desk, writing desk.
писа̀лка _ж_ pen; (_автоматична_) fountain-pen.
писа̀тел _м_ writer, author.
писѐц _м_ nib.
пѝскам shriek, scream.
писмо̀ _ср_ letter; препоръ̀чано ~ registered letter.
пѝста _ж_ _сп_ racing-track.
пистолѐт _м_ pistol.

пѝта _ж_ round loaf, flat cake.
пѝтам ask, question, inquire.
пита̀телен nourishing, nutritious.
пита̀я nourish, feel; cherish.
питиѐ _ср_ drink.
пѝтомен tame, domestic.
пѝша write.
пѝщен magnificent, splendid, gorgeous.
пѝщност _ж_ magnificence, splendour.
пѝя drink; sip; пия за... here is to...
пиѐн drunk.
пиѐница _м_ drunkard, drinker.
пла̀ване _ср_ navigation.
плава̀телен navigable; ~ съд vessel.
пла̀вен (_за говор_) fluent; (_за движение_) easy, graceful.
пла̀дне _ср_ noon, midday.
плаж _м_ beach.
плака̀т _м_ poster, placard.
пла̀кна rinse.
пла̀мвам blaze, burst into flames.
пла̀менен ardent, fervent.
пла̀менност _ж_ ardour, fervour.
пла̀мък _м_ flame; blaze.
план _м_ plan, scheme; design; на прѐден ~ in the foreground.
планѐта _ж_ planet.
планина̀ _ж_ mountain.
планѝнски mountain(ous).
планѝрам plan; lay out.
пла̀нов planned.
планта̀тор _м_ planter.
планта̀ция _ж_ plantation.
пласѝрам sell, dispose of; (_пари_) invest.
пласмѐнт _м_ sale, disposal; investment.
пласт _м_ layer.
пластѝнка _ж_ plate.
пластѝчен plastic.
пла̀стмаса _ж_ plastic(s).
пла̀стмасов plastic.
плат _м_ cloth, material, fabric.
платѐж _м_ payment; с нало̀жен ~ cash on delivery.
платѝм payable.
платнѝще _ср_ canvas.
платно̀ _ср_ stuff, cloth.
платноходка _ж_ sailboat.
платфо̀рма _ж_ platform.
плах timid.
плач _м_ weeping, crying.
пла̀ча cry, weep.
плачѐвен lamentable, deplorable.
пла̀ша frighten, scare; ~ се be afraid of.
плашѝло _ср_ scarecrow.
пла̀щам pay.

плащане *ср* payment.
плевел *м* weed.
плевня *ж* barn.
плеврит *м* pleurisy.
плевя weed.
пледирам plead; (*защитавам*) defend.
плезя се put/stick o.'s tongue out.
племе *ср* tribe.
племенник *м* nephew.
племенница *ж* niece.
плен *м* captivity.
пленителен captivating, fascinating, charming.
пленник *м* captive, prisoner.
пленум *м* plenum.
пленявам capture, take prisoner; *прен* captivate.
плесен *ж* mould, mildew.
плесенясал mouldy.
плесница *ж* slap in the face.
плет *м* fence; жив ~ hedge, hedge-row.
плета knit.
плетачка *ж* knitter.
плетиво *ср* knitwear.
плешив bald.
плик *м* envelope.
плисиран pleated.
плискам splash; ~ се (*за вълни*) lap.
плитка *ж* plait, tress.
плитък shallow.
плод *м*, ~ове *мн. ч.* fruit.
плодов сок *м* fruit juice.
плодовит prolific.
плодовитост *ж* fruitfulness, fecundity.
плодороден fertile.
плодородие *ср* fertility.
плодотворен fruitful.
пломба *ж* (*на зъб*) filling, stopping; (*търговска*) seal.
пломбирам fill, stop; seal.
плосък flat.
плоча *ж* slab; (*грамофонна*) record.
плочка *ж* (*за облицоване*) tile.
площ *ж* area; обработваема/поливна ~ area under cultivation/irrigation.
площад *м* square.
площадка *ж* landing; детска ~ open-air kindergarten.
плувам swim; (*за кораб*) sail.
плувки *мн. ч.* swimming/bathing trunks.
плуг *м* plough.
плъзгав slippery.
плъзгам се glide, slide.
плът *ж* flesh.
плътен thick, dense.

плътност *ж* thickness, density.
плъх *м* rat.
плюя spit.
пляскам flap, slap; (*бия*) spank; (*с ръце*) clap.
плячка *ж* booty, plunder.
плячкосвам plunder, ravage.
пневмония *ж* pneumonia.
по (*по протежение на*) along; (*на повърхността на*) on; over; on (*според*) according to; (*посредством*) by.
победа *ж* victory.
победен victorious, triumphant.
победител *м* victor; *сп* winner.
победоносен victorious.
побеждавам conquer, vanquish, defeat; win.
побелявам become white; (*за коса*) turn grey.
побеснявам become furious, go mad.
побирам hold; contain; (*за места*) seat.
побъркан crazy; mad.
побягвам run.
повдигам lift; raise.
повдига ми се feel sick.
поведение *ср* conduct; behaviour.
повелителен imperative, authoritative.
повеля *ж* command, order.
повелявам ordain, decree; *прен* require.
поверие *ср* belief; superstition.
поверителен confidential.
поверявам (*доверявам*) entrust; confide; (*задача*) give, set.
повест *ж* short novel, novelette.
повече more.
повечето most.
повиквам call, summon; send for.
повинност *ж* service; военна ~ military service.
повишавам raise; heighten; increase; (*в служба*) promote.
повишение *ср* rise, raise; (*служебно*) promotion.
повличам drag along; *прен* entail.
повод *м* occasion, cause, ground.
повреда *ж* damage; (*на машина*) break down.
повреден out of order.
повреждам damage; put out of order; ~ се be damaged, get out of order.
повръщам vomit, be sick.
повсеместен general.

повтарям repeat; ~ се repeat o. s.; recur.

повторение ср repetition.

повторно once more, over again.

повърхност ж surface.

повърхностен superficial.

повяхвам wither, droop, fade.

повяхнал withered, drooping.

поглед м look; gaze; stare; glance; от пръв ~ at first sight; от птичи ~ from a bird's eye view.

поглеждам look at, have a look at, glance.

поглъщам swallow (up); прен absorb.

погнусявам се become disgusted.

поговорка ж proverb, saying.

погребален funeral.

погребвам bury.

погребение ср funeral, burial.

погрешен wrong, erroneous.

погрешка ж : по ~ by mistake.

погрешно wrongly, wrongfully, erroneously.

погрознявам lose.o.'s good looks.

погубвам destroy, ruin.

погълнат absorbed (in); preoccupied (with).

под м floor.

под under; (по-долу) below.

подавам hand, pass; (документ) file, hand in; (телеграма) send.

поданик м subject.

поданство ср citizenship, nationality.

подарък м present, gift.

подарявам give, make a present.

подател м sender.

податлив pliable, pliant.

подаяние ср alms.

подбирам select, pick out; choose.

подбор м selection.

подбран well-chosen, picked out; select.

подбуда ж motive, stimulus, incentive.

подбудител м instigator.

подбуждам incite, instigate.

подвеждам lead astray, mislead; ~ се be led astray.

подвиг м exploit, feat.

подвижен movable, mobile; (жив) active lively; quick.

подвижност ж mobility; liveliness.

подводен submarine; under-water.

подводница ж submarine.

подвързвам bind.

подвързия ж binding; мека ~ paper back (binding).

подготвен prepared; прен qualified, versed, trained.

подготвителен preparatory.

подготвям prepare; (обучавам) train; ~ се prepare (o. s.).

подготовка ж preparation.

подгъвам bend, fold; (дреха) hem.

поддавам се succumb, yield, fall.

поддръжка ж support; maintenance, upkeep.

поддържам support; keep up, maintain.

подействувам produce an effect; affect.

подем м revival, boom, upsurge.

подзаглавие ср subtitle, subheading.

подземен underground; подземна железница underground, tube.

подигравам се make fun of, mock (at).

подигравателен mocking derisive.

подигравка ж mockery.

подиум м platform.

подкова ж horse-shoe.

подкопавам undermine.

подкрепа ж support; backing.

подкрепям support; (начинание) back; ~ се refresh o. s.

подкуп м bribe.

подкупвам bribe.

подкупничество ср bribery.

подлежа be liable/subject to.

подлежащ liable.

подлец м scoundrel, villain.

подлог м subject.

подлост ж baseness, villainy.

подмазвам се fawn.

подметка ж sole.

подмладявам се grow young (again).

подмолен underground; (подривен) subversive.

поднасям (ядене) serve; (подарък) present; (поздравления) offer, extend.

подновявам renew, renovate; resume.

подножие ср foot.

поднос м tray.

подобавам (на) become, befit.

подобаващ becoming, befitting.

подобен like, similar.

подобно the same to you.

подобрение ср improvement; change for the better.

подобрявам improve; (издание) revise; ~ се improve.

подозирам suspect (of), be suspicious of.

подозрѐние *ср* suspicion.

подозрѝтелен suspicious.

подпа̀лвам set fire to, set on fire.

подпалва̀ч *м* incendiary; ~ на война̀ warmonger.

подпѝрам prop up; ~ се lean.

по̀дпис *м* signature.

подпѝсвам (се) sign (o.'s name).

по̀дписка *ж* subscription.

подпла̀та *ж* lining.

по̀дполковник *м* lieutenant-colonel.

подпома̀гам help, aid, assist.

подпо̀ра *ж* support; *прен* pillar.

подпра̀вка *ж* condiment, spice; seasoning.

подпра̀вям counterfeit, falsify; (*документ*) forge; (*ястие*) season.

подра̀вям undermine.

подража̀вам imitate.

подража̀ние *ср* imitation.

подразбѝрам understand.

подразбѝра се it is understood/implied.

подредѐн orderly, in good order.

подрѐждам arrange, set in order.

подрѐмвам take a nap.

подрѝвен subversive.

подро̀бен detailed.

подро̀бно in detail.

подро̀бност *ж* (piece of) detail.

подро̀нвам lower, undermine.

подръка̀ arm in arm; (*наблизо*) at hand.

подсвѝрквам whistle.

подсѐщам remind (of); give a hint.

подска̀звам prompt; suggest; imply.

подска̀чам jump; hop about.

подсла̀ждам sweeten.

подсло̀н *м* shelter.

подслоня̀вам (се) shelter.

подслу̀швам eavesdrop (on), listen to.

подсмѝвам се snigger.

подстрека̀вам incite, instigate.

подстрека̀тел *м* instigator.

подстрѝгвам cut; ~ се have o.'s hair cut.

подсъдѝм *м* defendant; ~ съм be on trial.

по̀дсъзнание *ср* subconsciousness.

подсъзна̀телен subconscious.

по̀дтик *м* impulse, stimulus.

подтѝквам incite, urge on, stimulate.

поду̀вам се swell.

поду̀т swollen.

подутина̀ *ж* swelling.

поду̀швам scent; sniff (at); *прен* nose.

подхлъ̀звам се slip.

подхо̀д *м* approach.

подходя̀щ suitable, appropriate.

подхо̀ждам (на) suit, fit; answer (the purpose).

подценя̀вам underestimate, underrate.

подчерта̀вам underline; *прен* emphasize, stress.

подчинѐн subordinate.

подчинѐние *ср* submission.

подчиня̀вам се submit; obey.

по̀дъл mean, base.

поевтиня̀вам cheapen; be reduced in price.

поевтиня̀ване *ср* reduction of prices, price cut.

поѐзия *ж* poetry.

поѐма *ж* (narrative) poem.

поѐмам take (up); *прен* assume, undertake.

поѐт *м* poet.

пожа̀р *м* fire.

пожа̀рен кран *м* fire plug.

пожарника̀р *м* fireman.

пожела̀вам wish.

пожела̀ние *ср* wish.

пожертвова̀телен selfless.

пожѝзнен life, for life.

пожълтя̀вам turn yellow.

по̀за *ж* pose, attitude.

позволѐн permissible, permitted, allowed.

позволѐние *ср* permission; (*писмено*) permit.

позволѝтелно *ср* permit; licence.

позволя̀вам allow, permit, let; ~ си take the liberty.

по̀здрав *м* greeting; salute; regards.

поздравлѐние *ср* greeting; (*по случай*) congratulation.

поздравя̀вам greet; (*честитя*) congratulate; поздравѐте... от мене remember me to...

по̀зив *м* (*обръщение*) appeal; (*листче*) leaflet.

позѝция *ж* position; stand.

позлатѐн gilt, gilded.

позна̀вам know; (*налучквам*) guess; ~ се с know

познава̀ч *м* authority; expert.

позна̀ние *ср* knowledge, learning.

позна̀т *м* acquaintance.

позна̀т well-known, familiar.

позовавам се appeal (to); base o.'s arguments (on).

позор *м* disgrace, shame.

позорен disgraceful, infamous.

позоря disgrace.

поискване *ср*: при ~ on demand, on request; до ~ (*за писмо*) poste restante.

показ *м* : на ~ on show.

показалец *м* forefinger.

показание *ср* evidence, testimony.

показател *м* index; indicator.

показателен significant, indicative; *грам* demonstrative.

показвам show, point (at); (*излагам*) exhibit; (*представям*) present; ~ се show; appear.

показен demonstrative; (*образцов*) model; exemplary.

покана *ж* invitation; (*писмена*) invitation card.

поканвам invite, ask.

поквара *ж* corruption.

покварявам corrupt; ~ се become corrupted.

покланям се bow, make a bow; *прен* worship, honour.

поклон *м* bow.

поклонение *ср* pilgrimage.

поклонник *м* pilgrim; *прен* admirer.

покоен late, deceased.

покой *м* peace, quiet.

поколение *ср* generation.

покорител *м* conqueror.

покорявам conquer, subjugate, subdue; ~ се submit, obey.

покрайнини *мн. ч.* (*на град*) outskirts.

покрив *м* roof.

покривам cover.

покривка *ж* covering; ~ за легло bedspread; ~ за маса table-cloth.

покровител *м* patron, protector.

покровителствен patronizing.

покровителство *ср* patronage; auspices; (*закрила*) protection.

покровителствувам patronize, protect.

покруса *ж* despair, prostration.

покрусен deeply grieved, prostrate.

покупател *м* buyer, purchaser.

покупка *ж* purchase.

покъртителен moving, heart-rending.

покъщнина *ж* furniture.

пол *м* sex.

пола *ж* skirt.

полагам lay; (*изпит*) take, sit for.

полага ми се it is my right, be entitled to.

поласкавам flatter, gratify.

поле *ср* field.

полегат slanting, sloping.

полезен useful; beneficial; good for; wholesome.

полека slowly; (*тихо*) softly, quietly; лека-~ little by little.

полесражение *ср* battlefield.

полет *м* flight.

полза *ж* advantage, benefit; use.

ползувам be of use to; ~ се от make use of; ~ се с enjoy.

ползуване *ср* use.

поливам pour (on); (*напоявам*) water, irrigate.

полилей *м* chandelier.

поликлиника *ж* polyclinic.

полирам polish.

политемигрант *м* political emigrant.

политехника *ж* technical school, polytechnic.

политзатворник *м* political prisoner.

политик *м* politician; *ам* statesman.

политика *ж* politics; policy.

политически political; политическа икономия political economy.

полица *ж* bill (of exchange); осигурителна ~ insurance policy.

полица *ж* shelf.

полицай *м* policeman, police officer.

полиция *ж* police.

полк *м* regiment.

полковник *м* colonel.

полов sexual.

половин half; ~ час half an hour.

половина *ж* half.

положение *ср* position; (*състояние*) situation; state of affairs; (*обществено*) status.

положителен positive; (*за отговор*) affirmative; (*точен*) definite, certain; (*благоприятен*) favourable; good.

положително positively; to be sure; certainly.

положителност *ж* certainty.

полски[1] Polish.

полски[2] field.

полувреме *ср* half-time.

полугодие *ср* half-year.

полудявам go mad.

полукръг *м* semicircle.

полукълбо̀ *ср* hemisphere.
полумѐсец *м* crescent.
полумра̀к *м* twilight.
полуно̀щ *ж* midnight.
полуо̀стров *м* peninsula.
полуфабрика̀ти *мн. ч.* semi-manufactured goods.
получа̀вам get, receive; obtain; *разг* get.
получа̀ване *ср* receiving, getting, receipt.
получа̀тел *м* recipient; (*на писмо*) addressee.
по̀лъх *м* waft, whiff.
по̀люс *м* pole.
поля̀к *м* , ~иня *ж* Pole.
поля̀на *ж* meadow; lawn.
поля̀рен polar, arctic.
помага̀ло *ср* appliance, handbook.
пома̀гам help, assist, aid; ~ за contribute to.
пома̀да *ж* ointment.
помѐствам move, shift; (*вмъквам*) insert; (*статия*) publish.
помеща̀вам се be, be accommodated/housed.
помѝлвам (*галя*) stroke, caress; (*опрощавам*) pardon.
помѝлване *ср* pardon.
помѝнък *м* livelihood; (*занаят*) occupation.
помирѐние *ср* reconciliation.
помиря̀вам reconcile; ~ се be reconciled.
по̀мня remember, keep in mind.
по̀мощ *ж* help, assistance, aid; бъ̀рза ~ first aid; (*линейка*) ambulance.
по̀мощен subsidiary; по̀мощна организа̀ция relief organization.
помо̀щник *м* assistant, helper; deputy.
по̀мпа *ж* pump.
помрача̀вам obscure, dim, darken.
помръ̀двам (се) stir.
понастоя̀щем at present, for the time being.
поня̀сям carry; (*търпя*) stand, suffer; endure, bear.
поня̀ся ми it suits me; it agrees with me.
понѐ at least.
понедѐлник *м* Monday.
понѐже because; since; as.
понижа̀вам lower, reduce.
понижѐние *ср* fall; reduction.
понѝквам sprout.
поносѝм bearable.
поня̀кога sometimes; at times; occasionally.

поня̀тен intelligible, clear.
поня̀тие *ср* concept, notion; няма̀м ~ за have no idea of.
поотдѐлно separately; individually.
поощрѐние *ср* encouragement.
поощря̀вам encourage.
поп *м* priest.
попа̀дам fall, get into; (*натъквам се*) chance on, come across.
попа̀рвам scald; (*чай*) brew.
попѝвам blot; *прен* suck in.
попива̀телна хартѝя *ж* blotting paper.
поплѝн *м* poplin.
попра̀вка *ж* correction; (*при повреда*) repair(s).
попра̀вям correct; (*повреда*) repair; mend.
попрѐчвам prevent, hinder.
популя̀рен popular.
популяризѝрам popularize.
популя̀рност *ж* popularity.
попъ̀лвам fill up; (*бланка*) fill in.
пора̀вно equally.
порадѝ because of, on account of.
поражѐние *ср* defeat; *прен* injury.
поразѝтелен striking, startling.
поразя̀вам strike.
пора̀ствам grow up.
порѐд in turn.
порѐден serial; consecutive, in succession.
по̀рив *м* impulse.
порица̀вам censure, blame, reproach.
порица̀ние *ср* reproach.
поро̀бвам enslave.
поро̀да *ж* breed, race.
породѝст thoroughbred; pedigree.
поро̀ен torrential.
поро̀к *м* vice.
портатѝвен portable.
портиѐр *м* door-keeper.
портмонѐ *ср* purse.
портока̀л *м* orange.
портрѐт *м* portrait, picture.
портфѐйл *м* wallet, pocket-book.
пору̀чик *м* lieutenant.
порцела̀н *м* china, porcelain.
порцела̀нови издѐлия china.
по̀рция *ж* portion.
поръ̀чвам order; (*възлагам*) tell, ask, commission; ~ си place an order.
поръчѐние *ср* errand, commission.

поръчйтел *м* guarantee.

поръчка *ж* order; по ~ (*за облекло*) made to measure.

порядъчен steady, respectable

порядъчно properly, thoroughly; *разг* pretty good.

порязвам се cut o. s.

посвещавам devote; (*книга*) dedicate; ~ се на devote o. s. to.

посвещение *ср* dedication.

посев *м* crop.

посегателство *ср* violation.

посетйтел *м* visitor.

посещавам visit, call on; (*курс, лекция*) attend.

посещение *ср* visit; attendance.

поскъпвам rise in price, become more expensive.

поскъпване *ср* rise (in prices).

послание *ср* message; (*писмо*) epistle.

посланик *м* ambassador.

после afterwards.

последен last; (*най-нов*) latest; (*окончателен*) final.

последица *ж* consequence, result.

последовател *м* follower, adherent.

последователен consistent.

последователност *ж* consistency.

пословица *ж* proverb, saying.

пословичен proverbial.

послушен obedient.

посмъртен posthumous.

посока *ж* direction.

посолство *ср* embassy.

посолявам salt.

посочвам point at; indicate; give.

посред in the middle/midst of.

посредник *м* mediator; (*при преговори*) negotiator; go between.

посредствен mediocre.

посредственост *ж* mediocrity.

посредством by means of.

посрещам meet; welcome; (*в къщи*) receive.

посрещане *ср* meeting, reception.

пост *м* post.

поставям put, place, set; (*пиеса*) stage, put on.

постановка *ж* staging, production.

постановление *ср* decree, enactment.

постен meatless, vegetable.

постепенен gradual.

постепенно gradually.

постйгам reach, achieve, attain.

постижение *ср* achievement, attainment.

постижйм attainable.

постйлам cover, spread.

постоянен constant, permanent; steady.

постоянно always, constantly.

постоянство *ср* constancy, perseverance.

постоянствувам persevere; (*упорствувам*) persist.

пострадвам suffer.

постройка *ж* structure; (*сграда*) building.

построявам build, construct.

постъпвам act; (*държа се*) behave; (*в училище и др.*) enter.

постъпка *ж* action, act, deed; правя постъпки proceed, take steps.

постя fast.

пот *ж* sweat, perspiration.

потаен secret, secretive, surreptitious.

потвърждавам confirm.

потвърждение *ср* confirmation.

потеглям (*тръгвам*) start, set off.

потен sweating, perspiring.

потекло *ср* descent, origin.

потйскам oppress; suppress; repress.

потйскащ oppressive, depressing.

потйснат depressed; in low spirits.

потйсник *м* oppressor.

потйсничество *ср* oppression, tyranny.

поток *м* stream; brook.

потомство *ср* posterity.

потомък *м* descendant.

потоп *м* flood, deluge.

потапям; потопявам dip, plunge, immerse; (*кораб*) sink; ~ се dive, plunge.

потребен necessary.

потреби *мн. ч.*: домашни ~ household articles/ goods.

потребление *ср* consumption; стоки за широко ~ consumer goods.

потрйсам horrify, shock.

потрябва ми need, have need of.

потушавам (*въстание*) crush, stamp out; (*огън*) extinguish; put out.

потъвам sink; *прен* be lost in, be absorbed in.

потъмнявам darken, grow dark.

потърсвам look for, seek; (*някого*) look up.

потя се sweat, perspire.

поука *ж* lesson; moral.

поучавам teach, instruct.
поучителен instructive.
похабявам waste; ~ ce waste away.
похвала ж praise.
похвален praiseworthy.
похват м method, way.
похищение ср abduction; violation.
поход м march; campaign.
походка ж walk, gait.
походно легло ср campbed.
почва ж soil, ground.
почвам begin, start, commence.
почервенявам redden, grow/become red.
почернявам blacken, grow black; (от слънцето) tan.
почерк м handwriting.
почернял sunburnt.
почест ж honour.
почетен honorary; of honour.
почивам rest, repose; (умирам) die; ~ си have/take a rest.
почивен ден м day off.
почивка ж rest, repose; (кратка) break.
почин м initiative.
починал late, deceased.
почиствам clean up.
почит ж respect, esteem.
почитам honour, respect, esteem.
почитател м admirer.
почтен honest, respectable, reputable.
почтено honestly.
почтеност ж respectability.
почти almost, nearly; practically.
поща ж post; ам mail; по ~ та by post; въздушна ~ air-mail; пращам по ~та mail, post.
пощадявам spare.
пощенски post; ~ запис postal order; пощенска станция post office; пощенска кутия letter box, post box; ам mail box.
поява ж appearance.
появявам се appear, come into view.
пояс м belt, sash.
пояснение ср explanation; illustration.
пояснителен explanatory.
пояснявам explain.
прав straight, direct; (изправен) upright, erect; (справедлив) right.
правда ж justice.
правдив truthful.
правдивост ж truthfulness.
правдоподобен likely; (вероятен) probable.

праведен righteous.
правен legal, law(ful).
правилен regular; (верен) right, correct.
правилник м rules, regulations.
правило ср rule.
правителствен government(al).
правителство ср government.
право ср right; (наука) law.
право straight, direct; right.
праволинеен straightforward.
правопис м spelling.
православен orthodox.
правоспособен competent, qualified.
правоспособност ж capacity, qualification.
правосъдие ср justice.
правоъгълен rectangular.
правя do; (изработвам) make.
праг м threshold, doorstep.
прадеди мн. ч. ancestors.
праз м leek.
празен empty; (незает) vacant; idle; blank.
празненство ср festival, festivity, celebration.
празник м holiday.
празнина ж blank, gap.
празничен festive; holiday.
празничност ж festivity.
практика ж practice.
практикувам practise.
практичен practical.
пране ср washing, laundry.
прасе ср pig.
праскова ж peach.
пратеник м messanger, envoy, delegate.
пратка ж consignment, shipment; (колет) parcel.
прах м dust; (лекарство) powder.
прахосмукачка ж vacuum cleaner.
прахосвам dissipate, squander.
прашен dusty.
прашам send, dispatch; ~ поздрави remember (o. s. to s. o.); give o.'s regards.
пращя crackle.
пребивавам stay, sojourn.
пребиваване ср stay, sojourn.
пребледнявам turn/grow pale.
преброяване ср (на население) census.
преваляване ср shower.

превѐждам translate; (*устно*) interpret; (*пари*) remit.

превзѐмам take, seize capture; ~ ce be affected, put on airs.

превзѐт affected.

преврѐт *м* coup d'etat.

превишѐвам exceed.

прѐвод *м* translation; version; (*на пари*) remittance.

преводѐч *м* translator; interpreter.

прѐвоз *м* transport; (*по вода*) shipping.

превѐзвам transport, convey, carry; ship; freight.

превѐзно срѐдство *ср* vehicle.

преврѐзка *ж* bandage; (*превързване*) dressing.

преврѐщам (ce) turn, change.

превъзмѐгвам overcome, surmount, get over.

превъзнѐсям exalt, extol.

превъзхѐден superb, excellent.

превъзходѝтелство *ср* excellency.

превъзхѐдство *ср* superiority, excellence.

превъзхѐждам surpass, excel, exceed.

преврѐзвам dress, bandage.

прѐглед *м* survey, inspection; (*медицински*) examination.

преглѐден clear, wellarranged.

преглѐждам look through, look over; examine; take a survey; ~ce see a doctor.

преговѐрям (*водя преговори*) negotiate; (*преповтарям*) review, revise.

прѐговор *м* review, revision.

прѐговори *мн. ч.* negotiations.

прегрѐквам grow hoarse.

прегрешѐние *ср* trespass, offence; sin.

прегрѐдка *ж* embrace.

прегрѐщам embrace.

прел before, in front of; (*в присъствието*' на) in the presence of.

предѐвам hand in, deliver; pass on; (*преподавам*) teach; (*издавам*) betray; (*чужди думи*) give, tell; communicate; (*по телеграф и др.*) transmit; (*по радио*) broadcast.

предѐвам ce surrender.

предѐване *ср* delivery; (*по радио и др.*) broadcast; transmission.

предавѐтел *м* transmitter.

прѐдан devoted, attached.

предѐние *ср* legend, (oral) tradition.

прѐданост *ж* devotion, attachment.

предѐтел *м* traitor; betrayer.

предѐтелство *ср* treachery, betrayal; (*държавно*) treason.

предѐчница *ж* spinning workshop; spinning mill.

предварѝтелен preliminary, beforehand.

предварѝтелно in advance, beforehand.

предвѐстник *м* forerunner; herald, harbinger.

предвещѐвам portend, forebode.

предвидлѝв foreseeing, provident.

предвидлѝвост *ж* foresight.

предвѝждам foresee; envisage.

прѐдговор *м* preface, foreword.

предгрѐдие *ср* suburb.

предвѐрие *ср* lobby, entrance-hall.

предѐл *м вж* грѐница.

прѐден front.

предзнаменовѐние *ср* omen, portent.

предѝ before; ago; ~ всѝчко first of all; above all.

предизвикѐтелен provocative.

предизвикѐтелство *ср* provocation.

предизвѝквам (*провокирам*) provoke; (*пораждам*) call forth, arouse.

предѝмно chiefly, mainly.

предѝмство *ср* advantage; priority.

предѝшен previous, former.

предлѐгам offer; suggest; propose, put forward.

предлѐгане *ср търг* supply.

предлѐг *м* pretext; *грам* preposition.

предложѐние *ср* offer, proposal; suggestion; (*в събрание*) motion.

предмѐт *м* object; (*тема*) subject, topic; (*учебен*) subject.

предназначѐвам intend, mean, design.

предназначѐние *ср* purpose.

преднамѐрен premeditated; deliberate.

предначертѐвам outline, plan, design.

преднинѐ *ж* lead, advantage.

предопределѐн predetermined.

предостѐвям leave.

предотвратѝвам prevent; avert, ward off.

предпѐзвам protect; preserve.

предпѐзен preventive.

предпазлѝв cautious, wary.

предпазлѝвост *ж* caution, wariness.

предпѝсвам prescribe.

предписа́ние *ср* prescription.
предпла́щам pay in advance.
предпола́гам suppose, conjecture, guess.
предположе́ние *ср* supposition, conjecture.
предпосле́ден before last, last but one.
предпоста́вка *ж* prerequisite.
предпочи́там prefer.
предпочита́ние *ср* preference.
предприе́мам undertake; launch.
предприемчи́в enterprising.
предприя́тие *ср* enterprise; (*начинание*) undertaking.
предразпола́гам predispose.
предразположе́н predisposed; inclined.
предразсъ́дък *м* prejudice, bias.
председа́тел *м* president; (*на събрание*) chairman.
предсказа́ние *ср* prediction, prophecy.
предска́звам predict, forecast; foretell.
предсро́чно ahead of schedule.
предста́ва *ж* idea, notion.
предста́вител *м* representative; *търг* agent; наро́ден ~ deputy; (*в Англ ия*) Member of Parliament.
предста́вителен representative.
предста́вителство *ср търг* agency, representation.
предста́вка *ж* prefix.
представле́ние *ср* performance.
предста́вям represent; (*запознавам*) introduce; предста́вят *безл* (*за театър и др.*) perform; be on; ~ се present o. s.; introduse o. s.; ~ си imagine.
предстоя́щ coming, forthcoming.
предубеде́н prejudiced, bias(s)ed.
предубежде́ние *ср* prejudice, bias.
предуми́шлен premeditated.
предупрежда́вам warn; notify.
предупрежде́ние *ср* warning, notice.
предхо́ждам, предше́ствувам precede.
предчу́вствие *ср* presentiment; (*лошо*) foreboding.
предчу́вствувам have a presentiment, anticipate.
предше́ственик *м* predecessor, forerunner.
предше́ствуващ preceding, previous.
пре́жда *ж* yarn.
преждевре́менен premature, untimely.
преживя́вам experience, be through.
през (*за място*) through, by way of, via; (*за време*) in; ~ вре́ме на during.

президе́нт *м* president.
пре́зиме *ср* surname.
прези́рам despise, disdain, scorn.
презокеа́нски transoceanic, overseas; ~ парахо́д *м* liner.
презра́мки *мн. ч.* shoulder-straps, braces; *ам* suspenders.
презре́ние *ср* contempt, disdain, scorn.
презри́телен contemptuous, disdainful, scornful.
презря́л overripe.
преизпълня́вам overfulfil.
прекале́н excessive, too great.
прекале́но too much, excessively.
прекаля́вам go too far, overdo it.
прека́рвам take/carry across; (*преживявам*) experience, go through; (*време*) pass, spend; ~ добре́ have a good time.
прекла́ням се bow (o.'s head).
прекоме́рен excessive, undue.
прекося́вам cross.
прекра́сен beautiful; lovely, wonderful, splendid, excellent.
прекра́сно splendid, excellent.
прекратя́вам stop, put an end to; cease.
прекъ́свам interrupt; break off.
прекъ́сване *ср* interruption, break.
пре́лестен charming, lovely, delightful.
пре́летна пти́ца *ж* bird of passage.
прело́м *м* (sudden) change, turning point.
прелъстя́вам seduce.
прелюбодея́ние *ср* adultery.
премаля́ва ми (*от глад*) be nearly famished/starved.
према́хвам remove, abolish, do away with.
преме́ждие *ср* mishap.
преме́рвам measure; (*пробвам*) try on.
преме́ствам move, shift; transfer; ~ се move.
премие́ра *ж* first night/performance.
премина́вам cross; pass.
пре́мия *ж* prize; premium.
премръ́звам freeze, be chilled.
прена́сям carry, convey; transfer.
пренебре́гвам neglect, disregard; ignore.
пренебреже́ние *ср* neglect, disregard.
пренебрежи́телен slighting, neglectful.

пренòсен figurative.

пренощỳвам spend the night.

преобладàвам predominate, prevail.

преобладàващ predominant, prevailing.

преоблѝчам се change o.'s clothes.

преобразовàние *ср* reform, reorganization.

преобразявам transform, change.

преодолѝм surmountable.

преодолявам overcome, surmount.

преоцèнка *ж* revaluation, reappraisal, reassessment.

прèпис *м* copy.

преписвам copy, transcribe.

препитàвам се subsist, live by; earn o.'s living.

преплѝтам interlace, interweave.

преподàвам teach.

преподàване *ср* teaching.

преподавàтел *м* teacher, lecturer.

препорèка *ж* recommendation.

препорèчвам recommend.

препрèчвам bar, block up.

препѝвам се stumble (over).

препѝлнен full, packed, filled to capacity.

препятствие *ср* obstacle, hindrance.

преработвам work, manufacture; process.

преработено издàние *ср* revised edition.

преразкàзвам retell.

прèса *ж* press.

пресèлвам се move; emigrate; immigrate.

прèсен fresh; new.

пресèчка *ж* crossing.

пресѝлвам strain; force; (*преувеличавам*) exaggerate.

пресѝлен forced, strained; far-fetched.

пресѝпнал hoarse.

пресѝчам cut; cross; (*при говорене*) interrupt.

прескàчам jump over; *прен* pass over; (*изпускам*) skip, omit.

преслèдвам pursue; chase; (*за убеждения*) persecute.

преслèдване *ср* persecution, pursuit.

пресмятам calculate.

престàвам stop, cease; престанѝ! stop it!

престарàвам се be overzealous.

престѝлка *ж* apron; (*цяла*) overall.

престòй *м* stay, sojourn.

престòл *м* throne.

престолонаслèдник *м* heir to the throne; (*в Англия*) Prince of Wales.

престрашàвам се venture.

престрỳвам се pretend (to be), feign, make believe; (*глезя се*) be affected.

престъпвам transgress; (*закон*) violate, break.

престъпен criminal.

престъпник *м* criminal.

престъплèние *ср* crime.

претендѝрам pretend.

претенциòзен pretentious.

претèнция *ж* claim.

претовàрвам, претрỳпвам overload; overburden; overwork; overcrowd.

претъпкан crowded, packed, cram-full.

претърпявам endure, bear, stand, meet with; (*загуба, поражение*) suffer.

преувеличàвам exaggerate.

преумòра *ж* overwork, overstrain.

преуморявам се overwork, overtire (o. s.).

преуспявам prosper, flourish.

преуспяване *ср* success, prosperity.

преуспял prosperous, successful.

преустановявам stop, discontinue, suspend.

преустройвам reorganize, reconstruct.

преустройство *ср* reorganization, reconstruction.

прехвàлен (over)praised, (much) boasted.

прехвърлям throw over; transfer.

прèход *м* transition.

прèходен transition(al).

прехрàна *ж* subsistence, livelihood, living.

прещèждам strain.

прецèнка *ж* estimation, assessment; appraisal; opinion.

преценявам estimate, assess, appraise.

прèча be/stand in the way of; (*затрудн явам*) prevent, hinder.

прèчка *ж* obstacle, hindrance.

при at; near, by; to; ~ все че although; ~ това besides, more over, at that.

прибàвка *ж* addition.

прибàвям add.

прибѝрам put away; (*реколта*) gather; ~ се go/come home; ~ си take back.

приближа̀вам bring near; ~ се approach (to); come nearer; go nearer.

приблизѝтелно approximately.

прѝбор м (за хранене) dinner things; (апарат) apparatus; instrument.

прибра̀н neat, tidy.

прибъ̀рзан hurried, hasty; (необмислен) rash.

прибя̀гвам resort.

привѐждам: ~в движѐние set in motion; ~ до̀води adduce arguments.

привѐт м greeting.

привѐтлив affable, friendly.

привѐтливо in a friendly manner.

привѐтствие ср welcome, greeting.

привѐтствувам welcome, greet; hail, acclaim.

прѝвечер towards evening.

привѝден seeming, apparent.

привилегиро̀ван privileged.

привилѐгия ж privilege.

привлека̀телен attractive, appealing; winning.

привлека̀телност ж attractiveness, charm.

привлѝчам draw, attract.

привъ̀рзвам се attach o. s., become attached (to).

привъ̀рзаност ж attachment.

привъ̀рженик м follower, adherent.

привъ̀ршвам finish, wind up.

прига̀ждам fit, adapt.

пригодѐн adapted (to).

приго̀твям prepare, make ready.

приготовлѐние ср preparation; arrangement.

придво̀рен м courtier.

придобѝвам gain, win, earn; (вид) acquire.

придобѝвка ж acquisition.

придружа̀вам accompany; escort.

прѝем м reception; welcome.

приѐмам take, accept; receive; (закон) pass; (допускам) assume, grant.

приѐмен:~ ѝзпит entrance examination; ~ час reception hours.

приѐмлив acceptable, plausible.

приѐмна ж drawing-room, parlour, sitting-room.

приѐто е it is the custom (to).

призва̀ние ср vocation, calling.

приземя̀вам се land.

прѝзив м call, appeal.

призна̀вам acknowledge, admit; ~ си confess; разг own up.

прѝзнак м sign, indication.

призна̀ние ср acknowledgment, recognition.

призна̀телен grateful, thankful.

призна̀телност ж gratitude, thankfulness.

призо̀вка ж summons.

прѝзрак м ghost, apparition.

приѝсква ми се feel like.

прика̀звам talk; speak.

прѝказен fabulous.

прѝказка ж tale, story; наро̀дна ~ folk-tale.

приклю̀чвам close, conclude.

приключѐние ср adventure.

прикрѐпвам attach; fasten; (придържам) hold support.

прикрѝт covered up; secretive.

прила̀гам apply to; (документи) enclose.

прилага̀телно ѝме ср adjective.

прилежа̀ние ср diligence, industry.

прилѐжен diligent, industrious.

прѝлив м rising tide; прен influx.

прѝлика ж likeness; resemblance.

прилѝчам be/look like, resemble.

прилѝча ми it suits me.

прилѝчен decent, proper; (за вид) presentable.

приложѐние ср application; supplement.

прималя̀ва ми (grow) faint, swoon.

прима̀млив enticing, alluring.

прѝмер м example.

прѝмерен exemplary.

примѝрие ср armistice.

примиря̀вам се become reconciled.

примитѝвен primitive.

прина̀дена сто̀йност ж surplus value.

принадлежа̀ belong (to).

принадлѐжност ж belonging; ~и мн. ч. accessories, belongings.

прѝнос м contribution (to).

принудѝтелен compulsory; forced.

принужда̀вам compel, force.

принуждѐние ср compulsion.

принц м prince.

принцѐса ж princess.

прѝнцип м principle.

припа̀дам faint.

прѝпаси мн. ч. supplies.

припозна̀вам се mistake (s. o. for s. o. else).

припòмням recall, bring to mind;~ си recollect, call to mind.
припрèн impatient, nervous.
прùраст _м_ growth, increase; accretion.
прирòда _ж_ nature; (_гледка_) scenery.
прирòден natural.
присвоя̀вам appropriate; (_незаконно_) misappropriate.
прислу̀га _ж_ attendance; service.
прислу̀жвам serve; wait.
прùсмех _м_ ridicule, mockery.
присмùвам се mock, scoff (at); deride.
приспùва ми се feel like going to bed.
приспùвам lull to sleep.
приспива̀телно срèдство _ср_ sleeping pill, soporific.
приспособлèние _ср_ device, contrivance, appliance.
приспособя̀вам се adapt o. s., accommodate o. s.
приста̀нище _ср_ port, harbour.
пристùгам arrive.
пристùгане _ср_ arrival.
пристра̀стен partial; biassed.
пристрастя̀вам се give oneself up (to), take to.
прùстъп _м_ fit; (_нападение_) attack.
присъ̀да _ж_ sentence.
присъединя̀вам се join, attach o. s.
присъ̀ждам (_награда_) award.
прùсърце: взèмам ~ take to heart.
присъ̀ствен ден _м_ work(ing) day, weekday.
присъ̀ствие _ср_ presence, attendance.
присъ̀ствувам be present.
присъ̀ствуващ present.
присъ̀щ inherent (to).
притежа̀вам possess, own.
притежа̀ние _ср_.possession.
притежа̀тел _м_ owner, possessor.
притесня̀вам embarrass, cause discomfort, inconvenience; (_потискам_) oppress.
притùскам press.
прùход _м_ income; (_държавен_) revenue.
причàстие _грам_ participle; _рел_ communion.
причèска _ж_ hair-do, coiffure.
причùна _ж_ cause; (_съображение_) reason.

причиня̀вам cause, bring about.
пришùвам sew on.
приòт _м_ asylum, home.
приятел _м_ friend; _разг_ chum, pal.
приятелски friendly.
приятелство _ср_ friendship.
приятен pleasant, pleasing, agreeable, nice; **мнòго ми е приятно** be very pleased.
прòба _ж_ trial, test, experiment; (_на дреха_) fitting.
прòбвам test; (_дреха_) try on.
пробùвам pierce, bore.
проблèм _м_ problem.
прова̀лям frustrate.
провèждам conduct, carry out; (_изпит, събрание_) hold; (_политика_) pursue.
провèрка _ж_ examination, check up.
проверя̀вам verify; make sure of; check; examine.
проветря̀вам air, ventilate.
провидèние _ср_ providence.
провùзии _мн. ч._ provisions.
провинциàлен provincial.
провùнция _ж_ province; country.
прòвлак _м_ _геогр_ isthmus.
провòдник _м_ conductor; wire; _прен_ bearer.
провокùрам provoke, instigate.
провъзглася̀вам proclaim; (_конституция_) promulgate.
прогнòза _ж_ prognosis; ~ **за врèмето** weather forecast.
програ̀ма _ж_ programme.
прогрèс _м_ progress; headway.
прогресùвен progressive; progressive-minded.
прогресùрам progress.
прода̀вам sell; **прода̀ва се** be on sale.
продава̀ч _м_ seller; (_в магазин_) salesman, shop-assistant.
прода̀жба _ж_ sale; (_на едро_) wholesale; (_на дребно_) retail.
продовòлствие _ср_ food supply.
проду̀кт _м_ product.
продуктùвен productive; prolific.
проду̀кция _ж_ production, output.
продължа̀вам continue, go on.
продължèние _ср_ continuation, prolongation; extention; **в ~ на** for, in the course of.
продължùтелен long, continued, prolonged.
продължùтелно for long.
проèкт _м_ project, design, plan.
проектùрам project, design, plan.

прожектѝрам show; ~ се be on.

прѐза ж prose.

прозѐрец м window.

прозрѐчен transparent.

прозя̀вам се yawn.

произведѐние ср production; product; work.

произвѐждам produce; turn out.

производѝтел м producer.

производѝтелност ж productivity.

производствен production.

производство ср production; produce; output.

произвѐлен arbitrary.

произнѐсям pronounce; (реч) deliver, make; ~ се express an opinion (on).

произношѐние ср pronunciation.

произход м origin, birth, descent.

произхѐждам descend (from), come (from).

произшѐствие ср accident.

проклѐт cursed, damned; (лош) wicked, bad.

проклѝнам curse, damn.

прокурѐр м public prosecutor.

прѐлет ж spring; springtime.

пролетариѐт м proletariat.

пролетѐрий м proletarian.

прѐлетен spring.

пролѝвам shed, pour.

промѐнлив changeable, variable.

промѐням (се) change, alter.

промѝшлен industrial.

промѝшленост ж industry.

промѐна ж change.

пронѝквам penetrate, permeate; пронѝкнат от inspired with.

проницѐтелен penetrating, shrewd.

пропагѐнда ж propaganda.

пропагандѝрам make propaganda for.

пропѐдам fall (through); (на изпит) fail (in an examination).

прѐпаст ж precipice; прен chasm.

пропилѐвам squander, dissipate.

прѐповед ж sermon.

проповя̀двам preach.

прѐпуск м pass.

пророчество ср prophecy.

просвѐта ж education.

просвѐтен educational.

просвещѐвам enlighten; (уча) educate, instruct.

прослѐвен famous, celebrated.

прослѐвям make famous; ~ се become famous.

прословѐт notorious.

прослу̀жвам work, serve.

прослу̀жени годѝни мн. ч. years of service.

просѐ ср millet.

проспѐкт м prospectus.

прост simple; (обикновен) common, ordinary; plain; unskilled.

простѝрам (се) stretch, extend, spread.

прѐсто simply, merely, just.

простоду̀шен simplehearted.

простолю̀дие ср the common people, populace.

простѐр м space, room; прен scope.

простѐрен spacious.

простотѐ ж simplicity; plainness.

пространство ср space; (област) area, tract; прѐзно ~ vacuum.

просту̀да ж cold, chill.

простудя̀вам се catch cold.

просълзя̀вам се be moved to tears.

прѐся (моля) beg; (милостиня) go begging.

прѐсяк м begger.

протѐкам prolong, protract.

протѐст м protest, remonstrance.

протестѝрам protest, make a protest.

протѝв against.

протѝвник м opponent; antagonist; (враг) enemy.

протѝвно на contrary to.

противовъзду̀шен anti-aircraft.

противодѐйствие ср counteraction; opposition.

противодѐйствувам oppose, counteract.

противозакѐнен unlawful; illegal.

противопаразѝтен препарѐт м insecticide.

противополѐжен contrary, opposed; opposite.

противопоставям се be opposed; resist.

противоречѐ contradict.

противорѐчие ср contradiction.

противя̀ се resist, oppose.

прѐток м strait; channel.

протокѐл м protocol; report; (на заседание) minutes.

протя̀гам stretch, extend.

проу̀чвам study, make a study of; investigate, examine.

проу̀чване ср study, investigation.

професионàлен professional, vocational; ~ съюз trade inion.

професия ж profession; trade.

профèсор м professor.

профил м profile, sideview.

профилùрам specialize.

прохлàда ж cool, coolness.

прохлàден cool, fresh.

проходùм passable.

процедỳра ж procedure.

процèнт м percentage; 5 ~а 5 percent.

процèс м process; course; юр trial, suit.

процъфтùвам flourish, thrive, prosper.

прòчие and so, thus; и ~ etcetera; съкр etc.; and so on.

прочùтам read through.

прочỳвам се become famous.

прочỳт famous; (лоша слава) notorious.

прòшка ж forgiveness, pardon.

прощàвам forgive, pardon.

прòява ж manifestation; act; display; (дейност) activities.

проявявам show, display, manifest, reveal; ~ се manifest o. s.

прояснявам се brighten, clear up.

пружùна ж spring.

прèскам splash; sprinkle; ~ се disperse, scatter; burst.

пръст[1] ж earth; soil.

пръст[2] м (на ръка) finger; (на крак) toe.

прèстен м ring.

прът м pole, rod.

прèчка ж stick.

пряк direct; immediate.

прякор м nickname.

прям straightforward; frank, open.

псевдонùм м penname, pseudonym.

психиàтър м psychiatrist.

психологùчен psychological.

психолòгия ж psychology.

псỳвам swear.

птùца ж bird; домàшни птùци poultry.

птицевъ̀дство ср poultry farming.

пỳблика ж public; audience.

публикỳвам publish.

пỳбличен public.

пỳдра ж (face)powder.

пỳдря се powder (o.'s face).

пỳйка ж turkey.

пỳкам (се) crack, burst.

пулòвер м sweater, pullover.

пулс м pulse.

пункт м point; paragraph, item.

пỳра ж cigar.

пỳскам let; let in; (позволявам) permit; allow; (изпускам) drop; (радио) switch on, turn on; (писмо) post; ~ в дèйствие put into operation; start.

пуст deserted; uninhabited.

пустùня ж desèrt.

пух м down.

пухтù puff, pant.

пỳша smoke.

пушàч м smoker.

пỳшек м smoke.

пỳшка ж gun, rifle.

пчелà ж bee.

пшенùца ж wheat.

пъ̀дя drive away.

пък and, but, while.

пъ̀лен full; (за човек) fat; (съвършен) complete.

пълзя̀ crawl, creep (along).

пълнолèтен of age; стàвам ~ come to age.

пълномòщен минùстър м minister plenipotentiary.

пълномòщно ср letter/power of attorney.

пъ̀лня fill; (тъпча) stuff.

пъ̀пеш м melon.

пъ̀пка ж pimple; (на цвете) bud.

първенèц м leader; champion.

първенствò ср leadership; priority; сп championship.

пъ̀рви first; пъ̀рвият..., вторùят... the former... the latter...

първùчен primary.

пъ̀рво firstly, first of all, to begin with.

първобùтен primitive.

първокàчествен firstrate, best quality.

първоклàсен first class.

първомàйски May-day.

първоначàлен original, initial; primary.

първостèпенен first-rate; primary.

пъ̀ргав brisk, smart, lively.

пъ̀ржа fry.

пържòла ж chop, cutlet.

пързàлка ж (skating-) rink.

пързàлям се (с кънки) skate; (със ски) ski; (с шейна) (drive in a) sledge.

пъ̀стър motley, variegated.

пъстъ̀рва ж trout.

път[1] м road, way; pàth, track.

път[2] м time; един ~ once; два ~и twice.

пътеводѝтел *м* guidebook.

пътѐка *ж* path; (*килим*) carpet, runner.

пѐтник *м* traveller; passenger.

пѐтнически passenger.

пътỳвам travel; (*по море*) voyage.

пътỳване *ср* trip, journey; voyage

пѐшкам moan, groan.

пюрѐ *ср* purѐe; **картòфено** ~ mashed potatoes.

пѝна *ж* foam, scum.

пѝсък *м* sand.

Р

рàбота *ж* work; job; labour; **по** ~ on business.

рабòтен working; (*работлив*) industrious, hardworking; **рабòтна рькà** man-power, hands; **рабòтно врѐме** business/office hours, working time.

работѝлница *ж* workshop.

рабòтник *м* worker, workman; (*общ*) labourer.

рабòтнически working; workers'; **рабòтническа клàса** working class.

работодàтел *м* employer.

рабòтя work.

рàвен even, level; flat; (*еднакъв*) equal; equivalent.

рàвенство *ср* equality.

равнинà *ж* plain.

равнѝще *ср* level; standard; **мòрско** ~ sea level.

равновѐсие *ср* balance, equilibrium.

равнодỳшен indifferent.

равнодỳшие *ср* indifference.

равномѐрен even; steady, uniform.

равноправие *ср* equality of rights.

рàвносмѐтка *ж* balance-sheet.

равностòен equivalent.

равнѝвам ce be equal (to).

рàдвам ce be glad; rejoice; enjoy.

радиàтор *м* radiator.

рàдио *ср* radio; wireless.

радиопредàване *ср* broadcast.

рàдост *ж* joy, gladness.

рàдостен joyful.

рàждам bear; give birth to; (*за земя*) yield; ~ ce be born.

разбѝвам break, crush.

разбира ce of course.

разбѝрам understand; realize; find out;

~ **погрѐшно** misunderstand; ~ **ce** come to terms.

разбирàем comprehensible.

разбѝране *ср* understanding; comprehension, opinion.

разбѝрания *мн. ч.* views.

разбирàтелство *ср* understanding, agreement.

разбòйник *м* robber.

разболѝвам ce become ill.

разбѝрквам stir; mix; (*карти*) shuffle.

развалѐнspoilt; faulty, out of order; (*за въздух*) stuffy, close; *прен* corrupted.

развалинà *ж* ruin.

развàлям spoil; damage; break; ~ ce go bad, spoil; stop; get out of order.

развѐден divorced.

развѐждам take round.

развѐждам ce divorce.

развеселѝвам (ce) cheer up.

развѝвам develop; carry on (out); (*разгъвам*) unwrap; ~ ce develop.

развѝт (well-)developed, intelligent; **слабо** ~ underdeveloped.

развѝтие *ср* development, growth.

развлечѐние *ср* entertainment, amusement.

развлѝчам ce have a good time, amuse o. s.

развòд *м* divorce.

разврàт *м* debauchery; corruption.

разврѝзка *ж* issue, result.

развѝждам raise, breed, rear; (*растения*) grow.

развълнỳван excited; (*за море*) rough.

развѝрзвам untie, unbind, undo; (*обувки*) unlace.

разглѐждам examine; look at; see; (*обмислям*) consider, go into.

разглѐзен spoilt.

разглобѝвам disjoint, take to pieces.

разговàрям talk, converse.

разговор *м* conversation, talk; chat.
разговорен colloquial.
разговорник *м* phrasebook.
разгръщам, разгъвам unfold, unwrap; open.
раздавам give (away); distribute.
раздавач *м* postman.
разделям divide; part; ~ ce separate; divorce.
раздор *м* discord.
раздразнение *ср* irritation.
раздразнителен irritable.
раздяла *ж* parting.
разисквам discuss, debate.
разискване *ср* discussion, debate.
разказ *м* story, tale; short story.
разказвам tell, relate.
разкайвам ce repent.
разкаяние *ср* repentence.
разклонение *ср* fork; branch.
разколебавам shake; ~ ce be shaken in o.'s opinion.
разкопчавам (ce) unbutton, undo.
разкош *м* luxury.
разкошен luxurious.
разкривам reveal, disclose, discover.
разкъсвам tear; *прен* break.
разлагам ce rot, decay; *прен* become corrupted.
разливам (ce) spill.
разлика *ж* difference; без ~ на irrespective of; за ~ от in contrast to; unlike.
разлиствам ce come into leaf.
различавам distinguish; discern; ~ ce differ from.
различен different; various, diverse.
размах *м* range, scope.
разменям exchange; (*стока*) barter.
размер *м* size, degree, extent; amount; ~и *мн. ч.* dimensions.
размирен turbulent, riotous: troubled.
размирици *мн. ч.* riots; uprisings.
размишление *ср* meditation, reflection.
размножавам (ce) multiply.
размяна *ж* exchange; *търг* barter.
разнасям carry about.
разнежвам ce grow tender/soft.
разновидност *ж* variety.
разногласие *ср* discord, difference of opinion.
разнообразен varied.

разнообразие *ср* variety, diversity.
разнообразявам vary; introduce variety into.
разноски *мн. ч.* expenses.
разносна търговия *ж* home delivery.
разобличавам expose; unmask, lay bare.
разоръжавам disarm.
разоръжаване *ср* disarmament.
разорявам ruin; ~ ce go bankrupt.
разочаровам disappoint; ~ ce be disappointed.
разочарование *ср* disappointment.
разпалвам kindle; *прен* fan; rouse.
разпилявам scatter; (*средства*) dissipate, squander.
разписание *ср* timetable; schedule.
разписка *ж* receipt.
разпит *м* examination; interrogation.
разпитвам examine, interrogate; question.
разпознавам discern, make out; identify.
разполагам (c) dispose (of); ~ ce settle.
разположен съм (*намирам се*) be situated; lie; (*за настроение*) be in good humour; be disposed.
разположение *ср* situation; disposition.
разпоредба *ж* decree, order.
разпоредител *м* usherette, usher.
разпореждам (ce) order, direct.
разпра *ж* dispute, quarrel.
разправям tell, say; ~ ce argue, quarrel.
разпределение *ср* distribution.
разпределям distribute.
разпродажба *ж* bargain, sale; auction.
разпространен widespread.
разпространявам ce spread; circulate.
разпръсквам (ce) scatter, disperse.
разпускам dismiss; dissolve; adjourn; ~ ce become undisciplined.
разраствам ce grow; increase, spread.
разрешавам allow, permit; (*въпрос*) solve; (*спор*) settle.
разрешение *ср* permission, permit; solution.
разрешително *ср* licence; permit.
разрушавам destroy, demolish.
разрушение *ср* destruction; ruin.
разрушителен destructive.
разрязвам cut, cut up.
разсадник *м* nursery; seedbed.
разсейвам ce be destracted.
разсеян absent-minded.
разсипвам spill; *прен* ruin.

разслабѝтелно срѐдство ср purgative, laxative.

разслѐдвам investigate.

разсмѝвам make s. o. laugh; ~ce burst into laughter.

разстоянне ср distance.

разстрòен upset, disturbed.

разстрòйвам disorder, disorganize; прен upset; ~ ce become disturbed/upset.

разстрòйство ср disorder; upset; ѝмам стомàшно ~ my stomach is upset.

разсѝдък м reason; sense.

разсъждàвам reason.

разсѝмване ср dawn, daybreak.

разсѝрдвам make angry; ~ ce become/get angry.

разтвàрям (се) open; (в течност) dissolve.

разтвòр м solution.

разтовàрвам unload.

разтопѝвам (се) melt.

разточѝтелен extravagant, wasteful.

разточѝтелност ж extravagance.

разтрѐбвам tidy (up), put in order; (стая) do; (маса) clear.

разтревòжвам upset; ~ ·ce become upset/disturbed.

разтрѝвам rub (down); massage.

разтягам stretch.

разубеждàвам dissuade.

разузнàвам get/obtain information; investigate.

разум м sense, reason, mind; здрав ~ common sense.

разỳмен sensible, reasonable.

разхладѝтелен cooling; refreshing.

разход м expense, expenditure; cost.

разхòдка ж walk.

разхòждам ce go for/take a walk.

разцвèт м bloom, blossoming; прен heyday, efflorescence.

разчѝтам rely (on), count (on).

разчỳвствувам ce be moved.

разширàвам ce extend; widen; expand; ~ ce expand, increase.

разяснàвам explain, elucidate, interpret.

рай м paradise.

райè ср stripe; на ~та striped.

райòн м district.

рак м crayfish; lobster, crab; (болест) cancer.

ракèта ж rocket; (за игра) racket.

ракѝя ж (plum) brandy.

рàмка ж frame; постàвям в ~ frame.

рàмо ср shoulder.

рàна ж wound.

рàнен early.

ранèн wounded, injured.

рàница ж rucksack, knapsack.

рàно early.

ранàвам wound.

рàса ж race; (порода) breed.

расѝзъм м racism, racialism.

растà grow; grow up; increase.

растèж м growth; increase.

растèние ср plant.

растѝтелен vegetable.

растѝтелност ж vegetation.

ратифицѝрам ratify.

рационàлен rational.

рационализàтор м innovator.

рационализàция ж innovation.

реабилитѝрам rehabilitate.

реагѝрам react.

реактѝвен (за самолет) jet(-propelled).

реàлен real; actual.

реализѝрам make, realize.

реалѝзъм м realism.

реалистѝчен realistic.

ребрò ср rib.

рèбус м rebus, puzzle.

ревà roar; growl; bray; (плача) cry.

ревàнш м revenge; сп return match.

ревèр м lapel.

ревизѝрам inspect; revise.

ревѝзия ж inspection; check-up; revision.

ревматѝзъм м rheumatism.

ревнѝв jealous.

рèвност ж jealousy; (усърдие) zeal.

рèвностен zealous, ardent.

ревнỳвам be jealous of.

револвèр м revolver, pistol.

революциòнен revolutionary.

революция ж revolution.

ревю ср revue; (модно) fashion show.

регистрѝрам register.

регулѝрам regulate, adjust.

ред м order; (печатен) line; (редица) row; (редуване) turn.

редàктор м editor.

редàкция ж (editor's) office.

редѝца ж row; series, number.

редòвен regular.

редỳвам ce take turns, alternate.

рѐжа cut.

режѝм *м* regime, system.

режисѝрам stage, produce.

режисьѐр *м* producer.

резервоа̀р *м* reservoir; basin.

резба̀ *ж* carving.

рѐзен *м* slice.

резѐрвни ча̀сти *мн. ч.* spare parts.

резолю̀ция *ж* resolution.

резулта̀т *м* result; outcome; *сп* score.

резулта̀тен effective.

резюмѐ *ср* summary.

рѐйс *м* bus; междугра̀дски ~ coach.

река̀ *ж* river; stream.

рекла̀ма *ж* advertisement.

реклама̀ция *ж* claim.

рекламѝрам advertise.

река̀лта *ж* crop.

река̀рд *м* record.

рекордьѐр *м* record-bearer.

рѐктор *м* rector; (*в Англия*) chancellor; *ам* president.

релѐ *ср тех* relay.

релѝгия *ж* religion.

рѐлса *ж* rail.

ремаркѐ trailer.

ремо̀нт *м* repair(s); генера̀лен ~ overhaul.

ремонтѝрам repair.

рендѐ *ср* (*дърводелско*) plane; (*готварско*) grater.

реномѐ *ср* reputation.

реномѝран enjoying a good name/reputation.

рѐнта *ж* income.

рѐнтгенов: ~ апара̀т X-ray apparatus; ~ прѐглед X-ray examination.

репара̀ции *мн. ч.* reparations.

репертоа̀р *м* repertoire.

репетѝция *ж* rehearsal.

рѐпичка *ж* radish.

репорта̀ж *м* reportage.

репортьѐр *м* reporter.

репу̀блика *ж* republic.

република̀нски republican.

репута̀ция *ж* reputation.

респѐкт *м* respect.

реставрѝрам restore.

рѐсто *ср* change.

рестора̀нт *м* restaurant.

рефера̀т *м* paper; lecture.

референции *мн. ч.* references; character.

рецѐпта *ж* recipe; (*лекарска*) prescription.

рецита̀л *м* recital.

рецитѝрам recite.

реч *м* speech, address.

рѐчник *м* dictionary; vocabulary.

рѐша (се) comb o. s.

реша̀вам decide, make up o.'s mind; (*задача*) solve; ~ се venture, decide.

решѐние *ср* decision, determination.

решѐтка *ж* grating; grate.

решѝтелен decisive; (*непоколебим*) resolute, determined.

рѝба *ж* fish.

риба̀р *м* fisherman.

рибо̀лов *м* fishing.

рида̀я sob, wail.

рѝза *ж* shirt.

риску̀вам risk; run the risk.

рису̀вам draw; sketch; (*с бои*) paint.

рису̀ване *ср* drawing.

рису̀нка *ж* drawing.

рѝтам kick.

рѝтъм *м* rhythm.

рѝцар *м* knight.

роб *м* slave.

рѐбство *ср* slavery, yoke.

рог *м* horn.

род *м* (*произход*) birth, origin; *грам* gender.

рѐден native, home.

родѐн born.

рѐдина *ж* o.'s country, mother country, fatherland.

родѝтел *м* parent.

роднѝна *ж* relation, relative.

родолю̀бец *м* patriot.

родолю̀бие *ср* patriotism.

рождѐн дѐн *м* birthday.

рѐза *ж* rose.

рѐзов pink, rosy.

рѐкля *ж* dress, gown, frock.

рѐля *ж* part, rôle.

рома̀н *м* novel.

романѝст *м* novelist.

романтѝзъм *м* romanticism.

романтѝчен romantic.

роса̀ *ж* dew.

рѐта *ж* company

ру̀да *ж* ore.

руга̀я scold, rail at.

румѐнец *м*, румѐнка *ж* Rumanian.

румѐнски Rumanian.

рус fair(-haired), blond

ру̀син *м*, рускѝня *ж* Russian.
ру̀ски Russian.
рутина̀ *ж* routine.
ру̀чей *м* brook, stream.
руша̀ destroy; pull down, demolish; ~ ce fall to pieces.
ръж *ж* rye.
ръжда̀ *ж* rust.
ръка̀ *ж* arm; (*от китката*) hand.
ръка̀в *м* sleeve.
ръкавѝца *ж* glove.
ръково̀ден leading; governing.
ръководѝтел *м* leader; head; instructor, adviser.
ръково̀дство *ср* guidance, direction; (*книга*) hand-book, manual.
ръково̀дя guide, lead, direct; (*управлявам*) manage, run.

ръкодѐлие *ср* needlework.
ръкопѝс *м* manuscript.
ръкопля̀скам clap (o.'s hands), applaud.
ръку̀вам ce shake hands (with).
ръмжа̀ snarl, growl; (*за човек*) grumble.
ръмѝ it drizzles.
ръст *м* stature, height; (*мярка*) size.
ръ̀чен hand, manual; hand-made.
ръ̀чно by hand; hand-made.
ря̀дко seldom, rarely; sparsely.
ря̀дък thin; sparse; (*не чест*) rare.
ря̀зък sharp; harsh; abrupt.
ря̀па *ж* turnip.

С

с , със with, and; by, in; of.
сабота̀ж *м* sabotage.
са̀бя *ж* sword; sabre.
садя̀ plant.
са̀жди *мн. ч.* soot.
сака̀т crippled, lame.
сако̀ *ср* coat, jacket.
саксѝя *ж* flower-pot.
сала̀м *м* sausage; salame.
сала̀та *ж* salad.
сало̀н *м* hall; parlour, drawing-room.
салфѐтка *ж* serviette, napkin.
сам alone.
са̀мо only; solely; merely.
самобѝтен original.
самобръсна̀чка *ж* safetyrazor.
самово̀лен wilful, selfwilled.
самодѐен amateur.
самодово̀лен complacent, smug, self-satisfied.
самодово̀лство *ср* complacency.
саможѐртва *ж* self-sacrifice.
саможѝв unsociable; reserved; recluse.
самозащѝта *ж* self-defence.
самозва̀н self-styled, false.
самоиздръ̀жка *ж* self-support.
самоизма̀ма *ж* self-delusion, self-deception.
самокрѝтика *ж* self-criticism.

самолѐт *м* airplane, plane; реактѝвен ~ jetpropeller.
самолетоноса̀ч *м* aircraftcarrier.
самолѝчност *ж* identity.
самолюбѝв ambitious.
самолю̀бие *ср* ambition.
самомнѐние *ср* self-importance, conceit.
самомнѝтелен conceited, self-important.
самонадѐян self-reliant; self-confident, overweening.
самонадѐяност *ж* self-reliance, self-confidence.
самооблада̀ние *ср* self-command, self-control.
самообразова̀ние *ср* self-education.
самообслу̀жване *ср* self-service.
самоопределѐние *ср* self-determination.
самоотбра̀на *ж* self-defence.
самопризна̀ние *ср* confession.
саморъ̀чен autographic.
самосва̀л *м* dumper.
самостоя̀телен independent.
самостоя̀телност *ж* independence.
самосъхранѐние *ср* self-preservation.
самота̀ *ж* loneliness; solitude.
само̀тен lonely, lonesome solitary.
самоубѝвам ce commit suicide, kill o. s.
самоубѝйство *ср* suicide.
самоувѐрен self-confident, self-opinionated.
самоувѐреност *ж* self-confidence.

самоу̀к *м* self-taught, self-educated.
самоуправлѐние *ср* self-government.
самоучѝтел *м* self-instructor.
самохва̀лко *м* braggart, boaster.
самохва̀лство *ср* boasting, bragging.
самоцѐл *ж* end in itself.
самочу̀вствие *ср* self-confidence, spirits.
санато̀риум *м* sanatorium.
санда̀л *м* sandal.
са̀ндвич *м* sandwich.
сандъ̀к *м* box, chest, trunk, packing case.
санита̀рен sanitary.
санита̀рка *ж* nurse.
са̀нкция *ж* sanction.
сантимента̀лен sentimental.
сантимента̀лност *ж* sentimentality.
сантимѐтър *м* centimetre; tape-measure.
сапу̀н *м* soap.
сапуниѐра *ж* soap-box.
сапунѝсвам soap, lather.
сардѐла *ж* sardine; tin of sardines.
саркастѝчен sarcastic.
сателѝт *м* satellite.
сатѐн *м* (*памучен*) sateen; (*копринен*) satin.
са̀тира *ж* satire.
сатирѝк *м* satirist.
сатирѝчен satiric(al).
сбѝвам compress, condense, squeeze.
сбѝвам се come to blows, begin to fight.
сбѝване *ср* fight, scuffle, brawl.
сбѝрка *ж* collection.
сбѝрщина *ж* odds and ends; (*за хора*) riff-raff, rabble, mob.
сбѝт condensed, concise, compact.
сближа̀вам draw together, bring closer; ~ се take up with, become intimate.
сближѐние *ср* intimacy; rapprochement.
сблъ̀сквам се collide; clash; run against (into); conflict.
сблъ̀скване *ср* collision; clash; conflict.
сбо̀гом good-bye, farewell.
сбогу̀вам се take o.'s leave, say good-bye.
сбогу̀ване *ср* leavetaking; farewell.
сбор *м* assemblage, collection; (*сума*) sum.

сбо̀рен mixed; ~ пункт assembly point/place.
сбо̀рник *м* collection.
сбръ̀чквам се wrinkle.
сбъ̀two seevam се come true.
сбъ̀рквам make a mistake, be wrong; ~ се be taken aback.
сва̀да *ж* squabble, brawl, quarrel.
свадлѝв quarrelsome.
сва̀ко *м* uncle.
сва̀лям take down, remove; (*дреха*) take off; *прен* overthrow.
сва̀рвам find, catch; (*успявам*) manage, succeed.
сва̀тба *ж* wedding.
сва̀тбен wedding.
свѐдение *ср*, свѐдения *мн. ч.* information; intelligence.
свѐдущ wellversed; competent.
свеж fresh.
свѐждам reduce (to); ~ се come to.
свѐжест *ж* freshness.
свѐкър *м* father-in-law.
свекъ̀рва *ж* mother-in-law.
свенлѝв shy, bashful, coy.
свенлѝвост *ж* shyness, bashfulness.
сверя̀вам (*с оригинал*) check, verify; (*часовник*) put right, set, regulate.
свѐстен decent, good; reasonable.
свестя̀вам bring round/to; ~ се come round/to; regain consciousness.
свет holy; sacred.
свѐтвам light up; brighten up; flash.
светѐц *м* saint.
светѝлище *ср* sanctuary.
светѝня *ж* sacred place/thing.
светка̀вица *ж* lightning.
светка̀вичен quick as lightning.
светка̀вично with lightning speed.
светлина̀ *ж* light.
свѐтло light, brightly.
светлоко̀с light-haired, blond.
свѐтнал lit up, beaming.
светѐвен world; worldly; world-wide.
световноизвѐстен worldfamous.
светота̀тство *ср* sacriledge, profanation.
свѐтски worldly; fashionable.
свету̀лка *ж* fire-fly; glow worm.
свѐтъл light; bright; shining.
светя̀ shine, emit light, beam, gleam.
свечеря̀ва се it is getting dark, night draws on.
свещ *ж* candle.
свещѐн holy, sacred.
свещѐник *м* priest, clergyman.

свещник _м_ candlestick.

свивам bend, fold; take in; ~ ce shrink, contract; (_от страх и пр._) crouch, cringe.

свиден dear, cherished, beloved.

свидетел _м_ (eye-)witness.

свидетелство _ср_ certificate.

свидетелствувам bear witness, give evidence.

свиди ми ce grudge, be unwilling to give.

свидлив stingy, niggardly.

свиждане _ср_ visit, meeting; visiting-day.

свиквам[1] call, convene.

свиквам[2] (_навиквам_) get accustomed, get used.

свински pig('s), piggish.

свинско месо _ср_ pork.

свиня _ж_ pig, swine, sow.

свиреп fierce, ferocious.

свирка _ж_ whistle; pipe.

свиря play; (_с уста_) whistle.

свличам drag, pull down; ~ ce slide down.

свобода _ж_ freedom, liberty.

свободен free; vacant, unoccupied.

свободолюбив freedomloving.

свободомислещ freethinking.

свод _м_ arch, vault.

своеволен wilful, self-willed, wayward.

своеволие _ср_ self-will, wilfulness, waywardness.

своевременен due, timely, seasonable.

своевременно in good time, duly, in due course.

своенравен wilful; capricious, unmanageable.

своенравие _ср_ wilfulness, waywardness.

своеобразен peculiar, odd, queer.

своеобразно in a peculiar manner.

свой one's own.

свойствен characteristic, typical.

свойство _ср_ property; quality.

свръх over; beyond; besides; above.

свръхестествен supernatural.

свръхчовешки superhuman.

свързано coherently.

свързвам bind together, tie; connect; link; put in touch.

свъртàлище _ср_ haunt; den; hiding-place.

свършвам (ce) finish, come/bring to end, end; be over.

свят _м_ world.

сглобявам fit, mount, assemble, put/piece together.

сглобяем prefabricated.

сглупявам act foolishly, be a fool.

сговорчив amenable, tolerant.

сгоден suitable, convenient; propitious, opportune.

сгоден engaged to be married.

сгодявам ce get engaged to.

сграбчвам grasp, grip, clutch.

сграда _ж_ building, house.

сгрешавам make a mistake, be wrong; err.

сгромолясвам ce crash, tumble down; collapse.

сгушвам ce huddle, nestle.

сгъвам fold (up); bend.

сгъваем collapsible, rollaway, folding.

сгъстявам thicken, condense; squeeze together, draw close.

сделка _ж_ transaction, bargain, deal.

сдобивам ce get, obtain; come by.

сдобрявам reconcile; ~ ce make up a quarrel, make it up.

сдружавам ce unite, go into partnership.

сдружение _ср_ corporation society.

сдържам restrain, check; ~ ce check o. s.

сдържан reserved, restrained; reticent.

сдържано reservedly, with restraint.

се, себе си oneself.

себеотрицание _ср_ self-denial, selflessness.

себестойност _ж_ prime cost, cost price.

себичен selfish, egoistic.

север _м_ north.

северен north, northern.

северозапад _м_ north-west.

североизток _м_ north-east.

сега now; at present; nowadays.

сегашен present; present-day; current.

сегиз-тогиз (every) now and then, from time to time.

седалище _ср_ seat; headquarters.

седалка _ж_ seat, chairbottom, bench.

седем seven.

седемдесет seventy.

седемнадесет seventeen.

седемстотин seven-hundred.

седеф _м_ mother-of-pearl.

седло _ср_ saddle.

седми seventh.

седмица _ж_ week.

сѐдмичен weekly.

сѐдмичник *м* weekly.

сѐдмично weekly, a week.

седя̀ sit, be seated.

сезо̀н *м* season.

сѐитба *ж* sowing, seedtime.

сека̀ cut, chop, fell.

секрета̀р *м* , ~ка *ж* secretary.

секрѐтен secret; confidential.

сексуа̀лен sexual, sex.

сѐктор *м* sector, branch, field, sphere.

секу̀нда *ж* second.

сѐлище *ср* settlement.

сѐло *ср* village.

сѐлски village, peasant; rural, rustic.

селскостопа̀нски agricultural.

сѐлянин *м* peasant, villager; country-man.

сѐлянка *ж* peasant-woman.

сѐме *ср* seed; grain.

семѐен family; married.

семѐйство *ср* family.

семѐстър *м* semester, term.

семина̀р *м* seminar.

сѐмка seed; (*на плод*) pip.

сензацио̀нен sensational, starting.

сенза̀ция *ж* sensation.

сено̀ *ср* hay.

сеноко̀с *м* haymaking, hay-mowing.

сѐнчест shady.

сѐпвам startle; ~ ce start, be startled.

септѐмври *м* September.

сервѝз *м* set; service.

сервѝрам serve, dish up, help; ~ си help o. s.

сервитьо̀р *м* waiter.

сервитьо̀рка *ж* waitress.

сѐриен serial.

серио̀зен serious, earnest; grave.

серио̀зно seriously, in earnest.

сѐрия *ж* series; set.

сѐсия *ж* session, sitting.

сестра̀ *ж* sister.

сетиво̀ *ср* sense.

сечиво̀ *ср* tool, instrument, implement.

сѐщам ce think of, it comes into my mind.

сѐя (*засявам*) sow; (*пресявам*) sift, sieve.

си my, your, his, *и т. н.*

сив grey, gray; *прен* dull, drab.

сигна̀л *м* signal.

сѝгурен sure; certain, positive; reliable, dependable; safe, secure.

сѝгурно certainly, surely.

сѝгурност *ж* certainty; security, safety.

сѝла *ж* strength, force; power, might.

сѝлен strong; powerful.

сѝлно strongly, greatly, hard.

сѝмвол *м* symbol.

символизѝрам symbolize.

символѝзъм *м* symbolism.

симетрѝчен symmetric(al).

симѐтрия *ж* symmetry.

симпатизѝрам be well disposed (to), sympathize.

симпатѝчен amiable, nice, agreeable.

симпа̀тия *ж* sympathy; sweetheart.

симулѝрам simulate, feign, sham; shirk.

симфонѝчен symphony, symphonic.

симфо̀ния *ж* symphony.

син *м* son.

син blue.

синео̀к blue-eyed.

сино̀вен filial.

синтетѝчен synthetic; man-made.

сѝпвам pour; (*ястие*) dish out, serve.

сира̀к *м* orphan.

сирѐна *ж* siren.

сирѐне *ср* cheese.

сѝреч that is, namely.

сирома̀шки poor; destitute, indigent.

сиро̀п *м* syrup.

систѐма *ж* system.

систематизѝрам systematize, make into a system.

систематѝчен systematic(al).

сит satisfied, full, replete; *прен* fed up, sick of.

сѝтен fine, small.

сѝто *ср* sieve.

сия̀ние *ср* radiance.

сия̀я shine, blaze, glow, be radiant.

ска̀зка *ж* talk, lecture.

скака̀лец *м* grasshopper; locust.

ска̀ла *ж* scale; dial.

скала̀ *ж* rock, crag, cliff.

скалѝст rocky, craggy.

скамѐйка *ж* bench.

сканда̀л *м* scandal.

сканда̀лен scandalous.

ска̀пвам ce rot; fall to pieces, crumble.

ска̀ра *ж* grill, gridiron; grate.

ска̀ран on bad terms, at odds (with).

ска̀рвам set at odds, estrange; ~ ce quarrel; (*мъмря*) scold.

скарлатѝна *ж* scarletfever.

ска̀чам jump, leap, spring; hop; skip.

скачвам join, connect, link, couple.
скверня defile.
скелет *м* skeleton.
скептичен sceptical.
ски *мн. ч.* ski; карам ~ ski.
скимва ми take it into o.'s head.
скимтя whine, whimper.
скиор *м* ,~ка *ж* skier.
скитам (се) wander, ramble, roam, stroll.
скитник *м* wanderer; tramp.
скица *ж* sketch, draft, outline.
скицирам sketch, make a draft; outline.
склад *м* storehouse, warehouse.
складирам store, stock, lay up.
склон *м* slope.
склонен inclined, disposed, prone, apt (to); susceptible.
склонение *ср* declension.
склонност *ж* inclination, leaning, tendency; (*вродена*) aptitude, disposition.
сключвам conclude, make; contract.
скоба *ж тех* clamp, clip; (*знак*) bracket, parenthesis.
сковавам nail together; (*за студ*) freeze; *прен* paralise.
скован frozen, stiff, numb; rigid; paralysed.
скованост *ж* stiffness, rigidity.
скок *м* jump, leap, bound, spring.
скоро soon, presently, before long, by and by; (*за минало*) recently, not long ago.
скоропостижен sudden, premature.
скорост *ж* speed, rate, pace; *тех* gear.
скотовъдство *ср* stockbreeding.
скреж *м* hoar-frost.
скривалище *ср* hiding place; covert; shelter; air-raid shelter.
скривам hide, conceal; withhold, keep.
скрин *м* chest of drawers.
скрипец *м* pulley, hoist.
скрит hidden, concealed; secret.
скрито secretly, in secrecy.
скромен modest, humble; demure.
скромност *ж* modesty, humbleness.
скроявам cut out; *прен* concoct, make up.
скрупули *мн. ч.* scruples, qualm.
скръб *ж* sorrow, grief.
скръбен sorrowful, sad, mournful.
скука *ж* boredom, tedium.
скулптор *м* sculptor.
скулптура *ж* sculpture.
скумрия *ж* mackerel.
скучая be bored, have a tedious time.

скучен tedious, boring, irksome, dull.
скъп dear, expensive, costly; (*мил*) dear.
скъперник *м* miser, niggard, skinflint.
скъпернически stingy, miserly, niggardly.
скъперничество *ср* stinginess; avarice.
скъпо costly, dearly; at a high price.
скъпотия *ж* high cost of living.
скъпоценен precious.
скъпоценност *ж* jewel, gem.
скъпя hold dear, cherish; value; spare.
скърбя grieve; mourn.
скърцам creak, grate, squeak; crunch.
скъсвам tear, rend; wear out; break.
скъсявам shorten; curtail.
слаб weak; faint; feeble; (*за човек*) slender; thin, lean; (*за оценка*) poor.
слабея lose weight.
слабост *ж* weakness, feebleness, frailty; *прен* weak point.
слабохарактерен weak-willed, flabby.
слава *ж* glory, fame, renown.
славей *м* nightingale.
славен glorious, famous.
славолюбив ambitious, vainglorious.
славянин *м* Slav.
славянски Slav, Slavonic; Slavic.
слагам put, set, lay, place.
сладкарница *ж* confectioner's, pastry shop.
сладки *мн. ч.* sweets, pastry.
сладкиш *м* sweet, cake.
сладко *ср* jam, preserve.
сладолед *м* ice-cream.
сладост *ж* sweetness; relish.
сладострастен voluptuous.
сладострастие *ср* voluptuousness.
сладък sweet.
слама *ж* straw.
слана *ж* hoar-frost.
сланина *ж* fat; bacon.
след after; in.
следа *ж* track, trace, trail; scent.
следвам follow, come after, come next; (*уча*) study, attend, read.
следващ next, coming, following.
следвоенен post-war.
следобед *м* afternoon; (*наречие*) in the afternoon.
следователно therefore, hence, consequently.

следствие *ср* *юр* investigation, inquest, inquiry.

следя́ follow; watch closely, keep an eye on.

слепешка́та, слепешко́м blindly, blindfold.

слепота́ *ж* blindness.

сли́ва *ж* plum; (*сушена*) prune; (*дърво-то*) plum-tree.

сли́вам fuse; blend, merge, join; ~ се unite, flow together.

сли́вица *ж* *анат* tonsil.

сли́вовица *ж* plumbrandy.

сли́зам descend, go down; alight, get off.

сло́во *ср* word; speech; address.

сло́вом in words.

словоре́д *м* word order.

словослага́тел *м* compositor, typesetter.

сло́жен complex, complicated, compound.

сло́жност *ж* complexity.

слой *м* layer; stratum.

сломе́н dejected, downcast, sick at heart.

сломя́вам crush, break.

слон *м* elephant.

сло́нова кост *ж* ivory.

слуга́ *м* man-servant.

слуги́ня *ж* maid-servant, (house-)maid.

слу́жа serve, work; ~ си use, make use of.

слу́жба *ж* job, employment; service; post.

служе́бен official; business, office.

слу́жещ *м* employee, official.

слух *м* hearing, ear; (*мълва*) rumour, hearsay.

слухтя́ strain o.'s ears, eavesdrop.

случа́ен accidental, chance.

слу́чай *м* case; occasion; opportunity.

случа́йно accidentally, by accident.

случа́йност *ж* chance, accident.

слу́чвам се happen, chance, occur.

слу́чка *ж* incident, occurrence, event.

слуша́лка *ж* receiver; *мед* stethoscope.

слу́шам listen; (*послушен съм*) obey, be obedient.

слуша́тел *м* listener.

слъ́нце *ср* sun.

слъ́нчев sun, sunlit; sunny; solar.

слънчогле́д *м* sunflower.

слю́нка *ж* saliva; spittle.

сляп blind.

сма́звам[1] crush; smash, squash.

сма́звам[2] (*с масло*) grease, oil, lubricate.

сма́зка *ж* grease, lubricant.

сма́йвам amaze, astound, flabbergast, stupefy.

сма́йване *ср* amazement, stupefaction.

сма́йващ amazing, stunning.

сма́хнат crazy, cracked, nuts.

сма́чквам crush, rumple, crumple; mash.

смая́н amazed, stunned, dumbfounded.

смекча́вам soften; mitigate.

смел courageous, daring, audacious.

сме́лост *ж* courage, daring, boldness.

сменя́(ва)м change, shift; replace, remove.

сме́няем removable.

смес *ж* mixture; blend.

сме́свам mix, mingle, blend.

сме́сен mixed; compound.

сме́ствам find room for, squeeze in.

смет *ж* rubbish, sweepings, waste.

смета́на *ж* cream.

сме́тка *ж* account; bill; (*изгода*) advantage, interest.

сме́шен funny; ridiculous, absurd.

смешни́к *м* joker, jester.

сме́я dare, venture.

сме́я се laugh.

смила́ем digestible.

смиля́вам се have (take) pity.

смире́н humble, meek.

смѝслен sensible, reasonable.

смѝсъл *м* sense; (*значение*) meaning.

смоки́ня *ж* fig; (*дърво*) fig-tree.

смола́ *ж* resin; tar, pitch.

смрад *ж* stink, stench.

смрача́ва се it is getting dark.

смут *м* confusion, disturbance, commotion.

смуте́н confused, embarrassed.

смѝтен troubled, uncertain.

смути́тел *м* disturber.

сму́ча suck.

смуща́вам trouble, disturb; upset; embarrass.

смуще́ние *ср* embarrassment; disturbance, confusion.

смъ́квам pull down, drag down; *прен* overthrow.

смърт *ж* death; *юр* decease.

смъ́ртен mortal; deadly, death.

смъ́ртно deadly, mortally

смъ̀ртност ж mortality; death rate.
смъртоно̀сен deadly.
смѐтен vague, dim, hazy.
смя̀на ж change; relay; (работна) shift.
смя̀там count, calculate; reckon, figure out.
смя̀тане ср reckoning; arithmetic, sums.
смях м laugh, laughter.
снабдя̀вам provide, supply, furnish.
снабдя̀ване ср supply; provision.
сна̀ждам fit together, join, add.
сна̀жен well-set, strapping, robust.
снаря̀д м shell; projectile.
снаряжѐние ср equipment, outfit, gear.
сна̀сям lay.
снаха̀ ж daughter-in-law; sister-in-law.
снѐжен snow, of snow, snowy.
снежѝнка ж snow-flake.
снѐмам take down; remove.
снижа̀вам lower, reduce; cut.
снизходѝтелен condescending, patronizing; lenient.
снизхождѐние ср condescension, indulgence; leniency.
снѝмам take a photo/picture/snapshot.
снѝмка ж photo(graph), picture; snapshot.
снобѝзъм м snobbery.
снова̀ go to and fro, shuttle.
сноп м sheaf.
сно̀сен tolerable, passable, fairly good.
сно̀сно fairly well.
сно̀щи last night.
сняг м snow.
со̀бствен o.'s own, proper, private.
со̀бственик м owner, proprietor.
со̀бственост ж property, possession.
сова̀лка ж shuttle.
со̀да ж soda; soda-water; ~-бикар-
бона̀т baking soda.
сок м juice; (на дърво) sap.
соко̀л м falcon.
сол ж salt.
солѐн salt, salty; saline.
солида̀рност ж solidarity.
солѝден solid, substantial, strong.
солѝст м soloist.
солнѝца ж salt-cellar.
со̀ло ср solo.
соля̀ salt, sprinkle with salt.
со̀пвам се snap, fly out.
со̀пнат snappish.
сопра̀н(о) ср soprano.
сорт м sort, kind; variety; brand.
сортѝрам sort out; assort, grade.
сос м sauce; gravy.

социа̀лен social.
социалѝзъм м socialism.
социалѝст м socialist.
социалистѝчески socialist.
со̀ча show; point; indicate; point out.
со̀чен juicy; succulent; rich.
спа̀дам fall, come down; drop; ~ към belong to.
спа̀дане ср fall(ing); slump; drop, decrease.
спа̀звам observe; keep; obey.
спа̀зма ж spasm.
спа̀лня ж bedroom; (в общежитие) dormitory.
спана̀к м spinach.
спасѐние ср saving, rescue; salvation.
спасѝтел м rescuer; saviour.
спасѝтелен life-saving, saving.
спася̀вам save, rescue.
спекта̀къл м performance.
спѐкула ж speculation, profiteering.
спекула̀нт м speculator, profiteer.
спекулѝрам speculate, profiteer.
спесто̀вен thrifty; saving(s).
спесто̀вност ж thrift, thriftiness.
спестя̀вам save (up), economize.
спестя̀вания мн. ч. savings.
специа̀лен special; particular.
специализа̀ция ж specialization.
специализѝрам specialize.
специалѝст м specialist, expert.
специалитѐт м specialty.
специа̀лно especially, in particular.
специа̀лност ж speciality; subject.
специфѝчен specific, particular.
спечѐлвам gain; earn; win, win over.
спѐшен urgent; pressing.
специализѝрам specialize.
специалѝст м specialist, expert.
специалитѐт м specialty.
специа̀лно especially, in particular.
специа̀лност ж speciality; subject.
специфѝчен specific, particular.
спечѐлвам gain; earn; win, win over.
спѐшен urgent; pressing.
спѐшно urgently; hastily, in great haste.
спѐшност ж urgency.
спѝ ми се feel sleepy.
спѝрам cease; stop; bring to a stop; (задържам) check, hold back.
спира̀чка ж brake; прен curb, deterrent.

спирка *ж* stop, halt.

спирт *м* alcohol, spirit(s); ~ за горене methylated spirit.

спиртен alcoholic.

спиртник *м* spirit lamp.

списание *ср* magazine, journal, review; periodical.

списък *м* list, roll.

сплав *ж* alloy.

сплашвам intimidate, bully, cow.

сплотен united, joint, rallied.

сплотеност *ж* unity, solidarity

сплотявам unite, rally.

спогаждам се come to terms/an agreement; make it up.

спогодба *ж* agreement; accord, treaty.

сподавям suppress, stifle, choke, muffle.

споделям share; partake of.

спокоен calm, quiet, peaceful.

спокойствие *ср* calm(ness), quiet(ness), tranquility.

сполетявам befall, happen.

сполука *ж* success, good luck, stroke of luck.

сполучвам succeed, be successful.

сполучлив successful.

спомагам help; contribute.

спомагателен subsidiary; auxiliary.

спомен *м* remembrance, recollection; (*вещ*) keepsake, souvenir.

споменавам mention.

спомням recall, call to mind; ~ си remember, recollect, think of.

спонтанен spontaneous.

спонтанно on the spur of the moment.

спонтанност *ж* spontaneity.

спор *м* dispute, argument; controversy.

споразумение *ср* agreement, understanding.

споразумявам се agree, come to agreement.

спорен disputable, contestable, controversial.

спорт *м* sport.

спортен sport, sports, sporting.

спортист *м* sportsman.

спортистка *ж* sportswoman.

спортувам go in for sports.

споря dispute, argue.

способ *м* method, mode; means, contrivance.

способен able, capable; clever, talented.

способност *ж* ability, capability; faculty; capacity.

спотайвам се lie low; lurk; shirk.

справедлив just, fair, equitable.

справедливост *ж* justice, fairness, equity.

справка *ж* information, check up; reference.

справочник *м* handbook, manual; reference book.

справям се cope with, deal with; manage.

спрежение *ср* conjugation.

спретнат neat, tidy, trim, smart, spruce.

спречквам се quarrel, squabble, wrangle.

спринцовка *ж* syringe.

сприхав quick-tempered, snappish.

сприятелявам се make friends with, take up with.

спрямо towards, in comparison with.

спукан cracked; (*за гума*) flat.

спуквам (се) break, crack; burst; (*за гума*) puncture.

спускам lower, drop, pull down; ~ се descend, come down.

спускане *ср* descent, coming down.

спъвам trip up; (*преча*) impede, hinder, hamper; ~ се stumble.

спънка *ж* impediment, hindrance, handicap.

спътник *м* fellow-traveller, companion; satellite.

спя sleep, be asleep, slumber.

сравнение *ср* comparison.

сравнителен comparative.

сравнявам compare; (*сверявам*) collate, check, verify.

сражавам се fight, engage in battle.

сражение *ср* fight, battle, action.

сразявам smite, strike down, defeat.

срам *м* shame; disgrace.

срамежлив shy, bashful, coy.

срамежливост *ж* shyness, bashfulness, coyness.

срамен shameful, disgraceful.

срамувам се be shy/coy/bashful; be ashamed of.

срамя shame, disgrace, put to shame.

сребрист silvery.

сребро *ср* silver.

сребърен silver.

сред among, amidst, in, in the midst of.

среда *ж* middle; medium; environment.

среден middle, medium; average.

срѐдище *ср* centre.

срѐдно on the average, at average.

средновекòвен medi(a)eval.

средновекòвие *ср* the Middle Ages.

средношкòлник *м* secondary school student, high-school student.

среднòщ *ж* midnight.

срѐдство *ср* means; device, contrivance.

срѐсвам (се) comb (o. s.).

срѐща *ж* meeting; appointment; date; encounter.

срѐщам meet, see; encounter; ~ се occur, be found; ~ се с meet.

срещỳ against; opposite, facing; (*за размяна*) in exchange of, in return for:

срѝчка *ж* syllable.

срòден related, allied; cognate.

срòдство *ср* affinity; relation(ship).

срок *м* term.

срòчен urgent, pressing.

срòчно urgently, in good time.

срỳтвам се fall, collapse.

срѣбвам sip, nip.

срѣчен dexterous, skilful.

срѣчност *ж* dexterity, skill.

срѧда *ж* Wednesday.

стабѝлен stable, steady.

стабѝлност *ж* stability.

стàва *ж* joint.

стàвам stand up, rise, get up; (*случва се*) happen, occur.

стàдий *м* stage; phase.

стадиòн *м* stadium.

стàдо *ср* herd; flock.

стаж *м* probation, practice.

стажỳвам work on probation.

стан *м* loom.

стандàртен standard.

станòвище *ср* attitude, standpoint, point of view.

стàнция *ж* station.

стар old; ancient.

старàние *ср* endeavour, effort; diligence.

старàтелен diligent, assiduous, painstaking

старàя се endeavour, try, take pains.

стàрец *м* old man.

старѣя grow old.

старинà *ж* antiquity; antique.

старѝнен ancient; antique.

старомòден old-fashioned.

стàрост *ж* old age.

стàрши senior.

статѝстика *ж* statistics.

стàтия *ж* article.

стàтуя *ж* statue.

стафѝда *ж* raisin.

стàчка *ж* strike.

стачкỳвам go (be) on strike.

стàя *ж* room.

стеблò *ср* stem, stalk.

стѐгнат tight; (*сбит*) terse, concise.

стенà *ж* wall.

стѐнен wall, mural.

стеногрàфия *ж* shorthand.

стенопѝс *м* mural painting, fresco(s).

стѐпен *ж* degree, grade.

стеснѝтелен shy, bashful.

стеснѝтелност *ж* shyness, bashfulness.

стеснѧвам narrow; take in; ~ се be ill-at-ease, be ashamed.

стѝга enough, that will do.

стѝгам reach, get to; (*достатъчен съм*) be sufficient, last out.

стил *м* style.

стимулѝрам stimulate.

стипендиàнт *м* holder of a bursary/scholarship.

стипѐндия *ж* scholarship, bursary.

стѝскам hold tight, clutch; (*за обувка*) pinch.

стѝснат tight-fisted; stingy.

стих *м* verse; line.

стѝхвам calm down, abate, subside.

стихѝен elemental; spontaneous; irresistible.

стихѝя *ж* element, fury.

стихотворѐние *ср* poem.

стѝчам се flow/stream/run down.

сто one hundred.

стовàрвам unload, dump down.

стогодѝшнина *ж* centenary.

стой! halt! hold on!

стòйност *ж* value; worth; cost.

стòка *ж* commodity, goods, wares.

стокообмѐн *м* barter.

стол[1] *м* chair.

стол[2] *м* canteen, refectory; mess-room.

столѐтие *ср* century.

стòлица *ж* capital, metropolis.

столовà *ж* dining-room.

стомàна *ж* steel.

стоманолеѧр *м* founder.

стоманолеѧрна *ж* (steel) foundry.

стомàх *м* stomach.

стомàшен gastric.

стон *м* moan, groan.

стопанисвам manage; take care of.
стопански economic.
стопанство *ср* economy; (*земеделско*) farm.
стоплям warm, heat up; ~ се warm up, grow warm.
стои stand, be; stay; (*за дреха*) suit; fit.
страдам suffer.
страдание *ср* suffering.
стражар *м* policeman.
страна[1] *ж* side; aspect; *геогр* country; land; **от една** ~ , **от друга** ~ on the one hand ..., on the other hand.
страна[2] *ж* (*буза*) cheek.
странен strange, odd, queer.
страница *ж* page.
страничен side; out-of-the-way, by-; secondary.
странно strange to say, strangely enough.
странство *ср* : **в/за** ~ abroad.
странствувам wander, travel.
страня avoid, shun, keep away from.
страст *ж* passion; zeal, ardour.
страстен (im)passionate, ardent, fervent.
стратегия *ж* strategy; strategics.
страх *м* fear, dread, apprehension.
страхлив cowardly, timid.
страхливец *м* coward, dastard.
страхливост *ж* cowardice.
страхопочитание *ср* awe.
страхувам се fear, be afraid of.
страшен dreadful, terrible, awful, frightful.
стрела *ж* arrow, shaft.
стрелба *ж* shooting, firing; gunfire.
стрелка *ж* pointer, needle; (*на часовник*) hand.
стрелям shoot, fire.
стремглаво headlong.
стремеж *м* aspiration, striving; ambition.
стремителен headlong, irresistible.
стремя се seek, aim, strive, be after.
стривам grind, powder.
стрида *ж* oyster.
стрижа cut; clip; (*овца*) shear.
строг strict, severe, stern.
строго strictly, severely.
строгост *ж* strictness, severity.

строеж *м* structure; construction; construction site.
строен slender, wellbuilt.
строител *м* builder.
строителен building.
строителство *ср* building, construction.
строй *м* system, order, formation; (*военен*) line.
строшавам break, smash.
строя build, construct; put up.
струва ми се it seems to me, I think.
струва си it is worth.
струвам cost; (*заслужавам*) be worth.
струг *м* lathe, machinetool.
стругар *м* turner.
структура *ж* structure, texture.
структурен structural.
струна *ж* string; chord.
струпвам heap, pile up, mass; concentrate.
струя *ж* stream, jet, spurt; (*силна*) flush.
струя (се) stream, flow.
стрък *м* sprig; stalk.
стръмен steep; precipitous; *прен* arduous.
стръмнина *ж* steep slope; steepness.
стряскам startle, shock; ~ се start, be startled.
стряха *ж* eaves.
студ *м* cold, chill.
студен cold, chilly.
студент *м* , ~ка *ж* undergraduate, university student.
студио *ср* studio.
стъбло *ср* stem, stalk.
стъклария *ж* glass ware.
стъкло *ср* glass.
стъклопис *ж* stained glass.
стълб *м* post, pole, pillar; column.
стълба *ж* stairs, staircase; step ladder.
стълбище *ср* staircase.
стълкновение *ср* collision, clash.
стъпало *ср* step, stair; (*на крак*) foot.
стъпвам tread, step; set foot on.
стъпка *ж* step, pace; footstep, footprint.
стъпквам trample, tread down.
стъргало *ср* grater.
стържа scrape, rasp; grate; scratch.
стърча project, protrude, jut out, stick out.
стюардеса *ж* air-hostess, stewardess.
стягам tighten, fasten.
субективен subjective.
сувенир *м* souvenir, keepsake.
суверенитет *м* sovereignty.

суевѐрен superstitious.
суевѐрие *ср* superstition.
суѐтен vain, conceited.
суѐтност *ж* vanity, foppery.
сует*я* се bustle, fuss about, fidget.
су̀ма *ж* sum, amount.
сумато̀ха *ж* bustle, commotion.
сумѝрам sum up, summarize.
сумт*я̀* snort, grunt; breathe heavily.
су̀па *ж* soup.
су̀пник *м* tureen.
суро̀в raw; crude; severe; harsh; (*за ястие*) underdone.
суровин*а̀* *ж* raw material.
суро̀вост *ж* rawness; crudeness; harshness.
сутерѐн *м* basement.
сутиѐн *м* brassiere, bra.
су̀трешен morning.
су̀трин *ж* morning.
сух dry; arid.
суха̀р *м* rusk; ship biscuit.
сухожѝлие *ср* sinew, tendon.
сухозѐмен, сухопѐтен land.
су̀ча suck.
су̀ша[1] *ж* *геогр* (dry)land, mainland.
су̀ша[2] *ж* drought.
суш*а̀* dry.
сушѐн dry, dried.
сфѐра *ж* sphere; realm, province.
схва̀нат benumbed, numb; stiff.
схва̀тка *ж* skirmish.
схватлѝв quick in the uptake, sharp, clever.
схва̀щам grasp, understand, comprehend.
схва̀щане[1] *ср* concept; opinion.
схва̀щане[2] *ср* (*вцепеняване*) paralysis, cramp.
схѐма *ж* scheme, sketch, outline; diagram.
схо̀ден similar, alike; analogous.
схо̀дство *ср* similarity; analogy; resemblance.
сцѐна *ж* stage; (*в пиеса*) scene.
сцена̀рий *м* scenario, script.
сценарѝст *м* script-writer.
сценѝчен stage; scenic.
счетово̀дител *м* accountant.
счетово̀дство *ср* book-keeping.
счѝтам reckon; consider, think.
счу̀пвам break.
съба̀рям pull/tear down; knock down; overturn, upset; *прен* overthrow.
съба̀ряне *ср* demolition, pulling down; overthrow.

събѝрам gather, collect; pick up; *мат* add; (*побирам*) contain, hold.
събѝране *ср* gathering; collection; *мат* addition.
събѝтие *ср* event.
съблазнѝтелен tempting; (*прелъстителен*) enticing; seductive.
съблазн*я̀вам* tempt; entice, allure; seduce.
събла̀зън *ж* temptation; seduction.
съблека̀лня *ж* changing room; bathing box/cabin.
съблѝчам take off; undress; strip; ~ се undress, take off o.'s clothes.
съблюда̀вам keep, observe, abide by.
съблюда̀ване *ср* observance.
съболезнова̀ние *ср* condolescence.
съ̀бота *ж* Saturday.
събра̀ние *ср* meeting, gathering; assembly.
събу̀вам take off; ~ се take o.'s shoes/socks/stockings off.
събу̀ждам wake, awake(n), rouse; ~ се wake up, awake.
съ̀вест *ж* conscience.
съ̀вестен conscientious, scrupulous.
съвѐт *м* advice; counsel; admonition; (*орган*) council.
съвѐтвам advise; counsel; admonish; ~ се consult.
съвѐтник *м* adviser, counsellor; (*член на съвет*) councillor.
съвеща̀ние *ср* meeting, conference; consultation.
съвзѐмам се recover; come round/to.
съвзѐмане *ср* recovery; recuperation.
съвку̀пен joint, combined.
съвмѐстен joint; combined; common.
съвмѐстно jointly, in common, together.
съвпа̀дам coincide, concur; fall in.
съвпадѐние *ср* coincidence; concurrence.
съврѐменен contemporary; modern, current, up-to-date.
съврѐменник *м* contemporary.
съвсѐм quite; entirely; altogether.
съвършѐн perfect, thorough.
съвършѐно perfectly; quite; entirely.
съвършѐнство *ср* perfection.
съгла̀сен ready, willing, agreeable.
съгла̀сие *ср* consent, assent; agreement.

съгла́сна *ж* consonant.
съгла́сно according to.
съгласу́вам co-ordinate.
съгласу́ване *ср* co-ordination; agreement.
съглася́вам се agree; consent, assent.
съгле́ждам catch sight of spot.
съгра́жданин *м*, съгра́жданка *ж* fellow-citizen.
съд¹ *м* vessel, container, utensil.
съд² *м* *юр* (law-)court, Court of Justice.
съдба́ *ж* fate; fortune; lot; destiny.
съдбоно́сен fatal, fateful.
съде́бен legal; judicial.
съде́йствие *ср* co-operation; help, assistance, aid.
съде́йствувам co-operate; help, assist; promote.
съдия́ *м* judge; magistrate; *сп* referee, umpire.
съдру́жие *ср* partnership; company.
съдру́жник *м* partner.
съдъ́ржам contain, hold; comprise.
съдържа́ние *ср* content(s); subject matter.
съ́дя judge; try, sue.
съедине́н united; joint, combined.
съедини́телен connecting, connective.
съединя́вам join, unite; connect.
съжале́ние *ср* regret; pity.
съжаля́вам be sorry; regret; (*някого*) pity, feel sorry for.
съживя́вам revive; bring back to life.
съживя́ване *ср* revival; recovery.
съжи́телство *ср* living together.
съзакля́тие *ср* conspiracy, plot.
съзакля́тнича conspire, plot.
съзве́здие *ср* constellation.
съзву́чие *ср* accord; consonance, harmony.
създа́вам create, make; form; bring about.
създа́ние *ср* creature; creation.
създа́тел *м* creator; maker; founder.
съзерца́вам contemplate.
съзида́телен constructive.
съзи́рам spot, catch sight of.
съзна́вам realise, be conscious/aware of.
съзна́ние *ср* consciousness; awareness.
съзна́телен conscious; conscientious.
съзна́телно consciously; (*нарочно*) on purpose.

съзна́телност *ж* conscientiousness.
съквартира́нт *м* fellow-tenant; roommate.
съкрате́н shortened, abridged; concise.
съкраща́вам shorten, curtail; abridge; cut down.
съкраще́ние *ср* abbreviation; abridgement; reduction.
съкрове́н cherished; inmost.
съкро́вище *ср* treasury, treasure.
съкруше́н heart-broken; prostrate, desolate.
съкруши́телен crushing, shattering; overwhelming.
сълза́ *ж* tear.
съм be; exist.
съмне́ние *ср* doubt.
съмни́телен doubtful, questionable.
съмня́вам се doubt.
сън *м* sleep; (*сънуване*) dream.
сънаро́дник *м* compatriot, fellow-countryman.
съ́нен, сънли́в sleepy, drowsy; half asleep.
сънувам dream, have a dream.
съображе́ние *ср* consideration; reason.
съобра́зен comformable; consistent.
съобрази́телен sharp, quick-witted, tactful.
съобрази́телност *ж* tact, quick-wits.
съобра́зно с according to, in conformity/compliance with.
съобразя́вам consider; ~ се с conform/reckon with, consider.
съобща́вам announce; tell.
съобще́ние *ср* announcement.
съоръжа́вам equip, furnish, supply.
съоръже́ние *ср* equipment; fittings.
съотве́тен corresponding; respective.
съотве́тствувам correspond, be in line with, fit.
съотноше́ние *ср* correlation; ratio.
съпе́рник *м* rival.
съпе́рнича rival, compete with, vie.
съпе́рничество *ср* rivalry; competition.
съпоста́вям compare.
съпрово́ждам accompany; attend.
съпроти́ва *ж* resistance; opposition.
съпроти́вителен resistance; resistant.
съпротивле́ние *ср* resistance.
съпротивля́вам се resist, oppose.
съпру́г *м* husband.
съпру́га *ж* wife.
съразме́рен proportionate.
съ́рбам sip.

сърбѐж *м* itch.
сърбя́ itch.
сърдѐчен heart; hearty, cordial.
сърдѐчност *ж* cordiality.
сърди́т angry, cross.
сърдя́ anger, make angry; ~ се be angry/cross with.
съревнова́вам се compete, vie with.
съревнова́ние *ср* competition, emulation.
сърна́ *ж* roe, deer; doe, hind.
сърп *м* sickle.
сърцѐ *ср* heart.
сърцевина́ *ж* core, pith, heart.
сърцераздира́телен heartbreaking.
съсѐд *м*, ~ка *ж* neighbour.
съсѐден neighbouring; next; adjoining.
съсѐдски neighbourly.
съсѐлянин *м* fellow-villager.
съси́пан ruined, broken down.
съ́скам hiss.
съсло́вие *ср* class.
съсредоточа́вам (се) concentrate; centre.
съсредоточѐн intent, concentrated.
съста́в *м* composition; *театр* cast; group.
съста́вен composed; compound, composite.
съставля́вам represent, make; constitute.
съставя́м compose; form; compile.
състаря́вам се age prematurely.
състеза́вам се compete; contend.
състеза́ние *ср* contest; competition; events.
състеза́тел *м* competitor.
състеза́телен competitive.
състоя́ се consist of; (*осъществявам се*) take place, be held.
състоя́ние[1] *ср* condition, state.
състоя́ние[2] *ср* (*богатство*) wealth, fortune.
състо́ятелен well-to-do, well-off; (*убедителен*) convincing.
състрада́ние *ср* compassion; sympathy; pity.

състрада́телен compassionate.
състудѐнт *м*, ~ка *ж* fellow-student.
сътру́дник *м* collaborator; contributor.
сътру́днича collaborate; contribute.
съумя́вам contrive, manage.
съуча́стник *м* accomplice; associate.
съученѝк *м*, съученѝчка *ж* schoolmate.
съ́хна dry; wither, fade.
съхранѐние *ср* preservation; storage.
съхраня́вам preserve, keep; conserve.
съчета́вам combine.
съчета́ние *ср* combination.
съчинѐние *ср* composition; essay; work.
съчиня́вам compose; invent, make up.
съчу́вствен sympathetic.
съчу́вствие *ср* sympathy.
съчу́вствувам sympathize; feel for.
същ same; real; very.
съ
времѐнно simultaneously, at the same time.
съ
ствен essential, substantial.
съществи́телно име *ср* noun, substantive.
същество́ *ср* being, creature, thing.
съществу́ване *ср* existence
съществу́вам exist, be.
същина́, съ́щност *ж* essence; nature, substance; core, pith.
съ
нски real, virtual, regular.
съ́що also, too, as well.
съю́з *м* union, alliance; league; *грам* conjunction.
съю́зник *м* ally.
сьо́мга *ж* salmon.
сюжѐт *м* plot, subject-matter.
ся́дам sit down, take a seat.
ся́каш as if, as though.
ся́нка *ж* shadow; shade.
ся́ра *ж* sulphur.
ся́рна киселина́ *ж* sulphuric acid.

Т

та and; well; so.
табакѐра *ж* cigarette-case.

табѐла *ж* sign-board.
табѐлка *ж* plate; nameplate.
та́бла *ж* tray; (*игра*) backgammon.
таблѐтка *ж* tablet, lozenge.

таблица *ж* table; **за умножение** multiplication table.

табло *ср* board; *mex* switch board.

табуретка *ж* stool.

тава *ж* baking dish.

таван *м* ceiling; (*помещението*) attic, garret.

таен secret; veiled, covert.

тази this, that.

тайна *ж* secret; secrecy.

тайно secretly, in secret.

тайнствен mysterious.

така thus, so, in this way; like this.

таке *ср* beret; cap.

такса *ж* fee.

такси *ср* taxi.

такт[1] *м* tact; tactfulness.

такт[2] *м муз* time; bar, measure.

тактика *ж* tactics.

тактичен tactical, tactful.

тактичност *ж* tactfulness.

такъв such; that sort of.

талант *м* talent, gift.

талантлив talented, gifted.

талия *ж* waist.

талк *м* talc, talcum powder.

там there.

тананикам hum.

танк *м* tank.

танц *м* dance.

танцувам dance.

тапа *ж* cork; stopper.

тапети *мн. ч.* wall-paper.

тапицерия *ж* upholstery.

тара *ж* tare.

таралеж *м* hedgehog, porcupine.

тарикат *м* sly dog, wise guy.

тарифа *ж* tariff.

тате *м* dad, daddy, pa.

татко *м* father; dad; daddy.

тафта *ж* taffeta.

тая cherish, foster, harbour.

твой your; yours.

творба *ж* work; creation.

творчески creative, constructive.

творчество *ср* work, creation, creative work.

творя create.

твърд hard; stiff; solid; firm.

твърде very, too, rather.

твърдение *ср* assertion; allegation.

твърдост *ж* firmness; hardness.

твърдя assert; allege; maintain.

те they.

театрален theatrical; theatre.

театър *м* theatre.

теб(е) you; to you.

тебешир *м* chalk.

теглилка *ж* balance, scale.

тегло *ср* weight; *прен* hardship, suffering.

тегля weigh; (*дърпам*) pull; draw; haul; *прен* endure, suffer.

тежа weigh; weigh heavy upon; carry weight.

тежест *ж* weight; burden.

тежък heavy, weighty; *прен* hard, difficult.

тезгях *м* counter.

тези these; those.

тек odd.

тека flow, run; leak.

текст *м* text; words.

текстил *м* textile.

текущ running; current.

тел *м* wire.

теле *ср* calf.

телевизия *ж* television, TV.

телевизор *м* television set.

телеграма *ж* telegram.

телеграф *м* telegraph.

телеграфирам telegraph, wire, cable.

телеграфически by telegraph, by cable.

телесен bodily, corporal, physical.

телефон *м* telephone.

телефонен указател *м* (telephone) directory.

телефонна кабина *ж* telephone (call) box.

телефонна слушалка *ж* receiver.

телефонна централа *ж* exchange.

телефонирам (tele)phone, ring up, call up.

телефонист *м* telephone operator.

телешко месо *ср* veal.

телосложение *ср* frame, figure; constitution.

телохранител *м* bodyguard.

тема *ж* subject, theme; topic.

тематика *ж* subjects, themes.

тематичен subject; topical; thematic.

тембър *м* tembre.

теме *ср* crown, pate.

теменуга *ж* pansy.

теменужка *ж* violet.

темп *м* rate, speed, pace.

темперамент *м* temperament.

темперамѐнтен temperamental, expansive.

температу̀ра *ж* temperature; fever.

тѐмпо *ср* tempo.

тен *м* complexion.

тенденцио̀зен tendentious.

тендѐнция *ж* tendency; drift.

тѐнджера *ж* pot, saucepan.

тенекѝен tin.

тѐнис *м* tennis.

тено̀р *м* tenor.

теорѐма *ж* theorem.

теоретѝчен theoretical.

тео̀рия *ж* theory.

тера̀са *ж* terrace.

терито̀рия *ж* territory; area.

тѐрмин *м* term.

термомѐтър *м* thermometer.

тѐрмос *м* vacuum flask, thermos.

теро̀р *м* terror, terrorism.

тероризѝрам terrorize, bully.

терпентѝн *м* turpentine.

тѐсен narrow; tight.

тесногра̀дие *ср* narrow-mindedness, bigotry.

тесто̀ *ср* dough; paste.

тетра̀дка *ж* note-/copy-/exercise-book.

тѐхен their, theirs.

технѝк *м* mechanic, technician.

тѐхника *ж* technics; technique.

тѐхникум *м* technical college.

технѝчески technical.

техноло̀гия *ж* technology.

тѐчен liquid; fluid.

течѐние *ср* current; drift; flow; course; (*въздушно*) draught.

тѐчност *ж* liquid; fluid.

ти you; to you; (*твой*) your.

тига̀н *м* frying-pan.

тѝгър *м* tiger.

тѝкам push, shove.

тѝква *ж* pumpkin, squash.

тѝквичка *ж* vegetable marrow.

тил *м* back of the neck, nape; *воен* rear.

тим *м* team.

тѝня *ж* mire, slime.

тип *м* type; pattern, model.

типѝчен typical, characteristic.

тѝпов standard, model, type.

тира̀ж *м* drawing; (*за вестник и пр.*) circulation.

тиранизѝрам tyrannize; bully, torment.

тиранѝчен tyrannical.

тира̀ния *ж* tyranny.

тирбушо̀н *м* cork screw.

тирѐ *ср* dash; (*малко*) hyphen.

тиф(ус) *м* typhoid fever.

тих quiet, still; calm.

тѝчам run.

тишина̀ *ж* silence, stillness, calm.

тла̀скам push, propel.

тла̀със *м* push, jog; stimulus, impetus.

тлъст fat, stout; (*за ястие*) fatty, rich.

тлъстина̀ *ж* fat, fatness.

то it; that.

то (*съюз*) then; in this case.

тоалѐт *м* toilet, dress; dressing.

тоалѐтна *ж* toilet, lavatory.

това̀ this, that.

това̀р *м* load, burden; freight; cargo.

това̀рен cargo, goods, freight.

товарѝтелница *ж* bill of lading.

това̀ря load, charge; freight; burden.

тога̀ва then; at that time.

тога̀вашен of that time.

тоѐст that is (i. e.).

тоз(и), то̀я this, that.

то̀зчас instantly, immediately.

то̀й he.

ток[1] *м ел* current; electricity.

ток[2] *м* (*на обувка*) heel.

тока̀ *ж* buckle, clasp.

току̀-така̀ just like that.

току̀-що just (now).

толера̀нтен tolerant, broad-minded.

то̀лкова so, so much, so many; that much; that.

том *м* volume.

тон[1] *м* tone; (*цвят*) shade.

тон[2] *м* (*мярка*) ton.

топ[1] *м* gun; cannon; (*шах*) castle, rook.

топ[2] *м* (*за плат*) bale.

то̀пка *ж* ball.

топлѝйка *ж* pin.

топлина̀ *ж* warmth; heat.

топлѝнки *мн. ч.* warm (felt) slippers.

топлота̀ *ж* warmth; cordiality.

то̀пля warm; heat.

топо̀ла *ж* poplar.

то̀пъл warm; mild; (*прен*) cordial, hearty.

топя̀[1] melt; smelt; fuse; ~ ce melt; (*за сняг*) thaw.

топя̀[2] (*потапям*) dip; soak, steep.

тор *м* manure, dung; (*изкуствен*) fertilizer.

торба̀ *ж* bag; sack; hold-all.

тормозя̀ torment, bully, harass; ~ ce fret, chafe.

то̀рта ж cake; tart.
тост м toast.
то̀ча¹ sharpen; grind, whet.
то̀ча² (течност) draw, pour, tap.
то̀ча³ (тесто) roll.
то̀чен exact, precise; punctual.
то̀чка ж point; (препинателен знак) full stop, period; dot.
то̀чно exactly, just, sharp; precisely.
то̀чност ж precision, accuracy; punctuality.
тоя̀га ж stick, staff, club, cudgel.
трагѐдия ж tragedy.
трагѝчен tragic(al).
традицио̀нен traditional; conventional.
традѝция ж tradition.
тра̀ен lasting, durable, permanent.
тра̀кам rattle; clatter.
тра̀ктор м tractor.
тракорѝст м tractor driver.
трамва̀й м tram(-car); ам street-car.
транзѝстор м transistor.
транспо̀рт м transport, transportation.
трап м pit.
трапѐза ж table.
трапеза̀рия ж dining-room; (стол) refectory.
тра̀ур м mourning.
тра̀фик м traffic.
тра̀я last; wear well; endure.
трева̀ ж grass.
трево̀га ж anxiety, alarm; alert.
трево̀жа worry, trouble; ~ ce worry, be anxious.
трево̀жен worried, troubled; alarming.
трево̀сал overgrown with grass.
трѐзвен sober.
тренѝрам train, coach.
трениро̀вка ж training, practice.
треньо̀р м trainer, coach.
трѐпвам start, wince; quiver.
трепѐрещ tremulous; trembling, shaking.
трепѐря tremble; shake; shudder.
трѐпет м thrill.
трептѐне ср vibration; oscillation.
трептѝ vibrate; palpitate.
треса̀ (ce) shake; rock.
треса̀вище ср swamp, bog, quagmire.
треска̀ ж chip, splinter.
грѐска ж fever.
грѐскав feverish; hectic.

трѐти third.
третѝрам treat.
три three.
трибу̀на ж tribune, rostrum.
трѝдесет thirty.
трѝене ср friction, rubbing.
трик м trick.
трикота̀ж м knitwear.
трѝкфилм м cartoon (film).
тримѐсечен quarterly.
тримѐсечие ср quarter.
трина̀десет thirteen.
трио̀н м saw.
трѝста three hundred.
триу̀мф м triumph.
триъ̀гълник м triangle.
трѝя rub; chafe; scrub; scour.
тро̀вя poison.
трога̀телен touching, moving.
тро̀гвам touch, move; ~ ce be moved.
тро̀ен triple, treble; threefold.
тролейбу̀с м trolley-bus.
тро̀мав clumsy.
тро̀пам knock; rap; patter.
тропѝчески tropical.
тро̀пот м stamp(ing), tramp, clatter.
тро̀снат snappish, tart, cross.
тротоа̀р м pavement; ам sidewalk.
троха̀ ж crumb.
троша̀ smash, break; crack; crumble.
труд м labour, toil, work.
тру̀ден difficult, hard; arduous.
тру̀дещи ce мн. ч. working people, workers.
тру̀дност ж difficulty; hardship.
трудолюбѝв industrious, diligent.
трудолю̀бие ср industry, diligence
тру̀дя ce labour, toil, work.
труп м (на дърво) trunk, log; stock; (на мъртвец) dead body, corpse.
тру̀пам heap, pile up; ~ ce crowd, throng.
тръба̀ ж pipe, tube.
тръ̀гвам start, set out, set off; leave, depart.
тръ̀гване ср starting; departure.
трън м thorn.
тръ̀пка ж shiver.
тръ̀пна shiver, shudder.
тръпчѝв astringent, tart.
тръ̀скам shake.
тръ̀ст м trust.
тръстѝка ж reed, rush.
тръ̀швам slam, bang; hurl down.
тря̀бва безл must, have (got) to, should.
тря̀бвам be necessary, be needed.

тря̀свам bang, strike, hit, smash.

тря̀сък *м* crash, bang.

ту...ту... now...now...

ту̀ба *ж* tube; tin; container.

туберкуло̀за *ж* tuberculosis, consumption.

туберкуло̀зен consumptive; tubercular.

тузѐмен native, indigenous, aboriginal.

тузѐмец *м* native, aboriginal.

тук here.

ту̀мор *м* tumour.

тунѐл *м* tunnel.

тупа̀лка *ж* carpet-beater.

ту̀пам tap; beat.

тупта̀ beat, pulsate, palpitate.

турѝзъм tourism, hiking.

турѝст *м* tourist, hiker.

турѝстически tourist('s), hiking.

турнѐ *ср* tour.

турнѝр *м* tournament.

ту̀рски Turkish.

ту̀рчин *м* Turk.

туршѝя *ж* pickles.

ту̀рям put, place, lay, set.

ту̀такси right away, in no time.

ту̀хла *ж* brick.

ту̀чен lush, succulent.

тъга̀ *ж* sorrow, grief, sadness.

тъгу̀вам grieve, sorrow.

тъжба̀ *ж* complaint.

тъждѐствен identical, the same as.

тъжен sad, sorrowful.

тъжѝтел *м* plaintiff, suitor.

тъй thus, so.

тъка̀ weave, spin.

тъкан *ж* fabric, stuff, textile; (*органическа*) tissue.

тъка̀ч *м* weaver.

тъ̀кмо just, just now.

тълкова̀ние *ср* interpretation.

тълку̀вам interpret.

тълпа̀ *ж* crowd, throng.

тълпа̀ се crowd, throng; flock.

тъ̀мен dark.

тъмнина̀ *ж* dark, darkness.

тъмнѝца *ж* prison, jail, gaol; dungeon.

тъмнича̀р *м* jailer, gaoler.

тъ̀нкост *ж* subtlety, delicacy.

тъ̀нък thin; slender, slim; fine; subtle.

тъп blunt, dull; obtuse; stupid.

тъпа̀к *м* dunce, blockhead.

тъ̀пан *м* drum.

тъ̀панче *ср* ear-drum.

тъпота̀ *ж* obtuseness, bluntness.

тъ̀пча tread on; (*натъпквам*) stuff, cram.

търг *м* auction, tender.

търго̀вец *м* merchant, dealer.

търговѝя *ж* trade, commerce, business.

търго̀вски commercial, trade, business.

търгу̀вам trade, deal, do business.

тържѐствен solemn; ceremonious.

тържество̀ *ср* festivity, occasion; ceremony; triumph.

тържеству̀вам triumph, exult.

тържеству̀ващ triumphant.

търка̀лям roll; ~ се roll (over).

тъ̀ркам rub; scrub; polish.

тъ̀ркане *ср* rubbing; friction.

тъ̀ркания *мн. ч.* friction, misunderstandings.

търноко̀п *м* pickaxe.

търпелѝв patient.

търпѐние *ср* patience.

търпѝм bearable, tolerable.

търпѝмост *ж* tolerance, forbearance.

търпѝ bear, suffer, stand; tolerate.

тъ̀рсене *ср* search; quest; (*на стоки*) demand.

тъ̀рся look for, search, seek; ~ се be in demand.

тършу̀вам rummage, ransack.

тъст *м* father-in-law.

тъ̀ща *ж* mother-in-law.

тюлѐн *м* seal.

тютю̀н *м* tobacco.

тютюнопроизводѝтел *м* tobacco-grower.

тютюнора̀ботник *м* tobacco-worker.

тя she.

тя̀гостен oppressive, burdensome

тя̀ло *ср* body.

тя̀сно tight, closely.

тях them.

У

у at; to; with; on, about.

убеде́н convinced; persuaded.

убеди́телен convincing; persuasive.

убежда́вам convince; persuade.

убежде́ние *ср* conviction, belief.

убе́жище *ср* refuge, shelter, asylum.

уби́вам kill; murder, assassinate.

уби́ец *м* killer; murderer, assassin.

уби́йствен killing; murderous.

уби́йство *ср* murder; assassination; manslaughter.

уби́т murdered; *воен* casualty; (*за цвят*) dull, quiet; (*съсипан*) crushed.

убо́ждам prick; ~ се prick o. s.

уважа́вам respect, esteem, honour.

уважа́ем honoured, esteemed.

уваже́ние *ср* respect, regard, esteem.

уведомя́вам inform, let know, notify.

увековеча́вам perpetuate.

увелича́вам increase, enlarge.

увеличе́ние *ср* increase.

увеличи́телно стъкло́ *ср* magnifying lens/glass.

увенча́вам crown.

уве́рен sure, certain, assured.

уве́рение *ср* assurance; (*документ*) certificate.

уве́реност *ж* confidence, assurance, conviction.

уверти́ра *ж* overture.

уверя́вам assure; ~ се make sure, see for o. s.

увеселе́ние *ср* entertainment, amusement.

увеселя́вам entertain.

увеща́вам persuade, talk over.

увеща́ние *ср* admonition, exhortation.

уви́ alas.

уви́вам wrap; (*вия*) wind; ~ се twist, twine.

уви́рам boil up, be cooked.

уви́свам hang down, droop, sag.

увлека́телен absorbing, fascinating.

увлече́ние *ср* passion, infatuation; hobby.

увли́чам carry away; enthral(l); ~ се be taken up with.

у́вод *м* introduction; preface.

у́воден introductory.

уволне́ние *ср* dismissal, discharge.

уволня́вам dismiss, discharge; *разг* fire, sack.

увя́хвам wither, fade.

угажда́м humour, indulge, pamper.

уга́рка *ж* cigarette-end, fag-end, butt; stub.

уга́свам go out; die away.

уга́снал extinct; dead; dull.

угася́вам extinguish, put out; (*радио и пр.*) switch/turn off.

у́главен criminal, penal.

угнете́н oppressed, depressed; blue.

угнетя́вам oppress, depress.

угова́рям се agree, arrange, settle.

угово́рен prearranged; stipulated.

угово́рка *ж* stipulation; proviso.

уго́ден pleasing, pleasant; convenient.

уго́дник *м* fawner, toady, sycophant.

уго́днически servile, obsequious.

уголемя́вам enlarge, magnify.

угоща́вам treat; feast; entertain.

угоще́ние *ср* feast, treat, banquet.

угризе́ние *ср* remorse, scruple, qualm.

уда́ва ми се succeed, manage; have a knack for.

удавя́м drown; ~ се be/get drowned.

у́дар *м* hit; blow; stroke; shock.

уда́рен hit, struck; stressed, accented.

ударе́ние *ср* accent, stress; emphasis.

у́дарно urgently, quickly.

удвоя́вам double.

удиви́телен astonishing, amazing, astounding.

удивле́ние *ср* astonishment, amazement.

удо́бен comfortable; convenient; handy.

удо́бство *ср* comfort; convenience; facilities.

удовлетворе́ние *ср* satisfaction, gratification.

удовлетвори́телен satisfactory; passable.

удовлетворя́вам satisfy; grant.

удово́лствие *ср* pleasure.

удостовере́ние *ср* certificate.

удостоверя́вам certify, attest.

удостоя́вам honour; award.

у́дрям hit, strike; beat.

удуша́вам strangle; smother; suffocate.

удължа́вам prolong; lengthen; extend.

уедине́н secluded, solitary, retired.

уедине́ние *ср* solitude, seclusion, privacy.

уединя́вам се retire, seclude o. s.

еднаквя́вам unify; standardize.

уж as if; allegedly; (*правя нещо*) на ~ pretending; make believe.

у́жас *м* terror, horror, dread.

ужа́сен awful, terrible, dreadful.

ужася́вам horrify, terrify; ~ се be horrified.

ужи́лвам sting.

узаконя́вам legalize.

узна́вам learn, find out, come to know.

узря́вам ripen; mature.

у́каз *м* decree, edict.

указа́ние *ср* indication, instructions.

указа́тел *м* index; directory.

уклон́чив evasive.

у́кор *м* reproach, rebuke.

у́корен reproachful, reprehensible.

укоря́вам reproach, blame, upbraid.

укра́са *ж* decoration.

украся́вам decorate, adorn; trim.

украше́ние *ср* decoration, adornment, ornament.

укре́пвам become stronger, gain strength.

укрепле́ние *ср* fortification.

укрепя́вам fortify; reinforce; strengthen.

укри́вам conceal, hide; harbour.

укротя́вам tame; subdue; ~ се calm down; become tame.

ула́вям catch, take hold of, seize.

уле́гнал sedate, settled.

улесне́ние *ср* facilitation; facilities.

улесня́вам facilitate; help, aid, assist.

у́лика *ж* clue, evidence.

ули́сан preoccupied, absorbed.

у́лица *ж* street.

улу́к *м* gutter.

улу́чвам hit; *прен* hit it, guess.

уля́гам settle down, subside.

ум *м* mind; intellect; brains; wit.

уме́л clever, skilful, adroit.

у́мен clever, intelligent, bright.

уме́ние *ср* ability, skill, knack.

уме́рен moderate, temperate.

уме́реност *ж* moderation, temperance.

уме́стен relevant, to the point.

уме́я can, be able, know how.

умива́лник *м* wash-basin, wash-stand; (*кухненски*) sink.

уми́вам (се) wash.

умилостивя́вам placate, propitiate; ~ се relent.

уми́рам die; pass away, depart.

умиря́вам appease; ~ се calm down.

уми́слен pensive, thoughtful.

у́мисъл *ж* intention, design.

у́мишлен deliberate, intentional.

у́мишлено deliberately, wittingly.

умножа́вам increase; *мат* multiply.

умноже́ние *ср* multiplication.

умоли́телен imploring, entreating.

умоля́вам implore, entreat, beseech.

умо́ра *ж* weariness, fatigue.

уморе́н tired, weary, worn out.

умори́телен tiring, wearisome.

уморя́вам tire, weary; ~ се grow tired.

умря́л dead, deceased.

у́мствен mental, intellectual.

умъртвя́вам kill, do away with.

унга́рец *м*, унга́рка *ж* Hungarian.

унга́рски Hungarian.

универса́лен universal.

университе́т *м* university.

унижа́вам humiliate, mortify.

униже́ние *ср* humiliation, mortification.

унизи́телен humiliating, degrading.

уни́л despondent, dejected, low-spirited.

унифо́рма *ж* uniform.

унищожа́вам destroy, annihilate, do away with.

унищоже́ние *ср* destruction, annihilation.

унищожи́телен destructive, annihilating.

упа́дък *м* decline, decay.

упа́дъчен decadent.

упла́ха *ж* fright, scare.

упла́швам frighten, scare; ~ се become frightened.

упла́шен frightened, afraid, scared.

упова́вам се hope, trust; rely (on).

упои́телен intoxicating.

упо́йка *ж* anaesthetic; anaesthesia.

упори́т persistent, persevering; stubborn.

упори́тост *ж* persistence; obstinacy.

упо́рствувам persist, persevere; be obstinate.

употре́ба *ж* use; usage.

употребя́вам use, make use of.

употребя́ем current, usable.

упра́ва *ж* management.

упра́вител *м* manager, director; governor.

управле́ние *ср* management, administration; government.

управлявам govern; rule; run; manage; *тех* operate.

управляващ ruling; governing; managing.

управник *м* ruler.

упражнение *ср* exercise; drill; practise.

упражнявам exercise; drill; practise; ~ се practise.

упрек *м* reproach, reproof; rebuke.

упреквам reproach, rebuke, upbraid.

упълномощавам authorize; entitle.

упътвам direct; ~ се към make for.

упътване *ср* direction.

уравнение *ср* equation.

уравновесен (well-)balanced; steady.

уравновесявам balance, counterpoise.

ураган *м* hurricane, tornado.

уред *м* device, appliance; instrument; apparatus.

уреден arranged; settled.

уреждам arrange, organize; settle.

уречен appointed, fixed.

уровен *м* level, standard.

урок *м* lesson.

усамотен secluded, solitary; lonely.

усамотявам се seclude o. s., retire.

усвоявам assimilate, absorb; master, pick up.

усет *м* sense; flair; feeling.

усещам feel; be aware of.

усещане *ср* sensation, feeling.

усилване *ср* intensification.

усилен intense, strenuous; hard.

усилие *ср* effort, exertion.

ускорение *ср* acceleration, precipitation.

ускорявам accelerate, speed up; quicken.

условен conditional; (*приет*) conventional.

условие *ср* condition; stipulation; *мн. ч.* terms.

условност *ж* convention, conventionality.

усложнение *ср* complication.

усложнявам complicate.

услуга *ж* service; favour, good turn.

услужвам do a favour, render a service.

услужлив obliging, complaisant, helpful.

усмивка *ж* smile.

усмирявам pacify, quiet, appease.

усмихвам се smile.

успех *м* success; (*оценка*) marks, grades.

успешен successful.

успивам се oversleep.

успокоителен calming, soothing; *мед* sedative.

успокоявам calm, soothe; reassure, ease.

успореден parallel.

успявам succeed; manage.

уста *ж* mouth.

устав *м* statute(s); regulations; charter.

установявам establish, set up; fix, settle.

устен oral; mouth.

устна *ж* lip.

устно orally, by word of mouth.

устойчив steady, firm, stable.

устойчивост *ж* stability, firmness.

устоявам resist, withstand.

устрем *м* outset, rush.

устремен impetuous, headlong.

устремявам се rush, dash.

устройство *ср* construction; structure.

усъвършенствувам perfect; refine.

усърден zealous, eager, diligent.

усърдие *ср* zeal, diligence, assiduity.

утайка *ж* sediment, deposition; dregs.

утвърдителен affirmative.

утежнявам aggravate.

утеха *ж* comfort, consolation; solace.

утешавам comfort, console.

утешителен comforting, consoling.

утихвам abate, calm down, subside.

утолявам satisfy, quench.

уточнявам specify.

утре tomorrow.

утрешен of tomorrow.

утринен morning.

утро *ср* morning, morn.

утроба *ж* womb.

ухажвам court, woo; be sweet on.

ухание *ср* fragrance, scent, perfume.

ухапвам bite.

ухо *ср* ear.

уча learn, study; (*някого*) teach.

участ *ж* fate, lot, destiny.

участвувам participate, take part in.

участие *ср* participation; share.

участник *м* participant.

участък *м* district, sector; (*полицейски*) police-station.

учащ *м* student; pupil.

учебен school; educational.

учебник *м* textbook

ўчен learned, erudite; *м* scholar, man of science.

учèние *ср* study, studies, learning; teaching, doctrine.

ученѝк *м* schoolboy, pupil, student.

ученолюбѝв studious.

учѝлище *ср* school.

учѝтел *м* teacher, schoolmaster.

учѝтелствувам work as a teacher.

учредѝтелен constituent, constitutive.

учредявам found, set up, establish.

учреждèние *ср* office, department, institution.

учтѝв polite, courteous, civil.

учтѝвост *ж* politeness, courtesy, civility.

учўдвам surprise, astonish; ~ се wonder, be astonished.

учўдване *ср* wonder, surprise, astonishment.

учўдващ amazing, astonishing.

учўдено in surprise.

ущѐрб *м* ; в ~ на to the detriment of.

уютен cosy, snug.

уютност *ж* cosiness, snugness.

уязвѝм vulnerable.

уязвѝмост *ж* vulnerability.

уязвявам wound, hurt, sting.

Ф

фàбрика *ж* factory, mill.

фабрикàнт *м* manufacturer, mill owner.

фабрѝчен factory; (*за стоки*) indusrtial, manufactured.

фàза *ж* phase; period, stage.

фàкел *м* torch.

факт *м* fact.

фактѝчески actual, real; (*наречие*) practically, in fact.

фàктор *м* factor, agent.

фактўра *ж* invoice, bill.

факултатѝвен optional, facultative.

факултèт *м* faculty, department, school.

фалѝрам go bankrupt.

фалѝт *м* bankruptcy, crash; failure.

фалшѝв false, counterfeit, coined; forgèd; fake, sham.

фалшѝво *муз* out of tune.

фалшификàтор *м* forger, counterfeiter.

фалшификàция *ж* falsification; forgery.

фалшифицѝрам falsify, counterfeit.

фанатѝзъм *м* fanaticism, bigotry.

фанатѝчен fanatic(al), bigoted.

фантàзия *ж* imagination; fancy, whim.

фантастѝчен fantastic(al), fabulous.

фар *м* lightouse; beacon; (*на кола*) headlights.

фармàция *ж* pharmacy.

фас *м* *вж* угарка.

фасàда *ж* front, façade.

фасỳл *м* (*зрял*) beans; (*зелен*) string beans.

фàсунга *ж* socket, bulb holder.

фатàлен fatal.

фàуна *ж* fauna.

фашѝзъм *м* fascism.

фашѝст *м* fascist.

фаянс *м* faience; (*изделия*) glazed earthenware.

феврỳари *м* February.

федерàция *ж* federation.

фейлетòн *м* feuilleton.

фенèр *м* lantern.

фенèрче *ср* flashlight, electric torch.

феодалѝзъм *м* feudalism.

ферментѝрам ferment.

фестивàл *м* festival.

фехтòвка *ж* fencing.

фèя *ж* fairy.

фѝба *ж* hairpin, hairgrip.

фѝгура *ж* figure.

фигуратѝвен figurative.

фигурѝрам figure, be.

фидàнка *ж* sapling.

фидè *ср* vermicelli.

физѝк *м* physicist.

фѝзика *ж* physics; physique.

физиолòгия *ж* physiology.

физионòмия *ж* face, countenance, physiognomy.

физѝчески physical, bodily; physics.

фѝзкултура *ж* physical training.

фѝзкултурник *м* athlete, gymnast, sportsman.

фиктивен fictious.
филателист *м* stamp-collector.
филе *ср* (*месо*) loin, fillet.
филиал *м* branch; annex(e).
филия *ж* slice.
филм *м* film; motion picture; *ам* movie;
   документален ~ documentary;
   широкоекранен ~ cinemascope.
филмирам film.
филолог *м* philologist.
филология *ж* philology.
философ *м* philosopher.
философия *ж* philosophy.
филтър *м* filter; strainer.
филхармония *ж* philharmonic orches-
   tra.
фин fine, refined, delicate.
финал *м* finale; final.
финален final.
финанси *мн. ч.* finances.
финансист *м* financier.
финес *м* refinement.
финландец *м* , финландка *ж* Finn.
финландски Finnish.
фирма *ж* firm; signboard.
флегматичен. phlegmatic, stolid; slow.
флейта *ж* flute.
флирт *м* flirtation.
флиртувам flirt.
флора *ж* flora.
флота *ж* fleet; navy.
фоайе *ср* foyer, lobby.
фойерверк *м* fireworks.
фокус *м* focus; trick, stunt(s).
фокусник *м* juggler; conjurer.
фолклор *м* folk-lore.
фон *м* background.
фонд *м* fund.
фонетика *ж* phonetics.
форма *ж* form, shape.
формален formal.

формалист *м* formalist, stickler.
формалност *ж* formality.
формат *м* size, format.
формула *ж* formula.
формулировка *ж* formulation, word-
   ing.
формуляр *м* form, blank.
фотоапарат *м* camera.
фотограф *м* photographer.
фотографирам take a picture of; ~ се
   have o.'s picture taken.
фотография *ж* photography; (*снимка*)
   photo(graph).
фотьойл *м* armchair, easy chair.
фраза *ж* phrase.
фразеология *ж* phraseology.
фрак *м* tail-coat, dress-coat.
французин *м* Frenchman.
французойка *ж* Frenchwoman.
фрапантен striking.
френски French.
фреска *ж* fresco.
фризирам се have o.'s hair done.
фризура *ж* hair-do, hair-style, coif-
   fure.
фризьор *м* , ~ка *ж* hairdresser.
фрикция *ж* friction.
фронт *м* front.
фруктиера *ж* fruit dish.
фуния *ж* funnel.
функционирам function.
функция *ж* function.
фунт *м* pound.
фураж *м* forage, fodder.
фургон *м* luggage-van.
фурма *ж* date.
фурна *ж* bakery, baker's shop; (*на печ-
   ка*) oven.
фурнаджия *м* baker.
фурнир *м* veneer.
фурор *м* furore; sensation.
футбол *м* football, soccer.
футболист *м* football-player.
фъстък *м* pea-nut, ground-nut.
фъфля lisp.

X

хаби waste, spoil.
хаван *м* mortar.
хавлия *ж* bath-robe; towel.

хазаин *м* landlord; host.
хазайка *ж* landlady; hostess.
хазарт *м* gambling.
хайвер *м* roe; spawn; (*за ядене*) caviare.
хайка *ж* chasing party; witch-hunt.
халат *м* dressing-gown.
хали *мн. ч.* market hall.

халкà *ж* ring; (*пръстен*) wedding ring.
халюцинàция *ж* hallucination.
хамàлин *м* porter, stevedore.
хамбàр *м* barn, granary.
хан *м*; хàнче *ср* inn.
ханш *м* hip, haunch.
хàос *м* chaos; mess.
хаотѝчен chaotic.
хап *м* pill.
хàпвам take a bite.
хàпка *ж* bit, bite; morsel, mouthful.
хаплѝв biting, caustic, pungent.
хàпя bite.
харàктер *м* character; temper, disposition.
харàктерен characteristic; peculiar.
характеризѝрам characterize.
характерѝстика *ж* character sketch; record.
харѐсвам like, fancy, enjoy; ~ ce appeal, be liked.
хармонѝрам harmonize; go with, match.
хармонѝчен harmonious.
хармòния *ж* harmony.
хартѝя *ж* paper; (*за обвиване*) wrapping paper.
хàрча spend; ~ ce sell well, be sold.
хасѐ *ср* sheeting.
хастàр *м* lining.
хвалèбствен laudatory; eulogistic.
хвалèбствие *ср* praise; eulogy, panegyric.
хвàля praise, commend; ~ ce boast, brag.
хвàщам catch, take.
хврѐквам fly up, fly off; flit.
хвѐрлям throw, cast; hurl, fling.
хвърчѝло *ср* kite.
хѐй hello, hullo.
херметѝчески air-tight, water-tight.
хѐрния *ж* hernia, rupture.
хигиѐна *ж* hygiene; sanitation.
хигиенѝчен hygienic; sanitary.
хѝжа *ж* hut; hovel.
хѝлав feeble, puny.
хѝлка *ж* bat.
хѝля ce grin.
хилядà thousand.
хилядолѐтие *ср* millenium.
химѝк *м* chemist.
химикàл *м* chemical.
химикàлка *ж* ball-point pen.
химѝчески chemical; химѝческо чѝстене dry cleaning.
хѝмия *ж* chemistry.

химн *м* hymn; (*национален*) anthem
хинѝн *м* quinine.
хирỳрг *м* surgeon.
хирỳргия *ж* surgery.
хитрѐц *м* slyboots, sly dog.
хитринà *ж*, хѝтрост *ж* cunning, slyness.
хитрỳвам dodge, be sly, play tricks.
хѝтър sly, cunning, subtle.
хѝщен predatory, of prey; rapacious.
хѝщник *м* beast of prey.
хлàбав loose, slack; loosefitting.
хлàден cool.
хладѝлник *м* refrigerator, ice-box.
хладинà *ж* cool, coolness.
хладнокрѐвен cool, coldblooded.
хладнокрѐвие *ср* calmness, composure.
хладнокрѐвно in cold blood.
хлàдък lukewarm, tepid.
хлапàк *м* stripling, urchin.
хлебàр *м* baker.
хлебàрница *ж* baker's.
хлѐнча whimper, whine, snivel.
хлòпам knock; rap, tap.
хлòпвам slam, bang.
хлор *м* chlorine.
хлѐзгав slippery.
хлѐзгам ce slip, slide; skid.
хлѐтвам sink, cave in, sag.
хляб *м* bread.
ход *м* walk, gait; pace; (*развитие*) course, progress; зàден ~ *тех* reverse motion.
ходатàйство *ср* intercession.
ходатàйствувам intercede.
ходѝло *ср* foot.
хòдя walk, go.
хòкей *м* hockey; ~ на лед ice-hockey.
холàндец *м* Dutchman.
холàндка *ж* Dutchwoman.
холàндски Dutch.
холѐра *ж* cholera.
хонорàр *м* fee.
хоп *м* errand-boy, bell-boy.
хор *м* chorus; choir.
хòра *мн. ч.* people.
хоризòнт *м* horizon.
хоризонтàлен horizontal.
хорò *ср* ring dance.
хотѐл *м* hotel.

храброст ж bravery, valour, courage.

храбър brave, valiant, courageous.

храм м temple.

храна ж food; meal; diet; (в пансион) board.

хранене ср nutrition.

хранопровод м gullet.

храносмилане ср digestion.

храня feed, nourish; прен foster, cherish, entertain.

храст м bush, shrub.

храсталак м bushes, thicket, shrub.

храча spit.

храчка ж spittle, phlegm.

хрема ж cold in the nose/head.

хремав with a running nose.

хризантема ж chrysanthemum.

християнин м Christian.

христоматия ж reader.

Христос м Christ.

хроника ж chronicle.

хроничен chronic.

хронологичен chronological.

хрумва ми it occurs to me.

хрумване ср whim, fancy, idea, brainwave.

хрускам crunch.

хубав nice, pretty, handsome; good-looking.

хубавица ж beauty.

хубаво nicely, well; fine.

хубост ж good looks, beauty.

художествен artistic; art.

художество ср art.

художник м artist, painter.

хуквам dart, rush, take to o.'s heels.

хулиган м hooligan, ruffian.

хуля abuse, vilify, defame.

хуманен humane.

хуманизъм м humanism.

хуманитарен humanitarian.

хумор м humour.

хуморист м humourist.

хумористичен comic, humorous.

хълм м hill.

хълцам hiccup, hiccough.

хъркам snore.

Ц

цапам soil, dirty, stain; ~ се become dirty.

цар м king.

царевица ж maize, corn.

царица ж queen.

царски royal, regal.

царствен kingly, regal.

царство ср kingdom; realm.

царувам, царя reign.

царуване ср reign.

цвекло ср beet(root).

цветар м , ~ка ж florist.

цветарник м flower stand.

цветарница ж flower shop, florist's.

цвете ср flower.

цветен colour, coloured.

цветист flowery; florid, ornate.

цветущ flourishing.

цвиля neigh.

цвъртя chirp, chirrup, twitter.

цвят м colour; (на растение) blossom.

цедка ж strainer, teastrainer.

цедя strain; filter.

цел ж aim, purpose; goal, object, end.

целволе ср staple fibre.

целенасочен purposeful.

целесъобразен expedient.

целзий Centigrade.

целина ж celery.

целина ж virgin soil.

целомъдрие ср chastity.

целувам kiss, give a kiss.

целувка ж kiss.

целулоза ж cellulose.

целя (се) aim (at).

цена ж price; cost, value.

ценен valuable.

ценз м qualification.

цензура ж censorship.

ценност ж value, worth.

ценности мн. ч. valuables.

ценоразпис м price-list.

централа ж main office; head office station.

централен central.

център м centre.

ценя value, estimate, appreciate.

цепнатина ж crack, fissure, chink.

цѐпя split; cleave; cùt, chop.
церемо̀ния ж ceremony.
церя̀ cure, heal.
цех м (work) shop; department.
цивѝлен civil; civilian.
цивилизàция ж civilization.
цѝганин м Gypsy.
цѝганка ж Gypsy woman.
цигàра ж cigarette.
цигарѐ ср cigarette holder.
цигулàр м violinist, violin player, fiddler.
цигỳлка ж violin, fiddle.
циклàма ж cyclamen.
цикло̀н м cyclone.
цѝкъл м cycle; series.
цимѐнт м cement.
циментѝрам cement.
цинѝзъм м obscenity; cynicism.
цинѝчен obscene, ribald, cynical.
цинк м zinc.
цип м zip, slide-fastener.

цѝпа ж cover; skin; анат membrane.
цѝрей м boil.
цирк м circus.
цитàт м quotation.
цитѝрам quote, cite.
циферблàт м dial-plate, face.
цѝфра ж figure, cipher, digit.
цỳпя се pout, sulk.
цървỳл м moccasin, sandal.
цъ̀рква ж church.
цъфтя̀ bloom, blossom; flower, come out.
цъфтя̀щ blooming; flourishing.
цял entire, whole; full; all.
ця̀лост ж integrity, wholeness; entirety.
ця̀лостен entire, complete, integral overall.

Ч

чадъ̀р м umbrella; parasol.
чай м tea.
чàйка ж (sea-)gull, seamew.
чàйник м tea-pot; (tea-)kettle.
чак (not) till; as late as; as far as.
чакàлня ж waiting-room.
чàкам wait (for); expect; await.
чакъ̀л м gravel.
чàнта ж bag, handbag; satchel; briefcase.
чар м charm, fascination.
чàровен charming, fascinating, enchanting.
чародѐен magic, bewitching.
чаршàф м sheet.
час м hour; (учебен) lesson, class, period.
часо̀вник м clock; (ръчен, джобен) watch.
часовникàр м watchmaker.
част ж part, portion; share; section; (военна) unit.
чàстен private.
частѝца ж bit, particle.
частѝчен partial.
чàша ж glass, tumbler; (порцеланова)

cup, mug.
че that.
чѐзна pine, languish, waste away.
чек м check, cheque.
чекмеджѐ ср drawer.
чѐлен front, foremost.
чело̀ ср forehead.
чѐлюст ж jaw.
чѐпка ж cluster, bunch.
чѐрвей м worm.
червѐн red; я̀рко ～ scarlet.
червенѝкав reddish, ruddy.
червенинà ж redness; blush; glow.
червеноко̀ж redskin.
червѝло ср lipstick; rouge.
черво̀ ср intestine, gut.
червя̀ paint red; ～ се put on lipstick; (изчервявам се) blush.
чѐрга ж rug; rag-carpet.
чѐрен black.
чѐреп м skull.
черѐша ж cherry; (дърво) cherry-tree.
чѐрква ж church.
чернѐя се show/appear black.
чернѝца ж mulberry; (дърво) mulberry-tree.
черновà ж rough copy, draft.
черноко̀ж black, coloured.
черня̀ blacken; прен slander, defame, denigrate.

чѐрпя draw; ladle out; (*угощавам*) stand, treat.
чертà *ж* line; *прен* trait, feature.
чертàя draw, trace.
чертѐж *м* draft, sketch; blue prints.
чертòжник *м* draughtsman, draftsman.
черỳпка *ж* shell.
чест *ж* honour; credit.
чест frequent, common.
чѐст(ву)вам celebrate; commemorate.
чѐст(ву)ване *ср* celebration; commemoration.
чѐстен honest, fair, straightforward.
честѝт happy, merry.
честѝтка *ж* greeting.
честѝто! congratulations!
честитя̀вам congratulate (on).
чѐстност *ж* honesty.
чѐсто often.
честолюбѝв ambitious, self-respecting.
честолю̀бие *ср* ambition.
честотà *ж* frequency.
чѐсън *м* garlic.
чѐта *ж* band, detachment.
четà read; (*лекции*) give, deliver.
чѐтвърт *ж* quarter.
четвъ̀рти fourth.
четвъ̀ртит square.
четвъ̀ртък *м* Thursday.
чѐтен even.
чѐтене *ср* reading.
четивò *ср* reading (matter).
чѐтири four.
четѝридесет forty.
четиринàдесет fourteen.
чѐтиристотин four hundred.
четириъ̀гълен quadrangular.
четириъ̀гълник *м* quadrangle.
чѐтка *ж* brush; ~ за зъ̀би tooth-brush.
чѐткам brush.
четлѝв legible.
чех *м*, ~кѝня *ж* Czech.
чѐхъл *м* slipper.
чѐша scratch.
чѐшки Czech.
чешмà *ж* fountain; tap.
чий, чѝйто whose.
чилѐ *ср* skein.
чимшѝр *м* box.
чин *м* desk, form; (*ранг*) rank, grade.
чинѝйка *ж* saucer.

чинѝя *ж* plate; dish; soup-plate; dinner-plate.
чинòвник *м* official; office worker; civil servant.
чирàк *м* apprentice.
чѝслен numeral, numerical.
числò *ср* number; *грам* едѝнствено ~ singular (number); мнòжествено ~ plural (number).
числя̀ се belong to.
чист clean, cleanly; pure.
чистàчка *ж* cleaner, charwoman.
чѝстене *ср* cleaning, clean-up.
чѝстка *ж* purge.
чистокрѐвен thoroughbred; pedigree.
чистоплъ̀тен clean, cleanly.
чистосърдѐчен candid, frank, open-hearted.
чистосърдѐчност *ж* candour.
чистотà *ж* cleanness, cleanliness; purity.
чѝстя clean, cleanse; purge; purify.
читàлище *ср* community centre, library club.
читàлня *ж* reading-room.
читàнка *ж* reader.
читàтел *м* reader.
чифлѝк *м* farm.
чифт *м* pair.
чѝчо *м* uncle.
член *м* member; *грам* article.
члѐнство *ср* membership.
членỳвам be a member, belong to.
човѐк *м* man; person; fellow.
човеколюбѝв philantropic.
човеколю̀бие *ср* philantropy.
човекоя̀дец *м* cannibal.
човѐчен humane.
човѐчество *ср* mankind, humanity.
човѐчност *ж* humanity, humaneness.
човѐшки human.
човещинà *ж* humanity, humaneness.
чòвка *ж* bill; beak.
човъ̀ркам poke, pick.
чòпля scratch; poke; pick.
чорàп *м* stocking; (*къс*) sock.
чорбà *ж* soup, broth.
чòрлав dishevelled.
чрез through, by, by means of.
чувàл *м* sack.
чỳвам hear.
чỳвствен sensual.
чỳвственост *ж* sensuality.
чувствѝтелен sensitive; tender.
чувствѝтелност *ж* sensibility, sensitiveness.
чỳвство *ср* feeling; sense; emotion.

чу̀вствувам feel.
чугу̀н _м_ cast iron.
чуда̀к _м_ crank, queer person.
чу̀ден strange, odd, queer; (_хубав_) wonderful, marvellous.
чудѐсен wonderful, marvellous.
чуднова̀т queer, odd, eccentric, strange.
чу̀до _ср_ miracle, wonder, marvel.
чудо̀вище _ср_ monster.
чудо̀вищен monstrous.
чудотво̀рен miraculous, wonder-working.
чу̀дя се wonder; marvel, be at a loss.
чужбѝна _ж_ foreign countries; **в** ~ abroad.
чужд somebody else's; foreign, alien.

чуждѐнец _м_ stranger, foreigner, alien.
чуждестра̀нен foreign.
чук _м_ hammer; mallet.
чу̀кам knock; rap, tap; pound; ~ **се** clink glasses.
чу̀ма _ж_ plague.
чуплѝв fragile, brittle, breakable.
чуплѝвост _ж_ fragility.
чу̀пя break; crack; crush; fracture.
чурулѝкам warble; twitter, chirp, tweet.
чучулѝга _ж_ lark, skylark.
чу̀шка _ж_ pepper, capsicum.

Ш

шабло̀н _м_ pattern, mould, clichè.
шабло̀нен trite, hackneyed, commonplace.
ша̀йба _ж_ driving wheel; disc.
шал _м_ shawl; stole.
ша̀лче _ср_ muffler; scarf.
шама̀р _м_ slap in the face, box on the ear.
шампа̀нско _ср_ champagne; fizz.
шампио̀н _м_ champion. title-holder.
шампиона̀т _м_ championship.
шампоа̀н _м_ shampoo.
шанс _м_ chance.
шанта̀ж _м_ blackmail.
ша̀нца _ж_ ski-run, jumping track.
ша̀пка _ж_ hat.
шапка̀р _м_ hatter.
шапка̀рка _ж_ milliner.
шара̀н _м_ carp.
ша̀рен variegated, many-coloured, multi-coloured.
шаржѝрам overact, overdo.
ша̀рка[1] _ж_ pattern, design.
ша̀рка[2] _ж_ (_болест_) measles.
ша̀х(мат) _м_ chess.
ша̀хта _ж_ shaft.
швед _м_, ~ка _ж_ Swede.
швѐдски Swedish.
швейца̀рец _м_, швейца̀рка _ж_ Swiss.
швейца̀рски Swiss.
шев _м_ seam; sewing; needlework.
шевио̀т _м_ serge.

шевѝца _ж_ embroidery.
шега̀ _ж_ joke, jest.
шегаджѝя _м_ joker, jester, wag.
шеговѝт facetious, jocular.
шегу̀вам се joke, jest.
шедьо̀вър _м_ masterpiece.
шейна̀ _ж_ sled, sledge, sleigh; toboggan.
шѐметен dizzy, giddy.
шѐпа _ж_ (_количество_) handful.
шѐпна whisper.
шепнешко̀м in a whisper, under o.'s breath.
шѐпот _м_ whisper.
шест six.
шѐствие _ср_ procession, train.
шестдесѐт sixty.
шестна̀десет sixteen.
шѐстотин six hundred.
шеф _м_ chief, boss.
шѝбам lash, dash, scourge.
шива̀ч _м_ tailor.
шива̀чка _ж_ dressmaker, seamstress.
шип _м_ thorn, prickle, spike.
шѝпка _ж_ (sweet) briar, wild rose, eglantine; (_плод_) hip.
шир _ж_ space, expanse.
ширина̀ _ж_ width, breadth; _геогр_ latitude.
широ̀к wide, broad; loose.
широкоплѐщест broadshouldered.
широта̀ _ж_ breadth, broadness.
широчина̀ _ж_ width, breadth.
шѝря се spread (out); _прен_ make o. s. at home.

шйфър *м* code; cipher.
шишàрка *ж* (fir-)cone.
шишè *ср* bottle.
шйя sew.
шйя *ж* neck.
шкаф *м* cupboard, cabinet; closet; locker.
шкòла *ж* school.
школòвка *ж* schooling, trâining.
шлàгер *м* popular song, hit.
шлеп *м* barge.
шлйфер *м* raincoat.
шлòсер *м* locksmith, fitter.
шляя се loaf about, knock about, stroll.
шмàйзер *м* sub-machine gun, tommy-gun.
шмèкер *м* cheat, dodger.
шмекерỳвам swindle, cheat.
шнйцел *м* cutlet.
шнòла *ж* hair-slide.

шнур *м* cord; (*електрически*) flex.
шовинйзъм *м* chauvinism, jingoism.
шокйрам shock, scandalize.
шоколàд *м* chocolate.
шосè *ср* road, highway, carriage-way.
шотлàндец *м* Scotchman.
шотлàндски Scotch.
шофьòр *м* driver, chauffeur.
шпионàж *м* espionage.
шпиòнин *м* spy.
шпионйрам spy.
шприц *м* squirt; (*питие*) fiz(z).
шрифт *м* print, type, characters.
шỳба *ж* fur-coat.
шум *м* noise, sound; fuss, ado; din.
шỳма *ж* foliage, leaves.
шỳмен noisy, loud, boisterous.
шумолène *ср* rustling, murmur.
шумолй rustle, murmur.
шумй make a noise, be noisy.
шỳнка *ж* ham.
шут *м* fool, jester, clown.
шушỳкам whisper; gossip
шушỳлка *ж* *бот* pod; (*ледена*) icicle.

Щ

щаб *м* staff, headquarters.
щàвя tan.
щадй spare.
щàйга *ж* tray, crate.
щанд *м* counter; stall.
щàстие *ср* happiness; bliss; (*късмет*) luck.
щастлйв happy; lucky; fortunate.
щат *м* state.
щàтелен thorough.
щèдрост *ж* generosity.

щèдър generous.
щèка *ж* stick.
щèпсел *м* plug.
щетà *ж* damage.
щйпка *ж* (*за пране*) clothes-peg.
щйпци *мн. ч.* pincers; (*за захар*) sugar-tongs.
щйпя pinch; (*за студ*) bite, nip.
щит *м* shield.
щом since, as, if.
щрек *м* : на ~ съм be on the alert, be on the look out.
щурèц *м* cricket.
щурмỳвам storm, assault.
щъркел *м* stork.

Ъ

ъгъл *м* corner; *мат* angle.

Ю

юбилèен jubilee.
юбилèй *м* anniversary; (50 *години*) jubilee.
юг *м* south.

югозàпад *м* southwest.
югоѝзток *м* southeast.
югославàнин *м*, югославѝнка *ж* Yugoslavian.
ю̀жен south, southern.
ю̀ли *м* July.
юмру̀к *м* fist.
юнàк *м* hero, champion.
ю̀ни *м* June.
ю̀ноша *м* youth, young man.
юргàн *м* quilt.

юридѝчески juridical; law; ~ фа-култèт law department.
юрѝст *м* lawyer, jurist; (*студент*) law student.
ю̀та *бот* jute.
ютѝя *ж* (flat) iron.
юфкà *ж* noodles.

Я

я̀бълка *ж* apple; (*дървото*) apple-tree.
я̀вен open; evident, obvious.
явлèние *ср* appearance; (*природно*) phe-nomenon.
явя̀вам се appear; (*на изпит*) sit for (an examination).
я̀года *ж* strawberry.
яд *м* anger.
яд ме е be angry.
я̀дене *ср* eating; (*обед и пр.*) meal; (*ястие*) dish.
я̀дка *ж* kernel.
ядо̀свам make angry; ~ се be angry.
я̀дрен nuclear.
ядро̀ *ср* nucleus.

я̀зва *ж* ulcer.
я̀здя ride.
язовѝр *м* dam.
яйцè *ср* egg.
якà *ж* collar.
я̀ке *ср* jacket.
ям eat; have o.'s meal(s).
януàри *м* January.
япо̀нец *м*, япо̀нка *ж* Japanese.
япо̀нски Japanese.
я̀рост *ж* rage, fury.
я̀рък bright; brilliant.
я̀сен clear, plain.
я̀стие *ср* dish.
я̀стреб *м* kite; hawk.
ятàк *м* link; associate of guerillas.
я̀то *ср* flock, flight.
яхнѝя *ж* stew.
я̀хта *ж* yacht.

ГЕОГРАФСКИ ИМЕНА

Австра̀лия Australia
Австрия Austria
Азия Asia
Алба̀ния Albania
Амѐрика America
Англия England
Атлантѝчески океа̀н Atlantic Ocean
Африка Africa
Балка̀нски полуо̀стров Balkan Peninsula
Балтѝйско мо̀ре Baltic Sea
Бѐлгия Belgium
Бѐлград Belgrade
Берлѝн Berlin
Бо̀сфор Bosphorus
Брю̀ксел Brussels
Бу̀дапеща Budapest
Бу̀куреш Bucharest
Бълга̀рия Bulgaria
Бя̀ло мо̀ре Aegean Sea
Варша̀ва Warsaw
Ва̀шингтон Washington
Великобрита̀ния Great Britian
Венѐция Venice
Виѐна Vienna
Виетна̀м Vietnam
Герма̀ния Germany
Гибралта̀р Gibraltar
Грѝнуич Greenwich
Гъ̀рция Greece
Да̀ния Denmark
Дарданѐли Dardanelles
До̀увър Dover
Ду̀нав Danube
Евро̀па Europe
Егѝпет Egypt
Женѐва Geneva
Индѝйски океа̀н Indian Ocean
Ѝндия India
Ирла̀ндия Ireland
Испа̀ния Spain
Ита̀лия Italy
Кана̀да Canada
Кѐймбридж Cambridge
Кита̀й China
Ко̀пенхаген Copenhagen
Корѐя Korea
Ку̀ба Cuba
Лама̀нш English Channel

Лѐнинград Leningrad
Лиса̀бо̀н Lisbon
Ло̀ндон London
Мадрѝд Madrid
Мила̀но Milan
Москва̀ Moscow
Неа̀пол Naples
Ниага̀ра Niagara
Нил Nile
Норвѐгия Norway
Ню̀ Йо̀рк New York
Окс̀форд Oxford
О̀сло Oslo
Парѝж Paris
Пекѝн Pekin(g)
По̀лша Poland
Португа̀лия Portugal
Рим Rome
Румъ̀ния Roumania
Со̀лун Salonica
Со̀фия Sofia
Ста̀ра планина̀ Balkan Mountains
Суѐцки кана̀л Suez
Съединѐни американски щати (САЩ) United States of America (USA)
Съю̀з на съвѐтските социалистѝчески репу̀блики (СССР) Union of the Soviet Socialist Republics, Soviet Union (USSR)
Тѐмза Thames
Тѝхи океа̀н Pacific Ocean
То̀кио Tokyo
Ту̀рция Turkey
Унга̀рия Hungary
Финла̀ндия Finland
Фра̀нция France
Ха̀га Hague
Хола̀ндия Holland
Ца̀риград Istanbul
Чѐрно мо̀ре Black Sea
Чехослова̀кия Chechoslovakia
Чика̀го Chicago
Швейца̀рия Switzerland
Швѐция Sweden
Шотла̀ндия Scotland
Югосла̀вия Yugoslavia
Япо̀ния Japan

English-Bulgarian

СЪКРАЩЕНИЯ
Abbreviations

ам - американски - American
анам - анатомия - anatomy
бом - ботаника - botany
вж - виж - see
воен - военно дело - military
геогр - география - geography
грам - граматика - grammar
мед - медицина - medicine
муз - музика - music
обикн - обикновсно - ordinary
ост - остаряла дума - archaic word
поет - поетична дума - poetic word
рад - радио - radio
разг - разговорно дума - colloquial word
сл - сланг - slang
сп - спорт - sports
съкр - съкратено - abbreviated
техн - техника - technical
шег - шеговито - humorous
юр - юридически - legal

a - adjective - прилагателно име
adv - adverb - наречие
conj - conjunction - съюз
int - interjection - междуметие
n - noun - съществително име
pl - plural - множествено число
pp - past participle - минало причастие
prep - preposition - предлог
pron- pronoun - местоимение
pt - past tense - минало време
v - verb - глагол

A

abandon [ə'bændən] v изоставям, напускам.

abandonment [ə'bændənmənt] n изоставяне; увлечение; забрава.

abate [ə'beit] n намалявам; стихвам.

abbey ['æbi] n абатство; манастир.

abbot ['æbət] n игумен.

abbreviation [ə,bri:vi'eiʃən] n съкращение.

abdomen ['æbdəmən] n корем.

abhor [əb'hɔ:] v мразя; отвращавам се, гнуся се.

abide [ə'baid] v (pt, pp abode [ə'boud]) пребивавам; изчаквам; търпя.

ability [ə'biliti] n способност.

abject ['æbdʒekt] a жалък, презрян.

able ['eibl] a способен.

abnormal [æb'nɔ:məl] a необикновен, ненормален.

aboard [ə'bɔ:d] adv на парахода; ам във влака.

abode¹ вж abide.

abode² [ə'boud] n жилище.

abolish [ə'bɔliʃ] v премахвам, отменям; унищожавам.

A-bomb [ei'bɔm] n атомна бомба.

abominable [ə'bɔminəbl] a отвратителен.

abound [ə'baund] v изобилствувам.

about [ə'baut] adv наоколо, наблизо; почти; prep около, из, по; за, относно.

above [ə'bʌv] prep над; повече от; adv горе, по-горе.

abridge [ə'bridʒ] v съкращавам.

abroad [ə'brɔ:d] adv в чужбина.

abrupt [ə'brʌpt] a рязък; внезапен; стръмен.

absence ['æbsəns] n отсъствие.

absent¹ ['æbsənt] a отсъствуващ.

absent² [əb'sent] v отсъствувам.

absent-minded ['æbsənt-'maindid] a разсеян.

absolute ['æbsəlu:t] a пълен, неограничен; грам независим.

absolutely ['æbsəlu:tli] adv съвсем, напълно.

absorb [əb'sɔ:b] v попивам, поглъщам; усвоявам.

absorption [əb'sɔ:pʃən] n поглъщане; вдълбочаване.

abstain [əb'stein] v въздържам се.

abstract¹ ['æbstrækt] a отвлечен; n резюме.

abstract² [æb'strækt] v извличам; резюмирам.

absurd [əb'sɔ:d] a глупав; смешен.

absurdity [əb'sɔ:diti] n глупост.

abundance [ə'bʌndəns] n изобилие.

abundant [ə'bʌndənt] a изобилен.

abuse¹ [ə'bju:z] v злоупотребявам с; ругая, хуля.

abuse² [ə'bju:s] n злоупотреба; ругаене.

abusive [ə'bju:siv] a оскърбителен.

academic(al) [,ækə'demik(l)] a академичен.

academician [ə'kædə'miʃən] n академик.

academy [ə'kædəmi] n академия.

accelerate [æk'seləreit] v ускорявам (се).

accent¹ ['æksənt] n ударение; изговор.

accent² [æk'sent] v акцентирам, слагам ударение, наблягам на.

accentuate [æk'sentjueit] v подсилвам, подчертавам, изтъквам.

accept [ək'sept] v приемам, съгласявам се със.

acceptable [ək'septəbl] a приемлив.

acceptance [ək'septəns] n приемане, одобрение.

access ['ækses] n достъп.

accessible [æk'sesibl] a достъпен.

accessories [æk'sesəriz] n pl принадлежности.

accident ['æksidənt] n случайност; злополука.

accidental [,æksi'dentəl] a случаен.

acclaim [ə'kleim] v приветствувам, акламирам.

accomodate [ə'kɔmədeit] v давам подслон на; настанявам; приспособявам.

accommodation [ə,kɔmə'deiʃən] n настаняване в квартира; приспособяване.

accompany [ə'kʌmpəni] v придружавам; съпровождам.

accomplish [ə'kɔmpliʃ] v извършвам, довеждам докрай.

accomplished [ə'kɔmpliʃt] *a* образо́-
ван; завъ́ршен; осъществе́н.
accomplishment [ə'kɔmpliʃmənt] *n*
изпълне́ние, постиже́ние; *pl* спо-
со́бности.
accord [ə'kɔːd] *n* съгла́сие; хармо́ния;
споразуме́ние.
accordance [ə'kɔːdəns] *n* съгла́сие,
хармо́ния.
according to [ə'kɔːdiŋ tu] *prep* спо́ред.
accordingly [ə'kɔːdiŋli] *adv* съотве́тно;
следова́телно.
account [ə'kaunt] *n* сме́тка; отче́т;
обясне́ние; *v* да́вам сме́тка, отче́т.
accountant [ə'kauntənt] *n* счетоводи́-
тел.
accumulate [ə'kjuːmjuleit] *v* натру́п-
вам (се).
accumulation [ə,kjuːmju'leiʃən] *n* на-
тру́пване.
accuracy ['ækjurəsi] *n* то́чност.
accurate ['ækjurit] *a* то́чен.
accursed [ə'kəːsid, ə'kəːst] *a* прокле́т,
прокълна́т.
accusation [,ækju'zeiʃən] *n* обвине́ние.
accuse [ə'kjuːz] *v* обвиня́вам.
accustom [ə'kʌstəm] *v* свиквам, при-
ви́квам.
ache [eik] *n* бо́лка; *v* боли́.
achieve [ə'tʃiːv] *v* пости́гам; извъ́р-
швам.
achievement [ə'tʃiːvmənt] *n* пости-
же́ние.
acid ['æsid] *n* киселина́; *a* ки́сел; кисе-
ли́нен.
acknowledge [ək'nɔlidʒ] *v* призна́вам;
потвържда́вам.
acknowledgement [ək'nɔlidʒmənt] *n*
призна́ние; потвържде́ние; благо-
да́рност.
acorn ['eikɔːn] *n* жъ́лъд.
acquaint [ə'kweint] *v* запозна́вам; ос-
ведомя́вам.
acquaintance [ə'kweintəns] *n* (за)по-
зна́нство; позна́т.
acquire [ə'kwaiə] *v* придоби́вам; по-
сти́гам.
acquirement [ə'kwaiəmənt] *n* придо-
би́вка; постиже́ние.

acquit [ə'kwit] *v* оправда́вам, освобо-
жда́вам(*от отговорност*).
acre ['eikə] *n* а́кър.
across [ə'krɔs] *adv* напра́ко; отсре́ща;
prep през, отвъ́д; срещу́.-
act [ækt] *v* де́йствувам; постъ́пвам;
игра́я ро́ля; *n* постъ́пка; де́йствие.
action ['ækʃən] *n* де́йствие, постъ́пка;
сраже́ние.
active ['æktiv] *a* де́ен, акти́вен.
activity [æk'tiviti] *n* де́йност,
акти́вност.
actor ['æktə] *n* актьо́р, арти́ст.
actress ['æktris] *n* актри́са, арти́стка.
actual ['æktjuəl] *a* действи́телен.
actually ['æktjuəli] *adv* найстина, дей-
стви́телно; всъ́щност.
acute [ə'kjuːt] *a* о́стър; бъ́рз; прони-
ца́телен.
ad [æd] *n* съкр обявле́ние.
adamant ['ædəmənt] *a* твъ́рд, непре-
кло́нен.
adapt [ə'dæpt] *v* приспособя́вам, при-
годя́вам.
adaptation [,ædəp'teiʃən] *n* адапта́-
ция, приспособя́ване.
add [æd] *v* приба́вям, събѝрам.
addenda [ə'dendə] *n pl* приту́рка.
addict[1] ['ædikt] *n* наркома́н.
addict[2] [ə'dikt] *v* приви́квам.
addition [ə'diʃən] *n* приба́вяне, допъ́л-
ване; събѝране.
additional [ə'diʃənəl] *a* допълни́телен.
address [ə'dres] *v* обръ́щам се към,
адреси́рам; *n* адре́с.
adept ['ædept] *a* о́питен, вещ; *n* ек-
спе́рт.
adhere [əd'hiə] *v* приле́пвам се; под-
кре́пям; придъ́ржам се.
adherent [əd'hiərənt] *n* привъ́рженик.
adhesion [əd'hiːʒn] *n* сцепле́ние.
adhesive [əd'hiːsiv] *a* ле́пкав, лепли́в.
adjacent [ə'dʒeisnt] *a* съсе́ден; приле-
жа́щ.
adjective ['ædʒiktiv] *n* прилага́телно
и́ме.
adjoin [ə'dʒɔin] *v* допѝрам се до, гра-
ни́ча.
adjourn [ə'dʒəːn] *v* отсро́чвам, от-
ла́гам.
adjournment [ə'dʒəːnmənt] *n* отсро́ч-
ване.

adjure [ə'dʒuə] v умолявам; заклинам.

adjust [ə'dʒʌst] v нагласям, приспособявам.

adjustment [ə'dʒʌstmənt] n пригодяване.

administer [əd'ministə] v управлявам; предписвам.

administration [əd,minis'treiʃən] n управление; предписание.

admirable ['ædmirəbl] a възхитителен.

Admiralty ['ædmirəlti] n адмиралтейство.

admiration [,ædmi'reiʃən] n възхищение.

admire [əd'maiə] v възхищавам се от.

admirer [əd'maiərə] n почитател, обожател.

admissible [əd'misəbl] a допустим, приемлив.

admission [əd'miʃən] n вход, достъп; признание.

admit [əd'mit] v пускам да влезе; признавам; допускам.

admittance [əd'mitəns] n достъп, вход.

admittedly [əd'mitidli] adv по общо признание.

admixture [əd'mikstʃə] n примес.

admonish [əd'moniʃ] v предупреждавам; съветвам.

admonition [,ædmə'niʃən] n увещание; предупреждение; напомняне.

ado [ə'du:] n суетня, врява.

adolescence [,ædə'lesns] n юношество.

adolescent [,ædə'lesnt] a юношески; n юноша.

adopt [ə'dopt] v осиновявам; възприемам.

adoption [ə'dopʃən] n осиновяване; възприемане.

adorable [ə'do:rəbl] a обожаем; възхитителен.

adoration [,ædo:'reiʃən] n обожание; поклонение; преклонение.

adore [ə'do:] v обожавам.

adorn [ə'do:n] v украсявам.

adornment [ə'do:nmənt] n украшение; украсяване; накит.

adrift [ə'drift] adv носещ се по течението.

adroit [ə'droit] a сръчен, изкусен, умел.

adult ['ædʌlt] n възрастен човек.

adultery [ə'dʌltəri] n прелюбодеяние.

advance [əd'va:ns] v напредвам, успявам; n напредък; предплата.

advanced [əd'va:nst] a напреднал; напредничав.

advancement [əd'va:nsmənt] n напредък.

advantage [əd'va:ntidʒ] n предимство; полза.

advantageous [,ædvən'teidʒəs] a изгоден.

adventure [əd'ventʃə] n приключение.

adventurer [əd'ventʃərə] n авантюрист.

adventurous [əd'ventʃərəs] a смел; рискован; авантюристичен.

adverb ['ædvə:b] n наречие.

adversary ['ædvəsəri] n противник.

adverse ['ædvə:s] a неблагоприятен; враждебен.

adversity [əd'və:siti] n несполука, беда.

advertise ['ædvətaiz] v рекламирам.

advertisement [əd'və:tismənt] n обява, реклама.

advertising ['ædvətaiziŋ] n рекламиране.

advice [əd'vais] n съвет; известие.

advisable [əd'vaizəbl] a препоръчителен; благоразумен.

advise [əd'vaiz] v съветвам; известявам, уведомявам.

adviser [əd'vaizə] n съветник.

advocate¹ ['ædvəkət] n застъпник.

advocate² ['ædvəkeit] v защитавам, подкрепям.

aerial ['ɛəriəl] n антена.

aeroplane ['ɛərəplein] n самолет.

aesthetic [i:s'θetik] a естетичен.

afar [ə'fa:] adv далеч.

affable ['æfəbl] a приветлив, любезен.

affair [ə'fɛə] n работа, дело; въпрос.

affect¹ [ə'fekt] v засягам, въздействувам; поразявам.

affect² [ə'fekt] v преструвам се.

affectation [ˌæfek'teiʃən] *n* престо́ре-
ност, престру́ване; превзе́мка.

affection [ə'fekʃən] *n* о́бич, привъ́рза-
ност.

affectionate [ə'fekʃənit] *a* любя́щ,
привъ́рзан.

affinity [ə'finiti] *n* схо́дство; при-
вли́чане.

affirm [ə'fə:m] *v* твърдя́; потвър-
жда́вам.

affirmative [ə'fə:mətiv] *a* утвърди́те-
лен, положи́телен.

afflict [ə'flikt] *v* сполетя́вам; огор-
ча́вам.

affliction [ə'flikʃən] *n* неща́стие, стра-
да́ние, беда́.

affluent ['æfluənt] *a* охо́лен.

afford [ə'fɔ:d] *v* позволя́вам си, мо́га
да ку́пя или напра́вя.

affront [ə'frʌnt] *v* оби́ждам, оскър-
бя́вам; *n* оби́да.

aflame [ə'fleim] *adv* пла́мнал; в пла́-
мъци.

afloat [ə'flout] *adv* плу́ващ, но́сещ се.

afoot [ə'fut] *adv* пеша́; в движе́ние; в
ход.

aforesaid [ə'fɔ:sed] *a* гореспомена́т.

afraid [ə'freid] *a* изпла́шен, бои́щ се.

after ['a:ftə] *prep* след; по, спо́ред; за,
отно́сно; *adv* по́сле; *conj* след като́.

afternoon ['a:ftə'nu:n] *n* следо́бед.

afterward(s) ['a:ftəwəd(z)] *adv* по́сле,
след това́.

again [ə'ge(i)n] *adv* отно́во, пак.

against [ə'geinst] *prep* срещу́, проти́в.

age [eidʒ] *n* въ́зраст; век; перио́д; *v*
старе́я.

aged ['eidʒid] *a* стар; [eidʒd] на въ́зраст.

agency ['eidʒənsi] *n* си́ла; въздействие;
сре́дство; представи́телство; аге́н-
ция.

agenda [ə'dʒendə] *n* дне́вен ред.

agent ['eidʒənt] *n* фа́ктор; представи́-
тел; аге́нт; посре́дник.

aggravate ['ægrəveit] *v* утежня́вам;
влоша́вам.

aggregate ['ægrigit] *a* общ, цял; *n*
ця́лост.

aggression [ə'greʃən] *n* агре́сия, напа-
де́ние.

aggressive [ə'gresiv] *a* агреси́вен.

aghast [ə'ga:st] *a* ужасе́н, сли́сан.

agile ['ædʒail] *a* подви́жен, пъ́ргав.

agility [ə'dʒiliti] *n* пъ́ргавост.

agitate ['ædʒiteit] *v* вълну́вам, въз-
бу́ждам.

agitation [ˌædʒi'teiʃən] *n* вълне́ние,
смут.

ago [ə'gou] *adv* преди́.

agonizing [ˌægə'naiziŋ] *a* агонизи́ращ;
мъчи́телен.

agony ['ægəni] *n* аго́ния; терза́ние.

agrarian [ə'grɛəriən] *a* земеде́лски.

agree [ə'gri:] *v* съглася́вам се.

agreeable [ə'gri:əbl] *a* прия́тен; съ-
гла́сен.

agreement [ə'gri:mənt] *n* съгла́сие;
спого́дба, споразуме́ние.

agricultural [ˌægri'kʌltʃərəl] *a* земе-
де́лски.

agriculture [ˌægri'kʌltʃə] *n* земеде́лие.

ahead [ə'hed] *adv* напре́д.

aid [eid] *v* пома́гам, подпома́гам; *n*
по́мощ, подкре́па.

ail [eil] *v* боли́; безпокоя́, измъ́чвам.

aim [eim] *v* стремя́ се; прице́лвам се;
n намере́ние, цел; при́цел.

air [ɛə] *n* въ́здух; вид; мело́дия; *v* про-
ветря́вам; *a* възду́шен.

airconditioning ['ɛəˌkʌn'diʃəniŋ] *n*
климати́чна инстала́ция.

aircraft ['ɛəkra:ft] *n* самоле́т.

airmail ['ɛəmeil] *n* възду́шна по́ща.

airplane ['ɛəplein] *n* самоле́т.

airport ['ɛəpɔ:t] *n* лети́ще, аерога́ра.

aisle [ail] *n* пъте́ка между редове́те в
за́ла.

ajar [ə'dʒa:] *a* открѐхнат.

alarm [ə'la:m] *n* трево́га; *v* трево́жа,
безпокоя́.

alas [ə'la:s] *int* уви́.

alcohol ['ælkəhɔl] *n* алкохо́л, спирт.

ale [eil] *n* би́ра.

alert [ə'lə:t] *a* бди́телен, бу́ден; на-
щре́к; чевръ́ст.

alien ['eiljən] *a* чужд, несво́йствен; *n*
чужде́нец.

alight [ə'lait] *v* сли́зам (*от влак и пр.*);
ка́цам.

alike [ə'laik] *a* подо́бен, една́къв.

alive [ə'laiv] *a* жив; бо́дър; гъмжа́щ.

all [ɔ:l] *a* цял; *pron* всеки; всички; всичко.

allegation [ˌæli'geiʃən] *n* твърдение; изявление.

allege [ə'ledʒ] *v* твърдя.

allegiance [ə'li:dʒəns] *n* вярност; преданост.

alleviate [ə'li:vieit] *v* облекчавам.

alliance [ə'laiəns] *n* съюз; брак.

allied ['ælaid] *a* сроден; съюзнически.

allot [ə'lɔt] *v* разпределям; предназначавам.

allow [ə'lau] *v* позволявам; допускам; отпускам.

allowance [ə'lauəns] *n* издръжка; отстъпка.

alloy ['ælɔi] *n* сплав.

allude [ə'lu:d] *v* загатвам, намеквам; споменавам.

allure [ə'ljuə] *v* примамвам, изкушавам.

allusion [ə'lu:ʒn] *n* намек, загатване.

ally ['ælai] *n* съюзник.

almighty [ɔ:l'maiti] *a* всемогъщ.

almond ['ɑ:mənd] *n* бадем.

almost ['ɔ:lmoust] *adv* почти.

alms [ɑ:mz] *n* милостиня.

aloft [ə'lɔft] *adv* нагоре, нависоко.

alone [ə'loun] *a* сам; единствен.

along [ə'lɔŋ] *adv* напред; *prep* по, край.

aloof [ə'lu:f] *adv* настрана, отделно.

aloud [ə'laud] *adv* високо, гласно.

alphabet ['ælfəbit] *n* азбука.

already [ɔ:l'redi] *adv* вече; преди това.

also ['ɔ:lsou] *adv* също.

alter ['ɔ:ltə] *v* променям(се).

alteration [ˌɔ:ltə'reiʃən] *n* изменение; поправка.

alternate ['ɔ:ltəneit] *v* редувам се.

alternative [ɔ:l'tə:nətiv] *a* алтернативен.

although [ɔ:l'ðou] *conj* при все че, въпреки че.

altitude ['æltitju:d] *n* височина.

altogether [ˌɔ:ltə'geðə] *adv* напълно, съвсем; всичко на всичко.

always ['ɔ:lwiz] *adv* винаги.

amateur ['æmətə] *n* любител; *a* любителски, самодеен.

amaze [ə'meiz] *v* слисвам, удивлявам.

amazement [ə'meizmənt] *n* удивление, силно учудване.

amazing [ə'meiziŋ] *a* удивителен.

ambassador [æm'bæsədə] *n* посланик.

amber ['æmbə] *n* кехлибар.

ambition [æm'biʃən] *n* амбиция, честолюбие.

ambitious [æm'biʃəs] *a* амбициозен.

ambulance ['æmbjuləns] *n* линейка.

amend [ə'mend] *v* поправям, изменям.

amendment [ə'mendmənt] *n* поправка, изменение.

amiable ['eimiəbl] *a* любезен, обичлив.

amid(st) [ə'mid(st)] *prep* сред, между.

among(st) [ə'mʌŋ(st)] *prep* сред, между.

amount [ə'maunt] *v* възлизам на, равнявам се на; *n* количество; сума.

ample ['æmpl] *a* обилен, предостатъчен.

amuse [ə'mju:z] *v* забавлявам.

amusement [ə'mju:zmənt] *n* забавление.

amusing [ə'mju:ziŋ] *a* забавен.

analyse ['ænəlaiz] *v* анализирам.

analysis [ə'nælisis] *n* анализ; разбор.

ancestor ['ænsistə] *n* праотец.

anchor ['æŋkə] *n* котва; *v* хвърлям котва.

ancient ['einʃənt] *a* древен.

and [ænd] *conj* и; а, но.

anew [ə'nju:] *adv* отново, пак.

angel ['eindʒəl] *n* ангел.

anger ['æŋgə] *n* гняв.

angle[1] ['æŋgl] *n* ъгъл.

angle[2] ['æŋgl] *n* въдица.

angry ['æŋgri] *a* ядосан, гневен, сърдит.

anguish ['æŋgwiʃ] *n* болка, мъка; тревога.

animal ['æniməl] *n* животно.

animate ['ænimeit] *v* оживявам; въодушевявам.

ankle ['æŋkl] *n* глезен.

annex [ə'neks] *v* присъединявам.

annihilate [ə'naiəleit] *v* унищожавам, изтребвам.

anniversary [ˌæni'və:səri] *n* годишнина.

announce [ə'nauns] v съобщàвам, известЯвам.

announcement [ə'naunsmənt] n съобщèние.

annoy [ə'nɔi] v безпокоЯ, дрàзня, досàждам.

annoyance [ə'nɔiəns] n досàда.

annoying [ə'nɔiiŋ] a досàден, дрàзнещ.

annual ['ænjuəl] a годùшен, ежегòден.

another [ə'nʌðə] a друг.

answer ['a:nsə] n òтговор; v отговàрям.

ant [ænt] n мрàвка.

anticipate [æn'tisipeit] v предугàждам, предвкỳсвам.

anticipation [æn,tisi'peiʃən] n очàкване, предугàждане.

antiquity [æn'tikwiti] n дрèвност, антùчност.

anvil ['ænvil] n наковàлня.

anxiety [æŋ'zaiəti] n безпокòйство, загрùженост; страх; сùлно желàние.

anxious ['æŋkʃəs] a разтревòжен; горЯщ от желàние.

anxiously ['æŋkʃəsli] adv неспокòйно; нетърпелùво.

any ['eni] a, pron всèки, кой да е; нЯкакъв.

anybody ['enibɔdi] pron всèки, кòйто и да е; нЯкой.

anyhow ['enihau] adv във всèки слỳчай.

anyone ['eniwʌn] pron всèки, кòйто и да е; нЯкой.

anything ['eniθiŋ] pron нèщо, каквòто и да е; всùчко.

anyway ['eniwei] adv във всèки слỳчай.

anywhere ['eni(h)wεə] adv навсЯкъде, къдèто и да е.

apart [ə'pa:t] adv настранà, отдèлно.

apartment [ə'pa:tmənt] n апартамèнт, квартùра.

ape [eip] n маймỳна.

apologize [ə'pɔlədʒaiz] v извинЯвам се.

apology [ə'pɔlədʒi] n извинèние.

appalling [ə'pɔ:liŋ] a ужасЯващ.

apparatus [,æpə'reitəs] n апарàт, ỳред.

apparel [ə'pærəl] n облеклò.

apparent [ə'pærənt] a Явен, очевùден.

appeal [ə'pi:l] v молЯ, апелùрам; харèсвам се; n прùзив; молбà; привлекàтелност.

appear [ə'piə] v (по)явЯвам се; изглèждам.

appearance [ə'piərəns] n появЯване; вùншност, вид.

appease [ə'pi:z] v успокоЯвам, утолЯжвам.

appetite ['æpitait] n апетùт.

appetizer ['æpitaizə] n мезè, аперитùв.

applaud [ə'plɔ:d] v ръкоплèскам, аплодùрам.

applause [ə'plɔ:z] n ръкоплèскане, аплодисмèнти.

apple ['æpl] n Ябълка.

appliance [ə'plaiəns] n ỳред, приспособлèние.

application [,æpli'keiʃən] n приложèние; молбà; прилежàние.

apply [ə'plai] v прилàгам, употребЯвам; обрỳщам се(към).

appoint [ə'pɔint] v назначàвам, определЯм.

appointment [ə'pɔintmənt] n назначèние; угòворена срèща.

appraise [ə'preiz] v ценЯвам; оценЯвам.

appreciate [ə'pri:ʃieit] v ценЯ, оценЯвам.

appreciation [ə,pri:ʃi'eiʃən] n ценèне, признàтелност.

apprehend [,æpri'hend] v схвàщам; опасЯвам се; арестỳвам.

apprehension [,æpri'henʃən] n схватлùвост; опасèние; арèст.

apprentice [ə'prentis] n чирàк.

approach [ə'proutʃ] v приближàвам се; сондùрам; n подхòд; приближàване.

appropriate[1] [ə'proupriit] a подходЯщ.

appropriate[2] [ə'prouprieit] v присвоЯвам; предназначàвам.

approval [ə'pru:vəl] n одобрèние.

approve [ə'pru:v] v одобрЯвам.

approximate [ə'prɔksimeit] v приближàвам се.

approximately [ə'prɔksimitli] adv приблизùтелно.

apricot ['eiprikɔt] n кайсùя, зàрзала

April ['eipril] n апрùл.

apron ['eiprən] n престùлка.

apt [æpt] a спосòбен; умèстен; склòнен.

arbitrary ['ɑːbitrəri] a произволен.
arbo(u)r ['ɑːbə] n градинска беседка.
arc [ɑːk] n дъга.
arch [ɑːtʃ] n арка, свод.
architect ['ɑːkitekt] n архитект.
architecture ['ɑːkitektʃə] n архитектура.
ardent ['ɑːdənt] a пламенен, ревностен, усърден.
ardour ['ɑːdə] n жар, пламенност, усърдие.
arduous ['ɑːdjuəs] a стръмен; труден.
area ['ɛəriə] n площ; област, район; обсег.
argue ['ɑːgjuː] v споря; разисквам; убеждавам.
argument ['ɑːgjuːmənt] n спор; довод.
arise [ə'raiz] v (pt arose [ə'rouz], pp arisen [ə'rizn]) надигам се; възниквам.
arisen вж arise.
aristocracy [ˌæris'tɔkrəsi] n аристокрация.
arithmetic [ə'riθmətik] n аритметика.
arm [ɑːm] n ръка; pl оръжие; v въоръжавам.
armament ['ɑːməmənt] n въоръжение.
armchair ['ɑːmtʃɛə] n кресло.
armistice ['ɑːmistis] n примирие.
armour ['ɑːmə] n броня.
army ['ɑːmi] n войска, армия.
arose вж arise.
around [ə'raund] adv наоколо; prep около, из.
arouse [ə'rauz] v будя, възбуждам.
arrange [ə'reindʒ] v нареждам; уреждам.
arrangement [ə'reindʒmənt] n уреждане; спогодба; pl подготовка.
array [ə'rei] v подреждам в боен ред; променям(се).
arrest [ə'rest] v спирам; арестувам, задържам.
arrival [ə'raivəl] n пристигане.
arrive [ə'raiv] v пристигам.
arrogance ['ærəgəns] n надменност, високомерие.
arrow ['ærou] n стрела.
art [ɑːt] n изкуство; сръчност; хитрина; pl хуманитарни науки.
artful ['ɑːtful] a сръчен; хитър.
article ['ɑːtikl] n предмет; член; статия.

articulate [ɑː'tikjulit] a ясен, отчетлив, разбираем.
artificial [ˌɑːti'fiʃəl] a изкуствен.
artist ['ɑːtist] n художник.
artistic [ɑː'tistik] a артистичен, художествен; изящен.
as [æz] adv, conj като; както; докато; тъй като.
ascend [ə'send] v възкачвам се; издигам се.
ascent [ə'sent] n изкачване, възход.
ascertain [ˌæsə'tein] v установявам; изяснявам.
ascribe [əs'kraib] v приписвам.
ash [æʃ] n пепел.
ash-tray ['æʃtrei] n пепелник.
ashamed [ə'ʃeimd] a засрамен.
ashore [ə'ʃɔː] adv към(на) брега.
aside [ə'said] adv настрана.
ask [ɑːsk] v питам; моля; искам; каня.
asleep [ə'sliːp] adv спящ; заспал.
asparagus [əs'pærəgəs] n аспержа.
aspect ['æspekt] n вид; страна; аспект.
aspiration [ˌæspɪ'reiʃən] n стремеж, надежда; домогване.
aspire [əs'paiə] v силно желая, домогвам се, стремя се.
ass [æs] n магаре.
assail [ə'seil] v нападам.
assailant [ə'seilənt] n нападател.
assassination [əˌsæsi'neiʃən] n убийство.
assault [ə'sɔːlt] n нападение; пристъп; v щурмувам.
assemble [ə'sembl] v събирам(се); монтирам.
assembly [ə'sembli] n събрание.
assent [ə'sent] n съгласие.
assert [ə'sɔːt] v твърдя; подкрепям.
assertion [ə'sɔːʃən] n твърдение.
assess [ə'ses] v оценявам, преценявам.
asset ['æset] n преимущество; pl авоари; имущество.
assign [ə'sain] v определям, посочвам; приписвам.
assist [ə'sist] v подпомагам.
assistance [ə'sistəns] n помощ; съдействие.

assistant [ə'sistənt] *n* помо̀щник; *a* по̀мощен.

associate[1] [ə'souʃieit] *v* свъ̀рзвам(се); дружа̀.

associate[2] [ə'souʃiit] *a* присъединѐн; сро̀ден; *n* друга̀р, съдру̀жник.

association [ə‚sousi'eiʃən] *n* съю̀з; дру̀жество; връ̀зка.

assume [ə'sju:m] *v* предпола̀гам, допу̀скам; присво̀явам си; престру̀вам се.

assumption [ə'sʌmpʃən] *n* предположѐние; присво̀яване; престру̀вка.

assurance [ə'ʃuərəns] *n* уварѐние; увѐреност; осигуро̀вка.

assure [ə'ʃuə] *v* уваря̀вам; застрахо̀вам.

astonish [əs'tɔniʃ] *v* учу̀двам.

astonishing [əs'tɔniʃiŋ] *a* удивѝтелен.

astonishment [əs'tɔniʃmənt] *n* учу̀дване.

astound [ə'staund] *v* изумя̀вам, поразя̀вам.

asylum [ə'sailəm] *n* убѐжище, прию̀т.

at [æt] *prep* при; в; на; у;

ate *вж* eat.

atmospherics [‚ætməs'feriks] *n pl* атмосфѐрни смущѐния.

atom ['ætəm] *n* а̀том; частѝца.

atomic [ə'tɔmik] *a* а̀томен.

atrocity [ə'trɔsiti] *n* жесто̀кост, звѐрство.

attach [ə'tætʃ] *v* прикрѐпям, прила̀гам; прида̀вам; привъ̀рзвам (се)

attachment [ə'tætʃmənt] *n* привъ̀рзаност.

attack [ə'tæk] *v* напа̀дам; *n* нападѐние.

attain [ə'tein] *v* достѝгам; постѝгам.

attempt [ə'tempt] *v* опѝтвам се; *n* о̀пит.

attend [ə'tend] *v* внима̀вам; присъ̀ствувам; посеща̀вам; грѝжа се за; придружа̀вам.

attendance [ə'tendəns] *n* посещѐние, присъ̀ствие.

attendant [ə'tendənt] *a* съпрово̀ждащ; *n* придружѝтел.

attention [ə'tenʃən] *n* внима̀ние; грижлѝвост.

attentive [ə'tentiv] *a* внима̀телен; грижлѝв; учтѝв.

attic ['ætik] *n* тава̀н.

attire [ə'taiə] *v* облѝчам; *n* облекло̀, премя̀на.

attitude ['ætitju:d] *n* отношѐние; стано̀вище.

attorney [ə'tə:ni] *n* пълномо̀щник; адвока̀т.

attract [ə'trækt] *v* привлѝчам.

attraction [ə'træk'ʃən] *n* привлѝчане; чар.

attractive [ə'træktiv] *a* привлека̀телен.

attribute[1] [ə'tribju:t] *v* припѝсвам; отда̀вам.

attribute[2] ['ætribju:t] *n* сво̀йство, прѝзнак; *грам* определѐние.

auburn ['ɔ:bən] *a* кестеня̀в.

auction ['ɔ:kʃən] *n* търг.

audacity [ɔ'dæsiti] *n* дъ̀рзост.

audible ['ɔdibl] *a* ко̀йто се чу̀ва; доловѝм.

audience ['ɔdiəns] *n* пу̀блика.

aught [ɔ:t] *n* нѐщо.

augment [ɔ:g'ment] *v* увелича̀вам, приба̀вям.

August ['ɔ:gəst] *n* а̀вгуст.

aunt [a:nt] *n* лѐля; ву̀йна; стрѝнка.

austere [ɔs'tiə] *a* строг, суро̀в.

authentic [ɔ:'θentik] *a* достовѐрен.

author ['ɔ:θə] *n* а̀втор.

authoritative [ɔ:'θɔritətiv] *a* достовѐрен; заповѐднически.

authority [ɔ:'θɔriti] *n* авторитѐт; власт.

authorize ['ɔ:θəraiz] *v* упълномоща̀вам.

automatic [‚ɔ:tə'mætik] *a* машина̀лен; автоматѝчен.

automobile ['ɔ:təmə'bi:l] *n* автомобѝл.

autumn ['ɔ:təm] *n* ѐсен.

avail [ə'veil] *v* по̀лзувам; пома̀гам; *n* по̀лза; изго̀да.

available [ə'veiləbl] *a* налѝчен.

avalanche ['ævəla:nʃ] *n* лавѝна.

avarice ['ævəris] *n* а̀лчност, скъпѐрничество.

avenge [ə'vendʒ] *v* отмъща̀вам.

avenue ['ævinju:] *n* алѐя, булева̀рд.

aver [ə'və:] *v* твърдя̀; дока̀звам.

average ['ævəridʒ] n срѐдно числ`о; a срѐден, обикновѐн.

avert [ə'və:t] v отклонявам, предотвратявам.

aviation [ˌeiviʾeiʃən] n авиѐция.

avoid [ə'vɔid] v избягвам, страня.

await [ə'weit] v чѐкам, очѐквам.

awake [ə'weik] v (pt awoke [ə'wouk] pp awoke , awaked[ə'weikt]) б`удя (се), съб`уждам се.

awaken [ə'weikən] v пробуждам (се).

award [ə'wɔ:d] v награждѐвам; n награда.

aware [ə'wɛə] a знѐещ, съзнѐваш; осведомѐн.

away [ə'wei] adv (на)далѐче.

awe [ɔ:] n благоговѐние, страхопочитѐние.

awful ['ɔ:ful] a ужѐсен, страхòтен.

awfully ['ɔ:fuli] adv мнòго; страхòтно.

awhile [ə'hwail] adv закрѐтко, замѐлко.

awkward ['ɔ:kwəd] a несрѐчен, неудòбен.

awoke вж awake.

ax(e) [æks] n брѐдва.

axis ['æksis] n (pl axes ['æksi:z]) ос.

axle ['æksl] n ос.

ay(e) [ai] int ост да.

azure ['eiʒə] a син, лаз`урен; n лаз`ур.

B

babble ['bæbl] v. бърбòря; дрѐнкам; б`улб`укам; n брътвѐж; р`омон.

babe [beib] n бѐбе.

baby ['beibi] n бѐбе; a мѐлък.

bachelor ['bætʃələ] n ергѐн; бакалѐвър.

back [bæk] n гръб; облегѐло; òпако; adv назѐд; обрѐтно; v подкрѐпям.

backbone ['bækboun] n гръбнѐк.

background ['bækgraund] n фон; пройзход, средѐ.

backward ['bækwəd] a обрѐтен, изостѐнал.

backward(s) ['bækwəd(z)] adv назѐд, обрѐтно.

bacon ['beikn] n бекòн, сланйна.

bad [bæd] a лош; развалѐн.

bade вж bid.

badge [bædʒ] n значкѐ; емблѐма.

baffle ['bæfl] v объ̀рквам.

bag [bæg] n чѐнта; торбѐ.

baggage ['bægidʒ] n багѐж.

bail [beil] n зѐлог, гарѐнция.

bait [beit] n стръв; примѐмка; v примѐмвам.

bake [beik] v пекѐ.

baker ['beikə] n пекѐр, хлебѐр.

baking ['beikiŋ] n пѐчене.

balance ['bæləns] n везнй; равновѐсие; балѐнс.

balcony ['bælkəni] n балкòн.

bald [bɔ:ld] a плешйв; гол; прост, безинтерѐсен.

bale [beil] n бѐла.

ball [bɔ:l] n тòпка; кълбò.

ballad ['bæləd] n балѐда.

ballet ['bælei] n балѐт.

baloon [bə'lu:n] n балòн.

ballot ['bælət] n бюлетйна; тѐйно глас`уване.

balm [ba:m] n балсѐм; утѐха.

bamboo [bæm'bu:] n бамб`ук.

band [bænd] n врѐзка; лѐнта; оркѐстър; бѐнда.

bandage ['bændidʒ] n преврѐзка; бинт; v преврѐзвам.

bang [bæŋ] v хлòпвам; трясвам; n трясък; `удар.

banish ['bæniʃ] v изгòнвам, затòчвам.

banishment ['bæniʃmənt] n заточѐние.

bank[1] [bæŋk] n бѐнка.

bank[2] [bæŋk] n бряг(на река); нѐсип.

bankrupt ['bæŋkrəpt] a фалйрал, разорѐн.

bankruptcy ['bæŋkrəpsi] n фалйт, банкр`ут.

banner ['bænə] *n* знаме.

banquet ['bæŋkwit] *n* банкет.

baptize ['bæptaiz] *v* кръщавам.

bar [ba:] *n* преграда, пречка; парче; адвокатура; бар; *v* преграждам.

barbarian [ba:'bɛəriən] *a* варварски; *n* варварин.

barbarous ['ba:bərəs] *a* варварски, див.

barber ['ba:bə] *n* бръснар.

bard [ba:d] *n* певец, поет.

bare [bɛə] *a* гол; пуст; оскъден.

barefoot(ed) ['bɛəfut(id)] *a* бос.

barely ['bɛəli] *adv* едва, само.

bargain ['ba:gin] *n* сделка; *v* пазаря се.

barge [ba:dʒ] *n* ладия.

bark[1] [ba:k] *v* лая; *n* лай.

bark[2] *n* кора на дърво.

barley ['ba:li] *n* ечемик.

barn [ba:n] *n* хамбар; плевня.

barracks ['bærəks] *n pl* казарми.

barrel ['bærəl] *n* бъчва.

barren ['bærən] *a* безплоден, неплодороден.

barrier ['bæriə] *n* преграда; препятствие, спънка.

barter ['ba:tə] *n* разменна търговия.

base[1] [beis] *n* основа, база; *v* основавам.

base[2] [beis] *a* подъл.

baseball ['beisbɔ:l] *n* бейзбол.

basement ['beismənt] *n* сутерен.

bashfull ['bæʃful] *a* срамежлив, стеснителен.

basic ['beisik] *a* основен.

basin ['beisin] *n* леген; басейн.

basis ['beisis] *n* (*pl* bases ['beisi:z]) основа.

basket ['ba:skit] *n* кошница, кош.

bass [beis] *n муз* бас.

bat [bæt] *n* прилеп.

bath [ba:θ] *n* баня; къпане.

bathe [beið] *v* къпя се(*в море и пр.*)

bathroom ['ba:θrum] *n* баня.

batter ['bætə] *n* палачинково тесто.

battery ['bætəri] *n* батарея; батерия.

battle ['bætl] *n* битка, сражение.

bay [bei] *n* залив.

bayonet ['beiənit] *n* щик.

bay-window ['bei'windou] *n* еркер.

be [bi:] *v* (*pt* was [wɔz], were [wə:], *pp* been [bi:n]) съм; съществувам.

beach [bi:tʃ] *n* морски бряг; плаж.

bead [bi:d] *n* мънисто.

beak [bi:k] *n* човка, клюн.

beam[1] [bi:m] *n* греда.

beam[2] [bi:m] *v* сияя; *n* лъч.

beaming ['bi:miŋ] *a* сияещ.

bean [bi:n] *n* боб, фасул.

bear[1] [bɛə] *n* мечка.

bear[2] [bɛə] *v* (*pt* bore [bɔ:], *pp* born(e) [bɔ:n]) нося; раждам; изпитвам; търпя, понасям.

beard [biəd] *n* брада.

bearer ['bɛərə] *n* приносител; притежател.

bearing ['bɛəriŋ] *n* държане; отношение; понасяне; *техн* лагер.

beast [bi:st] *n* звяр.

beat [bi:t] *v* (*pt* beat, *pp* beaten ['bi:tn]) бия, удрям; побеждавам.

beaten *вж* beat.

beautiful ['bju:tiful] *a* красив.

beautify ['bju:tifai] *v* разкрасявам.

beauty ['bju:ti] *n* красота; красавица.

beauty-parlour ['bju:ti,pa:lə] *n* козметичен салон.

beaver ['bi:və] *n* бобър.

became *вж* become.

because [bi'kɔz] *conj* понеже, защото.

beckon ['bekən] *v* кимам; викам с ръка.

become [bi'kʌm] *v* (*pt* became [bi'keim], *pp* become) ставам; подхождам.

bed [bed] *n* легло; корито; дъно; леха.

bedding ['bediŋ] *n* завивки и постилки.

bedroom ['bedrum] *n* спалня.

bedtime ['bedtaim] *n* време за лягане.

bee [bi:] *n* пчела.

beech [bi:tʃ] *n* бук.

beef [bi:f] *n* говеждо месо.

been *вж* be.

beer [biə] *n* бира.

beet [bi:t] *n* цвекло.

beetle ['bi:tl] *n* бръмбар.

befall [bi'fɔ:l] *v* (*pt* befell [bi'fel], *pp* befallen [bi'fɔ:ln]) сполитам.

befell *вж* befall.

before [bi'fɔ:] *prep* пред, преди; *adv* преди; *conj* преди да.

beforehand [bi'fɔ:hænd] *adv* предварително.

beg [beg] v прòся; мòля.

began вж begin.

beggar ['begə] n прòсяк.

begin [bi'gin] v (pt began [bi'gæn], pp begun [bi'gʌn]) започвам.

beginner [bi'ginə] n начèващ, новàк.

beginning [bi'giniŋ] n начàло.

beguile [bi'gail] v примàмвам; залъгвам.

begun вж begin.

behalf [bi'haːf] n пòлза, интерèс.

behave [bi'heiv] v държà се, постъпвам.

behaviour [bi'heiviə] n поведèние, държàне.

behead [bi'hed] v обезглавявам.

beheld вж behold.

behind [bi'haind] prep зад; adv назàд.

behold [bi'hould] v (pt, pp beheld [bi'held]) виждам; забелязвам.

being ['biːiŋ] n съществò; съществувáне.

belief [bi'liːf] n вяра; убеждèние.

believe [bi'liːv] v вярвам.

believer [bi'liːvə] n вярващ.

bell [bel] n камбàна; звънèц.

bellow ['belou] v мучà; ревà.

belly ['beli] n корèм, търбỳх.

belong [bi'lɔŋ] v принадлежà.

belongings [bi'lɔŋiŋz] n pl принадлèжности; вèщи.

beloved [bi'lʌv(i)d] a любùм.

below [bi'lou] prep под; adv (от)дòлу, пò-дòлу.

belt [belt] n колàн; пòяс.

bench [bentʃ] n пèйка; рабòтна мàса; юр съд.

bend [bend] v (pt, pp bent [bent]) навèждам (се); превùвам, огъвам(се); n завòй.

beneath [bi'niːθ] prep под; adv (от)дòлу.

beneficial [beni'fiʃəl] a благотвòрен.

benefit ['benifit] n пòлза, изгòда; v помàгам; извличам пòлза.

benevolent [bi'nevələnt] a благосклòнен; щèдър.

bent¹ вж bend.

bent² [bent] n склòнност, влечèние.

bereave [bi'riːv] v (pt, pp bereft [bi'reft]) лишàвам, отнèмам.

bereft вж bereave.

berry ['beri] n плод (на ягода и пр.).

berth [bəːθ] n каюта; спàлно място.

beseech [bi'siːtʃ] v (pt, pp besought [bi'sɔːt]) умолявам.

beset [bi'set] v (pt, pp beset) обкръжàвам; напàдам

beside [bi'said] prep край, до; извън; в сравнèние със.

besides [bi'saidz] prep освèн; adv също; освèн товà.

besiege [bi'siːdʒ] v обсàждам.

besought вж beseech.

best [best] a нàй-добър; adv нàй-добрè.

bestow [bi'stou] v дàвам, дарявам.

bet [bet] v обзалàгам се; n бас, облòг.

betray [bi'trei] v предàвам; измàмвам, изневерявам; издàвам.

better¹ ['betə] a по-добър; adv пò-добрè.

better² ['betə] v подобрявам.

between [bi'twiːn] prep междỳ.

beverage ['bevəridʒ] n питиè.

bewail [bi'weil] v оплàквам.

beware [bi'wɛə] v внимàвам, пàзя се от.

bewilder [bi'wildə] v обърквам, смущàвам.

bewilderment [bi'wildəmənt] n учỳдване; смущèние.

bewitch [bi'witʃ] v омагьòсвам, омàйвам.

beyond [bi'jɔnd] prep отвъд, оттàтък; извън; след.

bias ['baiəs] n наклòн; склòнност; предубеждèние; пристràстие.

bib [bib] n лигàвче.

Bible ['baibl] n библия.

bicycle ['baisikl] n велосипèд.

bid [bid] v (pt bade [beid], pp bid, bidden ['bidn]) мòля; заповядвам.

big [big] a голям; вàжен.

bike [baik] n разг велосипèд, колелò.

bile [bail] n жлъчка.

bill [bil] n смèтка; пòлица; законопрòект; афùш.

billow ['bilou] n голяма вълнà.

bin [bin] n сандък; контèйнер.

bind [baind] v (pt, pp bound [baund]) връзвам; обвързвам; подвързвам.

binding ['baindiŋ] n подвързия.

biography [bai'ɔgrəfi] *n* биогрàфия.
biology [bai'ɔlədʒi] *n* биолòгия.
birch [bə:tʃ] *n* брезà.
bird [bə:d] *n* птùчка, птùца.
birth [bə:θ] *n* рождèние; ràждане.
birthday ['bə:θdei] *n* рождèн ден.
biscuit ['biskit] *n* бисквùт.
bishop ['biʃəp] *n* епùскоп.
bit[1] [bit] *n* парчèнце, кùсче.
bit[2] *вж* bite.
bite [bait] *v* (*pt* **bit** [bit], *pp* **bitten** ['bitn]) хàпя, захàпвам.
bitten *вж* bite.
bitter ['bitə] *a* горчùв; òстър; озлобèн; ожесточèн.
bitterness ['bitənis] *n* горчивинà.
black [blæk] *a* чèрен.
blackberry ['blækbəri] *n* къпùна.
blackbird ['blækbə:d] *n* кос.
blackboard ['blækbɔ:d] *n* чèрна дъскà.
blacken ['blækn] *v* чèрня; клеветù.
blackmail ['blækmeil] *v* изнỳдвам, шантажùрам.
blackness ['blæknis] *n* чернотà.
blackout ['blækaut] *n* затъмнèние.
blacksmith ['blæksmiθ] *n* ковàч.
bladder ['blædə] *n* мехỳр; пùкочен мехỳр; плòндер.
blade [bleid] *n* стрък; остриè.
blame [bleim] *v* обвинявам; *n* винà; ỳпрек.
blameless ['bleimlis] *a* безỳпречен; невùнен.
blanch [bla:ntʃ] *v* избèлвам; побледнявам.
bland [blænd] *a* мек, làскав; приятен; иронùчен.
blank [blæŋk] *a* прàзен; еднообрàзен; *n* прàзно място; празнинà.
blanket ['blæŋkit] *n* одеàло.
blasphemy ['blæsfimi] *n* богохỳлство.
blast [bla:st] *n* пòрив; взрùв.
blast-furnace ['bla:stfə:nis] *n* висòка пещ.
blaze [bleiz] *n* àрък плàмък; *v* пламтя; сияя.
bleach [bli:tʃ] *v* избèлвам; избелявам.
bleak [bli:k] *a* пуст, мрàчен; безрàдостен.

bleat [bli:t] *v* блèя.
bled *вж* bleed.
bleed [bli:d] *v* (*pt, pp* **bled** [bled]) кървя; пỳскам кръв.
blemish ['blemiʃ] *v* петня; накърнявам; *n* недостàтък.
blend [blend] *v* смèсвам; прелùвам (се); *n* смес.
bless [bles] *v* благослàвям.
blessing ['blesiŋ] *n* благодàт; благословùя.
blew *вж* blow.
blight [blait] *v* попàрвам; поразявам; осуетявам.
blind [blaind] *a* сляп; безразсъден; *v* ослепявам; заслепявам.
blindness ['blaindnis] *n* слепотà; заслепèние.
blink [bliŋk] *v* мùгам; мъждỳкам.
bliss [blis] *n* блажèнство.
blister ['blistə] *n* прùшка, мехỳр.
blithe [blaið] *a* щастлùв, вèсел.
blizzard ['blizəd] *n* снèжна виèлица.
bloc [blɔk] *n* блок, групирòвка.
block [blɔk] *n* гòлям къс; блок; *v* препрèчвам, блокùрам.
blockhead ['blɔkhed] *n* глупàк; тъпàк.
blond(e) [blɔnd] *a* рус.
blood [blʌd] *n* кръв; прòизход; темперамèнт.
bloodshed ['blʌdʃed] *n* кръвопролùтие.
bloody ['blʌdi] *a* кървав; проклèт; отвратùтелен.
bloom [blu:m] *n* цвят; разцвèт; *v* цъфтя, разцъфвам.
blossom ['blɔsəm] *n* цвят; *v* цъфтя, разцъфвам.
blot [blɔt] *n* петнò; *v* петня, цàпам.
blotting-paper ['blɔtiŋ'peipə] *n* попивàтелна хартùя.
blouse [blauz] *n* блỳза.
blow[1] [blou] *v* (*pt* **blew** [blu:], *pp* **blown** [bloun]) дỳхам, вèя.
blow[2] [blou] *n* ỳдар.
blown *вж* blow.
blow-out ['blou,aut] *n* спỳкване на гỳма.
blow-up ['blou,ʌp] *n* експлòзия.
blue [blu:] *a* син; мрàчен, потùснат, унùл.
blueberry ['blu:bəri] *n* боровùнка.

bluff [blʌf] *n* измама, блъф; *v* блъфирам.

blunder [ˈblʌndə] *n* глупава грешка; *v* греша, обърквам.

blunt [blʌnt] *a* тъп; рязък; откровен.

blur [blə:] *v* размазвам, замъглявам; *n* неяснота, мъглявост.

blush [blʌʃ] *v* изчервявам се; *n* изчервяване.

boar [bɔ:] *n* глиган.

board [bɔ:d] *n* маса, дъска; храна; съвет; борд; *v* храня (се); качвам се на кораб и пр.

boarder [ˈbɔ:də] *n* пансионер.

boarding-house [ˈbɔ:diŋhaus] *n* пансион.

boast [boust] *v* хваля се на; гордея се; *n* гордост, самохвалство.

boat [bout] *n* лодка, параход.

bob [bɔb] *n* момче; *разг* шилинг.

bodily [ˈbɔdili] *a* телесен.

body [ˈbɔdi] *n* тяло; група; маса.

bog [bɔg] *n* блато, тресавище.

boil[1] [bɔil] *v* вря, кипя; варя.

boil[2] [bɔil] *n* цирей.

boisterous [ˈbɔistərəs] *a* буен, бурен; шумен.

bold [bould] *a* смел; дързък.

boldness [ˈbouldnis] *n* смелост, дързост.

bolt [boult] *n* болт, винт; резе; мълния; бягство.

bomb [bɔm] *n* бомба; *v* бомбардирам.

bond [bɔnd] *n* връзка; спогодба; облигация.

bondage [ˈbɔndidʒ] *n* робство; принуда.

bone [boun] *n* кост, кокал.

bonfire [ˈbɔnfaiə] *n* огън на открито.

bonnet [ˈbɔnit] *n* шапчица; *техн* капак.

bonny [ˈbɔni] *a* хубавичък; здрав.

bonus [ˈbounəs] *n* извънредно възнаграждение.

bony [ˈbouni] *a* кокалест.

book [buk] *n* книга; *v* записвам; купувам, ангажирам.

bookcase [ˈbukkeis] *n* шкаф за книги.

bookkeeper [ˈbuk͵ki:pə] *n* счетоводител.

booklet [ˈbuklit] *n* книжка, брошура.

bookshelf [ˈbukʃelf] *n* етажерка за книги.

bookshop [ˈbukʃɔp] *n* книжарница.

boom [bu:m] *n* разцвет, икономически подем.

boon [bu:n] *n* благодат; предимство; дар.

boot [bu:t] *n* висока обувка, ботуш.

booth [bu:ð] *n* будка, сергия, павилион; кабина.

booty [ˈbu:ti] *n* плячка.

border [ˈbɔ:də] *n* граница; край, ръб; *v* гранича.

bore[1] [bɔ:] *v* пробивам; досаждам; *n* отегчително нещо.

bore[2] *вж* bear.

boredom [ˈbɔ:dəm] *n* отегчение, досада.

born [bɔ:n] *a* роден.

borne [bɔ:n] *a* носен.

borough [ˈbʌrə] *n* град-община.

borrow [ˈbɔrou] *v* взёмам назаем.

bosom [ˈbuzəm] *n* пазва; лоно; сърце.

boss [bɔs] *n* шеф.

botany [ˈbɔtəni] *n* ботаника.

both [bouθ] *pron* и двамата, и двете.

bother [ˈbɔðə] *n* безпокойство; *v* безпокой (се); давам си труд.

bottle [ˈbɔtl] *n* бутилка, шише.

bottom [ˈbɔtəm] *n* дъно; основа, същност.

bough [bau] *n* клон.

bought *вж* buy

boulder [ˈbouldə] *n* голям заоблен камък.

bounce [bauns] *v* отскачам; подскачам.

bound[1] [baund] *v* гранича; ограничавам; *n* предел.

bound[2] [baund] *a* на път за; задължен, обвързан.

bound[3] [baund] *v* скачам, подскачам; *n* скок.

boundary [ˈbaundəri] *n* граница, предел.

boundless [ˈbaundlis] *a* безграничен.

bounteous [ˈbauntiəs] *a* щедър; изобилен.

bounty [ˈbaunti] *n* щедрост; дар.

bouquet [ˈbukei] *n* букет.

bout [baut] *n* пристъп; схватка.

bow¹ [bou] *n* лък; дъга̀; а̀рка; фльо̀нга.

bow² [bau] *v* покла̀ням се; превѝвам (се); отстъ̀пвам, подчиня̀вам се; *n* покло̀н.

bow³ [bau] *n* нос на ко̀раб.

bowels ['bauəlz] *n pl* черва̀; въ̀трешности, недра̀.

bower ['bauə] *n* бесѐдка.

bowl [boul] *n* панѝца, ку̀па.

bowls [boulz] *n* кѐгли.

box¹ [bɔks] *n* кутѝя; санду̀к; ло̀жа; бу̀дка, кабѝна.

box² [bɔks] *n* плеснѝца; *v* боксѝрам се.

box³ [bɔks] *n* чемшѝр.

boy [bɔi] *n* момчѐ.

boyhood ['bɔihud] *n* момчѐшка въ̀зраст, ю̀ношество.

boyish ['bɔiiʃ] *a* момчѐшки.

brace [breis] *n* подпо̀ра; ско̀ба; чифт.

bracelet ['breislit] *n* грѝвна.

braces ['breisiz] *n pl* тира̀нти.

bracing ['breisiŋ] *a* укрепѝтелен; здравосло̀вен.

bracket ['brækit] *n* ско̀би; подпо̀ра, конзо̀л.

brag [bræg] *v* хва̀ля се; *n* самохва̀лство.

braid [breid] *n* ширѝт, гайта̀н; плѝтка; *v* сплѝтам.

brain [brein] *n* мо̀зък; ум; интелѐкт.

brake [breik] *n* спира̀чка; *v* спѝрам.

bramble ['bræmbl] *n* къпѝна.

bran [bræn] *n* трѝци.

branch [bra:ntʃ] *n* клон; филиа̀л; *v* разклоня̀вам се.

brand [brænd] *n* клеймо̀; ма̀рка; сорт; ка̀чество; *v* жиго̀свам.

brandy ['brændi] *n* ракѝя, коня̀к.

brass [bra:s] *n* пирѝнч, мѐсинг; наха̀лство; *сл* парѝ.

bra(ssière) ['bræsiɛə] *n* сутиѐн.

brave [breiv] *a* смел, хра̀бър.

bravery ['breivəri] *n* хра̀брост.

brawl [brɔ:l] *n* кавга̀, крамола̀.

bray [brei] *n* рев на мага̀ре.

brazen ['breizn] *a* бро̀нзов; безсра̀мен, наха̀лен.

breach [bri:tʃ] *n* скъ̀сване; нарушѐние; про̀бив.

bread [bred] *n* хляб.

breadth [bredθ] *n* широчина̀.

break¹ [breik] *n* прекъ̀сване; промѝна; почѝвка.

break² [breik] *v* (*pt* **broke** [brouk], *pp* **broken** ['broukn]) чу̀пя(се), разбѝвам; прекъ̀свам; наруша̀вам.

breakdown ['breikdaun] *n* поврѐда; разпа̀дане; гро̀хване.

breakfast ['brekfəst] *n* заку̀ска.

breast [brest] *n* гърдѝ.

breath [breθ] *n* дъх, диха̀ние; по̀лъх.

breathe [bri:ð] *v* дѝшам; вдъ̀хвам; лъ̀хам; шепта̀.

breathless ['breθlis] *a* заду̀хан; бездиха̀нен.

bred *вж* **breed.**

breeches ['britʃiz] *n pl* брич.

breed [bri:d] *v* (*pt, pp* **bred** [bred]) отглѐждам; развъ̀ждам; пора̀ждам; възпита̀вам.

breeding ['bri:diŋ] *n* отглѐждане; възпита̀ние.

breeze [bri:z] *n* зефѝр, по̀вей.

brethren ['breðrin] *n pl* бра̀тя.

brevity ['breviti] *n* кра̀ткост.

brew [bru:] *v* варя̀; запа̀рвам; назря̀вам, мъ̀тя се.

brewery ['bru:əri] *n* пивова̀рна.

briar (**brier**) ['braiə] *n* шѝпка.

bribe [braib] *n* по̀дкуп, рушвѐт; *v* подку̀пвам.

bribery ['braibəri] *n* подку̀пничество.

brick [brik] *n* ту̀хла.

bridal ['braidl] *a* сва̀тбен, бу̀лчински.

bride [braid] *n* бу̀лка, невѐста.

bridegroom ['braidgrum] *n* младожѐнец.

bridesmaid ['braidzmeid] *n* ша̀ферка.

bridge [bridʒ] *n* мост; *v* съединя̀вам с мост; запъ̀лням.

bridle ['braidl] *n* юзда̀; *v* обузда̀вам.

brief [bri:f] *a* кра̀тък; *n* адвока̀тско досиѐ; *v* инструктѝрам; осведомя̀вам.

briefly ['bri:fli] *adv* кра̀тко, накра̀тко.

bright [brait] *a* свѐтъл, я̀рък, блестя̀щ; вѐсел; у̀мен.

brighten ['braitn] *v* проясня̀вам се; разведря̀вам (се).

brightness ['braitnis] *n* бля̀сък, я̀ркост.

brilliance (-cy) ['briljəns(i)] *n* бля̀сък, великолѐпие; интелигѐнтност.

brilliant ['briljənt] *a* блестящ; великолепен; много умен.

brim [brim] *n* ръб; край; периферия.

brine [brain] *n* саламура; солен разтвор.

bring [briŋ] *v* (*pt, pp* **brought** [brɔ:t]) нося, донасям; довеждам, водя.

brink [briŋk] *n* край, предел; бряг.

brisk [brisk] *a* бърз, жив, остър; одобрителен, свеж; енергичен.

bristle ['brisl] *n* четина; *v* щръквам; наежвам се, настръхвам.

British ['britiʃ] *a* британски; *n* the ~ англичаните.

brittle ['britl] *a* крехък, чуплив.

broach [broutʃ] *v* зачеквам въпрос; откривам дискусия.

broad [brɔ:d] *a* широк, обширен; общ; просташки.

broadcast ['brɔ:dkɑːst] *v* разпространявам; предавам по радиото, телевизията.

broadcasting ['brɔ:dkɑːstiŋ] *n* радиопредаване.

broad-minded ['brɔ:d'maindid] *a* нееднострянчив.

broil [brɔil] *v* пека (се); горещя се; *n* кавга.

broke(n) *вж* **break**.

broker ['broukə] *n* комисионер.

brooch [broutʃ] *n* брошка.

brood [bru:d] *n* челяд, потомство; *v* мътя; размислям.

brook [bruk] *n* ручей, поток.

broom [bru:m] *n* метла.

broth [brɔθ] *n* бульон.

brother ['brʌðə] *n* брат.

brotherhood ['brʌðəhud] *n* братство.

brother-in-law ['brʌðəinlɔ:] *n* зет; девер; шурей.

brought *вж* **bring**.

brow [brau] *n* вежда; чело.

brown [braun] *a* кафяв.

bruise [bru:z] *v* натъртвам(се); *n* контузия, натъртено.

brush [brʌʃ] *n* четка; *v* четкам; реша с четка.

brutal ['bru:tl] *a* жесток; нечовешки; животински.

brutality [bru:'tæliti] *n* жестокост.

brute [bru:t] *n* животно; звяр.

bubble ['bʌbl] *n* мехур; *v* клокоча; кипя; пеня се.

buccaneer [ˌbʌkə'niə] *n* пират.

buck [bʌk] *n* самец, елен; долар.

bucket ['bʌkit] *n* кофа, ведро.

buckle ['bʌkl] *n* тока, катарама; *v* закопчавам.

bud [bʌd] *n* пъпка; *v* напъпвам.

budge [bʌdʒ] *v* помръдвам(се).

budget ['bʌdʒit] *n* бюджет.

buffalo ['bʌfəlou] *n* бивол.

buffet ['bufei] *n* бюфет.

bug [bʌg] *n* дървеница; насекомо.

buggy ['bʌgi] *n* двуколка.

bugle ['bju:gl] *n* ловджийски рог; войнишка тръба.

build [bild] *v* (*pt,pp* **built** [bilt]) строя, градя, изграждам.

builder ['bildə] *n* строител.

building ['bildiŋ] *n* здание, постройка; изграждане.

built *вж* **build**.

bulb [bʌlb] *n* луковица; електрическа крушка.

bulge [bʌldʒ] *n* издувам се, изпъквам.

bulk [bʌlk] *n* обем; маса; голямо количество.

bulky ['bʌlki] *a* обемист, едър.

bull [bul] *n* бик.

bullet ['bulit] *n* куршум.

bulletin ['bulitin] *n* бюлетин.

bully ['buli] *v* малтретирам, тормозя; *n* побойник.

bulwark ['bulwək] *n* насип; опо а, защита.

bump [bʌmp] *v* сблъсквам се; друсам се; *n* удар, подутина, оток.

bun [bʌn] *n* кръгла кифла; кок.

bunch [bʌntʃ] *n* букет, китка; връзка, сноп; група.

bundle ['bʌndl] *n* вързоп, пакет.

bungalow ['bʌŋgəlou] *n* едноетажна вила.

bunk ['bʌŋk] *n* легло (*във влак и пр.*).

bunny ['bʌni] *n* зайче.

buoy [bɔi] *n* шамандура.

buoyant ['bɔiənt] *a* плаващ; жизнерадостен.

burden ['bə:dn] *n* товар, бреме; *v* товаря; обременявам.

bureau ['bjuərou] *n* бюро.

burglar ['bə:glə] n нощен крадèц.

burial ['beriəl] n погребèние.

burlesque [bə:'lesk] n парòдия; карикатỳра.

burn [bə:n] v (pt, pp burnt [bə:nt], burned[bə:nd]) горя, изгàрям.

burner ['bə:nə] n горèлка.

burnt вж burn.

bur(r) [bə:] n бодѝл; рèпей; натрàнник.

burrow ['bʌrou] n дỳпка в земята; v изрàвям дỳпка; ròвя се.

burst [bə:st] v (pt, pp burst) избỳхвам; прèсвам се; n избỳхване.

bury ['beri] v зарàвям; погрèбвам.

bus [bʌs] n автобỳс.

bush [buʃ] n храст; гъсталàк.

bushel ['buʃl] n две крѝни(мярка).

business ['biznis] n ràбота, занятие; търговѝя, сдèлка.

businesslike ['biznislaik] a деловѝ.

businessman ['biznismən] n търгòвец.

bust [bʌst] n бюст.

bustle ['bʌsl] v бързам; суетя ое; n бързане; суетèне.

busy ['bizi] a заèт; дèен.

but [bʌt] conj но; adv càмо, едвà; prep освèн.

butcher ['butʃə] n месàр, касàпин; убѝец.

butler ['bʌtlə] n иконòм.

butt [bʌt] v блèскам с главà; натъквам се.

butter ['bʌtə] n màсло.

buttercup ['bʌtəkʌp] n лютѝче.

butterfly ['bʌtəflai] n пеперỳда.

button ['bʌtn] n кòпче; бутòн; v закопчàвам.

buttonhole ['bʌtnhoul] n бутониèра.

buy [bai] v (pt, pp bought [bɔ:t]) купỳвам.

buyer ['baiə] n купувàч.

buzz [bʌz] v бръмчà; n бръмчèне.

by [bai] prep до, при; през; с; от; чрез; по; покрàй.

bygone ['baigɔn] a мѝнал; n мѝнало; pl мѝнали неприятности.

by-product ['bai,prɔdəkt] n вторѝчен продỳкт.

C

cab [kæb] n файтòн; таксѝ.

cabbage ['kæbidʒ] n зèле.

cabin ['kæbin] n колѝба; каюта; кабѝна.

cabinet ['kæbinit] n кабинèт; шкаф.

cable ['keibl] n кàбел; каблогрàма; v телеграфѝрам.

cackle ['kækl] v крякам, кудкудякам; n крякане.

cadence ['keidəns] n рѝтъм.

café ['kæfei] n кафенè; ресторàнт.

cafeteria [kæfi'tiəriə] n ресторàнт на самообслỳжване.

cage [keidʒ] n клèтка; кафèз.

cake [keik] n кейк, тòрта; калъп, парчè.

calamity [kə'læmiti] n бèдствие.

calculate ['kælkjuleit] v изчислявам; пресмятам.

calculation [,kælkju'leiʃən] n изчислèние; пресмятане; обмѝсляне.

calendar ['kælində] n календàр.

calf [ka:f] n (pl calves [ka:vz]) телè; прасèц.

calico ['kælikou] n американ; басмà.

call [kɔ:l] v вѝкам; нарѝчам; посещàвам; n повикване; зов; посещèние.

caller ['kɔ:lə] n посетѝтел.

calling ['kɔ:liŋ] n занятие, профèсия.

callous ['kæləs] a загрубял; безчỳвствен.

calm [ka:m] a тих, спокòен; n затѝшие; v успокоявам (се).

calmness ['ka:mnis] n тишинà, спокòйствие.

calorie(-y) ['kæləri] n калòрия.

came вж come.

camel ['kæməl] n камѝла.

camera ['kæmərə] *n* фотоапарат; камера.

camp [kæmp] *n* лагер; *v* лагерувам.

campaign [kæm'pein] *n* кампания.

camping ['kæmpiŋ] *n* летуване на палатки.

campus ['kæmpəs] *n* двор; район.

can¹ [kæn] *v* (*pt* could [kud]) мога, в състояние съм

can² [kæn] *n* тенекиена кутия; *v* консервирам.

canal [kə'næl] *n* изкуствен канал.

canalize ['kænəlaiz] *v* канализирам.

canary [kə'nɛəri] *n* канарче.

cancel ['kænsl] *v* зачерквам; унищожавам; отменям; отлагам.

cancer ['kænsə] *n мед* рак; язва, зло.

candid ['kændid] *a* искрен; откровен.

candidate ['kændidit] *n* кандидат.

candle ['kændl] *n* свещ.

candlestick ['kændlstik] *n* свещник.

candour ['kændə] *n* откровеност.

candy ['kændi] *n* бонбон(и).

cane [kein] *n* тръстика; бастун; *v* бия с бастун.

canned [kænd] *a* консервиран.

cannibal ['kænibəl] *n* човекоядец.

cannon ['kænən] *n* оръдие, топ.

canoe [kə'nu:] *n* кану.

canopy ['kænəpi] *n* балдахин; навес; небе.

cant [kænt] *n* арго; лицемерие.

canteen [kæn'ti:n] *n* лавка; стол; бюфет.

canto ['kæntou] *n* песен (*част от поема*)

canvas ['kænvəs] *n* платнище, брезент; канава.

cap [kæp] *n* каскет; барета; кепе.

capability [,keipə'biliti] *n* способност.

capable ['keipəbl] *a* способен.

capacity [kə'pæsiti] *n* вместимост; капацитет; способност; качество.

cape [keip] *n геогр* нос.

caper ['keipə] *n* подскачане; лудория.

capital ['kæpitl] *n* столица; капитал; *a* главен; превъзходен.

caprice [kə'pri:s] *n* прищявка, каприз.

capricious [kə'priʃəs] *a* капризен, непостоянен.

captain ['kæptin] *n* капитан.

captive ['kæptiv] *a* пленен, поробен; *n* пленник.

captivity [kæp'tiviti] *n* плен.

capture ['kæptʃə] *v* пленявам, залавям; хващам; *n* залавяне.

car [ka:] *n* кола, автомобил; вагон.

caravan [,kærə'væn] *n* керван; ремарке; фургон.

carbon ['ka:bən] *n* въглерод; *a* въглероден.

carbonic [ka:'bɔnik] *a* въглероден.

carcass ['ka:kəs] *n* труп; леш.

card [ka:d] *n* карта за игра; картичка.

cardboard ['ka:dbɔ:d] *n* мукава, картон.

cardigan ['ka:digən] *n* плетена жилетка.

cardinal ['ka:dinl] *a* главен; основен; *n* кардинал.

care [kɛə] *n* грижа; внимание; *v* грижа се; обичам (for).

career [kə'riə] *n* кариера.

carefree ['kɛəfri:] *a* безгрижен.

careful ['kɛəful] *a* грижлив; внимателен.

careless ['kɛəlis] *a* нехаен; лекомислен.

carelessness ['kɛəlisnis] *n* нехайство.

caress [kə'res] *n* ласка; *v* галя; милвам.

cargo ['ka:gou] *n* товар на параход.

caricature [,kærikə'tjuə] *n* карикатура.

carnation [ka:'neiʃən] *n* карамфил.

carol ['kærəl] *n* коледна песен.

carp [ka:p] *n* шаран.

carpenter ['ka:pəntə] *n* дърводелец.

carpet ['ka:pit] *n* килим.

carriage ['kærid3] *n* кола; вагон; държане; стойка.

carrier ['kæriə] *n* багажник; самолетоносач; бацилоносител; разносвач.

carrot ['kærət] *n* морков.

carry ['kæri] *v* нося, занасям; понасям; нося се; държа се.

cart [ka:t] *n* каруца, кола.

carton ['ka:tən] *n* картонена кутия.

cartoon [ka:'tu:n] *n* карикатура; мултипликационен филм.

cartridge ['ka:trid3] *n* патрон.

carve [ka:v] *v* режа; изрязвам.

carving ['ka:viŋ] *n* резба.

cascade [kæs'keid] *n* водопа̀д.

case[1] [keis] *n* слу̀чай; процѐс; *грам* падѐж.

case[2] [keis] *n* кутѝя; санда̀к; калѐф; шкаф.

cash [kæ∫] *n* парѝ; *v* осребря̀вам.

cashier [kæ'∫iə] *n* касиѐр.

casing ['keisiŋ] *n* обвѝвка; калѐф.

cask [ka:sk] *n* ка̀ца, бъ̀чва.

casket ['ka:skit] *n* касѐтка, кутѝя; *ам* ковчѐг.

casserole ['kæsəroul] *n* огнеупо̀рна тѐнджера.

cast [ka:st] *v* (*pt, pp* **cast**) хвъ̀рлям, мя̀там; изчисля̀вам; отлѝвам; *n* съста̀в.

caste [ka:st] *n* ка̀ста.

cast iron ['ka:st'aiən] *n* чугу̀н.

castle ['ka:sl] *n* за̀мък; крѐпост; тур(*в шах*).

castor oil ['ka:stə'ɔil] *n* рицѝново ма̀сло.

castor sugar ['ka:stə'∫ugə] *n* пу̀дра заха̀р.

casual ['kæʒuəl] *a* случа̀ен; врѐменен; небрѐжен, неха̀ен.

casualty ['kæʒuəlti] *n* неща̀стен слу̀чай; *pl* жѐртви.

cat [kæt] *n* ко̀тка.

catalogue ['kætəlɔg] *n* катало̀г.

cataract ['kætərækt] *n* водопа̀д.

catastrophe [kə'tæstrəfi] *n* катастро̀фа.

catastrophic [ˌkætə'strɔfík] *a* катастрофа̀лен.

catch [kæt∫] *v* (*pt, pp* **caught** [kɔ:t]) хва̀щам, ловя̀; дола̀вям; схва̀щам; прихва̀щам; настѝгам.

category ['kætigəri] *n* катего̀рия.

cater ['keitə] *v* доста̀вям (*провѝзии*).

caterer ['keitərə] *n* доста̀вчик.

caterpillar ['kætəpilə] *n* гъ̀сеница.

cathedral [kə'θi:drəl] *n* ка̀тедра̀ла.

catholic ['kæθəlik] *a* католѝчески; *n* католѝк.

cattle ['kætl] *n* добѝтък.

caught *вж* catch.

cauliflower ['kɔliflauə] *n* карфио̀л.

cause [kɔ:z] *n* причѝна; ка̀уза; *v* причиня̀вам.

caustic ['kɔ:stik] *a* разя̀ждащ; язвѝтелен.

caution ['kɔ:∫ən] *n* предпазлѝвост; *v* предупрежда̀вам.

cautious ['kɔ:∫əs] *a* предпазлѝв.

cavalry ['kævəlri] *n* ко̀нница.

cave [keiv] *n* пещера̀.

cavern ['kævən] *n* голя̀ма пещера̀.

caviar(e) ['kævia:] *n* хайвѐр.

cavity ['kæviti] *n* кухина̀, ду̀пка.

caw [kɔ:] *v* гра̀ча; *n* гра̀чене.

cease [si:s] *v* спѝрам, преста̀вам.

ceaseless ['si:slis] *a* безспѝрен, непреста̀нен.

cedar ['si:də] *n* кѐдър.

ceiling ['si:liŋ] *n* тава̀н.

celebrate ['selibreit] *v* чѐствувам, празну̀вам; възхваля̀вам.

celebrated ['selibreitid] *a* прочу̀т, знаменѝт.

celebration [ˌseli'brei∫ən] *n* чѐствуване.

celebrity [si'lebriti] *n* извѐстност, знаменѝтост.

celery ['seləri] *n* цѐлина, керевѝз.

celestial [si'lestjəl] *a* небѐсен.

cell [sel] *n* килѝя, клѐтка.

cellar ['selə] *n* мазѐ, ѝзба.

cement [si'ment] *n* цимѐнт, спо̀йка; *v* циментѝрам; затвърдя̀вам.

cemetery ['semitri] *n* гро̀бища.

censorship ['sensə∫ip] *n* цѐнзура.

censure ['sen∫ə] *n* порица̀ние; неодобрѐние; *v* порица̀вам.

census ['sensəs] *n* пребро̀яване на насѐлението.

cent [sent] *n* цент.

centenary [sen'ti:nəri] *n* стогодѝшнина; *a* стогодѝшен.

central ['sentrəl] *a* центра̀лен, гла̀вен.

centre ['sentə] *n* цѐнтър, среда̀, срѐдище; *v* съсредоточа̀вам.

century ['sent∫əri] *n* столѐтие, век.

cereal ['siəriəl] *n* жѝтни растѐния; *a* жѝтен, зъ̀рнен.

ceremony ['seriməni] *n* о̀бред, церемо̀ния.

certain ['sə:tn] *a* сѝгурен, увѐрен; извѐстен, ня̀какъв; несъмнѐн.

certainly ['sə:tnli] *adv* несъмнѐно; разбѝра се.

certainty ['sə:tnti] *n* сѝгурност, увѐреност.

certificate [sə'tifikit] *n* удостоверѐние, свидѐтелство.

certify [′sɜ:tifai] v удостоверявам.

certitude [′sɜ:titju:d] n увереност.

cessation [se′seiʃən] n прекратяване, спиране.

chafe [tʃeif] v трия; ожулвам(се); дразня(се).

chaff [tʃɑːf] n плява; шега, закачка.

chagrin [′ʃægri:n] n огорчение; v огорчавам.

chain [tʃein] n верига; верижка; v оковавам.

chair [tʃɛə] n стол; професура; председателско място.

chairman [′tʃɛəmən] n председател.

chalice [′tʃælis] n чаша, бокал; бот чашка на цвят.

chalk [tʃɔ:k] n тебешир, креда.

challenge [′tʃælindʒ] n предизвикване; v призовавам на борба.

chamber [′tʃeimbə] n стая; камара(в парламента); a камерен.

chamberlain [′tʃeimbəlin] n камерхер.

champagne [,ʃæm′pein] n шампанско.

champion [′tʃæmpiən] n шампион; защитник; v боря се за.

championship [′tʃæmpiənʃip] n шампионат; защита.

chance [tʃɑːns] n случай, случайност; v случвам се; рискувам.

chancellor [′tʃɑːnsilə] n канцлер.

chandelier [,ʃændi′liə] n полилей.

change [tʃeindʒ] n промяна; размяна; дребни пари; ресто; v променям(се).

changeable [′tʃeindʒəbl] a променлив, непостоянен.

channel [′tʃænl] n канал, поток.

chant [tʃɑːnt] n песен; скандиране.

chaos [′keiɔs] n хаос.

chaotic [kei′ɔtik] a хаотичен, объркан.

chap¹ [tʃæp] n човек; момче; приятел.

chap² [tʃæp] v цепя(се); напуквам(се).

chapel [′tʃæpl] n параклис.

chaplain [′tʃæplin] n войскови свещеник.

chapter [′tʃæptə] n глава на книга.

char [tʃɑː] v работя като чистачка; n разг чистачка.

character [′kæriktə] n характер; знак; буква; действуващо лице.

characteristic [,kærəktə′ristik] a характерен; n отличителна черта.

characterize [′kærəktəraiz] v отличавам, характеризирам.

charcoal [′tʃɑːkoul] n дървени въглища.

charge [tʃɑːdʒ] v възлагам; вземам пари; обвинявам; зареждам; нападам; n обвинение.

chariot [′tʃæriət] n колесница.

charitable [′tʃæritəbl] a благотворителен.

charity [′tʃæriti] n милосърдие; благотворителност.

charm [tʃɑːm] n чар; магия; v очаровам; омагьосвам.

charming [′tʃɑːmiŋ] a чаровен, очарователен.

chart [tʃɑːt] n диаграма.

charter [′ʃɑːtə] n грамота, харта; v наемам (кораб и пр.).

charwoman [′tʃɑː,wumən] n приходяща чистачка.

chase [tʃeis] v гоня, преследвам; n лов; гонитба.

chasm [′kæzm] n пропаст, бездна; празнота.

chaste [tʃeist] a добродетелен, целомъдрен; чист.

chastity [′tʃæstiti] n целомъдрие.

chat [tʃæt] v бъбря; разговарям; n непринуден разговор.

chatter [′tʃætə] v бъбря; n бърборене; тракане.

chauffeur [′ʃoufə] n шофьор.

cheap [tʃi:p] a евтин; прост; долнокачествен.

cheat [tʃi:t] v измамвам, изигравам; n измама; измамник.

check [tʃek] n пречка; задръжка; препятствие; проверка; кариран плат; v спирам; проверявам.

cheek [tʃi:k] n буза, страна; безочливост.

cheeky [′tʃi:ki] a безочлив, нахален.

cheer [tʃiə] v аплодирам; насърчавам; n бодрост; pl аплодисменти.

cheerful [′tʃiəful] a бодър, жизнерадостен.

cheerfulness [′tʃiəfulnis] n бодрост, веселост.

cheerless ['tʃiəlis]a безрáдостен.

cheery ['tʃiəri]a вéсел, жив, рáдостен.

cheese [tʃiːz] n сúрене; кашкавáл.

chemical ['kemikəl] a химúчески; n химикáл.

chemist ['kemist] n химúк; аптéкар.

chemistry ['kemistri] n хúмия.

cheque [tʃek] n чек.

cherish ['tʃeriʃ] v скъпя; хрáня; питáя; обúчам.

cherry ['tʃeri] n черéша; a вишневочервéн.

chess [tʃes] n шáхмат.

chest [tʃest] n сандъ́к; кýфар; грéден кош.

chestnut ['tʃesnʌt] n кéстен.

chew [tʃuː] v дъ́вча; предъвквам.

chick [tʃik] n пúленце; детé.

chicken ['tʃikən] n пúле, пúлешко месó.

chid вж chide.

chide [tʃaid] v (pt, pp chid [tʃid]) гълчá, кáрам се, мъ́мря.

chief [tʃiːf] n шеф, начáлник, вожд; a глáвен.

chiefly ['tʃiːfli] adv глáвно, предúмно.

chieftain ['tʃiːftən] n главатáр.

child [tʃaild] n (pl children ['tʃildrin]) детé, рóжба.

childhood ['tʃaildhud] n дéтство, детúнство.

childish ['tʃaildiʃ] a дéтски; детúнски.

children вж child.

chill [tʃil] n хлад, мраз, простýда.

chilly ['tʃili] a студéн, мразовúт; обезсърчúтелен.

chime [tʃaim] n камбáнен звън; съзвýчие.

chimney ['tʃimni] n комúн; лáмпено шишé; огнúще.

chin [tʃin] n брадá, брадúчка.

china ['tʃainə] n порцелáн; порцелáнови съдове.

chink [tʃiŋk] n звън, подрънкване; цепнатúна.

chintz [tʃints] n кретóн.

chip [tʃip] n къ́сче, рéзенче; трескá; v отчýпвам.

chips [tʃips] n вид пъ́ржени картóфи.

chirp [tʃəːp] v чурулúкам, цвъртя́; n цвъртéне.

chisel ['tʃizl] n резéц, длетó; v дълбáя, изрязвам.

chivalrous ['ʃivəlrəs] a рúцарски.

chivalry ['ʃivəlri] n рúцарство.

chlorine ['klɔːriːn] n хлор.

chocolate ['tʃɔkəlit] n шоколáд; pl шоколáдови бонбони.

choice [tʃɔis] n úзбор; a отбрáн, хýбав.

choir ['kwaiə] n хор.

choke [tʃouk] v задушáвам(се); задáвям(се); запýшвам.

cholera ['kɔlərə] n холéра.

choose [tʃuːz] v (pt chose [tʃouz], pp chosen ['tʃouzn]) избúрам; решáвам.

chop [tʃɔp] v секá, цéпя; n пържóла.

chord [kɔːd] n струнá, кóрда; хóрда.

chorus ['kɔːrəs] n хор; прúпев.

chose, chosen вж choose.

Christ [kraist] n Христóс.

christen ['krisn] v кръщáвам.

Christianity [ˌkristi'æniti] n християнство.

Christmas ['krisməs] n Кóледа.

chronic ['krɔnik] a постоя́нен, хронúчен.

chronicle ['krɔnikl] n летопúс, хрóника.

chrysalis ['krisəlis] n какавúда.

chubby ['tʃʌbi] a пъ́лничък, закръ́глен.

chuck [tʃʌk] v захвъ́рлям; изостáвям.

chuckle ['tʃʌkl] v смéя се тúхичко и самодовóлно.

chum [tʃʌm] n другáр.

chunk [tʃʌŋk] n къс, рéзен, парчé.

church [tʃəːtʃ] n цъ́рква.

churchyard ['tʃəːtʃ'jaːd] n църкóвен двор; грóбище.

churn [tʃəːn] v избúвам мáсло; n бутáлка.

cider ['saidə] n я́бълково вúно.

cigar [si'gaː] n пýра.

cigarette [ˌsigə'ret] n цигáра.

cinder ['sində] n сгуря́.

Cinderella [sində'relə] n Пепелáшка.

cinema ['sinimə] n кúно.

cinnamon ['sinəmən] n канéла.

cipher ['saifə] n нýла; шúфър.

circle ['sə:kl] *n* кръг; окръжност; група; *v* кръжа, обикалям.

circuit ['sə:kit] *n* обиколка; електрическа верйга.

circular ['sə:kjulə] *a* кръгъл; околовръстен; *n* циркуляр.

circulate ['sə:kjuleit] *v* обикалям; разпространявам (се).

circulation [,sə:kju'leiʃən] *n* обръщение, оборот; тираж.

circumference [sə:'kʌmfərəns] *n* обиколка, окръжност.

circumstance ['sə:kəmstəns] *n* обстоятелство.

circumvent [,sə:kəm'vent] *v* изигравам, надхитрявам, провалям.

circus ['sə:kəs] *n* кръгъл площад; цирк.

citadel ['sitədl] *n* крепост.

cite [sait] *v* цитирам.

citizen ['sitizn] *n* гражданин; поданик.

citizenship ['sitiznʃip] *n* гражданство; поданство.

citron ['sitrən] *n* цитрусов плод, цитрусово дърво.

city ['siti] *n* голям град.

civic ['sivik] *a* граждански.

civil ['sivil] *a* граждански; цивилен; учтив.

civil service *n* държавна/служба.

civilian [si'viljən] *a* цивилен.

civility [si'viliti] *n* учтивост, любезност.

civilization [,sivilai'zeiʃən] *n* цивилизация.

civilize ['sivilaiz] *v* цивилизовам.

civilized ['sivilaizd] *a* културен.

clad [klæd] *a* облечен.

claim [kleim] *v* претендирам за; твърдя; *n* иск, претенция; право.

clam [klæm] *n* мида.

clamber ['klæmbə] *v* катеря се, пълзя.

clamorous ['klæmərəs] *a* шумен, креслив.

clamour ['klæmə] *n* шум, глъчка; *v* крещя; протестирам.

clamp [klæmp] *n* скоба; *v* затягам, скрепявам.

clan [klæn] *n* род; племе; група.

clandestine [klæn'destin] *a* нелегален; таен.

clang [klæŋ] *n* звънтене; *v* дрънча.

clap [klæp] *n* ръкопляскане; *v* ръкопляскам; потупвам.

clarify ['klærifai] *v* избистрям(се); изяснявам(се).

clarinet ['klærinet] *n* кларинет.

clarity ['klæriti] *n* яснота.

clash [klæʃ] *v* сблъсквам се; *n* дрънкане; несъгласие; конфликт.

clasp [klɑ:sp] *v* скопчвам; прегръщам; *n* катарама; (ръко)стискане.

class [klɑ:s] *n* класа; клас; учебен час; *v* класифицирам.

classic ['klæsik] *a* класически, образцов; *n* класик; класика.

classical ['klæsikl] *a* класически; съвършен.

classification [,klæsifi'keiʃən] *n* класификация.

classify ['klæsifai] *v* класифицирам.

classmate ['klɑ:smeit] *n* съученик.

classroom ['klɑ:srum] *n* класна стая.

clatter ['klætə] *n* тракане; тропот; *v* трополя, дрънча.

clause [klɔ:z] *n* изречение; член, пункт; клауза.

claw [klɔ:] *n* нокът; лапа; *v* дера, дращя; сграбчвам с нокти.

clay [klei] *n* пръст, глина.

clean [kli:n] *a* чист; изкусен; *v* чистя, почиствам; *adv* напълно.

cleaner ['kli:nə] *n* средство за почистване.

cleanliness ['klenlinis] *n* чистота; чистоплътност.

cleanly ['klenli] *a* чист, чистоплътен.

cleanse [klenz] *v* чистя, почиствам.

clear [kliə] *a* ясен; бистър, прозрачен; чист; *v* очиствам; избистрям(се).

clearing ['kliəriŋ] *n* сечище.

clearly ['kliəli] *adv* ясно, очевидно.

clearness ['kliənis] *n* яснота.

cleavage ['kli:vidʒ] *n* разцепване.

cleave [kli:v] *v* (*pt* clove [klouv], cleft, *pp* cloven ['klouvn]) разцепвам.

cleft *вж* cleave.

clench [klentʃ] *v* стискам, вкопчвам се.

clergy ['klə:dʒi] *n* духовенство.

clergyman ['klə:dʒimən] *n* свещеник.

clerical ['klerikl] *a* духовен; канцеларски.

clerk [klɑːk] *n* чинòвник.

clever ['klevə] *a* ỳмен, спосòбен; срè-
чен, изкỳсен; хѝтър.

cleverness ['klevənis] *n* интелигèнт-
ност; умèние.

clew *вж* **clue**.

click [klik] *n* щрàкване; *v* щрàквам.

cliff [klif] *n* скалà, канарà.

climate ['klaimət] *n* клѝмат.

climax ['klaimæks] *n* кулминациòнна
тòчка.

climb [klaim] *v* кàчвам се, катèря се.

climber ['klaimə] *n* алпинѝст; пъл-
зàщо растèние.

clime [klaim] *n поет* странà.

cling [kliŋ] *v* (*pt, pp* **clung** [klʌŋ] *)* при-
лèпвам (се), вкòпчвам се; остàвам
вèрен.

clinic ['klinik] *n* клѝника.

clink [kliŋk] *n* звън, звънтèне; *v* звън-
тà.

clip[1] [klip] *v* стрѝжа; подрàзвам; *n*
стрѝгане; нàстриг.

clip[2] [klip] *n* скòба; клàмер; *v* защѝп-
вам; пристàгам.

clipping ['klipiŋ] *n* изрèзка от вèстник.

cloak [klouk] *n* мàнтия, наметàло; *v*
покрѝвам, скрѝвам.

cloakroom ['kloukrum] *n* гардерòб(*в
театър*).

clock [klɔk] *n* часòвник.

clockwork ['klɔkwək] *n* часòвников
механѝзъм.

clod [klɔd] *n* бỳца пръст.

clog [klɔg] *n* дървена обỳвка; *v* спѝвам,
прèча; задрèствам(се).

cloister ['klɔistə] *n* манастѝр.

close[1] [klous] *a* блѝзък; тèсен; под-
ròбен; затвòрен; задỳшен; щàтелен.

close[2] [klouz] *v* затвàрям(се); свър-
швам, приключвам; *n* край; за-
крѝване.

closely ['klousli] *adv* отблѝзо; вни-
мàтелно.

closeness ['klousnis] *n* блѝзост; спàре-
ност, зàдуха.

closet ['klɔzit] *n* килèр; стèнен гарде-
ròб.

clot [klɔt] *n* съсѝрено веществò; тром-
бòза; *v* съсѝрвам се.

cloth [klɔθ] *n* плат, платнò; покрѝвка;
парцàл.

clothe [klouð] *n* облѝчам(се); по-
крѝвам.

clothes [klouðz] *n* дрèхи.

clothing ['klouðiŋ] *n* облеклò.

cloud [klaud] *n* òблак; *v* заоблачàвам
се; помрачàвам.

cloudy ['klaudi] *a* òблачен; нейсен,
мỳтен.

clove(n) *вж* **cleave**.

clove ['klóuv] *n* скилѝдка.

clover ['klouvə] *n* детелѝна.

clown [klaun] *n* палячо; недодàлан чо-
вèк.

club [klʌb] *n* клуб; тоàга; пàлка; *v* бѝя
с тоàга.

cluck [klʌk] *n* кòткане; кудкудàкане; *v*
кудкудàкам.

clue [kluː] *n* ключ; нѝшка; ỳлика,
дѝря; указàние.

clump [klʌmp] *n* бỳца; грỳпа дървèта;
тỳфа.

clumsy ['klʌmzi] *a* несрèчен, тròмав;
неудòбен.

clung *вж* **cling**.

cluster ['klʌstə] *n* грозд; грỳпа; *v*
трỳпам се.

clutch [klʌtʃ] *v* вкòпчвам се, сграб-
чвам; *n* лàпи, нòкти; амбреàж.

coach [koutʃ] *n* колà, екипàж; вагòн;
треньòр; *v* обучàвам, тренѝрам.

coachman ['koutʃmən] *n* кочиàш.

coal [koul] *n* вèглища.

coarse [kɔːs] *a* груб; долнокàчествен;
èдър.

coast [koust] *n* мòрски бряг, край-
брèжие.

coat [kout] *n* палтò, сакò; кòзина;
слой; мазѝлка; *v* намàзвам.

coating ['koutiŋ] *n* пласт бой; мазѝл-
ка; нàлеп.

coax [kouks] *v* примàмвам, придỳм-
вам.

cobbler ['kɔblə] *n* обущàр кърпàч.

cobweb ['kɔbweb] *n* пàяжина.

cock [kɔk] *n* петèл; водàч; кран,
канèлка; *v* наклонàвам, кѝлвам;
наòстрям(*уши*).

cockney ['kɔkni] *n* коренàк лондон-
чàнин.

cocktail ['kɔkteil] *n* коктѐйл.

cocoa ['koukou] *n* какàо.

coconut ['koukənʌt] *n* кокòсов òрех.

cocoon [kɔ'ku:n] *n* какавѝда, пашкỳл.

cod [kɔd] *n* морỳна.

code [koud] *n* кòдекс; шѝфър; код.

coffee ['kɔfi] *n* кафѐ.

coffin ['kɔfin] *n* ковчѐг.

coil [kɔil] *n* намòтка; спирàла; реотàн; *v* намотàвам (се).

coin [kɔin] *n* монѐта; *v* секà парѝ; изковàвам; измѝслям.

coinage ['kɔinidʒ] *n* сѐчене на парѝ; монѐтна систѐма; измѝслица.

coincide [,kouin'said] *v* съвпàдам.

coincidence [,kou'insidəns] *n* съвпадѐние.

coke [kouk] *n* ҟокс.

cold [kould] *a* студѐн; *n* студ; простỳда.

coldness ['kouldnis] *n* студенинà.

collaborate [kə'læbəreit] *v* сътрỳднича, съдѐйствувам.

collapse [kə'læps] *n* срỳтване, сгромолỳсване; *v* грòхвам, строполỳвам се.

collar ['kɔlə] *n* якà.

colleague ['kɔli:g] *n* колѐга.

collect [kə'lekt] *v* събѝрам(се).

collection [kə'lekʃən] *n* сбѝрка, колѐкция.

collective [kə'lektiv] *a* колектѝвен; *грам* събирàтелно.

collector [kə'lektə] *n* инкасàтор; колекционѐр.

college ['kɔlidʒ] *n* колѐж; колѐгия.

collision [kə'liʒən] *n* сблъсскване.

colloquial [kə'loukwiəl] *a* разговòрен.

colon ['koulən] *n* двоетòчие.

colonel ['kə:nəl] *n* полкòвник.

colonial [kə'louniəl] *a* колониàлен.

colonist ['kɔlənist] *n* колониалѝст; заселник.

colonization [,kɔlənai'zeiʃən] *n* колонизàция.

colonize ['kɔlənaiz] *v* колонизѝрам.

colony ['kɔləni] *n* колòния.

colossal [kə'lɔsəl] *a* огрòмен, колосàлен.

colour ['kʌlə] *n* цвят, боя; руменинà; *pl* знàме; *v* оцветỳвам(се); изчервỳвам се.

colourful ['kʌləful] *a* живопѝсен, колорѝтен.

colourless ['kʌləlis] *a* безцвѐтен.

colt [kɔlt] *n* жребчѐ.

column ['kɔləm] *n* стълб; колòна; графà.

comb [koum] *n* грѐбен, чесàло; *v* рѐша, срѐсвам.

combat ['kɔmbət] *n* бѝтка, сражѐние; *v* бòря се.

combatant ['kɔmbətənt] *n* боѐц; *a* бòрещ се.

combative ['kɔmbətiv] *a* бòрчески.

combination [,kɔmbi'neiʃən] *n* съединѐние; комбинàция.

combine [kəm'bain] *v* съчетàвам, комбинѝрам(се); съединỳвам.

combustion [kəm'bʌstʃən] *n* горѐне.

come [kʌm] *v* (*pt* came [keim], *pp* come) ѝдвам, дохòждам; слỳчва се.

comedy ['kɔmidi] *n* комѐдия.

comeliness ['kʌmlinis] *n* хỳбост, миловѝдност.

comely ['kʌmli] *a* хỳбав, прийтен за глѐдане.

comet ['kɔmit] *n* комѐта.

comfort ['kʌmfət] *n* утѐха, успокоѐние; удòбство; *v* утешàвам.

comfortable ['kʌmfətəbl] *a* удòбен; спокòен.

comic ['kɔmik] *a* смѐшен, комѝчен.

comical ['kɔmikəl] *a* забàвен, смѐшен; стрàнен.

comma ['kɔmə] *n* запетàя.

command [kə'ma:nd] *v* заповỳдвам; владѐя; контролѝрам; *n* зàповед, комàнда.

commander [kə'ma:ndə] *n* командѝр.

commandment [kə'ma:ndmənt] *n* зàповед.

commemorate [kə'meməreit] *v* чѐствувам.

commence [kə'mens] *v* запòчвам.

commencement [kə'mensmənt] *n* начàло, запòчване; годѝшен акт.

commend [kə'mend] *v* хваля; препорỳчвам.

commendation [,kɔmen'deiʃən] *n* поверỳване; похвàла; одобрѐние.

comment ['kɔment] *n* критѝческа белѐжка; коментàр; *v* коментѝрам.

commentary ['kɔməntəri] *n* коментàр.

commentator ['kɔmənteitə] *n* коментàтор.

commerce ['kɔməs] *n* търговѝя.

commercial [kə'mə:ʃəl] *a* търгòвски.

commission [kə'miʃən] *n* поръчèние; комѝсия; комисиòна; извършване.

commit [kə'mit] *v* извършвам; предàвам; обвързвам се.

commitment [kə'mitmənt] *n* задължèние, ангажимèнт; обвързване.

committee [kə'miti] *n* комѝсия; комитèт.

commodity [kə'mɔditi] *n* стòка.

common ['kɔmən] *a* общ; обикновèн, разпространèн; прост.

commonly ['kɔmənli] *adv* обикновèно.

commonplace ['kɔmənpleis] *a* обикновèн, банàлен.

common sense ['kɔmənsenѕ] *n* здрав ràзум.

commonwealth ['kɔmənwelθ] *n* òбщност; репỳблика.

commotion [kə'mouʃən] *n* вълнèние, смущèние; смут.

commune [kə'mju:n] *n* общинà; комỳна; *v* общỳвам.

communicate [kə'mju:nikeit] *v* съобщàвам(се); общỳвам.

communication [kə,mju:ni'keiʃən] *n* съобщèние; (с)врèзка, комуникàция.

community [kə'mju:niti] *n* общинà; òбщност; обществò.

compact [kɔm'pækt] *a* сбит, плèтен, компàктен.

companion [kəm'pænjən] *n* другàр; спỳтник; наречник.

companionship [kəm'pænjənʃip] *n* другàрство; общỳване, компàния.

company ['kʌmpəni] *n* обществò; дрỳжество; компàния; трỳпа; ròта; ròсти.

comparable ['kɔmpərəbl] *a* сравнѝм.

comparative [kəm'pærətiv] *a* сравнѝтелен.

comparatively [kəm'pærətivli] *adv* сравнѝтелно.

compare [kəm'pɛə] *v* сравнàвам.

comparison [kəm'pærisən] *n* сравнèние.

compartment [kəm'pɑːtmənt] *n* купè; отделèние.

compass ['kʌmpəs] *n* кòмпас; *pl* пергèл.

compassion [kəm'pæʃən] *n* състрадàние.

compassionate [kəm'pæʃənit] *a* състрадàтелен.

compatible [kəm'pætibl] *a* съвместѝм.

compel [kəm'pel] *v* принуждàвам.

compensate ['kɔmpenseit] *v* обезщетàвам, компенсѝрам.

compensation [,kɔmpen'seiʃən] *n* обезщетèние, компенсàция.

compete [kəm'pi:t] *v* състезàвам се; конкурѝрам.

competence ['kɔmpitəns] *n* компетèнтност.

competent ['kɔmpitənt] *a* компетèнтен.

competition [,kɔmpi'tiʃən] *n* съревновàние; състезàние.

competitive [kəm'petitiv] *a* състезàтелен; конкурèнтен.

competitor [kəm'petitə] *n* състезàтел, конкурèнт.

compile [kəm'pail] *v* събѝрам, състàвям, компилѝрам.

complacency [kəm'pleisənsi] *n* задовòлство; самодовòлство.

complacent [kəm'pleisənt] *a* самодовòлен.

complain [kəm'plein] *v* оплàквам се.

complaint [kəm'pleint] *n* оплàкване, жàлба; бòлка.

complement ['kɔmplimənt] *n* допълнèние; *v* допèлвам.

complete [kəm'pli:t] *v* завършвам, довършвам; *a* пèлен, завершен.

completely [kəm'pli:tli] *adv* напèлнò, съвършèно; съвсèм.

completion [kəm'pli:ʃən] *n* завършване.

complex ['kɔmpleks] *a* слòжен, комплицѝран.

complexion [kəm'plekʃən] *n* цвят на кòжата, тен; вèншност; харàктер.

complexity [kɔm'pleksiti] *n* слòжност.

complicated ['kɔmplikeitid] *a* слòжен, обèркан.

complication [,kɔmpli'keiʃən] *n* усложнèние, обèрканост.

compliment [ˈkɔmplimənt] *n* компли-мѐнт; *pl* поздрави.

complimentary [ˌkɔmpliˈmentəri] *a* хва-лѐбствен; безплатен, гратис.

comply [kəmˈplai] *v* съгласявам се; подчинявам се; съобразявам се с.

component [kəmˈpounənt] *n* съставна част; *a* съставен.

compose [kəmˈpouz] *v* съчинявам; ком-позирам, творя; успокоявам; съ-стоя се от.

composed [kəmˈpouzd] *a* спокоен, улѐг-нал.

composer [kəmˈpouzə] *n* композитор.

composite [ˈkɔmpəzit] *a* съставен.

composition [ˌkɔmpəˈziʃən] *n* творба, съчинѐние, композиция; състав.

composure [kəmˈpouʒə] *n* спокойствие; самообладание.

compound¹ [kəmˈpaund] *v* съставям, смѐсвам.

compound² [ˈkɔmpaund] *n* съединѐние; съставна дума; *a* сложен, съставен.

comprehend [ˌkɔmpriˈhend] *v* разби-рам; обхващам, побирам; включ-вам.

comprehension [ˌkɔmpriˈhenʃən] *n* раз-биране.

comprehensive [ˌkɔmpriˈhensiv] *a* про-сторен; изчерпателен.

compress [kəmˈpres] *v* сбивам; сгъ-стявам; притискам; [ˈkɔmpres] *n* компрѐс.

comprise [kəmˈpraiz] *v* обхващам; включвам, съдържам.

compromise [ˈkɔmprəmaiz] *v* правя компромис; компрометирам; *n* компромисно решѐние.

compulsion [kəmˈpʌlʃən] *n* принуда.

compulsory [kəmˈpʌlsəri] *a* задължителен, принудителен.

compute [kəmˈpju:t] *v* изчислявам, пресмятам.

comrade [ˈkɔmrid] *n* другар.

concave [ˈkɔnˈkeiv] *a* вдлѐбнат.

conceal [kənˈsi:l] *v* скривам, укривам.

concealment [kənˈsi:lmənt] *n* укрива-не, скривалище.

concede [kənˈsi:d] *v* отстъпвам; до-пускам.

conceit [kənˈsi:t] *n* самомнѐние, суѐт-ност.

conceited [kənˈsi:tid] *a* самомнителен.

conceivable [kənˈsi:vəbl] *a* мислим; разбираем.

conceive [kənˈsi:v] *v* представям си; мисля; схващам; зачѐвам.

concentrate [ˈkɔnsentreit] *v* съсредото-чавам се; сгъстявам.

concentration [ˌkɔnsenˈtreiʃən] *n* съ-средоточаване; струпване.

concept [ˈkɔnsept] *n* понятие; схваща-не; представа.

conception [kənˈsepʃən] *n* схващане; замисъл; концѐпция; зачѐване.

concern [kənˈsə:n] *v* касая се за; за-сягам; интересувам се(от); зани-мавам се(с); *n* грижа; загриженост

concerned [kənˈsə:nd] *a* загрижен, обез-покоѐн; заинтересуван, засѐгнат.

concerning [kənˈsə:niŋ] *prep* относно.

concert [ˈkɔnsət] *n* концѐрт; съгласие, хармония.

concession [kənˈseʃən] *n* отстъпка, кон-цѐсия.

conciliation [kənˌsiliˈeiʃən] *n* прими-рѐние; помирѐние.

concise [kənˈsais] *a* сбит, стѐгнат, кратък

conclude [kənˈklu:d] *v* заключавам; приключвам; сключвам.

conclusion [kənˈklu:ʒən] *n* заключѐние; сключване.

conclusive [kənˈklu:siv] *a* заключите-лен; окончателен.

concord [ˈkɔŋkɔ:d] *n* съгласие; съгла-суване.

concrete [ˈkɔŋkri:t] *a* конкрѐтен; бе-тонен; *n* бетон.

condemn [kənˈdem] *v* осъждам; пори-цавам.

condemnation [ˌkɔndemˈneiʃən] *n* осъж-дане; порицание.

condense [kənˈdens] *v* сгъстявам; сби-вам; съкращавам.

condenser [kənˈdensə] *n* кондензатор.

condescend [ˌkɔndiˈsend] *v* благово-лявам; проявявам снизхождѐние.

condescension [ˌkɔndiˈsenʃən] *n* сниз-ходителност; благоволѐние.

condiment [ˈkɔndimənt] *n* подправ-ка(*за ястие*).

condition [kən'diʃən] *n* усло́вие; положе́ние; състоя́ние.
conditional [kən'diʃənəl] *a* усло́вен.
condolence [kən'douləns] *n* съчу́вствие; *pl* съболезнова́ния.
conduct¹ [kən'dʌkt] *v* во́дя, ръково́дя; прове́ждам; дирижи́рам.
conduct² ['kɔndʌkt] *n* поведе́ние; во́дене, ръково́дене.
conductor [kən'dʌktə] *n* ръководи́тел; конду́ктор; дириге́нт; прово́дник.
cone [koun] *n* ко́нус; шишарка.
confectionery [kən'fekʃənəri] *n* сладка́рница; сладка́рски изде́лия.
confederate [kən'fedərit] **a** съю́зен; *n* съуча́стник.
confederation [kən,fedə'reiʃən] *n* съю́з; конфедера́ция.
confer [kən'fə:] *v* бесе́двам; съвеща́вам се; удостоя́вам с.
conference ['kɔnfərəns] *n* съвеща́ние; конфере́нция.
confess [kən'fes] *n* призна́вам; изпове́двам се.
confession [kən'feʃən] *n* призна́ние; изповед.
confide [kən'faid] *v* доверя́вам(се); поверя́вам.
confidence ['kɔnfidəns] *n* дове́рие; уве́реност; самонаде́яност; та́йна.
confident ['kɔnfidənt] *a* уве́рен, самоуве́рен; смел.
confidential [,kɔnfi'denʃəl] *a* поверя́телен, та́ен; дове́рен.
confidentially [,kɔnfi'denʃəli] *adv* поверя́телно.
confiding [kən'faidiŋ] *a* доверчи́в.
confine [kən'fain] *v* огранича́вам (се); затва́рям.
confinement [kən'fainmənt] *n* затво́р; ограниче́ние; ра́ждане.
confirm [kən'fə:m] *v* потвържда́вам; укре́пвам.
confirmation [,kɔnfə'meiʃən] *n* потвържде́ние.
confiscate ['kɔnfiskeit] *у* конфиску́вам.
conflict¹ ['kɔnflikt] *n* сблъ́скване, конфли́кт.

conflict² [kən'flikt] *v* сблъ́сквам се; противоре́ча́.
conform [kən'fɔ:m] *v* съобразя́вам се с; подчиня́вам се на.
conformity [kən'fɔ:miti] *n* съобразя́ване; схо́дство; съгла́сие.
confound [kən'faund] *v* сли́свам; объ́рквам; осуетя́вам.
confounded [kən'faundid] *a* прокле́т, пуст.
confront [kən'frʌnt] *v* изпра́вям(се) лице́ с лице́; посре́щам сме́ло.
confrontation [,kɔnfrən'teiʃən] *n* о́чна ста́вка; противопоста́вяне.
confuse [kən'fju:z] *v* смуща́вам; объ́рквам.
confusion [kən'fju:ʒən] *n* бъркоти́я, смут; объ́ркване.
congenial [kən'dʒi:niəl] *a* бли́зък, сро́ден; прия́тен; подходя́щ.
congestion [kən'dʒestʃən] *n* стру́пване, задръ́стване; прили́в на кръв.
congratulate [kən'grætjuleit] *v* поздравя́вам, чести́тя.
congratulation [kən'grætju'leiʃən] *n* поздравле́ние.
congregate ['kɔŋgrigeit] *v* събира́м (се).
congregation [,kɔŋgri'geiʃən] *n* па́ство.
congress ['kɔŋgres] *n* конгре́с.
congressman ['kɔŋgresmən] *n* член на Конгре́са в САЩ.
conjecture [kən'dʒektʃə] *n* предположе́ние; *v* предпола́гам.
conjugal ['kɔndʒugəl] *a* съпру́жески, бра́чен.
conjugation [,kɔndʒu'geiʃən] *n* спреже́ние.
conjunction [kən'dʒʌŋkʃən] *n* съединя́ване; *грам* съю́з.
conjure¹ [kən'dʒuə] *v* закле́вам(се).
conjure² ['kʌndʒə] *v* пра́вя фо́куси.
connect [kə'nekt] *v* съединя́вам, свъ́рзвам(се).
connection [kə'nekʃən] *n* връ́зка, свъ́рзване; познанство; роднина́.
conquer ['kɔŋkə] *v* завладя́вам; побежда́вам.
conqueror ['kɔŋkərə] *n* завоева́тел.
conquest ['kɔŋkwest] *n* завоева́ние; завоюва́не.
conscience ['kɔnʃəns] *n* съвест.

conscientious [ˌkɔnʃiˈenʃəs] *a* съзна́телен, добросъ́вестен.

conscious [ˈkɔnʃəs] *a* съзна́телен; който съзна́ва; в съзна́ние.

consciousness [ˈkɔnʃəsnis] *n* съзна́ние.

consecrate [ˈkɔnsikreit] *v* посвеща́вам; освеща́вам.

consecration [ˌkɔnsiˈkreiʃən] *n* посвеща́ване; освеща́ване.

consecutive [kənˈsekjutiv] *a* последова́телен; поре́ден; *грам* за следствие.

consent [kənˈsent] *v* съгласа́вам се; *n* съгла́сие.

consequence [ˈkɔnsikwəns] *n* сле́дствие, после́дица, резулта́т; значе́ние, ва́жност.

consequent [ˈkɔnsikwənt] *a* и́дващ като после́дица от; последова́телен.

consequently [ˈkɔnsikwəntli] *adv* следова́телно.

conservation [ˌkɔnsəˈveiʃən] *n* запа́зване, съхране́ние.

conservative [kənˈsɔ:vətiv] *a* консервати́вен; *n* консерва́тор.

conserve [kənˈsɔ:v] *v* запа́звам, съхраня́вам; консерви́рам.

consider [kənˈsidə] *v* счи́там; обми́слям; разгле́ждам; зачи́там.

considerable [kənˈsidərəbl] *a* значи́телен.

considerate [kənˈsidərit] *a* внима́телен, делика́тен.

consideration [kənˌsidəˈreiʃən] *n* обми́сляне; съображе́ние; загри́женост; внима́ние; значе́ние.

considering [kənˈsidəriŋ] *prep* предвид на.

consign [kənˈsain] *v* изпра́щам; преда́вам; поверя́вам.

consignment [kənˈsainmənt] *n* пра́тка; изпра́щане.

consist [kənˈsist] *v* състоя́ се от; заключа́вам се.

consistency (-ce) [kənˈsistənsi] *n* гъстота́, пло́тност; последова́телност; устойчи́вост.

consistent [kənˈsistənt] *a* последова́телен; усто́йчив; съвмести́м.

consolation [ˌkɔnsəˈleiʃən] *n* уте́ха.

console [ˌkənˈsoul] *v* утеша́вам.

consolidate [kənˈsɔlideit] *v* укре́пвам, заздравя́вам(се).

consolidation [kənˈsɔliˈdeiʃən] *n* укре́пване, заздравя́ване.

consonant [ˈkɔnsənənt] *n* съгла́сна бу́ква; *a* съзву́чен, хармони́чен.

consort[1] [ˈkɔnsɔ:t] *n* съпру́г, съпру́га(*в кра́лско семе́йство*).

consort[2] [kənˈsɔ:t] *v* общу́вам, дружа́ с.

conspicuous [kənˈspikjuəs] *a* очеби́ен; забележи́телен.

conspiracy [kənˈspirəsi] *n* за́говор, конспира́ция.

conspire [kənˈspaiə] *v* заговорнича.

constable [ˈkʌnstəbl] *n* полица́й.

constancy [ˈkɔnstənsi] *n* постоя́нство; непоколеби́мост.

constant [ˈkɔnstənt] *a* постоя́нен; непоколеби́м.

constantly [ˈkɔnstəntli] *adv* постоя́нно; че́сто.

constellation [ˈkɔnstəˈleiʃən] *v* съзве́здие.

consternation [ˌkɔnstəˈneiʃən] *n* ужаса́ване.

constipation [ˌkɔnstiˈpeiʃən] *n* за́пек, констипа́ция.

constituent [ˌkənˈstitjuənt] *n* избира́тел; съста́вна част; *a* съста́вен.

constitute [ˈkɔnstitju:t] *v* съста́вям; учредя́вам.

constitution [ˌkɔnstiˈtju:ʃən] *n* устро́йство; органи́зъм; конститу́ция.

constitutional [ˌkɔnstiˈtju:ʃənəl] *a* органи́чен; конституцио́нен.

constrain [kənˈstrein] *v* принужда́вам; ограничава́м.

constrained [kənˈstreind] *a* прину́ден; смуте́н; поти́снат.

constraint [kənˈstreint] *n* прину́да; смуще́ние, поти́снатост.

construct [kənˈstrʌkt] *v* строя́, постро́йвам, градя́.

construction [kənˈstrʌkʃən] *n* строе́ж; постро́йка; констру́кция.

constructive [kənˈstrʌktiv] *a* гради́вен; поле́зен.

construe [kənˈstru:] *v* тълку́вам; обясня́вам.

consult [kən'sʌlt] v съве́твам се с; до-
пи́твам се до.
consultation [ˌkɔnsəl'teiʃən] n консул-
та́ция.
consume [kən'sju:m] v унищожа́вам;
прахо́свам; консуми́рам; че́зна;
разг изя́ждам се; изразхо́двам се;
уми́рам от.
consumer [kən'sju:mə] n потреби́тел,
консума́тор.
consummate[1] ['kɔnsəmeit] v дове́ждам
до съвършѐнство.
consummate[2] [kən'sʌmit] a съвършѐн,
заве́ршен.
consumption [kən'sʌm(p)ʃən] n упо-
трѐба, консума́ция; туберколо́за.
contact ['kɔntækt] n до́пир, конта́кт;· v
вли́зам в до́пир с.
contagious [kən'teidʒəs] a заразѝте-
лен, прилепчи́в.
contain [kən'tein] v съдъ́ржам; по-
би́рам; сдъ́ржам, възпи́рам.
container [kən'teinə] n съд(*кути́я, бур-
ка́н, ча́ше и пр.*)
contaminate [kən'tæmineit] v замъ́р-
ся́вам, опетня́вам.
contemplate ['kɔntempleit] v съзер-
ца́вам; обми́слям; възнамеря́вам;
оча́квам.
contemplation [ˌkɔntem'pleiʃən] n съ-
зерца́ние; размишлѐние.
contemporary [kən'tempərəri] a съ-
врѐменен; n съвре́менник.
contempt [kən'tempt] n презрѐние; пре-
небрежѐние.
contemptible [kən'temptibl] a досто́ен
за презрѐние.
contemptuous [kən'temptjuəs] a пре-
зри́телен.
contend [kən'tend] v боря́ се; състе-
за́вам се; твърдя́; спо́ря.
content[1] [kən'tent] a дово́лен; n до-
во́лство; v задоволя́вам.
content[2] ['kɔntent] n съдържа́ние, вме-
сти́мост; pl съдържа́ние(*на кни́га*).
contented [kən'tentid] a дово́лен.
contention [kən'tenʃən] n съревно-
ва́ние; твърдѐние; спор; раздо́р.
contentment [kən'tentmənt] n дово́л-
ство; задово́лство.

contest[1] [kən'test] v състеза́вам се;
бо́ря се; спо́ря; оспо́рвам.
contest[2] ['kɔntest] n състеза́ние; бор-
ба́; спор
continent ['kɔntinənt] n контине́нт.
continental [ˌkɔnti'nentl] a континен-
та́лен; европѐйски.
continual [kən'tinjuəl] a непрекъ́снат,
безспи́рен; постоя́нен.
continually [kən'tinjuəli] adv постоя́н-
но.
continuance [kən'tinjuəns] n продъл-
жи́телност.
continuation [kənˌtinju'eiʃən] n про-
дължѐние.
continue [kən'tinju:] v продължа́вам,
тра́я; простѝрам се.
continuous [kən'tinjuəs] a продължи́те-
лен; непрекъ́снат.
contour ['kɔntuə] n очерта́ние, кон-
ту́ри.
contract[1] ['kɔntrækt] n до́говор, кон-
тра́кт.
contract[2] [kən'trækt] v сключвам до́го-
вор; сви́вам се; прихва́щам, придо-
би́вам, заразя́вам се от.
contracted [kən'træktid] a свит; съ-
кратѐн; кра́тък.
contraction [kən'trækʃən] n сви́ване;
кра́тка фо́рма.
contractor [kən'træktə] n предприе-
ма́ч.
contradict [ˌkɔntrə'dikt] v противоре-
ча́.
contradiction [ˌkɔntrə'dikʃən] n про-
тиворѐчие; несъответ́ствие.
contradictory ['kɔntrə'diktəri] a про-
тиворечи́в.
contrary ['kɔntrəri] a проти́вен; про-
тивополо́жен; n противополо́жност;
adv проти́вно на.
contrast[1] ['kɔntrɑːst] n противополо́ж-
ност, контра́ст.
contrast[2] [kən'trɑːst] v контрасти́рам;
съпоста́вям.
contribute [kən'tribjuːt] v допринаˊсям;
съдѐйствувам; сътру́днича.
contribution [ˌkɔntri'bjuːʃən] n при́-
нос; сътру́дничество; уча́стие.
contributor [kən'tribjutə] n сътру́дник;
дари́тел.
contrivance [kən'traivəns] n спо́соб,
срѐдство; приспособлѐние; за́ми-
съл, план.

contrive [kən'traiv] v замѝслям; изобретѝвам; съумѝвам.

control [kən'troul] n власт; надзѝр; v управлявам; контролѝрам; обуздавам.

controversy ['kɔntrəvə:si] n спор; каврà; несъгласие.

convalescent [ˌkɔnvə'lesənt] n, a оздравяващ.

convenience [kən'vi:niəns] n удобство.

convenient [kən'vi:niənt] a удобен.

convention [kən'venʃən] n събрание; конгрѐс; споразумѐние; конвѐнция; услѝвност.

conventional [kən'venʃənəl] a общоприѐт; услѝвен; обикновѐн.

conversation [ˌkɔnvə'seiʃən] n рàзговор, бесѐда.

converse [kən'və:s] v разговàрям, бесѐдвам.

conversion [kən'və:ʃən] n преврѝщане; покрѐстване.

convert [kən'və:t] v преврѝщам; покрѐствам.

convey [kən'vei] v нѝся, пренàсям; предàвам; прехвѝрлям.

conveyance [kən'veiəns] n прѐвоз; превѝзно срѐдство; юр прехвѝрляне.

convict¹ [kən'vikt] v осъждам.

convict² ['kɔnvikt] n затвѝрник, катѝржник.

conviction [kən'vikʃən] n осъждане; убеждѐние.

convince [kən'vins] v убеждàвам.

convincing [kən'vinsiŋ] a убедѝтелен.

convulsion [kən'vʌlʃən] n разтѝрсване; гѝрчене; конвѝлсия.

coo [ku:] v гугỳкам; n гỳкане.

cook [kuk] v гѝтвя; сварявам(се); скалѝпвам; n готвàч(ка).

cooker ['kukə] n готвàрска пѐчка.

cookery ['kukəri] n готвàрство.

cookie ['kuki] n вид бисквѝт.

cool [ku:l] a хлàден; спокѝен; безучàстен; v охлàждам(се).

coolness ['ku:lnis] n прохлàда; хлад, хладинà.

cooper ['ku:pə] n бѝчвàр.

co-operate [kou'ɔpəreit] v сътрỳднича; съдѐйствувам.

co-operation [kouˌɔpə'reiʃən] n сътрỳдничество; коoperàция.

---

co-operative [kou'ɔpərətiv] a съдѐйствуващ, кооператѝвен.

co-ordinate [kou'ɔ:rdineit] v съгласỳвам, координѝрам.

cop [kɔp] n сл полицàй; v хвàщам.

cope [koup] v спрàвям се.

copious ['koupiəs] a изобѝлен.

copper ['kɔpə] n мед; мѐдна монѐта; котѐл; a мѐден.

coppice, copse ['kɔpis,kɔps] n храсталàк, гъсталàк.

copy ['kɔpi] n кѝпие, брой, екземплѝр; v препѝсвам; копѝрам.

copybook ['kɔpibuk] n тетрàдка.

copyright ['kɔpirait] n àвторско прàво.

cord [kɔ:d] n връв, шнур; стрỳна, кѝрда.

cordial ['kɔ:diəl] a сърдѐчен; n подкрепѝтелно питиѐ.

cordiality [ˌkɔ:di'æliti] n сърдѐчност.

core [kɔ:] n сърцевинà; същинà.

cork [kɔ:k] n тàпа; корк; v запỳшвам с тàпа.

corkscrew ['kɔ:kskru:] n тирбушѝн.

corn¹ [kɔ:n] n мазѝл.

corn² [kɔ:n] n зѝрно; жѝто; зѝрнени хрàни; ам цàревица.

corner ['kɔ:nə] n ѝгъл; кът; v постàвям на тѐсно.

cornfield ['kɔ:nfi:ld] n нѝва.

cornflower ['kɔ:nflauə] n метлѝчина.

coronation [ˌkɔrə'neiʃən] n коронàсване.

corporal¹ ['kɔ:pərəl] a телѐсен.

corporal² ['kɔ:pərəl] n ефрѐйтор.

corporation [ˌkɔ:pə'reiʃən] n общинà; корпорàция; сдрỳжение.

corps [kɔ:], pl [kɔ:z] n кѝрпус.

corpse [kɔ:ps] n труп.

correct [kə'rekt] a прàвилен; тѝчен; v попрàвям; коригѝрам.

correction [kə'rekʃən] n попрàвка.

correspond [ˌkɔris'pɔnd] v отговàрям, съотвѐтствам; кореспондѝрам.

correspondence [ˌkɔris'pɔndəns] n съотвѐтствие; кореспондѐнция.

correspondent [ˌkɔris'pɔndənt] n кореспондѐнт; a съотвѐтен.

corresponding [ˌkɔris'pɔndiŋ] a съответен; съответствуващ.

corridor ['kɔridɔ:] n коридòр.

corrupt [kə'rʌpt] a поквàрен; развалèн; продàжен; v покварàвам; подкỳпвам.

corruption [kə'rʌpʃən] n поквàра; разложèние; корỳпция.

cosmic ['kɔzmik] a космѝчески.

cosmos ['kɔzmɔs] n вселèна, кòсмос.

cost [kɔ(:)st] v (pt, pp cost) стрỳвам; n ценà, стòйност; разнòски.

costly ['kɔ(:)stli] a скъп.

costume ['kɔstju:m] n костюм; национàлна носѝя.

cosy ['kouzi] a тòпъл; удòбен; уютен.

cot [kɔt] n кѝщичка; кошàра; дèтско кревàтче.

cottage ['kɔtidʒ] n кѝщичка; колѝба; вѝла.

cotton ['kɔtn] n памỳк; памỳчен конèц; памỳчен плат.

cottonwool ['kɔtn'wul] n сурòв(медицѝнски) памỳк.

couch [kautʃ] n дивàн, кушèтка.

cough [kɔf] v кашлям; n кàшлица.

could вж can.

council ['kaunsl] n съвèт; съвещàние.

councillor ['kaunsilə] n съвèтник.

counsel ['kaunsl] n съвèт; адвокàт; юр защѝта; v съвèтвам.

counsellor ['kaunslə] n съвèтник; ам адвокàт.

count [kaunt] v брой; счѝтам; разчѝтам; ѝмам значèние; n брòене; изчислѝване.

countenance ['kauntinəns] n изражèние на лицèто; насърчèние.

counter¹ ['kauntə] n тезгàх; щанд; жетòн.

counter² ['kauntə] a протѝвен; противоположен; adv протѝвно; обрàтно; v противопостàвям; парѝрам.

counteract [ˌkauntə'rækt] v противодèйствувам.

counterfeit ['kauntəfi(:)t] a подпрàвен; престòрен; v фалшифицѝрам; престрỳвам се; n фалшификàция.

counterpart ['kauntəpa:t] n съотвèтствие; еш.

counterpoint ['kauntəpɔint] n контрапỳнкт.

countess ['kauntis] n графѝня.

countless ['kauntlis] a безбрòен, неизбрòйм.

country ['kʌntri] n (рòдна) странà; провѝнция; сèло.

countryman ['kʌntrimən] (pl countrymen ['kʌntrimən])n селянин; сътèчественик.

countryside ['kʌntrisaid] n мèстност; окòлност.

county ['kaunti] n грàфство.

couple ['kʌpl] n двòйка, чифт; v свързвам, съединàвам.

courage ['kʌridʒ] n смèлост; хрàброст.

courageous [kə'reidʒəs] a смел, хрàбър.

course [kɔ:s] n ход; течèние; курс; ястие.

court [kɔ:t] n двор; дворèц; съд; тèнис игрѝще; v ухàжвам.

courteous ['kɔ:tiəs] a учтѝв, внимàтелен.

courtesy ['kə:tisi] n учтѝвост, любèзност; реверàнс.

courtier ['kɔ:tiə] n придвòрен.

courtly ['kɔ:tli] a вежлѝв, учтѝв; изтънчен.

court-martial ['kɔ:t'ma:ʃəl] n воèнен съд.

courtship ['kɔ:tʃip] n ухàжване.

courtyard ['kɔ:tja:d] n двор.

cousin ['kʌzn] n братовчèд; братовчèдка.

cove [kouv] n зàливче.

covenant ['kʌvinənt] n съглашèние, дòговор.

cover ['kʌvə] v покрѝвам; скрѝвам; обхвàщам; n покрѝвка; похлупàк; подвързѝя; прикрѝтие; претèкст.

coverlet ['kʌvəlit] n юргàн; завѝвка.

covet ['kʌvit] v сѝлно желàя.

covetous ['kʌvitəs] a àлчен.

cow [kau] n крàва.

coward ['kauəd] n страхлѝвец, мерзàвец.

cowardice ['kauədis] n страхлѝвост.

cowardly ['kauədli] a страхлѝв, малодỳшен.

cowboy ['kaubɔi] n каубòй; говедàр.

cower ['kauə] v свивам се.

cowslip ['kauslip] n иглика(дива).

coxcomb ['kɔkskoum] n глупак; самохвалко; конте.

coy [kɔi] a скромен, свенлив.

crab [kræb] n рак; техн скрипец.

crabbed ['kræbid] a свадлив, раздразнителен; нечетлив.

crack [kræk] n пукване; пукнатина; v пуквам(се); мутирам(за глас); троша(се), чупя(се).

cracked [krækt] a пукнат; смахнат.

cracker ['krækə] n бисквит; pl лешникотрошачка.

crackle ['krækl] n пращене; v пращя, пукам.

cradle ['kreidl] n люлка.

craft [krɑːft] n занаят; сръчност; лукавство; хитрост; самолет(pl craft).

craftsman ['krɑːftsmən] n занаятчия.

crafty ['krɑːfti] a хитър, лукав.

crag [kræg] n канара, скала.

cram [kræm] v натъпквам(се); назубрям.

cramp [kræmp] n схващане, сгърчване; кука, скоба; спънка; v преча.

cranberry ['krænbəri] n червена боровинка.

crane [krein] n жерав; техн подемен кран.

crank [kræŋk] n прищявка, каприз; чудак.

crash [kræʃ] n трясък; сгромолясване; катастрофа; фалит; v разбивам(се).

crate [kreit] n щайга; кош.

crater ['kreitə] n кратер.

crave [kreiv] v жадувам, копнея.

craven ['kreivn] a страхлив, малодушен; n страхливец.

craving ['kreiviŋ] n силно желание, копнеж.

crawl [krɔːl] v пълзя, лазя; гъмжа.

craze [kreiz] n мания, лудост; мода.

crazy ['kreizi] a луд, побъркан, смахнат.

creak [kriːk] v скърцам, скрибуцам; n скърцане.

cream [kriːm] n каймак, сметана; крем.

crease [kriːs] n гънка; ръб на панталон; v мачкам (се).

create [kri'eit] v творя, създавам.

creation [kri'eiʃən] n създание, творение.

crockery 163

creative [kri'eitiv] a творчески.

creator [kri'eitə] n създател, творец.

creature ['kriːtʃə] n създание, твар.

credit ['kredit] n вяра, доверие; чест; добро име; v вярвам.

creditable ['kreditəbl] a похвален.

creditor ['kreditə] n кредитор.

credulity [kri'djuːliti] n доверчивост, лековерие.

credulous ['kredjuləs] a доверчив, лековерен.

creed [kriːd] n вяра; убеждение.

creek [kriːk] n заливче; поточе.

creep [kriːp] v (pt, pp crept [krept]) пълзя, лазя; промъквам се; n pl тръпки.

crept вж creep.

crescent ['kresnt] n полумесец; новолуние; a нарастващ.

crest [krest] n гребен(на планина, птица и пр.); грива.

crestfallen ['krestfɔːlən] a клюмнал, паднал духом, унил.

crevice ['krevis] n пукнатина, цепнатина.

crew [kruː] n екипаж, команда; тайфа.

crib [krib] n детско креватче; колибка; ясли; плагиатство.

cricket ['krikit] n щурец.

crime [kraim] n престъпление.

criminal ['kriminəl] a престъпен, криминален; n престъпник.

crimson ['krimzn] a тъмночервен; v зачервявам се.

cringe [krindʒ] v свивам се; раболепнича.

cripple ['kripl] n сакат човек; v осакатявам.

crisp [krisp] a хрупкав, крехък; свеж; жив; къдрав.

critic ['kritik] n критик.

critical ['kritikəl] a критически; критичен.

criticism ['kritisizm] n критика; рецензия.

criticize ['kritisaiz] v критикувам.

croak [krouk] v крякам; грача; n крякане; грачене.

crockery ['krɔkəri] n пръстени съдове.

crocodile ['krɔkədail] *n* крокодил.

crocus ['kroukəs] *n* минзухàр.

crook [kruk] *n* кривàк; извѝвка, завòй; мошèник.

crooked ['krukid] *a* крив, изкривèн; непочтèн.

crop [krɔp] *n* пòсев; жѐтва; рекòлта; *v* засàвам; дàвам рекòлта; подрàзвам кѐсо.

cross¹ [krɔs] *n* крѐст; крѐстòсване; изпитàние; *v* пресѝчам; крѐстòсвам(се); задрàсквам.

cross² [krɔs] *a* напрèчен; обрàтен; сърдѝт.

crossing ['krɔsiŋ] *n* пресѝчане; пресèчка.

crossroad ['krɔsroud] *n* крѐстопѐт.

crosswise ['krɔswaiz] *adv* крѐстòсано, на крѐст.

crotchet ['krɔtʃit] *n* четвъртѝна нòта; прищàвка, капрѝз.

crouch [krautʃ] *v* навèждам се; свѝвам се; раболèпнича.

crow [krou] *n* гàрга, врàна; *v* кукурѝгам; ликувам.

crowd [kraud] *n* тѐлпà; мнòжество; мàса; *v* трупам се; тѐлпà се.

crowded ['kraudid] *a* препѐлнен, претѐпкан.

crown [kraun] *n* венèц; корòна; крòна; *v* увенчàвам; коронàсвам; завѐршвам.

crucial ['kru:ʃəl] *a* решѝтелен, критѝчен.

crucify ['kru:sifai] *v* разпѝвам на крѐст.

crude [kru:d] *a* сурòв, необрабòтен; груб, недодàлан.

cruel [kruəl] *a* жестòк.

cruelty ['kruəlti] *n* жестòкост.

cruise [kru:z] *v* крѐстòсвам морèта; *n* пътешèствие по морè.

cruiser ['kru:zə] *n* крѐстосвàч, крàйцер.

crumb [krʌm] *n* трохà; парчèнце, частѝца.

crumble ['krʌmbl] *v* трошà (се), рòня(се); рушà(се).

crumple [krʌmpl] *v* мàчкам, смàчквам(се); набѝрам(се); рỳхвам.

crunch [krʌntʃ] *v* хрỳскам; хрущà; скѐрцам; *n* хрỳскане; скѐрцане.

crusade [kru:'seid] *n* крѐстонòсен пòход.

crusader [kru:'seidə] *n* крѐстонòсец.

crush [krʌʃ] *v* смàчквам; смàзвам; унищожàвам; *n* навàлица.

crust [krʌst] *n* корà; *v* хвàщам корà.

crutch [krʌtʃ] *n* пàтерица; опòра, подкрèпа.

cry [krai] *v* вѝкам; плàча; *n* вик; плач.

crystal ['kristəl] *n* кристàл; *a* кристàлен.

cub [kʌb] *n* зверчè(мечè, вѐлчè и пр.)

cube [kju:b] *n* куб; *v* повдѝгам на куб.

cubic ['kju:bik] *a* кубѝчески.

cuckoo ['kuku:] *n* кỳкувица; *a* глỳпав.

cucumber ['kju:kʌmbə] *n* крàставица.

cuddle ['kʌdl] *v* прегрѐщам; сгỳшвам се; притѝскам се.

cudgel ['kʌdʒəl] *n* сòпа, тоàга; *v* бѝя с прèчка.

cue [kju:] *n* билàрдна щèка; рèплика; загàтване, нàмек.

cuff [kʌf] *n* маншèт, рѐкавèл.

culminate ['kʌlmineit] *v* достѝгам врѐхната си тòчка.

culprit ['kʌlprit] *n* обвинàем, подсѐдим; винòвник.

cult [kʌlt] *n* култ.

cultivate ['kʌltiveit] *v* обрабòтвам, култивѝрам.

cultivated ['kʌltiveitid] *a* обработвàем; култỳрен.

cultivation [ˌkʌlti'veiʃən] *n* обрабòтване; отглèждане; култивѝране.

cultural ['kʌltʃərəl] *a* култỳрен.

culture ['kʌltʃə] *n* култỳра.

cultured ['kʌltʃəd] *a* образòван; култỳрен.

cunning ['kʌniŋ] *a* лукàв, хѝтър; изкỳсен; *ам* прèлестен; *n* умèние; лукàвство.

cup [kʌp] *n* порцелàнова чàша; кỳпа.

cupboard ['kʌbəd] *n* бюфèт, шкаф; килèр.

cupful ['kʌpful] *n* чàша(мàрка).

cur [kə:] *n* пес; грубиàн; страхлѝвец.

curb [kə:b] *n* юздà; спирàчка; бордюр; *v* обуздàвам, спѝрам.

cure [kjuə] *n* лек, цяр; лекуване; *v* (из)лекỳвам.

curfew ['kə:fju:] *n* полицèйски час.

curiosity [ˌkjuəriˈɔsiti] n любопѝтство; любознѝтелност; рядкост.

curious [ˈkjuəriəs] a любопѝтен; любознѝтелен; стрѝнен.

curl [kə:l] n къдрѝца, бýкла; извѝвка; v къдря (се); вѝя(се).

curly [ˈkə:li] a къдрав.

currant [ˈkʌrənt] n стафѝда.

currency [ˈkʌrənsi] n валýта; употрѐба; обрѫщѐние.

current [ˈkʌrənt] a текýщ; общоприѐт; n струя, течѐние; ход; ток.

curriculum [kəˈrikjuləm] n учѐбен план, програма.

curse [kə:s] n клѐтва; проклятие; ругатня; v кълна; ругая.

curt [kə:t] a отсѐчен, лаконѝчен, рязък.

curtail [kəˈteil] v скъсѝвам; съкращавам.

curtain [ˈkə:tn] n завѐса; пердѐ.

curtsey [ˈkə:tsi] n реверанс; v правя реверанс.

curve [kə:v] n извѝвка, крѝва; v извѝвам.

cushion [ˈkuʃn] n възглавница за сядане.

custard [ˈkʌstəd] n крем карамѐл.

custody [ˈkʌstədi] n опѐка; охрана; арѐст.

custom [ˈkʌstəm] n навик, обичай; pl мѝто; мѝтница.

customary [ˈkʌstəməri] a обичаен.

customer [ˈkʌstəmə] n клиѐнт.

custom-house [ˈkʌstəmhaus] n мѝтница.

cut [kʌt] v (pt, pp cut) рѐжа; крой; сека; пресѝчам; съкращавам; пренебрѐгвам; n порязване; съкращѐние; крóйка.

cute [kju:t] a ýмен; изкýсен; ам хýбав.

cutlery [ˈkʌtləri] n ножарски изделия.

cutlet [ˈkʌtlit] n котлѐт.

cutter [ˈkʌtə] n катер; резачка; кройч.

cutting [ˈkʌtiŋ] n изрязка; a óстър; пронѝзващ; язвѝтелен.

cycle [ˈsaikl] n цѝкъл; велосипѐд; v карам велосипѐд.

cyclist [ˈsaiklist] n колоездач, велосипедѝст.

cylinder [ˈsilində] n цилѝндър.

cynical [ˈsinikəl] a скептѝчен; цинѝчен.

cynicism [ˈsinisizm] n невѐрие в добрóто; цинѝзъм.

cypress [ˈsaiprəs] n кипарис.

cyst [sist] n кѝста.

D

dad, daddy [dæd, ˈdædi] n тѝтко.

daffodil [ˈdæfədil] n нарцис(жѫлт).

dagger [ˈdægə] n кама.

dahlia [ˈdeiljə] n гергѝна.

daily [ˈdeili] a ежеднѐвен; n ежеднѐвник; adv ежеднѐвно.

dainty [ˈdeinti] a нѐжен, изѝщен; вкýсен n; деликатѐс, лакомство.

dairy [ˈdɛəri] n мандра; магазѝн за млѐчни произведѐния.

daisy [ˈdeizi] n маргарѝтка.

dale [deil] n долина.

dam [dæm] n язовѝр, бент; v завирявам; запрѝщвам.

damage [ˈdæmidʒ] n вреда; щета; поврѐда; pl обезщетѐние; v поврѐждам.

damn [dæm] v осъждам; проклѝнам; int по дяволите!

damned [dæmd] a пуст, проклѐт.

damp [dæmp] a влажен; n влага; навлажнявам; обезсърчавам.

damsel [ˈdæmzl] n ост девойка.

dance [dɑːns] v танцувам; n танц.

dancer [ˈdɑːnsə] n танцьóр, танцьóрка.

dandelion [ˈdændilaiən] n глухарче.

dandy [ˈdændi] n контѐ.

danger [ˈdeindʒə] n опасност.

dangerous [ˈdeindʒərəs] a опасен.

dangle [ˈdæŋgl] v висѝ; клатя (се).

dare [dɛə] v смѐя; дрѣзвам; предизвѝквам.

daring [ˈdɛəriŋ] a смел, дѣрзък; n смѐлост; дързост.

dark [daːk] a тѣмен; чѐрен; мрѣчен; n тъмнинѐ, мрак.

darken [ˈdaːkn] v затъмнѝвам; потъмнѝвам.

darkness [ˈdaːknis] n тъмнинѐ, мрак; невѐжество.

darling [ˈdaːliŋ] n любѝмец; a любѝм, мил.

darn [daːn] v кѣрпя, замрѐжвам; n репрѝз; int по дѝволите!

dart [daːt] v спѝскам се; стрѐлвам се; побѝгвам; n втѝрване; лѐко кѐпие.

dash [dæʃ] v хвѣрлям; ѝдрям се; разбѝвам се; n замѣх; тирѐ; бѝгане на кѣсо ѝазстоѝние.

dashing [ˈdæʃiŋ] a смел; стремѝтелен; пѝщен.

data [ˈdeitə] n (pl) дѝнни.

date [deit] n дѝта; срѐща; v датѝрам.

daughter [ˈdɔːtə] n дъщерѝ.

daughter-in-law [ˈdɔːtərinlɔː] n снахѐ.

daunt [dɔːnt] v плѣша; обезсърчѝвам.

dauntless [ˈdɔːntlis] a неустрашѝм.

dawn [dɔːn] v зазорѝвам се, стѝвам ѝсен; n зорѐ, зазорѝване.

day [dei] n ден; денонѐщие.

daybreak [ˈdeibreik] n разсѣмване, зазорѝване.

daydream [ˈdeidriːm] n мечтѐ, блян; v мечтѝя.

daylight [ˈdeilait] n днѐвна светлинѐ.

daytime [ˈdeitaim] n ден.

daze [deiz] v замѝйвам, зашеметѝвам; n зашеметѝване.

dazzle [ˈdæzl] v заслепѝвам.

dazzling [ˈdæzliŋ] a ослепѝтелен, замѝйващ.

dead [ded] a мѣртъв; изтрѣпнал, безчѝвствен; adv съвсѐм.

deadlock [ˈdedlɔk] n застѐй; безизхѐдица.

deadly [ˈdedli] a смѣртен; adv смѣртно; съвсѐм.

deaf [def] a глух.

deafen [ˈdefn] v заглушѝвам.

deal [diːl] v (pt, pp **dealt** [delt]) дѝвам; раздѝвам; търгѝвам; занимѝвам се с; n сдѐлка; дял.

dealer [ˈdiːlə] n търгѐвец.

dealing [ˈdiːliŋ] n отношѐние; повѐдение; pl взѐмане-дѝване.

dealt вж **deal**.

dean [diːn] n декѝн; доайѐн.

dear [diə] a мил, драг, скъп; adv скѣпо.

dearly [ˈdiəli] adv скѣпо; мнѐго.

dearth [dəːθ] n недѐстиг; оскѣдица.

death [deθ] n смърт.

death rate [ˈdeθreit] n смѣртност.

debate [diˈbeit] v разѝсквам; спѐря; n спор; разѝскване.

debris [ˈdebriː] n развалинѝ; отлѐмки, остѝтъци.

debt [det] n дълг; pl задължѐния.

debtor [ˈdetə] n длъжнѝк.

decade [ˈdekeid] n десетилѐтие.

decay [diˈkei] v развѝлям се, гнѝя, западѝм; n упадѣк; разрѝха; гнѝене.

decease [diˈsiːs] v умѝрам; n смърт.

deceased [diˈsiːst] v покѐйник; a покѐен; умрѝл.

deceit [diˈsiːt] n измѝма.

deceitful [diˈsiːtful] a измѝмен, лѣжлѝв.

deceive [diˈsiːv] v измѝмвам, мѝмя, лѣжа.

December [diˈsembə] n декѐмври.

decency [ˈdiːsənsi] n благоприлѝчие.

decent [ˈdiːsənt] a прилѝчен; подходѝщ; задоволѝтелен.

deception [diˈsepʃən] n измѝма.

decide [diˈsaid] v решѝвам.

decided [diˈsaidid] a решѝтелен, твърд, непоколебѝм; определѐн, ѝсен.

decision [diˈsiʒən] n решѐние.

decisive [diˈsaisiv] a решѝтелен, решѝващ.

deck [dek] n пѝлуба; v украсѝвам.

declaration [ˌdekləˈreiʃən] n изявлѐние, деклерѝция; обявѝване.

declare [diˈklɛə] v заявѝвам; декларѝрам.

decline [diˈklain] v откѣзвам, отклонѝвам; западѝм, влошѝвам се; n западѝне; упадѣк.

decompose [ˌdiːkəmˈpouz] v разпѝдам се; разлѝгам се.

decorate [ˈdekəreit] v украсѝвам, декорѝрам.

decoration [ˌdekə'reiʃən] *n* украса; украшѐние; медал.

decorative ['dekərətiv] *a* декоратѝвен.

decorum [di'kɔ:rəm] *n* благоприлѝчие.

decoy [di'kɔi] *n* примамка; *v* примамвам.

decrease[1] [di(:)'kri:s] *v* намалявам(се).

decrease[2] ['di:kri:s] *n* намаляване; намалѐние.

decree [di'kri:] *n* указ, постановлѐние, декрѐт; *v* постановявам.

dedicate ['dedikeit] *v* посвещавам.

deduct [di'dʌkt] *v* изваждам; приспадам; заключавам.

deduction [di'dʌkʃən] *n* изваждане; ѝтбив; умозаключѐние.

deed [di:d] *n* дѐло, деяние; акт.

deem [di:m] *v* вярвам, мѝсля, счѝтам.

deep [di:p] *a* дълбѝк; затѐнал.

deepen ['di:pən] *v* задълбочавам(се).

deer [diə] *n* (*pl* deer) елѐн.

default [di'fɔ:lt] *n* неустѝйка; неявяване.

defeat [di'fi:t] *v* побеждавам, бѝя, разбѝвам, разгромявам; провалям.

defect [di'fekt] *n* недостатък, дефѐкт.

defective [di'fektiv] *a* дефѐктен; непѝлен.

defence [di'fens] *n* защѝта; отбрана; *pl* укреплѐния.

defend [di'fend] *v* защитавам, браня.

defendant [di'fendənt] *n* обвиняем, отвѐтник.

defender [di'fendə] *n* защѝтник.

defensive [di'fensiv] *a* отбранѝтелен; *n* отбрана.

defer [di'fə:] *v* отлагам; забавям; отсрѝчвам; отстѝпвам, покорявам се.

deference ['defərəns] *n* уважѐние, пѝчит; покѝрност.

deferential [ˌdefə'rənʃəl] *a* почтѝтелен.

defiance [di'faiəns] *n* предизвикателство; непокѝрство.

defiant [di'faiənt] *a* предизвикателен, непокѝрен.

deficiency [di'fiʃənsi] *n* непълнота; недѝстиг.

deficient [di'fiʃənt] *a* непѝлен; недостатъчен.

defile [di'fail] *v* замърсявам; петня; покварям; осквернявам.

define [di'fain] *v* определям, дефинѝрам; очертавам.

definite ['definit] *a* определѐн; ясен; сѝгурен; тѝчен.

definition [ˌdefi'niʃən] *n* определѐние, дефинѝция.

deformed [di'fɔ:md] *a* обезобразѐн, обезформѐн, уродлѝв.

deformity [di'fɔ:miti] *n* обезобразѐност, уродлѝвост.

deft [deft] *a* срѐчен, лѝвък.

defy [di'fai] *v* предизвѝквам; противопоставям се.

degenerate [di'dʒenəreit] *v* израждам се, дегенерѝрам.

degradation [ˌdegrə'deiʃən] *n* унижѐние; понижѐние; срам, позѝр; морално падѐние.

degrade [di'greid] *v* унижавам; понижавам; израждам се.

degree [di'gri:] *n* стѐпен; ѝчена стѐпен; градус.

deign [dein] *v* благоволявам.

deity ['di:iti] *n* божествѝ.

dejected [di'dʒektid] *a* тѝжен, мрачен; обезсѝрчѐн, потѝснат.

delay [di'lei] *v* отлагам; забавям, бавя(се); *n* забавяне, закъснѐние.

delegate ['deligit] *n* делегат.

delegation [ˌdeli'geiʃən] *n* делегация; делегѝране.

deliberate[1] [di'libəreit] *v* обмѝслям; обсѝждам.

deliberate[2] [di'libərit] *a* обмѝслен; умѝшлен; бавен; преднамѐрен.

deliberation [diˌlibə'reiʃən] *n* обмѝсляне, обсѝждане; бавност; предпазлѝвост.

delicacy ['delikəsi] *n* нѐжност; изящность; деликатност; лакомство.

delicate ['delikit] *a* нѐжен, изящен, фин; крѐхък, деликатен.

delicious [di'liʃəs] *a* прекрасен; вкусен.

delight [di'lait] *v* радвам, очаровам, възхищавам; *n* възхищѐние, наслада.

delighted [di'laitid] *a* очарован, възхитѐн.

delightful [di'laitful] *a* възхитѝтелен.

delinquent [di'liŋkwənt] *n* нарушѝтел, провинѝн.

deliver [di'livə] v предавам, доставям; изнасям (реч, доклад); освобождавам.

deliverance [di'livərəns] n освобождение, избавление.

deliverer [di'livərə] n избавител; разносвач.

delivery [di'livəri] n доставяне, доставка.

dell [del] n долинка.

delude [di'lu:d] v заблуждавам.

deluge ['delju:dʒ] v потопявам, наводнявам, заливам; n потоп, порой.

delusion [di'lu:ʒən] n заблуждение, самоизмама.

demand [di'ma:nd] v искам; n искане, търсене.

demeanour [di'mi:nə] n поведение, държане, обноски.

democracy [di'mɔkrəsi] n демокрация.

democratic [ˌdemə'krætik] a демократичен.

demolish [di'mɔliʃ] v събарям, разрушавам; унищожавам.

demon ['di:mən] n дявол, демон.

demonstrate ['demənstreit] v доказвам; манифестирам; демонстрирам.

demonstration ['demən'streiʃən] n доказателство; манифестация; демонстриране.

demure [di'mjuə] a скромен; сериозен; свенлив.

den [den] n бърлога, хралупа, леговище; дупка.

denial [di'naiəl] n отказ; отричане, опровержение.

denomination [diˌnɔmi'neiʃən] n име; категория, класа; стойност.

denote [di'nout] v означавам, знача.

denounce [di'nauns] v порицавам; предавам; отхвърлям; денонсирам.

dense [dens] a гъст, плътен; глупав.

density ['densiti] n гъстота, плътност.

dental ['dentl] a зъбен.

dentist ['dentist] n зъболекар.

denunciation [diˌnʌnsi'eiʃən] n порицание; отхвърляне, денонсиране.

deny [di'nai] v отричам; отказвам; опровергавам.

depart [di'pa:t] v заминавам, тръгвам; отклонявам се.

department [di'pa:tmənt] n отдел, клон; ам министерство; факултет.

departure [di'pa:tʃə] n заминаване, тръгване; отклонение.

depend [di'pend] v завися; разчитам.

dependable [di'pendəbl] a на когото може да се разчита, сигурен, изпитан, доверен.

dependant (dependent) [di'pendənt] a зависим, подчинен.

dependence [di'pendəns] n зависимост, подчинение; доверие.

depict [di'pikt] v описвам, обрисувам.

deplorable [di'plɔ:rəbl] a окаян; нежелателен; злополучен.

deplore [di'plɔ:] v оплаквам; съжалявам за.

deploy [di'plɔi] v разгръщам (фронт).

deportment [di'pɔ:tmənt] n държане, поведение; стойка.

depose [di'pouz] v отстранявам; детронирам.

deposit [di'pɔzit] v влагам; депозирам; утаявам; n влог, депозит; нанос, утайка.

depot ['depou] n склад; депо; ам гара.

depreciate [di'pri:ʃieit] v обезценявам (се); подценявам.

depress [di'pres] v угнетявам, потискам; натискам, налягам.

depressed [di'prest] a угнетен, потиснат, унил.

depression [di'preʃən] n угнетеност, потиснатост, депресия, криза; падина.

deprivation [ˌdepri'veiʃən] n лишение; лишаване.

deprive [di'praiv] v лишавам.

depth [depθ] n дълбочина.

deputy ['depjuti] n заместник.

deride [di'raid] v осмивам, присмивам се.

derision [di'riʒən] n осмиване, присмех.

derisive [di'raisiv] a подигравателен, присмехулен.

derive [di'raiv] v извличам, получавам; произлизам.

derogatory [di'rɔgətəri] a пренебрежителен; унизителен.

descend [di'send] v слизам, спускам се; произлизам.

descendant [di'sendənt] n потомък.

descent [di'sent] n слизане, спускане; произход, потекло; десант.

describe [dis'kraib] v описвам

description [dis'kripʃən] n описание; сорт, вид.

descriptive [dis'kriptiv] a описателен.

desert¹ [di'zə:t] v напускам, изоставям.

desert² ['dezət] n пустиня; a пуст, пустинен.

desertion [di'zə:ʃən] n изоставяне.

deserve [di'zə:v] v заслужавам.

deserving [di'zə:viŋ] a заслужаващ, достоен.

design [di'zain] n план, чертеж; десен; устройство; намерение; v скицирам; замислям, възнамерявам.

designate ['dezigneit] v означавам; назначавам, определям.

designer [di'zainə] n проектант; интригант.

desirable [di'zaiərəbl] a желателен.

desire [di'zaiə] v желая; n желание.

desirous [di'zaiərəs] a желаещ.

desk [desk] n бюро, писалище; чин.

desolate¹ ['desəlit] a пуст, самотен; необитаем; изоставен.

desolate² ['desəleit] v опустошавам; изоставям.

desolation [,desə'leiʃən] n опустошение; самота; мъка.

despair [dis'pɛə] v отчайвам се; n отчаяние.

despairing [dis'pɛəriŋ] a отчаян; безнадежден.

desperate ['despərit] a отчаян; безразсъден; безнадежден.

desperation [,despə'reiʃən] n отчаяние; безразсъдство.

despicable ['despikəbl] a презрян, окаян; подъл.

despise [dis'paiz] v презирам.

despite [dis'pait] prep въпреки.

dessert [di'zə:t] n десерт.

destination [,desti'neiʃən] n местоназначение; предназначение.

destine ['destin] v предназначавам; предопределям.

destiny ['destini] n предопределение; съдба.

destitute ['destitju:t] a лишен; бедствуващ.

destroy [dis'troi] v разрушавам; унищожавам.

destruction [dis'trʌkʃən] n разрушение, унищожение; гибел.

destructive [dis'trʌktiv] a разрушителен, унищожителен.

detach [di'tætʃ] v отделям; откачам.

detached [di'tætʃt] a отделен; самостоятелен; безпристрастен.

detachment [di'tætʃmənt] n отделяне; безпристрастност; отряд.

detail ['di:teil] v разказвам подробно; n подробност.

detain [di'tein] v задържам.

detect [di'tekt] v откривам.

detective [di'tektiv] n детектив.

deter [di'tə:] v възпирам.

deteriorate [di'tiəriəreit] v влошавам (се).

determination [di,tə:mi'neiʃən] n определение; решителност, непоколебимост.

determine [di'tə:min] v определям, обуславям; решавам.

determined [di'tə:mind] a решителен, непоколебим, твърд.

detest [di'test] v мразя, ненавиждам; отвращавам се.

detestable [di'testəbl] a омразен, противен, отвратителен.

devastate ['devəsteit] v опустошавам.

develop [di'veləp] v развивам (се); проявявам; усъвършенствувам.

development [di'veləpmənt] n развитие; развой; pl събития.

device [di'vais] n план, замисъл; средство, приспособление.

devil ['devl] n дявол.

devise [di'vaiz] v измислям; изобретявам; изнамирам.

devoid [di'void] a лишен; празен.

devote [di'vout] v посвещавам; отдавам.

devoted [di'voutid] a предан; любящ; предаден, посветен.

devotion [di'vouʃən] n преданост; любов; набожност.

devour [di'vauə] v поглъщам; изяждам.

devout [di'vaut] *a* набо́жен; и́скрен.

dew [dju:] *n* роса́.

dewy ['dju:i] *a* ро́сен.

dexterity [deks'teriti] *n* сръ́чност, ло́вкост, похва́тност.

diagram ['daiəgræm] *n* диагра́ма.

dial ['daiəl] *n* ци́ферблат, ска́ла; *v* наби́рам телефо́нен но́мер.

dialect ['daiəlekt] *n* диале́кт, наре́чие.

dialogue ['daiələg] *n* диало́г.

diameter [dai'æmitə] *n* диаме́тър.

diamond ['daiəmənd] *n* диама́нт; каро́(*ка́рта*).

diary ['daiəri] *n* дне́вник.

dice [dais] *n (pl)* за́рове.

dictate [dik'teit] *v* дикту́вам.

dictation [dik'teiʃən] *n* дикто́вка.

dictatorship [dik'teitəʃip] *n* диктату́ра.

dictionary ['dikʃənəri] *n* ре́чник.

did *вж* do.

die [dai] *v* умира́м.

diet ['daiət] *n* храна́; дие́та.

differ ['difə] *v* различа́вам(се); изразя́вам несъгла́сие.

difference ['difrəns] *n* ра́злика; разли́чие; несъгла́сие; спор.

different ['difrənt] *a* разли́чен; друг; отде́лен.

difficult ['difikəlt] *a* тру́ден, мъ́чен, те́жък.

difficulty ['difikəlti] *n* тру́дност, мъ́чнотия́.

diffuse [di'fju:z] *v* разпръ́сквам(се); разпространя́вам (се).

dig [dig] *v (pt, pp* dug [dʌg]) копа́я; ро́вя; изкопа́вам; му́шкам.

digest¹ ['daidʒest] *n* извлече́ние, резюме́.

digest² [dai'dʒest] *v* сми́лам (се).

digestion [dai'dʒestʃən] *n* храносми́лане.

dignified ['dignifaid] *a* досто́ен; серио́зен; вели́чествен.

dignify ['dignifai] *v* велича́я, въздѝгам.

dignity ['digniti] *n* досто́йнство.

dike [daik] *n* ди́га.

dilligence ['dilidʒəns] *n* прилежа́ние, усъ́рдие; трудолю́бие.

dilligent ['dilidʒənt] *a* приле́жен; трудолюби́в.

dim [dim] *a* нея́сен, сму́тен; замъгле́н; *v* замъгля́вам(се); затъмня́вам.

dime [daim] *n* дайм (*моне́та от 10 це́нта*).

dimension [di'menʃən] *n* измере́ние; *pl* разме́р; значе́ние, ва́жност.

diminish [di'miniʃ] *v* намаля́вам(се).

diminutive [di'minjutiv] *a* умали́телен; *n* умали́телно и́ме.

dimple ['dimpl] *n* трапчи́нка(*на бу́за*).

din [din] *n* вра́ва, глъч, шум.

dine [dain] *v* обя́двам; вече́рям.

dingy ['dindʒi] *a* мъ́тен; нечи́ст; избеля́л; мра́чен; дри́пав.

dinner ['dinə] *n* о́бед; вече́ря.

dip [dip] *v* пота́пям(се); че́рпя; греба́; бръ́квам.

diplomacy [di'pləməsi] *n* дипломация.

dipper ['dipə] *n* черпа́к.

dire ['daiə] *a* ужа́сен, стра́шен; кра́ен.

direct [d(a)i'rekt] *a* пряк; непосре́дствен; прям; *v* ръково́дя; отпра́вям, насо́чвам.

direction [d(a)i'rekʃən] *n* посо́ка.

directly [d(a)i'rektli] *adv* пря́ко; напра́во; ведна́га.

director [di'rektə] *n* дире́ктор.

dirge [də:dʒ] *n* погреба́лна пе́сен.

dirt [də:t] *n* мръсотия́, нечистотия́, смет; земя́; пръст.

dirty ['də:ti] *a* мръ́сен; *v* мърся́, ца́пам.

disable [dis'eibl] *v* осакатя́вам, пра́вя него́ден.

disadvantage [,disəd'va:ntidʒ] *n* неудо́бство, спъ́нка, несго́да; у́щърб.

disagree [,disə'gri:] *v* изразя́вам несъгла́сие; не съотве́тствувам; ка́рам се със.

disagreeable [,disə'griəbl] *a* неприя́тен, проти́вен.

disagreement [,disə'gri:mənt] *n* несъгла́сие; разли́чие; кавга́.

disappear [,disə'piə] *v* изче́звам.

disappearance [,disə'piərəns] *n* изче́зване.

disappoint [,disə'point] *v* разочаро́вам.

disappointment [,disə'pointmənt] *n* разочарова́ние.

disapproval [,disə'pru:vəl] *n* неодобре́ние.

disapprove [,disə'pru:v] *v* не одобря́вам.

disarm [dis′ɑːm] v обезоръжа̀вам; разоръжа̀вам(се).

disarmament [dis′ɑːməmənt] n разоръжа̀ване.

disaster [di′zɑːstə] n нещѐстие, беда̀, бѐдствие.

disastrous [di′zɑːstrəs] a бѐдствен; съкруши̇телен.

discard [dis′kɑːd] v захвъ̀рлям; изоста̀вям, отка̀звам се от.

discern [di′səːn] v различа̀вам.

discharge [dis′tʃɑːdʒ] v разтова̀рвам; изстрѐлвам; уволня̀вам.

discipline [′disiplin] n дисциплѝна.

disclose [dis′klouz] v разкрѝвам; пока̀звам.

discomfort [dis′kʌmfət] n неудо̀бство; тру̀дност.

disconcert [‚diskən′səːt] v смуща̀вам; разстро̀йвам, объ̀рквам.

discontent [‚diskən′tent] n недово̀лство.

discontented [‚diskən′tentid] a недово̀лен.

discord [dis′kɔːd] n несъгла̀сие, раздо̀р; дисона̀нс.

discount [′diskaunt] n шко̀нто, намалѐние.

discourage [dis′kʌridʒ] v обезсърча̀вам.

discouragement [dis′kʌridʒmənt] n обезсърчѐние; обезсърча̀ване.

discourse [dis′kɔːs] n бесѐда; ра̀зговор; ска̀зка; v разгова̀рям, бесѐдвам.

discover [dis′kʌvə] v открѝвам; разкрѝвам.

discovery [dis′kʌvəri] n открѝтие; разкрѝване.

discredit [dis′kredit] v поста̀вям под съмнѐние; злепоста̀вям.

discreet [dis′kriːt] a сдъ̀ржан; благоразу̀мен.

discrepancy [dis′krepənsi] n несъотвѐтствие; разлѝчие; противорѐчие.

discretion [dis′kreʃən] n сдъ̀ржаност; благоразу̀мие; усмотрѐние, прецѐнка.

discuss [dis′kʌs] v разѝсквам, обсъ̀ждам.

discussion [dis′kʌʃən] n разѝскване, обсъ̀ждане.

disdain [dis′dein] v презѝрам; пренебрѐгвам; n пренебрежѐние.

disease [di′ziːz] n бо̀лест.

diseased [di′ziːzd] a бо̀лен, заболя̀л.

disfigure [dis′figə] v обезформя̀вам, обезобразя̀вам.

disgrace [dis′greis] n позор, срам; немѝлост; v позоря̀, срамя̀.

disgraceful [dis′greisful] a позо̀рен, сра̀мен.

disguise [dis′gaiz] n ма̀ска, прикрѝтие; v предреша̀вам; замаскѝрам.

disgust [dis′gʌst] n отвращѐние, погну̀са; v отвраща̀вам; възмуща̀вам.

dish [diʃ] n чинѝя, панѝца, съд; я̀стие, блю̀до.

dishearten [dis′hɑːtən] v обезсърча̀вам, обезкуража̀вам.

dishonest [dis′ɔnist] a нечѐстен, непочтѐн.

dishonour [dis′ɔnə] v позоря̀, безчестя̀; n позо̀р, безчѐстие.

dishonourable [dis′ɔnərəbl] a безчѐстен, непочтѐн; сра̀мен.

disinterested [dis′intristid] a безко̀ристен; незаинтересо̀ван.

disk [disk] n диск; грамофо̀нна пло̀ча.

dislike [dis′laik] v не харѐсвам; мра̀зя; n антипа̀тия; отвращѐние.

dismal [′dizməl] a мра̀чен; безра̀достен.

dismay [dis′mei] v слѝсвам, изпла̀швам; n слѝсване, упла̀ха.

dismiss [dis′mis] v отпра̀щам; разпу̀скам; уволня̀вам; прого̀нвам.

dismissal [dis′misəl] n отпра̀щане; уволнѐние.

dismount [dis′maunt] v слѝзам (от кон и пр.); сва̀лям, демонтѝрам.

*• **disobedience** [‚disə′biːdjəns] n неподчинѐние, непослуша̀ние.

disobey [‚disə′bei] v не се подчиня̀вам.

disorder [dis′ɔːdə] n безрѐдие; безрѐдица; разстро̀йство; бо̀лест.

disown [dis′oun] v отрѝчам се от.

dispatch [dis′pætʃ] v изпра̀щам; извъ̀ршвам бъ̀рзо; n изпра̀щане; бързина̀.

dispel [dis′pel] v разпръ̀свам, разсѐйвам; прого̀нвам.

dispense [dis′pens] v разда̀вам; минѐвам без.

disperse [dis′pəːs] v разпръ̀свам.

displace [dis'pleis] v измѐствам.

display [dis'plei] v излáгам, покáзвам; проявявам; n излóжба; излáгане.

displease [dis'pli:z] v дрáзня; неприятен съм на, не се харѐсвам.

displeasure [dis'pleʒə] n неудовóлствие.

disposal [dis'pouzəl] n разположѐние; освобождáване от.

dispose [dis'pouz] v освобождáвам се от; разполáгам; склáням, предраз полáгам.

disposition [,dispə'ziʃən] n разположѐние; склóнност.

dispute [dis'pju:t] v спóря; оспóрвам; n спор, препирня.

disregard [,disri'ga:d] v пренебрѐгвам; n пренебрежѐние.

dissatisfaction ['dis,sætis'fækʃən] n недовóлство, незадовóлство.

dissatisfy ['dis'sætisfai] v не задоволявам; недовóлен съм.

dissension [di'senʃən] n разноглáсие; разкóл.

dissent [di'sent] v изразявам несъглáсие; n несъглáсие.

dissolution [,disə'lu:ʃən] n разтрóгване; разпýщане.

dissolve [di'zɔlv] v разпýщам; разтрóгвам; разтварям (се).

dissuade [di'sweid] v разубеждáвам.

distance ['distəns] n разстояние; далечинá.

distant ['distənt] a далѐчен.

distasteful [dis'teistful] a протѝвен, отвратѝтелен.

distinct [dis'tiŋkt] a ясен, отчѐтлив; разграничѐн.

distinction [dis'tiŋkʃən] n отлѝчие; разлѝчие; разграничѐние.

distinctive [dis'tiŋktiv] a отличѝтелен.

distinctly [dis'tiŋktli] adv ясно; определѐно.

distinguish [dis'tiŋgwiʃ] v различáвам; разграничáвам.

distinguished [dis'tiŋgwiʃt] a вѝден, изтъкнат, извѐстен:

distort [dis'tɔ:t] v изкривявам; изопачáвам.

distract [dis'trækt] v отвлѝчам, рассѐйвам, развлѝчам; обърквам.

distraction [dis'trækʃən] n рассѐйване; развлечѐние; безýмие.

distress [dis'tres] n бедá; нещáстие; мъка; опáсност; v причинявам мъка.

distribute [dis'tribju:t] v разпредѐлям; раздáвам.

distribution [,distri'bju:ʃən] n разпределѐние; разпространѐние.

district ['distrikt] n райóн, óбласт, окóлия.

distrust [dis'trʌst] n недовѐрие, подозрѐние; v нямам довѐрие на.

disturb [dis'tə:b] v безпокоя, смущáвам.

disturbance [dis'tə:bəns] n смущѐние, безпокóйство; безрѐдие, смут.

ditch [ditʃ] n ров, канáвка.

dive [daiv] v гмýркам се; спýскам се; n гмýркане; спýскане.

diverge [dai'və:dʒ] v разклонявам се; отклонявам се.

diverse [dai'və:s] a разлѝчен.

diversion [dai'və:ʃən] n отклоняване; развлечѐние.

diversity [dai'və:siti] n разнообрáзие; разлѝчие.

divert [dai'və:t] v отклонявам; развлѝчам, забавлявам.

divide [di'vaid] v раздѐлям се.

divine [di'vain] a божѐствен; v отгáтвам.

divinity [di'viniti] n божествó; богослóвие.

division [di'viʒən] n делѐние; раздѐляне; дивѝзия.

divorce [di'vɔ:s] n развóд; v развѐждам(се); раздѐлям.

dizzy ['dizi] a замáян; замáйващ; v замáйвам.

do [du:] v (pt **did** [did], pp **done** [dʌn]) прáвя, върша.

dock [dɔk] n док.

doctor ['dɔktə] n дóктор, лѐкар.

doctrine ['dɔktrin] n учѐние, доктрѝна.

document ['dɔkjumənt] n докумѐнт; v документѝрам.

dodge [dɔdʒ] v отдрѐпвам (се); извъртам се; отбягвам; изплъзвам се.

doe [dou] n сърнá.

dog [dɔg] n кýче; v слѐдвам; преслѐдвам.

dogged ['dɔgid] *a* упорит.

doings ['du:iŋz] *n pl* деяния; дейност, дела; държане.

dole [doul] *n* милостиня; помощ за безработни.

doleful ['doulful] *a* скръбен, печален.

doll [dɔl] *n* кукла.

dollar ['dɔlə] *n* долар.

domain [do(u)'mein] *n* владение; област.

dome [doum] *n* кубе, купол.

domestic [do(u)'mestik] *a* домашен; *n* слуга.

dominant ['dɔminənt] *a* господствуващ; преобладаващ.

dominate ['dɔmineit] *a* господствувам; властвам.

domination [,dɔmi'neiʃən] *n* господство, власт.

dominion [də'miniən] *n* владение; доминион.

done *вж* do.

donkey ['dɔŋki] *n* магаре.

donor ['dounə] *n* дарител.

doom [du:m] *n* съдба, участ; гибел.

door [dɔ:] *n* врата.

doorway ['dɔ:wei] *n* вход.

dormant ['dɔ:mənt] *a* спящ; скрит.

dormitory ['dɔ:mitəri] *n* спално помещение.

dose [dous] *n* доза; *v* давам лекарство.

dot [dɔt] *n* точка, точица; *v* осейвам.

double ['dʌbl] *a* двоен; *v* удвоявам; *adv* двойно.

doubt [daut] *v* съмнявам се; *n* съмнение.

doubtful ['dautful] *a* съмнителен; несигурен; съмняващ се.

doubtless ['dautlis] *adv* несъмнено; безспорно.

dough [dou] *n* тесто.

doughnut ['dounʌt] *n* бухта, поничка.

dove [dʌv] *n* гълъб.

down[1] [daun] *adv* долу; *prep* надолу то; *a* нанадолен.

down[2] [daun] *n* пух.

downcast ['daunkɑ:st] *a* сведен надолу; тъжен, угнетен.

downfall ['daunfɔ:l] *n* силен валеж; падение; гибел.

downpour ['daunpɔ:] *n* проливен дъжд.

downright ['daunrait] *a* откровен, прям; явен; *adv* съвършено; крайно.

downstairs ['daun'stɛəz] *adv* долу, на долния етаж.

downstream ['daun'stri:m] *adv* надолу по течението.

downtown ['daun'taun] *adv* в града.

downward ['daunwəd] *a* нанадолен.

downwards ['daunwədz] *adv* нанадолу.

doze [douz] *v* дремя; *n* дрямка.

dozen ['dʌzn] *n* дузина.

drab [dræb] *a* сив, безцветен; вял, скучен, безинтересен.

draft [drɑ:ft] *n* скица; чертеж; чернова; платежна заповед; *v* скицирам.

drag [dræg] *v* влача, влека се.

dragon ['drægən] *n* дракон.

dragonfly ['drægənflai] *n* водно конче.

drain [drein] *v* изцеждам (се), пресушавам; *n* водосточна тръба.

drainage ['dreinidʒ] *n* отводняване; канализация.

drake [dreik] *n* паток.

drama ['drɑ:mə] *n* драма.

dramatic [drə'mætik] *a* драматичен.

dramatist ['dræmətist] *n* драматург.

drank *вж* drink.

drape [dreip] *v* обвивам; драпирам.

draper ['dreipə] *n* манифактурист.

drapery ['dreipəri] *n* манифактурни стоки; драперия.

drastic ['dræstik] *a* суров, ефикасен; драстичен.

draught [drɑ:ft] *n* теглене; глътка; течение; чертеж; улов.

draw [drɔ:] *v* (*pt* **drew** [dru:], *pp* **drawn** [drɔ:n]) тегля; привличам; черпя; чертая.

drawn *вж* draw.

drawback ['drɔ:bæk] *n* пречка; спънка; недостатък.

drawer ['drɔ:ə] *n* чекмедже.

drawing ['drɔ:iŋ] *n* рисуване; рисунка.

drawl [drɔ:l] *n* провлечен говор; *v* говоря провлечено.

drawn *вж* draw.

dread [dred] *v* страхувам се, боя се; *n* страх, ужас.

dreadful ['dredful] *a* ужасен, страшен.

dream [dri:m] *v* (*pt, pp* **dreamed** [dri:md], **dreamt** [dremt]) сънувам, мечтая.

dreamer ['dri:mə] *n* мечтàтел.

dreamy ['dri:mi] *a* мечтàтелен; неясен, смùтен.

dreary ['driəri] *a* мрàчен, потùскащ.

dregs [dregz] *n pl* утàйка; отпàдъци.

drench [drentʃ] *v* измòкрям; наквàсвам.

dress [dres] *v* облùчам (се); украсàвам; приготвям; *n* ròкля; облеклò.

dresser ['dresə] *n* бюфèт.

dressing-gown ['dresiŋgaun] *n* халàт; пенюàр.

dressmaker ['dres,meikə] *n* шивàчка.

drew *вж* **draw**.

drift [drift] *n* течèние; посòка; куп, прèспа; инèртност; *v* нòся се; натрỳпвам.

drill [dril] *n* обучèние; упражнèние; *v* упражнявам се; пробùвам.

drink [driŋk] *v* (*pt* **drank** [dræŋk], *pp* **drunk** [drʌŋk]) пùя; *n* питиè.

drip [drip] *v* кàпя.

drive [draiv] *v* (*pt* **drove** [drouv], *pp* **driven** ['drivn]) кàрам, шофùрам; вòзя се; тлàскам, гòня; *n* кампàния; разхòдка с колà.

driver ['draivə] *n* колàр; шофьòр.

drizzle ['drizl] *n* сùтен дъжд; *v* ръмù.

drone [droun] *n* търтей; бръмчèне; *v* бръмчà.

droop [dru:p] *v* клюмвам; увùсвам; отпỳскам се.

drop [drop] *n* кàпка; спàдане; *v* изпỳскам; пàдам; спàдам.

drought [draut] *n* сỳша.

drove *вж* **drive**.

drown [draun] *v* удавùм (се); заглушàвам.

drowsy ['drauzi] *a* сънлùв, дремлùв.

drug [drʌg] *n* лекàрство, опиàт.

druggist ['drʌgist] *n* аптèкар; дрогерùст.

drum [drʌm] *n* тъпàн, барабàн; *v* бùя барабàн.

drunk *вж* **drink**.

drunkard ['drʌŋkəd] *n* пиùница.

drunken ['drʌŋkən] *a* пиùн.

drunkenness ['drʌŋkənis] *n* пиùнство.

dry [drai] *a* сух, изсушèн; *v* сушù, изсушàвам; съхна.

dubious ['dju:biəs] *a* съмнùтелен; несùгурен.

duchess ['dʌtʃis] *n* херцогùня.

duck [dʌk] *n* пàтица; *v* спỳскам се; гмỳрвам се; навèждам се.

due [dju:] *a* дължùм; очàкван; *n* дължùмо; *pl* члèнски внос; тàкса.

dug *вж* **dig**.

duke [dju:k] *n* херцòг.

dull [dʌl] *a* глупàв; тъп; безинтерèсен; неясен; *v* притъпùвам.

dullness ['dʌlnis] *n* тъпотà; еднообràзие.

duly ['dju:li] *adv* своеврèменно; надлèжно.

dumb [dʌm] *a* ням; глупàв.

dump [dʌmp] *v* разтоварвам; продàвам на безцèница.

dunce [dʌns] *n* тъпàк.

dungeon ['dʌndʒən] *n* тъмнùца.

durable ['djuərəbl] *a* тràен.

duration [,djuə'reiʃən] *n* времетràене.

during ['djuəriŋ] *prep* през, по врèме на.

dusk [dʌsk] *n* здрач, полумрàк.

dusky ['dʌski] *a* тъмен, неясен.

dust [dʌst] *n* прах; избърсвам прах.

duster ['dʌstə] *n* кърпа за бърсане на прах.

dusty ['dʌsti] *a* пràшен.

duty ['dju:ti] *n* дълг, задължèние; мùто.

dwarf [dwɔ:f] *n* джудже.

dwell [dwel] *v* (*pt, pp* **dwelt** [dwelt]) живèя, обитàвам; спùрам се нашиòко върхỳ.

dweller ['dwelə] *n* обитàтел.

dwelling ['dweliŋ] *n* жùлище.

dwelt *вж* **dwell**.

dwindle ['dwindl] *v* смалявам се; намалявам.

dye [dai] *v* боядùсвам; *n* бой.

dying ['daiiŋ] *a* умùращ, замùращ.

dynamite ['dainəmait] *n* динамùт; *v* вдùгам във въздуха.

dynasty ['dinəsti] *n* динàстия.

E

each [i:tʃ] *a* всѐки.

eager [ˈi:gə] *a* кòйто желàе сѝлно; нетърпелѝв.

eagerly [ˈi:gəli] *adv* с нетърпѐние.

eagerness [ˈi:gənis] *n* сѝлно желàние; нетърпѐние.

eagle [ˈi:gl] *n* орѐл.

ear¹ [iə] *n* ухò; слух.

ear² [iə] *n* клас (*жѝтен*).

earl [ə:l] *n* граф (*англѝйски*).

early [ˈə:li] *adv* ràно; *a* ràнен.

earn [ə:n] *v* припечѐлвам; заслужàвам.

earnest [ˈə:nist] *a* серибзен; *n* серибзност; предплàта; кàпаро.

earnestly [ˈə:nistli] *adv* серибзно.

earnings [ˈə:niŋz] *n pl* заплàта; дòход.

earring [ˈiəriŋ] *n* обицà.

earth [ə:θ] *n* земя; пръст.

earthenware [ˈə:θnwɛə] *n* грънци.

earthly [ˈə:θli] *a* зѐмен.

earthquake [ˈə:θkweik] *n* земетресѐние.

ease [i:z] *n* лекотà; спокòйствие; непринỳденост; *v* облекчавам; отпỳскам се.

easily [ˈi:zili] *adv* лѐсно.

east [i:st] *n* ѝзток.

Easter [ˈi:stə] *n* Велѝкден.

eastern [ˈi:stən] *a* ѝзточен.

eastward [ˈi:stwəd] *a* на ѝзток.

easy [ˈi:zi] *a* лѐсен; свобòден; приятен.

eat [i:t] *v* (*pt* ate [et], *pp* eaten[ˈi:tn]) ям.

eaten *вж* eat.

eaves [i:vz] *n pl* стряха.

ebb [eb] *n* òтлив; намаляване; *v* оттѐглям се; намалявам.

ebony [ˈebəni] *n* абанòс.

ecclesiastical [iˌkli:ziˈæstikl] *a* черкòвен.

echo [ˈekou] *n* èхо; *v* отѐквам.

eclipse [iˈklips] *n* затъмнѐние.

economic [ˌi:kəˈnɔmic] *a* стопàнски, икономѝчески.

economical [ˌi:kəˈnɔmikl] *a* икономѝчески.

economics [ˌi:kəˈnɔmiks] *n pl* стопàнски наỳки.

economy [iˈkɔnəmi] *n* иконòмия; стопàнство; иконòмика.

eddy [ˈedi] *n* водовъртèж; *v* въртя се.

Eden [ˈi:dn] *n* рай.

edge [edʒ] *n* край; ръб; острие; *v* прàвя ръб на; òстря.

edible [ˈedibl] *a* гòден за ядене.

edict [ˈi:dikt] *n* декрѐт.

edifice [ˈedifis] *n* сгрàда; постройка.

edit [ˈedit] *v* редактѝрам.

edition [iˈdiʃən] *n* издàние.

editor [ˈeditə] *n* редàктор.

editorial [ˌediˈtɔ:riəl] *a* редàкторски; *n* ỳводна стàтия.

educate [ˈedjukeit] *v* образòвам; възпитàвам.

education [ˌedjuˈkeiʃən] *n* образовàние; възпитàние.

educational [ˌedjuˈkeiʃənl] *a* образовàтелен; възпитàтелен.

eel [i:l] *n* змиòрка.

effect [iˈfekt] *n* послѐдствие; въздѐйствие; *pl* вещи.

effective [iˈfektiv] *n* действѝтелен; резултàтен; ефèктен.

efficiency [iˈfiʃənsi] *n* експедитѝвност.

efficient [iˈfiʃənt] *a* спосòбен; резултàтен; компетèнтен.

effort [ˈefət] *n* усѝлие.

egg [eg] *n* яйцè.

eight [eit] *a, n* òсем.

eighteen [eiˈti:n] *a, n* осемнàдесет.

eighth [eitθ] *a* òсми.

eighty [ˈeiti] *a* осемдесèт.

either [ˈaiðə] *a, pron* едѝн от двàма (*или всѐки от двàмата*); either ... or или ... или.

elaborate [iˈlæbərit] *a* слòжен; *v* израбòтвам; доразвѝвам.

elapse [iˈlæps] *v* изтѝчам (*за врѐме*).

elastic [iˈlæstik] *a* еластѝчен; лàстичен; *n* лàстик.

elbow [ˈelbou] *n* лàкът; *v* пробѝвам си път с лàкти.

elder [ˈeldə] *a* пò-възрастен от двàма; *n pl* старèйшини.

elderly [ˈeldəli] *a* възстàр.

eldest [ˈeldist] *a* нàй-възрастен.

elect [iˈlekt] *v* избѝрам; *a* избрàн.

election [iˈlekʃən] *n* ѝзбор.

elector [iˈlektə] *n* избирàтел.

electorate [iˈlektərit] *n* избирàтелна комѝсия.

electric [iˈlektrik] *a* електрѝчески.

electricity [ilekˈtrisiti] *n* електрѝчество.

element [ˈelimənt] *n* елемèнт; част; стихѝя.

elementary [eliˈmentəri] *a* елементàрен; оснòвен.

elephant ['elifənt] *n* слон.
elevate ['eliveit] *v* издигам.
elevation [ˌeli'veiʃən] *n* издигане; възвишѐние, височина́.
elevator ['eliveitə] *n ам* асансьо́р.
eleven [i'levn] *a, n* единадесет.
eleventh [i'levnθ] *a* единадесети.
elf [elf] *n* фѐя.
eliminate [i'limineit] *v* отстранявам; премахвам.
elk [elk] *n* лос.
elm [elm] *n* бряст.
eloquence ['eləkwəns] *n* красноречие.
eloquent ['eləkwənt] *a* красноречив.
else [els] *adv* иначе; друг; ѝще(*с местоимѐние*).
elsewhere ['els'wɛə] *adv* другаде.
elude [i'lu:d] *v* избягвам; изплъзвам се.
embankment [im'bæŋkmənt] *n* насип; дига; кей.
embark [im'ba:k] *v* качвам (се) на кораб; заминавам с кораб; предприѐмам.
embarrass [im'bærəs] *v* затруднявам; обърквам.
embarrassment [im'bærəsmənt] *n* затруднѐние; объркване.
embassy ['embəsi] *n* посолство.
embellish [im'beliʃ] *v* украсявам; разкрасявам.
ember ['embə] *n* въглен; *pl* жарава.
embitter [im'bitə] *v* огорчавам.
embodiment [im'bodimənt] *n* въплъщѐние; включване.
embody [im'bodi] *v* въплъщавам; включвам.
embrace [im'breis] *v* прегръщам; обхващам; *n* прегръдка.
embroider [im'broidə] *v* бродирам.
embroidery [im'broidəri] *n* бродѐрия.
emerald ['emərəld] *n* смарагд; изумруд.
emerge [i'mə:dʒ] *v* излизам; изплувам; появявам се.
emergency [i'mə:dʒənsi] *n* непредвидено обстоятелство; извънрѐдно положѐние.
emigrate ['emigreit] *v* изселвам се.

eminence ['eminəns] *n* издигнатост; високо положѐние; възвишѐние.
eminent ['eminənt] *a* виден; изтъкнат.
emission [i'miʃən] *n* издаване; разпространѐние; емисия.
emit [i'mit] *v* изпускам; издавам; излъчвам.
emotion [i'mouʃən] *n* чувство; емоция.
emotional [i'mouʃənl] *a* емоционален; темпераментен.
emperor ['empərə] *n* император.
emphasis ['emfəsis] *n* наблягане; подчертаване.
emphasize ['emfəsaiz] *v* наблягам.
emphatic [im'fætik] *a* подчертан.
empire ['empaiə] *n* империя.
employ [im'ploi] *v* наѐмам на работа; използвам.
employee [ˌemploi'i:] *n* служещ.
employer [im'ploiə] *n* работодател.
employment [im'ploimənt] *n* работа; служба.
empower [im'pauə] *v* упълномощавам.
empress ['empris] *n* императрица.
empty ['empti] *a* празен; *v* изпразвам; вливам се.
emulation [ˌemju'leiʃən] *n* съревнование.
enable [i'neibl] *v* давам възможност на.
enact [i'nækt] *v* постановявам; прокарвам закон.
enamel [i'næml] *n* емайл; *v* емайлирам.
encamp [in'kæmp] *v* разполагам се на лагер.
enchant [in'tʃa:nt] *v* омайвам; очаровам.
enchantment [in'tʃa:ntmənt] *n* омайване; очароване.
encircle [in'sə:kl] *a* обкръжавам.
enclose [in'klouz] *v* ограждам; прилагам (*в писмо*).
enclosure [in'klouzə] *n* заградена земя; приложѐние.
encore [oŋ'kɔ:] *int* бис.
encounter [in'kauntə] *v* сблъсквам се; срѐщам (се със).
encourage [in'kʌridʒ] *v* окуражавам; насърчавам.
encouragement [in'kʌridʒmənt] *n* насърчѐние.
encyclopaedia [enˌsaiklə'pi:diə] *n* енциклопѐдия.

end [end] *n* край; цел; *v* завършвам.
endanger [in'deindʒə] *v* застрашавам.
endeavour [in'devə] *v* стремя се; *n* стремеж; старание.
ending ['endiŋ] *n* край; окончание.
endless ['endlis] *a* безкраен.
endorse [in'dɔ:s] *v* парафирам; подтвърждавам; одобрявам.
endow [in'dau] *v* надарявам; правя дарение.
endowment [in'daumənt] *n* дарение.
endurance [in'djuərəns] *n* издръжливост.
endure [in'djuə] *v* понасям; издържам; търпя.
enduring [in'djuəriŋ] *a* траен; издръжлив.
enemy ['enimi] *n* неприятел; враг; *a* неприятелски.
energetic [ˌenə'dʒetik] *a* енергичен.
energy ['enədʒi] *n* енергия.
enforce [in'fɔ:s] *v* налагам; принуждавам; прилагам (закон).
enforcement [in'fɔ:smənt] *n* налагане; прилагане (закон).
enfranchise [in'fræntʃaiz] *v* давам избирателни права на.
engage [in'geidʒ] *v* ангажирам (се); задължавам (се); сгодявам (се).
engaged [in'geidʒd] *a* сгоден; зает.
engagement [in'geidʒmənt] *n* задължение; годеж.
engine ['endʒin] *n* машина; локомотив.
engineer [ˌendʒi'niə] *n* инженер.
engineering [ˌendʒi'niəriŋ] *n* техника; машиностроене; инженерство.
engrave [in'greiv] *v* гравирам; вря́звам.
engraving [in'greiviŋ] *n* гравюра; гравиране.
enhance [in'hɑːns] *v* увеличавам; усилвам.
enjoin [in'dʒɔin] *v* заповядвам; предписвам.
enjoy [in'dʒɔi] *v* наслаждавам се на; радвам се на.
enjoyment [in'dʒɔimənt] *n* наслада; удоволствие.
enlarge [in'lɑːdʒ] *v* увеличавам.
enlighten [in'laitn] *v* просвещавам.
enlightment [in'laitmənt] *n* просвещение.

enlist [in'list] *v* записвам се войник; привличам; завербувам.
enmity ['enmiti] *n* вражда.
enormous [i'nɔ:məs] *a* огромен; грамаден.
enormously [i'nɔ:məsli] *adv* извънредно много.
enough [i'nʌf] *a* достатъчен; *adv* достатъчно.
enquire [in'kwaiə] *вж* inquire.
enrage [in'reidʒ] *v* разгневявам; вбесявам.
enrich [in'ritʃ] *v* обогатявам.
enrol [in'roul] *v* записвам; приемам за член.
ensign [en'sain] *n* знаме; значка; емблема.
ensue [in'sju:] *v* последвам; произтичам.
ensure [in'ʃuə] *v* осигурявам.
entail [in'teil] *v* довеждам до; завещавам по определена линия; влека след себе си.
entangle [in'tæŋgl] *v* заплитам (се).
enter ['entə] *v* влизам; постъпвам в.
enterprise ['entəpraiz] *n* предприятие; предприемчивост.
entertain [ˌentə'tein] *v* забавлявам; каня гости.
entertainment [ˌentə'teinmənt] *n* забавление.
entice [in'tais] *v* примамвам.
entire [in'taiə] *a* цял.
entirely [in'taiəli] *adv* изцяло; съвсем.
entitle [in'taitl] *v* давам право; озаглавявам.
entrance ['entrəns] *n* вход; влизане.
entreat [in'tri:t] *v* умолявам настойчиво.
entreaty [in'tri:ti] *n* настоятелна молба.
entrust [in'trʌst] *v* поверявам; възлагам.
entry ['entri] *n* влизане; вписване.
enumerate [i'nju:məreit] *v* изброявам.
envelop [in'veləp] *v* обвивам.
envelope ['enviloup] *n* плик.
envious ['enviəs] *a* завистлив.
environment [in'vaiənmənt] *n* среда; околност; околна среда.

envoy [ˈenvɔi] *n* прѐтеник.

envy [ˈenvi] *n* зѐвист; *v* завиждам на.

episode [ˈepisoud] *n* епизѐд.

epistle [iˈpisl] *n* послѐние (*църкѐвно*); *шег* дѐлго писмѐ; фермѐн.

equal [ˈiːkwəl] *a* рѐвен.

equality [iˈkwɔliti] *n* рѐвенство.

equally [ˈiːkwəli] *adv* рѐвно; еднѐкво.

equation [iˈkweiʃən] *n* уравнѐние.

equilibrium [ˌikwiˈlibriəm] *n* равновѐсие.

equip [iˈkwip] *v* снабдѐвам; екипѐрам.

equipment [iˈkwipmənt] *n* снабдѐване; съоръжѐния.

equity [ˈekwiti] *n* справедлѝвост.

equivalent [iˈkwivələnt] *a* равностѐен; *n* равностѐйност.

erase [iˈreiz] *v* изтрѝвам; заличѐвам.

eraser [iˈreizə] *n* изтривѐлка; гѝма.

erect [iˈrekt] *a* изпрѐвен; *v* построѐвам; издѝгам.

err [əː] *v* грешѐ.

errand [ˈerənd] *n* порѐчка; мѝсия.

erratum [eˈrɑːtəm] *n* (*pl* -ta) печѐтна грѐшка.

error [ˈerə] *n* грѐшка; заблѝда.

eruption [iˈrʌpʃn] *n* изрѝгване; ѐбрив.

escape [isˈkeip] *v* избѐгвам; *n* бѐгство; избѐгване.

escort[1] [ˈeskɔːt] *n* охрѐна.

escort[2] [isˈkɔːt] *v* ескортѝрам; съпровѐждам.

especial [isˈpeʃəl] *a* осѐбен; изключѝтелен.

esquire [isˈkwaiə] *n* пѐчетна тѝтла; господѝн.

essay [ˈesei] *n* есѐ; ѐпит.

essence [ˈesns] *n* същинѐ.

essential [iˈsenʃl] *a* същѐствен.

establish [isˈtæbliʃ] *v* установѐвам; създѐвам.

establishment [isˈtæbliʃmənt] *n* създѐване; заведѐние; институт.

estate [isˈteit] *n* имѐт; имѐнис; състоѐние.

esteem [iˈstiːm] *v* почѝтам; *n* пѐчит.

estimate[1] [ˈestimeit] *n* оцѐнка.

estimate[2] [ˈestimeit] *v* оценѐвам.

estimation [ˌestiˈmeiʃn] *n* оценѐване; прецѐнка.

eternal [iˈtəːnl] *a* вѐчен.

eternity [iˈtəːniti] *n* вѐчност.

evacuate [iˈvækjueit] *v* изпрѐзвам; евакуѝрам.

evade [iˈveid] *v* избѐгвам; заобикѐлям.

evaporate [iˈvæpəreit] *v* изпарѐвам се.

evaporation [iˌvæpəˈreiʃən] *n* изпарѐние.

eve [iːv] *n* вѐчер; навечѐрие.

even [ˈiːvn] *a* рѐвен; чѐтен; *adv* дѐже; дорѝ.

evening [ˈiːvniŋ] *n* вѐчер.

event [iˈvent] *n* събѝтие; случай.

eventually [iˈventjuəli] *adv* накрѐя; евентуѐлно.

ever [ˈevə] *adv* нѝкога; когѐто и да е; вѝнаги.

evergreen [ˈevəgriːn] *a* вѐчно зелѐн и свеж.

everlasting [ˌevəˈlɑːstiŋ] *a* дълготрѐен; вѐчен.

evermore [ˈevəˈmɔː] *adv* завѝнаги; вѝнаги.

every [ˈevri] *a* всѐки.

everybody [ˈevribɔdi] *pron* всѐки; всѝчки.

everyday [ˈevridei] *a* всекиднѐвен; обикновѐн.

everyone [ˈevriwʌn] *pron* всѐки; всѝчки.

everything [ˈevriθiŋ] *pron* всѝчко.

everywhere [ˈevriwɛə] *adv* навсѐкъде.

evidence [ˈevidəns] *n* доказѐтелство; показѐния.

evident [ˈevidənt] *a* очевѝден; ѐвен.

evil [ˈiːvl] *a* лош; зъл; *n* зло.

evoke [iˈvouk] *v* извѝквам; предизвѝквам.

exact [igˈzækt] *a* тѐчен; *v* изѝсквам.

exactly [igˈzæktli] *adv* тѐчно.

exaggerate [igˈzædʒəreit] *v* преувеличѐвам.

exaggeration [igˌzædʒəˈreiʃən] *n* преувеличѐние.

exalt [igˈzɔːlt] *v* въздѝгам; възхвалѐвам.

examination [igˌzæmiˈneiʃən] *n* ѝзпит; прѐглед; проѝчване.

examine [igˈzæmin] *v* разглѐждам; изпѝтвам; проѝчвам.

example [igˈzɑːmpl] *n* примѐр.

exasperate [igˈzɑːspəreit] *v* разгневѐвам; раздразнѐвам; вбесѐвам.

excavation [ˌekskə'veiʃən] n изкопàва-
не; разкòпка.

exceed [ik'si:d] v превишàвам; над-
хвъ̀рлям.

exceeding [ik'si:diŋ] a мнòго голя̀м.

excel [ik'sel] v превъзхòждам.

excellence ['eksələns] n превъзхòд-
ство.

Excellency ['eksələnsi] n превъзходѝ-
телство.

excellent ['eksələnt] a отлѝчен; пре-
възхòден.

except [ik'sept] prep освèн; с изклю-
чèние на; v изклю̀чвам.

exception [ik'sepʃən] n изключèние;
възражèние.

exceptional [ik'sepʃənl] a изключѝте-
лен.

excerpt ['eksə:pt] n извàдка; òткъс.

excess [ik'ses] n излѝшък; крàйност.

excessive [ik'sesiv] a крàен.

exchange [iks'tʃeindʒ] n размя̀на;
бòрса; (телефòнна) центрàла; v раз-
мèням.

excite [ik'sait] v възбу̀ждам; (раз) въл-
ну̀вам.

excitement [ik'saitmənt] n възбу̀да;
вълнèние.

exciting [ik'saitiŋ] a вълну̀ващ.

exclaim [iks'kleim] v извѝквам; въз-
клѝквам.

exclamation [ˌeksklə'meiʃən] n въз-
клицàние.

exclude [iks'klu:d] v изклю̀чвам.

exclusive [iks'klu:siv] a изключѝтелен;
с ограничèн дòстъп.

excursion [iks'kə:ʃn] n екску̀рзия.

excuse¹ [iks'kju:z] v извиня̀вам.

excuse² [iks'kju:s] n извинèние.

execute ['eksikju:t] v изпълня̀вам; ек-
зекутѝрам.

execution [eksi'kju:ʃən] n изпълнèние;
екзеку̀ция.

executive [ig'zekjutiv] a изпълнѝте-
лен.

exempt [ig'zempt] a освободèн; сво-
бòден; v освобождàвам (от задъл-
жèния).

exercise ['eksəsaiz] n упражнèние; v
упражня̀вам.

exert [ig'zə:t] v напря̀гам; упражня̀вам.

exertion [ig'zə:ʃən] n напря̀гане; усѝ-
лие.

exhale [eks'heil] v издѝшвам; изпа-
ря̀вам(се)

exhaust [ig'zɔ:st] v изтощàвам; изчèр-
пвам; n техн àуспух.

exhaustion [ig'zɔ:stʃən] n изтощèние.

exhibit [ig'zibit] v излàгам; проя-
вя̀вам; n експонàт.

exhibition [ˌeksi'biʃən] n излòжба.

exile ['eksail] n изгнàние; изгнàник; v
прàщам в изгнàние.

exist [ig'zist] v съществу̀вам.

existence [ig'zistəns] n съществу̀ване.

exit ['eksit] n излѝзане; ѝзход; v из-
лѝзам.

expand [iks'pænd] v разширя̀вам (се);
развѝвам (се).

expanse [iks'pæns] n простòр; про-
стрàнство.

expansion [iks'pænʃən] n разширèние.

expect [iks'pekt] v очàквам; разг пред-
полàгам.

expectation [ˌekspek'teiʃən] n очàква-
не.

expedient [iks'pi:diənt] a целесъобрà-
зен; подходя̀щ.

expedition [ˌekspi'diʃən] n експедѝция;
бързинà; тòчност.

expel [iks'pel] v изклю̀чвам; изгòнвам.

expenditure [iks'penditʃə] n разнòски;
рàзход.

expense [iks'pens] n изразхòдване; pl
разнòски.

expensive [iks'pensiv] a скъп.

experience [iks'piəriəns] n òпит (ност);
преживя̀ване; v преживя̀вам.

experienced [iks'piəriənst] a òпитен.

experiment¹ [iks'periment] v прàвя
òпит.

experiment² [iks'perimənt] n òпит.

experimental [iks,peri'mentl] a експе-
риментàлен.

expert ['ekspə:t] a вещ; n експèрт.

expire [iks'paiə] v изтичам; издъхвам.

explain [iks'plein] v обяснявам.

explanation [,eksplə'neiʃən] n обяснение.

explanatory [iks'plænətəri] a обяснителен.

explode [iks'ploud] v експлодирам; избухвам; обрвам.

exploit¹ [iks'plɔit] v използвам; експлоатирам.

exploit² ['eksplɔit] n подвиг.

exploration [,eksplɔ:'reiʃən] n изследване; проучване.

explore [iks'plɔ:] v изследвам; проучвам.

explorer [iks'plɔ:rʃə] n изследовател.

explosion [iks'plouʒn] n експлозия; избухване.

explosive [iks'plousiv] a избухлив; n експлозив.

export¹ [eks'pɔ:t] v изнасям.

export² ['ekspɔ:t] n износ.

expose [iks'pouz] v излагам; изобличавам.

exposition [,ekspə'ziʃən] n излагане; изложение.

exposure [iks'pouʒə] n излагане; изобличаване.

express [iks'pres] v изразявам; a изричен; бърз.

expression [iks'preʃən] n израз; изражение.

expressive [iks'presiv] a изразителен.

exquisite ['ekskwizit] a изящен.

extend [iks'tend] v простирам(се); продължавам; разширявам.

extension [iks'tenʃən] n продължение; разширение; вътрешен телефонен номер.

extensive [iks'tensiv] a обширен; голям.

extent [iks'tent] n степен; размер; пространство; протежение.

exterior [eks'tiəriə] a външен; външен вид.

external [eks'tə:nl] a външен; n pl външни белези.

extinct [iks'tiŋkt] a изгаснал; изчезнал.

extra ['ekstrə] a допълнителен; adv допълнително.

extract¹ [iks'trækt] v изваждам; извличам.

extract² ['ekstrækt] n екстракт.

extraordinary [iks'trɔ:dnri] a извънреден; изключителен.

extravagance [iks'trævəgəns] n разточителност; своеобразност.

extravagant [iks'trævəgənt] a разточителен; прекален.

extreme [iks'tri:m] a краен; n крайност.

extremely [iks'tri:mli] adv крайно; извънредно.

extremity [iks'tremiti] n край; крайност; pl крайници.

exult [ig'zʌlt] v ликувам.

exultation [,egzʌl'teiʃən] n ликуване.

eye [ai] n око; v гледам; наблюдавам.

eyebrow ['aibrau] n вежда.

eyelid ['ailid] n клепач.

eyesight ['aisait] n зрение.

F

fable ['feibl] n басня; измислица.

fabric ['fæbrik] n тъкан; плат.

fabricate ['fæbrikeit] v измислям; фалшифицирам; произвеждам.

fabulous ['fæbjuləs] a баснословен.

face [feis] n лице; нахалство; v обър-

нат съм с лице към.

facilitate [fə'siliteit] v улеснявам.

facility [fə'siliti] n леснота; pl улеснения; удобство.

fact [fækt] n факт; обстоятелство.

faction ['fækʃən] n фракция; групировка.

factor ['fæktə] n фактор; агент.

factory ['fæktəri] n фабрика.

faculty ['fækəlti] n факултет; способност; дарба.

fade [feid] v увяхвам; избелявам; заглъхвам.

fail [feil] v пропадам; не сполучвам; липсвам; не достигам; отслабвам.

failure ['feiljə] n неуспех; пропадане; недостиг; фалит.

faint [feint] n припадък; a слаб; v припадам; отслабвам.

faintly ['feintli] adv слабо.

fair[1] [fɛə] n панаир.

fair[2] [fɛə] a хубав; рус; честен; справедлив.

fairly ['fɛəli] adv справедливо; доста.

fairy ['fɛəri] n фея; a вълшебен.

fairytale ['fɛəriteil] n приказка.

faith [feiθ] n вяра.

faithful ['feiθful] a верен; точен.

falcon ['fɔ:lkən] n сокол.

fall [fɔ:l] v (pt **fell** [fel]; pp **fallen** ['fɔ:ln]) падам; спадам; стихвам; n падане; валеж; ам. есен; pl водопад.

false [fɔ:ls] a погрешен; лъжлив; фалшив.

falsehood ['fɔ:lshud] n лъжа.

falter ['fɔ:ltə] v препъвам се; запъвам се; колебая се.

fame [feim] n слава, известност.

familiar [fə'miljə] a запознат; близък; интимен.

familiarity [fəmili'æriti] n близост; интимност; познаване.

family ['fæmili] n семейство; род.

famine ['fæmin] n глад; v гладувам.

famous ['feiməs] a прочут, известен.

fan [fæn] n ветрило; запалянко; v вея; раздухвам.

fanciful ['fænsiful] a фантастичен, фантазьорски.

fancy ['fænsi] n фантазия; въображение; a въображаем; луксозен; v представям си.

fantastic [fæn'tæstik] a фантастичен.

fantasy ['fæntəsi] n въображение, фантазия.

far [fɑ:] adv далеч; a далечен.

fare [fɛə] n такса за пътуване; храна; v прекарвам.

farewell ['fɛə'wel] int сбогом; a прощален; n сбогуване.

farm [fɑ:m] n чифлик; земеделско стопанство; v занимавам се със земеделие.

farmer ['fɑ:mə] n земеделец; чифликчия.

farming ['fɑ:miŋ] n земеделие; a земеделски.

farther ['fɑ:ðə] adv по-далеч; по-нататък; a по-далечен.

farthing ['fɑ:ðiŋ] n фардинг(стара англ. монета = 1/4 пени).

fascinate ['fæsineit] v очаровам, привличам.

fascination [,fæsi'neiʃən] n очарование.

fascism ['fæʃizm] n фашизъм.

fashion ['fæʃn] n мода; стил; начин; v правя, оформям.

fashionable ['fæʃnəbl] a моден.

fast[1] [fɑ:st] v постя; n пост.

fast[2] [fɑ:st] a бърз; здрав; напред(за часовник); adv бързо; здраво.

fasten ['fɑ:sn] v привързвам; затварям(се).

fat [fæt] a дебел; тлъст; n тлъстина, мазнина.

fatal ['feitl] a съдбоносен; пагубен.

fate [feit] n съдба; гибел.

father ['fɑ:ðə] n баща; праотец.

fatherland ['fɑ:ðəlænd] n отечество.

fathom ['fæðəm] n фадъм(мярка за дължина = 182 cm);v проумявам.

fatigue [fə'ti:g] n умора; v изморявам.

fault [fɔ:lt] n грешка; дефект; вина.

favour ['feivə] n благосклонност; услуга; полза; v отнасям се благосклонно.

favourable ['feivərəbl] a благоприятен; благосклонен.

favourite ['feivərit] a обичан; любим; n любимец.

fawn [fɔ:n] n еленче; бежов цвят; v лаская.

fear [fiə] n страх; v страхувам се.

fearful ['fiəful] a страшен.

fearless ['fiəlis] a безстрашен.

feasible ['fi:zibl] a осъществим, приемлив.

feast [fi:st] n празненство; пир; v пирувам; наслаждавам се.

feat [fi:t] n подвиг; постижение.

feather ['feðə] n перо; pl перушина.

feature ['fi:tʃə] *n* (отличителна) черта; осо́беност; ста́тия; филм.
February ['februəri] *n* февруа́ри.
fed *вж* **feed**.
federal ['fedərəl] *a* федера́лен.
federation [‚fedə'reiʃən] *n* федера́ция.
fee [fi:] *n* та́кса; възнагражде́ние; хонора́р.
feeble ['fi:bl] *a* слаб; не́мощен.
feed [fi:d] *v* (*pt*; *pp* **fed** [fed]) храня́(се); паса́; *n* хра́нене; храна́.
feel [fi:l] *v* (*pt*; *pp* **felt** [felt]) чу́вствам(се); сми́там.
feeling ['fi:liŋ] *n* чу́вство; усе́щане; отноше́ние.
feet [fi:t]*вж* **foot**.
feign [fein] *v* престру́вам се; изми́слям.
fell [fel] *вж* **fall**.
fellow ['felou] *n* *разг* чове́к; момче́; друга́р; член на нау́чно дру́жество.
fellowship ['felouʃip] *n* друга́рство; бра́тство; стипе́ндия за нау́чна рабо́та.
felt *вж* **feel**.
female ['fi:meil] *a* же́нски; *n* же́нско живо́тно.
feminine ['feminin] *a* же́нски; же́нствен.
fence [fens] *n* огра́да; фехто́вка; *v* огра́ждам; фехто́вам се.
ferment¹ ['fə:ment] *n* ма́я; подква́са; кипе́ж.
ferment² [fə'ment] *v* кипя́; ферменти́рам.
fern [fə:n] *n* па́прат.
ferocious [fe'rouʃəs] *a* свире́п; жесто́к.
ferro-concrete ['ferou'kɔŋkri:t] *n* железобето́н.
fertile ['fə:'tail] *a* плодоро́ден; плодови́т.
fertility [fə:'tiliti] *n* плодоро́дност.
fertilizer ['fə:tilaizə] *n* изку́ствен тор.
fervour ['fə:və] *n* пла́менност; жар; ентусиа́зъм.
festival ['festivl] *n* празненство́; фестива́л; пра́зник.

festivity [fes'tiviti] *n* празненство́; *pl* тържества́.
fetch [fetʃ] *v* дона́сям; дове́ждам; дока́рвам.
fetter ['fetə] *n* вери́га; око́ви; *v* поста́вям в око́ви.
feud [fju:d] *n* вражда́.
feudal ['fju:dl] *a* феода́лен.
fever ['fi:və] *n* тре́ска; темпера́тура(на тя́лото).
feverish ['fi:vəriʃ] *a* тре́скав.
few [fju:] *a* ма́лко; *n* малцина́.
fiancé [fi'ɑ:nsei] *n* годени́к.
fiancée [fi'ɑ:nsei] *n* годени́ца.
fibre ['faibə] *n* влакно́; ни́шка; жи́лка.
fickle ['fikl] *a* непостоя́нен; промен-ли́в.
fiction ['fikʃən] *n* белетри́стика; изми́слица; фи́кция.
fiddle ['fidl] *n* цигу́лка; *v* свиря́ на цигу́лка.
fidelity [fi'deliti] *n* ве́рност; преци́зност.
field [fi:ld] *n* поле́; ни́ва; о́бласт; полесраже́ние.
fiend [fi:nd] *n* де́мон; зъл дух.
fierce [fiəs] *n* свире́п; жесто́к; я́ростен.
fiery ['faiəri] *n* о́гнен; разгореще́н; бу́ен.
fifteen ['fif'ti:n] *a*, *n* петна́десет.
fifth [fifθ] *a* пе́ти.
fifty ['fifti] *a*, *n* петдесе́т.
fig [fig] смоки́ня.
fight [fait] *v* (*pt*, *pp* **fought** [fɔ:t]) би́я се; бо́ря се; *n* бой; борба́.
fighter ['faitə] *n* боре́ц.
figure ['figə] *n* фи́гура; ци́фра; *v* изобразя́вам; представя́м си.
filament ['filəment] *n* влакно́; жи́чка.
file [fail] *n* пила́; картоте́ка; па́пка; *v* пиля́; картотеки́рам.
fill [fil] *v* пъ́лня; изпъ́лвам; пломби́рам(зъб).
film [film] *n* филм; ци́па; тъ́нък слой; мъглявина́; *v* филми́рам.
filter ['filtə] *n* фи́лтър; *v* филтри́рам.
filthy ['filθi] *a* мръ́сен.
fin [fin] *n* пе́рка на ри́ба.
final ['fainl] *a* кра́ен; заключи́телен; *n* фина́лен мач; после́ден и́зпит.
finally ['fainəli] *adv* най-по́сле; напъ́лно.

finance [fai'næns] n финанси; pl дѝходи; v финансѝрам.

financial [fai'nænʃl] a финансов.

find [faind] v (pt; pp **found** [faund]) намѝрам; n нахѝдка.

fine [fain] a хѝбав; фин; adv чудѐсно; n глѝба; v глобѝвам.

finger [fiŋgə] n пръст; v пѝпам.

finish [′finiʃ] v свършвам(се); n завършек; фѝниш.

fir [fə:] n елѝ; чам.

fire [faiə] n ѝгън; пожѝр; въодушевѐност; v стрелям; запалвам.

fire-brigade [′faiəbri‚geid] n пожѝрна комѝнда.

firefly [′faiə‚flai] n светулка.

fireman [′faiəmən] n пожарникѝр; огнѝр.

fireplace [′faiəpleis] n огнѝще; камѝна.

fireworks [′faiəwə:ks] n pl фойервѐрки.

firm [fə:m] a твърд; постоѝнен; сѝгурен; adv твърдо; непоколебѝмо; n фѝрма.

firmness [′fə:mnis] n твърдост; постоѝнство.

first [fə:st] a пръв; adv нѝй-напрѐд; за пѝрви път.

first-class [′fə:st′klɑːs] a първостѐпенен; първоклѝсен.

fish [fiʃ] n рѝба; v ловѝ рѝба; тѝрся.

fisherman [′fiʃəmən] n рибѝр; рибоѝвец.

fist [fist] n юмрук.

fit [fit] a гѝден; подходѝщ; способѐн; v ставам; подхѝждам; n припѝдък.

fitter [′fitə] n механик; монтѝор.

five [faiv] a, n пет.

fix [fiks] v прикрѐпвам; определѝм; поправѝм; фиксѝрам.

fixture [′fikstʃə] n закрѐпване; фиксѝране.

flag [flæg] n знѝме; v украсѝвам със знаменѝ.

flake [fleik] n късче; люспа; снежѝнка.

flame [fleim] n плѝмък; разг любѝв.

flank [flæŋk] n хѝлбок; фланг; v атакувам във фланг.

flannel [′flænl] n фланѐла; кашѝ.

flap [flæp] v размѝхвам крилѐ; плѝскам; n капѝк на джоб.

flare [flɛə] v плѝмвам; избухвам; n плѝмване.

flash [flæʃ] v блѝсвам; свѐтвам; n светлинѝ; миг; проблѝсък.

flashlight [′flæʃlait] n светлинѝ(сигнална); джобно фенѐрче.

flask [flɑːsk] n плѝско шишѐ; кѝлба.

flat [flæt] a плѝсък; рѝвен; n плѝскост; апартамѐнт; муз бемѝл.

flatten [′flætn] v сплѐсквам.

flatter [′flætə] v ласкѝя.

flattery [′flætəri] n ласкѝтелство.

flavour [′fleivə] n вкус; v придѝвам вкус на; подпрѝвям.

flaw [flɔ:] n пукнатѝна; дефѐкт; недостѝтък.

flax [flæks] n лен.

fled вж flee.

flee [fli:] v (pt; pp **fled** [fled]) бѝгам от.

fleece [fli:s] n руно; разг оскубвам; измѝквам парѝ.

fleet [fli:t] n флѝта; a бърз; v отлѝтам.

flesh [fleʃ] n месѝ; плът.

flew вж fly.

flexible [′fleksəbl] a гѝвкав; податлѝв.

flicker [′flikə] v трѐпкам; развѝвам се; n колебѝние.

flight [flait] n летѐне; пѝлет; бѝгство.

fling [fliŋ] v (pt; pp **flung** [flʌŋ]) хвѝрлям се; втурвам се; мятам.

flint [flint] n крѐмък.

flirt [flə:t] v флиртувам; n кокѐтка.

flit [flit] v преплѝтам.

float [flout] v плѝвам; нѝся се; финансѝрам(предприятие).

flock [flɔk] n ѝто; стѝдо; ”тумба”; v тълпѝ се.

flood [flʌd] n наводнѐние; потѝп; порѝй; v наводнѝвам; залѝвам.

floor [flɔ:] n под; етѝж; заседѝтелна зѝла.

flop [flɔp] v цѝпвам; олюлѝвам се; прѝсвам се; n неуспѐх.

florist [′florist] n цветѝр; цветѝрка.

flour [′flauə] n брашнѝ; v посѝпвам с брашнѝ.

flourish [′flʌriʃ] v цъфтѝ; процъфтѝвам; размѝхвам.

flow [flou] v текѝ; лѐя се; произтѝчам; n течѐние; прѝлив.

flower ['flauə] *n* цвете; цъфтене; *v* цъф-
тя.

flowery ['flauəri] *a* цветист.

flown вж **fly**.

fluctuation [ˌflʌktju'eiʃən] *n* колеба-
ние; варѝране.

fluent ['flu:ənt] *a* свободен(*за език*);
гладък.

fluffy ['flʌfi] *a* пухкав.

fluid ['flu(:)id] *a* течен или газоо-
бразен; *n* течно или газообразно съ-
стояние.

flung вж **fling**.

flush [flʌʃ] *v* изчервявам се; тека изо-
билно; *n* силна струя; разцвет.

flute [flu:t] *n* флейта; *v* свиря на флей-
та.

flutter ['flʌtə] *v* пляскам с криле; раз-
вявам(се); *n* трепет; вълнение.

fly¹ [flai] *n* муха.

fly² [flai] *v* (*pt* **flew** [flu:]; *pp*
flown[floun]) летя; *n* летене.

foam [foum] *n* пяна; (=**rubber** ['rʌbə])
дунапрен; *v* пеня се.

focus ['foukəs] *n* фокус; огнище(*на за-
раза*); *v* съсредоточавам се.

fodder ['fɔdə] *n* фураж.

foe [fou] *n поет* враг.

fog [fɔg] *n* мъгла; *v* замъглявам.

foggy ['fɔgi] *a* мъгляв.

foil [fɔil] *n* станиол; шпага; *v* осуе-
тявам; изигравам.

fold [fould] *v* сгъвам; скръствам(*ръце*);
n гънка.

folder ['fouldə] *n* папка.

foliage ['fouliidʒ] *n* листак.

folk [fouk] *n* народ; хора.

follow ['fɔlou] *v* следвам; вървя след;
разбирам.

follower ['fɔlouə] *n* последовател;
привърженик.

folly ['fɔli] *n* глупост; безумие.

fond [fɔnd] *a* нежен; привързан;
обичащ(*с of*).

fondness ['fɔndnis] *n* нежност; при-
вързаност.

food [fu:d] *n* храна.

fool [fu:l] *n* глупак; шут; *v* измамвам;
правя се на глупак.

foolish ['fu:liʃ] *a* глупав.

foolishness ['fu:liʃnis] *n* глупост.

foot [fut] *n* (*pl* **feet** [fi:t]) крак(*ходило*);
походка; фут(*мярка = 30,48 см*).

foothold ['futhould] *n* опора; опорна
точка.

footing ['futiŋ] *n* опора(*и за краката*);
основа; отношение; положение.

footprint ['futprint] *n* стъпка(*следа*).

footstep ['futstep] *n* стъпка.

for [fɔ:, fɔr; fə] *prep* за; в полза на; по
причина на; в продължение на.

forage ['fɔridʒ] *n* фураж; *v* събирам
фураж.

forbade вж **forbid**.

forbear ['fɔ:bɛə] *v* (*pt* **forbore** [fɔ:'bɔ:];
pp **forborn** [fɔ:'bɔ:n]) въздържам се.

forbid [fə'bid] *v* (*pt* **forbade** [fə'beid];
pp **forbidden** [fə'bidn]) забранявам.

forbidden вж **forbid**.

forbore; forborn вж **forbear**.

force [fɔ:s] *n* сила; *pl* войска; *v* на-
лагам; принуждавам; действам със
сила.

ford [fɔ:d] *n* брод.

fore [fɔ:] *n* предна част; *a* преден; пре-
дишен.

foreboding [fɔ:'boudiŋ] *n* лошо пред-
чувствие.

forecast ['fɔ:ka:st] *v* предсказвам; *n*
предсказване; прогноза.

forefather ['fɔ:ˌfa:ðə] *n* прадядо.

forefinger ['fɔ:ˌfiŋgə] *n* показалец.

forehead ['fɔrid] *n* чело.

foreign ['fɔrin] *a* чуждестранен; вън-
шен.

foreigner ['fɔrinə] *n* чужденец.

foreman ['fɔ:mən] *n* майстор; *юр*
старши съдебен заседател.

foremost ['fɔ:moust] *a* пръв; главен.

foresaw вж **foresee**.

foresee [fɔ:'si:] *v* (*pt* **foresaw** [fɔ:'sɔ:];
pp **foreseen** [fɔ:'si:n]) предвиждам.

foresight ['fɔ:sait] *n* предвиждане;
предвидливост.

forest ['fɔrist] *n* гора; *v* залесявам.

forister ['fɔristə] *n* лесничей.

foretell [fɔ:'tel] *v* (*pt*, *pp* **foretold**
[fɔ:'tould]) предсказвам.

forever [fə'revə] *adv* завинаги.

forfeit ['fɔ:fit] *n* конфискувана вещ; *v*
конфискувам; загубвам(*право*).

forgave вж **forgive**.

forge¹ [fɔ:dʒ] v напрѐдвам бавно.

forge² [fɔ:dʒ] n ковачница; v кова; подправям.

forget [fə'get] v (pt **forgot** [fə'gɔt], pp **forgotten** [fə'gɔtn]) забравям.

forget-me-not [fə'getminɔt] n незабравка.

forgive [fə'giv] v (pt **forgave** [fə'geiv], pp **forgiven** [fə'givn]) прощавам.

forgiven вж **forgive.**

forgiveness [fə'givnis] n прошка.

forgot вж **forget.**

fork [fɔ:k] n вилица; гребло; вила; разклонѐние; v набождам; разклонявам се.

forlorn [fə'lɔ:n] a изоставен; жалък; нещастен; безнадѐжден.

form [fɔ:m] n форма; вид; бланка; клас; v образувам; оформям(се).

formal ['fɔ:ml] a формален; официален.

formality [fɔ:'mæliti] n формалност; официалност.

formation [fɔ:'meiʃən] n образуване; формиране; строй.

former ['fɔ:mə] a предишен; бивш.

formerly ['fɔ:məli] adv преди; някога.

formidable ['fɔ:midəbl] a страхотен; огромен.

formula ['fɔ:mjulə] n формула.

formulate ['fɔ:mjuleit] v формулирам; оформям.

forsake [fə'seik] v (pt **forsook** [fə'suk], pp **forsaken** [fə'seikn]) напускам, изоставям.

forsaken вж **forsake.**

forsook вж **forsake.**

fort [fɔ:t] n форт, укреплѐние.

forth [fɔ:θ] adv напрѐд; навън; натътък(за време).

forthcoming [fɔ:θ'kʌmiŋ] a предстоящ.

forthwith ['fɔ:θ'wið] adv веднага, незабавно.

fortification [,fɔ:tifi'keiʃən] n укрепяване; укреплѐние.

fortify ['fɔ:tifai] v укрепявам.

fortitude ['fɔ:titju:d] n твърдост; сила на духа.

fortnight ['fɔ:tnait] n две сѐдмици.

fortress ['fɔ:tris] n крѐпост.

fortunate ['fɔ:tʃnit] a щастлив.

fortunately ['fɔ:tʃnitli] adv за щастие.

fortune ['fɔ:tʃn] n сполука; щастие; богатство; бъдеще.

forty ['fɔ:ti] a, n четиридесет.

forum ['fɔ:rəm] n форум; трибуна.

forward ['fɔ:wəd] a прѐден; adv напрѐд; натътък; v подпомагам; изпращам.

fossil ['fɔsl] n вкаменѐлости; a вкаменял.

foster ['fɔstə] v подхранвам; грижа се; поощрявам.

fought вж **fight.**

foul [faul] a мръсен; гаден; неприятен; непочтѐн.

found [faund] v основавам; създавам.

found вж **find.**

foundation [faun'deiʃən] n основа; основаване; създаване.

founder ['faundə] n основател.

foundry ['faundri] n леярна.

fountain ['fauntin] n чешма; извор; източник; фонтан.

four [fɔ:] a, n чѐтири.

fourteen ['fɔ:'ti:n] a, n четиринадесет.

fourth [fɔ:θ] a четвърти; n четвъртина.

fowl [faul] n (домашна) птица.

fox [fɔks] n лисица.

fraction ['frækʃən] n дроб; малка част.

fracture ['fræktʃə] n счупване; фрактура; v счупвам.

fragile ['frædʒail] a чуплив; крѐхък.

fragment ['frægmənt] n отломък; къс; фрагмѐнт.

fragrance ['freigrəns] n ухание; аромат.

fragrant ['freigrənt] a ароматен; благоуханен.

frail [freil] a деликатен; крѐхък; слаб.

frame [freim] n рамка; v оформям; приспособявам.

framework ['freimwə:k] n конструкция; рамки; структура.

franchise ['fræntʃaiz] n избирателно право.

frank [fræŋk] a искрен; прям; v изпращам(писмо) безплатно.

frankly ['fræŋkli] adv искрено; откровѐно.

frankness [ˈfræŋknis] *n* йскреност; прямотà.

frantic [ˈfræntik] *a* обезумàл; див.

fraternal [frəˈtɔ:nl] *a* брàтски.

fraternity [frəˈtɔ:niti] *n* брàтство.

fraud [frɔːd] *n* измàма; мошèник.

fray [frei] *n* сбйване; *v* изтърквам(се); орèфвам (се).

freak [fri:k] *n* прищàвка; капрйз; *разг* чешйт.

freckle [ˈfrekl] *n* лунйчка; *v* покрйвам(се) с лунйчки.

free [fri:] *a* свобòден; безплàтен; *v* освобождàвам.

freedom [ˈfri:dəm] *n* свободà.

freeman [ˈfri:mən] *n* пòчетен грàжданин.

freeze [fri:z] *v* (*pt* **froze** [frouz]; *pp* **frozen**[ˈfrouzn]) замрèзвам; смрèзвам(се).

freight [freit] *n* прèвоз; товàр; *v* товàря(*кораб*).

frenzy [ˈfrenzi] *n* àрост; бяс; безỳмие.

frequency [ˈfri:kwənsi] *n* честотà.

frequent [ˈfri:kwənt] *a* чест; многокрàтен.

frequently [ˈfri:kwəntli] *adv* чèсто.

fresh [freʃ] *a* прèсен; свеж; нов; *adv* неотдàвна; токỳ-що.

freshness [ˈfreʃnis] *n* свèжест.

fret [fret] *v* безпокоà(се); *n* дràзнене; ядòсване.

friar [ˈfraiə] *n* монàх(*от орден*).

friction [ˈfrikʃən] *n* трèене; търкане.

Friday [ˈfraidi] *n* пèтък.

fridge [fridʒ] *n разг* хладùлник.

fried [fraid] *a* пържен.

friend [frend] *n* приятел.

friendliness [ˈfrendlinis] *n* приятелско чỳвство.

friendly [ˈfrendli] *adv* приятелски.

friendship [ˈfrendʃip] *n* приятелство, дрỳжба.

fright [frait] *n* страх, уплàха; плашùло.

frighten [ˈfraitn] *v* изплàшвам.

frightful [ˈfraitful] *a* стràшен; ужàсен.

fringe [frindʒ] *n* реснà; край; ръб; *v* украсàвам с реснù.

frivolous [ˈfrivələs] *a* несерийзен; лекомйслен; глỳпав.

fro [frou] *adv само в* **to and fro** напрèд-назàд.

frock [frɔk] *n* ròкля; ràсо; рабòтна престùлка.

frog [frɔg] *n* жàба.

frolic [ˈfrɔlik] *n* весèлие; шеговùтост; *v* веселà се.

from [frɔm, frəm] *prep* от; из.

front [frʌnt] *n* прèдна част; фронт; *a* прèден; *v* глèдам към.

frontier [ˈfrʌntjə] *n* грàница.

frost [frɔst] *n* мраз; скреж; слана; *v* попàрвам със сланà.

frosty [ˈfrɔsti] *a* мразовùт; студèн.

frown [fraun] *v* мрàщя се; чумèря се; *n* намрèщено лице.

froze(n) *вж* **freeze.**

fruit [fru:t] *n* плод; *v* дàвам плод.

fruitful [ˈfru:tful] *a* плодорòден; плодонòсен.

fruitless [ˈfru:tlis] *a* безплòден; безполèзен.

frustrate [frʌsˈtreit] *v* осуетàвам; разстрòйвам.

fry [frai] *v* пържа(се); *n* дрèбна рùба.

fuel [fjuəl] *n* горùво; *v* снабдàвам(се) с горùво.

fugitive [ˈfju:dʒitiv] *n* беглèц; бежанèц; *a* бèгъл; краткотрàен.

fulfil [fulˈfil] *v* изпълнàвам; извèршвам; задоволàвам.

fulfilment [fulˈfilmənt] *n* изпълнèние; осъществàване.

full [ful] *a* пълен; цял; свобòден(*за дреха*).

fullness [ˈfulnis] *n* пълнотà; цàлост.

fully [ˈfuli] *adv* напълно.

fumble [ˈfʌmbl] *v* пùпкам се; бъркам, ròвя.

fume [fju:m] *n* дим; изпарèние; *v* димà; ядòсвам (се).

fun [fʌn] *n* шегà; забàва.

function [ˈfʌnkʃən] *n* фỳнкция; церемòния; *v* функционùрам; рабòтя.

fund [fʌnd] *n* фонд; капитàл.

fundamental [ˌfʌndəˈmentl] *a* оснòвен.

funeral [ˈfju:nərəl] *n* погребèние; *a* погребàлен.

fungus [ˈfʌngəs] *n pl* **fungi** [ˈfʌndʒi] *n* гъба; плèсен.

funnel [ˈfʌnl] *n* фунùя; комùн.

funny ['fʌni] *a* смѐшен; стрàнен.
fur [fə:] *n* кòжа(*с космите*).
furious ['fjuəriəs] *a* àростен; разярѐн.
furnace ['fə:nis] *n* пещ.
furnish ['fə:niʃ] *v* снабдàвам; мебе-
лѝрам.
furniture ['fə:nitʃə] *n* мебелирòвка.
furrow ['fʌrou] *n* браздà; *v* набраз-
дàвам.
further ['fə:ðə] *adv* пò-натàтък; *v* съ-
дѐйствам за; придвѝжвам.
furthermore ['fə:ðə'mɔ:] *adv* освѐн то-
вà; òще повѐче.

fury ['fjuəri] *n* àрост; бяс.
fuse [fju:z] *n* възпламенѝтел(*на бом-
ба*); бушòн; *v* стопàвам(се); слѝ-
вам(се).
fuss [fʌs] *n* суетѐне; *v* тревòжа се(*на-
празно*).
futile ['fju:tail] *a* напрàзен; безус-
пѐшен.
future ['fju:tʃə] *n* бъ̀деще; *a* бъ̀дещ.

G

gaiety ['geiəti] *n* вѐселост; веселбà.
gaily ['geili] *adv* вѐсело; рàдостно.
gain [gein] *v* печѐля; избързвам(*за ча-
совник*); *n* печàлба.
gait [geit] *n* похòдка.
galaxy ['gæləksi] *n* Млѐчен път(*съзвез-
дие*); плеàда; галàктика.
gall [gɔ:l] *n* жлъ̀чка; злòба.
gallant ['gælənt] *a* хрàбър; хỳбав; вни-
мàтелен.
gallery ['gæləri] *n* галѐрия; колонàда.
gallon ['gælən] *n* галòн(*мярка* = 4,54 *л*).
gallop ['gæləp] *n* галòп; *v* галопѝрам.
gallows ['gælouz] *n* бесѝлка.
gamble ['gæmbl] *v* игрàя комàр; ри-
скỳвам.
game [geim] *n* игрà; дѝвеч; шегà; *a*
смел; готòв.
gang [gæŋ] *n* грỳпа; бàнда.
gaol [dʒeil] *n* затвòр; *v* затвàрям.
gap [gæp] *n* празнинà; дỳпка; голàма
рàзлика(*във възгледи*).
gape [geip] *v* зѝнам; прозàвам се.
garage ['gæra:ʒ] *n* гарàж; *v* гарѝрам.
garb [ga:b] *n* облеклò; носѝя; *v*
облѝчам.
garbage ['ga:bidʒ] *n* остàтъци от хра-
нà; смет.
garden ['ga:dn] *n* градѝна.
gardener ['ga:dnə] *n* градинàр.

garland ['ga:lənd] *n* гирлàнда; венѐц.
garlic ['ga:lik] *n* чѐсън.
garment ['ga:mənt] *n* дрѐха.
garnish ['ga:niʃ] *v* гарнѝрам.
garret ['gærət] *n* мансàрда; тавàнски
етàж.
garrison ['gærisn] *n* гарнизòн; *v* по-
стàвям гарнизòн.
garter ['ga:tə] *n* жартиѐр.
gas [gæs] *n* газ; *ам.* бензѝн; *v* отрàвям
с газ.
gasoline ['gæsəli:n] *n* газолѝн; *ам* бен-
зѝн.
gasp [ga:sp] *v* задъ̀хвам се; àхвам; *n*
тѐжко дѝшане.
gate [geit] *n* пòрта; вратà; шлюз.
gateway ['geitwei] *n* вход; вратà;
врàтня.
gather ['gæðə] *v* събѝрам(се); берà;
прибѝрам; набѝрам; разбѝрам.
gathering ['gæðəriŋ] *n* събрàние;
цѝрей.
gaudy ['gɔ:di] *a* àрък; крещàщ; без-
вкỳсен.
gauge [geidʒ] *n* мàрка; размѐр; *v* из-
мѐрвам.
gaunt [gɔ:nt] *a* сух; слаб; мрàчен.
gauze [gɔ:z] *n* мàрля; тъ̀нка матѐрия.
gave *вж* give.
gay [gei] *a* вѐсел; àрък; пъ̀стър; раз-
пỳснат.
gayety ['geiəti] *n* весѐлие.
gayly ['geili] *adv* вѐсело; рàдостно.
gaze [geiz] *v* глѐдам втрѐнчено; *n*
(*втрѐнчен*) пòглед.

gear [giə] *n* (предавателен) механѝзъм; скòрост; принадлѐжности.

gee [dʒi:] *int* дий!; *ам.* ау! ей! брей!

geese *вж* **goose.**

gem [dʒem] *n* скъпоцѐнен кàмък; скъпоцѐнност; "бѝсер"

gender ['dʒendə] *n грам* род.

general ['dʒenərəl] *a* общ; обикновѐн; глàвен; *n* генерàл.

generally ['dʒenərəli] *adv* òбщо взèто; обикновѐно.

generate ['dʒenəreit] *v* произвèждам; порàждам.

generation [‚dʒenə'reiʃən] *n* поколѐние; произвèждане.

generosity [‚dʒenə'rɔsiti] *n* щèдрост.

generous ['dʒenərəs] *a* щèдър.

genial ['dʒi:njəl] *a* мил; симпатѝчен; мек; тòпъл (*за климат*).

genius ['dʒi:njəs] *n* гèний; дух.

gentle ['dʒentl] *a* нèжен; благорòден; благ; умѐрен.

gentleman ['dʒentlmən] *n* джèнтълмен; кавалѐр; изѝскан човèк.

gentleness ['dʒentlnis] *n* блàгост; нèжност.

gently ['dʒentli] *adv* внимàтелно; нèжно; лèко.

gentry ['dʒentri] *n* дребновладèлческа аристокрàция.

genuine ['dʒenjuin] *a* ѝстински; неподпрàвен.

geographic(al) [dʒiə'græfik(əl)] *a* геогрàфски.

geography [dʒi'ɔgrəfi] *n* геогрàфия.

germ [dʒə:m] *n* микрòб; зарòдиш; начàло.

germinate ['dʒə:mineit] *v* нѝкна; нокèлвам; порàждам.

gesture ['dʒestʃə] *n* жест.

get [get] *v* (*pt; pp* **got** [gɔt]) взèмам; добѝвам; печèля; получàвам; пристѝгам; достѝгам; разбѝрам.

ghastly ['gɑ:stli] *a* ужàсен; смъртно блèден.

ghost [goust] *n* дух; прѝзрак.

giant ['dʒaiənt] *n* великàн; гигàнт.

giddy ['gidi] *a* комýто се вѝе свят; лекомѝслен; шèметен.

gift [gift] *n* подàрък; дàрба; *v* надарàвам.

gifted ['giftid] *a* талантлѝв; надарèн.

gigantic [dʒai'gæntik] *a* гигàнтски.

giggle ['gigl] *v* кикòтя се; *n* кикòтене.

gild [gild] *v* позлатàвам.

gill [gil] *n* (*обикн pl*) хрилè.

gilt [gilt] *n* позлàта; позлатàване; *a* позлатèн.

gin[1] [dʒin] *n* джин.

gin[2] [dʒin] *n* капàн; прѝмка; скрипèц.

ginger ['dʒindʒə] *n* джинджифѝл; исиòт; *a* червенѝкав (*за коса*).

gipsy ['dʒipsi] *n* цѝганин; цѝгански езѝк; *a* цѝгански.

gird [gə:d] *v* запàсвам; припàсвам; обкръжàвам.

girdle ['gə:dl] *n* колàн; пòяс; *v* опàсвам.

girl [gə:l] *n* момѝче.

give [giv] *v* (*pt* **gave** [geiv]; *pp* **given** ['givn]) дàвам; подарàвам; плàщам; издàвам (*миризма*).

given *вж* **give.**

glacier ['glæsjə] *n* лèдник; глèтчер.

glad [glæd] *a* рàдостен; довòлен.

glade [gleid] *n* гòрска полянка; просèка.

gladly ['glædli] *adv* охòтно; с удовòлствие.

gladness ['glædnis] *n* рàдост; вèселост.

glamour ['glæmə] *n* обаяние; омàя; чар.

glance [glɑ:ns] *v* хвърлям пòглед; *n* бърз пòглед.

gland [glænd] *n* жлезà.

glare [glɛə] *v* блестя ослепѝтелно; глèдам свирèпо; *n* ослепѝтелен блясък.

glass [glɑ:s] *n* стъклò; стъклена чàша; *pl* очилà.

glaze [gleiz] *v* постàвям стъклà; гледжòсвам; *n* глазýра.

gleam [gli:m] *n* блещýкане; проблясък; лъч; *v* блещýкам.

glean [gli:n] *v* събѝрам класовè след жèтва.

glee [gli:] *n* весèлие; пèсен на нѝколко глàса.

glen [glen] *n* долчинкà.

glide [glaid] *v* плъзгам (се); *n* плъзгане.

glimmer ['glimə] *v* мъжделèя; проблясвам; *n* мъждукане.

glimpse [glimps] *n* зърване; *v* зървам.

glint [glint] *v* блясвам; светвам.

glisten ['glisn] *v* лъщя; блестя.

glitter ['glitə] *v* блестя; *n* блясък.

globe [gloub] *n* кълбо; глобус.

gloom [glu:m] *n* мрак; лошо настроение.

gloomy ['glu:mi] *a* мрачен; тъжен.

glorify ['glɔ:rifai] *v* славя; възхвалявам.

glorious ['glɔ:riəs] *a* славен; знаменит; великолепен.

gloriously ['glɔ:riəsli] *adv* славно; великолепно.

glory ['glɔ:ri] *n* слава; *v* гордея се; ликувам.

glove [glʌv] *n* ръкавица.

glossy ['glɔsi] *a* лъскав.

glow [glou] *v* грея; *n* жар; огън; червенина.

glue [glu:] *n* туткал; лепило; *v* лепя.

gnat [næt] *n* папатак; мушица.

gnaw [nɔ:] *v* гриза; глозгам; разяждам; човъркам.

go [gou] *v* (*pt* **went** [went]; *pp* **gone** [gɔn]) отивам(cu); вървя; движа се.

goal [goul] *n* цел; *спорт* гол; врата.

goat [gout] *n* коза.

gobble ['gɔbl] *v* лапам; крякам(*за пуяк*).

goblet ['gɔblit] *v* чаша(*със столче*).

goblin ['gɔblin] *n* таласъм.

God [gɔd] *n* Бог; Господ.

goddess ['gɔdis] *n* богиня.

gold [gould] *n* злато; *a* златен.

golden ['gouldən] *a* златен; като злато.

goldsmith ['gouldsmiθ] *n* златар.

golf [gɔlf] *n* голф(*игра*).

gone *вж* **go**.

good [gud] *a* добър; хубав; значителен; *n* добро; *pl* стока; *a* товарен.

good-bye [gud'bai] *int* сбогом, довиждане; *n* сбогуване.

good-looking ['gud'lukiŋ] *a* хубав.

good-natured ['gud'neitʃəd] *a* добродушен.

goodness ['gudnis] *n* доброта; сила; *int* Господи.

good night ['gud'nait] *int* лека нощ.

goodwill ['gud'wil] *n* доброжелателство; добра воля.

goose [gu:s] (*pl* **geese** [gi:s]) *n* гъска.

gore [gɔ:] *n* съсирена кръв; *v* промушвам с рога.

gorge [gɔ:dʒ] *n* клисура; дефиле; гърло; *v* ям лакомо.

gorgeous ['gɔ:dʒəs] *a* прекрасен; великолепен; блестящ.

gosh [gɔʃ] *int* дявол да го вземе! ей!

gospel ['gɔspəl] *n* евангелие; верую.

gossip ['gɔsip] *n* клюка; бъбрене.

got *вж* **get**.

govern ['gʌvən] *v* управлявам; ръководя; владея.

government ['gʌvnmənt] *n* правителство; управление.

governor ['gʌvənə] *n* управител; губернатор.

gown [gaun] *n* рокля; мантия; тога.

grab [græb] *v* сграбчвам; заграбвам.

grace [greis] *n* грация; изящност; привлекателност; благоволение; милост.

graceful ['greisful] *a* грациозен; привлекателен.

gracious ['greiʃəs] *a* добър; милостив.

grade [greid] *n* степен; клас(*в училище*).

gradual ['grædjuəl] *a* постепенен.

graduate ['grædjueit] *v* завършвам университет; *n* завършил университет.

graduation [,grædju'eiʃən] *n* завършване на университет.

graft [gra:ft] *n* присад; присаждане; *v* присаждам.

grain [grein] *n* зърно; зрънце; зърнени храни.

grammar ['græmə] *n* граматика.

granary ['grænəri] *n* житница; хамбар.

grand [grænd] *a* величествен; внушителен; *разг* знаменит.

granddaughter ['græn,dɔ:tə] *n* внучка.

grandeur ['grændʒə] *n* величие; великолепие.

grandfather ['grænd,fa:ðə] *n* дядо.

grandmother ['græn,mʌðə] *n* баба.

grandson ['grænsʌn] *n* внук.

grange [greindʒ] *n* чифлик.

granite ['grænit] *n* гранит.

grannie, granny [ˈgræni] *n* бàба.

grant [grɑ:nt] *v* дàвам; дарявам; отпускам; допускам.

grape [greip] *n pl* грòзде.

grasp [grɑ:sp] *v* хвàщам; сгрàбчвам; схвàщам; *n* хвàтка; власт; схватлùвост.

grass [grɑ:s] *a* тревà; пàсбище.

grasshopper [ˈgrɑ:sˌhɔpə] *n* щурèц.

grassy [ˈgrɑ:si] *a* трèвен; затревèн.

grate [greit] *n* решètка на камùна; скàра; *v* стържа.

grateful [ˈgreitful] *a* благодàрен; признàтелен.

gratefully [ˈgreitfuli] *adv* с благодàрност.

gratify [ˈgrætifai] *v* задоволявам; достàвям удовòлствие.

gratitude [ˈgrætitjuːd] *n* благодàрност; признàтелност.

grave [greiv] *n* гроб; *a* сериòзен.

gravel [ˈgrævəl] *n* чакъл; *v* настùлам с чакъл.

gravitation [ˌgræviˈteiʃən] *n* гравитàция; притèгляне.

gravity [ˈgræviti] *n* вàжност; тържèственост; гравитàция.

gravy [ˈgreivi] *n* сос.

gray *вж* **grey**.

graze [greiz] *v* пасà; докòсвам; одрàсквам.

grease [gri:z] *v* намàзвам; смàзвам; *n* мазнинà; смàзка.

greasy [ˈgri:zi] *a* мàзен; плъзгав.

great [greit] *a* голям; велùк.

greatly [ˈgreitli] *adv* мнòго.

greatness [ˈgreitnis] *n* велùчие.

greed [gri:d] *n* àлчност; лакомùя.

greedy [ˈgri:di] *a* àлчен; лàком.

green [gri:n] *a* зелèн; незрял; *n* зелèн цвят; трèвна площ.

greengrocer [ˈgri:nˌgrousə] *n* зарзаватчùя.

greenhouse [ˈgri:nhaus] *n* оранжèрия; пàрник.

greet [gri:t] *v* поздравявам.

greeting [ˈgri:tiŋ] *n* пòздрав.

grew *вж* **grow**.

grey [grei] *a* сив; побелял; *n* сив цвят.

greyhound [ˈgreihaund] *n* хрътка.

grief [gri:f] *n* скръб; печàл.

grievance [ˈgri:vəns] *n* оплàкване; бòлка.

grieve [gri:v] *v* наскърбявам; скърбя.

grievous [ˈgri:vəs] *a* тèжък; мъчùтелен.

grill [gril] *n* скàра за пèчене на месò; месò, пèчено на скàра; *v* пекà на скàра.

grille [gril] *n* решèтка(*на прозорец и пр.*).

grim [grim] *a* мрàчен; жестòк; строг.

grin [grin] *v* хùля се; *n* хùлене.

grind [graind] *v* (*pt; pp* **ground** [graund]) смùлам; ỳча усùлено; *техн* тòча; трùя(се).

grip [grip] *n* вкòпчване; хвàщане; стùскане; власт; *v* хвàщам здрàво.

grit [grit] *n* песъчùнки; пясък; *разг* сùла на харàктер.

grizzly [ˈgrizli] *a* сив; прошàрен.

groan [groun] *v* пъшкам; стèна; *n* стенàние.

grocer [ˈgrousə] *n* бакàлин.

groom [grum] *n* конàр.

groove [gru:v] *n* вдлъбнатинà; канàл; рутинà.

grope [group] *v* опùпвам; търся пипнешкòм.

gross [grous] *a* голям, груб; дебèл; *n* брỳто; грòса.

grotesque [grouˈtesk] *a* стрàнен; чудàт.

ground[1] [graund] *n* земя; пòчва; *v* основàвам; обосновàвам.

ground[2] *вж* **grind**.

group [gru:p] *n* грỳпа; *v* групùрам(се).

grouse [graus] *n* яребица.

grove [grouv] *n* горùчка.

grovel [ˈgrɔvl] *v* пълзя; унижàвам се.

grow [grou] *v* (*pt* **grew** [gru:], *pp* **grown** [groun]) растà; стàвам; отглèждам.

growl [graul] *v* ръмжà; оплàквам се; *n* ръмжèне.

grown *вж* **grow**.

grown-up [ˈgrounʌp] *a* порàснал; *n* възрàстен.

growth [grouθ] *n* растèж; развùтие.

grub [grʌb] *v* ròвя; *n* личùнка; *разг* хранà.

grudge [grʌdʒ] *n* лòшо чỳвство; зàвист; *v* свùди ми се; завùждам.

gruff [grʌf] a груб; рязък.

grumble ['grʌmbl] v мърморя; тътна; n мърморене; тътнеж.

grunt [grʌnt] v грухтя; мърморя.

guarantee [,gærən'ti:] n гаранция; поръчителство; гарант; v обезпечавам.

guard [gɑːd] v пазя; защитавам; n охрана.

guardian ['gɑːdjən] n настойник; пазител; страж.

guess [ges] v отгатвам; предполагам; разг мисля; n предположение; налучкване.

guest [gest] n гост; клиент(на хотел)

guidance ['gaidəns] n ръководство.

guide [gaid] v (ръко)водя; n водач; ръководител; пътеводител.

guild [gild] n еснаф(съюз); гилда.

guile [gail] n измама; коварство.

guilt [gilt] n вина.

guiltless ['giltlis] a невинен.

guilty ['gilti] a виновен.

guinea ['gini] n гвинея(стара монета = 21 шилинга).

guise [gaiz] n външност; вид; маска.

guitar [gi'tɑː(r)] n китара.

gulf [gʌlf] n залив; бездна.

gull [gʌl] n чайка; v измамвам.

gulp [gʌlp] n глътка; v поглъщам.

gum [gʌm] n венец; клей; лепило.

gun [gʌn] n оръдие; пушка; ам револвер.

gunpowder ['gʌn,paudə] n барут.

gush [gʌʃ] n струя; поток; v бликвам; лея се.

gust [gʌst] n вихър; избухване; порив.

gutter ['gʌtə] n канал; водосточен улей; тиня.

guy [gai] n плашило; ам сл човек; момче.

gymnasium [dʒim'neiziəm] n гимнастически салон; гимназия.

gypsy ['dʒipsi] вж gipsy.

H

habit ['hæbit] n навик.

habitation [,hæbi'teiʃən] n жилище; местожителство.

habitual [hə'bitjuəl] a обичаен; привичен.

hack [hæk] v сека; n наемен кон; писач.

had вж have.

haemorhage ['heməridʒ] n кръвойзлив; кръвотечение.

hag [hæg] n вещица.

haggard ['hægəd] a измъчен; изморен; изпит.

hail [heil] n градушка; v вали град.

hair [hɛə] n коса; косъм; козина.

hairdresser ['hɛə,dresə] n фризьор.

hairy ['hɛəri] a космат.

hale [heil] a здрав.

half [hɑːf] n (pl halves [hɑːvz]) половина; a наполовина.

halftime ['hɑːf'taim] n спорт полувреме.

halfway ['hɑːf'wei] adv на средата на пътя; n компромис; a частичен.

hall [hɔːl] n зала; хол; обществена сграда.

halo ['heilou] n сияние; ореол.

halt [hɔːlt] n спиране; спирка; v спирам(се).

halve [hɑːv] v деля наполовина.

ham [hæm] n шунка; бут.

hamlet ['hæmlit] n селце.

hammer ['hæmə] n чук; v чукам.

hamper ['hæmpə] v затруднявам; спъвам; n кошница с капак.

hand [hænd] n ръка(до китката); работник; почерк; часовникова стрелка; v подавам; връчвам.

handbag ['hændbæg] n дамска чанта; пътна чанта.

handbook ['hændbuk] *n* ръково́дство; справо́чник.

handful ['hændful] *n* шѐпа (*количество*); *разг* "мѐчен" човѐк; бу́йно детѐ.

handicap ['hændikæp] *n* прѐчка; затруднѐние; *v* прѐча на.

handicraft ['hændikrɑːft] *n* занаят; рѐчна ра̀бота.

handkerchief ['hæŋkətʃif] *n* но́сна кѐрпа.

handle ['hændl] *n* дрѐжка; рѐчка; *v* пи́пам; управля̀вам; отна́сям се със; бора̀вя със; спра̀вям се.

handsome ['hænsəm] *a* ху́бав; щѐдър.

handwriting ['hænd,raitiŋ] *n* по́черк.

handy ['hændi] *a* удо́бен; срѐчен.

hang [hæŋ] *v* (*pt, pp* **hung** [hʌŋ]) висѝ; зака̀чвам; (*pt, pp* **hanged** [hæŋd]) обѐсвам.

hanger ['hæŋə] *n* закача̀лка за дрѐхи.

hap [hæp] *n* слу́чка; (щастлѝва) случа̀йност.

haphazard ['hæp'hæzəd] *n* случа̀йност; *a* случа̀ен.

happen ['hæpən] *v* слу́чва се; ста̀ва; попа̀дам на.

happening ['hæpəniŋ] *n* слу́чай; събѝтие.

happiness ['hæpinis] *n* ща̀стие.

happy ['hæpi] *a* щастлѝв; успѐшен.

harass ['hærəs] *v* безпоко́я; тормо́зя; напа̀дам постоя̀нно.

harbinger ['hɑːbindʒə] *n* предвѐстник.

harbour ['hɑːbə] *n* приста̀нище; убѐжище; *v* подслоня̀вам.

hard [hɑːd] *a* твѐрд; кора̀в; тѐжък; тру́ден; *adv* сѝлно; усѝлено.

harden ['hɑːdn] *v* втвърдя̀вам(се); каля̀вам(*и стома̀на*).

hardly ['hɑːdli] *adv* едва̀; жесто́ко; с уси́лие.

hardness ['hɑːdnis] *n* твѐрдост.

hardship ['hɑːdʃip] *n* тру́дност; изпита̀ние.

hardware ['hɑːdwɛə] *n* железа̀рия.

hardy ['hɑːdi] *a* сѝлен; смел; усто́йчив.

hare [hɛə] *n* див за̀ск.

hark [hɑːk] *v* слу́шам.

harm [hɑːm] *n* вреда̀; *v* уврѐждам; вредя̀.

harmful ['hɑːmful] *a* врѐден.

harmless ['hɑːmlis] *a* безврѐден.

harmonious [hɑː'mounjəs] *a* хармони́чен; мелоди́чен.

harmonize ['hɑːmənaiz] *v* хармони́рам; хармонизи́рам.

harmony ['hɑːməni] *n* хармо́ния; съгла̀сие.

harness ['hɑːnis] *n* хаму́т; *v* впря̀гам.

harp [hɑːp] *n* а̀рфа; *v* свѝря на а̀рфа; *разг* "опя̀вам".

harrow ['hærou] *n* бра̀на; *v* бра̀ня(*при оран*).

harry ['hæri] *v* огра̀бвам; плячко́свам; обезпокоя̀вам.

harsh [hɑːʃ] *a* суро́в; груб; жесто́к.

hart [hɑːt] *n* елѐн; рога̀ч.

harvest ['hɑːvist] *n* жѐтва; реко́лта; *v* жѐна.

haste [heist] *n* бързина̀.

hasten ['heisn] *v* бѐрзам; ускоря̀вам.

hasty ['heisti] *a* прибѐрзан; бѐрз; необми́слен; сприхав.

hat [hæt] *n* ша̀пка.

hatch [hætʃ] *n* о̀твор(*на палуба, сцена*); лю̀пене; *v* лю̀пя(се); мѐтя(се).

hatchet ['hætʃit] *n* секи́ра.

hate [heit] *v* мра̀зя; *n* омра̀за.

hateful ['heitful] *a* омра̀зен.

hatred ['heitrid] *n* омра̀за.

haughty ['hɔːti] *a* надмѐнен; високомѐрен.

haul [hɔːl] *v* тѐгля; прево́звам; *n* тѐглене; у́лов; придобѝвка.

haunt [hɔːnt] *v* посеща̀вам чѐсто; преслѐдвам; обита̀вам; витя̀я; *n* свѐрталище.

have [hæv] *v* (*pt, pp* **had** [hæd]) ѝмам; нала̀га ми се; тря̀бва.

havoc ['hævək] *n* поразѝи; опустошѐние; разрушѐние.

hawk [hɔːk] *n* я̀стреб; *v* хо̀дя на лов с я̀стреби.

howthorn ['hɔːθɔːn] *n* глог.

hay [hei] *n* сено̀.

hazard ['hæzəd] *n* слу́чай; риск; хаза̀ртна игра̀; *v* риску̀вам.

hazardous ['hæzədəs] *a* риско́ван.

haze [heiz] *n* лѐка мъгла̀; ома̀ра.

hazel ['heizl] *n* леска̀; лѐшник; *a* свѐтлокафя́в.

hazy ['heizi] *a* мъглив; замъглѐн.

H-bomb ['eitʃbɔm] *n* водорòдна бòмба.

he [hi:] *pron* той.

head [hed] *n* главà; начàлник; ръководѝтел; връх; нàй-висòка част; *v* оглавя̀вам; стоя̀ начѐло на.

headache ['hedeik] *n* главобòлие.

headline ['hedlain] *n* заглàвие.

headlong ['hedlɔŋ] *a* стремглàв; безразсъ̀ден; стремѝтелен.

headmaster ['hedma:stə] *n* глàвен учѝтел.

headquarters ['hed'kwɔ:təz] *n* глàвна квартѝра; щаб; цѐнтър.

heal [hi:l] *v* церя̀; лекỳвам; зарàствам; заздравя̀вам.

health [helθ] *n* здрàве; здравеопàзване.

healthful ['helθful] *a* здравослòвен.

healthy ['helθi] *a* здрав; здравослòвен.

heap [hi:p] *n* куп; *pl* голя̀мо колѝчество; мàса; *v* натрỳпвам; обсѝпвам.

hear [hiə] *v* (*pt*; *pp* heard [hə:d]) чỳвам; изслỳшвам.

heard *вж* hear.

hearing ['hiəriŋ] *n* слух; изслỳшване.

hearken ['ha:kən] *v* слỳшам; обръ̀щам внимàние.

heart [ha:t] *n* сърцѐ; душà; същинà; кỳпа(*карта*).

hearth [ha:θ] *n* огнѝще.

heartily ['ha:tili] *adv* ѝскрено; от сърцѐ; на дрàго сърцѐ.

heartless ['ha:tlis] *a* безсърдѐчен.

hearty ['ha:ti] *a* сърдѐчен; ѝскрен; енергѝчен; сѝлен.

heat [hi:t] *n* горещинà; гняв; разгàр.

heater ['hi:tə] *n* нагревàтел; отоплѝтел.

heath [hi:θ] *n* степ; пỳстош; изтрàвниче.

heathen ['hi:ðən] *a* езѝчески; *n* езѝчник.

heather ['heðə] *n бот* пѝрен.

heave [hi:v] *v* издѝгам(се); надѝгам(се); изпỳскам (въздѝшка); *n* надѝгане.

heaven ['hevn] *n* небѐ; небесà.

heavenly ['hevnli] *a* небѐсен; божѐствен; възхитѝтелен.

heaviness ['hevinis] *n* тѐжест; несрѐчност.

heavy ['hevi] *a* тѐжък; сѝлен; мнòго голя̀м; изобѝлен.

hedge [hedʒ] *n* жив плет; прегрàда; *v* ограждам; извъртам нещàта.

hedgehog ['hedʒhɔg] *n* таралѐж.

heed [hi:d] *n* внимàние; *v* обръ̀щам внимàние на.

heedless ['hi:dlis] *a* невнимàтелен; непредпазлѝв; нехàен.

heel [hi:l] *n* петà; ток(на обувка); поставям токове; *ам* мерзàвец.

height [hait] *n* височинà; възвишѐние; връх; нàй-вѝсша стѐпен.

heighten ['haitn] *v* повишàвам; усѝлвам.

heir [ɛə] *n* наслѐдник.

heiress ['ɛəris] *n* наслѐдница.

held *вж* hold.

hell [hel] *n* ад.

hello [he'lou, hə'lou] *int* здравѐй; àло.

helm [helm] *n* кормѝло; управлѐние.

helmet ['helmit] *n* шлем.

help [help] *v* помàгам; сервѝрам; *n* пòмощ; *ам* прислỳга.

helper ['helpə] *n* помòщник.

helpful ['helpful] *a* полѐзен; услужлѝв.

helpless ['helplis] *a* безпòмощен.

hem [hem] *n* ръб; пòдгъв; *v* подгъ̀вам; подшѝвам; подрѐбвам.

hemisphere ['hemisfiə] *n* полукъ̀лбò.

hemp [hemp] *n* конòп.

hen [hen] *n* кокòшка.

hence [hens] *adv* оттỳк(слѐдва че).

henceforth ['hens'fɔ:θ] *adv* отсегà натàтък.

her [hə:] *pron* нѐя; нѐин.

herald ['herəld] *n* вестѝтел; прàтеник; *v* възвестя̀вам.

herb [hə:b] *n* бѝлка; тревà; подпрàвка.

herd [hə:d] *n* стàдо; *v* събѝрам се; живѐя в стàдо; пасà стàдо

herdsman ['hə:dzmən] *n* говедàр; пъдàр.

here [hiə] *adv* тук; ѐто.

hereafter ['hiər'a:ftə] *adv* за в бъ̀деще.

hereby ['hiə'bai] *adv* с настоя̀щото.

hereditary [hi'reditəri] *a* наслѐдствен.

heredity [hi'rediti] *n* наслѐдственост.

herein ['hiər'in] *adv* в товà.

heresy [ˈherəsi] *n* ерес.

heretic [ˈherətik] *n* еретик.

here-upon [ˈhiərəˈpɔn] *adv* след това.

herewith [ˈhiəˈwið] *adv* с настоящото.

heritage [ˈheritidʒ] *n* наследство.

hermit [ˈhə:mit] *n* отшелник.

hero [ˈhiərou] *n* герой.

heroic [hiˈrouik] *a* геройчен.

heroine [ˈherouin] *n* геройня.

heroism [ˈherouizəm] *n* геройзъм.

herring [ˈheriŋ] *n* херинг(а).

hers [hə:z] *pron* неин.

hesitate [ˈheziteit] *v* колебая се

hesitation [ˌheziˈteiʃən] *n* колебание.

hew [hju:] *v* (*pt* **hewed** [hju:d]; *pp* **hewed, hewn** [hju:n]) сека; дялам.

hey [hei] *int* ей! ха!

hid, hidden вж **hide²**.

hide¹ [haid] *n* кожа(на едър добитък).

hide² [haid] *v* (*pt* **hid** [hid], *pp* **hidden** [ˈhidn]) кряя, скривам (се).

hideous [ˈhidiəs] *a* отвратителен; ужасен.

high [hai] *a* висок; възвишен; отличен; голям; силен; *adv* високо; силно.

highland [ˈhailənd] *n* планинска местност.

highly [ˈhaili] *adv* високо; много силно; крайно.

highness [ˈhainis] *n* височина; височество.

highway [ˈhaiwei] *n* шосе; магистрала.

hike [haik] *n* екскурзия(пеша); *v* ходя на екскурзия.

hill [hil] *n* хълм; купчина пръст.

hillside [ˈhilˈsaid] *n* планински склон.

hilt [hilt] *n* дръжка(на сабя, кама).

him [him] *pron* него; го.

hind [haind] *n* кошута; *ост* ратай; *a* заден.

hinder [ˈhində] *v* спъвам; затруднявам; преча.

hindrance [ˈhindrəns] *n* спънка; пречка.

hinge [hindʒ] *n* панта; *v* закачам с панта; завися.

hint [hint] *n* намек; *v* загатвам.

hip [hip] *n* бедро; шипка(плодът).

hire [ˈhaiə] *v* наемам; *n* наемане.

hire-purchase [ˈhaiəˈpətʃis] *n* покупка на изплащане.

his [hiz] *pron* негов.

hiss [his] *v* съскам; свистя; освирквам; *n* съскане.

historian [hisˈtɔ:riən] *n* историк.

historic [hisˈtɔrik] *a* исторически(по значение).

historical [hisˈtɔrikəl] *a* исторически (отнасящ се до историята).

history [ˈhistəri] *n* история.

hit [hit] *v* (*pt, pp* **hit**) удрям; улучвам, засягам; *n* удар; успех.

hitch [hitʃ] *v* дръпвам; закачвам; *n* дръпване; спънка.

hither [ˈhiðə] *adv* насам; тук.

hitherto [ˈhiðəˈtu:] *adv* досега.

hive [haiv] *n* кошер; рояк; *v* прибирам пчели в кошер.

hoard [hɔ:d] *n* запас; *v* скътвам; трупам; запасявам се.

hoarse [hɔ:s] *a* дрезгав; пресипнал.

hoary [ˈhɔ:ri] *a* побелял; посивял; стар; древен.

hobble [ˈhɔbl] *v* накуцвам; *n* накуцване.

hobby [ˈhɔbi] *n* любимо занимание.

hockey [ˈhɔki] *n* хокей.

hoe [hou] *n* мотика; *v* копая с мотика.

hoist [hɔist] *v* издигам(с кран и пр.); *n* издигане; елеватор.

hold [hould] *v* (*pt, pp* **held** [held]) държа(се); в сила съм; притежавам; *n* държане; власт; влияние; трюм.

holder [ˈhouldə] *n* носител; предявител; притежател.

hole [houl] *n* дупка; *сл* затруднено положение; *v* прокопавам.

holiday [ˈhɔlədi] *n* празник; *pl* ваканция; отпуска; почивка.

holiness [ˈhoulinis] *n* светост.

hollow [ˈhɔlou] *a* кух; празен; хлътнал; *n* хралупа; вдлъбнатина; *v* издълбавам.

hollyhock [ˈhɔlihɔk] *n* ружа.

holy [ˈhouli] *a* свят; свещен.

homage [ˈhɔmidʒ] *n* дан; израз на уважение.

home [houm] *n* дом; домашно огнище; приют; *adv* у дома; на място; *a* домашен; вътрешен.

homeless [ˈhoumlis] *a* бездомен.

homely ['houmli] *a* прòстичък; обикновèн; непринỳден; непретенциòзен.

home-made ['houm'meid] *a* домàшен; домàшно напрàвен.

homesick ['houmsik] *a* изпѝтващ носталгѝя.

homespun ['houmspʌn] *a* домàшно изпрèден; *n* домàшна тъкан.

homestead ['houmsted] *n* чифлѝк; фèрма.

homeward(s) ['houmwəd(z)] *adv* към къщи.

honest ['ɔnist] *a* чèстен; почтèн; прям; откровèн.

honesty ['ɔnisti] *n* чèстност; откровèност.

honey ['hʌni] *n* пчèлен мед.

honeycomb ['hʌnikoum] *n* мèдна пѝта.

honeymoon ['hʌnimu:n] *n* мèден мèсец.

honeysuckle ['hʌni'sʌkl] *n бот* орлòв нòкът.

honorary ['ɔnərəri] *a* пòчетен; неплатèн.

honour ['ɔnə] *n* чест; пòчит; *pl* пòчести; отлѝчия; *v* почѝтам; удостоявам.

honourable ['ɔnərəbl] *a* пòчетен; чèстен; почитàем.

hood [hud] *n* качỳлка; гỳгла.

hoof [hu:f] *n* (*pl* **hoofs; hooves**) копѝто.

hook [huk] *n* кỳка; сърп; *v* закàчам; хвàщам(*с въдица*).

hoop [hu:p] *n* òбръч; *v* притягам.

hoot [hu:t] *n* крясък на бухал; вик; сигнàл с клàксон; *v* освѝрквам.

hop[1] [hɔp] *n* хмел.

hop[2] [hɔp] *v* подскàчам; *n* скок; подскòк.

hope [houp] *n* надèжда; *v* надявам се.

hopeful ['houpful] *a* изпълнен с надèжда; надèжден.

hopeless ['houplis] *a* безнадèжден.

horde [hɔ:d] *n* òрда.

horizon [hə'raizn] *n* хоризòнт.

horizontal [,hɔri'zɔntl] *a* хоризонтàлен.

horn [hɔ:n] *n* рог; клàксон.

hornet ['hɔ:nit] *n* голяма осà; стършел.

horrible ['hɔribl] *a* ужàсен.

horrid ['hɔrid] *a* ужàсен; отвратѝтелен; досàден.

horrify ['hɔrifai] *v* ужасявам.

horror ['hɔrə] *n* ỳжас.

horse [hɔ:s] *n* кон; кавалèрия.

horseback ['hɔ:sbæk] *n* на кон(**on**).

horseman ['hɔ:smən] *n* ездàч; кòнник.

horseshoe ['hɔ:sʃu:] *n* подкòва.

horticulture ['hɔ:tikʌltʃə] *n* градинàрство.

hose [houz] *n* маркỳч; (дълги) чорàпи.

hospitable ['hɔspitəbl] *a* гостоприèмен.

hospital ['hɔspitl] *n* бòлница.

hospitality [,hɔspi'tæliti] *n* гостоприèмство.

host [houst] *n* домакѝн; стопàнин; голям брой; мнòжество.

hostage ['hɔstidʒ] *n* залòжник.

hostel ['hɔstəl] *n* общежѝтие.

hostess ['houstis] *n* домакѝня; стопàнка.

hostile ['hɔstail] *a* неприятелски; враждèбен; врàжески.

hostility [hɔs'tiliti] *n* враждèбност; *pl* враждèбни дèйствия.

hot [hɔt] *a* горèщ; разгорещèн; лют.

hotel [hou'tel] *n* хотèл.

hound [haund] *n* ловджѝйско кỳче; хрътка; негòдник; *v* преслèдвам.

hour ['auə] *n* час.

hourly ['auəli] *a* ежечàсен; *adv* ежечàсно; (на) всèки час.

house[1] [haus] *n* къща; домакѝнство; палàта; кàмара.

house[2] [hauz] *v* дàвам жѝлище на; подслонявам.

household ['haushould] *n* домакѝнство; домочàдие; семèйство.

housekeeper ['haus'ki:pə] *n* домакѝня; иконòмка.

housekeeping ['haus'ki:piŋ] *n* домакѝнстване; домакѝнска рàбота.

housewife ['hauswaif] *n* домакѝня; стопàнка.

housework ['hauswə:k] *n* домакѝнска рàбота.

housing [ˈhauziŋ] *n* квартѝра; жѝлище; жилищно стройтелство; *a* жѝлищен.

hovel [ˈhɔvl] *n* бордѐй.

hover [ˈhɔvə] *v* вѝя се; кръжà; надвѝсвам(*за опасност*); колебàя се.

how [hau] *adv* как.

however [hauˈevə] *adv* кàкто и да е; кòлкото и; *conj* обàче; при все товà.

howl [haul] *v* вѝя; *n* вой.

huddle [ˈhʌdl] *v* сгỳшвам се; свѝвам се; стрỳпвам се; *n* кỳпчина.

hue [hju:] *n* крàска; нюàнс.

hug [hʌg] *v* прегрѝщам; *n* прегрѐдка.

huge [hju:dʒ] *a* огрòмен; грамàден.

hugely [ˈhju(:)dʒli] *adv* мнòго; извънрѐдно.

hull [hʌl] *n* лⅶспа; шỳшулка; кòрпус(*на кòраб и пр.*); *v* бѐля; чỳшкам.

hum [hʌm] *v* бръмчà; тананѝкам; *n* бръмчѐне; бобòтене.

human [ˈhju:mən] *a* човѐшки.

humane [hju(:)ˈmein] *a* човѐчен; хумàнен.

humanity [hju:ˈmæniti] *n* човѐчество; хумàнност; *pl* хуманитàрни наỳки.

humble [ˈhʌmbl] *a* скрòмен; смирѐн; незначѝтелен; *v* унижàвам.

humid [ˈhju:mid] *a* влàжен.

humidity [hju(:)ˈmiditi] *n* влàга; влàжност.

humiliate [hju(:)ˈmilieit] *v* унижàвам.

humiliation [hju(:),miliˈeiʃən] *n* унижѐние.

humility [hju(:)ˈmiliti] *n* скрòмност; покòрност.

humorous [ˈhju:mərəs] *a* хумористѝчен; смѐшен.

humour [ˈhju:mə] *n* хỳмор; настроѐние.

hump [hʌmp] *n* гърбица; *сл* лòшо настроѐние.

hunch [hʌntʃ] *n* гърбица; *ам* подозрѐние.

hundred [ˈhʌndrid] *a* сто; *n* стотѝца.

hundredth [ˈhʌndredθ] *a* стòтен.

hung *вж* **hang**.

hunger [ˈhʌŋgə] *n* глад; сѝлно желàние; жàжда; *v* жадỳвам за; гладỳвам.

hungry [ˈhʌŋgri] *a* глàден.

hunt [hʌnt] *v* търся; преслѐдвам; хòдя на лов; *n* преслѐдване; лов.

hunter [ˈhʌntə] *n* ловѐц.

hunting [ˈhʌntiŋ] *n* лов.

huntsman [ˈhʌntsmən] *n* ловѐц.

hurl [hə:l] *v* хвърлям; захвърлям; мятам; *n* мятане.

hurricane [ˈhʌrikein] *n* урагàн.

hurried [ˈhʌrid] *a* бърз; прибързан.

hurriedly [ˈhʌridli] *adv* бързо; прибързано; набързо.

hurry [ˈhʌri] *v* бързам; кàрам да бърза; *n* бързане; бързинà.

hurt [hə:t] *v* (*pt, pp* **hurt**) наранявам; наскърбявам; причинявам бòлка; болѝ; *n* бòлка; рàна.

husband [ˈhʌzbənd] *n* съпрỳг; *v* пестя.

husbandry [ˈhʌzbəndri] *n* земедѐлие; стопанѝсване.

hush [hʌʃ] *v* смълчàвам(се); кàрам да млъкне; утѝхвам; *n* тишинà; мълчàние.

husk [hʌsk] *n* лⅶспа; обвѝвка; *v* бѐля.

husky [ˈhʌski] *a* люспест; дрѐзгав; преспал; *разг* ѐдър; як.

hustle [ˈhʌsl] *v* блъскам(се); насѝлвам; бързам; *n* блъсканица.

hut [hʌt] *n* колѝба; хѝжа; барàка.

hyacinth [ˈhaiəsinθ] *n* зюмбюл.

hybrid [ˈhaibrid] *n* хибрѝд.

hydroelectric [ˌhaidrouiˈlektrik] *a* водноелектрѝчески.

hydrogen [ˈhaidrədʒən] *n* водорòд.

hygiene [ˈhaidʒi:n] *n* хигиѐна.

hymn [him] *n* химн.

hyphen [ˈhaifn] *n* мàлко тирѐнце.

hypocrisy [hiˈpɔkrəsi] *n* лицемѐрие.

hypocrite [ˈhipəkrit] *n* лицемѐр.

hypothesis [haiˈpɔθisis] *n* хипотѐза; предположѐние.

hysteria [hisˈtiəriə] *n* истѐрия.

hysteric(al) [hisˈterik(l)] *a* истерѝчен.

I

I [ai] *pron* аз.
ice [ais] *n* лед; сладолèд.
iceberg [ˈaisbə:g] *n* айсберг.
ice-cream [ˈaisˈkri:m] *n* сладолèд.
icicle [ˈaisikl] *n* лèдена шушỳлка.
icing [ˈaisiŋ] *n* глазỳра.
icon [ˈaikɔn] *n* икòна; изображèние.
icy [ˈaisi] *a* лèден.
idea [aiˈdiə] *n* идèя; прèдстàва.
ideal [aiˈdiəl] *a* идеàлен; *n* идеàл.
idealism [aiˈdiəlizm] *n* идеалѝзъм.
identical [aiˈdentikəl] *a* еднàкъв; идентѝчен.
identify [aiˈdentifai] *v* установàвам самолѝчност; разпознàвам.
identity [aiˈdentiti] *n* самолѝчност; еднàквост.
idiom [ˈidiəm] *n* идиòм; гòвор; нарèчие.
idle [ˈaidl] *a* незаèт; бездèен; бездèлен; *v* бездèйствувам; бездèлнича.
idleness [ˈaidlnis] *n* бездèлие.
idly [ˈaidli] *adv* ленѝво; небрèжно; безцèлно.
idol [ˈaidl] *n* ѝдол; божествò.
if [if] *conj* акò; далѝ; àко и да.
ignite [igˈnait] *v* възпламенàвам(се).
ignoble [igˈnoubl] *a* пòдъл; дòлен; безчèстен.
ignorance [ˈignərəns] *n* невèжество; незнàние.
ignorant [ˈignərənt] *a* невèж; несвèдущ.
ignore [igˈnɔ:] *v* не зачѝтам; пренебрèгвам.
ill [il] *a* бòлен; лош; зъл.
illegal [iˈli:gəl] *a* незакòнен; противозакòнен.
illegitimate [ˌiliˈdʒitimit] *a* незакòнен; незаконорòден.
illicit [iˈlisit] *a* незакòнен; непозволèн; забранèн.
illiterate [iˈlitərit] *a* неграмòтен.
illness [ˈilnis] *n* бòлест.
illuminate [iˈl(j)u:mineit] *v* осветàвам; разяснàвам; осветлàвам.
illumination [iˌl(j)u:miˈneiʃən] *n* осветлèние; илюминàция.
illusion [iˈl(j)u:ʒən] *n* илỳзия; измàма.
illustrate [ˈiləstreit] *v* илюстрѝрам.

illustration [ˌiləsˈtreiʃən] *n* илюстрàция; рисỳнка; примèр.
illustrious [iˈlʌstriəs] *a* знаменѝт; белèжит; прослàвен.
image [ˈimidʒ] *n* òбраз; изображèние; подòбие.
imaginable [iˈmædʒinəbl] *a* въобразѝм.
imaginary [iˈmædʒinəri] *a* въображàем; недействѝтелен.
imagination [iˌmædʒiˈneiʃən] *n* въображèние.
imaginative [iˈmædʒinətiv] *a* надарèн с въображèние.
imagine [iˈmædʒin] *v* представям си; въобразàвам си; предполàгам.
imitate [ˈimiteit] *v* подражавàм; имитѝрам.
imitation [ˌimiˈteiʃən] *n* подражàние; имитàция.
immaculate [iˈmækjulit] *a* чист; неопетнèн; безупрèчен.
immature [iməˈtjuə] *a* незрял.
immediate [iˈmi:djət] *a* незабàвен; непосрèдствен.
immediately [iˈmi:djətli] *adv* веднàга; незабàвно.
immemorial [ˌimiˈmɔ:riəl] *a* незапòмнен.
immense [iˈmens] *a* огрòмен.
immerse [iˈmə:s] *v* потàпям; въвлѝчам.
immigrant [ˈimigrənt] *n* пресèлник; емигрàнт.
immigration [ˌimiˈgreiʃən] *n* пресèлничество; имигràция.
imminent [ˈiminənt] *a* неизбèжен; грозàщ; надвѝснал.
immoral [iˈmɔrəl] *a* безнрàвствен; неморàлен.
immortal [iˈmɔ:təl] *a* безсмèртен.
immortality [ˌimɔ:ˈtæliti] *n* безсмèртие.
immovable [iˈmu:vəbl] *a* неподвѝжен; недвѝжим; непоклатѝм.
immune [iˈmju:n] *a* сѝгурен; безопàсен; защѝтен; имунизѝран.
immunity [iˈmju:niti] *n* неприкоснòвеност; имунитèт.
imp [imp] *n* дàволче; пàлавник.
impact [ˈimpækt] *n* ỳдар; сблъскване; въздèйствие.
impair [imˈpɛə] *v* уврèждам; поврèждам; отслàбвам.

impart [im'pɑːt] v предавам; съобщавам.

impartial [im'pɑːʃəl] a безпристрастен; справедлив.

impartiality [im‚pɑːʃi'æliti] n безпристрастност; справедливост.

impasse [æm'pɑːs] n безизходица; задънена улица.

impassioned [im'pæʃənd] a страстен; пламенен.

impassive [im'pæsiv] a безстрастен; спокоен.

impatience [im'peiʃəns] n нетърпение.

impatient [im'peiʃənt] a нетърпелив.

impeach [im'piːtʃ] v обвинявам; подлагам на съмнение; дискредитирам.

impeccable [im'pekəbl] a безпогрешен; безупречен; съвършен.

impede [im'piːd] v забавям; преча; препятствувам.

impediment [im'pedimənt] n пречка; спънка.

impel [im'pel] v принуждавам; подтиквам.

impending [im'pendiŋ] a предстоящ; грозящ; надвиснал.

imperative [im'perətiv] a заповеднически; повелителен; наложителен; n грам повелително наклонение.

imperfect [im'pəːfikt] a непълен; незавършен; несъвършен.

imperial [im'piəriəl] a имперски; императорски; величествен.

imperil [im'peril] v излагам на опасност; застрашавам.

imperious [im'piəriəs] a властен; повелителен; надменен.

impersonal [im'pəːsənəl] a безличен; безпристрастен.

impertinence [im'pəːtinəns] n нахалство; наглост.

impertinent [im'pəːtinənt] a нахален; нагъл; неуместен.

impetuous [im'petjuəs] a стремителен; необуздан.

impetus ['impitəs] n устрем; тласък; импулс.

impious ['impiəs] a неблагочестив; ненабожен.

implement ['implimənt] n оръдие; инструмент; сечиво; v осъществявам; изпълнявам.

implicate ['implikeit] v въвличам; замесвам.

implication [‚impli'keiʃən] n участие; загатване; намек; недомлъвка.

implicit [im'plisit] a загатнат; подразбран; пълен; безусловен.

implore [im'plɔː] v умолявам.

imply [im'plai] v загатвам; намеквам.

impolite [‚impə'lait] a неучтив.

import[1] [im'pɔːt] v внасям; означавам.

import[2] ['impɔːt] n внос; значение; важност.

importance [im'pɔːtəns] n важност; значение.

important [im'pɔːtənt] a важен; значителен.

importation [‚impɔː'teiʃən] n внасяне; внос; pl вносни стоки.

importer [im'pɔːtə] n вносител.

importune [impɔː'tjuːn] v искам настойчиво.

impose [im'pouz] v налагам; мамя; измамвам.

imposing [im'pouziŋ] a внушителен.

impossibility [im'pɔsi'biliti] n невъзможност.

impossible [im'pɔsibl] a невъзможен.

impostor [im'pɔstə] n измамник; мошеник; самозванец.

impotent ['impətənt] a безсилен; немощен; безпомощен; импотентен.

impoverish [im'pɔvəriʃ] v разорявам; обеднявам; изтощавам.

impracticable [im'præktikəbl] a неосъществим; неизползваем; непроходим(за път).

impress [im'pres] v отпечатвам; правя впечатление.

impression [im'preʃən] n отпечатък; издание; впечатление.

impressive [im'presiv] a внушителен.

imprint ['imprint] n отпечатък.

imprison [im'prizn] v хвърлям в затвор; задържам.

imprisonment [im'priznmənt] n затваряне; затвор.

improbable [im'prɔbəbl] a невероятен.

improper [im'prɔpə] a неправилен; неподходящ; неприличен.

improve [im'pruːv] v подобрявам(се).

improvement [im'pru:vmənt] *n* подобрѐние.

improvise ['imprəvaiz] *v* импровизѝрам.

imprudent [im'pru:dənt] *a* неразўмен.

impudent ['impjudənt] *a* безсрàмен; дѐрзък.

impulse ['impʌls] *n* тлàсък; подбўда.

impulsive [im'pʌlsiv] *a* поривѝст; импулсѝвен.

impunity [im'pju:niti] *n* безнакàзаност.

impurity [im'pjuəriti] *n* нечистотà; прѝмес; замърся̀ване.

impute [im'pju:t] *v* вменя̀вам; приписвам.

in [in] *prep* в, у; през(*за време*); *adv* вѐтре.

inability [inə'biliti] *n* неспосòбност.

inaccessible [inæk'sesəbl] *a* недостѐпен.

inaccurate [in'ækjurit] *a* нетòчен; непрàвилен.

inactive [in'æktiv] *a* бездѐен; инѐртен.

inadequate [in'ædikwit] *a* недостàтъчен; незадоволѝтелен; неподходя̀щ.

inanimate [in'ænimit] *a* неодушевѐн; бездўшен.

inasmuch [inəz'mʌtʃ] *adv* тъй катò; защòто.

inaugurate [in'ɔ:gjureit] *v* въвѐждам; въвѐждам в длѐжност; открѝвам тържествò.

inauguration [in,ɔ:gju'reiʃən] *n* въвѐждане в длѐжност; тържѐствено открѝване.

inborn [in'bɔ:n] *a* вродѐн.

incapable [in'keipəbl] *a* неспосòбен.

incarnate ['inka:neit] *v* въплъщàвам.

incense[1] [in'sens] *v* разгневя̀вам.

incense[2] ['insens] *n* тамя̀н.

incentive [in'sentiv] *n* подбўда; пòдтик.

incessant [in'sesənt] *a* непрекѐснат; непрестàнен.

inch [intʃ] *n* инч(*мярка за дължина* = *2,54 см*); цол.

incident ['insidənt] *n* слўчка; произшѐствие; епизòд; инцидѐнт; *a* присѣщ.

incidental [insi'dentl] *a* случàен; несъщѐствен.

incidentally [insi'dentəli] *adv* случàйно; между впрòчем; между друʉгото.

incite [in'sait] *v* възбўждам; подстрекàвам.

inclination [,inkli'neiʃən] *n* наклòн; наклòнност; склòнност.

incline [in'klain] *v* наклоня̀вам(се); склòнен съм; *n* наклòн.

inclose *вж* enclose.

include [in'klu:d] *v* вклю̀чвам.

inclusive [in'klu:siv] *a* включѝтелен.

income ['inkʌm] *n* прѝход; дòход.

incomparable [in'kɔmpərəbl] *a* несравнѝм; превъзхòден.

incompatible [,inkəm'pætibl] *a* несъвместѝм.

incompetent [in'kɔmpitənt] *a* несвѐдущ; некомпетѐнтен; неспосòбен.

incomplete [,inkəm'pli:t] *a* непѐлен; незавѐршен.

incomprehensible [in,kɔmpri'hensibl] *a* неразбирàем; непоня̀тен.

inconceivable [,inkən'si:vəbl] *a* невъобразѝм; немислѝм.

incongruous [in'kɔŋgruəs] *a* неподходя̀щ; несъответствуващ.

inconsistent [,inkən'sistənt] *a* несъвместѝм; противоречѝв; непоследовàтелен.

incostant [in'kɔnstənt] *a* непостоя̀нен; изменчѝв.

inconvenience [,inkən'vi:njəns] *n* неудòбство.

inconvenient [,inkən'vi:njənt] *a* неудòбен; ненаврѐменен.

incorporate [in'kɔ:pəreit] *v* обединя̀вам(се); вклю̀чвам; приѐмам за член.

incorrect [,inkə'rekt] *a* непрàвилен; нетòчен.

increase[1] [in'kri:s] *v* увеличàвам(се).

increase[2] ['inkri:s] *n* увеличѐние; нарàстване; растѐж.

increasingly [in'kri:siŋli] *adv* все пòвече.

incredible [in'kredibl] *a* невероя̀тен; неправдоподòбен; учўдваш.

incredibly [in'kredibli] *adv* невероя̀тно; извънрѐдно.

incredulous [in'kredjuləs] *a* недоверчѝв.

incur [in'kə:] v навлѝчам си.

incurable [in'kjuərəbl] a неизлечѝм.

indebted [in'detid] a задлъжѐн.

indecent [in'di:sənt] a неприлѝчен; непристоѐн.

indeed [in'di:d] adv наѝстина; действѝтелно.

indefinite [in'definit] a неопределѐн; грам неопределѝтелен.

indelible [in'delibl] a неизличѝм; незаличѝм.

indemnity [in'demniti] n гарàнция; обезщетѐние.

indent [in'dent] v назъ̀бвам.

independence [,indi'pendəns] n независѝмост.

independent [,indi'pendənt] a независѝм.

indescribable [,indis'kraibəbl] a неописуѐм.

index ['indeks] n указàтел; ѝндекс; показàлец.

indicate ['indikeit] v посòчвам; означàвам.

indication [,indi'keiʃən] n указàние; посòчване; знак.

indicative [in'dikətiv] a указàтелен; грам изявѝтелен.

indictment [in'daitmənt] n обвинѝтелен àкт.

indifference [in'difərəns] n безразлѝчие; равнодушие.

indifferent [in'difərənt] a равнодушен; безразлѝчен; безпристрàстен.

indigenous [in'didʒinəs] a мѐстен; тузѐмен.

indigestion [,indi'dʒestʃən] n лòшо храносмѝлане.

indignant [in'dignənt] a възмутѐн.

indignation [,indig'neiʃən] n възмущѐние; негодувàние.

indignity [in'digniti] n унижѐние; оскръблѐние; обѝда.

indirect [,indi'rekt] a непрỳк; кòсвен.

indirectly [,indi'rektli] adv непрỳко; по окòлен път.

indiscreet [,indis'kri:t] a неблагоразỳмен; невнимàтелен; нетактѝчен.

indiscretion [,indis'kreʃən] n неблагоразỳмие; невнимàние; нетактѝчност.

indispensable [,indis'pensəbl] a необхòдим; съществен.

indisposition [,indispə'ziʃən] n неразположѐние; нежелàние.

indistinct [,indis'tiŋkt] a неѝсен; смъ̀тен.

individual [,indi'vidjuəl] a лѝчен; единѝчен; отдѐлен; n лицѐ; индивѝд.

individuality [,individju'æliti] n индивидуàлност.

individually [,indi'vidjuəli] adv поотдѐлно; едѝн по едѝн.

indolent ['indələnt] a ленѝв; инѐртен.

indomitable [in'domitəbl] a неукротѝм; непобедѝм; неотстъ̀пващ.

indoor ['indɔ:] a въ̀трешен; на закрѝто.

indoors [in'dɔ:z] adv въ̀тре; вкъ̀щи; на закрѝто.

induce [in'dju:s] v подбỳждам; накàрвам; причинỳвам.

inducement [in'dju:smənt] n подбỳда; мотѝв.

indulge [in'dʌldʒ] v отдàвам се на; предàвам се на; глѐзя.

indulgent [in'dʌldʒənt] a отстъпчѝв; снизходѝтелен.

industrial [in'dʌstriəl] a промѝшлен; индустриàлен.

industrious [in'dʌstriəs] a прилѐжен; трудолюбѝв.

industry ['indəstri] n промѝшленост; прилежàние; трудолю̀бие.

inefficient [,ini'fiʃənt] a неработоспосòбен; неспосòбен; нерезултàтен.

inert [i'nə:t] a бездѐен; инѐртен.

inestimable [in'estiməbl] a неоценѝм.

inevitable [in'evitəbl] a неизбѐжен; неминуѐм.

inexorable [in'eksərəbl] a неумолѝм.

inexpensive [,iniks'pensiv] a ѐвтин.

inexperienced [,iniks'piəriənst] a неòпитен.

inexplicable [in'eksplikəbl] a необяснѝм.

infallible [in'fæləbl] a безпогрѐшен.

infamous ['infəməs] a позòрен; срàмен; дòлен.

infamy ['infəmi] n пòдлост; нѝзост; позòр.

infancy ['infənsi] n рàнно дѐтство.

infant ['infənt] n бѐбе; детѐ.

infantry ['infəntri] n пехòта.

infatuation [in‚fætju'eiʃən] *n* сляпо увлечѐние; безу́мно влю̀бване.

infect [in'fekt] *v* заразя̀вам.

infection [in'fekʃən] *n* зара̀за; инфѐкция.

infectious [in'fekʃəs] *a* заразѝтелен.

infer [in'fə:] *v* заключа̀вам; подразбѝрам.

inference ['infərəns] *n* я̀звод; заключѐние.

inferior [in'fiəriə] *a* низш; по̀-лѐш; посрѐдствен.

inferiority [in‚fiəri'ɔriti] *n* малоцѐнност; по̀-нѝско положѐние.

infernal [in'fə:nl] *a* а̀дски; *разг* проклѐт.

infest [in'fest] *v* вѐдя се; напа̀дам(*за паразити*).

infidel ['infidl] *n* езѝчник; невѐрник.

infinite ['infinit] *a* безкра̀ен; безгранѝчен.

infinitive [in'finitiv] *n* инфинитѝв.

infinity [in'finiti] *n* безкра̀й; безкра̀йност.

inflame [in'fleim] *v* възпламеня̀вам(се); възпаля̀вам(се).

inflammable [in'flæməbl] *a* лѐсно запалѝм; възпламеня̀ем.

inflammation [‚inflə'meiʃən] *n* възпламенѐние; възпалѐние.

inflate [in'fleit] *n* надỳвам; предизвѝквам инфла̀ция.

inflation [in'fleiʃən] *n* надỳване; инфла̀ция.

inflict [in'flikt] *v* нана̀сям; нала̀гам; причиня̀вам.

influence ['influəns] *n* влия̀ние; въздѐйствие; *v* влия̀я; въздѐйствам.

influential [‚influ'enʃəl] *a* влия̀телен.

influenza [‚influ'enzə] *n* инфлуѐнца.

influx ['inlʌks] *n* влѝване; прѝток; на̀плив.

inform [in'fɔ:m] *v* уведомя̀вам; информѝрам.

informal [in'fɔ:məl] *a* неофициа̀лен; без форма̀лности.

informant [in'fɔ:mənt] *n* осведомѝтел, доно̀сник.

information [‚infə'meiʃən] *n* свѐдения; съобщѐние; информа̀ция.

infringe [in'frindʒ] *v* наруша̀вам; накърня̀вам.

infuriate [in'fjuərieit] *v* разгневя̀вам; разяря̀вам.

ingenious [in'dʒi:niəs] *a* изобрета̀телен; нахо̀дчив; изку́сен.

ingenuity [‚indʒi'njuiti] *n* изобрета̀телност; нахо̀дчивост; срѐчност.

ingratitude [in'grætitju:d] *n* неблагода̀рност.

ingredient [in'gri:diənt] *n* съста̀вна част.

inhabit [in'hæbit] *v* обита̀вам.

inhabitant [in'hæbitənt] *n* обита̀тел; жѝтел.

inhale [in'heil] *v* вдѝшвам.

inherent [in'hiərənt] *a* присъщ.

inherit [in'herit] *v* наследя̀вам.

inheritance [in'heritəns] *n* наслѐдство.

inimical [i'nimikəl] *a* враждѐбен; врѐден.

iniquity [i'nikwiti] *n* непра̀вда; поро̀чност.

initial [i'niʃəl] *a* нача̀лен; *n* инициа̀л.

initiate [i'niʃieit] *v* запо̀чвам; сла̀гам нача̀ло; въвѐждам.

initiative [i'niʃiətiv] *n* по̀чин: инициа̀тива.

inject [in'dʒekt] *v* инжектѝрам.

injunction [in'dʒʌŋkʃən] *n* за̀повед; предписа̀ние.

injure ['indʒə] *v* поврѐждам; уврѐждам; наскърбя̀вам.

injurious [in'dʒuəriəs] *a* врѐден; оскърбѝтелен.

injury ['indʒəri] *n* вреда̀; щета̀; поврѐда; нараня̀ване.

injustice [in'dʒʌstis] *n* несправедлѝвост.

ink [iŋk] *n* мастѝло; *v* омастиля̀вам; изца̀пвам с мастѝло.

inland ['inlænd] *a* вѐтрешен; във вѐтрешността̀ на страна̀та.

inlet ['inlet] *n* ма̀лък за̀лив; вмѐкнато нѐщо.

inmate ['inmeit] *n* обита̀тел.

inn [in] *n* хан; гостѝлница; странопрϊѐмница.

inner ['inə] *a* вѐтрешен.

innkeeper ['inki:pə] *n* ханджѝя.

innocence ['inəsəns] *n* невѝнност.

innocent ['inəsənt] *a* невѝнен.

innocently ['inəsəntli] *adv* невѝнно.

innovation [‚inou'veiʃən] *n* нововъведѐние; нова̀торство.

innumerable [i'nju:mərəbl] *a* безбро́ен.

inoculation [i̯nɔkju'leiʃən] *n* ваксина́ция.

inquest ['inkwest] *n* сле́дствие.

inquire [in'kwaiə] *v* пи́там; запи́твам; осведомя́вам се за.

inquiry [in'kwaiəri] *n* запи́тване; спра́вка; сле́дствие.

inquisition [ˌinkwi'ziʃən] *n* разсле́дване; инквизи́ция.

inquisitive [in'kwizitiv] *a* любопи́тен; любозна́телен.

insane [in'sein] *a* безу́мен; неразу́мен.

insanity [in'sæniti] *n* безу́мие; лу́дост.

inscribe [in'skraib] *v* впи́свам; надпи́свам.

inscription [in'skripʃən] *n* на́дпис.

insect ['insekt] *n* насеко́мо.

insensible [in'sensibl] *a* безчу́вствен; несъзна́ващ.

inseparable [in'sepərəbl] *a* недели́м; неразде́лен.

insertion [in'sə:ʃən] *n* вмъ́кване; доба́вка.

inside ['in'said] *n* въ́трешност; стома́х; *a* въ́трешен; *adv* въ́тре.

insidious [in'sidiəs] *a* хи́тър; кова́рен; преда́телски.

insight ['insait] *n* проница́телност; у́сет; разби́ране.

insignificant [ˌinsig'nifikənt] *a* незначи́телен; нищо́жен.

insinuate [in'sinjueit] *v* подмя́там; подти́квам; наме́квам; зага́твам.

insist [in'sist] *v* настоя́вам; набля́гам на.

insistance [in'sistəns] *n* настоя́ване; настойчи́вост.

insistent [in'sistənt] *a* настойчи́в; неотло́жен.

insolence ['insələns] *n* наха́лство; високоме́рие.

insolent ['insələnt] *a* наха́лен; високоме́рен.

inspect [in'spekt] *v* разгле́ждам; инспекти́рам.

inspection [in'spekʃən] *n* разгле́ждане; инспекти́ране.

inspector [in'spektə] *n* инспе́ктор; реви́зо́р.

inspiration [ˌinspi'reiʃən] *n* вдъхнове́ние.

inspire [in'spaiə] *v* вдъ́хвам; вдъхновя́вам; внуша́вам; подти́квам.

install [in'stɔ:l] *v* настаня́вам; инстали́рам.

installation [ˌinstə'leiʃən] *n* настаня́ване; инстала́ция.

instalment [in'stɔ:lmənt] *n* вно́ска; част.

instance ['instəns] *n* приме́р; слу́чай.

instant ['instənt] *a* незаба́вен; теку́щ; належа́щ; *n* моме́нт.

instantaneous [ˌinstən'teiniəs] *a* мигнове́н; момента́лен.

instantly ['instəntli] *adv* ведна́га; мигнове́но.

instead [in'sted] *adv* вме́сто(това).

instinct ['instiŋkt] *n* инсти́нкт.

instinctive [in'stiŋktiv] *a* инстинкти́вен; несъзна́телен.

institute ['institju:t] *n* институ́т; *v* основа́вам; учредя́вам.

institution [ˌinsti'tju:ʃən] *n* учрежде́ние; учредя́ване.

instruct [in'strʌkt] *v* обуча́вам; да́вам указа́ние.

instruction [in'strʌkʃən] *n* обуче́ние; *pl* наставле́ния; директи́ви.

instructive [in'strʌktiv] *a* поучи́телен.

instructor [in'strʌktə] *n* инстру́ктор; учи́тел.

instrument ['instrumənt] *n* инструме́нт; оръ́дие.

instrumental [ˌinstru'mentl] *a* инструмента́лен; спосо́бстващ.

insufficient [ˌinsə'fiʃənt] *a* недоста́тъчен.

insulate ['insjuleit] *v* изоли́рам.

insult[1] ['insʌlt] *n* оби́да; оскръбле́ние.

insult[2] [in'sʌlt] *v* оби́ждам; оскърбя́вам.

insurance [in'ʃuərəns] *n* осигуря́ване; застрахо́вка.

insure [in'ʃuə] *v* осигуря́вам; застрахо́вам.

insurgent [in'sə:dʒənt] *a* въста́нически; бунто́внически.

insurrection [ˌinsə'rekʃən] *n* бунт; въста́ние.

intact [in'tækt] *a* непоко́тнат; цял.

integral ['intigrəl] *a* съще́ствен; неразде́лен; *n* недели́ма част; интегра́л.

integrity [in'tegriti] *n* ця́лост; непоко́тнатост; завъ́ршеност.

intellect ['intilekt] n интелѐкт; ум.

intellectual [ˌinti'lektjuəl] a у̀мствен; интелектуа̀лен; n интелектуа̀лец.

intelligence [in'telidʒəns] n интелигѐнтност; ум; свѐдения; разузна̀ване.

intelligent [in'telidʒent] a интелигѐнтен; у̀мен; смѝслен.

intend [in'tend] v възнамеря̀вам; предназнача̀вам.

intense [in'tens] a сѝлен; напрѐгнат.

intensify [in'tensifai] v усѝлвам.

intensity [in'tensiti] n сѝла; напрежѐние.

intensive [in'tensiv] a напрѐгнат; интензѝвен.

intent [in'tent] n намерѐние; цел; a внима̀телен; съсредото̀чен.

intention [in'tenʃən] n намерѐние; цел.

intentional [in'tenʃənəl] a умѝшлен; преднамѐрен.

intently [in'tentli] adv съсредото̀чено.

inter [in'tə:] v зара̀вям; погрѐбвам.

intercept [intə'sept] v пресѝчам; засѝчам; прекѝсвам.

interchange [intə'tʃeindʒ] v размѐням; размѐствам; редỳвам (се).

intercourse ['intəko:s] n общу̀ване; врѐзки; отношѐния.

interest ['intrist] n интерѐс; заинтересо̀ваност; лѝхва; v заинтересу̀вам.

interesting ['intristiŋ] a интерѐсен.

interfere [ˌintə'fiə] v намѐсвам(се); прѐча.

interference [ˌintə'fiərəns] n намѐса; рад смущѐние.

interior [in'tiəriə] n вѐтрешност; интерио̀р; a вѐтрешен.

interlude ['intəl(j)u:d] n антра̀кт; промеждỳтък.

intermediate [ˌintə'mi:djət] a междѝнен; срѐден.

interminable [in'tə:minəbl] a безкра̀ен; нескончаѐм.

internal [in'tə:nl] a вѐтрешен.

international [ˌintə'næʃənl] a междунаро̀ден.

interpose [ˌintə'pouz] v вмѐквам; намѐсвам се; прекѝсвам.

interpret [in'tə:prit] v превѐждам ỳстно; тълкỳвам.

interpretation [inˌtə:pri'teiʃən] n тълкỳване.

interpreter [in'tə:pritə] n преводач (устен); тълкувàтел.

interrogative [ˌintə'rɔgətiv] a въпросѝтелен.

interrupt [ˌintə'rʌpt] v прекѝсвам.

interruption [ˌintə'rʌpʃən] n прекѝсване.

intersection [ˌintə'sekʃən] n пресѝчане; засѝчане; пресѐчка .

interstate [ˌintə'steit] a междущàтски.

interval ['intəvəl] n промеждỳтък; интерва̀л; па̀уза.

intervene [ˌintə'vi:n] v намѐсвам се; случвам се.

intervention [ˌintə'venʃən] n намѐса.

interview ['intəvju:] n интервю̀; v интервюѝрам.

intestine [in'testin] n pl вѐтрешности; червà.

intimacy ['intiməsi] n интѝмност.

intimate ['intimit] a блѝзък; интѝмен.

into ['intu] prep в; вѐв.

intolerable [in'tɔlərəbl] a непоносѝм.

intoxicate [in'tɔksikeit] v опѝвам; опия̀нявам.

intricate ['intrikit] a сло̀жен; комплицѝран.

intrigue [in'tri:g] n интрѝга; v възбỳждам любопѝтство; интригу̀вам.

introduce [ˌintrə'dju:s] v въвѐждам; представя̀м; запозна̀вам.

introduction [ˌintrə'dʌkʃən] n въвѐждане; въведѐние; ỳвод; запозна̀ване.

intrude [in'tru:d] v натра̀пвам(се); прѐча.

intruder [in'tru:də] n натра̀пник.

intrusion [in'tru:ʒən] n натра̀пване; безпокоѐне.

intuition [ˌintju'iʃən] n интуѝция.

intuitive [in'tjuitiv] a интуитѝвен.

invade [in'veid] v нахлу̀вам вѐв; нарушàвам.

invader [in'veidə] n нашѐственик; окупàтор.

invalid[1] [in'vælid] a предназначѐн за инвалѝд; бо̀лен; инвалѝден; n инвалѝд.

invalid[2] [in'vælid] a недействѝтелен; невалѝден.

invaluable [in'væljuəbl] a неоценѝм.

invariable [in'veəriəbl] a неизмѐнен.

invasion [in'veiʒən] n нашѐствие.

invent [in'vent] v изобретявам; из-
мислям.
invention [in'venʃən] n изобретѐние.
inventor [in'ventə] n изобретател.
inventory ['inventri] n ѐпис; инвентàр;
v инвентаризѝрам.
invert [in'və:t] v обрѝщам(се) наѐпа-
ки.
invest [in'vest] v инвестѝрам; разг хàр-
ча; облѝчам.
investigate [in'vestigeit] v изслѐдвам;
разслѐдвам.
investigation [in,vesti'geiʃən] n изслѐд-
ване; проѝчване.
investigator [in'vestigeitə] n изследо-
вàтел.
investment [in'vestmənt] n вложѐние;
инвестѝция.
investor [in'vestə] n вложѝтел; инве-
стѝтор.
invincible [in'vinsəbl] a непобедѝм.
invisible [in'vizəbl] a невѝдим.
invitation [,invi'teiʃən] n покàна.
invite [in'vait] v кàня; покàнвам.
inviting [in'vaitiŋ] a привлекàтелен.
invoice¹ ['invɔis] n фактѝра.
invoice² [in'vɔis] v фактурѝрам.
invoke [in'vouk] v призовàвам.
involuntary [in'vɔləntəri] a невѐлен.
involve [in'vɔlv] v въвлѝчам; замѐс-
вам; повлѝчам след сѐбе си.
inward ['inwəd] a вѝтрешен; духѐвен;
adv навѐтре.
iodine ['aiədi:n] n йод.

ion ['aiən] n йон.
iris ['aiəris] n ѝрис(на око); перунѝка.
iron ['aiən] n желѝзо; ютѝя; pl окѐви.
ironic [ai'rɔnik] a иронѝчен.
irony ['aiərəni] n ирѐния.
irregular [i'regjulə] a непрàвилен; не-
редѐвен; нерàвен; грàпав.
irrelevant [i'relivənt] a кѐйто не се от-
нàся до въпрѐса.
irresistible [,iri'zistəbl] a непреодо-
лѝм.
irresolute [i'rezəlu:t] a нерешѝтелен.
irresponsible [,iri'spɔnsəbl] a безотго-
вѐрен.
irrevocable [i'revəkəbl] a неотменѝем;
безвъзврàтен.
irrigate ['irigeit] v напоѝвам.
irrigation [,iri'geiʃən] n напоѝване.
irritable ['iritəbl] a раздразнѝтелен.
irritate ['iriteit] v дрàзня; ядѐсвам.
irritation [,iri'teiʃən] n раздразнѐние.
island ['ailənd] n ѐстров.
isle [ail] n ѐстров.
isolate ['aisəleit] v изолѝрам; отдѐлям.
isolation [,aisə'leiʃən] n изолàция; уе-
динѐние.
issue ['isju:] n резултàт; край; по-
слѐдица; изтѝчане; спѐрен въпрѐс;
издàние; ѝзлаз; v издàвам; произ-
злѝзам.
isthmus ['isməs] n провлак.
itch [itʃ] n сърбѐж; v сърбѝ ме.
item ['aitəm] n тѐчка(в спѝсък); белѐж-
ка.
itinerary [ai'tinərəri] n маршрѝт; път.
ivory ['aivəri] n слѐнова кост.
ivy ['aivi] n бръшлѝн.

J

jab [dʒæb] v мѝшкам; рѐгам.
jack [dʒæk] n крик; кѐрабен флаг.
jacket ['dʒækit] n жакѐт; сакѐ; обвѝв-
ка; корà.
jade [dʒeid] n крàнта; v изтощàвам.
jail [dʒeil] n затвѐр; v затвàрям.

jailer, jailor ['dʒeilə] n тъмничàр.
jam [dʒæm] n мармалàд; конфитѝр; v
притѝскам; натѝпквам; задрѐствам.
January ['dʒænjuəri] n януàри.
jar [dʒa:] n буркàн; v разтѝрсвам(се);
дрàзня.
jaundice ['dʒɔ:ndis] n жълтенѝца.
jaunt [dʒɔ:nt] n ѝзлет.
jaunty ['dʒɔ:nti] a вѐсел; оживѐн; на-
пѐрен.
javelin ['dʒævlin] n кѐпие.

jaw [dʒɔ:] *n* чѐлюст; *v* гълчà; хòкам.

jay [dʒei] *n* сòйка.

jazz [dʒæz] *n* джаз.

jealous [ˈdʒeləs] *a* ревнѝв; завистлѝв.

jealousy [ˈdʒeləsi] *n* рѐвност; зàвист.

jeans [dʒi:nz] *n pl* памỳчни панталòни; джѝнси; дѐнки.

jeer [dʒiə] *v* подигрàвам се; гàвря се; *n* гàвра.

jelly [ˈdʒeli] *n* желѐ; пелтѐ; пихтѝя.

jellyfish [ˈdʒelifiʃ] *n* медỳза.

jeopardize [ˈdʒepədaiz] *v* излàгам на опàсност.

jeopardy [ˈdʒepədi] *n* опàсност; риск.

jerk [dʒə:k] *n* дрỳсане; трѐпване; дрѐпване; *v* тресà; дрỳсам(се).

jersey [ˈdʒə:si] *n* фланѐла; плѐтена блỳза.

jest [dʒest] *n* шегà; закàчка; *v* шегỳвам се.

jester [ˈdʒestə] *n* шут; шегаджѝя.

Jesus [ˈdʒi:zəs] *n* Исỳс.

jet [dʒet] *n* стрỳя; *v* струѝ; избликвам.

Jew [dʒu:] *n* еврѐин.

jewel [ˈdʒu:əl] *n* скъпоцѐнен кàмък; скъпоцѐнност; бижỳ.

jeweller [ˈdʒu:ələ] *n* бижутѐр.

jewel(le)ry [ˈdʒu:əlri] *n* скъпоцѐнности; бижỳта.

Jewish [ˈdʒu:iʃ] *a* еврѐйски.

jig [dʒig] *n* бърз танц.

jingle [ˈdʒiŋgl] *n* звънтѐне; дрѐнкане; *v* звънтѝ.

jingoism [ˈdʒiŋgouizəm] *n* шовинѝзъм.

job [dʒɔb] *n* рàбота; слỳжба; гешѐфт.

join [dʒɔin] *v* свързвам; (при)съединѝвам(се); постъпвам в.

joiner [ˈdʒɔinə] *n* дограмаджѝя; столàр.

joint [dʒɔint] *n* стàва; свързване; *ам сл* заведѐние; *a* съвмѐстен; общ.

joke [dʒouk] *n* шегà; *v* шегỳвам се.

jolly [ˈdʒɔli] *a* вѐсел; приѝтен; *adv* мнòго; съвсѐм.

jolt [dʒɔlt] *v* дрỳсам; тресà.

jostle [ˈdʒɔsl] *v* блѐскам се; бỳтам се.

jot [dʒɔt] *n* частѝца; йòта.

journal [ˈdʒə:nl] *n* ежеднѐвник; спѝсàние; днѐвник.

journalese [ˌdʒə:nəˈli:z] *n* вестникàрски стил.

journalism [ˈdʒə:nəlizm] *n* журналѝзъм.

journalist [ˈdʒə:nəlist] *n* журналѝст.

journalistic [ˌdʒə:nəˈlistik] *a* журналистѝчески.

journey [ˈdʒə:ni] *n* пътỳване; пътешѐствие.

joy [dʒɔi] *n* рàдост.

joyful [ˈdʒɔiful] *a* рàдостен.

joyous [ˈdʒɔiəs] *a* рàдостен.

jubilant [ˈdʒu:bilənt] *a* ликỳващ.

judge [dʒʌdʒ] *n* съдиѝ; познавàч; *v* съдя; преценѝвам.

judg(e)ment [ˈdʒʌdʒmənt] *n* присъда; оцѐнка; мнѐние.

judicial [dʒu:ˈdiʃəl] *a* съдѐбен; непредубедѐн.

judicious [dʒu:ˈdiʃəs] *a* мъдър; разсъдлѝв.

jug [dʒʌg] *n* кàна; стòмна.

juggle [ˈdʒʌgl] *v* прàвя фòкуси; измàмвам.

juice [dʒu:s] *n* сок.

juicy [ˈdʒu:si] *a* сòчен.

July [dʒuˈlai] *n* юли.

jump [dʒʌmp] *v* скàчам; *n* скок.

jumpy [ˈdʒʌmpi] *a* нѐрвен; плах; боязлѝв.

junction [ˈdʒʌŋkʃən] *n* съединѐние; *жп* вѐзел; кръстопът.

June [dʒu:n] *n* юни.

jungle [ˈdʒʌŋgl] *n* джỳнгла.

junior [ˈdʒu:njə] *a* пò-млад; млàдши.

junk [dʒʌŋk] *n* вехторѝя; отпàдъци.

jurisdiction [ˌdʒuərisˈdikʃən] *n* правораздàване.

jury [ˈdʒuəri] *n* съдѐбни заседàтели; жỳри.

just [dʒʌst] *a* справедлѝв; вѐрен; тòчен; заслỳжен; *adv* тòчно; сàмо.

justice [ˈdʒʌstis] *n* справедлѝвост; правосъдие; съдиѝ.

justifiable [ˈdʒʌstifaiəbl] *a* оправдàн; извинѝм.

justification [ˌdʒʌstifiˈkeiʃən] *n* оправдàние.

justify [ˈdʒʌstifai] *v* оправдàвам.

jut[dʒʌt] *v* издàвам се; стърчà; *n* издатинà.

juvenile [ˈdʒu:vənail] *a* юношески; младѐжки; *n* юноша.

K

kangaroo [‚kæŋgə'ru:] n кèнгуру.

keel [ki:l] n кил.

keen [ki:n] a òстър; проницàтелен; разпàлен.

keenness ['ki:nnis] n проницàтелност; разпàленост.

keep [ki:p] v (pt, pp kept [kept]) пàзя; държà; спàзвам; продължàвам.

keeper ['ki:pə] n пазàч; урèдник.

keepsake ['ki:pseik] n подàрък; спòмен.

keg [keg] n бỳре.

kennel ['kenl] n колùба за кỳче.

kept вж keep.

kernel ['kə:nəl] n ỳдка.

kerosene ['kerəsi:n] n газ.

kettle ['ketl] n чàйник.

key [ki:] n ключ; клавùш; гàма.

kick [kik] v рùтам; n рùтане; трèпет; възбỳда.

kid [kid] n козлè; детè; v шегỳвам се.

kidnap ['kidnæp] v отвлùчам.

kidney ['kidni] n бỳбрек.

kill [kil] v убùвам.

kin [kin] n рòдственици; семèйство.

kind¹ [kaind] n вид; род; сорт; сùщност; порòда.

kind² [kaind] a любèзен; мил.

kindle ['kindl] v запàлвам; разпàлвам(се).

kindly ['kaindli] adv любèзно; мùло; a любèзен; мил.

kindness ['kaindnis] n любèзност; нèжност.

kindred ['kindrid] n сròдници; a сròден; схòден.

king [kiŋ] n крал; цар. kingdom ['kiNdEm] n крàлство; цàрство.

kingly ['kiŋli] adv крàлски; цàрски.

kinsman ['kinsmən] n рòдственик; роднùна.

kiss [kis] v целỳвам; n целỳвка.

kit [kit] n чàнта с инструмèнти; екипирòвка.

kitchen ['kitʃin] n кỳхня.

kite [kait] n хвърчùло; ỳстреб.

kitten ['kitn] n кòтенце.

knack [næk] n срèчност; умèние; похвàт.

knapsack ['næpsæk] n рàница.

knave [neiv] n негòдник.

knead [ni:d] v мèся; масажùрам.

knee [ni:] n колỳно.

kneel [ni:l] v (pt, pp knelt [nelt]) коленùча.

knell [nel] n погребàлен звън.

knelt вж kneel.

knew вж know.

knife [naif] (pl knives [naivz]) n нож.

knight [nait] n рùцар; човèк с тùтла "сър".

knighthood ['naithud] n рùцарство.

knit [nit] v (pt, pp knitted or knit) плетà; свързвам; скрепùвам.

knitting ['nitiŋ] n плетивò; плètене.

knob [nɔb] n тòпка; вàлчеста дрèжка; кòпче(на апарàт).

knock [nɔk] v чỳкам; трòпам; n почỳкване; ỳдар.

knoll [noul] n могùла.

knot [nɔt] n вèзел; мòрска мùля.

know [nou] v (pt knew [nju:]; pp known [noun]) знàя; познàвам.

knowing ['nouiŋ] a ỳмен; бỳден; хùтър.

knowledge ['nɔlidʒ] n знàние; наỳка.

knowledgeable ['nɔlidʒəbl] a осведомèн; ỳмен.

known вж know.

knuckle ['nʌkl] n кòкалче на ръкàта.

L

label ['lebl] n етикèт; v постàвям етикèт.

laboratory [lə'bɔrətəri] n лаборатòрия.

laborious [lə'bɔ:riəs] a трỳден; трудолюбùв.

labour ['leibə] n труд; рàбота; работничество; родùлни мъки; v трỳдя се.

labourer ['leibərə] n общ рабòтник.

lace [leis] n дантèла.

lack [læk] n лùпса; недòстиг; нỳжда; v лùпсва ми.

lacquer ['lækə] n лак; v лакùрам.

lad [læd] *n* мѝмък; момчѐ.

ladder ['lædə] *n* стѫлба(*подвижна*); брѝмка(*на чорап*).

laden ['leidn] *a* натоварен; обременѐн; натежѐл.

ladle ['leidl] *n* черпѐк.

lady ['leidi] *n* дѐма.

lady-bird ['leidibə:d] *n* калѝнка.

lag [læg] *v* изоставам; влѐча се.

laid *вж* lay.

lain *вж* lie²

lair [lɛə] *n* легѝвище; бърлѝга.

lake [leik] *n* ѐзеро.

lamb [læm] *n* ѐгне; ѐгнешко месѝ.

lame [leim] *a* куц; сакѐт; неубедѝтелен.

lament [lə'ment] *v* оплѐквам; жѐля; *n* оплѐкване.

lamentation ['læmen'teiʃən] *a* печѐлен; жѐлък.

lamp [læmp] *n* лѐмпа.

lance [la:ns] *n* кѝпие.

land [lænd] *n* земѐ; сѝша; странѐ; *v* приземѐвам се.

landing ['lændiŋ] *n* десѐнт; приземѐване; площѐдка на стѫлбище.

landlady ['lænd,leidi] *n* хазѐйка; ханджѝйка.

landlord ['lændlɔ:d] *n* земевладѐлец; хазѐин; ханджѝя.

landmark ['lændma:k] *n* сѝнур; ориентѝр; поврѐтен момѐнт.

landowner ['lændounə] *n* земевладѐлец.

landscape ['lændṣkeip] *n* пейзѐж.

lane [lein] *n* алѐя; ѝличка.

language ['læŋgwidʒ] *n* езѝк; гѝвор.

languid ['læŋgwid] *a* отпѝснат; бѐвен; апатѝчен; вял; замрѐл.

languish ['læŋgwiʃ] *v* слабѐя; чѐзна; линѐя.

languor ['læŋgə] *n* отпѝснатост; линѐене.

lank [læŋk] *a* тѫнък-висѝк; прав(*за коса*).

lantern ['læntən] *n* фенѐр.

lap¹ [læp] *n* скут.

lap² [læp] *v* обгрѫщам; завѝвам.

lap³ [læp] *v* лѝча; *n* лѝчене; плѐсък на вълнѝ.

lapse [læps] *n* грѐшка; прѝпуск; падѐние; промеждѝтък (*от врѐме*); *v* изпѐдам; провѐлям се отнѝво.

lard [la:d] *n* свѝнска мас.

larder ['la:də] *n* килѐр за хранѐ.

large [la:dʒ] *a* голѐм; ѐдър; ширѝк.

largely ['la:dʒli] *adv* до голѐма стѐпен; щѐдро.

lark¹ [la:k] *n* чучулѝга.

lark² [la:k] *n* шегѝвам се; *n* шегѐ; майтѐп; закѐчка.

lash [læʃ] *v* шѝбам; бичѝвам; *n* камшѝк.

lass [læs] *n* девѝйка; момѐ.

lassitude ['læsitju:d] *n* умѝра; отпѐдналост.

last¹ [la:st] *a* послѐден; мѝнал; *adv* за послѐден път.

last² [la:st] *v* трѐя; продължѐвам.

lasting ['la:stiŋ] *a* трѐен; продължѝтелен.

lastly ['la:stli] *adv* накрѐя.

latch [lætʃ] *n* резѐ; секрѐтна брѐва.

late [leit] *a* кѫсен; закъснѐл; покѝен; бивш; *adv* кѫсно.

lately ['leitli] *adv* напослѐдък.

latent ['leitənt] *a* скрит; латѐнтен.

lateral ['lætərəl] *a* странѝчен.

lathe [leið] *n* струг.

lather ['la:ðə] *n* сапѝнена пѝна; *v* насапунѝсвам.

latitude ['lætitju:d] *n* геогрѐфска ширинѐ.

latter ['lætə] *a* послѐдният(*от двама*).

laugh [la:f] *v* смѐя се; *n* смях.

laughter ['la:ftə] *n* смях.

launch [lɔ:ntʃ] *v* спѝскам във водѐта; запѝчвам; лансѝрам.

laundry ['lɔ:ndri] *n* перѐлня; пранѐ.

laurel ['lɔrəl] *n* лѐвър.

lavatory ['lævətəri] *n* умивѐлня; тоалѐтна.

lavish ['læviʃ] *a* щѐдър; разточѝтелен; *v* обсѝпвам с; щѐдър съм.

law [lɔ:] *n* закѝн; прѐво.

lawful ['lɔ:ful] *a* закѝнен.

lawless ['lɔ:lis] *a* беззакѝнен; незакѝнен.

lawn [lɔ:n] *n* затревѐна площ; морѐва.

lawyer ['lɔ:jə] *n* юрѝст; адвокѐт.

lay¹ [lei] *v* (*pt; pp* laid [leid]) слѐгам; полѐгам; снѐсям.

lay² [lei] *a* свѐтски.

lay³ вж **lie²**

layer ['leiə] n пласт; слой; прослойка.

layman ['leimən] n мирянин; неспециалист.

layout ['leiaut] n план; проект; оформление; екипировка; комплекс.

lazy ['leizi] a ленив; мързелив.

lead¹ [led] n олово.

lead² [li:d] v (pt; pp led[led]) водя; ръководя; предвождам.

lead³ [li:d] n челно място; пример; инициатива.

leader ['li:də] n водач; вожд; ръководител.

leadership ['li:dəʃip] n водачество; ръководство.

leading ['li:diŋ] a главен; ръководен.

leaf [li:f] n (pl **leaves** [li:vz]) лист.

leaflet ['li:flit] n листче; позив; диплянка.

leafy ['li:fi] a листат.

league [li:g] n съюз; лига; левга.

leak [li:k] n цепнатина; дупка; изтичане; v тека; капя.

leakage ['li:kidʒ] n теч; изтичане(на информация).

lean¹ [li:n] a слаб; мършав; без тлъстина.

lean² [li:n] v (pt; pp leaned[li:nd]; **leant** [lent]) навеждам се; облягам се; осланям се; клоня.

leant вж **lean.**

lean-to ['li:n'tu:] n навес.

leap [li:p] v (pt; pp **leaped** [li:pt], **leapt** [lept]) скачам; n скок.

leapt вж **leap.**

learn [lə:n] v уча; научавам.

learned ['lə:nid] a учен; научен.

learning ['lə:niŋ] n наука; познания.

lease [li:s] n наем; v давам(вземам) под наем.

leash [li:ʃ] n ремък за куче.

least [li:st] a най-малък; adv поне; най-малко.

leather ['leðə] n обработена кожа; a кожен.

leave¹ [li:v] v (pt; pp left[left]) оставям; напускам; заминавам.

leave² [li:v] n позволение; отпуска; заминаване; сбогуване.

leaven ['levn] n подкваса.

lecture ['lektʃə] n лекция; v поучавам; мъмря.

lecturer ['lektʃərə] n лектор.

led вж **lead.**

ledge [ledʒ] n издатина; перваз.

lee [li:] n завет; заслон.

leech [li:tʃ] n пиявица.

left¹ вж **leave.**

left² [left] a ляв; n ляво; лява страна.

leg [leg] n крак(до стъпалото); бут; крачол; сп манш.

legacy ['legəsi] n наследство.

legal ['li:gəl] a законен; юридически.

legend ['ledʒənd] n легенда; надпис.

legendary ['ledʒəndəri] a легендарен.

legible ['ledʒibl] a четлив.

legion ['li:dʒən] n легион.

legislation [,ledʒi'sleiʃən] n законодателство.

legislative ['ledʒislətiv] a законодателен.

legislator ['ledʒisleitə] n законодател.

legislature ['ledʒisleitʃə] n законодателна власт.

legitimate [li'dʒitimit] a законен.

leisure ['leʒə] n свободно време.

leisurely ['leʒəli] adv бавно; спокойно.

lemon ['lemən] n лимон.

lemonade ['leməneid] n лимонада.

lend [lend] v (pt; pp **lent** [lent]) давам назаем; придавам(качество).

length [leŋθ] n дължина.

lengthen ['leŋθən] v удължавам.

lengthwise ['leŋθwaiz] adv на дължина.

lenient ['li:niənt] a снизходителен; мек.

lens [lenz] n леща; оптическо стъкло.

lent вж **lend.**

lentil ['lentil] n леща(растение).

leopard ['lepəd] n леопард.

less [les] a по-малък; adv по-малко; prep без.

lessen ['lesn] v намалявам(се); омаловажавам.

lesser ['lesə] a по-малък.

lesson ['lesn] n урок; поука.

lest [lest] conj за да не; че.

let [let] v (pt; pp let) позволявам; оставям; давам под наем.

letter ['letə] n буква; писмо.

lettuce ['letis] *n* маруля; салата.

level ['levl] *n* равнище; нивo; *a* хоризонтален; равен; *v* изравнявам.

lever ['li:və] *n* лост.

levy ['levi] *n* данък; налог; набор; *v* облагам; набирам.

liability [ˌlaiə'biliti] *n* отговорност; предразположение.

liable ['laiəbl] *a* отговорен; подлежащ; изложен(на); уязвим.

liar ['laiə] *n* лъжец.

libel ['laibəl] *n* клевета; *v* клеветя; позоря.

liberal ['libərəl] *a* щедър; освободен от предразсъдъци.

liberate ['libəreit] *v* освобождавам.

liberation [ˌlibə'reiʃən] *n* освобождение.

liberty ['libəti] *n* свобода; волност.

library ['laibrəri] *n* библиотека.

licence ['laisəns] *n* позволение; разрешително; волност.

lichen ['laiken] *n* лишей.

lick [lik] *v* лижа; бия.

lid [lid] *n* похлупак; капак; клепач.

lie¹ [lai] *n* лъжа; *v* лъжа.

lie² *v* (*pt* lay [lei]; *pp* lain[lein]) лежа; простирам се.

liege [li:dʒ] *a* васален; верен; лоялен.

lieutenant [lef'tenənt] *n* лейтенант.

life [laif] *n* живот.

lifeless ['laiflis] *a* безжизнен.

lifelike ['laiflaik] *a* жив; верен; правдив.

lifelong ['laiflɔŋ] *a* траещ цял живот.

lifetime ['laiftaim] *n* цял живот.

lift [lift] *v* вдигам; повдигам; задигам; *n* асансьор.

light¹ [lait] *n* светлина; *a* светъл; блед.

light² [lait] *v* (*pt*; *pp* lit[lit]; lighted ['laitid]) осветявам; запалвам.

light³ [lait] *a* лек.

lighten ['laitn] *v* правя по-лек; осветявам; светвам.

lighthouse ['laithaus] *n* фар.

lightly ['laitli] *adv* леко.

lightning ['laitniŋ] *n* светкавица.

like¹ [laik] *a* подобен; *prep* като.

like² [laik] *v* харесвам; обичам; искам; желая.

likelihood ['laiklihud] *n* вероятност.

likely ['laikli] *a* вероятен; *adv* вероятно.

likeness ['laiknis] *n* прилика; подобие.

likewise ['laikwaiz] *adv* също; подобно.

liking ['laikiŋ] *n* обич; харесване; предпочитане; вкус.

lilac ['lailək] *n* люляк; *a* лилав.

lily ['lili] *n* лилия.

limb [lim] *n* крайник; клон.

lime [laim] *n* вар.

lime(-tree) ['laim(tri:)] *n* липа.

limestone ['laimstoun] *n* варовик.

limit ['limit] *n* граница; предел; *v* ограничавам.

limitation [ˌlimi'teiʃən] *n* ограничение; ограниченост.

limp [limp] *a* отпуснат; клюмнал; слаб; *v* накуцвам.

linden ['lindən] *n* липа.

line¹ [lain] *n* линия; черта; връв; жица; редица; ред; направление.

line² [lain] *v* подплатявам.

linen ['linin] *n* ленен плат; бельо.

liner ['lainə] *n* пътнически параход или самолет.

linger ['liŋgə] *v* бавя се; разтакавам се; протакам се.

lining ['lainiŋ] *n* подплата; хастар.

link [liŋk] *n* брънка; връзка; звено; *v* свързвам; съединявам.

linseed ['linsi:d] *n* ленено семе.

lion ['laiən] *n* лъв.

lioness ['laiənis] *n* лъвица.

lip [lip] *n* устна; *a* неискрен.

lipstick ['lipstik] *n* червило за устни.

liquid ['likwid] *n* течност; *a* течен.

liquor ['likə] *n* алкохолно питие.

lisp [lisp] *v* фъфля.

list [list] *n* списък; *v* правя списък.

listen ['lisn] *v* слушам.

listener ['lisnə] *n* слушател.

listless ['listlis] *a* безразличен; безучастен.

lit *вж* light.

literally ['litərəli] *adv* буквално.

literary ['litərəri] *a* литературен.

literature ['litərətʃə] *n* литература.

litter ['litə] *n* смет; отпадъци; носилка; *v* замърсявам.

little ['litl] *a* малък; *adv* малко.

live¹ [liv] *v* живѐя; хрàня се със.
live² [laiv] *a* жив.
livelihood ['laivlihud] *n* прехрàна; помѝнък; препитàние.
lively ['laivli] *a* жив; оживѐн; вѐсел; бърз.
liver ['livə] *n* чѐрен дроб.
livestock ['laivstɔk] *n* добѝтък.
living ['liviŋ] *a* жив; *n* прехрàна; нàчин на живòт.
lizard ['lizəd] *n* гỳщер.
load [loud] *n* товàр; *v* товàря.
loaf¹ [louf] (*pl* **loaves** [louvz]) *n* самỳн; франзѐла.
loaf² [louf] *v* прахòсвам си врѐмето; бездѐйст(ву)вам.
loan [loun] *n* зàем; *v* заѐмам.
loath [louθ] *a* неохòтен.
loathe [louð] *v* мрàзя; отвращàвам се от.
loathing ['louðiŋ] *n* отвращѐние.
loathsome ['louðsəm] *a* отвратѝтелен.
lobby ['lɔbi] *n* фоайѐ; кулоàри.
lobster ['lɔbstə] *n* омàр.
local ['loukl] *a* мѐстен.
locality [lou'kæliti] *n* мѐстност; местоположѐние.
locate [lou'keit] *v* разполàгам; намѝрам мѐстото на.
location [lou'keiʃən] *n* разположѐние; мѐсто.
lock¹ [lɔk] *n* къдрѝца; кѝчур.
lock² [lɔk] *n* ключàлка; *v* заключвам(се); скòпчвам(се).
locust ['loukəst] *n* вид скакалѐц; рòшков; акàция.
lodge [lɔdʒ] *v* квартирỳвам; настанявам(се).
lodging(s) ['lɔdʒiŋ(z)] *n* квартѝра; жѝлище.
lofty ['lɔfti] *a* възвѝшен; надмѐнен; горделѝв.
log [lɔg] *n* цѐпеница; труп на дървò.
logic ['lɔdʒik] *n* лòгика.
logical ['lɔdʒikl] *a* логѝчески; логѝчен.
loiter ['lɔitə] *a* бàвя се; разтакàвам се.
loneliness ['lounlinis] *n* самотà.
lonely ['lounli] *a* самòтен.
lonesome ['lounsəm] *a* самòтен; унѝл.

long¹ [lɔŋ] *a* дъ̀лъг; *adv* дъ̀лго.
long² [lɔŋ] *v* копнѐя; жадỳвам.
longing ['lɔŋiŋ] *n* копнѐж.
longitude ['lɔndʒitju:d] *n* геогрàфска дължинà.
look [luk] *v* глѐдам; изглѐждам; *n* пòглед; изражѐние.
looking-glass ['lukiŋˌglɑːs] *n* огледàло.
look-out ['luk'aut] *n* бдѝтелност; ѝзглед.
loom [lu:m] *n* тъкàчен стан; *v* приѐмам застрашѝтелни размѐри.
loop [lu:p] *n* прѝмка; извѝвка.
loose [lu:s] *a* свобòден; хлàбав; нехàен; неморàлен.
loosen ['lu:sn] *v* освобождàвам; разхлàбвам(се).
loot [lu:t] *n* плячка; плячкòсвам.
lord [lɔ:d] *n* лорд; господàр; **the Lord** Гòспод; *v* разпорѐждам се.
lordly ['lɔ:dli] *a* господàрски; надмѐнен; великолѐпен.
lore [lɔ:] *n* знàние.
lorry ['lɔri] *n* камиòн.
lose [lu:z] *v* (*pt, pp* **lost** [lɔst]) гỳбя; изгỳбвам; изпỳскам.
loss [lɔs] *n* зàгуба.
lost *вж* **lose**.
lot [lɔt] *n* жрѐбий; съдбà; къс земя́; мнòго.
loud [laud] *a* сѝлен; гръмоглàсен; крещя̀щ.
lounge ['laundʒ] *v* излежàвам се; бездѐлнича; *n* крѐсло; хол, салòн.
love [lʌv] *n* любòв; *v* обѝчам; любя́.
loveliness ['lʌvlinis] *n* хỳбост; миловѝдност.
lovely ['lʌvli] *a* хỳбав; прекрàсен.
lover ['lʌvə] *n* любòвник; любѝтел.
low¹ [lou] *a* нѝсък; тих; низш; дòлен; вулгàрен; прост.
low² [lou] *v* мучà; *n* мучѐне.
lower ['louə] *v* навѐждам; свѐждам; понижàвам; снишàвам; унижàвам.
lowly ['louli] *a* скрòмен.
loyal ['lɔiəl] *a* лоялен; вѐрен.
loyalty ['lɔiəlti] *n* вѐрност; лоялност.
luck [lʌk] *n* късмѐт; щàстие.
luckily ['lʌkili] *adv* за щàстие.
lucky ['lʌki] *a* щастлѝв; късмѐт.
ludicrous ['lu:dikrəs] *a* смѐшен; абсỳрден.
luggage ['lʌgidʒ] *n* багàж.

lukewarm ['lu:kwɔ:m] *a* хла̀ден; ра̀внодушен.

lull [lʌl] *v* приспѝвам; притѝхвам; успокоя̀вам; *n* притѝхване; затѝшие.

lullaby ['lʌləbai] *n* приспѝвна пѐсен.

lumber ['lʌmbə] *n* дъ̀рвен материа̀л; вехтори̇и; непотрѐбни вѐщи.

luminous ['lu:minəs] *a* свѐтещ; я̀сен.

lump [lʌmp] *n* бу̀чка; бу̀ца; поду̀тина̀.

lunatik ['lu:nətik] *n* побъ̀ркан човѐк; *a* луд.

lunch [lʌntʃ] *n* лек о̀бед; *v* обя̀two вам.

luncheon ['lʌntʃən] *n* о̀бед.

lung [lʌŋ] *n* бял дроб.

lure [ljuə] *n* прима̀мка; съблазъ̀н; *v* прима̀мвам; изкуша̀вам.

lurk [lə:k] *v* кри̇я се; спота̇йвам се; тая̀ се.

luscious ['lʌʃəs] *a* со̀чен и сла̀дък.

lush [lʌʃ] *a* со̀чен; ту̀чен; бу̀ен.

lust [lʌst] *n* по̀хот; страст.

lustre ['lʌstə] *n* бля̀сък; лъскавина̀; сла̀ва.

lustrous ['lʌstrəs] *a* блестя̀щ; сия̀ещ.

lusty ['lʌsti] *a* здрав; як.

luxuriant [lʌg'zjuəriənt] *a* бу̀ен; изобѝлен; цветѝст; ту̀чен; пѝщен.

luxurious [lʌg'zjuəriəs] *a* разко̀шен; луксо̀зен.

luxury ['lʌkʃəri] *n* разко̀ш; лукс.

lying-in ['laiiŋ'in] *n* ра̀ждане.

lynch [lintʃ] *v* линчу̀вам.

lynx [liŋks] *n* рис.

lyre ['laiə] *n* лѝра.

lyrik ['lirik] *a* лѝрѝчен; *n* лирѝчно стихотворѐние.

M

machine [mə'ʃi:n] *n* машѝна.

machinery [mə'ʃi:nəri] *n* машѝни; машинарѝя; механѝзъм; апара̀т.

mackintosh ['mækintɔʃ] *n* мушама̀; шлѝфер.

mad [mæd] *a* луд; обезумя̀л; вбесѐн.

madam ['mædm] *n* госпожа̀.

madden ['mædn] *v* влудя̀вам; дра̀зня; вбеся̀вам.

made *вж* make.

madness ['mædnis] *n* лу̀дост.

magazine [,mægə'zi:n] *n* списа̀ние.

magic ['mædʒik] *n* магѝя.

magician [mə'dʒiʃən] *n* магьо̀сник.

magistrate ['mædʒistreit] *n* мѝрови съдѝя; магистра̀т.

magnet ['mægnit] *n* магнѝт.

magnetic [mæg'netik] *a* магнѝтен; привлека̀телен.

magnificence [mæg'nifisəns] *n* великолѐпие.

magnificent [mæg'nifisənt] *a* великолѐпен.

magnify ['mægnifai] *v* увеличавам; преувеличавам; възхваля̀вам.

magnitude ['mægnitju:d] *n* големина̀; величина̀; ва̀жност.

magpie ['mægpai] *n* свра̀ка; дърдо̀рко.

mahogany [mə'hɔgəni] *n* махаго̀н.

maid [meid] *n* дево̀йка; мома̀; дома̀шна прислу̀жница.

maiden ['meidn] *n* девѝца; момѝче; *a* чист; пръв.

mail[1] [meil] *n* ри̇зница.

mail[2] [meil] *n* по̀ща; *v* изпра̀щам по по̀щата.

maim [meim] *v* осакатя̀вам; обезобразя̀вам.

main[1] [mein] *n* водопрово̀д; откри̇то мо̀рѐ.

main[2] [mein] *a* гла̀вен.

mainland ['meinlænd] *n* су̀ша; континѐнт.

mainly ['meinli] *adv* гла̀вно; предѝмно.

maintain [mein'tein] *v* поддъ̀ржам; твърдя̀; подкрѐпям.

maintenance ['meintənəns] *n* поддръ̀жка; издръ̀жка.

maize [meiz] *n* ца̀ревица.

majestic [mə'dʒestik] *a* велѝчествен.

majesty ['mædʒisti] n величие; величе-
ство.

major¹ ['meidʒə] n майòр; мажòр;
пълнолètен човèк.

major² ['meidʒə] a пò-голàм; стàрши;
глàвен; мажòрен.

majority [mə'dʒɔriti] n болшинствò;
мнозинствò; пълнолètие.

make [meik] v (pt; pp made [meid])
прàвя; произвèждам; кàрам; n на-
прàва; произвòдство; мàрка.

maker ['meikə] n създàтел.

makeshift ['meikʃift] n заместùтел; a
импровизùран.

make-up ['meikʌp] n грим; напрàва.

making ['meikiŋ] n напрàва; издèлие;
пригòтвяне.

malady ['mælədi] n бòлест.

male [meil] n мъж; мъжко живòтно; a
мъжки.

malice ['mælis] n злòба; юр умùсъл.

malicious [mə'liʃəs] a злòбен; зъл.

malignant [mə'lignənt] a зъл; злòбен;
злочест; злокàчествен.

mammal ['mæməl] n бозàйник; мле-
копитàещо живòтно.

man [mæn] n (pl men [men]) мъж; съ-
прỳг; човèк; слугà.

manage ['mænidʒ] v управлàвам; спрà-
вям се със; успàвам.

management ['mænidʒmənt] n ръко-
вòдство; упрàва.

manager ['mænidʒə] n управùтел; ди-
рèктор.

mane [mein] n грùва.

manger ['meindʒə] n àсли.

mangle ['mæŋgl] v осакатàвам.

manhood ['mænhud] n мъжествò; мъ-
жè; пълнолètие.

manifest ['mænifest] v покàзвам; про-
явàвам; a àвен.

manifestation [ˌmænifes'teiʃən] n про-
àва; ùзраз.

manifold ['mænifould] a многобрòен;
разнообрàзен; разнорòден.

manipulate [mə'nipjuleit] v борàвя със;
манипулùрам.

mankind [mæn'kaind] n човèчество;
мъжè.

manly ['mænli] a мъжèствен.

manner ['mænə] n нàчин; държàне; pl
обнòски; нрàви.

manoeuvre [mə'nu:və] n манèвра; лòв-
кост; хùтрост; v маневрùрам.

manor ['mænə] n имèние.

mansion ['mænʃən] n голàма къща;
резидèнция; pl жùлищен блòк.

mantelpiece ['mæntlpi:s] n полùца над
камùна.

manual ['mænjuəl] a ръчен; физùче-
ски; n наръчник.

manufacture [ˌmænju'fæktʃə] v про-
извèждам; фабрикỳвам; n произвòд-
ство.

manufacturer [ˌmænju'fækʃʃərə] n фа-
брикàнт; производùтел.

manure [mə'njuə] n тор; v наторàвам.

manuscript ['mænjuskript] n ръкопùс.

many ['meni] a мнòго; n мнòжество,
голàм брòй.

map [mæp] n геогрàфска кàрта.

maple ['meipl] n клен.

mar [ma:] v развàлям, поврèждам;
обезобразàвам.

marble ['ma:bl] n мрàмор.

March [ma:tʃ] n март.

march [ma:tʃ] v марширỳвам, вървà; n
марш.

mare [mɛə] n кобùла.

margin ['ma:dʒin] n ръб, край; полè на
странùца; гранùца.

marigold ['mærigould] n нèвен.

marine [mə'ri:n] a мòрски; n флòта.

mariner ['mærinə] n poet морàк.

maritime ['mæritaim] a мòрски.

mark [ma:k] n бèлег, знак, следà; бе-
лèжка; прùцел; v белèжа; оценàвам.

marked [ma:kt] a отбелàзан; àвен.

markedly ['ma:kidli] adv подчертàно.

market ['ma:kit] n пазàр; v търгỳвам.

marriage ['mæridʒ] n женùтба, свàтба.

married ['mærid] a жèнен; омъжена.

marrow ['mærou] n кòстен мòзък.

marry ['mæri] v ожèнвам се, омъжвам
се.

marsh [ma:ʃ] n блàто.

martial ['ma:ʃəl] a воèнен; вòйнствен.

martyr ['ma:tə] n мъченùк.

martyrdom ['ma:tədəm] n мъченùче-
ство.

marvel ['ma:vəl] n чудо; v чỳдя се.

marvellous ['ma:viləs] a чỳден; чу-
дèсен.

mash [mæʃ] *n* кàша, пюрè; *v* смàчквам, прàвя кàша.

mask [maːsk] *n* мàска; *v* маскѝрам; прикрѝвам.

mason ['meisn] *n* зидàр.

mass[1] [mæs] *n* мàса; голѝмо колѝчество; *v* стрỳпвам, съсредоточàвам.

mass[2] [mæs] *n* литургѝя, богослужèние.

massacre ['mæsəkə] *n* кланè, избѝване; *v* избѝвам.

massive ['mæsiv] *a* солѝден, масѝвен.

mast [maːst] *n* мàчта.

master ['maːstə] *n* господàр; мàйстор; учѝтел; *v* овладàвам, подчинѝвам.

masterful ['maːstəful] *a* влàстен; изкỳсен.

masterly ['maːstəli] *a* мàйсторски.

masterpiece ['maːstəpiːs] *n* шедьòвър.

mastery ['maːstəri] *n* мàйсторство, умèние; превъзхòдство.

mat [mæt] *n* рогòзка, черджè; подлòжка.

match[1] [mætʃ] *n* кибрѝт.

match[2] [mætʃ] *n* еш; женѝтба; мач; *v* чифтòсвам (се); подхòждам(си).

matchless ['mætʃlis] *a* безподòбен.

mate [meit] *n* другàр; пом.-капитàн; *v* чифтòсвам (се); съèшвам (се).

material [mə'tiəriəl] *n* материàл; плат; *a* материàлен; съшèствен.

materialize [mə'tiəriəlaiz] *v* осъществѝвам (се).

maternal [mə'təːnəl] *a* мàйчин, мàйчински.

maternity [mə'təːniti] *n* мàйчинство.

mathematical [ˌmæθi'mætikl] *a* математѝчески.

mathematician [ˌmæθimə'tiʃən] *n* математѝк.

mathematics [ˌmæθi'mætiks] *n* математѝка.

matinee ['mætinei] *n* днèвно представлèние.

matrimonial [ˌmætri'mouniəl] *a* брàчен, съпрỳжески.

matrimony ['mætriməni] *n* брак.

matron ['meitrən] *n* матрòна, омѝжена женà, стàрша (медицѝнска) сестрà.

matter ['mætə] *n* матèрия, веществò; съшност; въпрòс; *v* важà, знàча.

mattress ['mætris] *n* дюшèк, матрàк.

mature [mə'tjuə] *a* зрял; развѝт; *v* зрèя, узрѝвам.

maturity [mə'tjuəriti] *n* зрèлост.

maxim ['mæksim] *n* ръковòден прѝнцип; прàвило.

maximum ['mæksiməm] *a* максимàлен; *n* мàксимум.

May [mei] *n* май.

may [mei] *v* (*pt* **might** [mait]) мòга, разрешèно ми е; мòже; нèка.

maybe ['meibi] *adv* мòже би.

mayor [mɛə] *n* кмет.

maze [meiz] *n* лабирѝнт; обърканост.

mead [miːd] *n* медовѝна.

meadow ['medou] *n* ливàда.

meagre ['miːgə] *a* слаб, мършав; недостàтъчен, оскъден.

meal [miːl] *n* ѝдене; брашнò.

mean[1] [miːn] *a* нѝзък, пòдъл; посрèдствен; свидлѝв, стѝснат; срèден; *n* средà; *pl* срèдства.

mean[2] [miːn] *v* (*pt*, *pp* **meant**[ment]) знàча; предназначàвам; възнамерѝвам; ѝскам да кàжа.

meaning ['miːniŋ] *n* значèние; *a* изразѝтелен; многозначѝтелен.

meant *вж* **mean**.

meantime ['miːntaim] *adv* междуврèменно.

meanwhile ['miːn(h)wail] *adv* междуврèменно.

measles ['miːzlz] *n* мòрбили.

measure ['meʒə] *n* мѝрка; *муз* такт; *v* мèря, измèрвам.

measurement ['meʒəmənt] *n* мѝрка, размèри; измèрване.

meat [miːt] *n* месò.

mechanic [mi'kænik] *n* технѝк, механѝк.

mechanical [mi'kænikl] *a* машѝнен, технѝчески; механѝчен; автоматѝчеń.

mechanism ['mekənizm] *n* механѝзъм; апарàт.

medal ['medl] *n* медàл.

meddle ['medl] *v* бъркам се(във); бърнѝкам.

medical ['medikəl] *a* медицѝнски.

medicine ['medisin] *n* лекàрство; медицѝна.

medi(a)eval [ˌmediˈiːvəl] *a* средновековен.

meditate [ˈmediteit] *v* размишлявам; съзерцавам.

meditation [ˌmediˈteiʃən] *n* размишление; съзерцание.

medium [ˈmiːdiəm] (*pl* **media** [ˈmiːdiə]) *n* средство; среда; медиум.

meek [miːk] *a* кротък, мек; хрисим.

meet [miːt] *v* (*pt*, *pp* **met** [met]) срещам; посрещам; запознавам се.

meeting [ˈmiːtiŋ] *n* събрание; среща.

melancholy [ˈmelənkəli] *a* меланхоличен; *n* меланхолия.

mellow [ˈmelou] *a* мек, сочен.

melodious [miˈloudiəs] *a* мелодичен.

melody [ˈmelədi] *n* мелодия.

melon [ˈmelən] *n* пъпеш.

melt [melt] *v* топя(се); стопявам(се).

member [ˈmembə] *n* член.

membership [ˈmembəʃip] *n* членство; членове.

membrane [ˈmembrein] *n* мембрана.

memoir [ˈmemwɑː] *n* мемоари.

memorable [ˈmemərəbl] *a* паметен.

memorial [miˈmɔːriəl] *n* паметник; петиция; *pl* хроника.

memorize [ˈmeməraiz] *v* уча наизуст.

memory [ˈmeməri] *n* памет; спомен.

men вж **man**.

menace [ˈmenəs] *n* заплаха; *v* заплашвам.

mend [mend] *v* поправям, възстановявам; кърпя; *n* крепка.

mental [ˈmentl] *a* умствен; психически; мислен, неизказан.

mention [ˈmenʃən] *v* споменавам; *n* споменаване.

menu [ˈmenjuː] *n* меню, лист за ястия.

mercenary [ˈməːsinəri] *a* наемен; продажен; користолюбив; *n* наемен войник.

merchandise [ˈməːtʃəndaiz] *n* стока.

merchant [ˈməːtʃənt] *n* търговец(на едро).

merciful [ˈməːsiful] *a* милостив.

merciless [ˈməːsilis] *a* безжалостен, безпощаден.

mercury [ˈməːkjuri] *n* живак.

mercy [ˈməːsi] *n* милост, състрадание.

mere [miə] *a* същински, прост; чист.

merely [ˈmiəli] *adv* просто, само.

merge [məːdʒ] *v* смесвам(се), сливам (се); поглъщам, уедрявам.

merger [ˈməːdʒə] *n* сливане; търговско обединение; уедряване.

meridian [məˈridiən] *n* меридиан; зенит; пладне.

merit [ˈmerit] *n* заслуга; достойнство; *v* заслужавам.

merrily [ˈmerili] *adv* весело.

merriment [ˈmerimənt] *n* веселие.

merry [ˈmeri] *a* весел; честит.

merry-go-round [ˈmerigouˌraund] *n* въртележка.

mesh [meʃ] *n* (дупка на) мрежа; нишка; *v* улавям в мрежа.

mess [mes] *n* бъркотия, каша; армейски стол; *v* правя бъркотия; храня се.

message [ˈmesidʒ] *n* съобщение; послание; мисия, поръчение.

messenger [ˈmesindʒə] *n* пратеник, вестител.

met вж **meet**.

metal [ˈmetl] *n* метал.

metalic [miˈtælik] *a* метален.

metamorphosis [ˌmetəˈmɔːfəsis] *n* метаморфоза.

meteor [ˈmiːtjə] *n* метеор.

meter, metre [ˈmiːtə] *n* метър; измервателен уред.

method [ˈmeθəd] *n* начин, способ, метод; система.

metropolis [miˈtrɔpəlis] *n* главен град; средище; столица.

metropolitan [ˌmetrəˈpɔlitən] *a* столичен.

mew [mjuː] *n* чайка; мяукане.

mica [ˈmaikə] *n* слюда.

mice вж **mouse**.

microphone [ˈmaikrəfoun] *n* микрофон.

microscope [ˈmaikrəskoup] *n* микроскоп.

mid [mid] *a* междинен, среден.

midday [ˈmiddei] *n* пладне.

middle [ˈmidl] *n* среда; *a* среден.

middle-aged [ˈmidlˈeidʒd] *a* на средна възраст.

midnight [ˈmidnait] *n* полунощ.

midst [midst] *n* среда; *prep* сред.

midwife ['midwaif] *n* акушѐрка.

mien [mi:n] *n* изражѐние, вид, обнѡски.

might [mait] *n* сѝла, мощ, могъ̀щество.

might *вж* **may**.

mighty ['maiti] *a* сѝлен, мѡщен; могъ̀щ.

migrate [mai'greit] *v* пресѐлвам се; прелѝтам.

migration [mai'greiʃən] *n* прелѝтане; пресѐлване, мигрѥ̀ция.

mike [maik] *n разг* микрофѡн.

mild [maild] *a* мек; благ; лек.

mildew ['mildju:] *n* плѐсен; манѥ̀.

mile [mail] *n* мѝля.

militant ['militənt] *a* бѡрчески; вѡйнствен.

military ['militəri] *a* воѐнен.

militia [mi'liʃə] *n* милѝция; опълчѐние.

milk [milk] *n* млѧ̀ко; *v* доѧ̀.

milkmaid ['milkmeid] *n* доѧ̀чка.

milkman ['milkmən] *n* млекѥ̀р.

milky ['milki] *a* млѐчен.

mill [mil] *n* мѐлница; завѡд.

miller ['milə] *n* мелничѥ̀р.

millet ['milit] *n* просѡ.

million ['miljən] *n* милиѡн.

millionaire ['miljə'nɛə] *n* милионѐр.

millstone [,milstoun] *n* воденѝчен кѥ̀мък.

mimic ['mimik] *a* подражѥ̀телен; *n* подражѥ̀тел; *v* подражѥ̀вам.

mince [mins] *v* кѝлцам, прѥ̀вя на каймѥ̀; *n* каймѥ̀.

mind [maind] *n* ум; мнѐние; намерѐние; *v* внимѥ̀вам; грѝжа се за; ѝмам протѝв.

minded ['maindid] *a* склѡнен, наклѡнен.

mindful ['maindful] *a* съзнѥ̀ващ; внимѥ̀телен.

mine [main] *n* мѝна; *v* копѥ̀я; минѝрам.

miner ['mainə] *n* миньѡр.

mineral ['minərəl] *n* минерѥ̀л; рѹда; *a* минерѥ̀лен.

mingle ['miŋgl] *v* смѐсвам(се); общѹвам.

minimize ['minimaiz] *v* намалѧ̀вам; омаловажѥ̀вам; свѐждам до мѝнимум.

minimum ['miniməm] *n* мѝнимум.

mining ['mainiŋ] *n* мѝнно дѐло; миньѡрство.

minister ['ministə] *n* минѝстър; послѥ̀ник; свещѐник; *v* помѥ̀гам.

ministry ['ministri] *n* министѐрство; министѐрски кабинѐт; духѡвенство.

minor ['mainə] *a* пѡ-млад, пѡ-мѥ̀лък; млѥ̀дши; второстѐпенен; минѡрен.

minority [mai'nɔriti] *n* малцинствѡ.

minstrel ['minstrəl] *n поет* (средновекѡвен) певѐц.

mint¹ [mint] *n* мѐнта.

mint² [mint] *n* монѐтен двор; *v* секѥ̀ парѝ.

minute¹ ['minit] *n* минѹта; *pl* протокѡл на заседѥ̀ние.

minute² [mai'nju:t] *a* мнѡго мѥ̀лък; подрѡбен.

miracle ['mirəkl] *n* чѹдо.

miraculous [mi'rækjuləs] *a* свръхестѐствен; чудѐсен; чудодѐен.

mire ['maiə] *n* кал; тѝня; *v* калѧ̀м.

mirror ['mirə] *n* огледѥ̀ло; образѐц; *v* отразѧ̀вам.

mirth [mə:θ] *n* весѐлие.

misadventure [,misəd'ventʃə] *n* премѐждие; злополѹка.

miscellaneous [misi'leinjəs] *a* разнообрѥ̀зен; смѐсен; рѥ̀зен.

mischief ['mistʃif] *n* пѥ̀кост; немѝрство; пѥ̀лавост.

mischievous ['mistʃivəs] *a* врѐден; пѥ̀костен; немѝрен, пѥ̀лав.

miser ['maizə] *n* скъпѐрник.

miserable ['mizərəbl] *a* жѥ̀лък; нещѥ̀стен.

misery ['mizəri] *n* нищетѥ̀, мизѐрия; нещѥ̀стие.

misfortune [mis'fɔ:tʃən] *n* нещѥ̀стие; бедѥ̀; злочестинѥ̀.

misgiving [mis'giviŋ] *n* съмнѐние, опасѐние.

mishap [mis'hæp] *n* злополѹка, премѐждие; нещѥ̀стие.

misleading [mis'li:diŋ] *a* заблуждѥ̀ващ, подвѐждащ.

Miss¹ [mis] *n* госпѡжица.

miss² [mis] *v* пропѹскам; не улѹчвам; лѝпсва ми.

missing ['misiŋ] *a* липсващ, отсъствуващ; загубен.

mission ['miʃən] *n* задача, мисия.

missionary ['miʃənəri] *n* мисионер; *a* мисионерски.

mist [mist] *n* мъгла.

mistake [mis'teik] *n* грешка; *v* греша, бъркам.

mistaken [mis'teikən] *a* погрешен; заблуден.

Mister (Mr) ['mistə] *n* господин.

mistress ['mistris] *n* учителка; господарка; любовница.

mistrust [mis'trʌst] *v* съмнявам се във; подозирам; *n* недоверие.

misty ['misti] *a* мъглив; неясен, смътен.

misunderstand ['misʌndə'stænd] *v* (*pt, pp* **misunderstood** ['misʌndə'stud]) разбирам погрешно.

misunderstanding ['misʌndə'stændiŋ] *n* недоразумение; неразбирателство.

misuse [mis'ju:z] *v* употребявам неправилно; отнасям се зле към.

mitten ['mitn] *n* ръкавица с един пръст.

mix [miks] *v* смесвам(се); общувам със.

mixture ['mikstʃə] *n* смес.

moan [moun] *n* стон; *v* стена, пъшкам.

moat [mout] *n* защитен ров.

mob [mɔb] *n* тълпа; *v* тълпя се.

moccasin ['mɔkəsin] *n* мокасин, цървул.

mock [mɔk] *v* подигравам се; *n* подигравка; посмешище; *a* лъжлив, фалшив.

mockery ['mɔkəri] *n* подигравка, гавра.

mode [moud] *n* начин.

model ['mɔdl] *n* образец, модел.

moderate ['mɔdərit] *a* умерен; въздържан.

moderation [,mɔdə'reiʃən] *n* умереност, въздържание.

modern ['mɔdən] *a* нов, съвременен; модерен.

modernize ['mɔdənaiz] *v* модернизирам.

modest ['mɔdist] *a* скромен.

modesty ['mɔdisti] *n* скромност; умереност.

modification [,mɔdifi'keiʃən] *n* видоизменение.

modify ['mɔdifai] *v* видоизменям; смекчавам.

moist [moist] *a* влажен.

moisten ['moisn] *v* навлажнявам(се).

moisture ['moistʃə] *n* влага, влажност.

molar ['moulə] *n* кътник.

mole[1] [moul] *n* бенка.

mole[2] [moul] *n* къртица.

molest [mou'lest] *v* безпокоя; досаждам.

mollify ['mɔlifai] *v* смекчавам; успокоявам.

molten ['moultən] *a* стопен, разтопен.

moment ['moumənt] *n* момент, миг; важност.

momentary ['mouməntəri] *a* минутен.

momentous [mou'mentəs] *a* сериозен, важен.

momentum [mou'mentəm] *n* (*pl* -ta) движеща сила.

monarch ['mɔnək] *n* монарх.

monastery ['mɔnəstri] *n* манастир.

monastic [mə'næstik] *a* монашески.

Monday ['mʌndi] *n* понеделник.

monetary ['mʌnitəri] *a* монетен; паричен.

money ['mʌni] *n* пари.

mongrel ['mʌŋgrəl] *n* мелез.

monitor ['mɔnitə] *n* отговорник; съветник; *техн* монитор.

monk [mʌŋk] *n* монах.

monkey ['mʌŋki] *n* маймуна; *v* правя шеги.

monopoly [mə'nɔpəli] *n* монопол.

monotonous [mə'nɔtənəs] *a* монотонен, еднообразен.

monotony [mə'nɔtəni] *n* еднообразие; монотонност.

monster ['mɔnstə] *n* чудовище.

monstrous ['mɔnstrəs] *a* чудовищен.

month [mʌnθ] *n* месец.

monthly ['mʌnθli] *a* месечен; *adv* месечно; *n* ежемесечник.

monument ['mɔnjumənt] *n* паметник.

monumental [,mɔnju'mentl] *a* величествен, монументален.

mood [mu:d] *n* настроение; *грам* наклонение.

moody ['mu:di] *a* мрачен, потиснат; на настроение.

moon [mu:n] *n* луна, месец.

moonlight ['mu:nlait] *n* лунна светлина.

moor [muə] *n* пусто поле.

moose [mu:s] *n* лос.

mop [mɔp] *n* парцал за миене; *v* мия, бърша с парцал или кърпа.

moral ['mɔrəl] *a* нравствен, морален; *n* поука.

morale [mɔ'ra:l] *n* състояние на духа.

morality [mɔ'ræliti] *n* морал, нравственост.

morbid ['mɔ:bid] *a* болезнен; болнав; ужасен.

more [mɔ:] *a, adv* повече.

moreover [mɔ:r'ouvə] *adv* освен това; също.

morn ['mɔ:n] *n poem* утро, утрин.

morning ['mɔ:niŋ] *n* сутрин.

morose [mə'rous] *a* мрачен, намусен.

morrow ['mɔrou] *n ост* утро; следващ ден.

morsel ['mɔ:səl] *n* хапка; късче.

mortal ['mɔ:tl] *a* смъртен, тленен; *n* смъртен(човек).

mortality [mɔ:'tæliti] *n* смъртност; човечество.

mortar[1] ['mɔ:tə] *n* хаван.

mortar[2] ['mɔ:tə] *n* хоросан.

mortgage ['mɔ:gidʒ] *n* ипотека; *v* ипотекирам.

mortification [,mɔ:tifi'keiʃən] *n* срам, унижение.

mortify ['mɔ:tifai] *v* унижавам; *мед* умъртвявам; гангренясвам.

moss [mɔs] *n* мъх.

mossy ['mɔsi] *a* мъхест; покрит с мъх.

most [moust] *a* най-много; повечето; *adv* най-много.

mostly ['moustli] *adv* предимно, главно.

moth [mɔθ] *n* молец; нощна пеперуда.

mother ['mʌðə] *n* майка.

motherhood ['mʌðəhud] *n* майчинство.

mother-in-law ['mʌðərin'lɔ:] *n* свекърва; тъща.

motherly ['mʌðəli] *a* майчински.

motif ['mouti:f] *n* тема, сюжет.

motion ['mouʃn] *n* движение; предложение; *v* правя знак.

motionless ['mouʃnlis] *a* неподвижен.

motive ['moutiv] *a* движещ; двигателен; *n* подбуда, мотив.

motley ['mɔtli] *a* пъстър, шарен; разнороден.

motor ['moutə] *n* мотор, двигател.

motorcar ['moutəka:] *n* лека кола, автомобил.

motorist ['moutərist] *n* автомобилист.

motto ['mɔtou] *n* девиз, мото.

mould[1] [mould] *n* калъп, форма; *v* калъпя; оформям; отливам.

mould[2] [mould] *n* мухъл, плесен.

mouldy ['mouldi] *a* мухлясъл.

mound [maund] *n* купчина; могила; грамада.

mount [maunt] *n* планина; *v* изкачвам(се); възсядам; монтирам.

mountain ['mauntin] *n* планина.

mountaineer [,maunti'niə] *n* планинар; планинец.

mountainous ['mauntinəs] *a* планински.

mourn [mɔ:n] *v* жалея, оплаквам.

mourner ['mɔ:nə] *n* опечален.

mournful ['mɔ:nful] *a* печален, скръбен.

mourning ['mɔ:niŋ] *n* скръб, траур.

mouse [maus] (*pl* **mice** [mais]) *n* мишка.

mouth [mauθ] *n* уста; устие; отвор.

mouthful ['mauθful] *n* залък, хапка; глътка.

movable ['mu:vəbl] *a* подвижен; движим; *n pl* движимо имущество.

move [mu:v] *v* движа(се); мѐстя(се); вълнувам, трогвам; предлагам; *n* ход; постъпка.

movement ['mu:vmənt] *n* движение.

movie(s) ['mu:vi(z)] *n* кино.

mow [mou] *v* (*pt* **mowed** [moud], *pp* **mown** [moun]) коса.

Mr ['mistə] *n* господин.

Mrs ['misiz] *n* госпожа.

Ms [mʌz, miz] *n* обръщение към жена без определяне на семейното й положение.

much [mʌtʃ] *a, adv, n* много; голямо количество.

mud [mʌd] *n* кал.

muddy [ˈmʌdi] *a* кàлен, мỳтен.
muff [mʌf] *n* маншòн.
muffin [ˈmʌfin] *n* вид сладкѝш.
muffle [ˈmʌfl] *v* загрỳщам(се); заглушàвам.
muffler [ˈmʌflə] *n* шàлче; заглушѝтел.
mug [mʌg] *n* голàма чàша; кàнче; *сл* лицè, мỳтра.
mulberry [ˈmʌlbəri] *n* чернѝца.
mule [mjuːl] *n* мỳле; инàт човèк.
multiple [ˈmʌltipl] *a* състàвен, многочѝслен; крàтен.
multiplication [ˌmʌltiplиˈkeiʃən] *n* умножèние.
multiply [ˈmʌltiplai] *v* умножàвам; размножàвам(се).
multitude [ˈmʌltitjuːd] *n* мнòжество; тълпà.
mumble [ˈmʌmbl] *v* мèнкам.
mummy[1] [ˈmʌmi] *n* мàма.
mummy[2] [ˈmʌmi] *n* мỳмия.
munch [mʌntʃ] *v* хрỳпам; дèвча.
municipal [mjuːˈnisipəl] *a* общѝнски.
municipality [mjuːˌnisiˈpæliti] *n* общинà; общѝнски съвèт.
munition [mjuːˈniʃən] *n* бòйни припаси.
mural [ˈmjuərəl] *a* стèнен; *n* стенопѝс, фрèска.
murder [ˈməːdə] *n* убѝйство; *v* убѝвам.
murderer [ˈməːdərə] *n* убѝец.
murderous [ˈməːdərəs] *a* убѝйствен; смъртонòсен; кръвожàден.
murmur [ˈməːmə] *v* шèпот; рòмон; мърмòрене; *v* шèпна; мърмòря.
muscle [ˈmʌsl] *n* мỳскул; физѝческа сѝла.

muscular [ˈmʌskjulə] *a* мỳскулен; мỳскулест.
muse [mjuːz] *v* размишлàвам.
museum [mjuːˈziəm] *n* музèй.
mushroom [ˈmʌʃrum] *n бот* гъба.
music [ˈmjuːzik] *n* мỳзика.
musical [ˈmjuːzikəl] *a* музикàлен.
musician [mjuːˈziʃən] *n* музикàнт.
muslin [ˈmʌzlin] *n* муселѝн.
mussel [ˈmʌsl] *n* мѝда.
must [mʌst] *v* трàбва, длъжен съм да.
mustard [ˈmʌstəd] *n* горчѝца.
muster [ˈmʌstə] *v* събѝрам(се).
mute [mjuːt] *a* ням, безмълвен; *n* сурдѝнка.
mutilate [ˈmjuːtileit] *v* осакатàвам; обезобразàвам.
mutiny [ˈmjuːtini] *n* бунт; *v* бунтỳвам се, въстàвам срещỳ.
mutter [ˈmʌtə] *v* мърмòря; роптàя.
mutton [ˈmʌtn] *n* òвнешко месò.
mutual [ˈmjuːtʃuəl] *a* взàимен; общ.
muzzle [ˈmʌzl] *n* муцỳна; дỳло; намòрдник.
my [mai] *pron* мой.
myriad [ˈmiriəd] *n* безбрòй.
myself [maiˈself] *pron* аз самѝят; сèбе си.
mysterious [misˈtiəriəs] *a* загàдъчен, тàинствен.
mystery [ˈmistəri] *n* загàдка; тàйна, мистèрия.
mystic [ˈmistik] *a* мистѝчен; загàдъчен, тàинствен; *n* мистѝк.
mystical [ˈmistikl] *a* загàдъчен, тàинствен.
mystify [ˈmistifai] *v* озадачàвам; обърквам, забỳлвам.
myth [miθ] *n* предàние, мит, легèнда.
mythology [miˈθɔlədʒi] *n* митолòгия.

N

nail [neil] *n* нòкът; гвòздей, пирòн; *v* заковàвам.

naive [naiˈiːv] *a* найвен.
naked [ˈneikid] *a* гол.
name [neim] *n* ѝме; слàва; репутàция; *v* нарѝчам, назовàвам.
nameless [ˈneimlis] *a* безѝменен.
namely [ˈneimli] *adv* ѝменно.
nap[1] [næp] *n* дрàмка; *v* дрàмвам.

nap[2] [næp] *n* мъх на плат.

napkin [ˈnæpkin] *n* салфетка, кърпа.

nappy [ˈnæpi] *n* бебешка пелена.

narcotic [naˈkɔtik] *n* наркотик; упойващо средство; *a* наркотичен.

narrate [næˈreit] *v* разказвам.

narrative [ˈnærətiv] *n* разказ; *a* разказвателен.

narrator [nəˈreitə] *n* разказвач.

narrow [ˈnærou] *a* тесен; ограничен; *v* стеснявам.

nasal [ˈneizl] *a* носов; *n* назал; носов звук.

nasty [ˈnɑːsti] *a* гаден, противен; злобен; опасен.

nation [ˈneiʃən] *n* народ, нация.

national [ˈnæʃənəl] *a* народен; национален, държавен.

nationalist [ˈnæʃənəlist] *a* националистически; *n* националист.

nationality [ˌnæʃəˈnæliti] *n* народност.

nation-wide [ˈneiʃənwaid] *a* общонароден, всенароден.

native [ˈneitiv] *a* роден, местен; природен; самороден; родом(от); *n* туземец; местен жител.

natural [ˈnætʃərəl] *a* естествен; природен; вроден.

naturally [ˈnætʃərəli] *adv* естествено.

nature [ˈneitʃə] *n* природа; естество, характер.

naught [nɔːt] *n* нищо; нула

naughty [ˈnɔːti] *a* непослушен; неприличен.

nausea [ˈnɔːsjə] *n* гадене; отвращение.

naval [ˈneivəl] *a* флотски; морски.

navigate [ˈnævigeit] *v* управлявам; пътувам с кораб, самолет и пр.

navigation [ˌnæviˈgeiʃən] *n* корабоплаване.

navigator [ˈnævigeitə] *n* мореплавател; навигатор.

navy [ˈneivi] *n* флота.

nay [nei] *adv ост* не; нещо повече.

near [niə] *adv, prep* близо до, при; почти; *a* близък; *v* приближавам.

near-by [ˈniəbai] *adv* наблизо.

nearly [ˈniəli] *adv* почти.

nearness [ˈniənis] *n* близост.

neat [niːt] *a* чист, спретнат; стегнат; сръчен; умел.

neatly [ˈniːtli] *adv* хубаво, спретнато.

necessarily [ˈnesisərili] *adv* по необходимост; непременно.

necessary [ˈnesisəri] *a* необходим, нужен.

necessitate [niˈsesiteit] *v* правя необходим; принуждавам.

necessity [niˈsesiti] *n* необходимост, нужда.

neck [nek] *n* врат, шия.

necklace [ˈneklis] *n* огърлица, гердан.

necktie [ˈnektai] *n* вратовръзка.

need [niːd] *n* нужда; *v* нуждая се от.

needful [ˈniːdful] *a* необходим.

needle [ˈniːdl] *n* игла.

needless [ˈniːdlis] *a* ненужен.

needlework [ˈniːdlwəːk] *n* шев; бродерия.

needy [ˈniːdi] *a* беден, нуждаещ се.

ne'er [nɛə] *poet adv* никога.

negative [ˈnegətiv] *a* отрицателен; *n* отрицание; негатив.

neglect [niˈglekt] . *v* пренебрегвам; *n* пренебрежение; небрежност.

negligence [ˈneglidʒəns] *n* небрежност, нехайство, немарливост.

negligent [ˈneglidʒənt] *a* небрежен, нехаен, немарлив.

negligible [ˈneglidʒibl] *a* незначителен.

negotiate [niˈgouʃieit] *v* преговарям; уговарям.

negotiation [niˌgouʃiˈeiʃən] *n* преговаряне; преговори.

negro [ˈniːgrou] *n* негър.

neigh [nei] *v* цвиля; *n* цвилене.

neighbour [ˈneibə] *n* съсед; ближен.

neighbourhood [ˈneibəhud] *n* околност; квартал; съседство.

neighbouring [ˈneibəriŋ] *a* съседен.

neighbourly [ˈneibəli] *a* добросъседски.

neither [ˈnaiðə] *adv* нито; *pron* нито единият, нито другият.

nephew [ˈnevju(ː)] *n* племенник.

nerve [nəːv] *n* нерв; смелост; безсрамие, нахалство.

nervous [ˈnəːvəs] *a* нервен; енергичен; силен; раздразнителен; неспокоен.

nervousness [ˈnəːvəsnis] *n* нервност.

nest [nest] *n* гнездо.

nestle [ˈnesl] *v* сгушвам(се); притискам.

net¹ [net] *n* мрѐжа; *v* улавям в мрѐжа.

net² [net] *a* чист; *n* нѐто.

nettle [′netl] *n* коприва; *v* дразня.

network [′netwə:k] *n* мрѐжа; систѐма.

neuter [′nju:tə] *a* срѐден род.

neutral [′nju:trəl] *a* неутрален.

neutralize [′nju:trəlaiz] *v* неутрали-зирам.

never [′nevə] *adv* никога.

nevertheless [ˌnevəðə′les] *adv* въпреки товà.

new [nju:] *a* нов; прѐсен.

newborn [′nju:bɔ:n] *a* новородѐн.

newcomer [′nju:′kʌmə] *n* новодошѐл; пришълѐц.

newly [′nju:li] *adv* неотдавна; току-що.

news [nju:z] *n* новина, новини.

newspaper [′nju:z،peipə] *n* вѐстник.

newsreel [′nju:z،ri:l] *n* кинопрѐглед.

next [nekst] *a* слѐдващ; съсѐден; *adv* след товà; *prep* до.

nibble [′nibl] *v* гризà; отхапвам.

nice [nais] *a* хубав; изискан; приятен.

nicely [′naisli] *adv* добрѐ; хубаво.

niche [nitʃ] *n* ниша.

nick [nik] *n* бѐлег, рязка.

nickel [′nikl] *n* никел; петцѐнтова монѐта.

nickname [′nikneim] *n* прякор; *v* давам прякор.

niece [ni:s] *n* плѐменница.

nigger [′nigə] *n* нѐгър(*презрително*).

night [nait] *n* нощ.

nightfall [′naitfɔ:l] *n* свечеряване; надвечер.

nightgown [′naitgaun] *n* нощница.

nightingale [′naitiŋgeil] *n* славей.

nightly [′naitli] *adv* всяка нощ.

nightmare [′naitmɛə] *n* кошмар.

nil [nil] *n* нула(*и при спорт*).

nimble [′nimbl] *a* бърз, пъргав, подвижен.

nine [nain] *a*, *n* дѐвет.

nineteen [′nain′ti:n] *a*, *n* деветнадесет.

ninety [′nainti] *a*, *n* деветдесѐт.

ninth [nainθ] *a* девѐти.

nip [nip] *v* щипя; хапя; рѐжа; *сл* задигам.

no [nou] *a* никакъв; *adv* не.

nobility [nou′biliti] *n* благорòдство; благорòдници, аристокрàция.

noble [′noubl] *a* благорòден; велѝчествен; аристократѝчен.

nobleman [′noublmən] *n* благорòдник.

nobody [′noubədi] *n* никой; незначѝтелна лѝчност.

nocturnal [nɔk′tə:nəl] *a* нòщен.

nod [nɔd] *v* кѝмам; клюмам.

noise [nɔiz] *n* шум; *v* разгласявам.

noiseless [′nɔizlis] *a* безшумен.

noisily [′nɔizili] *adv* шумно.

noisy [′nɔizi] *a* шумен.

nominal [′nɔminl] *a* номинален; малък, незначѝтелен.

nominate [′nɔmineit] *v* назначавам; предлагам кандидатура (*при избори*).

nomination [ˌnɔmi′neiʃən] *n* назначѐние; предложѐние.

nonchalance [′nɔnʃələns] *n* безгрѝжие; безразлѝчие.

nonchalant [′nɔnʃələnt] *a* безразлѝчен, равнодушен, безучастен.

nondescript [′nɔndiskript] *a* неопределѐн; неопѝсуем.

none [nʌn] *pron* никой; *a* никакъв; *adv* никак.

nonsense [′nɔnsəns] *n* глупости.

nook [nuk] *n* кътче.

noon [nu:n] *n* пладне.

nor [nɔ:] *adv* нѝто.

normal [′nɔ:məl] *a* обикновѐн, нормален.

north [nɔ:θ] *n* сѐвер; *a* сѐверен; *adv* на сѐвер.

northeast [′nɔ:θ′i:st] *n* североѝзток; *a* североѝзточен; *adv* на североѝзток.

northeastern [′nɔ:θ′i:stən] *a* североѝзточен.

northern [′nɔ:ðə(:)n] *a* сѐверен.

northward(s) [′nɔ:θwəd(z)] *adv* на сѐвер, сѐверно.

northwest [′nɔ:θ′west] *n* северозапад; *a* северозападен; *adv* на северозапад.

nose [nouz] *n* нос; обоняние, нюх; *v* подушвам; душа.

nosegay [′nouzgei] *n* букѐт; кѝтка.

nostril [′nɔstril] *n* нòздра.

not [nɔt] *adv* не.

notable [′noutəbl] *a* забележѝтелен, вѝден.

notary ['noutəri] n нотàриус.

notch [nɔtʃ] n рязка; v прàвя рязка; белèжа.

note [nout] n знак; белèжка; нòта; v белèжа, забелязвам, отбелязвам.

notebook ['noutbuk] n тетràдка.

noted ['noutid] a бележѝт, прочỳт.

noteworthy ['noutwə:ði] a забележѝтелен, за отбелязване.

nothing ['nʌθiŋ] n нѝщо; нỳла.

notice ['noutis] n белèжка, обява, предупреждèние; внимàние; v забелязвам.

noticeable ['noutisəbl] a забележѝм.

notify ['noutifai] v уведомявам, съобщàвам.

notion ['nouʃən] n идèя; предстàва.

notorious [nou'tɔ:riəs] a прословỳт.

nought [nɔ:t] n нѝщо; нỳла.

noun [naun] n съществѝтелно ѝме.

nourish ['nʌriʃ] v хрàня, подхрàнвам.

nourishment ['nʌriʃmənt] n хранà.

novel¹ ['nɔvəl] n ромàн.

novel² ['nɔvəl] a нов; необикновèн; стрàнен.

novelist ['nɔvəlist] n романѝст.

novelty ['nɔvəlti] n нòвост.

November [nou'vembə] n ноèмври.

novice ['nɔvis] n новàк.

now [nau] adv сегà.

nowadays ['nauədeiz] adv днес, сегà.

nowhere ['nou(h)wɛə] adv нѝкъде.

nucleus ['nju:kliəs] n ядрò.

nuisance ['nju:səns] n неприятност; досàдно нèщо(човèк).

nullify ['nʌlifai] v анулѝрам.

numb [nʌm] v вцепенявам; a вкочанясал, вцепенèн, сковàн.

number ['nʌmbə] n числò, брой; нòмер; v брой, наброявам; номерѝрам.

numberless ['nʌmbəlis] a безбрòен.

numeral ['nju:mərəl] n числѝтелно ѝме; a чѝслен.

numerous ['nju:mərəs] a многобрòен.

nun [nʌn] n монахѝня.

nuptial ['nʌpʃəl] a брàчен; свàтбен.

nurse [nə:s] n бавàчка; медицѝнска сестрà; v грѝжа се за; подхрàнвам.

nursery ['nə:səri] n дèтска стàя; разсàдник.

nurture ['nə:tʃə] n хранà; възпитàние; v хрàня; отглèждам.

nut [nʌt] n òрех; гàйка; главà; контè.

nutrition [nju:'triʃən] n хрàнене; хранà.

nutritious [nju(:)'triʃəs] a хранѝтелен.

nymph [nimf] n нѝмфа.

O

oak [ouk] n дъб.

oaken ['oukən] a дъбов.

oar [ɔ:] n греблò; веслò.

oasis [ou'eisis] n оàзис.

oath [ouθ] n клètва.

oat(s) [out(s)] n овèс.

oatmeal ['outmi:l] n овèсено брашнò; овèсена кàша.

obedience [ə'bi:djəns] n послушàние, покòрство.

obedient [ə'bi:djənt] a покòрен, послỳшен.

obey [ə'bei] v покорявам се, подчинявам се.

object¹ ['ɔbdʒikt] n предмèт; обèкт; цел, намерèние; грам допълнèние.

object² [əb'dʒekt] v възразявам, противопостàвям се.

objection [əb'dʒekʃən] n възражèние.

objective [ɔb'dʒektiv] a обектѝвен.

obligation [,ɔbli'geiʃən] n задължèние.

obligatory [ɔ'bligətəri] a задължѝтелен.

oblige [ə'blaidʒ] v задължàвам; прàвя услỳга.

obliging [ə'blaidʒiŋ] a услужлѝв, внимàтелен.

oblique [ə'bli:k] a наклòнен, полегàт.

obliterate [ə'blitəreit] v заличàвам, унищожàвам.

oblivion [ə'bliviən] n забрàва, забвèние.

oblivious [ə'bliviəs] *a* забрàвящ; забрàвил.

oblong ['ɔblɔŋ] *a* продълговàт; *n* правоъгълник.

obscure [əb'skjuə] *a* неясен, смътен; скрит; неизвèстен.

obscurity [əb'skjuəriti] *n* смътност; неизвèстност.

observance [əb'zə:vəns] *n* спàзване, съблюдàване.

observation [ˌɔbzə:'veiʃən] *n* наблюдèние; наблюдàтелност; забелèжка.

observatory [əb'zə:vətəri] *n* наблюдàтелница, обсерватòрия.

observe [əb'zə:v] *v* наблюдàвам; забелÿзвам; спàзвам.

observer [əb'zə:və] *n* наблюдàтел.

obsolete ['ɔbsəli:t] *a* остарÿл, излÿзъл от употрèба.

obstacle ['ɔbstəkl] *n* прèчка, препÿтствие, спÿнка.

obstinacy ['ɔbstinəsi] *n* упòрство, инàт.

obstinate ['ɔbstinit] *a* упорùт, òпърничав.

obstruct [əb'strʌkt] *v* препрèчвам, преграждам; спÿвам.

obstruction [əb'strʌkʃən] *n* препÿтствие; спÿнка.

obtain [əb'tein] *v* получàвам; придобùвам.

obtainable [əb'teinəbl] *a* кòйто мòже да се добùе.

obvious ['ɔbviəs] *a* очевùден, ÿвен.

occasion [ə'keiʒn] *n* случай; пòвод; причùна.

occasionally [ə'keiʒənəli] *adv* понÿкога; от врèме на врèме.

occupant ['ɔkjupənt] *n* наемàтел; окупàтор.

occupation [ˌɔkju'peiʃən] *n* заèмане; занимàние; занÿтие.

occupy ['ɔkjupai] *v* заèмам, окупùрам.

occur [ə'kə:] *v* случвам се, срèщам се; йдва ми наỳм.

occurence [ə'kʌrəns] *n* слỳчка, събùтие.

ocean [ou'ʃən] *n* океàн.

o'clock [ə'klɔk] часà.

October [ɔk'toubə] *n* октòмври.

odd [ɔd] *a* нечèтен, тèк; осòбен, стрàнен; случàен.

oddly ['ɔdli] *adv* стрàнно.

odds [ɔdz] *n pl* рàзлика; нерàвенство; предùмство.

ode [oud] *n* òда.

odious ['oudjəs] *a* омрàзен, отвратùтелен.

odour ['oudə] *n* миризмà, аромàт; репутàция.

of [ɔv, əv] *prep* на; за; с; от.

off [ɔf] *prep* от; на разстоÿние от; извèн.

offence [ə'fens] *n* нарушèние, простъпка, провинèние; оскърблèние.

offend [ə'fend] *v* оскърбÿвам; дрàзня.

offender [ə'fendə] *n* нарушùтел.

offensive [ə'fensiv] *a* оскърбùтелен; неприÿтен; нападàтелен.

offer ['ɔfə] *v* предлàгам; представÿм се; *n* предложèние.

offering ['ɔfəriŋ] *n* дар, дарèние; приношèние.

off hand ['ɔfhænd] *a* импровизùран; неофициàлен; безцеремòнен; *adv* веднàга.

office ['ɔfis] *n* служба; длъжност; канцелàрия, кантòра; министèрство.

official [ə'fiʃəl] *a* служèбен; официàлен; *n* общèственик; служùтел.

offset ['ɔ:fset] *n* начàло; компенсàция; *v* компенсùрам.

offspring ['ɔ:fspriŋ] *n* детè; потòмък; послèдица.

often ['ɔ(:)fn] *adv* чèсто.

oil [oil] *n* мàсло; петрòл; мàслена боÿ; *v* смàзвам.

oilcloth ['ɔilklɔθ] *n* мушамà.

oily ['ɔili] *a* мàзен; (на)мàслен; глàдък; угодлùв.

ointment ['ɔintmənt] *n* помàда, мехлèм.

O. K. ['ou'kei] *adv* добрè, *a* прàвилен, в изпрàвност.

old [ould] *a* стар, вехт.

olden ['ouldən] *ocm a* стàр, дрèвен.

old-fashioned ['ould'fæʃənd] *a* старомòден.

old-time ['ouldtaim] *a* староврèмски.

olive ['ɔliv] *n* маслùна; *a* маслùнов, маслùнен.

omen ['oumen] *n* знак, предзнаменовàние; *v* вещàя, предвещàвам.

ominous [ˈɔminəs] a зловѐщ; зло-
кобен.

omission [əˈmiʃən] n изпускане; опу-
щѐние, прѐпуск.

omit [əˈmit] v пропускам, изпущам;
прескачам.

on [ɔn] prep на, върху; по; в; за; от.

once [wʌns] adv веднѐж, едйн път;
някога.

one [wʌn] a едйн; едйнствен; n човѐк.

onion [ˈʌnjən] n лук.

only [ˈounli] a едйнствен; adv само,
едйнствено; едва; conj само че.

onset [ˈɔnset] n нападѐние; начало.

onto [ˈɔntu] prep на, върху.

onward(s) [ˈɔnwəd(z)] adv напрѐд.

ooze [uːz] n тйня, утайка; v про-
нѐждам се, сълзя, капя.

opal [ˈoupəl] n опал.

opaque [ouˈpeik] a непрозрачен, не-
проницаем; глупав.

open [ˈoupən] a отворен, открйт; v от-
варям(се); открйвам(се); започвам.

opener [ˈoupənə] n отварачка.

opening [ˈoupəniŋ] n ѐтвор; открйва-
не; начало; a начален.

openly [ˈoupənli] adv открйто; откро-
вѐно.

opera [ˈɔpərə] n ѐпера.

operate [ˈɔpəreit] v дѐйствувам, ра-
бѐтя; оперйрам; управлявам.

operation [ˌɔpəˈreiʃən] n дѐйствие; опе-
рация.

operator [ˈɔpəreitə] n механик, опе-
ратор.

opinion [əˈpinjən] n мнѐние.

opium [ˈoupiəm] n ѐпиум.

opponent [əˈpounənt] n протйвник.

opportunity [ˌɔpəˈtjuːniti] n възмѐж-
ност; удѐбен случай.

oppose [əˈpouz] v противопоставям
(се); противодѐйствувам.

opposite [ˈɔpəzit] a противополѐжен;
насрѐщен; обратен.

opposition [ˌɔpəˈziʃən] n противодѐй-
ствие; съпротивлѐние.

oppress [əˈpres] v потйскам, гнетя.

oppression [əˈpreʃən] n потйскане,
гнет; угнетѐност.

oppressive [əˈpresiv] a потйскащ, гне-
тящ, тягостен.

oppressor [əˈpresə] n потйсник, ти-
ранин.

optimism [ˈɔptimizəm] n оптимйзъм.

optimistic [ˌɔptiˈmistik] a оптимистй-
чен.

option [ˈɔpʃən] n избор.

optional [ˈɔpʃənl] a факултатйвен, по
избор.

or [ɔː] conj йли.

oracle [ˈɔrəkl] n оракул.

oral [ˈɔrəl] a устен.

orange [ˈɔrindʒ] n портокал; a оран-
жев.

oration [ɔːˈreiʃən] n тържѐствена реч.

orator [ˈɔrətə] n оратор.

orb [ɔːb] n кълбѐ, сфѐра.

orbit [ˈɔːbit] n ѐрбита; ѐчна кухина.

orchard [ˈɔːtʃəd] n овѐщна градина.

orchestra [ˈɔːkistrə] n оркѐстър.

orchid [ˈɔːkid] n орхидѐя.

ordain [ɔːˈdein] v ръкополагам; предо-
предѐлям.

ordeal [ɔːˈdiːl] n изпитание.

order [ˈɔːdə] n ред; нарѐждане, запо-
вед; порѐчка; v заповядвам; порѐч-
вам.

orderly [ˈɔːdəli] a подредѐн; мйрен.

ordinarily [ˈɔːd(i)nərili] adv обикно-
вѐно.

ordinary [ˈɔːdinəri] a обикновѐн, все-
киднѐвен.

ore [ɔː, ˌɔə] n руда.

organ [ˈɔːgən] n ѐрган.

organic [ɔːˈgænik] a органйчен; орга-
нйчески.

organism [ˈɔːgənizm] n органйзъм.

organization [ˈɔːgənaiˈzeiʃən] n орга-
низация.

organize [ˈɔːgənaiz] v организйрам.

origin [ˈɔridʒin] n прѐйзход; йзто-
чник, начало.

original [əˈridʒinl] a първоначален;
оригинален, самобйтен.

originality [əˌridʒiˈnæliti] n самобйт-
ност; своеобразие.

originate [əˈridʒineit] v произлйзам.

ornament [ˈɔːnəmənt] n украшѐние,
орнамѐнт.

ornamental [ˌɔːnəˈmentl] a служещ за
украса.

orphan [ˈɔːfən] n сирак, сирачѐ.

orthodox ['ɔ:θədɔks] *a* правовѐрен; общоприѐт; православен.

ostrich ['ɔstritʃ] *n* щрàус.

other ['ʌðə] *a, n* друг.

otherwise ['ʌðəwaiz] *adv* ѝначе.

otter ['ɔtə] *n* вѝдра.

ought [ɔ:t] *v* трѐбва, би трѐбвало.

ounce [auns] *n* ỳнция(*28,35 г*).

our ['auə] *pron* наш.

ours ['auəz] *pron* наш.

oust [aust] *v* измèствам; изхвъ̀рлям; изтѝквам.

out [aut] *adv* вън, навѐн.

outbreak ['autbreik] *n* избỳхване, ѝзблик; бунт.

outburst ['autbə:st] *n* ѝзблик; избỳхване; взрѝв.

outcast ['autkɑ:st] *n* изгнàник, скѝтник; *a* прокỳден.

outcome ['autkʌm] *n* послèдица, резултàт.

outcry ['autkrai] *n* вик, пòвик; неодобрèние, протèст.

outdo [aut'du:] *v* надминàвам, превъзхòждам.

outdoor ['aut'dɔ:] *a* вѐншен, на открѝто.

outdoors ['aut'dɔ:z] *adv* навѐн, на открѝто.

outer ['autə] *a* вѐншен.

outfit ['autfit] *n* екѝп; принадлèжности.

outgo ['autgou] *n* ràзход.

outgoing ['aut'gouiŋ] *a* излѝзащ, напỳскащ.

outing ['autiŋ] *n* ѝзлет.

outlaw ['autlɔ:] *n* човèк, обявèн извѐн закòните.

outlay ['autlei] *n* ràзход, разнòски.

outlet ['autlet] *n* ѝзлаз; отдỳшник.

outline ['autlain] *n* очертàние, контỳри; скѝца; *v* скицѝрам, очертàвам.

outlive [aut'liv] *v* надживѝвам; преживѝвам.

outlook ['autluk] *n* ѝзглед, глèдка; възглед, глèдище.

outnumber [aut'nʌmbə] *v* надминàвам по брой.

out-of-doors ['autəv'dɔ:z] *adv* навѐн.

output ['autput] *n* произвòдство, продỳкция.

outrage ['autreidʒ] *n* насѝлие, жестòкост; оскърблèние; *v* безчѝнствувам.

outrageous [aut'reidʒəs] *a* насѝлствен; оскърбѝтелен.

outright ['autrait] *a* открѝт; несъмнèн; *adv* незабàвно; открѝто; напрàво; напълно.

outrun ['autrʌn] *v* надбѝгвам; надминàвам; надхвъ̀рлям; надвишàвам.

outset ['autset] *n* начàло.

outside ['aut'said] *n* вѐншна странà, вѐншност; *a* вѐншен; *adv* отвѐн, навѐн.

outsider ['aut'saidə] *n* вѐншно лицè.

outskirts ['autskə:ts] *n pl* покрайнинѝ.

outspoken [aut'spoukən] *a* ѝскрен, откровèн.

outstanding [aut'stændiŋ] *a* открѝт; издàден; вѝден; бележѝт; висѝщ, неуредèн.

outstreched [aut'stretʃt] *a* протèгнат; изтèгнат; прòснат.

outstrip [aut'strip] *v* изпреварвам; надминàвам; превъзхòждам.

outward ['autwəd] *a* вѐншен.

outwit [aut'wit] *v* надхѝтрям.

oval ['ouvəl] *a* продълговàт, елипсовѝден; òбъл, яйцевѝден.

oven ['ʌvn] *n* пещ, фỳрна.

over ['ouvə] *adv* оттàтък; пòвече; *prep* над; през; из; по; за; свръх.

overalls ['ouvərɔ:lz] *n pl* рабòтнически комбинезòн; рабòтна престѝлка.

overbearing [ˌouvə'bɛəriŋ] *a* надмèнен; заповèднически.

overboard [ˌouvə'bɔ:d] *adv* зад бòрда.

overcame *вж* overcome.

overcoat ['ouvəkout] *n* гòрно палтò.

overcome [ˌouvə'kʌm] *v pt* **overcame** [ˌouvə'keim], *pp* **overcome**) превъзмòгвам, побеждàвам.

overestimate [ˌouvər'estimeit] *v* надценѝвам.

overflow [ˌouvə'flou] *v* прелѝвам; залѝвам; *n* прѝток; изобѝлие.

overhang [ˈouvəˈhæŋ] v (pt,pp overhung [ˌouvəˈhʌŋ]) надвисвам; заплашвам.

overhead [ˈouvəˈhed] adv отгоре.

overhear [ˌouvəˈhiə] v (pt, pp overheard [ˌouvəˈhə:d]) дочувам, подслушвам.

overland [ˈouvəlænd] adv по суша; a сухопътен.

overlook [ˌouvəˈluk] v гледам отгоре; надзиравам; недоглеждам.

overnight [ˈouvəˈnait] adv през нощта; за една нощ.

overpower [ˌouvəˈpauə] v надвивам; сломявам; съкрушавам.

overseas [ˈouvəˈsi:z] adv отвъд морето; в чужбина.

overshadow [ˌouvəˈʃædou] v засенчвам.

overtake [ˌouvəˈteik] v (pt overtook [ˌouvəˈtuk], pp overtaken [ˌouvəˈteikn]) настигам; връхлитам.

overtook вж overtake.

overtime [ˈouvətaim] adv извънредно, извън работно време.

overturn [ˌouvəˈtə:n] v преобръщам

(се).

overwhelm [ˌouvəˈwelm] v заливам, обсипвам; съсипвам; поразявам.

overwhelming [ˌouvəˈwelmiŋ] a поразителен.

overwork [ˈouvəˈwə:k] v преуморявам (се) от работа; n преумора.

owe [ou] v дължа.

owing [ˈouiŋ] a дължим.

owl [aul] n бухал, кукумявка.

own [oun] a собствен; v притежавам; признавам.

owner [ˈounə] n собственик.

ownership [ˈounəʃip] n собственост, притежание.

ox [ɔks] n (pl oxen [ˈɔksən]) вол.

oxide [ˈɔksaid] n окис.

oxygen [ˈɔksidʒən] n кислород.

oyster [ˈɔistə] n стрида.

oz [auns] вж ounce.

P

pace [peis] n крачка; вървеж; скорост, темп; v вървя, крача.

pacific [pəˈsifik] a мирен, тих; миролюбив.

pacify [ˈpæsifai] v успокоявам, умиротворявам.

pack [pæk] n пакет, вързоп, денк; глутница; v опаковам; натъпквам.

package [ˈpækidʒ] n пакет; опаковка.

packer [ˈpækə] n опаковач.

packet [ˈpækit] n пакетче; колет.

pact [pækt] n съглашение, пакт.

pad [pæd] n подложка; тефтерче, блок; v подплатявам.

paddle [ˈpædl] n весло; v гребà.

padlock [ˈpædlɔk] n катинар.

pagan [ˈpeigən] n езичник; a езически.

page [peidʒ] n страница.

pageant [ˈpædʒənt] n тържествено(или карнавално) шествие.

paid вж pay.

pail [peil] n ведро, кофа.

pain [pein] n болка, мъка; pl усилия, труд; v причинявам болка.

painful [ˈpeinful] a болезнен, мъчителен.

paint [peint] n боя; v боядисвам; рисувам.

painter [ˈpeintə] n художник; живописец; бояджия.

painting [ˈpeintiŋ] n живопис; рисунка(с бои); картина.

pair [pɛə] n чифт, двойка; v чифтосвам

pajamas вж pyjamas.

pal [pæl] n приятел, другар.

palace [ˈpæləs] n дворец, палат.

palatable [ˈpælətəbl] a вкусен; приятен; приемлив.

pale [peil] a бледен.

pall [pɔ:l] n плащаница.

pallid [′pælid] *a* блѐден.

pallor [′pælə] *n* блѐдност.

palm¹ [pɑːm] *n* длан.

palm² [pɑːm] *n* па̀лма.

paltry [′pɔːltri] *a* незначѝтелен; по̀дъл; жа̀лък.

pamphlet [′pæmflit] *n* брошу̀ра.

pan [pæn] *n* тига̀н; тава̀; тѐнджера.

pancake [′pænkeik] *n* палачѝнка.

pane [pein] *n* стъкло̀ на прозо̀рец.

panel [′pænl] *n* лампѐрия; жу̀ри(*на конкурс и пр.*); спѝсък; контро̀лно табло̀.

pang [pæŋ] *n* о̀стра бо̀лка.

panic [′pænik] *n* па̀ника; *v* панико̀свам.

pansy [′pænzi] *n* градѝнска темену̀га.

pant [pænt] *v* задѐхвам се; копнѐя; *n* задѐхване.

pantry [′pæntri] *n* килѐр за храна̀.

pants [pænts] *n (pl)* пантало̀ни; га̀щи.

paper [′peipə] *n* хартѝя; докумѐнт; вѐстник; докла̀д; сту̀дия.

par [pɑː] *n* равносто̀йност; срѐдно ниво̀.

parade [pə′reid] *n* пара̀д; *v* манифестѝрам; парадѝрам.

paradise [′pærədais] *n* рай.

paragraph [′pærəɡrɑːf] *n* парагра̀ф; нов рѐд; алинѐя.

parallel [′pærəlel] *a* у̀спорѐден; *n* паралѐл; *v* сра̀внявам.

paralyse [′pærəlaiz] *v* парализѝрам.

paralysis [pə′rælisis] *n* пара̀лиза; парализѝране.

paramount [′pærəmaunt] *a* гла̀вен; върхо̀вен, висш.

parasite [′pærəsait] *n* паразѝт.

parasol [′pærəsɔl] *n* чадъ̀рче за слъ̀нце.

parcel [′pɑːsl] *n* пакѐт, колѐт; *v* пакѐтирам; разпредѐлям.

parch [pɑːtʃ] *v* засѐхвам, пресѐхвам; препѝчам; изсуша̀вам.

parchment [′pɑːtʃmənt] *n* пергамѐнт.

pardon [′pɑːdn] *n* про̀шка, извинѐние; *v* прошава̀м.

pare [pεə] *v* бѐля, обѐлвам; подря̀звам.

parent [′pεərənt] *n* родѝтел.

parentage [′pεərəntidʒ] *n* произхо̀д, потекло̀.

parish [′pæriʃ] *n* ено̀рия.

park [pɑːk] *n* парк; *v* гарѝрам.

parliament [′pɑːləmənt] *n* парламѐнт.

parlo(u)r [′pɑːlə] *n* сало̀н, го̀стна; приѐмна.

paroxysm [′pærəksizm] *n* прѝстъп, припа̀дък.

parrot [′pærət] *n* папага̀л.

parsley [′pɑːsli] *n* магдано̀з.

parson [′pɑːsn] *n* свещѐник.

part [pɑːt] *n* част, дял; ро̀ля, уча̀стие; страна̀; *v* деля̀; раздѐлям(се).

partake [pɑː′teik] *v* уча̀ствувам; сподѐлям; взѐмам си от.

partial [′pɑːʃəl] *a* частѝчен; пристра̀стен.

partiality [pɑːʃi′æliti] *n* пристра̀стие; скло̀нност.

partially [′pɑːʃəli] *adv* частѝчно.

participant [pɑː′tisipənt] *n* уча̀стник.

participate [pɑː′tisipeit] *v* уча̀ствувам.

participation [pɑːˌtisi′peiʃən] *n* уча̀стие.

particle [′pɑːtikl] *n* частѝца.

particular [pə′tikjulə] *a* ча̀стен; специа̀лен; осо̀бен; подро̀бен; придирчѝв; *n pl* подро̀бности.

particularly [pə′tikjuləli] *adv* осо̀бено, специа̀лно; подро̀бно.

parting [′pɑːtiŋ] *n* раздѐла; път на коса̀.

partisan [ˌpɑːti′zæn] *n* привъ̀рженик; партиза̀нин.

partition [pɑː′tiʃən] *n* делѐние; подя̀лба; прегра̀да; *v* раздѐлям.

partly [′pɑːtli] *adv* отча̀сти; доня̀къде.

partner [′pɑːtnə] *n* партньо̀р; съдру̀жник.

partnership [′pɑːtnəʃip] *n* съдру̀жие.

partridge [′pɑːtridʒ] *n* я̀ребица.

party [′pɑːti] *n* гру̀па; па̀ртия; страна̀; заба̀ва.

pass [pɑːs] *v* мина̀вам; пода̀вам; прока̀рвам; *n* про̀ход.

passable [′pɑːsəbl] *a* проходѝм; поно̀сим; приемлѝв.

passage [′pæsidʒ] *n* коридо̀р; паса̀ж; премина̀ване.

passanger [′pæsindʒə] *n* пъ̀тник, паса̀жер.

passion [′pæʃən] *n* страст; прѝстъп на я̀рост.

passionate ['pæʃənit] *a* страстен; избухлив.

passive ['pæsiv] *a* пасивен; *грам* страдателен.

passport ['paːspɔːt] *n* паспорт.

past [paːst] *n* минало; *a* минал; *adv* край; покрай; след.

paste [peist] *n* тесто; лепило; паста; *v* залепям.

pastime ['paːstaim] *n* развлечение, забавление.

pastor ['paːstə] *n* свещеник, пастор.

pastoral ['paːstərəl] *a* идиличен, пасторален.

pastry ['peistri] *n* пасти, сладкиши.

pasture ['paːstʃə] *n* пасбище, паша; *v* паса.

pat [pæt] *n* потупване; *v* потупвам.

patch [pætʃ] *n* кръпка; петно; парче земя; *v* кърпя.

patent ['peitənt] *n* патент; *a* явен, открит.

paternal [pə'təːnəl] *a* бащин, бащински.

path [paːθ] *n* пътека; път.

pathetic [pə'θetik] *a* патетичен; трогателен.

pathos ['peiθɔs] *n* патос.

pathway ['paːθwei] *n* пътека.

patience ['peiʃəns] *n* търпение.

patient ['peiʃənt] *n* пациент; *a* търпелив.

patrician [pə'triʃən] *a* благороден; аристократичен.

patriot ['pætriət] *n* патриот.

patriotic [,pætri'ɔtik] *a* патриотичен.

patrol [pə'troul] *n* патрул; *v* патрулирам.

patron ['peitrən] *n* покровител; клиент.

patronage ['pætrənidʒ] *n* покровителство.

patronize ['pætrənaiz] *v* покровителствувам.

patter ['pætə] *v* издърдорвам; бръщолевя; *n* жаргон; потропване.

pattern ['pætən] *n* модел, образец; мостра; мотив; десен.

pause [pɔːz] *n* пауза; *v* спирам.

pave [peiv] *v* павирам.

pavement ['peivmənt] *n* паваж; тротоар.

pavilion [pə'viljən] *n* павилион.

paw [pɔː] *n* лапа.

pawn [pɔːn] *n* пионка; *v* залагам.

pay [pei] *v* (*pt, pp* **paid** [peid]) плащам; *n* заплата; заплащане.

payable ['peiəbl] *a* платим.

payment ['peimənt] *n* заплащане, възнаграждение.

pea [piː] *n* грах.

peace [piːs] *n* мир, покой, спокойствие.

peaceable ['piːsəbl] *a* мирен, миролюбив.

peaceful ['piːsful] *a* мирен; спокоен; миролюбив.

peach [piːtʃ] *n* праскова.

peacock ['piːkɔk] *n* паун.

peak [piːk] *n* връх.

peal [piːl] *n* звън(*на камбана*); екот; звънтене; *v* звънтя; гърмя; ехтя.

peanut ['piːnʌt] *n* фъстък.

pear [pɛə] *n* круша.

pearl [pəːl] *n* перла, бисер.

pearly ['pəːli] *a* бисерен, като бисер.

peasant ['peznt] *n* селянин.

peat [piːt] *n* торф.

pebble ['pebl] *n* кръгло камъче.

peck [pek] *v* кълва; *n* клъвване.

peculiar [pi'kjuliə] *a* особен; характерен, отличителен.

peculiarity [pi,kju:li'æriti] *n* особеност.

peculiarly [pi'kju:liəli] *adv* особено; странно.

peddlar ['pedlə] *n* амбулантен търговец.

pedestal ['pedistl] *n* пиедестал.

pedestrian [pi'destriən] *n* пешеходец.

peek [piːk] *v* надничам, надзъртам.

peel [piːl] *v* беля, обелвам; *n* кора.

peep¹ [piːp] *v* надничам, надзъртам; показвам се.

peep² [piːp] *v* цвъртя, писукам.

peer¹ [piə] *v* взирам се; надничам; поддавам се.

peer² [piə] *n* пер.

peerless ['piəlis] *a* безподобен, несравним.

peg [peg] *n* закачалка; щипка за пране; колче; *v* прикрепвам, защипвам.

pelt [pelt] *n* необработена кожа.

pen¹ [pen] *n* перо, писалка; *v* пиша.

pen² [pen] *n* кошара; *v* затварям в кошара.

penalty [ˈpenəlti] *n* наказание, санкция.

penance [ˈpenəns] *n* изкупление, покаяние.

pence *вж* **penny**.

pencil [ˈpensl] *n* молив.

pending [ˈpendiŋ] *a* нерешен; *prep* през; докато.

pendulum [ˈpendjuləm] *n* махало.

penetrate [ˈpenitreit] *v* прониквам.

penetrating [ˈpenitreitiŋ] *a* проницателен; остър, пронизителен.

peninsula [piˈninsjulə] *n* полуостров.

penitent [ˈpenitənt] *a* каещ се, разкаян.

penitentiary [ˌpeniˈtenʃəri] *n* поправителен дом; *ам* затвор.

penniless [ˈpenilis] *a* безпаричен.

penny [ˈpeni] *n* (*pl* **pence**) пени (*1/100 от лирата*).

pension [ˈpenʃən] *n* пенсия; *v* пенсионирам.

pent [pent] *a* затворен.

people [ˈpiːpl] *n* хора; народ; *v* населявам.

pepper [ˈpepə] *n* пипер; чушка.

per [pəː] *prep* на; по, чрез.

peradventure [pərədˈventʃə] *adv* може би; случайно.

perceive [pəˈsiːv] *v* разбирам, схващам; забелязвам.

percent [pəˈsent] *n* процент, на сто.

percentage [pəˈsentidʒ] *n* процент.

perceptible [pəˈseptibl] *a* разбираем; забележим.

perception [pəˈsepʃən] *n* възприемане; възприятие.

perch [pəːtʃ] *v* кацвам.

perchance [pəˈtʃɑːns] *adv* може би; случайно.

peremptory [pəˈremptəri] *a* окончателен; категоричен; повелителен.

perennial [pəˈreniəl] *a* многогодишен; *n* многогодишно растение.

perfect¹ [ˈpəːfikt] *a* съвършен; абсолютен; цялостен, завършен.

perfect² [pəˈfekt] *v* усъвършенствувам.

perfection [pəˈfekʃən] *n* съвършенство.

perfectly [ˈpəːfiktli] *adv* съвършено; напълно.

perform [pəˈfɔːm] *v* изпълнявам, извършвам.

performance [pəˈfɔːməns] *n* изпълнение; представление.

performer [pəˈfɔːmə] *n* изпълнител.

perfume [ˈpəːfjuːm] *n* парфюм; аромат.

perhaps [pəˈhæps] *adv* може би.

peril [ˈperil] *n* опасност; риск.

perilous [ˈperiləs] *a* опасен; рискован.

period [ˈpiəriəd] *n* период; точка.

periodical [piəriˈɔdikəl] *a* периодичен; *n* списание.

perish [ˈperiʃ] *v* загивам.

permanent [ˈpəːmənənt] *a* постоянен.

permission [pəˈmiʃən] *n* разрешение.

permit¹ [pəˈmit] *v* разрешавам, позволявам.

permit² [ˈpəːmit] *n* позволително.

pernicious [pəːˈniʃəs] *a* вреден; гибелен.

perpendicular [ˌpəːpənˈdikjulə] *a* перпендикулярен; *n* перпендикуляр.

perpetual [pəˈpetʃuəl] *a* постоянен; вечен.

perpetuate [pəˈpetʃueit] *v* увековечавам.

perplex [pəˈpleks] *v* обърквам; смущавам; озадачавам.

perplexity [pəˈpleksiti] *n* смущение; обърканост.

persecute [ˈpəːsikjuːt] *v* преследвам.

persecution [ˌpəːsiˈkjuːʃən] *n* преследване.

perseverance [ˌpəːsiˈviərəns] *n* постоянство, упорство.

persevere [ˌpəːsiˈviə] *v* постоянствувам; упорствувам.

persist [pəˈsist] *v* продължавам; настоявам, упорствувам.

persistence [pəˈsistəns] *n* упорство, настойчивост.

persistent [pəˈsistənt] *a* настойчив; постоянен.

person [ˈpəːsn] *n* лице, човек.

personage [ˈpəːsənidʒ] *n* видна личност; действуващо лице.

personal [ˈpəːsnl] *a* личен.

personality [ˌpəːsəˈnæliti] *n* личност.

personally [ˈpəːsənəli] *adv* лично.

personnel [,pə:sə'nel] *n* персонàл, слу-
жѝтели.

perspective [pə'spektiv] *n* перспектѝва.

perspiration [,pə:spi'reiʃən] *n* изпо-
тàване; пот.

persuade [pə'sweid] *v* убеждàвам, пре-
дỳмвам, склàням.

persuasion [pə'sweiʒən] *n* убеждàване,
увещàване.

persuasive [pə'sweisiv] *a* убедѝтелен.

pert [pə:t] *a* дѐрзък, нахàлен, бе-
зòчлив.

pertain [pə'tein] *v* принадлежà към;
отнàсям се(до).

pertinent ['pə:tinənt] *a* умѐстен.

perturb [pə'tə:b] *v* безпокоя̀, въл-
нувам.

peruse [pə'ru:z] *v* прочѝтам внимàтел-
но.

pervade [pə'veid] *v* простѝрам се, про-
нѝквам.

perverse [pə'və:s] *a* òпак; своенрàвен;
извратѐн.

pervert [pə'və:t] *v* преначàвам, изо-
пачàвам; извращàвам.

pest [pest] *n* нàпаст; паразѝт; чỳма.

pester ['pestə] *v* безпокоя̀, досàждам.

pestilence ['pestiləns] *n* епидѐмия; чỳма.

pet [pet] *n* любѝмо живòтно; гàленик.

petal ['petl] *n* бот лист на цветчѐ.

petition [pi'tiʃən] *n* молбà, петѝция; *v*
отпрàвям петѝция.

petreleum [pi'trouliəm] *n* нефт, зѐмно
мàсло.

petticoat ['petikout] *n* фỳста.

petty ['peti] *a* дрѐбен, незначѝтелен;
дребнàв.

petulant ['petjulənt] *a* спрѝхав, раз-
дразнѝтелен.

phase [feiz] *n* фàза.

phenomenon [fi'nominən] *n* (*pl* phe-
nomena) явлѐние.

philology [fi'lolədʒi] *n* филолòгия.

philosopher [fi'losəfə] *n* филосòф.

philosophy [fi'losəfi] *n* филосòфия.

phone *вж* telephone.

photo *вж* photograph.

photograph ['foutəgra:f] *n* снѝмка.

photographer [fə'togrəfə] *n* фотогрàф.

photography [fə'togrəfi] *n* фотогрàфия.

phrase [freiz] *n* фрàза; *v* изразя̀вам с
дỳми.

physical ['fizikl] *a* физѝчески.

physician [fi'ziʃən] *n* лѐкар.

physics ['fiziks] *n* фѝзика.

pianist ['piənist] *n* пианѝст.

piano [pi'ænou] *n* пиàно.

pick[1] [pik] *v* берà; избѝрам; крадà; за-
дѝгам; човѐркам; кълвà.

pick[2] [pik] *n* кѝрка, тѝрнокòп.

pickle ['pikl] *n* маринàта; туршѝя; *v*
прàвя туршѝя.

pickpocket ['pikpokit] *n* крадѐц, джеб-
чѝя.

picnic ['piknik] *n* ѝзлет; *v* прàвя ѝзлет.

picture ['piktʃə] *n* картѝна; снѝмка;
pl кѝно; *v* представя̀м(си); изобра-
зя̀вам.

picturesque [,piktʃə'resk] *a* живопѝсен.

pie [pai] *n* плòдов сладкѝш, пай.

piece [pi:s] *n* парчѐ, къс, част.

pier [piə] *n* вълнолòм.

pierce [piəs] *v* пронѝзвам; пронѝквам;
пробѝвам.

piety ['paiəti] *n* благочѐстие.

pig [pig] *n* прасѐ, свиня̀.

pigeon ['pidʒən] *n* гѝлъб; *v сл* измàм-
вам.

pike [paik] *n* пѝка, кòпие; щỳка.

pile [pail] *n* куп; клàда; *v* трỳпам; на-
трỳпвам.

pilgrim ['pilgrim] *n* поклòнник; пѝт-
ник.

pilgrimage ['pilgrimidʒ] *n* поклонѐние;
стрàнствуване.

pill [pil] *n* хàпче.

pillar ['pilə] *n* стѝлб, колòна; опòра.

pillow ['pilou] *n* възглàвница.

pilot ['pailət] *n* пилòт; *v* пилотѝрам.

pimple ['pimpl] *n* пѝпка (*на кòжата*).

pin [pin] *n* топлѝйка, карфѝца; *v* за-
бòждам.

pinafore ['pinəfo:] *n* дѐтска престѝлка.

pincers ['pinsəz] *n* клѐщи; щѝпци.

pinch [pintʃ] *v* щѝпя; ощѝпвам; стѝс-
кам, притѝскам; *разг* крадà.

pine[1] [pain] *n* бор.

pine[2] [pain] *v* чѐзна, линѐя; копнѐя.

pineapple ['pain,æpl] *n* ананàс.

pink [piŋk] *a* рòзов; *n* рòзов цвят.

pint [paint] *n* пинт (*мя̀рка за тѐч-
ност*).

pioneer [,paiə'niə] *n* пионѐр.

pious [ˈpaiəs] *a* набожен, благочестив.

pipe [paip] *n* тръба; свирка; гайда; лула.

piper [ˈpaipə] *n* свирач; гайдар.

pique [pi:k] *n* раздразнение, яд; *v* оскърбявам, засягам.

pirate [ˈpaiərət] *n* пират.

pistol [ˈpistl] *n* пистолет.

pit [pit] *n* дупка, яма; вдлъбнатина; шахта; костилка.

pitch¹ [pitʃ] *n* смола, катран.

pitch² [pitʃ] *v* настанявам, разполагам; издигам; хвърлям.

pitcher [ˈpitʃə] *n* кана за вода.

piteous [ˈpitiəs] *a* жален; жалък.

pitfall [ˈpitfɔ:l] *n* капан; уловка.

pith [piθ] *n* същина, сърцевина.

pitiable [ˈpitiəbl] *a* жалък; злочест.

pitiful [ˈpitiful] *a* състрадателен; жалостив; жалък.

pitiless [ˈpitilis] *a* безжалостен.

pity [ˈpiti] *n* милост, жалост, състрадание.

pivot [ˈpivət] *n* ос.

place [pleis] *n* място; местност; къща; *v* поставям; настанявам.

placid [ˈplæsid] *a* спокоен, тих.

plague [pleig] *n* напаст; чума.

plain [plein] *a* ясен, прост, обикновен; едноцветен; прям, откровен; некрасив; *n* равнина.

plaintiff [ˈpleintif] *n* тъжител, ищец.

plaintive [ˈpleintiv] *a* жален, скръбен.

plait [plæt] *n* плитка; *v* сплитам.

plan [plæn] *n* план; *v* планирам; проектирам.

plane [plein] *n* плоскост; ренде; самолет; *a* плосък, равен.

planet [ˈplænit] *n* планета.

plank [plæŋk] *n* дъска.

plant [pla:nt] *n* растение; завод; *v* садя; поставям; установявам.

plantation [plænˈteiʃən] *n* плантация.

planter [ˈpla:ntə] *n* плантатор.

plaster [ˈpla:stə] *n* мазилка; пластир; *v* измазвам.

plastic [ˈplæstik] *a* пластичен; от пластмаса; *n* пластмаса.

plate [pleit] *n* плитка чиния; плоча; пластинка; плака; табелка; зъбна протеза.

plateau [ˈplætou] *n* плато.

platform [ˈplætfɔ:m] *n* платформа; перон.

plausible [ˈplɔ:zibl] *a* правдоподобен, приемлив.

play [plei] *v* играя; свиря; *n* игра; пиеса.

player [ˈpleiə] *n* играч; актьор; свирач.

playful [ˈpleiful] *a* игрив, шеговит.

playground [ˈpleigraund] *n* игрище.

plaything [ˈpleiθiŋ] *n* играчка.

playwright [ˈpleirait] *n* драматург.

plea [pli:] *n* молба, апел; довод, аргумент.

plead [pli:d] *v* моля; пледирам.

pleasant [ˈpleznt] *a* приятен.

please [pli:z] *v* задоволявам; радвам; искам; *int* моля, ако обичате.

pleasure [ˈpleʒə] *n* удоволствие, радост.

pleat [pli:t] *n* плисе, плоха.

pledge [pledʒ] *n* клетва, обет; залог; *v* залагам; давам дума, обещавам.

plentiful [ˈplentiful] *a* изобилен.

plenty [ˈplenti] *n* изобилие; много; множество.

plight [plait] *n* (тежко) положение.

plod [plɔd] *v* стъпвам тежко; работя упорито.

plot [plɔt] *n* къс земя; интрига, заговор; *v* заговорнича.

plough [plau] *n* рало, плуг.

ploughman [ˈplaumən] *n* орач.

pluck [plʌk] *v* бера, късам, скубя; *n* смелост; кураж.

plug [plʌg] *n* запушалка; щепсел; *v* запушвам.

plum [plʌm] *n* слива.

plumage [ˈplu:midʒ] *n* перушина.

plumber [ˈplʌmə] *n* водопроводчик.

plume [plu:m] *n* перо.

plump [plʌmp] *a* пълничък, закръглен; *v* пълнея.

plunder [ˈplʌndə] *v* ограбвам, плячкосвам; *n* плячка; грабеж.

plunge [plʌndʒ] *v* гмурвам(се); потапям(се); спускам се.

plural [ˈpluərəl] *a* множествен; *n* мн. число.

plus [plʌs] *prep* плюс.

ply [plai] *n* пласт; нишка; *v* работя усърдно.

pneumonia [nju:'mouniə] *n* пневмония.

poach [poutʃ] *v* бракониерствам.

pocket ['pɔkit] *n* джоб; *v* слагам в джоба си.

pocket-book ['pɔkitbuk] *n* бележник; портфейл.

pod [pɔd] *n* шушулка, семенник; *v* лющя, беля.

poem ['pouim] *n* стихотворение, поема.

poet ['pouit] *n* поет.

poetic(al) [pou'etik(l)] *a* поетичен, поетически.

poetry ['pouitri] *n* поезия.

poignant ['pɔinənt] *a* остър; хаплив, саркастичен.

point [pɔint] *n* точка; връх; цел; същина; *v* посочвам, соча.

pointed ['pɔintid] *a* заострен; подчертан.

poise [pɔiz] *v* балансирам, пазя равновесие; *n* равновесие, увереност; достойнство.

poison ['pɔizn] *n* отрова; *v* отравям, тровя.

poisonous ['pɔiznəs] *a* отровен.

poke [pouk] *v* ръгам, тикам, пъхам се.

poker ['poukə] *n* ръжен.

polar ['poulə] *a* полярен.

pole [poul] *n* стълб, прът; полюс.

police [pə'li:s] *n* полиция.

policeman [pə'li:smən] *n* полицай.

policy ['pɔlisi] *n* политика; умение; благоразумие.

polish ['pɔliʃ] *v* изглаждам, лескам, полирам; *n* боя, лак, лустро.

polite [pə'lait] *a* учтив, изискан.

politeness [pə'laitnis] *n* учтивост, любезност.

politic ['pɔlitik] *a* благоразумен, политичен; хитър.

political [pə'litikəl] *a* политически.

politician [,pɔli'tiʃən] *n* политик.

politics ['pɔlitks] *n* политика.

poll [poul] *n* избирателен списък; брой на гласовете; *v* гласувам.

pollen ['pɔlən] *n* тичинков прашец.

pollute [pə'lju:t] *v* замърсявам, покварявам.

pollution [pə'lju:ʃən] *n* замърсяване; оскверняване.

pomp [pɔmp] *n* великолепие, парадност.

pompous ['pɔmpəs] *a* величествен; тържествен; пищен; надут.

pond [pɔnd] *n* изкуствено езеро.

ponder ['pɔndə] *v* обмислям; размишлявам.

ponderous ['pɔndərəs] *a* тежък, тромав; досаден.

pony ['pouni] *n* дребен кон; пони.

pool[1] [pu:l] *n* басейн; вир; локва.

pool[2] [pu:l] *n* обединение; *pl* спортен тотализатор; *v* сдружавам се.

poor [puə] *a* беден; скромен; недостатъчен; слаб.

poorly ['puəli] *adv* недобре, зле.

pop [pɔp] *v* изгърмявам, пуквам; мръдвам; *n* газирано питие.

popcorn ['pɔpkɔ:n] *n* пуканки.

pope [poup] *n* папа.

poplar ['pɔplə] *n* топола.

poplin ['pɔplin] *n* поплин.

poppy ['pɔpi] *n* мак.

populace ['pɔpjuləs] *n* простолюдие.

popular ['pɔpjulə] *a* народен; популярен.

popularity [,pɔpju'læriti] *n* популярност.

population [,pɔpju'leiʃən] *n* население.

populous ['pɔpjuləs] *a* гъсто населен.

porcelain ['pɔ:slin] *n* порцелан.

porch [pɔ:tʃ] *n* предверие; веранда.

pore [pɔ:] *n* пора; шупла.

pork [pɔ:k] *n* свинско месо.

porous ['pɔ:rəs] *a* шуплив, шуплест.

porridge ['pɔridʒ] *n* овесена каша.

port [pɔ:t] *n* пристанище.

portable ['pɔ:təbl] *a* портативен.

porter ['pɔ:tə] *n* носач, хамалин; портиер.

portion ['pɔ:ʃən] *n* част, дял; порция; съдба; *v* деля.

portrait ['pɔ:trit] *n* портрет.

portray ['pɔ:trei] *v* рисувам; описвам; изобразявам.

pose [pouz] *v* позирам; поставям; *n* поза; преструвка.

position [pə'ziʃən] *n* положение; позиция; длъжност.

positive ['pozitiv] *a* положѝтелен; сѝгурен.

positively ['pozitivli] *adv* положѝтелно; определѐно.

possess [pə'zes] *v* притежа̀вам, владѐя.

possession [pə'zeʃən] *n* притежа̀ние, владѐние.

possessive [pə'zesiv] *a* притежа̀телен; вла̀стен.

possessor [pə'zesə] *n* притежа̀тел.

possibility [,posi'biliti] *n* възмо̀жност.

possible ['posibl] *a* възмо̀жен.

possibly ['posibli] *adv* възмо̀жно; по възмо̀жност.

post¹ [poust] *n* стълб; *v* поста̀вям обя̀ва.

post² [poust] *n* пост; длъ̀жност; слу̀жба; *v* поста̀вям (*на пост*); назнача̀вам.

post³ [poust] *n* по̀ща; *v* изпра̀щам по по̀щата.

postage ['poustidʒ]. *n* по̀щенски разно̀ски.

postal ['poustl] *a* по̀щенски.

poster ['poustə] *n* афѝш, плака̀т.

posterior [pos'tiəriə] *a* за̀ден; по̀-къ̀сен.

posterity [pos'teriti] *n* пото̀мство.

posthumous ['postjuməs] *a* посмъ̀ртен.

postman ['poustmən] *n* по̀щенски разда̀вач.

postmaster ['poust,ma:stə] *n* нача̀лник на по̀ща.

post-office ['poust,ofis] *n* по̀щенска ста̀нция.

postpone [pous(t)'poun] *v* отла̀гам.

postscript ['pousskript] *n* послепѝс.

posture ['postʃə] *n* по̀за; положѐние.

postwar ['poust'wo:] *a* следвоѐнен.

pot [pot] *n* гърнѐ; тѐнджера, съд; саксѝя.

potassium [pə'tæsiəm] *n* ка̀лий.

potato [pə'teitou] *n* карто̀ф.

potent ['poutənt] *a* могъ̀щ, сѝлен; убедѝтелен.

potential [pou'tenʃəl] *a* скрит; възмо̀жен; потенциа̀лен; *n* потенциа̀л.

potter ['potə] *n* грънча̀р.

pottery ['potəri] *n* грънча̀рство; грѐнци; кера̀мика.

pouch [pautʃ] *n* кесѝя; торбѝчка.

poultry ['poultri] *n* дома̀шни птѝци.

pounce [pauns] *v* спу̀скам се(върху), сгра̀бчвам.

pound [paund] *n* фунт, лѝра; *v* счу̀квам, блъ̀скам, у̀дрям; стъ̀пвам тежко.

pour [po:] *v* налѝвам; излѝвам; лѐя се.

pout [paut] *v* цу̀пя се; *n* цу̀пене.

poverty ['povəti] *n* бѐдност.

powder ['paudə] *n* прах; пу̀дра; бару̀т.

power ['pauə] *n* сѝла, вла̀ст; енѐргия; *мат* стѐпен.

powerful ['pauəful] *a* могъ̀щ, сѝлен, мо̀щен.

powerless ['pauəlis] *a* безсѝлен.

practicable ['præktikəbl] *a* осъществѝм, приложѝм.

practical ['præktikəl] *a* практѝчен; практѝчески.

practically ['præktikəli] *adv* на пра̀ктика; фактѝчески.

practice ['præktis] *n* пра̀ктика; обича̀й.

practise ['præktis] *v* практику̀вам; упражня̀вам(се).

prairie ['prɛəri] *n* прѐрия.

praise [preiz] *v* хва̀ля; възхваля̀вам; *n* похва̀ла, възхва̀ла.

prance [pra:ns] *v* изпра̀вям се на за̀дните си крака̀(за кон); луду̀вам; пѐрча се.

prank [præŋk] *n* шега̀, зака̀чка; лудо̀рия.

prattle ['prætl] *v* бърбо̀ря; *n* бърбо̀рене.

pray [prei] *v* мо̀ля(се).

prayer [prɛə] *n* молѝтва.

preach [pri:tʃ] *v* пропова̀двам; препоръ̀чвам.

preacher ['pri:tʃə] *n* проповѐдник.

precarious [pri'kɛəriəs] *a* риско̀ван; несѝгурен; случа̀ен.

precaution [pri'ko:ʃən] *n* предпа̀зна мя̀рка.

precede [pri'si:d] *v* предшѐствувам.

precedence ['presidəns] *n* преднина̀; предѝмство.

precedent ['presidənt] *n* прецедѐнт.

preceding [pri(:)'si:diŋ] *a* предѝшен, предшѐствуващ.

precept ['pri:sept] *n* пра̀вило; наставлѐние, указа̀ние.

precinct ['pri:siŋkt] n оградено място; зона; pl околност.
precious ['preʃəs] a (скъпо)ценен; скъп.
precipice ['presipis] n пропаст.
precipitate [pri'sipiteit] v ускорявам; падам стремглаво.
precipitous [pri'sipitəs] a много стръмен.
precise [pri'sais] a точен, прецизен.
precision [pri'siʒən] n точност, прецизност.
preclude [pri'klu:d] v предотвратявам.
precocious [pri'kouʃəs] a преждевременно развит.
predecessor [,pri:di'sesə] n предшественик.
predicament [pri'dikəmənt] n критично положение.
predict [pri'dikt] v предсказвам.
prediction [pri'dikʃən] n предсказание.
predominant [pri'dominənt] a преобладаваш.
predominate [pri'domineit] v превъзхождам, преобладавам.
pre-eminence [pri(:)'eminəns] n превъзходство.
prefab ['pri:fæb] здание от сглобяеми елементи.
preface ['prefis] n предговор.
prefer [pri'fə:] v предпочитам.
preferable ['prefərəbl] a за предпочитане.
preferably ['prefərəbli] adv за предпочитане.
preference ['prefərəns] n предпочитание.
pregnant ['pregnənt] a бременна; плодовит; значим.
pre-historic ['pri:his'tɔrik] a предисторически.
prejudice ['predʒudis] n предубеждение; предразсъдък.
preliminary [pri'liminəri] a предварителен; подготвителен.
premature [,premə'tjuə] a преждевременен.
premier ['premjə] n министър-председател.
premise ['premis] n предпоставка; pl помещения заедно с незастроената площ.
premium ['pri:miəm] n премия.
preoccupation [pri:,ɔkjupeiʃən] n погълнатост.

preoccupy [pri(:)'ɔkjupai] v поглъщам вниманието.
preparation [,prepə'reiʃən] n подготовка; приготовление; препарат.
preparatory [pri'pærətəri] a подготвителен, предварителен.
prepare [pri'pɛə] v приготвям(се); подготвям(се).
preposition [,prepə'ziʃən] n предлог.
preposterous [pri'pɔstərəs] a нелеп; абсурден; смешен.
prescribe [pris'kraib] v предписвам.
prescription [pris'kripʃən] n предписание; рецепта.
presence ['prezns] n присъствие; вид; държане.
present¹ ['preznt] a присъствуваш; сегашен; настоящ; n подарък.
present² [pri'zent] v представям; подарявам.
presentation [,prezen'teiʃən] n представяне.
present-day ['prezntdei] a днешен, сегашен.
presently [,prezntli] adv скоро; след малко.
preservation [,prezə(:)'veiʃən] n запазване.
preserve [pri'zə:v] v запазвам; консервирам; n сладко, конфитюр.
preside [pri'zaid] v председателствувам.
presidency ['prezidənsi] n председателство.
president ['prezidənt] n председател.
presidential [,prezi'denʃəl] a председателски.
press [pres] n преса; v пресовам; притискам; настоявам; гладя.
pressure ['preʃə] n натиск; налягане.
prestige [pres'ti:ʒ] n престиж.
presumably [pri'zju:məbli] adv навярно; вероятно; както изглежда.
presume [pri'zju:m] v допускам; предполагам; позволявам си.
presumption [pri'zʌmpʃən] n предположение; дързост; нахалство.
presumptuous [pri'zʌmptjuəs] a самонадеян; дързък, нахален.

pretence [pri'tens] *n* преструвка; претекст, предлог; претенция.

pretend [pri'tend] *v* претендирам; преструвам се.

pretension [pri'tenʃən] *n* претенция.

pretentious [pri'tenʃəs] *a* претенциозен; превзет.

pretext ['pri:tekst] *n* претекст; предлог.

pretty ['priti] *a* хубав, приятен; *adv* доста.

prevail [pri'veil] *v* надделявам; побеждавам; преобладавам.

prevailing [pri'veiliŋ] *a* преобладаващ; господствуваш.

prevalent ['prevələnt] *a* общоприет; преобладаващ.

prevent [pri'vent] *v* предотвратявам; осуетявам; преча.

prevention [pri'venʃən] *n* предотвратяване.

preventive [pri'ventiv] *a* предпазен.

previous ['privjəs] *a* предишен; предварителен.

pre-war ['pri:'wɔ:] *a* предвоенен, довоенен.

prey [prei] *n* плячка; жертва; *v* ограбвам; плячкосвам.

price [prais] *n* цена, стойност.

priceless ['praislis] *a* безценен.

prick [prik] *n* бодване; бодил, шип; угризение; *v* бодя, пробождам.

prickly ['prikli] *a* бодлив.

pride [praid] *n* гордост, себелюбие.

priest [pri:st] *n* свещеник.

prim [prim] *a* педантичен, прецизен; спретнат.

primarily ['praimərili] *adv* първоначално; главно.

primary ['praiməri] *a* първоначален; главен.

prime [praim] *a* пръв; главен; основен; първоначален; *n* разцвет.

primitive ['primitiv] *a* първобитен, примитивен.

primrose ['primrouz] *n* иглика.

prince [prins] *n* принц.

princely ['prinsli] *a* княжески; щедър; великолепен.

princess [prin'ses] *n* принцеса.

principal ['prinsipl] *a* главен; *n* шеф; директор.

principle ['prinsipl] *n* принцип.

print [print] *n* печат; отпечатък; шрифт; басма, щампа; *v* печатам; щампосвам.

printer ['printə] *n* печатар.

printing-press ['printiŋ'pres] *n* печатарска машина.

prior ['praiə] *a* предварителен; предшествуваш; по-ранен.

priority [prai'ɔriti] *n* преднина, предимство.

prism [prizm] *n* призма.

prison ['prizən] *n* затвор.

prisoner ['prizənə] *n* затворник.

privacy ['praivəsi] *n* уединение; усамотение; скритост.

private ['praivit] *a* частен; личен; интимен; *n* войник, редник.

privately ['praivitli] *adv* тайно; поверително; насаме.

privation [prai'veiʃən] *n* лишение; липса.

privilege ['privilidʒ] *n* привилегия; *v* привилегировам.

privileged ['privilidʒd] *a* привилегирован.

privy ['privi] *a* личен, частен; таен.

prize [praiz] *n* награда; премия; *v* ценя.

probability [‚prɔbə'biliti] *n* вероятност.

probable ['prɔbəbl] *a* вероятен.

probably ['prɔbəbli] *adv* вероятно.

probation [prou'beiʃən] *n* изпитание; стаж; изпробване.

probe [proub] *n* сонда; изследване; *v* изследвам.

problem ['prɔbləm] *n* въпрос, проблем; задача.

procedure [prə'si:dʒə] *n* процедура.

proceed [prou'si:d] *v* продължавам, напредвам.

proceeding [prou'si:diŋ] *n* постъпка; поведение; *pl* протокол.

process ['prouses] *n* процес; *v* обработвам.

procession [prə'seʃən] *n* шествие, процесия.

proclaim [prou'kleim] *v* провъзгласявам; обявявам.

proclamation [‚prɔklə'meiʃən] *n* провъзгласяване, прокламация.

procure [prə'kjuə] v придобѝвам, сдо-
бѝвам се със; осигурявам; снаб-
дявам(се).

prodigal ['prɔdigəl] a разточѝтелен; n
прахòсник.

prodigious [prə'didʒəs] a учу̀дваш;
изумѝтелен; огрòмен.

produce[1] [prə'dju:s] v произвѐждам;
представям; причинявам.

produce[2] ['prɔdju:s] n дòбив; произве-
дѐния.

producer [prə'dju:sə] n производѝтел;
режисьòр; продуцѐнт.

product ['prɔdəkt] n произведѐние,
продỳкт.

production [prə'dʌkʃən] n произвòд-
ство, продỳкция; постанòвка.

productive [prə'dʌktiv] a производѝ-
телен.

productivity [ˌprɔdʌk'tiviti] n произ-
водѝтелност.

profane [prə'fein] a непросветѐн, не-
вѐжа; непочтѝтелен; v оскверня̀вам.

profess [prə'fes] v заявявам, при-
знàвам; проявявам; практикỳвам.

profession [prə'feʃən] n профѐсия.

professional [prə'feʃənəl] a професио-
нàлен.

professor [prə'fesə] n профѐсор.

proffer ['prɔfə] v предлàгам; n пред-
ложѐние.

proficiency [prə'fiʃənsi] n знàние; ве-
щинà; òпитност.

proficient [prə'fiʃənt] a òпитен, вещ,
изкỳсен.

profile ['proufi:l] n прòфил.

profit ['prɔfit] n печàлба; изгòда, пòл-
за; v извлѝчам (нòся) печàлба, пòл-
за.

profitable ['prɔfitəbl] a полѐзен, из-
гòден, дòходен.

profiteer [ˌprɔfi'tiə] n спекулàнт.

profound [prə'faund] a дълбòк; задъл-
бочѐн.

profuse [prə'fju:z] a изобѝлен; щѐдър;
разточѝтелен.

profusion [prə'fju:ʒən] n изобѝлие;
разточѝтелство.

progeny ['prɔdʒini] n потòмство.

program(me) ['prougræm] n прогрàма.

progress[1] ['prougres] n напрѐдване;
напрѐдък, прогрѐс.

progress[2] [prou'gres] v напрѐдвам.

progressive [prou'gresiv] a напрѐдни-
чав, прогресѝвен.

prohibit [prou'hibit] v забраня̀вам;
прѐча.

prohibition [ˌprouhi'biʃən] n забрàна,
запрещѐние.

project[1] [prou'dʒekt] v проектѝрам;
хвъ̀рлям; ѝзпъквам.

project[2] ['proudʒekt] n план, проѐкт,
схѐма; обѐкт (*строителен*).

projection [prou'dʒekʃən] n издатинà;
прожѐкция.

prolific [prou'lifik] a изобѝлен; плодо-
рòден, плодовѝт.

prologue ['proulɔg] n прòлог.

prolong [prou'lɔŋ] v продължàвам,
удължàвам.

prolongation [ˌproulɔŋ'geiʃən] n про-
дължѐние, удължàване.

promenade ['prɔmi'na:d] n разхòдка.

prominence ['prɔminəns] n издатинà;
възвишѐние; извѐстност.

prominent ['prɔminənt] a издàден; за-
бележѝтелен, вѝден.

promise ['prɔmis] n обещàние; v обе-
щàвам.

promising ['prɔmisiŋ] a обещàваш, на-
дѐжден.

promote [prə'mout] v повишàвам;
спомàгам за.

promotion [prə'mouʃən] n повишѐние.

prompt [prɔmpt] a готòв; незабàвен;
тòчен; v подтѝквам, подбỳждам;
подскàзвам, суфлѝрам.

promptly ['prɔmptli] adv незабàвно,
веднàга.

promulgate ['prɔməlgeit] v провъзглà-
ся̀вам, прокламѝрам, обнарòдвам.

prone [proun] a прòснат; склòнен.

pronoun ['prounaun] n местоимѐние.

pronounce [prə'nauns] v произнàсям;
обявявам.

pronounced [prə'naunst] a определѐн;
подчертàн; отя̀влен.

pronunciation [prə'nʌnsi'eiʃən] n про-
изношѐние.

proof [pru:f] n доказàтелство; изпи-
тàние; коректỳра; a устòйчив (*на
огън, вода и пр.*).

prop [prɔp] *n* подпòра, опòра; *v* подпѝрам.

propaganda [ˌprɔpə'gændə] *n* пропагàнда.

propagate ['prɔpəgeit] *v* размножàвам; разпространявам.

propel [prə'pel] *v* тѝкам, тлàскам; задвѝжвам.

propeller [prə'pelə] *n* пèрка; витлò.

propensity [pro'pensiti] *n* склòнност; предразположèние.

proper ['prɔpə] *a* сòбствен; подходящ; съшкѝнски; прилѝчен.

properly ['prɔpəli] *adv* прилѝчно; подходящо; кàкто трябва.

property ['prɔpəti] *n* сòбственост; свòйство.

prophecy ['prɔfisi] *n* прорòчество, предсказàние.

prophesy ['prɔfisai] *v* пророкỳвам, предскàзвам.

prophet ['prɔfit] *n* прорòк.

prophetic [prə'fetik] *a* прорòчески.

propitiate [prou'piʃieit] *v* омилостивявам; успокоявам.

proportion [prə'pɔ:ʃən] *n* пропòрция; размèр; част.

proposal [prə'pouzəl] *n* предложèние.

propose [prə'pouz] *v* предлàгам; възнамерявам.

proposition [ˌprɔpə'ziʃən] *n* предложèние.

proprietor [prə'praiətə] *n* сòбственик.

propriety [prə'praiəti] *n* благоприлѝчие; прàвилност.

prosaic [prou'zeiik] *a* прозайчен.

prose [prouz] *n* прòза.

prosecute ['prɔsikju:t] *v* продължàвам; преслèдвам.

prosecution [ˌprɔsi'kju:ʃən] *n* съдèбно преслèдване.

prospect ['prɔspekt] *n* глèдка; ѝзглед; перспектѝва.

prospective [prɔ'spektiv] *a* бъдещ; очàкван.

prosper ['prɔspə] *v* процъфтявам; преуспявам.

prosperity [prɔs'periti] *n* благодèнствие, благополỳчие, преуспяване.

prosperous ['prɔspərəs] *a* процъфтявам; преуспявам; замòжен.

prostrate[1] ['prɔstreit] *a* прòснат; смàзан; съсѝпан.

prostrate[2] [prɔs'treit] *v* повàлям; прòсвам(се); смàзвам.

prostration [prɔs'treiʃən] *n* прòсване; обезсърчàване; изтошèние.

protect [prə'tekt] *v* пàзя, закрѝлям, покровѝтелствувам.

protection [prə'tekʃən] *n* покровѝтелство, закрѝла.

protective [prə'təktiv] *a* защѝтен.

protector [prə'tektə] *n* покровѝтел, защѝтник.

protest[1] [prə'test] *v* заявявам; протестѝрам.

protest[2] ['proutest] *n* протèст.

protract [prə'trækt] *v* продължàвам, удължàвам, протàкам.

protrude [prə'tru:d] *v* подàвам се, стърчà.

proud [praud] *a* горд, горделѝв, надмèнен; великолèпен.

prove [pru:v] *v* докàзвам; окàзвам се, излѝзам.

proverb ['prɔvə:b] *n* послòвица, поговòрка.

proverbial [prɔ'və:biəl] *a* послòвичен.

provide [prə'vaid] *v* снабдявам, предвѝждам.

providence ['prɔvidəns] *n* провидèние.

provident ['prɔvidənt] *a* предвидлѝв; благоразỳмен; пестелѝв.

providential [ˌprɔvi'denʃəl] *a* щастлѝв.

providing [prə'vaidiŋ] *conj* при услòвие че.

province ['prɔvins] *n* òбласт; провѝнция; клон.

provincial [prə'vinʃəl] *a* провинциàлен.

provision [prə'viʒən] *n* снабдяване; подготòвка; предвѝждане; *pl* хранà, провѝзии.

provisional [prə'viʒənəl] *a* врèменен.

provocation [ˌprɔvə'keiʃən] *n* предизвикàтелство, провокàция.

provocative [prə'vɔkətiv] *a* предизвикàтелен; предизвѝкваш.

provoke [prə'vouk] *v* предизвѝквам.

prowess ['prauis] *n* дòблест; сѝла; смèлост; умèние.

prowl [praul] *v* дèбна; обикàлям.

proximity [prɔk'simiti] *n* блѝзост.

prudence ['pru:dəns] *n* предпазлѝвост; благоразумие; предвидлѝвост.

prudent ['pru:dənt] *a* благоразумен; предпазлѝв.

prune [pru:n] *n* сушѐна слѝва; *v* кàстря.

pry [prai] *v* надзѝртам, любопѝтствам.

psyche ['saiki] *n* душà.

psychological [saikə'lɔdʒikl] *a* психологѝчески.

psychologist [sai'kɔlədʒist] *n* психолòг.

psychology [sai'kɔlədʒi] *n* психолòгия.

pub [pʌb] *n* крѐчма.

public ['pʌblik] *n* обшѐственост, хòра, пỳблика; *a* обшѐствен.

publication [,pʌbli'keiʃən] *n* публикỳване; публикàция; издàние.

publicity [pʌb'lisiti] *n* глàсност; реклàма.

publicly ['pʌblikli] *adv* публѝчно, открѝто.

publish ['pʌbliʃ] *v* публикỳвам; издàвам; обнарòдвам.

publisher ['pʌbliʃə] *n* издàтел.

pudding ['pudiŋ] *n* пỳдинг, десѐрт.

puddle ['pʌdl] *n* лòква.

puff [pʌf] *n* пухтѐне; дỳхване; пỳх(че); *v* пъхтя̀; пỳфкам; прехвàлвам.

pugnacious [pʌg'neiʃəs] *a* вòйнствен; свадлѝв.

pull [pul] *v* дѐрпам, тѐгля; *n* дѐрпане, тѐглене.

pulley ['puli] *n* скрипѐц, макарà.

Pullman ['pulmən] *n* спàлен вагòн.

pulp [pʌlp] *n* мѐсеста част; кàша, пỳлп.

pulpit ['pʌlpit] *n* амвòн.

pulse [pʌls] *n* пулс; *v* пулсѝрам, бѝя.

pump [pʌmp] *n* пòмпа; *v* пòмпя.

pumpkin ['pʌm(p)kin] *n* тѝква.

pun [pʌn] *n* игрà на дỳми, каламбỳр.

punch[1] [pʌntʃ] *n* пунш.

punch[2] [pʌntʃ] *v* ỳдрям с юмрỳк; продỳпчвам.

punctual ['pʌŋktʃuəl] *a* тòчен.

punctuality ['pʌŋktʃu'æliti] *n* тòчност.

puncture ['pʌŋktʃə] *n* спỳкване на гỳма; *v* пỳквам (се).

pungent ['pʌndʒənt] *a* òстър; лют; хаплѝв.

punish ['pʌniʃ] *v* накàзвам.

punishable ['pʌniʃəbl] *a* накàзуем.

punishment ['pʌniʃmənt] *n* накàзание.

punk [pʌnk] *a* гнил; безобрàзен.

pup [pʌp] *n* кỳченце; *разг* глупàк; фỳкльо.

pupil[1] ['pju:pl] *n* ученѝк.

pupil[2] ['pju:pl] *n* зенѝца.

puppet ['pʌpit] *n* марионѐтка, кукла.

puppy ['pʌpi] *n вж* pup.

purchase ['pə:tʃəs] *v* купỳвам; *n* покупка.

purchaser ['pə:tʃəsə] *n* купувàч.

pure ['pjuə] *a* чист.

purely ['pjuəli] *adv* чѝсто; съвършѐно, съвсѐм.

purge [pə:dʒ] *v* чѝстя, прочѝствам; *n* чѝстка; пургатѝв.

purification [,pjuərifi'keiʃən] *n* пречѝстване.

purify ['pjuərifai] *v* пречѝствам.

purity ['pjuəriti] *n* чистотà.

purple ['pə:pl] *n* лилàв цвят; *a* лилàв, мòрав.

purport ['pə:pət] *n* смѝсъл; цел; *v* означàвам; претендѝрам.

purpose ['pə:pəs] *n* намерѐние, цел; предназначѐние.

purposely ['pə:pəsli] *adv* нарòчно, умѝшлено.

purr [pə:] *v* мѝркам; *n* мѝркане.

purse [pə:s] *n* кесѝя; портмонѐ; *v* свѝвам, нацỳпвам (*ỳстни*).

pursue [pə'sju:] *v* преслѐдвам, гòня; продължàвам.

pursuer [pə'sju(:)ə] *n* преследвàч.

pursuit [pə'sju:t] *n* преслѐдване; занимàние; занятие.

push [puʃ] *v* бỳтам, тлàскам, тѝкам; *n* тлàскане; нỳжда; енѐргия.

pus [pus] *n* гной.

pussy ['pusi] *n* кòтенце.

put [put] *v* (*pt, pp,* put [put]) слàгам, постàвям.

puzzle ['pʌzl] *v* озадачàвам; обѐрквам; *n* загàдка; обѐрканост.

pygmy ['pigmi] *n* пигмѐй; *a* пигмѐйски; дрѐбен; незначѝтелен.

pyjamas [pə'dʒɑːməz] *n* пижàма.

pyramid ['pirəmid] *n* пирамѝда.

Q

quack [kwæk] *n* шарлатанин; *a* шарлатански.

quadrangle ['kwɔ͵dræŋgl] *n* четириъгълник.

quaff [kwɑːf] *v* пия на големи глътки.

quail [kweil] *v* свивам се; трепвам, плаша се; *n* пъдпъдък.

quaint [kweint] *a* необикновен, странен, чудат.

quake [kweik] *v* треперя, треса се; *n* потрепване; трус.

qualification [͵kwɔlifi'keiʃən] *n* квалификация.

qualify ['kwɔlifai] *v* квалифицирам; определям.

quality ['kwɔliti] *n* качество.

quantity ['kwɔntiti] *n* количество.

quarrel ['kwɔrəl] *n* кавга; свада; *v* карам се.

quarrelsome ['kwɔrəlsəm] *a* свадлив.

quarry ['kwɔri] *n* каменна кариера, каменоломна; *v* разбивам камъни.

quart [kwɔːt] *n* кварт(*мярка за течност* = *1,14 л*).

quarter ['kwɔːtə] *n* четвърт; тримесечие; страна, посока; квартал; *pl* квартира.

quartet(te) [kwɔː'tet] *n* квартет.

quartz [kwɔːts] *n* кварц.

quaver ['kweivə] *v* треперя; *n* трепетене; *муз* тремоло.

quay [kiː] *n* кей.

queen [kwiːn] *n* царица; кралица.

queer [kwiə] *a* странен, особен; подозрителен.

quell [kwel] *v* потъпквам, потушавам; успокоявам.

quench [kwentʃ] *v* гася; потискам, унищожавам; утолявам.

query ['kwiəri] *n* питане, запитване; *v* питам, разпитвам; поставям под съмнение.

quest [kwest] *n* търсене, издирване; преследване; *v* търся, диря.

question ['kwestʃən] *n* въпрос; проблем; спор; *v* разпитвам, оспорвам.

questionable ['kwestʃənəbl] *a* съмнителен.

queue [kjuː] *n* опашка(*от хора*); *v* нареждам се на опашка.

quick [kwik] *a* бърз; жив; пъргав; раздразнителен.

quicken ['kwikən] *v* ускорявам се; раздвижвам.

quicklime ['kwiklaim] *n* негасена вар.

quickness ['kwiknis] *n* бързина.

quicksilver ['kwik͵silvə] *n* живак.

quiet ['kwaiət] *a* безшумен; тих; спокоен; *n* спокойствие; *v* успокоявам.

quietness ['kwaiətnis] *n* тишина; спокойствие, покой.

quill [kwil] *n* паче перо; бодил.

quilt [kwilt] *n* юрган.

quince [kwins] *n* дюля.

quinine [kwi'niːn] *n* хинин.

quit [kwit] *v* напускам; спирам.

quite [kwait] *adv* съвсем; напълно.

quits [kwits] *a* квит.

quiver ['kwivə] *v* треперя, трептя; *n* треперене, трепет.

quiz [kwiz] *v* изпитвам; *n* препитване; радио или телевизионно състезание(*викторина*).

quota ['kwoutə] *n* дял; количество; контингент; наряд; квота.

quotation [kwou'teiʃən] *n* цитат.

quote [kwout] *v* цитирам; котирам.

quoth [kwouθ] *v ост* казах; каза.

quotient ['kwouʃənt] *n мат* частно.

R

rabbit ['ræbit] *n* заек.

rabble ['ræbl] *n* сган, тълпа.

race[1] [reis] *n* надбягване; *v* надбягвам се.

race[2] [reis] *n* племе; раса; произход.

racial ['reiʃəl] *a* расов.

rack [ræk] *n* ясли; закачалка; багажник; мъчение; *v* измъчвам.

racket ['rækit] *n* ракета за тенис; шум, врява; *ам сл* мошеничество.

racketeer [ræki'tiə] *n* бандит, изнудвач.

radiance ['reidiəns] n сияние, блясък.

radiant ['reidiənt] a сияен, сияещ; лъчист.

radiate ['reidieit] v сияя; излъчвам.

radiation [‚reidi'eiʃən] n излъчване, радиация.

radiator ['reidieitə] n радиатор.

radical ['rædikl] a основен, коренен.

radio ['reidiou] n радио.

radish ['rædiʃ] n репичка.

radius ['reidiəs] n радиус.

raft [ra:ft] n сал.

rafter ['ra:ftə] n мертек.

rag [ræg] n парцал, дрипа.

ragamuffin ['rægə‚mʌfin] n дрипльо; уличник.

rage [reidʒ] n ярост; бяс; v бушувам; беснея; върлувам.

ragged ['rægid] a дрипав; парцалив; орефан; назъбен; рошав.

raid [reid] n нападение; набег; обир; v нападам.

rail¹ [reil] n парапет; релса.

rail² [reil] v оплаквам се; упреквам.

railing ['reiliŋ] n ограда; оплакване; порицание.

railroad ['reilroud] n железница; жп линия.

railway ['reilwei] n железница; жп линия.

rain [rein] n дъжд; v вали дъжд.

rainbow ['reinbou] n дъга.

raincoat ['reinkout] n шлифер.

raindrop ['reindrɔp] n дъждовна капка.

rainfall ['reinfɔ:l] n валеж.

rainy ['reini] a дъждовен.

raise [reiz] v (по)вдигам; повишавам; отглеждам; събирам.

raisin ['reizn] n стафида.

rake [reik] n гребло, грапа.

rally ['ræli] n събрание, митинг; сплотяване; събземане; v обединявам(се); съвземам се.

ram [ræm] n овен; v натъпквам.

ramble ['ræmbl] v скитам се; бълнувам; (раз)простирам се.

rampart ['ræmpa:rt] n укрепление, насип.

ran вж run.

ranch [rænʧ] n скотовъдна ферма.

rancid ['rænsid] a гранив, гранясал.

rancour ['ræŋkə] n злоба, омраза.

random ['rændəm] n случайност; a случаен.

rang вж ring.

range [reindʒ] v нареждам (се); простирам се; варирам; n редица; обсег; готварска печка.

ranger ['reindʒə] n горски пазач.

rank [ræŋk] n редица; ранг; v нареждам(се); класифицирам.

ransack ['rænsæk] v претърсвам; ограбвам.

ransom ['rænsəm] n откуп; v откупвам.

rap [ræp] n потупване; почукване; v почуквам.

rape [reip] v отвличам; (из)насилвам; n отвличане; (из)насилване.

rapid ['ræpid] a бърз; стремен.

rapidity [rə'piditi] n бързина, скорост.

rapt [ræpt] a възхитен, погълнат, унесен.

rapture ['ræptʃə] n възторг, екстаз, блаженство.

rapturous ['ræptʃərəs] a радостен; възхитен.

rare [rɛə] a рядък; необикновен; разреден.

rarely ['rɛərli] adv рядко; необичайно.

rarity ['rɛəriti] n рядкост; разреденост.

rascal ['ra:skl] n негодник; мошеник.

rash¹ [ræʃ] n изрив, обрив.

rash² [ræʃ] a безразсъден; необмислен; прибързан.

rasp [ra:sp] n едра пила.

raspberry ['ra:zbəri] n малина.

rat [ræt] n плъх; изменник; ренегат.

rate [reit] n размер; стойност; скорост; степен; съотношение; такса; v оценявам.

rather ['ra:ðə] adv по-скоро; доста, твърде; разбира се.

ratify ['rætifai] v потвърждавам, ратифицирам.

ratio ['reiʃiou] n съотношение, пропорция.

ration ['ræʃən] n дажба, порцион; v определям дажби.

rational ['ræʃənəl] a разумен, смислен.

rattle ['rætl] v тракам; дрънкам; трополя; бърборя; n тропот; дрънкалка.

ravage ['rævidʒ] v ограбвам, плячкосвам; опустошавам.

rave [reiv] v беснея, буйствам, бушувам; бълнувам.

raven ['reivn] n гарван.

ravenous ['rævənəs] a изгладнял; лаком; ненаситен.

ravine [rə'vi:n] n клисура, дефиле.

ravish ['ræviʃ] v очаровам, пленявам; похитявам.

raw [rɔ:] a суров, необработен; груб; ожулен.

ray [rei] n лъч; v излъчвам, облъчвам.

rayon ['reiən] n изкуствена коприна.

raze [reiz] v сривам, унищожавам до основи.

razor ['reizə] n бръснач.

re [ri:] prep относно.

reach [ri:tʃ] v протягам, посягам; простирам; достигам; пристигам; n обсег; досег.

react [ri:'ækt] v реагирам; въздействувам.

reaction [ri'ækʃən] n противодействие, реакция.

reactionary [ri'ækʃənəri] a реакционен; n реакционер.

read [ri:d] v (pt, pp read [red]) чета; уча; следвам; гласи.

reader ['ri:də] n читател; читанка; доцент.

readily ['redili] adv охотно, с готовност; лесно; незабавно.

readiness ['redinis] n готовност, охота; бързина.

reading ['ri:diŋ] n четене; четиво; тълкуване; начетеност.

readjust ['ri:ə'dʒʌst] v нагласявам; приспособявам отново.

ready ['redi] a готов; склонен; бърз; навременен; под ръка.

ready-made ['redimeid] a готов, конфекция.

real [riəl] a действителен, истински.

reality [ri'æliti] n действителност, реалност.

realization [ˌriəlai'zeiʃən] n осъществяване; осъзнаване.

realize ['riəlaiz] v осъществявам; разбирам, съзнавам.

really ['riəli] adv действително; наистина.

realm [relm] n царство; област, сфера.

reap [ri:p] v жъна.

reaper ['ri:pə] n жътвар; жътварка.

reappear [ˌri:ə'piə] v явявам се отново.

rear [riə] v издигам; отглеждам; възпитавам; n задна част.

rearmament ['ri:'ɑ:məmənt] n превъоръжаване.

reason ['ri:zn] n причина; основание; повод; разум, разсъдък; v разсъждавам; споря; доказвам.

reasonable ['ri:zənəbl] a разумен; смислен; приемлив.

reasoning ['ri:zəniŋ] n разсъждение; разсъдливост.

reassurance [ˌri:ə'ʃuərəns] n успокояване, окуражаване.

reassure [ˌri:ə'ʃuə] v уверявам; окуражавам; успокоявам.

rebel[1] ['rebəl] n бунтовник, въстаник.

rebel[2] [ri'bel] v въставам, бунтувам се.

rebellion [ri'beljən] n въстание, бунт.

rebellious [ri'beljəs] a бунтовнически; непокорен.

rebuff [ri'bʌf] n рязък отказ; v отблъсквам; отказвам.

rebuke [ri'bju:k] v коря, порицавам; n укор; порицание; мъмрене.

recall [ri'kɔ:l] v отзовавам; отменям; припомням(си).

recapitulate [ˌri:kə'pitjuleit] v преговарям; резюмирам.

recede [ri'si:d] v оттеглям се, отдръпвам се; спадам; избледнявам.

receipt [ri'si:t] n получаване; квитанция, разписка; n pl постъпления.

receive [ri'si:v] v получавам; приемам; побирам.

receiver [ri'si:və] n получател; приемател; приемник; телефонна слушалка.

recent ['ri:sənt] a неотдавнашен; нов, съвременен.

recently ['ri:səntli] adv неотдавна, наскоро.

receptacle [ri'septəkl] n вместилище; съд.

reception [ri'sepʃən] n приемане, получаване; прием.

receptive [ri'septiv] a възприемчив.

recess [ri'ses] n прекъсване, почивка, междучасие; ниша; кът.

recipe ['resipi] n рецепта; предписание.

recipient [ri'sipiənt] n получател; a възприемчив.

reciprocal [ri'siprəkəl] a взаимен, реципрочен.

recital [ri'saitəl] n разказване; рецитация; рецитал.

recitation [ˌresiˈteiʃən] *n* рецитация.

recite [riˈsait] *v* рецитирам, декламирам; разказвам; изброявам.

reckless [ˈreklis] *a* безразсъден; нехаен.

recklessness [ˈreklisnis] *n* безразсъдност.

reckon [ˈrekən] *v* (пре)смятам; изчислявам; считам.

reckoning [ˈrekəniŋ] *n* сметка; пресмятане.

reclaim [riˈkleim] *v* изисквам обратно; поправям (престъпник); разработвам (*целина*).

recline [riˈklain] *v* облягам се; полягам; почивам си.

recognition [ˌrekəgˈniʃən] *n* разпознаване; признание.

recognize [ˈrekəgnaiz] *v* (раз)познавам; различавам; признавам.

recoil [riˈkɔil] *v* отдръпвам се; отскачам; *n* отскачане; отвращение.

recollect [ˌrekəˈlekt] *v* припомням си.

recollection [ˌrekəˈlekʃən] *n* спомен; припомняне.

recommend [ˌrekəˈmend] *v* препоръчвам; поверявам.

recommendation [ˌrekəmenˈdeiʃən] *n* препоръка.

recompense [ˈrekəmpens] *v* компенсирам; възнаграждавам; *n* обезщетение; възнаграждение.

reconcile [ˈrekənsail] *v* помирявам, сдобрявам; съгласувам.

reconcilation [ˌrekənsiliˈeiʃən] *n* помирение, сдобряване.

reconstruction [ˈriːkənˈstrʌkʃən] *n* преустройство.

record¹ [riˈkɔːd] *v* записвам, отбелязвам.

record² [ˈrekɔːd] *n* документ; регистър; рекорд; досие; грамофонна плоча; репутация.

recourse [riˈkɔːs] *n* прибягване (до); обръщане за помощ.

recover [riˈkʌvə] *v* съвземам се; възвръщам (си); възстановявам.

recovery [riˈkʌvəri] *n* съвземане; възстановяване.

recreation [ˌrekriˈeiʃən] *n* отмора; забавление; развлечение.

recruit [riˈkruːt] *n* новобранец; *v* набирам; възстановявам (се).

rectangle [ˈrekˈtæŋgl] *n* правоъгълник.

rectangular [rekˈtæŋgjulə]. *a* правоъгълен.

rector [ˈrektə] *n* енорийски свещеник; ректор.

recur [riˈkəː] *v* повтарям се; връщам се отново(на).

red [red] *a* червен; *n* червен цвят.

redden [ˈredn] *v* почервенявам; изчервявам се.

reddish [ˈrediʃ] *a* червеникав.

redeem [riˈdiːm] *v* изкупвам; откупвам; избавям; обезщетявам.

redemption [riˈdempʃn] *n* изкупление; спасение.

redouble [riˈdʌbl] *v* удвоявам(се); засилвам(се).

redress [riˈdres] *v* поправям; възстановявам; компенсирам.

reduce [riˈdjuːs] *v* намалявам; свеждам (до); понижавам.

reduction [riˈdʌkʃən] *n* намаляване; съкращение.

redundance [riˈdʌndəns] *n* изобилие, излишество.

reed [riːd] *n* тръстика.

reel [riːl] *n* макара; бобина; бързо хоро.

refer [riˈfəː] *v* отнасям(се); отправям, насочвам; споменавам.

referee [ˌrefəˈriː] *n* рефер, съдия.

reference [ˈrefərəns] *n* споменаване; препоръка; справка; отпратка.

refill [ˈriːˈfil] *n* запасен пълнител (*на молив, химикалка и пр.*).

refine [riˈfain] *v* пречиствам, рафинирам.

refinement [riˈfainmənt] *n* изтънченост, изисканост.

reflect [riˈflekt] *v* отразявам; размишлявам.

reflection [riˈflekʃən] *n* отражение; размишление.

reflective [riˈflektiv] *a* замислен.

reflexive [riˈfleksiv] *a грам* възвратен.

reform [riˈfɔːm] *v* преустройвам; подобрявам(се); *n* преобразование, реформа.

reformation [ˌrefəˈmeiʃən] *n* преобразование; подобряване.

reformer [riˈfɔːmə] *n* реформатор.

refrain [riˈfrein] *v* въздържам се, сдържам се; *n* припев.

refresh [ri′freʃ] v опреснявам, освежавам; подкрепям.

refreshing [ri′freʃiŋ] a освежителен; подкрепителен.

refreshment [ri′freʃmənt] n освежаване; закуска, напитки.

refrigerator [ri′fridʒəreitə] n хладилник.

refuge [′refju:dʒ] n убежище, подслон.

refugee [ˌrefju:′dʒi:] n бежанец, емигрант.

refund [ri′fʌnd] v изплащам, възстановявам(*сума*).

refusal [ri′fju:zəl] n отказ.

refuse[1] [ri′fju:z] v отказвам.

refuse[2] [′refju:s] n боклук, смет, отпадъци.

refute [ri′fju:t] v опровергавам; оборвам.

regain [ri′gein] v спечелвам, придобивам отново; (въз)връщам си.

regal [′ri:gəl] a царски; царствен.

regard[1] [ri′ga:d] v гледам, разглеждам; считам; отнасям се до; зачитам, уважавам.

regard[2] [ri′ga:d] n поглед; внимание; грижа; отношение, почит; pl поздрави.

regarding [ri′ga:diŋ] prep относно.

regardless [ri′ga:dlis] a безогледен; нехаен.

regency [′ri:dʒənsi] n регентство.

regiment [′redʒimənt] n полк.

region [′ri:dʒən] n област, район, сфера.

register [′redʒistə] n регистър, дневник; v записвам (се); вписвам, отбелязвам.

regret [ri′gret] v съжалявам; скърбя за; разкайвам се; n съжаление; разкаяние.

regular [′regjulə] a редовен; постоянен; правилен; истински.

regularity [ˌregju′læriti] n правилност; редовност.

regularly [′regjuləli] adv редовно, постоянно.

regulate [′regjuleit] v направлявам, регулирам.

regulation [ˌregju′leiʃən] n направляване; разпореждане; правило, наредба.

rehearsal [ri′hə:səl] n репетиция.

reherse [ri′hə:s] v репетирам; преповтарям.

reign [rein] n царуване; господство, власт.

rein [rein] n юзда; v обуздавам; контролирам.

reindeer [′reindiə] n северен елен.

reinforce [ˌri:in′fɔ:s] v подсилвам.

reiterate [ˌri:′itəreit] v преповтарям.

reject [ri′dʒekt] v отказвам, отблъсвам, отхвърлям.

rejection [ri′dʒekʃən] n отказ, отхвърляне.

rejoice [ri′dʒois] v радвам(се); веселя(се).

rejoicing [ri′dʒoisiŋ] n радост, щастие; веселие.

rejoin [ri′dʒoin] v присъединявам се; възразявам, отвръщам.

relate [ri′leit] v разказвам; свързвам; отнасям(се).

relation [ri′leiʃən] n разказване; отношение; връзка; роднина.

relationship [ri′leiʃənʃip] n отношение; връзка; зависимост; родство.

relative [′relətiv] a относителен; сроден; n роднина.

relatively [′relətivli] adv относително.

relax [ri′læks] v отпускам(се); разхлабвам; почивам си.

relaxation [ˌri:læk′seiʃən] n отпускане; почивка; развлечение.

relay [ri′lei] n смяна; cn щафета; v ра́д препредавам.

release [ri′li:s] v освобождавам; пускам; n освобождаване; пускане.

relent [ri′lent] v разнежвам се, омилостивявам се.

relentless [ri′lentlis] a безмилостен, безпощаден.

relevant [′relivənt] a уместен; съответен.

reliable [ri′laiəbl] a сигурен, (благо)надежден.

reliance [ri′laiəns] n доверие; упование; опора.

relic [′relik] n останка; спомен; реликва.

relief[1] [ri′li:f] n облекчение, успокоение; помощ, подкрепление.

relief[2] [ri′li:f] n релеф.

relieve [ri′li:v] v облекчавам, подпомагам; сменям(*караул*).

religion [ri′lidʒən] n религия, вяра.

religious [ri′lidʒəs] a религиозен, верующ.

relinquish [ri'liŋkwiʃ] v отказвам се от; оттеглям се, отстъпвам.

relish ['reliʃ] n приятен вкус; сладост; наслада; охота; v харесвам.

reluctance [ri'lʌktəns] n нежелание, неохота.

reluctant [ri'lʌktənt] a неохотен, без желание; неподатлив.

rely [ri'lai] v разчитам, осланям се.

remain [ri'mein] v оставам; стоя; n pl останки, развалини.

remainder [ri'meində] n остатък, останала част.

remark [ri'mɑːk] v забелязвам; n забележка.

remarkable [ri'mɑːkəbl] a забележителен; поразителен.

remarkably [ri'mɑːkəbli] adv забележително, необичайно.

remedy ['remidi] n лек, лекарство; v лекувам; поправям.

remember [ri'membə] v помня; запомням; спомням си; поздравявам.

remembrance [ri'membrəns] n памет, възпоминание, спомен.

remind [ri'maind] v напомням; припомням.

reminder [ri'maində] n напомняне.

reminiscence [ˌremi'nisəns] n спомен; възпоминание.

reminiscent [ˌremi'nisənt] a припомнящ(си); напомнящ.

remit [ri'mit] v опрощавам, отменям; изпращам, препращам; отлагам.

remittance [ri'mitəns] n преведена сума; вноска.

remnant ['remnənt] n остатък, останка.

remonstrance [ri'mɔnstrəns] n възражение, протест.

remonstrate [ri'mɔnstreit] v възразявам, протестирам.

remorse [ri'mɔːs] n разкаяние, угризение на съвестта.

remorseless [ri'mɔːslis] a безмилостен, безпощаден.

remote [ri'mout] a далечен; усамотен; незначителен.

removal [ri'muːvəl] n преместване; отстраняване; уволняване.

remove [ri'muːv] v премествам; отстранявам; уволнявам.

remunerate [ri'mjuːnəreit] v възнаграждавам, обезщетявам.

renaissance [rə'neisəns] n възраждане.

rend [rend] v (pt, pp rent [rent]) дера, раздирам(се); цепя.

render ['rendə] v давам; връщам, отплащам; правя, превръщам.

renew [ri'njuː] v подновявам, възобновявам.

renewal [ri'njuːəl] n подновяване, възобновяване.

renounce [ri'nauns] v отричам(се); отказвам се от; отхвърлям.

renown [ri'naun] n известност, слава, добро име.

renowned [ri'naund] a прославен, прочут.

rent¹ вж rend.

rent² [rent] n скъсано място; цепнатина; разцепление.

rent³ [rent] n наем; рента; v наемам; давам под наем.

repair [ri'pɛə] v възстановявам; поправям; ремонтирам.

reparation [ˌrepə'reiʃən] n поправка, ремонт; pl репарации.

repast [ri'pɑːst] n ядене, гощавка.

repay [ri'pei] v връщам, отплащам; възнаграждавам.

repeal [ri'piːl] v оттеглям; отменям; анулирам; n отменяне.

repeat [ri'piːt] v повтарям; рецитирам.

repeatedly [ri'piːtidli] adv постоянно; многократно.

repel [ri'pel] v отблъсквам, отвращавам; отхвърлям.

repellent [ri'pelənt] a отвратителен, отблъскващ.

repent [ri'pent] v разкайвам се.

repentance [ri'pentəns] n разкаяние; покаяние.

repercussion [ˌriːpə'kʌʃən] n отблъскване; отзвук; въздействие.

repetition [ˌrepi'tiʃən] n повторение.

repine [ri'pain] v роптая, недоволен съм.

replace [ri'pleis] v възстановявам; заменям, замествам.

replenish [ri'pleniʃ] v пълня, попълвам, снабдявам отново.

reply [ri'plai] v отговарям, отвръщам; n отговор.

report [ri'pɔːt] v съобщавам; докладвам; n доклад; мълва; изстрел; дописка; репутация.

reporter [ri'pɔːtə] n дописник, репортьор.

repose [ri'pouz] v почивам; полагам; лежа; n почивка.

represent [ˌrepriˈzent] *v* представям; представлявам; описвам; изобразявам.

representation [ˌreprizenˈteiʃən] *n* представление; представяне; изобразяване.

representative [ˌrepriˈzentətiv] *a* типичен; представителен; *n* представител.

repress [riˈpres] *v* потискам, потушавам; сдържам.

reprint [ˈriːˈprint] *v* препечатвам; *n* препечатано издание.

reproach [riˈproutʃ] *v* укорявам, упреквам; *n* укор, порицание.

reproachful [riˈproutʃful] *a* укорителен; срамен.

reproduce [ˌriːprəˈdjuːs] *v* възпроизвеждам.

reproduction [ˌriːprəˈdʌkʃən] *n* възпроизвеждане; репродукция.

reproof [riˈpruːf] *n* укор, порицание.

reprove [riˈpruːv] *v* упреквам; хокам, порицавам.

reptile [ˈreptail] *n* влечуго.

republic [riˈpʌblik] *n* република.

republican [riˈpʌblikən] *a* републикански; *n* републиканец.

repudiate [riˈpjuːdieit] *v* отказвам се от; отхвърлям.

repulse [riˈpʌls] *v* отблясквам; отхвърлям; *n* отпор; отблъскване.

repulsion [riˈpʌlʃən] *n* отвращение; отблъскване.

repulsive [riˈpʌlsiv] *a* отвратителен; отблъскващ.

reputation [ˌrepjuˈteiʃən] *n* име, репутация.

repute [riˈpjuːt] *v* считам; *n* име, репутация.

request [riˈkwest] *n* искане, молба; търсене; *v* изисквам.

require [riˈkwaiə] *v* искам, изисквам; нуждая се от.

requirement [riˈkwaiəmənt] *n* изискване; нужда; потребност.

requisite [ˈrekwizit] *a* потребен, необходим; *n* необходимо нещо.

rescue [ˈreskjuː] *v* спасявам; освобождавам; *n* спасение, избавяне.

rescuer [ˈreskjuə] *n* спасител.

research [riˈsəːtʃ] *n* изследване, проучване; *v* проучвам.

resemblance [riˈzembləns] *n* прилика, подобие, сходство.

resemble [riˈzembl] *v* приличам, наподобявам.

resent [riˈzent] *v* проявявам недоволство, възмущение; негодувам.

resentful [riˈzentful] *a* възмутен, негодуващ, гневен.

resentment [riˈzentmənt] *n* възмущение, негодуване, яд.

reservation [ˌrezəˈveiʃən] *n* резерва; резервираност; резерват.

reserve [riˈzəːv] *v* запазвам; *n* запас, резерва; резервираност, сдържаност.

reserved [riˈzəːvd] *a* сдържан, студен.

reservoir [ˈrezəvwɑː] *n* резервоар.

reside [riˈzaid] *v* обитавам, пребивавам; намирам се в.

residence [ˈrezidəns] *n* местожителство; резиденция.

resident [ˈrezidənt] *n* жител.

residential [ˌreziˈdenʃəl] *a* жилищен.

resign [riˈzain] *v* излизам в оставка; оттеглям се, напускам.

resignation [ˌrezigˈneiʃən] *n* оставка; оттегляне; примирение.

resin [ˈrezin] *n* смола, клей; колофон.

resist [riˈzist] *v* съпротивлявам се; устоявам; давам отпор.

resistance [riˈzistəns] *n* съпротива; отпор; съпротивление.

resistless [riˈzistlis] *a* непреодолим; неизбежен.

resolute [ˈrezəluːt] *a* решителен; твърд, непоколебим.

resolution [ˌrezəˈluːʃən] *n* решителност, твърдост; решение.

resolve [riˈzolv] *v* решавам; разпадам(се); *n* решителност.

resort [riˈzoːt] *v* обръщам се към; прибягвам до; посещавам; *n* курорт.

resound [riˈzaund] *v* ехтя, еча; отеквам; огласям.

resource [riˈsoːs] *n* средство; *pl* богатство, ресурси, находчивост.

resourceful [riˈsoːsful] *a* изобретателен, находчив.

respect [risˈpekt] *n* уважение, почит; отношение; *v* почитам, зачитам.

respectability [risˌpektəˈbiliti] *n* почтеност.

respectable [risˈpektəbl] *a* почтен; приличен.

respectful [risˈpektful] *a* почтителен.

respecting [risˈpektin] *prep* относно.

respective [risˈpektiv] *a* съответен.

respectively [risˈpektivli] *adv* съответно.

respiration [,respi'reiʃən] *n* дишане.

respite ['respait] *n* отсрочване; отдих.

resplendent [ris'plendənt] *a* блестящ, бляскав.

respond [ris'pɔnd] *v* отговарям; реагирам; отзовавам се.

response [ris'pɔns] *n* отговор, отзив, отзвук.

responsibility [ris,pɔnsi'biliti] *n* отговорност.

responsible [ris'pɔnsibl] *a* отговорен.

responsive [ris'pɔnsiv] *a* отзивчив; съчувствен.

rest¹ [rest] *n* почивка, покой; подпора; пауза; *v* почивам(си); облягам (се).

rest² [rest] *n* остатък; *v* оставам.

restaurant ['rcstərənt] *n* ресторант.

restful ['restful] *a* спокоен; успокояващ.

restless ['restlis] *a* неспокоен.

restoration ['restə'reiʃən] *n* възстановяване, възвръщане.

restore [ri'stɔ:] *v* (въз)връщам, възстановявам.

restrain [ri'strein] *v* сдържам, въздирам; обуздавам.

restraint [ri'streint] *n* сдържаност; ограничение; обуздаване.

restrict [ri'strikt] *v* ограничавам.

restriction [ri'strikʃən] *n* ограничение.

result [ri'zʌlt] *v* последвам, произтичам; *n* последица, резултат.

resume [ri'zju:m] *v* възобновявам, подновявам; взёмам отново.

retail ['ri:teil] *n* продажба на дребно.

retain [ri'tein] *v* задържам; запазвам.

retaliate [ri'tælieit] *v* отмъщавам, отплащам.

retaliation [ri,tæli'eiʃən] *n* отмъщение, отплата, възмездие.

retard [ri'ta:d] *v* забавям.

reticent ['retisənt] *a* мълчалив, сдържан, затворен.

retinue ['retinju:] *n* свита, кортеж.

retire [ri'taiə] *v* оттеглям(се); излизам в оставка; усамотявам се.

retired [ri'taiəd] *a* в оставка; пенсиониран; уединен.

retirement [ri'taiəmənt] *n* оставка; оттегляне; уединение.

retort [ri'tɔ:t] *n* възражение, рязък отговор; *v* отвръщам, възразявам.

retreat [ri'tri:t] *v* отстъпвам; оттеглям се; *n* отстъпление.

retrieve [ri'tri:v] *v* възвръщам(си); възстановявам; поправям.

return [ri'tə:n] *v* връщам; отвръщам; *n* връщане; отплата.

reunion [ri:'ju:niən] *n* събиране, среща.

reveal [ri'vi:l] *v* разкривам, показвам.

revel ['revl] *n* угощение, пиршество; *v* гуляя; веселя се; опивам се(от).

revelation [,revi'leiʃən] *n* разкриване; откровение.

revelry ['revəlri] *n* пиршество.

revenge [ri'vendʒ] *v* отмъщавам(си); *n* отмъщение, отплата.

revenue ['revinju:] *n* приход; *pl* постъпления.

revere [ri'viə] *v* почитам, благоговея пред.

reverence ['revərəns] *n* почит, благоговение.

reverend ['revərənd] *a* почитаем; преподобен.

reverse [ri'və:s] *a* обратен; обърнат; *v* обръщам; давам заден ход; *n* опако; противоположност.

revert [ri'və:t] *v* (въз)връщам(се).

review [ri'vju:] *v* (пре)разглеждам; рецензирам; *n* преглед; рецензия; списание.

revile [ri'vail] *v* ругая, хуля.

revise [ri'vaiz] *v* преглеждам, поправям; променям.

revision [ri'viʒən] *n* преглед; преработка; преговор; ревизия.

revival [ri'vaivəl] *n* съживяване; възраждане.

revive [ri'vaiv] *v* съживявам(се); възстановявам.

revoke [ri'vouk] *v* отменям, анулирам; оттеглям.

revolt [ri'voult] *n* въстание, бунт; *v* бунтувам се, въставам; отвращавам(се).

revolting [ri'voultiŋ] *a* отвратителен, гаден.

revolution [,revə'lu:ʃən] *n* въртене; завъртане; революция.

revolutionary [,revə'lu:ʃənəri] *a* революционен; *n* революционер.

revolve [ri'vɔlv] *v* въртя(се); обмислям.

revolver [ri'vɔlvə] *n* револвер.

reward [ri'wɔːd] *n* награда; възнаграждение; *v* (въз)награждавам.
rhetoric ['retərik] *n* красноречие, реторика.
rheumatism ['ruːmətizm] *n* ревматизъм.
rhinoceros [rai'nɔsərəs] *n* носорог.
rhyme [raim] *n* рима; стихотворение.
rhythm [riðm] *n* ритъм.
rib [rib] *n* ребро.
ribald ['ribəld] *a* неприличен, циничен.
ribbon ['ribən] *n* панделка; лента.
rice [rais] *n* ориз.
rich [ritʃ] *a* богат; разкошен; изобилен; плодороден.
riches ['ritʃiz] *n pl* богатство; изобилие.
richness ['ritʃnis] *n* богатство.
rickets ['rikits] *n* рахит.
rickety ['rikiti] *a* рахитичен; разклатен, неустойчив.
rid [rid] *v* освобождавам, избавям.
ridden *вж* ride.
riddle ['ridl] *n* загадка, гатанка; *v* разгадавам.
ride [raid] *v* (*pt* rode [roud], *pp* ridden ['ridn]) яздя; возя се на.
rider ['raidə] *n* ездач, конник.
ridge [ridʒ] *n* планинска верига, хребет, гребен.
ridicule ['ridikjuːl] *n* осмиване, насмешка; *v* осмивам.
ridiculous [ri'dikjuləs] *a* смешен; абсурден.
riding ['raidiŋ] *n* езда.
rifle ['raifl] *n* пушка; *v* претърсвам; плячкосвам.
rift [rift] *n* цепнатина; разцепление; *v* пуквам се, цепвам се.
rig [rig] *v* снабдявам, съоръжавам.
right [rait] *a* прав; верен; десен; *n* дясно; дясна страна; *n* право; *v* поправям; *adv* вярно; право.
righteous ['raitʃəs] *a* почтен; праведен; справедлив.
righteousness ['raitʃəsnis] *n* справедливост; праведност.
rightful ['raitful] *a* законен; справедлив.
right-hand ['raithænd] *a* десен.
rightly ['raitli] *adv* правилно; справедливо.

rigid ['ridʒid] *a* строг, суров; непреклонен, твърд; скован.
rigidity [ri'dʒiditi] *n* суровост; скованост; непреклонност.
rigorous ['rigərəs] *a* строг, безпощаден, суров, прецизен.
rigour ['rigə] *n* строгост, суровост.
rim [rim] *n* ръб, перваз; рамка; *v* ограждам.
rind [raind] *n* кора, кожа; цина.
ring¹ [riŋ] *n* пръстен, халка; обръч; ринг; кръг.
ring² [riŋ] *v* (*pt* rang [ræŋ], *pp* rung [rʌŋ]) звъня, звънтя, еча.
ringlet ['riŋlit] *n* пръстенче; къдрица.
rinse [rins] *v* изплаквам, плакна.
riot ['raiət] *n* бунт, безредица; *v* буйствувам; бунтувам се.
riotous ['raiətəs] *a* буен; шумен; бунтовен; размирен.
rip [rip] *v* дера, цепя, поря(се); *n* разпрано, цепнато място.
ripe [raip] *a* зрял, назрял.
ripen ['raipən] *v* зрея, узрявам.
ripple ['ripl] *n* малка вълна, леко вълнение; ромон; *v* вълнувам се; ромоля.
rise [raiz] *v* (*pt* rose [rouz], *pp* risen ['rizn]) ставам, издигам се, надигам се; изгрявам; възкръсвам.
risen *вж* rise.
rising ['raiziŋ] *n* въстание; възвишение.
risk [risk] *n* опасност, риск; *v* рискувам.
risky ['riski] *a* опасен, рискован, несигурен.
rite [rait] *n* обред, церемония.
ritual ['ritʃuəl] *n* обред, ритуал.
rival ['raivl] *n* съперник, конкурент; *v* съпернича, конкурирам.
rivalry ['raivəlri] *n* съперничество; съревнование.
river ['rivə] *n* река.
rivet ['rivit] *n* нит; *v* приковавам (*от внимание*).
rivulet ['rivjulit] *n* рекичка, поточе.
road [roud] *n* шосе, път; булевард.
roadway ['roudwei] *n* (платно на) шосе.
roam [roum] *v* бродя, скитам(се), блуждая.
roar [rɔː] *n* рев; силен смях; *v* рева, изревавам.
roast [roust] *v* пека(се); *n* печено месо.
rob [rɔb] *v* грабя, ограбвам; лишавам.
robber ['rɔbə] *n* разбойник.

robbery ['rɔbəri] *n* грабеж, разбойничество.

robe [roub] *n* роба, мантия.

robin ['rɔbin] *n* червеношийка.

robust [rou'bʌst] *a* здрав, силен.

rock¹ [rɔk] *n* скала, канара.

rock² [rɔk] *v* люлея(се) треса(се).

rockery ['rɔkəri] *n* алпинеум.

rocket ['rɔkit] *n* ракета; *v* изхвърчавам.

rocky ['rɔki] *a* скалист; *разг* неустойчив, клатещ се.

rod [rɔd] *n* пречка, прът; тояга; жезъл.

rode *вж* **ride.**

rodent ['roudənt] *n* гризач.

roe¹ [rou] *n* сърна, кошута.

roe² [rou] *n* хайвер.

rogue [roug] *n* мошеник, измамник, негодник; пакостник.

roguish ['rougiʃ] *a* измамнически; закачлив.

role [roul] *n* роля.

roll¹ [roul] *v* свивам, навивам(се); търкалям(се).

roll² [roul] *n* свитък; руло; кифла.

roller ['roulə] *n* валяк; валц; ролка.

Roman ['roumən] *n* римлянин; *a* римски.

romance [rou'mæns] *n* романтика; романс.

romantic [rou'mæntik] *a* романтичен; *n* романтик.

romp [rɔmp] *v* лудувам; *n* палавник, немирник.

roof [ru:f] *n* покрив; подслон.

rook [ruk] *n* врана; мошеник.

room [ru(:)m] *n* стая; място.

roomy ['ru(:)mi] *a* просторен.

roost [ru:st] *n* курник.

rooster ['ru:stə] *n* петел.

root [ru:t] *n* корен; *v* вкоренявам(се).

rope [roup] *n* въже.

rose¹ [rouz] *n* роза; розов цвят; *a* розов.

rose² *вж* **rise.**

rosy ['rouzi] *a* розов.

rot [rɔt] *n* гниене; *v* гния.

rotary ['routəri] *a* въртящ се.

rotate [rou'teit] *v* въртя(се).

rotation [rou'teiʃən] *n* въртене; редуване.

rotten ['rɔtn] *a* гнил; развален; покварен; отвратителен.

rouge [ru:ʒ] *n* червило; *v* начервявам.

rough [rʌf] *a* груб, грапав; бурен; суров, необработен; неизгладен.

roughly ['rʌfli] *adv* грубо; приблизително.

round [raund] *a* кръгъл; извит; *n* кръг; обиколка; тур; *v* закръглям(се); *prep* зад; около.

roundabout ['raundəbaut] *a* заобиколен; *n* въртележка.

rouse [rauz] *v* разбуждам; стряскам; предизвиквам.

rout [raut] *v* разбивам; ровя; *n* разгром; отстъпление.

route [ru:t] *n* път, маршрут.

routine [ru:'ti:n] *n* установена практика, рутина.

rove [rouv] *v* скитам, бродя, блуждая.

row¹ [rou] *v* греба, карам лодка.

row² [rou] *n* редица, ред.

row³ [rau] *n* глъч, врява; кавга, свада; *v* карам се; вдигам глъчка.

royal ['rɔiəl] *a* царски, кралски; великолепен, величествен.

royalty ['rɔiəlti] *n* кралска особа; авторски хонорар.

rub [rʌb] *v* трия, разтривам, търкам; *n* търкане; пречка, трудност.

rubber ['rʌbə] *n* гума, каучук; изтривалка; *pl* галоши.

rubbish ['rʌbiʃ] *n* боклук, смет; глупости.

ruby ['ru:bi] *n* рубин; *a* рубинен.

rudder ['rʌdə] *n* кормило.

ruddy ['rʌdi] *a* румен, червен, червендалест.

rude [ru:d] *a* груб; неучтив; първобитен, примитивен; суров.

rudiment ['ru:dimənt] *n* основа, елемент; *pl* зачатък, начинки.

rue [ru:] *v* съжалявам, разкайвам се.

ruffian ['rʌfjən] *n* грубиян; побойник, хулиган.

ruffle ['rʌfl] *v* разрошвам; набръчквам; дразня(се); дипля; *n* дипла, волан.

rug [rʌg] *n* килимче; черга; покривало.

rugged ['rʌgid] *a* грапав; скалист; груб, суров; *ам сл* силен, як.

ruin [ruin] v разрушавам; разорявам; съсипвам; n гибел; развалина; разруха.

rule [ru:l] v управлявам; постановявам; n правило; власт, господство.

ruler ['ru:lə] n владетел; линия.

rum [rʌm] n ром.

rumble ['rʌmbl] v буча, гърмя, тътна.

ruminate ['ru:mineit] v преживям; размишлявам.

rummage ['rʌmidʒ] v тършувам, претърсвам.

rumour ['ru:mə] n слух, мълва; v пръскам слух.

rump [rʌmp] n задница на животно.

rumple ['rʌmpl] v набръчквам, смачквам; разрошвам.

run [rʌn] v (pt **ran** [ræn], pp **run** [rʌn]) тичам; движа се; тека; ръководя; гласи; n тичане, пробег; поредица; ход.

runaway ['rʌnəwei] n беглец, дезертьор.

rung вж **ring**.

runner ['rʌnə] n бегач; пратеник.

rural ['ruərəl] a селски.

rush¹ [rʌʃ] v втурвам се; спускам се; прибързвам; нахлувам; n втурване; устрем; бързина.

rush² [rʌʃ] n тръстика.

rust [rʌst] v ръждясвам; n ръжда.

rustic ['rʌstik] a селски; прост; груб; недодялан.

rustle ['rʌsl] v шумоля; n шумолене.

rusty ['rʌsti] a ръждясал, ръждив; извехтял; сл ядосан.

ruthless ['ru:θlis] a безпощаден, коравосърдечен.

rye [rai] n ръж.

S

sable ['seibl] n самур; a черен; мрачен.

sabre ['seibə] n крива сабя.

sack [sæk] n чувал; v разг уволнявам; плячкосвам.

sacred ['seikrid] a свещен.

sacrifice ['sækrifais] n жертва; жертвоприношение; v жертвувам, принасям жертва.

sad [sæd] a тъжен; мрачен; лош.

sadden ['sædn] v опечалявам(се).

saddle ['sædl] n седло; v оседлавам; разг натрапвам.

safe [seif] a невредим; сигурен; n сейф (каса).

safeguard ['seifga:d] n гаранция; v защитавам; предпазвам.

safety ['seifti] n сигурност, безопасност.

sag [sæg] v хлътвам; накланям се; спадам (за цени); вися; n хлътване.

sagacious [sə'geiʃəs] a мъдър.

sagacity [sə'gæsiti] n мъдрост.

sage [seidʒ] n мъдрец; a мъдър.

said вж **say**.

sail [seil] n корабно платно; морско пътуване; кораб; v пътувам по море; плавам.

sailor ['seilə] n моряк.

saint [seint] n светец.

sake [seik] n (в израза **for the sake of**) заради.

salad ['sæləd] n салата.

salary ['sæləri] n заплата.

sale [seil] n продажба.

salesman ['seilzmən] n продавач.

salient ['seiljənt] a очебиен; изтъкнат.

saliva [sə'laivə] n слюнка.

sallow ['sælou] a бледен; жълтеникав.

sally ['sæli] n остроумна забележка; воен атака.

salmon ['sæmən] n сьомга; a оранжево-розов.

salon ['sælɔ:ŋ] n салон.

saloon [sə'lu:n] n зала; ам пивница.

salt [sɔlt] n сол; a солен; v посолявам.

salt-cellar ['sɔltselə] n солница.

saltpetre ['sɔ:ltpi:tə] n селитра.

salty ['sɔ:lti] a солен.

salutation [ˌsælju'teiʃən] n приветствие.

salute [sə'lu:t] v поздравявам; отдавам чест; n поздрав.

salvage ['sælvidʒ] n спасяване на кораб или имущество; v спасявам.

salvation [sæl'veiʃən] n спасение.

salve [sa:v] n мехлем; v успокоявам.

same [seim] a същ.

sample ['sæmpl] *n* мостра; пример; *v* изпробвам.

sanctify ['sæŋktifai] *v* освещавам.

sanction ['sæŋkʃən] *n* одобрение, утвърждение; санкция; *v* одобрявам.

sanctity ['sæŋktiti] *n* святост.

sanctuary ['sæŋktjuəri] *n* светилище; убежище.

sand [sænd] *n* пясък; плаж; *v* посипвам с пясък.

sandal ['sændl] *n* сандал.

sandpaper ['sænd,peipə] *n* гласпапир.

sandstone ['sændstoun] *n* пясъчник.

sandwich ['sænwidʒ] *n* сандвич; *v* притискам.

sandy ['sændi] *a* песъчлив.

sane [sein] *a* нормален; разумен.

sang *вж* sing.

sanguine ['sæŋgwin] *a* червендалест; оптимистичен, жизнерадостен.

sanitary ['sænitəri] *a* хигиеничен; санитарен.

sanitation [,sæni'teiʃən] *n* здравеопазване; канализация.

sanity ['sæniti] *n* разум.

sank *вж* sink.

Santa Claus ['sæntə'klɔːz] *n* Дядо Коледа.

sap [sæp] *n* сок(*на дърво*), жизнени сили; *v* изсмуквам(*сили*).

sapling ['sæpliŋ] *n* фиданка; младок.

sapphire ['sæfaiə] *n* сапфир.

sarcasm ['saːkæzəm] *n* сарказъм.

sarcastic [sa'kæstik] *a* саркастичен.

sardine [sa'diːn] *n* сардела.

sardonic [sa'dɔnik] *a* язвителен.

sash [sæʃ] *n* колан; шарф; рамка на прозорец.

sat *вж* sit.

satchel ['sætʃəl] *n* училищна чанта.

satelite ['sætəlait] *n* сателит.

satin ['sætin] *n* атлаз.

satire ['sætaiə] *n* сатира.

satisfaction [,sætis'fækʃən] *n* задоволство; удовлетворение.

satisfactorily [,sætis'fæktərili] *adv* задоволително.

satisfactory [,sætis'fæktəri] *a* задоволителен.

satisfy ['sætisfai] *v* задоволявам; убеждавам.

saturate ['sætʃəreit] *v* насищам, напоявам.

Saturday ['sætədi] *n* събота.

sauce [sɔːs] *n* сос; *разг* нахалство.

saucepan ['sɔːspən] *n* тенджера с дълга дръжка.

saucer ['sɔːsə] *n* чинийка за чаша.

saucy ['sɔːsi] *a* нахален; устат.

saunter ['sɔːntə] *v* шляя се; разхождам се; *n* разходка.

sausage ['sɔsidʒ] *n* суджук; наденица.

savage ['sævidʒ] *a* див; свиреп, груб; *n* дивак, грубиян.

save [seiv] *v* спасявам; спестявам; *prep* освен.

saving ['seiviŋ] *a* пестелив; *n pl* спестявания.

saviour ['seivjə] *n* спасител.

savour ['seivə] *n* вкус; аромат.

savoury ['seivəri] *a* вкусен, приятен; *n* пикантно ястие; мезе.

saw[1] [sɔː] *n* трион; *v* (*pt* sawed [sɔːd], *pp* sawn [sɔːn], sawed) режа с трион.

saw[2] *вж* see.

sawdust ['sɔːdʌst] *n* дървени трици.

sawmill ['sɔːmil] *n* дъскорезница.

say [sei] *v* (*pt, pp* said [sed]) казвам.

saying ['seiiŋ] *n* поговорка.

scabbard ['skæbəd] *n* ножница.

scaffold ['skæfəld] *n* скеля; ешафод.

scald [skɔːld] *v* попарвам; подварявам (*мляко*).

scale[1] [skeil] *n* люспа(*на риба*); *v* махам люспите на риба; люща се; образувам кора.

scale[2] [skeil] *n* мащаб; скала; гама; *pl* везни; *v* претеглям.

scalp [skælp] *n* скалп; *v* скалпирам.

scaly ['skeili] *a* покрит с люспи.

scamper ['skæmpə] *v* хуквам; избягвам.

scan [skæn] *v* изследвам внимателно; разглеждам бегло; скандирам.

scandal ['skændl] *n* позор; скандал; клюка.

scandalize ['skændəlaiz] *v* шокирам.

scant [skænt] *a* оскъден; недостатъчен.

scanty ['skænti] *a* недостатъчен.

scar [skaː] *n* белег от рана; *v* образувам белег.

scarce [skɛəs] *a* рядък.

scarcely ['skɛəsli] *adv* едва.

scarcity ['skɛəsiti] *n* оскъдица.

scare [skɛə] *v* плаша; *n* паника.

scarecrow ['skɛəkrou] *n* плашило.

scarf [skaːf] *n* шалче, шарф.

scarlet ['ska:lit] *a* ален.

scatter ['skætə] *v* разпръсквам(се).

scene [si:n] *n* сцена; място на · действие; гледка.

scenery ['si:nəri] *n* декори, природа.

scenic ['si:nik] *a* природен; сценичен.

scent [sent] *.n* ухание, миризма; парфюм; *v* подушвам; подозирам.

sceptic ['skeptik] *n* скептик.

sceptre ['septə] *n* скиптър.

schedule ['ʃedju:l] *n* списък; каталог; разписание; *v* съставям разписание.

scheme [ski:m] *n* план, схема; проект; интрига; *v* планирам; сплетнича.

scholar ['skɔlə] *n* учен; стипендиант.

scholarship ['skɔləʃip] *n* стипендия; ерудиция.

school [sku:l] *n* училище; школа; *v* обучавам.

schoolboy ['sku:lbɔi] *n* ученик.

schoolgirl ['sku:lgə:l] *n* ученичка.

schoolhouse ['sku:lhaus] *n* училище.

schoolmaster ['sku:l'ma:stə] *n* учител.

schoolmate ['sku:lmeit] *n* съученик.

schoolroom ['sku:lrum] *n* училищна стая.

schooner ['sku:nə] *n* шхуна, двумачтов кораб.

science ['saiəns] *n* наука, естествени науки; познания.

scientific [saiən'tifik] *a* научен.

scientist ['saiəntist] *n* учен.

scissors ['sizəz] *n (pl)* ножици.

scoff [skɔf] *v* присмивам се; *n* присмех.

scold [skould] *v* гълча; *n* кавгаджия.

scoop [sku:p] *n* лопатка; черпак; *v* загребвам.

scope [skoup] *n* обсег; сфера(*на действие*).

scorch [skɔ:tʃ] *v* опърлям, обгарям; *разг* карам бързо.

score [skɔ:] *n* рязка; сметка; резултат(*при мач*); двадесет; музикална партитура; *v* отбелязвам; оркестрирам.

scorn [skɔ:n] *n* презрение; *v* презирам.

scornful ['skɔ:nful] *a* презрителен.

scoundrel ['skaundrəl] *n* мошеник, негодник.

scour ['skauə] *v* чистя, трия; очиствам; бродя.

scourge [skə:dʒ] *n* бич; *v* бичувам; гнетя.

scout [skaut] *n* разузнавач; скаут.

scowl [skaul] *v* мръщя се; *n* намръщване.

scramble ['skræmbl] *v* катеря се, лазя (*с мъка*); *n* катерене; боричкане.

scrap [skræp] *n* късче; *pl* остатъци, отпадъци; *v* бракувам, изхвърлям.

scrape [skreip] *v* стържа; ожулвам; *n* стържене; драскотина.

scratch [skrætʃ] *v* дращкам(се); чеша се; *n* драскотина, драскулка.

scrawl [skrɔ:l] *v* дращкам, пиша лошо; *n* драскулка; нечетлив почерк.

scream [skri:m] *v* пискам; *n* писък.

screech [skri:tʃ] *v* кряскам; *n* крясък.

screen [skri:n] *n* параван; екран; *v* прикривам; засенчвам.

screw [skru:] *n* винт; витло; *v* завинтвам, завъртам.

scribble ['skribl] *v* надрасквам набързо; *n* небрежен почерк.

scribe [skraib] *n* преписвач; книжник.

script [skript] *n* ръкопис; текст; сценарий.

scripture ['skriptʃə] *n* Светото писание.

scroll [skroul] *n* свитък.

scrub [skrʌb] *v* търкам; *n* шубрак.

scruple ['skru:pl] *n* съмнение, скрупули; *v* имам скрупули.

scrupulous ['skru:pjuləs] *a* съвестен.

scrutinize ['skru:tinaiz] *v* разглеждам подробно, внимателно.

scrutiny ['skru:tini] *n* подробно разглеждане.

sculptor ['skʌlptə] *n* скулптор.

sculpture ['skʌlptʃə] *n* скулптура; *v* вая.

scurry ['skʌri] *v* бягам, припкам; *n* бързане; вихрушка.

scythe [saið] *n* коса(*инструмент*); *v* кося.

sea [si:] *n* море.

seaboard ['si:bɔ:d] *n* брегова линия.

seacoast ['si:koust] *n* морски бряг.

seafaring ['si:ˌfɛəriŋ] *n* мореплаване.

seal[1] [si:l] *n* печат; *v* запечатвам.

seal[2] [si:l] *n* тюлен.

seam [si:m] *n* шев; ръб; бръчка; *v* зашивам.

seaman ['si:mən] *n* моряк.

seamstress ['semstris] *n* шивачка.

seaport ['si:pɔ:t] *n* пристанищен град.

sear |siə| a съсу́хрен; v изсуша́вам, об-
га́рям.

search [sə:tʃ] v тъ́рся; обиски́рам; n
тъ́рсене, претъ́рсване.

searchlight ['sə:tʃlait] n прожёктор.

seashore ['si:'ʃɔ:] n крайбрёжие.

seasick ['si:sik] a бо́лен от мо́рска
бо́лест.

seaside ['si:'said] n крайбрёжие.

season ['si:zn] n сезо́н, годи́шно врёме;
v подпра́вям.

seasoning ['si:zniŋ] n подпра́вка, пи-
ка́нтност.

seat [si:t] n мя́сто; седа́лище; цёнтър;
v сла́гам ня́кого да сёдне.

seaward ['si:wəd] adv към морёто.

seaweed ['si:wi:d] n водора́сло.

secede [si'si:d] v оттёглям се(от), на-
пу́скам.

seclusion [si'klu:ʒən] n уединёние.

second ['sekənd] a вто́ри; n секу́нда; v
поддъ́ржам.

secondary ['sekəndəri] a втори́чен; вто-
ростёпенен.

second-hand ['sekəndhænd] a вехт, от
втора ръка́; n секу́ндна стрелка́.

secondly ['sekəndli] adv на вто́ро мя́сто.

secrecy ['si:krisi] n скри́тост; та́йна.

secret ['si:krit] a та́ен; n та́йна.

secretary ['sekrətri] n секрета́р.

secretion [si'kri:ʃən] n скри́ване; мед
отдёляне, секрёция.

sect [sekt] n сёкта.

section ['sekʃən] n ра́зрез; парчё, сёк-
ция, отдёл, уча́стък.

secular ['sekjulə] a свётски.

secure [si'kjuə] a си́гурен; безопа́сен;
v осигуря́вам (си); закрёпям.

securely [si'kjuəli] adv си́гурно.

security [si'kjuəriti] n си́гурност; безо-
па́сност; pl цённи книжа́.

sediment ['sedimənt] n ута́йка.

seduce [si'dju:s] v прелъсти́вам; при-
вли́чам.

see [si:] v (pt saw [sɔ:], pp seen [si:n])
ви́ждам; разби́рам.

seed [si:d] n сёме; заро́диш.

seedling ['si:dliŋ] n расса́д.

seek [si:k] v (pt, pp sought [sɔ:t]) тъ́рся,
ди́ря.

seem [si:m] v изглёждам.

seeming ['si:miŋ] a мним, приви́ден.

seemingly ['si:miŋli] adv ка́кто из-
глёжда.

seen вж see.

seethe [si:ð] v кипя́.

segregate ['segrigeit] v раздёлям, от-
'дёлям.

seize [si:z] v хва́щам, гра́бвам; загра́б-
вам; схва́щам.

seizure ['si:ʒə] n загра́бване; конфи-
ска́ция; мед у́дар.

seldom ['seldəm] adv ря́дко.

select [si'lekt] v подби́рам; a подбра́н.

selection [si'lekʃən] n подбо́р, селёк-
ция.

self [self] n (pl selves) сам, сёбе си.

self-confident ['self'kɔnfidənt] a само-
увёрен.

self-conscious ['self'kɔnʃəs] a стесни́те-
лен.

self-control ['selfkən'troul] n самоо-
блада́ние.

self-defence ['selfdi'fens] n самоот-
бра́на.

self-goverment ['self'gʌvənmənt] n са-
моуправлёние.

selfish ['selfiʃ] a егоисти́чен.

selfishness ['selfiʃnis] n егои́зъм.

self-reliance ['selfri'laiəns] n самоу-
вёреност, самонадёяност.

self-respect ['selfris'pekt] n чу́вство за
со́бствено досто́йнство.

self-same ['selfseim] a съ́щият.

sell [sel] v (pt, pp sold [sould]) про-
да́вам; сл изма́мвам; n разг изма́ма.

seller ['selə] n продава́ч.

semblance ['sembləns] n прили́ка; (въ́н-
шен) вид.

semicircle ['semi,sə:kl] n полукръ́г.

senate ['senit] n сена́т.

senator ['senətə] n сена́тор.

send [send] v (pt, pp sent [sent]) из-
пра́щам.

sender ['sendə] n изпраща́ч, пода́тел;
рад предава́тел.

senior ['si:njə] a стар; ста́рши; n уче-
ни́к от го́рен клас.

sensation [sen'seiʃən] n усёщане; чу́в-
ство; сенза́ция.

sensational [sen'seiʃənəl] a сензацио́-
нен.

sense [sens] n чу́вство; сети́во; у́сет;
ум; ра́зум; значёние.

senseless ['senslis] a в безсъзна́ние;
безсми́слен.

sensibility [,sensi'biliti] n чувстви́тел-
ност.

sensible [ˈsensəbl] *a* разумен; забележим.

sensitive [ˈsensitiv] *a* чувствителен.

sensitiveness [ˈsensitivnis] *n* чувствителност.

sent *вж* send.

sentence [ˈsentəns] *n* изречение; присъда; *v* осъждам.

sentiment [ˈsentimənt] *n* чувство; отношение.

sentimental [ˌsentiˈmentl] *a* сантиментален.

sentinel [ˈsentinl] *n* страж; пост.

sentry [ˈsentri] *n* часовой, караул.

separate¹ [ˈseprit] *a* отделен.

separate² [ˈsepəreit] *v* разделям(се).

separately [ˈsepritli] *adv* отделно.

separation [ˌsepəˈreiʃən] *n* отделяне; раздяла.

September [sepˈtembə] *n* септември.

sepulchre [ˈsepəlkə] *n* гробница.

sequel [ˈsiːkwəl] *n* продължение, последствие.

sequence [ˈsiːkwəns] *n* последователност; серия; *грам* съгласуване(на *времена*).

sequester [siˈkwestə] *v* отчуждавам; конфискувам; уединявам.

serene [siˈriːn] *a* спокоен; ведър.

serenity [siˈreniti] *n* спокойствие; ведрина.

serf [səːf] *n* крепостник.

serge [səːdʒ] *n* вид вълнен плат.

sergeant [ˈsaːdʒənt] *n* сержант, фелдфебел.

serial [ˈsiəriəl] *n* сериен филм.

series [ˈsiəriːz] *n* (*pl* series) серия, редица.

serious [ˈsiəriəs] *a* сериозен.

seriousness [ˈsiəriəsnis] *n* сериозност.

sermon [ˈsəːmən] *n* проповед.

serpent [ˈsəːpənt] *n* змия.

serum [ˈsiərəm] *n* серум.

servant [ˈsəːvənt] *n* слуга, прислужник.

serve [səːv] *v* служа на, обслужвам; сервирам.

service [ˈsəːvis] *n* служба; услуга; сервиране; *v* обслужвам.

serviceable [ˈsəːvisəbl] *a* годен, полезен; услужлив.

servile [ˈsəːvail] *a* раболепен, робски.

servitude [ˈsəːvitjuːd] *n* робство.

session [ˈseʃən] *n* заседание; сесия.

set [set] *v* (*pt, pp* set [set]) залязвам; поставям; *n* сервиз; апарат; група.

setting [ˈsetiŋ] *n* обстановка; постановка.

settle [ˈsetl] *v* установявам(се); разрешавам; уреждам.

settlement [ˈsetlmənt] *n* уреждане; колония; селище.

settler [ˈsetlə] *n* заселник, колонист.

seven [ˈsevn] *a, n* седем.

seventeen [ˈsevnˈtiːn] *a, n* седемнадесет.

seventeenth [ˈsevnˈtiːnθ] *a* седемнадесети.

seventh [ˈsevnθ] *a* седми.

seventy [ˈsevnti] *a, n* седемдесет.

sever [ˈsevə] *v* разделям; отрязвам; скъсвам.

several [ˈsevrəl] *a* няколко; различен.

severe [siˈviə] *a* строг, суров.

severity [siˈveriti] *n* строгост.

sew [sou] *v* (*pt* sewed [soud], *pp* sewn [soun]) шия, зашивам.

sewer [ˈsjuə] *n* канал.

sewing [ˈsouiŋ] *n* шев, шиене.

sex [seks] *n* пол.

sexual [ˈseksjuəl] *a* полов.

shabby [ˈʃæbi] *a* орфан, опърпан.

shack [ʃæk] *n ам* колиба.

shade [ʃeid] *n* сянка; сенчесто място; нюанс; абажур; призрак.

shadow [ˈʃædou] *n* сянка; *v* засенчвам; следя.

shadowy [ˈʃædoui] *a* сенчест; неясен.

shady [ˈʃeidi] *a* сенчест.

shaft [ʃaːft] *n* стрела; дръжка; прът; шахта; *техн* ос.

shaggy [ˈʃægi] *a* космат.

shake [ʃeik] *v* (*pt* shook [ʃuk], *pp* shaken [ˈʃeikn]) друсам(се); клатя се; разколебавам; разтърсвам.

shaken *вж* shake.

shaky [ˈʃeiki] *a* несигурен; колеблив.

shale [ʃeil] *n* шист.

shall [ʃæl] *v* (*pt* should [ʃud]) ще.

shallow [ˈʃælou] *a* плитък; *n* плитчина.

shalt [ʃælt] *ост* (2 *лице от* shall, *употребявано с* thou).

sham [ʃæm] *n* имитация, фалшификация; *v* преструвам се; *a* фалшив.

shame [ʃeim] *n* срам; позор; *v* засрамвам.

shameful [ˈʃeimful] *a* срàмен.

shanty¹ [ˈʃænti] *n* колѝба.

shanty² [ˈʃænti] *n* морÿшка пѐсен.

shape [ʃeip] *n* фòрма; òбраз; калъп; *v* офòрмям (се).

shapeless [ˈʃeiplis] *a* безфòрмен.

shapely [ˈʃeipli] *a* стрòен; добрè слòжен.

share [ʃɛə] *n* дял, пай; учàстие; àкция; *v* подѐлям; спдѐлям.

shareholder [ˈʃɛəˌhouldə] *n* акционѐр.

shark [ʃɑːk] *n* акỳла; изèдник.

sharp [ʃɑːp] *a* òстър; ÿсен; сѝлен; ỳмен; *n* муз диèз; *adv* тòчно, изведнъж.

sharpen [ˈʃɑːpən] *v* òстря.

sharpener [ˈʃɑːpnə] *n* острѝлка.

shatter [ˈʃætə] *v* разбѝвам; счỳпвам.

shave [ʃeiv] *v* (*pt* shaved [ʃeivd], *pp* shaven [ˈʃeivn]) брèсна се; остъргвам; почтѝ се докòсвам.

shaving [ˈʃeiviŋ] *n* брèснене.

shawl [ʃɔːl] *n* шал.

she [ʃiː] *pron* тя.

sheaf [ʃiːf] *n* (*pl* sheaves) сноп.

shear [ʃiə] *v* (*pt* sheared [ʃiəd], *pp* shorn [ʃɔːn]) стрѝжа.

shears [ʃiəz] (*pl*) *n* голèми нòжици.

sheath [ʃiːθ] *n* нòжница, калъф.

shed¹ [ʃed] *v* (*pt, pp* shed [ʃed]) рòня; разпрèсквам.

shed² [ʃed] *n* нàвес.

sheen [ʃiːn] *n* блÿсък; лъскавинà.

sheep [ʃiːp] *n* (*pl* sheep) овцà; овцè.

sheepskin [ˈʃiːpskin] *n* òвча кòжа; пергамѐнт.

sheer [ʃiə] *a* чист; ѝстински; абсолютен; отвèсен; *v* отклонÿвам(се).

sheet [ʃiːt] *n* лист; чаршàф; вèстник.

shelf [ʃelf] *n* (*pl* shelves) полѝца, рафт.

shell [ʃel] *n* черỳпка; гѝлза; снарÿд; *v* бèля; обстрèлвам.

shellfish [ˈʃelfiʃ] *n* мѝда.

shelter [ˈʃeltə] *n* подслòн, убèжище; *v* подслонÿвам.

shelve [ʃelv] *v* слàгам на полѝца; отлàгам.

shepherd [ˈʃepəd] *n* овчàр, пастѝр; *v* вòдя.

sheriff [ˈʃerif] *n* шерѝф, прѝстав.

sherry [ˈʃeri] *n* шèри(*вид южно вино*).

shield [ʃiːld] *n* щит; *v* закрѝлям.

shift [ʃift] *v* премèствам(се); прехвърлям; *n* смÿна; промÿна.

shiftless [ˈʃiftlis] *a* безпòмощен; мързелѝв.

shilling [ˈʃiliŋ] *n* шѝлинг.

shimmer [ˈʃimə] *v* блещỳкам; *n* блещỳкане.

shin [ʃin] *n* пищÿл; *v* катèря се.

shine [ʃain] *v* (*pt, pp* shone [ʃɔn]) грèя, блестÿ; лèскам.

shiny [ˈʃaini] *a* лèскав; излèскан.

ship [ʃip] *n* кòраб; *v* експедѝрам, прàщам.

shipbuilding [ˈʃipˌbildiŋ] *n* корабострòене.

shipment [ˈʃipmənt] *n* прàтка; експедѝране.

shipping [ˈʃipiŋ] *n* кòраби, флот.

shipwreck [ˈʃiprek] *n* корабокрушèние.

shipyard [ˈʃipjɑːd] *n* корабостроѝтелница.

shirk [ʃəːk] *v* бÿгам от рàбота, отговòрност, клѝнча.

shirt [ʃəːt] *n* рѝза.

shirting [ˈʃəːtiŋ] *n* плат за рѝзи.

shiver [ˈʃivə] *v* трепèря, трèпна; *n* трèпка.

shoal [ʃoul] *n* стàдо рѝби; плитчинà; *pl разг* мàса, мнòго.

shock [ʃɔk] *n* сътресèние; шок; ỳдар; *v* шокѝрам, потрÿсам.

shocking [ˈʃɔkiŋ] *a* ужàсен, неприлѝчен.

shoe [ʃuː] *n* обỳвка; подкòва; *v* (*pt, pp* shod [ʃɔd]) обỳвам; подковàвам.

shoemaker [ˈʃuːmeikə] *n* обущàр.

shoe-string [ˈʃuːstriŋ] *n* врèзка за обỳвки.

shone *вж* shine.

shook *вж* shake.

shoot [ʃuːt] *v* (*pt, pp* shot [ʃɔt]) стрèлям, стрèлвам(се); изрàствам; снѝмам(*филм*).

shop [ʃɔp] *n* магазѝн; работѝлница; цех; *v* пазарỳвам.

shop-assistant [ˈʃɔpəˌsistənt] *n* продавàч.

shopkeeper [ˈʃɔp͵kiːpə] *n* съдържател на малък магазин.
shopping [ˈʃɔpiŋ] *n* пазаруване.
shopwindow [ˈʃɔpˈwindou] *n* витрина.
shore [ʃɔː] *n* бряг; подпора; *v* подпирам.
shorn *вж* **shear.**
short [ʃɔːt] *a* къс, кратък; нисък; непълен; недостигащ; *adv* внезапно.
shortage [ˈʃɔːtidʒ] *n* недостиг.
short-circuit [ˈʃɔːt͵səːkit] *n* късо съединение.
shortcoming [ˈʃɔːtˈkʌmiŋ] *n* недостатък; недостиг.
shorten [ˈʃɔːtn] *v* скъсявам(се).
shortening [ˈʃɔːtniŋ] *n* мазнина.
shorthand [ˈʃɔːthænd] *n* стенография.
shortly [ˈʃɔːtli] *adv* скоро.
shorts [ʃɔːts] *n* шорти.
short-sighted [ˈʃɔːtˈsaitid] *a* късоглед.
shot[1] [ʃɔt] *n* сачми; изстрел; инжекция(на наркотик).
shot[2] *вж* **shoot.**
should *вж* **shall.**
shoulder [ˈʃouldə] *n* рамо; плешка.
shout [ʃaut] *v* викам, крещя; *n* вик.
shove [ʃʌv] *v* бутам, тласкам.
shovel [ˈʃʌvl] *n* лопата; *v* рина.
show [ʃou] *v* (*pt* **showed** [ʃoud], *pp* **shown, shewn** [ʃoun]) показвам(се); *n* показ; изложба; представление.
shower [ˈʃauə] *n* преваляване; душ; изобилие.
shown *вж* **show.**
showy [ˈʃoui] *a* ефектен, пищен.
shrank *вж* **shrink.**
shred [ʃred] *n* парцалче; късче; *v* късам на парчета.
shrew [ʃruː] *n* опърничава жена.
shrewd [ʃruːd] *a* умен; хитър; остър; проницателен.
shrewdness [ˈʃruːdnis] *n* проницателност; острота.
shriek [ʃriːk] *v* пищя; *n* писък.
shrill [ʃril] *a* остър, писклив.
shrimp [ʃrimp] *n* скарида; човече.
shrine [ʃrain] *n* ковчег за мощи; свето място; светилище.

shrink [ʃriŋk] *v* (*pt* **shrank** [ʃræŋk], *pp* **shrunk** [ʃrʌŋk]) свивам се; отдръпвам се.
shrivel [ˈʃrivl] *v* сбръчквам се; съсухрям се.
shroud [ʃraud] *n* плащеница; наметало; *v* обвивам.
shrub [ʃrʌb] *n* храст.
shrubbery [ˈʃrʌbəri] *n* храсталак.
shrug [ʃrʌg] *v* свивам рамене.
shrunk *вж* **shrink.**
shudder [ˈʃʌdə] *v* потрепервам, побиват ме тръпки.
shuffle [ˈʃʌfl] *v* тътря се; размесвам(карти и пр.).
shun [ʃʌn] *v* отбягвам.
shut [ʃʌt] *v* (*pt, pp* **shut** [ʃʌt]) затварям.
shutter [ˈʃʌtə] *n* капак(на прозорец).
shuttle [ˈʃʌtl] *n* совалка.
shy [ʃai] *a* свенлив, срамежлив; стеснителен; *v* плаша се(от); *разг* хвърлям.
shyly [ˈʃaili] *adv* свенливо.
shyness [ˈʃainis] *n* свенливост.
sick [sik] *a* болен; повръщащ; ядосан.
sicken [ˈsikn] *v* разболявам се, заболявам.
sickle [ˈsikl] *n* сърп.
sickly [ˈsikli] *a* болнав.
sickness [ˈsiknis] *n* болест.
side [said] *n* страна; *разг* надутост.
sideboard [ˈsaidbɔːd] *n* бюфет.
sidewalk [ˈsaidwɔːk] *n ам* тротоар.
sideways [ˈsaidweiz] *adv* настрана.
siding [ˈsaidiŋ] *n* странична жп линия.
siege [siːdʒ] *n* обсада.
sieve [siv] *n* сито.
sift [sift] *v* пресявам; разглеждам внимателно.
sigh [sai] *n* въздишка; *v* въздишам.
sight [sait] *n* зрение; гледка; *pl* забележителности.
sightseeing [ˈsait͵ siːiŋ] *n* разглеждане на забележителности.
sign [sain] *n* знак; белег; признак; табела, надпис; *v* давам знак; подписвам.
signal [ˈsignəl] *n* сигнал; знак; *v* сигнализирам.
signature [ˈsignətʃə] *n* подпис.
significance [sigˈnifikəns] *n* значение; значителност.
significant [sigˈnifikənt] *a* значителен; важен.

signify ['signifai] v означа̀вам; съоб-
ща̀вам.

silage ['sailidʒ] n сила̀ж.

silence ['sailəns] n мълча̀ние; тишина̀;
v ка̀рам да мля̀кне.

silent ['sailənt] a мълчалѝв; безшу̀мен,
тих; ням(за филм).

silhouette [ˌsilu'et] n силуѐт.

silica ['silikə] n кварц, крѐмък.

silk [silk] n копрѝна; a копрѝнен.

silken ['silkən] a копрѝнен, като ко-
прѝна.

silkworm ['silkwə:m] n бу̀ба.

silky ['silki] a като копрѝна; гла̀дък,
мек и лъ̀скав.

sill [sil] n праг.

silly ['sili] a глу̀пав.

silver ['silvə] n сребро̀; a срѐбърен.

silverware ['silvəwɛə] n сребро̀, прѝбо-
ри за я̀дене.

silvery ['silvəri] a сребрѝст; я̀сен,
чист(за тон).

similar ['similə] a подо̀бен, схо̀ден.

similarity [ˌsimi'læriti] n прѝлика; схо̀д-
ство.

simmer ['simə] v кѐкря; кипя̀(от
гняв).

simple ['simpl] a прост; обикновѐн;
глу̀пав; простоду̀шен.

simpleton ['simpltən] n глупа̀к.

simplicity [sim'plisiti] n простота̀.

simplify ['simplifai] v опростя̀вам.

simply ['simpli] adv про̀сто.

simultaneous [ˌsiməl'teinjəs] a едно-
врѐменен.

sin [sin] n грях; v прегреша̀вам.

since [sins] prep от; conj отка̀кто; тъй
като̀; adv оттога̀ва; отда̀вна.

sincere [sin'siə] a ѝскрен.

sincerity [sin'seriti] n ѝскреност.

sinew ['sinju:] n сухожѝлие; pl му̀ску-
ли, сѝла.

sinewy ['sinjui] a жѝлест; му̀скулест.

sinful ['sinful] a грехо̀вен.

sing [siŋ] v (pt sang [sæŋ], pp sung [sʌŋ])
пея̀; възпя̀вам.

singe [sindʒ] v пъ̀рля.

singer ['siŋə] n певѐц.

single ['siŋgl] a едѝнствен; единѝчен;
нежѐнен.

singly ['siŋgli] adv отдѐлно; сам; поот-
дѐлно.

singular ['siŋgjulə] a ря̀дък; изклю-
чѝтелен; грам едѝнствен.

sinister ['sinistə] a зловѐщ, зъл.

sink [siŋk] v (pt sank [sæŋk], pp
sunk [sʌŋk]) потъ̀вам, спа̀дам; n
мѝвка.

sinner ['sinə] n грѐшник.

sip [sip] v отпѝвам, сръ̀бвам; n гла̀тка.

sir [sə:] n господѝне, съ̀р(в обръще-
ние).

sire ['saiə] n ост баща̀, пра̀дядо;
обръщѐние към владѐтел.

siren ['saiərən] n сирѐна.

sirup вж syrup.

sister ['sistə] n сестра̀.

sister-in-law ['sistəin'lɔ:] n етъ̀рва; зъ̀л-
ва; балдъ̀за.

sit [sit] v (pt, pp sat [sæt]) седя̀; засе-
да̀вам.

site [sait] n мя̀сто; местоположѐние.

sitting ['sitiŋ] n седѐне; заседа̀ние; по-
зѝране.

sitting-room ['sitiŋrum] n всекиднѐвна.

situated ['sitjueitid] a разполо̀жен.

situation [ˌsitju'eiʃən] n местополо-
жѐние; положѐние; длъ̀жност.

six [siks] a, n шест.

sixpence ['sikspəns] n монѐта= 6 ста̀ри
пѐнса.

sixteen ['siks'ti:n] a, n шестна̀десет.

sixteenth ['siks'ti:nθ] a шестна̀десети.

sixth [siksθ] a шѐсти.

sixty ['siksti] a, n шестдесѐт.

size [saiz] n големина̀, размѐр; но̀мер;
v определя̀м големина̀та.

skate [skeit] n кънка̀; v пъ̀рзалям се с
кънкѝ.

skater ['skeitə] n кънкьо̀р.

skein [skein] n гра̀нче, чилѐ.

skeleton ['skelitn] n скѐлет; скѝца,
план; констру̀кция.

sketch [sketʃ] n скѝца; v скицѝрам.

ski [ski:] n ска; v ка̀рам ски.

skid [skid] v плъ̀згам се; подна̀сям
се(за кола).

skiff [skif] n ло̀дчица, скиф.

skilful ['skilful] a вещ; срѐчен.

skill [skil] n срѐчност, умѐние.

skilled [skild] a о̀питен, квалифи-
цѝран.

skim [skim] v обѝрам кайма̀к или
пя̀на; преглѐждам набъ̀рзо (вес-
тник, списание).

skimp [skimp] v иконо̀мисвам; скъпя̀
се.

skin [skin] n ко̀жа; мех; кора̀(на плод);
v дера̀; обѐлвам.

skinny ['skini] *a* мно̀го слаб, ко̀жа и ко̀сти.

skip [skip] *v* прескàчам; скàчам на въ̀же; прескàчам(до); *n* скок.

skipper ['skipə] *n* капитàн на мàлък кòраб.

skirmish ['skə:miʃ] *n* схвàтка; *v* влѝзам в схвàтка.

skirt [skə:t] *n* полà; *pl* крàища, покрайнинѝ; первàз; ръб.

skulk [skʌlk] *v* дѐбна, крѝя се; бя̀гам от рàбота.

skull [skʌl] *n* чѐреп.

sky [skai] *n* небѐ.

skylark ['skaila:k] *n* чучулѝга.

skyscraper ['skai͵skreipə] *n* небостъргàч.

slab [slæb] *n* плòча.

slack [slæk] *a* бàвен, отпу̀снат; мързелѝв; хлàбав; *v* отпу̀скам(се).

slacken ['slækn] *v* отпу̀скам(се), намалявам.

slain *вж* **slay**.

slam [slæm] *v* трѐшвам; у̀дрям; *n* у̀дар.

slander ['sla:ndə] *v* клеветя̀; *n* клеветà.

slang [slæŋ] *n* сланг, жаргòн; *v разг* хòкам.

slant [sla:nt] *v* наклоня̀вам(се); *n* наклòн; *ам* глѐдище.

slanting ['sla:ntiŋ] *a* полегàт.

slap [slæp] *v* пля̀скам; *n* плеснѝца; *adv разг* напрàво.

slash [slæʃ] *v* разсѝчам; *n* рàзрез.

slat [slæt] *n* лѐтва.

slate [sleit] *n* плòча; *v* покрѝвам с плòчи; *разг* упрѐквам.

slaughter ['slɔ:tə] *n* клàнè; *v* кòля; избѝвам.

slave [sleiv] *n* роб; *v* робу̀вам.

slavery ['sleivəri] *n* ро̀бство.

slay [slei] *v* (*pt* **slew** [slu:], *pp* **slain** [slein]) убѝвам.

sledge [sledʒ] *n* шейнà; *v* кàрам или пу̀тувам с шейнà.

sleek [sli:k] *a* приглàден; мàзен; нейскрен; *v* приглàждам.

sleep [sli:p] *v* (*pt, pp* **slept** [slept]) спя̀; *n* спанѐ, сън.

sleeper ['sli:pə] *n* кòйто спи; спàлен вагòн; травѐрса.

sleeping ['sli:piŋ] *a* спя̀щ.

sleepless ['sli:plis] *a* безсѐнен.

sleepy ['sli:pi] *a* съ̀нлѝв.

sleet [sli:t] *n* лапàвица; полѐдица.

sleeve [sli:v] *n* ръкàв; му̀фа.

sleigh [slei] *n* шейнà; *v* пренàсям или пу̀тувам с шейнà.

slender ['slendə] *a* строѐн, тъ̀нък.

slept *вж* **sleep**.

slew *вж* **slay**.

slice [slais] *n* рѐзен, филѝя; дял; *v* разря̀звам, рѐжа.

slick [slik] *a ам* глàдък; плъ̀згав; нейскрен; *разг* лòвък; *n (петролно)* петнò.

slid *вж* **slide**.

slide [slaid] *v* (*pt, pp* **slid** [slid]) плъ̀згам се; *n* пъ̀рзалка; диапозитѝв.

slight [slait] *a* незначѝтелен, слаб; лек; *v* пренебрѐгвам; *n* обѝда.

slightly ['slaitli] *adv* лѐко; слàбо.

slim [slim] *a* тъ̀нък, строѐн, слаб.

slime [slaim] *n* тѝня.

slimy ['slaimi] *a* лѝгав; мàзен; раболѐпен.

sling¹ [sliŋ] *n* прàшка; превръ̀зка.

sling² [sliŋ] *v* (*pt, pp* **slung** [slʌŋ]) хвъ̀рлям, мя̀там.

slip [slip] *v* хлъ̀згам(се); *n* подхлъ̀зване; грѐшка; комбинезòн.

slipper ['slipə] *n* чѐхъл.

slippery ['slipəri] *a* хлъ̀згав.

slit [slit] *v* разцѐпвам; *n* рàзрез; цѐпнатѝна.

slogan ['slougən] *n* лòзунг.

slope [sloup] *n* наклòн; склòн; *v* наклоня̀вам(се).

slot [slɔt] *n* прòрез; цѐпка.

sloth [slouθ] *n* лѐност.

slot-machine ['slɔtmə͵ʃi:n] *n* монѐтен автомàт.

slouch [slautʃ] *n* отпу̀снатост; пригъ̀рбеност; *v* влàча се.

slovenly ['slʌvənli] *a* немарлѝв; небрѐжен.

slow [slou] *a* бàвен; остàващ назàд(за часовник); недосетлѝв.

slug [slʌg] *n* гол òхлюв.

sluggish ['slʌgiʃ] *a* мързелѝв; му̀ден.

slum [slʌm] *n* бедня̀шки квартàл; бѐдна къ̀ща.

slumber ['slʌmbə] *n* сън; дря̀мка; *v* спя.

slump [slʌmp] *n* крѝза; *v* спàдам(за цена); отпу̀скам(се).

slung *вж* **sling**.

slur [slə:] *v* слѝвам, размàзвам; преминàвам набъ̀рзо.

sly [slai] *a* хѝтър; лукàв; нейскрен.

smack [smæk] *v* мляскам; плясвам; ймам вкус на; *n* плющене; вкус; мляскане; *adv* направо.

small [smɔ:l] *a* малък; дребен.

small-pox ['smɔ:l,pɔks] *n* едра шарка.

smart [sma:t] *a* остър; елегантен; бърз; умен, остроумен; *v* смъдя; страдам.

smash [smæʃ] *v* разбивам(се), счупвам; смазвам; *n* сблъскване.

smear [smiə] *v* намазвам; цапам; *n* петно.

smell [smel] *v* (*pt, pp* **smelled**, **smelt** [smelt]) мириша; *n* миризма.

smelt *вж* **smell**.

smelt [smelt] *v* топя(*руда*).

smile [smail] *v* усмихвам(се); *n* усмивка.

smite [smait] *v* (*pt* **smote** [smout], *pp* **smitten** ['smitn]) удрям; поразявам.

smith [smiθ] *n* ковач.

smithy ['smiθi] *n* ковачница.

smitten *вж* **smite**.

smoke [smouk] *n* пушек; *v* пуша.

smoker ['smoukə] *n* пушач; купе за пушачи.

smoky ['smouki] *a* задимен; димен.

smooth [smu:ð] *a* гладък; плавен; равен; *v* изглаждам.

smote *вж* **smite**.

smother ['smʌðə] *v* душа; задушавам.

smoulder ['smouldə] *v* тлея.

smuggle ['smʌgl] *v* контрабандирам, пренасям тайно.

snack [snæk] *n* лека закуска.

snail [sneil] *n* охлюв.

snake [sneik] *n* змия.

snap [snæp] *v* щракам; захапвам; счупвам(се); озъбвам се; *n* счупване; захапване; снимка.

snapshot ['snæpʃɔt] *n* моментална снимка.

snare ['snɛə] *n* примка; *v* впримчвам.

snarl [sna:l] *v* ръмжа.

snatch [snætʃ] *v* грабвам.

sneak [sni:k] *v* дебна; промъквам се; обаждам, клеветя; *разг* задигам.

sneer [sniə] *v* подигравам се; презирам.

sneeze [sni:z] *v* кихам.

sniff [snif] *v* подсмърчам; душа, подушвам; презирам.

snore [snɔ:] *v* хъркам; *n* хъркане.

snort [snɔ:t] *v* пръхтя, сумтя.

snout [snaut] *n* муцуна, зурла.

snow [snou] *n* сняг; *v* вали сняг.

snowball ['snoubɔ:l] *n* снежна топка.

snowflake ['snoufleik] *n* снежинка.

snowstorm ['snoustɔ:m] *n* снежна буря.

snowy ['snoui] *a* снежен.

snuff [snʌf] *n* емфие; смъркане; *v* смръквам.

snug [snʌg] *a* удобен, уютен; спретнат.

so [sou] *adv* така, толкова, значи; *conj* така че.

soak [souk] *v* накисвам; попивам; *разг* напивам се.

so-and-so ['souən'sou] еди-кой-си.

soap [soup] *n* сапун; *v* сапунисвам.

soar [sɔ:] *v* извисявам се, литвам.

sob [sɔb] *v* ридая, хълцам.

sober ['soubə] *a* трезвен; сериозен, спокоен.

sobriety [sou'braiəti] *n* трезвеност.

so-called ['sou'kɔ:ld] *a* така наречен.

soccer ['sɔkə] *n* футбол.

sociable ['souʃəbl] *a* общителен.

social ['souʃəl] *a* обществен; социален; *n* вечеринка.

socialism ['souʃəlizəm] *n* социализъм.

socialist ['souʃəlist] *n* социалист; *a* социалистически.

socialistic [,souʃə'listik] *a* социалистически.

socially ['souʃəli] *adv* обществено; социално.

society [sə'saiəti] *n* общество; дружество; компания.

sociology [,sousi'ɔlədʒi] *n* социология.

sock [sɔk] *n* къс чорап; стелка.

socket ['sɔkit] *n* кухина; фасонка; муфа.

sod [sɔd] *n* *поет* земя.

soda ['soudə] *n* сода; газирана вода.

sodium ['soudjəm] *n* натрий.

sofa ['soufə] *n* канапе.

soft [sɔft] *a* мек; тих; нежен; лек.

soften ['sɔfn] *v* смекчавам.

softly ['sɔftli] *adv* тихо.

softness ['sɔftnis] *n* мекост; нежност.

soil [sɔil] *n* почва; земя; *v* изцапвам.

sojourn ['sɔdʒə:n] *n* пребиваване, престой; *v* пребивавам.

solace ['sɔləs] *n* утеха; *v* утешавам.

solar ['soulə] *a* слънчев.

sold *вж* **sell**.

soldier ['souldʒə] *n* войник.

sole¹ [soul] *n* подмѐтка; *v* слѐгам под-
мѐтки на.
sole² [soul] *a* едѝнствен.
solely ['soulli] *adv* едѝнствено.
solemn ['sɔləm] *a* тържѐствен; се-
риѐзен.
solemnity [sə'lemniti] *n* тържѐственост;
pl церемѐния;сериѐзност.
solicit [sə'lisit] *v* прѐся, мѐля.
solicitor [sə'lisitə] *n* адвокѐт.
solid ['sɔlid] *a* твѐрд, здрав, солѝден;
едѝнствен; чист;*n* твѐрдо тѐло.
solidarity [,sɔli'dæriti] *n* солидѐрност,
сплотѐност.
soliloquy [sə'liləkwi] *n* монолѐг.
solitary ['sɔlitəri] *a* самѐтен, уединѐн,
усамотѐн.
solitude ['sɔlitju:d] *n* самотѐ.
solo ['soulou] *n* сѐло.
soluble ['sɔljubl] *a* разворѝм.
solution [sə'lu:ʃən] *n* разтвѐр.
solve [sɔlv] *v* (раз)решѐвам.
solvent ['sɔlvənt] *a* платежоспосѐбен;
n разтворѝтел.
sombre ['sɔmbə] *a* тѐмен, мрѐчен.
some [sʌm] *a, pron* нѐкой; нѐкакѐв;
мѐлко; нѐколко;приблизѝтелно.
somebody ['sʌmbədi] *pron* нѐкой.
someday ['sʌmdei] *adv* нѐкой ден.
somehow ['sʌmhau] *adv* нѐкак.
someone ['sʌmwən] *n* нѐкой.
something ['sʌmθiŋ] *n* нѐщо.
sometime(s) ['sʌmtaim(z)] *adv* понѐко-
га.
somewhat ['sʌmwɔt] *adv* мѐлко.
somewhere ['sʌmweə] *adv* нѐкъде.
son [sʌn] *n* син.
song [sɔŋ] *n* пѐсен.
son-in-law ['sʌninlɔ:] *n* зет.
sonnet ['sɔnit] *n* сонѐт.
sonorous [sə'nɔ:rəs] *a* звѐчен; звѐнлѝв.
soon [su:n] *adv* скѐро, веднѐга; щом (*в*
комб. as soon as).
soot [sut] *n* сѐжди.
sooth [su:θ] *n ост* ѝстина.
soothe [su:ð] *v* успокоѐвам; утешѐвам.
soothsayer ['su:θ,seiə] *n* гадѐтел.
sophisticated [sə'fistikeitid] *a* прека-
лѐно изтѐнчен; слѐжен.
sophomore ['sɔfəmɔ:] *n ам* второкѐрс-
ник.

sorcerer ['sɔ:sərə] *n* чародѐец; ма-
гьѐсник.
sorcery ['sɔ:səri] *n* магѝя.
sordid ['sɔ:did] *a* мрѐсен; жѐлък; пѐдъл.
sore [sɔ:] *a* болѐзнен; възпалѐн; тѐжен;
засѐгнат; крѐен (*за нуждà*); *n* ѝзва.
sorely ['sɔ:li] *adv* мнѐго, сѝлно.
sorrel¹ ['sɔrəl] *n* кѝселец.
sorrel² ['sɔrəl] *a* червенѝкавокафѐв,
дѐрест (*за кон*).
sorrow ['sɔrou] *n* тъгѐ; печѐл; *v* тъ-
гѐвам.
sorrowful ['sɔrouful] *a* скърбѐщ.
sorry ['sɔri] *a* жѐлък; изпѝтваш съжа-
лѐние; съжалѐвам!
sort [sɔ:t] *n* вид; *v* сортѝрам.
sought *вж* seek.
soul [soul] *n* душѐ.
sound [saund] *n* звук; шум; *v* звучѐ;
сондѝрам; измѐрвам дълбочинѐ; *a*
здрѐв, сѝлен, солѝден.
soundly ['saundli] *adv* дълбѐко, оснѐв-
но.
soundness ['saundnis] *n* здравинѐ.
soundproof ['saundpru:f] *a* звуконе-
проницѐем.
soundtrack ['saundtræk] *n* звукозѐпис.
soup [su:p] *n* сѐпа.
sour ['sauə] *a* кѝсел; раздразнѝтелен;
v вкѝсвам се.
source [sɔ:s] *n* ѝзвор, ѝзточник.
south [sauθ] *n* юг; *a* ѐжен.
southeast [sauθ'i:st] *n, a* югоѝзток.
southeastern [sauθ'i:stən] *a* югоѝзто-
чен.
southern [sʌðən] *a* ѐжен.
southwards ['sauθwədz] *adv* към юг.
southwest [sauθ'west] *a* югозѐпад.
souvenir ['su:vəniə] *n* спѐмен, суве-
нѝр.
sovereign ['sɔvrin] *n* монѐрх; злѐтна
лѝра; *a* върхѐвен; суверѐнен.
sovereignty ['sɔvrənti] *n* върхѐвна
власт.
sow¹ [sau] *n* свинѐ.
sow² [sou] *v* (*pt, pp* sowed [soud]) сѐя.
space [speis] *n* пространство; мѐсто;
кѐсмос.
spaceman ['speismən] *n* космонѐвт.
spacious ['speiʃəs] *a* обшѝрен.
spade [speid] *n* бел, лопѐта; пѝка (*кар-
ма*).
span [spæn] *n* пѐдя; обхвѐт; проме-
ждѐтък; *v* измѐрвам; простѝрам се
(над).
spank [spæŋk] *v* наплѐсквам.

spare [spɛə] v щадя; икономисвам; отделям; a оскъден; резервен; свободен.

sparingly ['spɛəriŋli] adv оскъдно; пестеливо.

spark [spɑːk] n искра, проблясък; веселяк.

sparkle ['spɑːkl] v блещукам.

sparrow ['spærou] n врабче.

sparsely ['spɑːsli] adv рядко.

spat вж **spit**.

spatter ['spætə] v изпръсквам; n плясък; преваляване.

spawn [spɔːn] v хвърлям хайвера си; плодя се; n хайвер; яйца на жаба.

speak [spiːk] v (pt **spoke** [spouk], pp **spoken** [spoukn]) говоря.

speaker ['spiːkə] n оратор; говорител; спикер.

speaking ['spiːkiŋ] a говорещ; n говорене.

spear [spiə] n копие; v пронизвам.

special ['speʃəl] a особен; специален; извънреден.

specialist ['speʃəlist] n специалист.

speciality ['speʃəlti] n специалност; специалитет.

specialize ['speʃəlaiz] v специализирам.

species ['spiːʃiːz] n вид; порода.

specific [spi'sifik] a специфичен; определен; относителен.

specification [ˌspesifi'keiʃən] n спецификация.

specify ['spesifai] v определям точно.

specimen ['spesimin] n образец; екземпляр.

speck [spek] n петънце; малка частица.

speckle ['spekl] v прошарвам.

spectacle ['spektəkl] n гледка, зрелище; pl очила.

spectacular [spek'tækjulə] a ефектен; грандиозен.

spectator [spek'teitə] n зрител.

spectre ['spektə] n призрак; a като призрак.

spectrum ['spektrəm] n спектър.

speculate ['spekjuleit] v размишлявам; спекулирам.

speculation [ˌspekju'leiʃən] n размишление; спекулация.

speculative ['spekjulətiv] a умозрителен; спекулативен.

speculator ['spekjuleitə] n спекулант.

sped вж **speed**.

speech [spiːtʃ] n говор; говорене; реч.

speechless ['spiːtʃlis] a безмълвен; онемял; изумен.

speed [spiːd] n бързина; скорост; v бързам; препускам.

speedily ['spiːdili] adv бързо.

speedy ['spiːdi] a бърз; незабавен.

spell[1] [spel] n заклинание; чар; кратък период.

spell[2] [spel] v (pt, pp **spelt** [spelt]) прочитам буква по буква.

spellbound ['spelbaund] a омагьосан.

spelling ['speliŋ] n правопис.

spend [spend] v (pt, pp **spent** [spent]) харча за; изразходвам; прекарвам.

spendthirft ['spendθrift] n прахосник.

spent вж **spend**.

sperm [spəːm] n сперма.

sphere [sfiə] n сфера; кълбо; поле, област.

spice [spais] n подправка за ястие; v подправям.

spicy ['spaisi] a ароматичен; пикантен.

spider ['spaidə] n паяк.

spied вж **spy**.

spike [spaik] n клин; шип; (л) житен клас; v пробождам.

spill [spil] v (pt, pp **spilled, spilt** [spilt]) разливам(се).

spilt вж **spill**.

spin [spin] v (pt, pp **spun** [spʌŋ]) преда; въртя(се).

spinach ['spinidʒ] n спанак.

spinal ['spainl] a гръбначен.

spindle ['spindl] n вретено.

spine [spain] n гръбнак; бодил.

spinner ['spinə] n предачка.

spinning ['spiniŋ] n предене.

spiral ['spairəl] n спирала; a спираловиден.

spire [spaiə] n остър връх на кула.

spirit ['spirit] n дух; призрак; смелост; настроение; pl спирт, алкохол.

spiritual ['spiritjuəl] a духовен; одухотворен.

spit[1] [spit] v (pt, pp **spat** [spæt]) плюя; съскам; n слюнка.

spit[2] [spit] n шиш; v набождам.

spite [spait] n злоба.

spiteful ['spaitful] a злобен.

splash [splæʃ] v цопвам, плискам; n цопване; петно.

spleen [spliːn] n далак; злоба; меланхолия.

splendid ['splendid] a великолепен, разкошен.

splendour ['splendə] n великолепие.

splinter ['splintə] *n* трескà; отлòмка; *v* (раз)цèпвам.

split [split] *v* (*pt*, *pp* split [split]) цèпя (се); *n* разцеплèние; прòцеп.

splitting ['splitiŋ] *n* разцеплèние, раздèляне.

spoil [spɔil] *v* (*pt*, *pp* spoiled, spoilt [spɔilt]) развàлям(се); разглèзвам; огрàбвам; *n* плячка.

spoke(n) *вж* speak.

spokesman ['spouksmən] *n* представùтел, водàч на делегàция.

sponge [spʌndʒ] *n* гъба, сюнгер.

spongy ['spʌndʒi] *a* гъбест.

sponsor ['spɔnsə] *n* покровùтел; крèстник; поръчùтел; *v* организùрам; урèждам.

spontaneous [spɔn'teinjəs] *a* спонтàнен, непринудèн.

spool [spu:l] *n* макарà; шпỳла.

spoon [spu:n] *n* лъжùца; *v* ухàжвам.

spoonful ['spu:nful] *n* лъжùца (*количество*).

spore [spɔ:] *n* спòра.

sport [spɔ:t] *n* спорт, игрà; развлечèние; *v* игрàя, забавлявам (се).

sporting ['spɔ:tiŋ] *a* спòртен; чèстен.

sportsman ['spɔ:tsmən] *n* спортùст; спортсмèн.

sportsmanship ['spɔ:tsmənʃip] *n* спортсмèнство.

spot [spɔt] *n* петнò; място; *разг* мàлко(количество); *v* цàпам; забелязвам.

spotless ['spɔtlis] *a* съвършèно чист.

spouse [spauz] *n ост* съпрỳг (а).

spout [spaut] *n* чỳчур; трьбà; водостòчна трьбà; струя; *v* лèя се.

sprang *вж* spring.

sprawl [sprɔ:l] *v* прòсвам се; разпростùрам се.

spray [sprei] *n* вèйка, клòнче; сùтни кàпки; *v* прèскам.

spread [spred] *v* (*pt*, *pp* spread[spred]) разстùлам(се); простùрам; намàзвам; *n* разпространèние.

sprig [sprig] *n* клòнче; потòмък; издàнка.

sprightly ['spraitli] *a* жив, вèсел.

spring [spriŋ] *v* (*pt* sprang [spræŋ], *pp* sprung[sprʌŋ]) скàчам; вòдя начàлото си; извùрам; *n* скок; пружùна; ùзвор; прòлет.

springtime ['spriŋtaim] *n* прòлет

sprinkle ['spriŋkl] *v* прèскам, напрèсквам.

sprint [sprint] *n* спрùнт; крàтко, бързо бягане; *v* спринтùрам.

sprout [spraut] *v* напъпвам; нùкна; *n* издàнка, филùз.

spruce [spru:s] *a* спрèтнат; *n* смърч(*растение*).

sprung *вж* spring.

spun *вж* spin.

spur [spə:] *n* шпòра; подбỳда; *v* пришпòрвам; подтùквам.

spurn [spə:n] *v* презùрам; отрùтвам.

spurt [spə:t] *n* струя; ùзблик; *v* шуртя, блùкам; прàвя усùлия.

sputter ['spʌtə] *v* пращя; пелтèча.

spy [spai] *v* шпионùрам; *n* шпиòнин.

squad [skwɔd] *n* взвод; грỳпа.

squadron ['skwɔdrən] *n* ескадрòн.

squall [skwɔ:l] *n* пùсък; вик; внезàпна вихрỳшка; *v* ревà.

squander ['skwɔndə] *v* прахòсвам.

square [skweə] *n* квадрàт; площàд; *a* квадрàтен; *v* прàвя квадрàтен; чèстен.

squarely ['skweəli] *adv* квадрàтно; чèстно; тòчно насрèща.

squash [skwɔʃ] *n* тùква; тълпà; *v* смàчквам, потушàвам.

squat [skwɔt] *v* клякам; *разг* седя.

squaw [skwɔ:] *n* индиàнка.

squawk [skwɔ:k] *v* крàкам; *разг* оплàквам се.

squeak [skwi:k] *v* писỳкам, цвърчà; *разг* издàвам тàйна; *n* цвъртèне.

squeal [skwi:l] *v* квичà, пùскам; издàйнича; *n* пùсък.

squeeze [skwi:z] *v* стùскам; изцèждам; изтùсквам; пробùвам си път.

squint [skwint] *n* кривоглèдство; *разг* пòглед; *v* кривоглèд съм.

squire ['skwaiə] *n* скуàйър, земевладèлец.

squirm [skwə:m] *v* гърча се; въртя се.

squirrel ['skwirəl] *n* кàтеричка.

squirt [skwə:t] *v* прèскам; цùркам; *n* прèскалка, тънка струя.

stab [stæb] *v* промушвам, пронùзвам; *n* (про)мушване.

stability [stə'biliti] *n* устойчùвост.

stabilization [,stæbilai'zeiʃən] *n* стабилизùране; укрèпване.

stabilize ['stæbilaiz] *v* стабилизùрам, укрèпвам.

stable ['steibl] *a* устойчùв.

stack [stæk] *n* купà, кỳпчина; *v* натрỳпвам.

stadium ['steidjəm] *n* стадиòн.

staff [staːf] *n* тояга; жезъл; щаб; персонал; *муз* петолиние; *v* намирам персонал.

stag [stæg] *n* елен.

stage [steidʒ] *n* сцена, естрада; фаза, етап; *v* поставям(*пиеса*).

stagger ['stægə] *v* клатушкам се; учудвам(се); изумявам.

stagnant ['stægnənt] *a* застоял; инертен.

staid [steid] *a* сериозен.

stain [stein] *n* петно; *v* цапам(се); боядисвам.

stainless ['steinlis] *a* без петна; който не се цапа; непорочен.

stair [stɛə] *n* стъпало; *pl* стълби.

staircase ['stɛəkeis] *n* стълба, стълбище.

stairway ['stɛəwei] *n* стълбище.

stake [steik] *n* кол; изгаряне на клада; залог(*при бас*); *v* рискувам.

stale [steil] *a* непресен, остарял.

stalk [stɔːk] *n* стъбло; *v* дебна(*дивеч*); ходя горделиво.

stall [stɔːl] *n* сергия; ясла; място в партера(*в театър*); *v* държа в обор; спирам.

stalwart ['stɔːlwət] *a* силен, юначен, смел.

stamen ['steimən] *n* тичинка.

stammer ['stæmə] *v* заеквам.

stamp [stæmp] *v* поставям пощенска марка, обгербвам; тропвам с крак; щампосвам; *n* пощенска марка.

stampede ['stæmpiːd] *n* панично бягство; *v* бягам панически.

stand [stænd] *v* (*pt, pp* **stood** [stud]) стоя; намирам(се); търпя, издържам; *n* позиция; становище; стойка; щанд.

standard ['stændəd] *n* знаме; стандарт; норма; *a* стандартен.

standardize ['stændədaiz] *v* стандартизирам.

standing ['stændiŋ] *n* продължителност; положение(*в общество*); *a* траен; установен.

standpoint ['stændpɔint] *n* становище.

standstill ['stændstil] *n* застой.

stanza ['stænzə] *n* строфа.

staple ['steipl] *n* главен продукт; скоба; *a* основен.

staple fibre ['steipl'faibə] *n* целволе, изкуствена материя.

star [staː] *n* звезда; светило.

starboard ['staːbəd] *n* щирборд, дясната страна на кораб.

starch [staːtʃ] *n* нишесте; кола; официалност.

stare [stɛə] *v* гледам втренчено; бия на очи.

starfish [staːfiʃ] *n* морска звезда.

stark [staːk] *a* вкочанен; пълен, абсолютен.

starlight ['staːlait] *n* звездна светлина.

starry ['staːri] *a* звезден.

start [staːt] *v* тръгвам; започвам; пускам в движение; сепвам се; *n* тръгване; старт; рязко движение.

starter ['staːtə] *n* състезател; стартер.

startle ['staːtl] *v* сепвам се; подплашвам се.

starvation [staː'veiʃən] *n* глад; гладна смърт.

starve [staːv] *v* умирам от глад; уморявам от глад.

state [steit] *n* състояние; (обществено) положение; държава, щат; *v* заявявам; излагам; *a* държавен.

stately ['steitli] *a* величествен.

statement ['steitmənt] *n* изявление.

statesman ['steitsmən] *n* държавник.

station ['steiʃən] *n* гара; станция; положение; *v* поставям.

stationary ['steiʃnəri] *n* канцеларски материали.

statistical [stə'tistikəl] *a* статистически.

statistics [stə'tistiks] *n* статистика.

statue ['stætjuː] *n* статуя.

stature ['stætʃə] *n* ръст, бой.

status ['steitəs] *n* положение; ранг.

statute ['stætjuːt] *n* закон; устав.

staunch [stɔːntʃ] *a* верен; устойчив; *v* спирам кръвотечение.

stave [steiv] *n* дъга от бъчва; строфа.

stay [stei] *v* оставам; престоявам; отсядам; възпирам; *n* престой.

stead [sted] *n*: **in his stead** на негово място

steadfast ['stedfəst] *a* твърд, верен.

steadiness ['stedinis] *n* устойчивост.

steady ['stedi] *a* устойчив; постоянен; улегнал.

steak [steik] *n* пържола, бифтек.

steal [stiːl] *v* (*pt* **stole** [stoul], *pp* **stolen** ['stouln]) крада.

stealthy ['stelθi] *a* потаен.

steam [sti:m] *n* пàра; *v* изпỳскам пàра; развùвам пàра; гòтвя на пàра.

steamboat [ˈsti:mbout] *n* парахòд.

steam engine [ˈsti:m‚endʒin] *n* пàрна машùна, локомотùв.

steamer [ˈsti:mə] *n* парахòд.

steamship [ˈsti:mʃip] *n* парахòд.

steed [sti:d] *n poem* кон.

steel [sti:l] *n* стомàна; *poem* меч; *v* калùвам.

steep [sti:p] *a* стрèмен; *разг* скъп; *v* потàпям; напоùвам.

steeple [ˈsti:pl] *n* òстър връх на кỳла, цùрква.

steer[1] [stiə] *v* управлùвам.

steer[2] [stiə] *n* млад бик.

stem[1] [stem] *n* стъблò; дрùжка; потеклò.

stem[2] [stem] *v* спùрам, задùржам.

stencil [ˈstensl] *n* шаблòн.

step [step] *n* стùпка; *v* стùпвам.

stepfather [ˈstep‚faːðə] *n* втòри бащà.

stepmother [ˈstep‚mʌðə] *n* мàщеха.

stepping-stone [ˈstepiŋstoun] *n* кàмък, постàвен за преминàване на рекà; трамплùн(*в живòта*).

sterile [ˈsterail] *a* безплòден; стерùлен.

sterilize [ˈsterilaiz] *v* стерилизùрам.

sterling [ˈstə:liŋ] *a* пълноцèнен, ùстински.

stern[1] [stə:n] *a* строг.

stern[2] [stə:n] *n* зàдна част на кòраб.

sternly [ˈstə:nli] *adv* стрòго; сериòзно.

stevedore [ˈsti:vdɔ:] *n* дòкер, пристàнищен хамàлин.

stew [stju:] *v* варù, задушàвам, гòтвя; *n* яхнùя; безпокòйство.

steward [ˈstjuəd] *n* прислỳжник; упрàвител; иконòм; стюàрд.

stewardess [ˈstjuədis] *n* стюардèса.

stick[1] [stik] *n* прèчка, бастỳн; сèчка; *муз* пàлка.

stick[2] [stik] *v* (*pt, pp* **stuck** [stʌk]) пèхам; лепù(се); забùвам(се); набỳчвам(се).

sticky [ˈstiki] *a* лèпкав.

stiff [stif] *a* корàв; твърд; скòван; неподвùжен; трỳден.

stiffen [ˈstifn] *v* вдървùвам се.

stiffly [ˈstifli] *adv* скòвано; недружелюбно.

stiffness [ˈstifnis] *n* корàвост, твърдост; сковàност.

stifle [ˈstaifl] *v* душà; задушàвам (се).

stigma [ˈstigmə] *n* петнò, позòр.

still [stil] *a* тих; неподвùжен; *n poet* тишинà; *v* успокоùвам; *adv* òще, все пак.

stillness [ˈstilnis] *n* тишинà.

stilt [stilt] *n pl* кокùли.

stimulant [ˈstimjulənt] *n* стимулàнт, възбудùтелно срèдство.

stimulate [ˈstimjuleit] *v* стимулùрам.

stimulus [ˈstimjuləs] *n* стùмул.

sting [stiŋ] *v* (*pt, pp* **stung** [stʌŋ]) жùля; уязвùвам; жèгвам; *n* жùло.

stingy [ˈstindʒi] *a* стùснат, скъпèрнически; оскъден.

stink [stiŋk] *v* (*pt* **stank** [stæŋk], *pp* **stunk** [stʌŋk]) вонù; *n* зловòние.

stint [stint] *v* ограничàвам, скъпù.

stipulate [ˈstipjuleit] *v* постàвям услòвие.

stir [stə:] *v* бùркам; размùрдвам(се); възбỳждам; *n* раздвùжване.

stirring [ˈstə:riŋ] *a* вълнỳващ.

stirrup [ˈstirəp] *n* стрèме.

stitch [stitʃ] *n* бод, брùмка; бодèж; *v* шùя.

stock [stɔk] *n* дùнер; дрùжка; потеклò; стòка, налùчност, инвентàр; *pl* цèнни книжà; *v* държù на склад, снабдùвам.

stockade [stɔˈkeid] *n* огрàда; *v* огрàждам с тàраба.

stockholder [ˈstɔk‚houldə] *n* акционèр.

stocking [ˈstɔkiŋ] *n* дùлъг чорàп.

stole, stolen *вж* **steal**.

stomach [ˈstʌmək] *n* стомàх; *v* понàсям търпелùво.

stone [stoun] *n* кàмък; костùлка; мùрка за тегло=6,36 кг; *v* замèрям с кàмък; чùстя костùлки.

stony [ˈstouni] *a* каменùст.

stood *вж* **stand**.

stool [stu:l] *n* стòлче; изпражнèния.

stoop [stu:p] *v* навèждам се; унижàвам се; *n* прегùрбване.

stop [stɔp] *v* спùрам(се); възпùрам; престàвам; запушвам; *n* спùране; спùрка.

storage [ˈstɔridʒ] *n* съхранèние; склад.

store [stɔ:] *n* запàс; склад; *ам* магазùн; *v* складùрам; натрỳпвам.

storehouse [ˈstɔ:haus] *n* склад.

storey, story [ˈstɔ:ri] *n* етàж.

stork [stɔ:k] *n* щùркел.

storm [stɔ:m] *n* бỳря; *v* щурмỳвам.

stormy ['stɔ:mi] *a* бу́рен, ветрови́т, лош (*за време*).

story ['stɔ:ri] *n* при́казка, исто́рия; ста́тия; *разг* лъжа́.

stout [staut] *a* здрав, си́лен, смел; пъ́лен; *n* вид би́ра.

stoutly ['stautli] *adv* сме́ло.

stove [stouv] *n* пе́чка.

stow [stou] *v* опако́вам; прибира́м.

stowaway ['stouəwei] *n* пъ́тник без биле́т.

straggle ['strægl] *v* изоста́вам; движа́ се без ред; разпръ́снат съм.

straight [streit] *a* прав; че́стен; и́скрен; в ред; *adv* пра́во; напра́во.

straighten ['streitn] *v* изпра́вям (се); опра́вям.

straightforward ['streit'fɔ:wəd] *a* прям, че́стен.

strain [strein] *v* напря́гам (се); преси́лвам; навя́хвам; цедя́; *n* преси́лване; изкъ́лчване; на́тиск; напреже́ние.

strait [streit] *n* про́ток; *pl* затрудне́ние; *a* те́сен.

strand[1] [strænd] *n* *поет* бряг; *v* зася́дам в пя́сък(*за кораб*); зага́звам.

strand[2] [strænd] *n* ни́шка.

strange ['streindʒ] *a* стра́нен; чужд.

stranger ['streindʒə] *n* стра́нник, непозна́т.

strangle ['stræŋgl] *v* уду́швам, да́вя.

strap [stræp] *n* ре́мък, ка́ишка; *v* стя́гам; би́я.

stratagem ['strætədʒəm] *n* вое́нна хи́трост.

strategy ['strætidʒi] *n* страте́гия.

stratum ['strɑ:təm] *n* (*pl* **strata**) слой, пласт.

straw [strɔ:] *n* сла́ма; сла́мка.

strawberry ['strɔ:bəri] *n* я́года.

stray [strei] *v* блужда́я; ски́там(се); греша́; *a* блужда́ещ; случа́ен; загу́бен.

streak [stri:k] *n* ря́зка; жи́лка; изве́стно коли́чество; *v* шаря́ с ре́зки.

stream [stri:m] *n* пото́к; тече́ние; *v* тека́; струя́.

streamer ['stri:mə] *n* дъ́лго зна́ме, ле́нта.

street [stri:t] *n* у́лица.

streetcar ['stri:tkɑ:] *n* *ам* трамва́й.

strength [streŋθ] *n* си́ла.

strengthen ['streŋθən] *v* заси́лвам; укре́пвам.

strenuous ['strenjuəs] *a* напре́гнат, измори́телен.

stress [stres] *n* ударе́ние; на́тиск; *v* набля́гам на.

stretch [stretʃ] *v* опъ́вам; протя́гам(се); простира́м(се); *n* протя́гане; о́бсег.

stretcher ['stretʃə] *n* носи́лка.

strew [stru:] *v* (*pt* **strewed** [stru:d], *pp* **strewn**[stru:n]) разпръ́сквам; разсти́лам.

strewn *вж* **strew**.

stricken ['strikn] *a* порезе́н.

strict [strikt] *a* строг.

strictly ['striktli] *adv* стро́го; то́чно.

stridden *вж* **stride**.

stride [straid] *v* (*pt* **strode** [stroud], *pp* **stridden** ['stridn]) кра́ча; прекра́чвам; възся́дам; *n* кра́чка.

strident ['straidənt] *a* ря́зък; прони́зваш.

strife [straif] *n* борба́; спор; конфли́кт.

strike [straik] *v* (*pt*, *pp* **struck**[strʌk]) у́дрям; попа́дам на; стачку́вам; дра́скам (*кибрит*); *n* ста́чка.

striking ['straikiŋ] *a* удиви́телен, порази́телен.

string[1] [striŋ] *n* връв, кана́п; връ́зка; стру́на; на́низ.

string[2] [striŋ] *v* (*pt*, *pp* **strung**[strʌŋ]) нани́звам.

strip [strip] *n* и́вица; ле́нта; *v* обе́лвам; събли́чам (се); огра́бвам.

stripe [straip] *n* райе́; и́вица; наши́вка.

striped [straipt] *a* на райе́та.

strive ['straiv] *v* (*pt* **strove** [strouv], *pp* **striven** [strivn]) стремя́ се.

striven *вж* **strive**.

strode *вж* **stride**.

stroke [strouk] *n* у́дар; зама́х; щри́х; *v* га́ля, гла́дя.

stroll [stroul] *v* разхо́ждам се ба́вно; *n* разхо́дка.

strong [strɔŋ] *a* си́лен, як; твърд.

stronghold ['strɔŋhould] *n* кре́пост.

strove *вж* **strive**.

struck *вж* **strike**.

structural ['strʌktʃərəl] *a* структу́рен; строи́телен.

structure ['strʌktʃə] *n* структу́ра; строе́ж; постро́йка.

struggle ['strʌgl] *v* бо́ря се; мъ́ча се; *n* борба́; уси́лие.

strung *вж* **string**.

strut [strʌt] *v* пе́рча се; *n* пе́рчене; подпо́ра.

stub [stʌb] *n* пън; коча́н, уга́рка; *v* у́дрям си(*крака́*).

stubble ['stʌbl] *n* стърнище; брадясалост.

stubborn ['stʌbən] *a* упорит; инат.

stuck *вж* stick.

stud [stʌd] *n* копче за твърда яка; гвоздей с голяма главичка; конезавод; *v* осейвам.

student ['stju:dənt] *n* студент; учен.

studio ['stju:diou] *n* студио; ателие.

studious ['stju:diəs] *a* прилежен.

study ['stʌdi] *v* уча; изучавам; следвам; *n* изучаване; кабинет; студия.

stuff [stʌf] *n* вещество; материя; плат; *v* тъпча (се); пълня; препарирам.

stuffy ['stʌfi] *a* задушен(за въздух).

stumble ['stʌmbl] *v* препъвам(се); заеквам; сбърквам.

stump [stʌmp] *n* дънер; пън; *v* озадачавам; ходя тежко.

stun [stʌn] *v* зашеметявам.

stung *вж* sting.

stunk *вж* stink.

stunt[1] [stʌnt] *v* спирам растежа на.

stunt[2] [stʌnt] *n* фокус ; номер.

stupefy ['stju:pifai] *v* притъпявам; потрисам.

stupendous [stju'pendəs] *a* изумителен; огромен.

stupid ['stju:pid] *a* глупав, тъп.

stupidity [stju'piditi] *n* глупост.

stupor ['stju:pə] *n* унес.

sturdy ['stə:di] *a* як, устойчив; силен.

stutter ['stʌtə] *v* заеквам, запъвам се.

style [stail] *n* стил; начин; мода; *v* назовавам.

stylish ['stailiʃ] *a* моден; елегантен.

subconscious ['sʌb'kɔnʃəs] *a* подсъзнателен.

subdivide ['sʌbdi'vaid] *v* подразделям.

subdivision ['sʌbdi'viʒən] *n* подразделение; част.

subdue [sʌb'dju:] *v* покорявам, смекчавам.

subject[1] ['sʌbdʒikt] *n* поданик; *грам* подлог; тема; обект, предмет; *a* подчинен.

subject[2] [səb'dʒəkt] *v* подчинявам.

subjection [səb'dʒekʃən] *n* подчинение.

subjective [səb'dʒektiv] *a* субективен.

subject matter ['sʌbdʒikt,mætə] *n* съдържание.

subjunctive [səb'dʒʌŋktiv] *n грам* подчинено наклонение.

sublime [sə'blaim] *a* възвишен; удивителен.

submarine ['sʌbməri:n] *n* подводница.

submerge [səb'mə:dʒ] *v* потопявам(се).

submission [səb'miʃən] *n* подчинение; покорство.

submit [səb'mit] *v* подчинявам се; представям.

subordinate[1] [sə'bɔ:dinit] *a* подчинен; второстепенен.

subordinate[2] [sə'bɔ:dineit] *v* подчинявам.

subp(o)ena [sʌb'pi:nə] *n юр* призовка.

subscribe [səb'skraib] *v* подписвам(се); абонирам се (за); присъединявам се.

subscriber [səb'skraibə] *n* абонат; участник в подписка.

subscription [səb'skripʃən] *n* абонамент; подписка.

subsequent ['sʌbsikwənt] *a* следващ, по-сетнешен.

subsequently ['sʌbsikwəntli] *adv* след това; по-късно.

subside [səb'said] *v* спадам; засядам; утихвам.

subsidize ['sʌbsidaiz] *v* субсидирам.

subsidy ['sʌbsidi] *n* субсидия.

subsist [səb'sist] *v* съществувам.

subsistence [səb'sistəns] *n* съществуване.

substance ['sʌbstəns] *n* субстанция, вещество; същност.

substantial [səb'stænʃəl] *a* солиден; съществен; заможен; веществен.

substantially [səb'stænʃəli] *adv* съществено.

substitute ['sʌbstitju:t] *v* заменям; *n* заместник; заместител.

substitution ['sʌbsti'tju:ʃən] *n* заместване.

subterranean [,sʌbtə'reinjən] *a* подземен.

subtle ['sʌtl] *a* тънък, неуловим; хитър, ловък.

subtlety ['sʌtlti] *n* тънкост; хитрост.

subtract [səb'trækt] *v* изваждам.

suburb ['sʌbə:b] *n* предградие.

suburban [sə'bə:bən] *a* от предградията; дребнобуржоазен.

subway ['sʌbwei] *n* подземен пасаж; *ам* метро.

succeed [sək'si:d] *v* успявам; последвам; наследявам.

success [sək'ses] *n* успех.

successful [sək'sesful] *a* успѐшен; сполучлѝв.

succession [sək'seʃən] *n* наследя́ване; прие́мственост.

successive [sək'sesiv] *a* последова́телен.

successor [sək'sesə] *n* наслѐдник.

succour ['sʌkə] *n* пòмощ; *v* помàгам.

succulent ['sʌkjulənt] *a* сòчен; мèсест.

succumb [sə'kʌm] *v* отстъ̀пвам; умѝрам.

such [sʌtʃ] *pron* такъ̀в; такѝва.

suck [sʌk] *v* сỳча; смỳча; *n* сỳчене; смỳчене.

sucker ['sʌkə] *n* бозàйник; издъ̀нка; смукàло; *техн* смукàтел; *сл* будалà.

suckle ['sʌkl] *v* къ̀рмя.

sudden ['sʌdn] *a* внезàпен.

suddenly ['sʌdnli] *adv* внезàпно, изведнъ̀ж.

suds [sʌdz] *n* сапỳнена водà, пя̀на.

sue [sju:] *v* дàвам под съд.

suffer ['sʌfə] *v* страдàм; претъ̀рпявам; позволя́вам.

sufferance ['sʌfərəns] *n* мълчалѝво съглàсие.

sufferer ['sʌfərə] *n* стрàдащ.

suffering ['sʌfəriŋ] *n* страдàние.

suffice [sə'fais] *v* стѝгам, достàтъчен съм, задоволя́вам.

sufficient [sə'fiʃənt] *a* достàтъчен.

sufficiently [sə'fiʃəntli] *adv* достàтъчно.

suffocate ['sʌfəkeit] *v* задушàвам се; удỳшвам.

suffrage ['sʌfridʒ] *n* избирàтелно прàво.

sugar ['ʃugə] *n* зàхар; *v* подслàждам.

suggest [sə'dʒəst] *v* внушàвам; предлàгам.

suggestion [sə'dʒəstʃən] *n* внушѐние; предложѐние; съвѐт.

suggestive [sə'dʒəstiv] *a* внушàващ мѝсли; неприлѝчен.

suicide ['sjuisaid] *n* самоубѝйство; самоубѝец.

suit [sju:t] *n* костю̀м; комплѐкт; иск; тъ̀жба, процѐс; *v* подхòждам; удòбен съм; задоволя́вам.

suitable ['sju:təbl] *a* подходя́щ.

suitcase ['sju:tkeis] *n* кỳфар.

suite [swi:t] *n* свѝта; апартамѐнт; гарнитỳра; сюѝта.

suitor ['sju:tə] *n* просѝтел; ухажòр.

sulk [sʌlk] *v* цỳпя се.

sulky ['sʌlki] *a* нацỳпен.

sullen ['sʌlən] *a* намỳсен; мрàчен.

sulphate ['sʌlfeit] *n* сулфàт.

sulphur ['sʌlfə] *n* ся̀ра.

sulphuric [sʌl'fjuərik] *a* сèрен.

sultan ['sʌltən] *n* султàн.

sultry ['sʌltri] *a* знòен.

sum [sʌm] *n* сỳма; сбор; аритметѝчна задàча.

summarize ['sʌməraiz] *v* резюмѝрам.

summary ['sʌməri] *n* резюмѐ; *a* крàтък.

summer ['sʌmə] *n* ля̀то.

summerhouse ['sʌməhaus] *n* бесèдка.

summit ['sʌmit] *n* връх; връ̀хна тòчка.

summon ['sʌmən] *v* призовàвам; повѝквам.

sumptuous ['sʌmptjuəs] *a* разкòшен; пѝщен.

sun [sʌn] *n* слънце.

sunbeam ['sʌnbi:m] *n* слънчев лъч.

sunburn ['sʌnbə:n] *n* изгàряне от слънце.

sunburnt ['sʌnbə:nt] *a* почерня́л, изгоря́л от слънце.

Sunday ['sʌndi] *n* недѐля.

Sunday-school ['sʌndisku:l] *n* недѐлно учѝлище.

sunder ['sʌndə] *v* раздѐлям.

sundown ['sʌndaun] *n* *ам* зàлез слънце.

sundry ['sʌndri] *n* рàзни.

sunflower ['sʌn,flauə] *n* слънчоглѐд.

sung *вж* **sing**.

sunk *вж* **sink**.

sunken ['sʌŋkən] *a* хлъ̀тнал; потъ̀нал.

sunlight ['sʌnlait] *n* слънчева светлинà.

sunny ['sʌni] *a* слънчев; вèсел.

sunrise ['sʌnraiz] *n* ѝзгрев.

sunset ['sʌnset] *n* зàлез.

sunshine ['sʌnʃain] *n* слънчева светлинà.

sunstroke ['sʌnstrouk] *n* слънчев ỳдар.

sup [sʌp] *n* глъ̀тка; *v* вечѐрям; сръ̀бвам, отпѝвам.

superb [sju'pə:b] *a* великолѐпен; велѝчествен.

superficial [,sju:pə'fiʃəl] *a* повъ̀рхностен.

superfluous [sju'pə:fluəs] *a* излѝшен.

superintend [,sju:prin'tend] *v* надзирàвам; управля́вам; завѐждам.

superintendent ['sju:prin'tendənt] *n* надзирàтел.

superior [sju'piəriə] *a* превъзходен; по-висш; високомерен; *n* началник.
superiority [sju'piəri'ɔriti] *n* превъзходство.
superlative [sju'pə:lətiv] *a* превъзходен.
superman [,sju:pəmæn] *n* свръхчовек.
supernatural [,sju:pə'nætʃrəl] *a* свръхестествен.
supersede [,sju:pə'si:d] *v* замествам, измествам.
supersonic [,sju:pə'sɔnik] *a* свръхзвуков.
superstition [,sju:pə'stiʃən] *n* суеверие.
superstitious [,sju:pə'stiʃəs] *a* суеверен.
superstructure [,sju:pə'strʌktʃə] *n* надстройка.
supervise ['sju:pəvaiz] *v* надзиравам.
supervision ['sju:pə'viʒən] *n* надзираване; надзор.
supervisor [,sju:pə'vaizə] *n* надзирател.
supper ['sʌpə] *n* вечеря.
supplant [sə'plɑ:nt] *v* заменям; измествам.
supple ['sʌpl] *a* гъвкав; податлив; хитър.
supplement ['sʌplimənt] *n* притурка; приложение; *v* допълвам.
supplementary [,sʌpli'mentəri] *a* допълнителен.
supplication [,sʌpli'keiʃən] *n* жалба; молба.
supply [sə'plai] *v* снабдявам; доставям; *n* снабдяване; предлагане.
support [sə'pɔ:t] *v* поддържам; издържам; поддръжка; опора.
supporter [sə'pɔ:tə] *n* поддръжник.
suppose [sə'pouz] *v* предполагам; мисля; представям си, допускам.
supposing [sə'pouziŋ] *conj* ако; при положение че.
supposition [,sʌpə'ziʃən] *n* предположение.
suppress [sə'pres] *v* потушавам; потискам; забранявам.
suppression [sə'preʃən] *n* потушаване; забрана.
supremacy [sju'preməsi] *n* първенство.
supreme [sju'pri:m] *a* върховен.
sure [ʃuə] *a* сигурен; уверен; *adv* разбира се.
surely ['ʃuəli] *adv* сигурно; навярно.
surety ['ʃuəti] *n* сигурност; поръчител; гаранция.
surf [sə:f] *n* прибой, крайбрежно вълнение.

surface ['sə:fis] *n* повърхност.
surge [sə:dʒ] *v* надигам се; вълнувам се; *n* крайбрежно вълнение.
surgeon ['sə:dʒən] *n* хирург.
surgery ['sə:dʒəri] *n* хирургия; лекарски кабинет.
surgical ['sə:dʒikəl] *a* хирургически.
surly ['sə:li] *a* начумерен; груб.
surmise[1] ['sə:maiz] *n* предположение; догадка.
surmise[2] [sə:'maiz] *v* предполагам.
surmount [sə:'maunt] *v* преодолявам.
surname ['sə:neim] *n* презиме.
surpass [sə:'pɑ:s] *v* превъзхождам, превишавам.
surplus ['sə:pləs] *n* излишък; *a* излишен; принаден.
surprise [sə'praiz] *n* изненада; учудване; *v* изненадвам.
surprising [sə'praiziŋ] *a* изненадващ.
surrender [sə'rendə] *v* предавам(се); *n* капитулация.
surround [sə'raund] *v* обграждам, заобикалям.
surroundings [sə'raundiŋz] *n (pl)* околности.
survey[1] [sə:'vei] *v* разглеждам; проучвам; измервам; инспектирам.
survey[2] ['sə:vei] *n* преглед; резюме.
surveying [sə:'veiiŋ] *n* земемерство.
surveyor [sə:'veiə] *n* земемер.
survival [sə'vaivəl] *n* преживяване; останка от миналото.
survive [sə'vaiv] *v* преживявам; оцелявам.
survivor [sə'vaivə] *n* оцелял.
susceptible [sə'septəbl] *a* податлив; впечатлителен; чувствителен.
suspect[1] ['sʌspekt] *n* заподозряно лице.
suspect[2] [səs'pekt] *v* подозирам.
suspend [səs'pend] *v* окачвам; провесвам; отлагам, преустановявам.
suspence [səs'pens] *n* неизвестност; безпокойство.
suspension [səs'penʃən] *n* окачване; преустановяване.
suspicion [səs'piʃən] *n* подозрение.
suspicious [səs'piʃəs] *a* подозрителен.
sustain [səs'tein] *v* поддържам; издържам; претърпявам.
sustenance ['sʌstinəns] *n* храна; препитание.
swagger ['swægə] *v* ходя важно; перча се; хваля се; *n* перчене; хвалене.
swain [swein] *n poet* момък; влюбен.
swallow[1] ['swɔlou] *n* лястовица.

swallow[7] ['swɔlou] v гълтам; пре-
глъщам.
swam вж swim.
swamp ['swɔmp] n блато; v наво-
днявам; заливам.
swampy ['swɔmpi] a блатист.
swan [swɔn] n лебед.
swarm [swɔ:m] n рояк; тълпа; v тълпя
се; гъмжа.
swarthy ['swɔ:ði] a тъмен, мургав.
sway [swei] v люшкам(се); влияя на; n
люшкане; влияние; власт.
swear [swɛə] v (pt swore [swɔ:], pp
sworn[swɔ:n]) кълна се; ругая; псу-
вам.
sweat [swet] n пот; v потя се; експлоа-
тирам.
sweater ['swetə] n пуловер; експлоа-
татор.
sweep [swi:p] v (pt, pp swept [swept])
метà; помитам; профучавам; n об-
сег; замах; метене.
sweeper ['swi:pə] n метач.
sweepings ['swi:piŋz] n (pl) смет.
sweet [swi:t] a сладък; мил; n бонбон;
сладкиш.
sweeten ['swi:tn] v подслаждам.
sweetheart ['swi:tha:t] n възлюблен(а);
любим(а).
sweetly ['swi:tli] adv сладко; мило.
sweetness ['swi:tnis] n сладост.
swell [swel] v (pt swelled [sweld], pp
swollen['swouln]) подувам се; уве-
личавам се; n голяма вълна; a разг
елегантен; отличен.
swelling ['sweliŋ] a подутина, оток.
swept вж sweep.
swerve [swə:v] v отклонявам се, за-
вивам; n отклонение.
swift [swift] a бърз; внезапен.
swiftness ['swiftnis] n бързина.
swim [swim] v (pt swam [swæm], pp
swum[swʌm]) плувам; преплувам;
завива ми се свят; n плуване.
swimmer ['swimə] n плувец.

swindle ['swindl] v измамвам; n из-
мама.
swine [swain] n свиня, свине.
swing [swiŋ] v (pt, pp swung [swʌŋ])
люлея(се); провесвам се; въртя(се);
n замах; люлка.
swirl [swə:l] v въртя се (за вода, прах
и дъжд); n водовъртеж; вихрушка.
swish [swiʃ] v свистя; шибам; n сви-
стене; размах.
switch [switʃ] n пречка; камшик;
електрически ключ; стрелка; v
шибам; прехвърлям(се).
swollen вж swell.
swoon [swu:n] v врухлитам; n спуска-
не; врухлитане.
sword [sɔ:d] n меч, сабя.
swore вж swear.
sworn вж swear.
swum вж swim.
swung вж swing.
sycamore ['sikəmɔ:] n явор.
syllable ['siləbl] n сричка.
symbol ['simbəl] n знак; символ.
symbolize ['simbəlaiz] v символизирам.
symmetrical [si'metrikəl] a симетричен.
symmetry ['simitri] n симетрия.
sympathetic [,simpə'θetik] a съчувствен;
приятен.
sympathize ['simpəθaiz] v съчувству-
вам.
sympathy ['simpəθi] n съчувствие.
symphony ['simfəni] n симфония.
symptom ['simptəm] n симптом; приз-
нак.
synagogue ['sinəgɔg] n синагога.
syndicate ['sindikit] n синдикат.
synonym ['sinənim] n синоним.
syntax ['sintæks] n синтаксис.
syrup ['sirəp] n сироп.
system ['sistim] n система.
systematic [,sisti'mætik] a системен.

T

table ['teibl] n маса; таблица; v пред-
лагам за обсъждане.
tablecloth ['teiblklɔθ] n покривка за

маса.
tablespoon ['teiblspu:n] n лъжица.
tablet ['tæblit] n табелка; бележник;
таблетка.
tack [tæk] n гвоздейче; кабарче; тро-
поска; v заковавам; забождам; тро-
посвам.

tackle ['tækl] *n* принадлѐжности, инструмѐнти; *v* заѐмам се; счѐпквам се; бòря се; сгрàбчвам.

tact [tækt] *n* такт.

tactics ['tæktiks] *n pl* тàктика.

tadpole ['tædpoul] *n* пòпова лъжѝчка.

tag [tæg] *n* етикѐт; висѩщ край; клишѐ; гòненица; *v* постàвям етикѐт.

táil [teil] *n* опàшка; край; турà(*за монета*).

tailor ['teilə] *n* мъжки шивàч; *v* ушѝвам.

taint [teint] *n* петнò; поквàра; *v* опетнѩвам, заразѩвам (се); развàлям се(*за храна*).

take [teik] *v* (*pt* **took** [tuk], *pp* **taken** ['teikn]) взѐмам; занàсям; завѐждам; хвàщам.

taken *вж* take.

taking ['teikiŋ] *a* привлекàтелен; приѩтен; *n pl* печàлби.

tale [teil] *n* прѝказка; ràзказ; измѝслица.

talent ['tælənt] *n* талàнт.

talk [tɔ:k] *n* ràзговор; бесѐда; слух; *v* разговàрям (се); говорѩ.

talker ['tɔ:kə] *n* кòйто говòри; кòйто сàмо говòри, а не дѐйства.

talkie ['tɔ:ki] *n* говорѩщ филм.

tall [tɔ:l] *a* висòк; *разг* невероѩтен, прекалѐн.

tallow ['tælou] *n* лой, сàло; *a* лòен.

tame [teim] *a* пѝтомен; крòтък; безинтерѐсен; *v* опитомѩвам.

tamper ['tæmpə] *v* мѐся се; бъркам се; подпрàвям.

tan [tæn] *n* дъбѝлно веществò; тен; почернѩване; *a* жълтокафѩв; *v* щàвя.

tangible ['tændʒəbl] *a* осезàем; определѐн, ясен.

tangle ['tæŋgl] *n* заплѐтеност, бъркотѝя; *v* заплѝтам (се); обѐрквам.

tank [tæŋk] *n* танк; резервоàр.

tap [tæp] *n* кран; чешмà; потỳпване, почỳкване; *v* тòча питиѐ; потỳпвам.

tape [teip] *v* изтрѐгвам(*парѝ, сведения*); завързвам; *n* лѐнта(*и на записващо устройство*); ширѝт.

tape recorder ['teipri,kɔ:də] *n* магнетофòн.

taper ['teipə] *n* вòсъчна свещ; *v* заòстрям се.

tapestry ['tæpistri] *n* гоблѐн.

tar [ta:] *n* катрàн; смолà; *v* мàжа с катрàн, насмолѩвам.

tardy ['ta:di] *a* бàвен, мỳден; остàнал назàд, закъснѩл.

target ['ta:git] *n* прѝцел, обѐкт, мишѐна.

tariff ['tærif] *n* тарѝфа.

tarnish ['ta:niʃ] *v* потъмнѩвам.

tarry ['tæri] *v* бàвя се, стоѩ.

tart [ta:t] *a* тръпчѝв; хаплѝв; *n* пѝта с плодовѐ; проститỳтка.

tartar ['ta:tə] *n* зъбен кàмък; вѝнен кàмък.

task [ta:sk] *n* задàча; *v* (за)дàвам ràбота; затруднѩвам.

tassel ['tæsəl] *n* пискю̀л.

taste [teist] *n* вкус; *v* вкỳсвам, опѝтвам.

tatter ['tætə] *n* парцàл.

tattoo [tə'tu:] *n воен* зарѩ; татуирòвка; *v* татуѝрам.

taught *вж* teach.

taunt [tɔ:nt] *v* подигрàвам; *n* подигрàвка.

taut [tɔ:t] *a* опѐнат; изпѐнат.

tavern ['tævən] *n* крѐчма.

tawny ['tɔ:ni] *a* жълтокафѩв; мỳргав.

tax [tæks] *n* дàнък, нàлог; брѐме; *v* облàгам с дàнък; подлàгам на изпитàние.

taxation [tæk'seiʃən] *n* облàгане; дàнъчна систѐма.

taxi(cab) ['tæksi(kæb)] *n* таксѝ.

taxpayer ['tæks,peiə] *n* данъкоплàтец.

tea [ti:] *n* чай.

teach [ti:tʃ] *v* (*pt, pp* **taught** [tɔ:t]) ỳча, обучàвам; преподàвам.

teacher ['ti:tʃə] *n* учѝтел; преподавàтел.

tea-kettle ['ti:ketl] *n* чàйник(*за варѐне на водà за чай*).

team [ti:m] *n* отбòр, тим; впряг.

teapot ['ti:pɔt] *n* чàйник(*за сервѝране на чай*).

tear[1] [tiə] *n* сълзà.

tear[2] [tɛə] *v* (*pt* **tore** [tɔ:], *pp* **torn** [tɔ:n]) късам, дерà; втỳрвам се.

tearful ['tiəful] *a* плачлѝв; сълзлѝв.

tease [ti:z] *v* дразнѩ.

teaspoon ['ti:spu:n] *n* чàена лъжѝчка.

technical ['teknikəl] *a* технѝчески.

technique [tek'ni:k] *n* тѐхника; умѐние.

technology [tek'nɔlədʒi] *n* тѐхника; технолòгия.

tedious ['ti:djəs] *a* отегчителен, до-
сáден.
teem [ti:m] *v* гъмжá, изобилствувам.
teeth *вж* tooth.
telegram ['teligræm] *n* телегрáма.
telegraph ['teligrɑ:f] *n* телегрáф; *v* те-
леграфѝрам (на).
telephone ['telifoun] *n* телефóн; *v* те-
лефонѝрам.
telescope ['teliskoup] *n* телескóп.
television ['teli‚viʒən] *n* телевѝзия.
tell [tel] *v* (*pt, pp* told [tould]) кáзвам;
разкáзвам; различáвам; обáждам.
teller ['telə] *n* касиéр.
temper ['tempə] *n* нрав; твъ̀рдост; на-
строéние; *v* калявам(*метáл*); смек-
чáвам.
temperament ['tempərəmənt] *n* тем-
перамéнт.
temperamental [‚tempərə'mentl] *a*
вродéн; темперамéнтен.
temperance ['tempərəns] *n* умéреност,
въздържáние.
temperate ['tempərit] *a* умéрен.
temperature ['tempritʃə] *n* температу-
рá.
tempest ['tempist] *n* бу̀ря.
tempestuous [tem'pestjuəs] *a* бу̀рен.
temple¹ ['templ] *n* храм.
temple² ['templ] *n* сляпо окó.
temporal ['tempərəl] *a* врéменен; свéт-
ски.
temporary ['tempərəri] *a* врéменен.
tempt [tempt] *v* изкушáвам, събла-
знявам.
temptation [temp'teiʃən] *n* изкушéние,
съблáзън.
tempting ['temptiŋ] *a* изкушáващ.
ten [ten] *a, n* дéсет.
tenacious [ti'neiʃəs] *a* сѝлен(*за пáмет*);
упорѝт; жѝлав; лéпкав.
tenacity [ti'næsiti] *n* упорѝтост.
tenant ['tenənt] *n* наемáтел, кварти-
рáнт.
tend [tend] *v* клоня към; грѝжа се за.
tendency ['tendənsi] *n* тендéнция, на-
клóнност.
tender ['tendə] *a* нéжен, крéхък; *n*
тéндер(*вагон за въглища*); предло-
жéние; *v* предлáгам.
tenderness ['tendənis] *n* нéжност.
tendril ['tendril] *n* филѝз, мустáче.
tenement ['tenimənt] *n* квартѝра.
tennis ['tenis] *n* тéнис.

tenor¹ ['tenə] *n* насóка, ход; съдър-
жáние; тендéнция.
tenor² ['tenə] тенóр.
tense [tens] *n* глагóлно врéме; *a* об-
тéгнат, опънат; напрéгнат.
tension ['tenʃən] *n* напрежéние, на-
прéгнатост.
tent [tent] *n* палáтка.
tentacle ['tentəkl] *n* пипáло.
tentative ['tentətiv] *a* прóбен, експери-
ментáлен.
tenth [tenθ] *a* десéти.
term [tə:m] *n* срок; семéстър; тéрмин;
pl услóвия; отношéния; *v* назовáвам.
terminal ['tə:minəl] *a* крáен; срóчен; *n*
крáйна гáра; крáйна част.
terminate ['tə:mineit] *v* завършвам,
свършвам.
termination [‚tə:mi'neiʃən] *n*
окончáние, завършек.
terminus ['tə:minəs] *n* крáйна гáра,
спѝрка.
terrace ['terəs] *n* терáса.
terra-cotta ['terə'kɔtə] *n* теракóта,
глѝнено издéлие; керемѝден цвят.
terrestrial [ti'restriəl] *a* зéмен; сухо-
пътен.
terrible ['terəbl] *a* ужáсен.
terrific [tə'rifik] *a* ужáсен; стрáшен.
terrify ['terifai] *v* ужасявам.
territorial [‚teri'tɔ:riəl] *a* териториá-
лен.
territory ['teritəri] *n* теритóрия.
terror ['terə] *n* у̀жас; терóр.
test [test] *n* клáсна рáбота; провéрка;
прóба; изпитáние; *v* изпѝтвам, про-
верявам.
testament ['testəmənt] *n* завещáние;
завéт.
testify ['testifai] *v* дáвам показáния,
свидéтелствувам; удостоверявам.
testimonial [‚testimounjəl] *n* атестáт,
свидéтелство.
testimony ['testiməni] *n* показáния,
свидéтелство.
test-tube ['test'tju:b] *n* епрувéтка.
text [tekst] *n* текст; тéма.
textbook ['tekstbuk] *n* учéбник.
textile ['tekstail] *n* текстѝл; *a* тек-
стѝлен.
texture ['tekstʃə] *n* тъ̀кан; строéж.

than [ðæn] *conj, prep* отколкото.

thank [θæŋk] *v* благодаря; *n pl* благодарности.

thankful ['θæŋkful] *a* благодарен.

thankfulness ['θæŋkfulnis] *n* благодарност.

thanksgiving ['θæŋksgiviŋ] *n* благодарност(*на бога*).

that [ðæt] *pron* този; онзи; който; *conj* че, за да.

thatch [θætʃ] *n* сламен покрив; *v* покривам със слама.

thaw [θɔ:] *v* топя се(*за сняг*); ставам по-сърдечен; *n* топене, размразяване.

the [ðə] (*пред гласни* [ði(:)]) *грам* опред. член.

theatre ['θiətə] *n* театър.

theatrical [θi'ætrikəl] *a* театрален.

thee [ði:] *pron, поет, ост* тебе, те.

theft [θeft] *n* кражба.

their [ðɛə] *pron* техен.

theirs [ðɛəz] *pron* техен.

them [ðem] *pron* тях, ги.

theme [θi:m] *n* тема.

then [ðen] *adv* тогава; след това; после.

thence [ðens] *adv* оттогава.

thenceforth ['ðens'fɔ:θ] *adv* оттогава.

theological [θiə'lɔdʒikəl] *a* богословски.

theology [θi'ɔlədʒi] *n* теология.

theoretical [θiə'retikəl] *a* теоретичен.

theory ['θiəri] *n* теория.

there [ðɛə] *adv* там; тук.

thereabouts ['ðɛərəbauts] *adv* горе долу; там някъде.

therefore ['ðɛəfɔ:] *adv* затова.

thereupon ['ðɛərə'pɔn] *adv* след това; вследствие на това.

thermometer [θə'mɔmitə] *n* термометър.

these [ði:z] *pron* тези.

thesis ['θi:sis] *n* теза; дисертация.

they [ðei] *pron* те; някой(*безлично*).

thick [θik] *a* дебел; гъст; дрезгав; глупав; *n* среда; *adv* нагъсто.

thicken ['θikən] *v* сгъстявам; надебелявам.

thicket ['θikit] *n* гъсталак.

thickness ['θiknis] *n* гъстота; дебелина.

thief [θi:f] *n* (*pl* thieves) крадец.

thieve [θi:v] *v* крада.

thigh [θai] *n* бедро.

thimble ['θimbl] *n* напръстник.

thin [θin] *a* тънък; слаб; рядък; *v* разреждам(се); изтънявам.

thine [ðain] *вж* thy.

thing [θiŋ] *n* нещо; работа; същество; предмет.

think [θiŋk] *v* (*pt, pp* thought [θɔ:t]), мисля; смятам; възнамерявам; представям си.

thinker ['θiŋkə] *n* мислител.

thinking ['θiŋkiŋ] *n* мислене; мнение.

third [θə:d] *a* трети.

thirst [θə:st] *n* жажда; *v* жадувам, силно желая.

thirsty ['θə:sti] *a* жаден.

thirteen ['θə:ti:n] *a, n* тринадесет.

thirteenth ['θə:ti:nθ] *a* тринадесети.

thirtieth ['θə:tiəθ] *a* тридесети.

thirty ['θə:ti] *a, n* тридесет.

this [ðis] *pron* този, тази, това.

thistle ['θisl] *n* магарешки бодил.

thong [θɔŋ] *n* ремък; камшик.

thorn [θɔ:n] *n* трън.

thorny ['θɔ:ni] *a* трънлив; труден; деликатен.

thorough ['θʌrə] *a* пълен, съвършен; внимателен; основен.

thoroughfare ['θʌrəfɛə] *n* артерия, магистрала.

thoroughly ['θʌrəli] *adv* напълно; съвсем.

those [ðouz] *pron* онези.

thou [ðau] *pron ост поет* ти.

though [ðou] *adv* все пак; въпреки че.

thought[1] [θɔ:t] *n* мисъл, размишление.

thought[2] *вж* think.

thoughtful ['θɔ:tful] *a* замислен; сериозен; внимателен.

thoughtless ['θɔ:tlis] *a* необмислен; небрежен; невнимателен.

thousand ['θauzənd] *a, n* хиляда.

thrall [θrɔ:l] *n* робство.

thrash [θræʃ] *v* набивам; натупвам.

thread [θred] *n* конец; нишка; *v* вдявам.

threat [θret] *n* заплаха.

threaten ['θretn] *v* заплашвам; предвещавам.

three [θri:] *a, n* три.

threescore ['θri:'skɔ:] *n* шестдесет.

thresh [θreʃ] v вършѐя; бѝя.

thresher [ˈθreʃə] n вършàчка.

threshold [ˈθreʃ(h)ould] n праг.

threw вж throw.

thrice [θrais] adv три пѫти.

thrift [θrift] n пестелѝвост.

thrifty [ˈθrifti] a икономѝчен, пестелѝв.

thrill [θril] n трѐпет; вълнѐние; v вълнувам(се); потрепѐрвам.

thrive [θraiv] v (pt throve [θrouv], pp thriven [ˈθrivn]) процъфтѝвам, вирѐя; преуспѝвам.

throat [θrout] n гърло.

throb [θrɔb] v туптѝ; тỳпам; бѝя; n сѝлен ỳдар.

throne [θroun] n трон.

throng [θrɔŋ] n тълпà.

throttle [ˈθrɔtl] v задушàвам; удỳшвам; n разг гърло.

through [θru:] prep през; a дирѐктен(за влак).

throughout [θruˈaut] adv от крàй до крàй; във всѝко отношѐние.

throve вж thrive.

throw [θrou] v (pt threw [θru:], pp thrown[θroun]) хвърлям; мѝтам; n хвърляне.

thrown вж throw.

thrush [θrʌʃ] n дрозд.

thrust [θrʌst] v (pt, pp thrust [θrʌst] пѐхам, мỳшкам; блъскам; n пѐхане; тлàскане.

thud [θʌd] n тъп звук; v тỳпвам.

thumb [θʌm] n пàлец.

thump [θʌmp] n тѐжък ỳдар; v ỳдрям(с юмрỳк).

thunder [ˈθʌndə] n гръм; v гърмѝ; вѝкам гръмоглàсно.

thunderbolt [ˈθʌndəboult] n гръм.

thunderstorm [ˈθʌndəstɔ:m] n бỳря с гръмотѐвици.

thus [ðʌs] adv такà, по такъв нàчин; тòлкова.

thwart [θwɔ:t] v осуетѝвам; противопоставям се.

thy [ðai] pron ост твой.

thyme [taim] n мàщерка.

tick [tik] n цѝкане; отмѐтка; разг версѝя; v цѝкам; отмятам.

ticket [ˈtikit] n билѐт; етикѐт; ràзписка; бюлетѝна.

tickle [ˈtikl] v гъделѝчкам; сърбѝ; забавлявам.

tidal [ˈtaidl] a свързан с прилив или òтлив.

tide [taid] n прѝлив и òтлив.

tidings [ˈtaidiŋz] n (pl)новинѝ; вѐсти.

tidy [ˈtaidi] a спрѐтнат; подрѐден; разг значѝтелен; v опрàвям, подрѐждам.

tie [tai] v връзвам; n вратовръзка; pl прен връзки.

tier [ˈtaiə] n редѝца, ред.

tiger [ˈtaigə] n тѝгър.

tight [tait] a стѐгнат; опънат; прилѐпнал; разг пиян.

tighten [ˈtaitn] v стягам, опъвам.

tile [tail] n керемѝда; плòчка; v покрѝвам с керемѝди; облицòвам с плòчки.

till [til] prep, adv до; дотогàва; докатò; v обрабòтвам земя.

tiller [ˈtilə] n земедѐлец; лост на кормѝло.

tilt [tilt] n наклòн; навѐждане; v навѐждам(се); нахвърлям(се).

timber [ˈtimbə] n дървен материàл; гредà.

time [taim] n врѐме; пъ̀т; епòха; муз такт, тѐмпо; v избѝрам момѐнта; измѐрвам врѐме.

timely [ˈtaimli] a наврѐмен.

timetable [ˈtaim͵teibl] n разписàние.

timid [ˈtimid] a плах, боязлѝв.

timidity [tiˈmiditi] n плàхост, боязлѝвост.

tin [tin] n калàй; тенекѐ; тенекѝя(съд); консѐрвна кутѝя; v калайдѝсвам; консервѝрам.

tinfoil [ˈtinfɔil] n станиòл.

tinge [tindʒ] n нюàнс; v обàгрям.

tingle [ˈtiŋgl] v горя̀(за уши, бузи); изтръпвам (крак и пр).

tinker [ˈtiŋkə] n тенекеджѝя; калайджѝя; v човъркам.

tinkle [ˈtiŋkl] v звънтѝ.

tinsel [ˈtinsəl] n сърма; външен блясък.

tint [tint] n нюàнс, колорѝт; тон; v придàвам цвят; обàгрям.

tiny [ˈtaini] a мѐничък.

tip [tip] n крàйчец; връхче; бакшѝш; v навѐждам (се); изсѝпвам; дàвам бакшѝш.

tiptoe [ˈtiptou] v хòдя на пръсти.

tire [ˈtaiə] n външна гỳма на колелò; v уморѝвам (се); омръзва ми.

tireless [ˈtaiəlis] a неуморѝм.

tiresome ['taiəsəm] *a* уморѝтелен; досѐден.

tissue ['tiʃju:] *n* тъкан.

tit [tit] *n* синѝгер.

tithe [taið] *n* десѐтък(*данък*); *v* събѝрам десѐтък.

title ['taitl] *n* заглàвие; тѝтла; звàние; прàво.

to [tu:] *prep* към; за; в; спорѐд; до; по; *conj* за да, да.

toad [toud] *n* пъпчѝва жàба.

toast [toust] *n* филѝя препѐчен хляб; тост; *v* препѝчам хляб; вдѝгам тост.

tobacco [tə'bækou] *n* тютюн .

toboggan [tə'bogən] *n* шейнà за спускане; *v* спускам се с шейнà.

today [tə'dei] *adv* днес.

toe [tou] *n* пръст(*на крак*).

together [tə'geðə] *adv* зàедно.

toil [tɔil] *v* трудя се; *n* тѐжък труд.

toilet ['tɔilit] *n* тоалѐт; тоалѐтна.

token ['toukən] *n* знак.

told *вж* tell.

tolerable ['tɔlərəbl] *a* търпѝм; снòсен; дòста добѐр.

tolerance ['tɔlərəns] *n* търпѝмост, толерàнтност.

tolerant ['tɔlərənt] *a* толерàнтен; търпелѝв.

tolerate ['tɔləreit] *v* търпя, понàсям.

toleration [,tɔlə'reiʃən] *n* понàсяне, търпѐние.

toll [toul] *n* тàкса(*за минаване на път или мост*); уем; погребàлен звън.

tomato [tə'ma:tou] *n* домàт.

tomb [tu:m] *n* грòбница, гроб.

tombstone ['tu:mstoun] *n* надгрòбен кàмък.

tomorrow [tə'mɔrou] *adv* ỳтре.

ton [tʌn] *n* тон(*мярка*).

tone [toun] *n* тон(*звук*); нюàнс; дух; *v* настрòйвам; хармонѝрам.

tongs [tɔŋz] *n pl* машà; щѝпка; клѐщи.

tongue [tʌŋ] *n* езѝк.

tonic ['tɔnik] *a* укрепѝтелен; *n* лекàрство за усѝлване.

tonight [tə'nait] *adv* тàзи вѐчер, довѐчера.

tonnage ['tʌnidʒ] *n* тонàж.

tonsil ['tɔnsl] *n* слѝвица.

too [tu:] *adv* също; твърде.

took *вж* take.

tool [tu:l] *n* сечивò, инструмѐнт, орѐдие, срѐдство.

tooth [tu:θ] *n* (*pl* teeth[ti:θ]) зъб; зъбѐц.

toothache ['tu:θeik] *n* зъбобòл.

toothbrush ['tu:θbrʌʃ] *n* чѐтка за зъби.

toothpick ['tu:θpik] *n* клѐчка за зъби.

top [tɔp] *n* връх; пỳмпал; *a* гòрен; нàй-голям; *v* покрѝвам.

topic ['tɔpik] *n* предмѐт, тѐма.

topmost ['tɔpmoust] *a* нàй-гòрен; нàй-вàжен.

topple ['tɔpl] *v* катỳрвам(се).

topsy-turvy ['tɔpsi'tə:vi] *a* с главàта надòлу.

torch [tɔ:tʃ] *n* фàкел.

tore *вж* tear.

torment[1] ['tɔ:mənt] *n* мѐка, мъчѐние.

torment[2] [tɔ:'ment] *v* измъчвам.

torn *вж* tear.

tornado [tɔ:'neidou] *n* урагàн; смерч.

torpedo [tɔ:'pi:dou] *n* торпѝла; мѝна; *v* торпилѝрам.

torrent ['tɔrənt] *n* порòй.

torrid ['tɔrid] *a* горѐщ; тропѝчески.

tortoise ['tɔ:təs] *n* костенỳрка.

torture ['tɔ:tʃə] *n* мъчѐние; измъчване; *v* измъчвам; изтезàвам.

Tory ['tɔri] *n* консервàтор, тòри.

toss [tɔs] *v* подхвърлям; мятам(се).

total ['toutl] *a* пълен; цял; *n* òбща сỳма; *v* възлѝзам на.

totally ['toutəli] *adv* напълно.

totter ['tɔtə] *v* залѝтам, клатỳшкам (се).

touch [tʌtʃ] *v* пѝпам, докòсвам(се до); допѝрам(се); *n* докòсване; *сп* тъч.

touching ['tʌtʃiŋ] *a* покъртѝтелен, трогàтелен.

tough [tʌf] *a* трỳден; груб; твърд; сѝлен; упорѝт.

tour [tuə] *n* обикòлка; пътешѐствие; *v* обикàлям из, пътỳвам.

tourist ['tuərist] *n* турѝст.

tournament ['tuənəmənt] *n* състезàние; турнѝр.

tow [tou] *v* тегля; влàча; *n* тѐглене.

toward(s) [tə'wɔ:d(z)] *prep* към; по отношѐние на; òколо, приблизѝтелно.

towel ['tauəl] *n* кърпа за лице; *v* изтрѝвам с пешкѝр.

tower ['tauə] *v* издѝгам се; *n* кỳла.

town [taun] *n* град.

town hall ['taun'hɔ:l] *n* грàдски съвѐт общинà; кмѐтство.

townsman ['taunzmən] *n* гра̀жданин.

toy [tɔi] *n* игра̀чка; *a* дѐтски; *v* игра̀я си.

trace [treis] *n* следа̀; незначѝтелно колѝчество; *v* черта̀я; копѝрам; проследя̀вам.

track [træk] *n* следа̀, дѝря; пътѐка; *сп* пѝста; *v* вървя̀ по следѝте на.

tract [trækt] *n* простра̀нство; *анат* систѐма; тракта̀т.

tractor ['træktə] *n* тра̀ктор.

trade [treid] *n* търговѝя; занаят; *v* търгу̀вам; *a* търго̀вски.

trademark ['treid‚ma:k] *n* фабрѝчна ма̀рка.

trader ['treidə] *n* търго̀вец.

tradesman ['treidzmən] *n* търго̀вец; о̀питен рабо̀тник.

trade union ['treid'ju:njən] *n* трейдюнио̀н; професиона̀лен съю̀з.

tradition [trə'diʃən] *n* традѝция; преда̀ние.

traditional [trə'diʃnəl] *a* традицио̀нен.

traffic ['træfik] *n* движѐние; прѐвоз; *v* търгу̀вам.

trafficker ['træfikə] *n* ко̀йто търгу̀ва незако̀нно.

tragedy ['trædʒidi] *n* трагѐдия.

tragic ['trædʒik] *a* трагѝчен.

trail [treil] *v* преслѐдвам; вла̀ча(се); пълзя̀(*за растение*); *n* следа̀; пътѐка.

trailer ['treilə] *n* ремаркѐ; пълзя̀що растѐние.

train [trein] *n* влак; свѝта; шлейф; *v* обуча̀вам; тренѝрам.

trainer ['treinə] *n* треньо̀р.

training ['treiniŋ] *n* трѐнинг.

trait [treit] *n* отличѝтелна черта̀; осо̀беност.

traitor ['treitə] *n* преда̀тел, измѐнник.

tram [træm] *n* трамва̀й.

tramp [træmp] *v* стъ̀пвам тѐжко; *n* тро̀пане; скѝтник.

trample ['træmpl] *v* тъ̀пча, га̀зя; *n* тъ̀пчене.

trance [tra:ns] *n* у̀нес, транс.

tranquil ['træŋkwil] *a* споко̀ен; тих.

tranquility [træŋ'kwiliti] *n* споко̀йствие.

transact [træns'ækt] *v* върша(*търговия*); склю̀чвам (*сделка*).

transaction [træns'ækʃən] *n* сдѐлка.

transatlantic ['trænzət'læntik] *a* презокеа̀нски; трансатлантѝчески.

transcript ['trænskript] *n* прѐпис.

transfer[1] ['trænsfə:] *n* премѐстване; прехвъ̀рляне; превѐждане (*на суми*).

transfer[2] [træns'fə:] *v* прена̀сям; прехвъ̀рлям; превѐждам су̀ма.

transfigure [træns'figə] *v* преобразя̀вам.

transform [træns'fɔ:m] *v* преобразу̀вам, превръ̀щам.

transformation [‚trænsfə'meiʃən] *n* преобразу̀ване; преустро̀йство.

transgress [træns'gres] *v* наруша̀вам; престъ̀пвам.

transgression [træns'greʃən] *n* нарушѐние.

transient ['trænsiənt] *a* краткотра̀ен, прѐходен.

transit ['trænsit] *n* премина̀ване.

transition [træn'siзən] *n* прѐход.

translate [træns'leit] *v* превеждам; премѐствам.

translation [træns'leiʃən] *n* прѐвод; премѐстване.

translator [træns'leitə] *n* преводѝч(*пѝсмен*).

translucent [trænz'lu:sənt] *a* прозра̀чен.

transmission [trænz'miʃən] *n* трансмѝсия; преда̀ване.

transmit [trænz'mit] *v* преда̀вам.

transmitter [trænz'mitə] *n* предава̀тел.

transparent [træns'pɛərənt] *a* прозра̀чен; я̀сен.

transplant [træns'pla:nt] *v* преса̀ждам; *мед* приса̀ждам; пресѐлвам.

transport[1] [træns'pɔ:t] *v* прена̀сям; прево̀звам.

transport[2] ['trænspɔ:t] *n* прѐвоз; транспо̀рт.

transportation [‚trænspɔ:'teiʃən] *n* прѐвоз; транспо̀рт.

trap [træp] *n* капа̀н; кло̀пка; *v* ловя̀ в капа̀н.

trash [træʃ] *n* смет; глу̀пости.

travail ['træveil] *n* родѝлни мъ̀ки; голѐми усѝлия; *v* изпѝтвам мъ̀ка.

travel ['trævl] *v* пъту̀вам; *n* пъту̀ване, пътешѐствие.

traveller ['trævlə] *n* пъ̀тник.

traverse ['trævə:s] *v* прекося̀вам; премина̀вам.

tray [trei] *n* та̀бла, подно̀с.

treacherous ['tretʃərəs] a фалшѝв; ковàрен; предàтелски.

treachery ['tretʃəri] n ковàрство; предàтелство.

tread [tred] v (pt trod [trɔd], pp trodden['trɔdn]) стѝпвам; хòдя по; тѝпча; n стѝпка; хòдене.

treason ['tri:zn] n предàтелство; измѝна.

treasure ['treʒə] n съкрòвище; v ценѝ висòко.

treasurer ['treʒərə] n касиèр; ковчèжник.

treasury ['treʒəri] n трезòр; хазнà, държàвно съкрòвище.

treat [tri:t] v третѝрам; отнàсям се; чèрпя; лекỳвам; n чèрпене; удовòлствие.

treatise ['tri:tiz] n трактàт.

treatment ['tri:tmənt] n отношèние; лечèние.

treaty ['tri:ti] n дòговор.

treble ['trebl] a трòен; трикрàтен; v утроявам.

tree [tri:] n дървò.

tremble ['trembl] v трепèря.

tremendous [tri'mendəs] a огрòмен; ужàсен, стрàшен.

tremor ['tremə] n трепèрене; трèпет; трус.

tremulous ['tremjuləs] a трепèрещ; трèпетен; развълнỳван.

trench [trentʃ] n ров; окòп; v копàя ров; посягам (на).

trend [trend] n тендèнция; насòка; v клонѝ към.

trespass ['trespəs] v влѝзам незакòнно във; злоупотребявам (със); прегрешàвам.

trial ['traiəl] n òпит; изпитàние; процèс,дèло.

triangle ['traiæŋgl] n триъгълник.

triangular [trai'æŋgjulə] a триъгълен.

tribe [traib] n плèме, род.

tribunal [trai'bju:nl] n съд; съдѝлище; трибунàл.

tribune ['tribju:n] n трибỳн; трибỳна.

tributary ['tribjutəri] a васàлен; n васàлна държàва; прѝток на рекà.

tribute ['tribju:t] n дàнък; дан на пòчит.

trick [trik] n хѝтрост, фòкус, нòмер; v мàмя.

trickle ['trikl] v текà, кàпя; n струйка.

tricky ['triki] a несѝгурен; хѝтър; трỳден, слòжен.

tried вж try.

trifle ['traifl] n дреболѝя, нèщо незначѝтелно; вид сладкѝш; adv мàлко; v играя си(със).

trifling ['traifliŋ] a маловàжен, незначѝтелен.

trigger ['trigə] n спỳсък(на орьжие).

trill [tril] n трèла.

trim [trim] a спрèтнат; v подрязвам; украсявам.

trinity ['triniti] n трòица.

trinket ['triŋkit] n дрънкỳлка.

trip [trip] v подтѝчвам; спѝвам(се); n пътỳване, екскỳрзия; грèшка.

triple ['tripl] a трòен; v утроявам(се).

triumph ['traiəmf] n триỳмф; тържествỳване; v тържествỳвам.

triumphal [trai'ʌmfəl] a триумфàлен.

triumphant [trai'ʌmfənt] a победонòсен, ликỳващ.

trivial ['trivjəl] a обикновèн; незначѝтелен.

trod, trodden вж tread.

troll [troul] v тананѝкам.

trolley ['trɔli] n колѝчка; вагонèтка; ам тролейбỳс.

troop [tru:p] n грỳпа; кавалерийски взвод; pl войскà; v тълпѝ се.

trooper ['tru:pə] n кавалерѝст.

trophy ['troufi] n трофèй.

tropical ['trɔpikəl] a тропѝчески.

trot [trɔt] n тръс; v препỳскам в тръс.

trouble ['trʌbl] n безпокòйство; неприятности; v безпокоѝ.

trough [trɔf] n корѝто; нощвѝ.

trousers ['trauzəz] n pl панталòни.

trout [traut] n пъстърва.

trowel ['trauəl] n мистрѝя; лопàтка.

truant ['truənt] n чòвек, който бяга от задължèнията си; a мързелѝв.

truce [tru:s] n примѝрие; òтдих.

truck [trʌk] n камиòн; открѝт товàрен вагòн; размѝна.

trudge [trʌdʒ] v хòдя с усѝлие; n уморѝтелна разхòдка.

true [tru:] a вèрен; ѝстински; лоялен; тòчен; adv тòчно.

truly ['tru:li] adv ѝскрено; вèрно; тòчно; действѝтелно.

trump [trʌmp] n коз(карта); v цàкам.

trumpet ['trʌmpit] *n* тромпѐт; тръбà; *v* обявявам; тръбя́.

trunk [trʌŋk] *n* стъблò, ствол; труп, тяло; хобòт, сандъ̀к; голя́м куфар; *pl* спòртни, бàнски гащѐта.

trust [trʌst] *n* довѐрие; отговòрност; нѐщо повѐрено; тръст; *v* доверявам(се); вя́рвам.

trustee [trʌs'ti:] *n* опекỳн.

trusting ['trʌstiŋ] *a* доверчѝв.

trustworthy ['trʌst‚wə:ði] *a* кòйто заслужàва довѐрие.

trusty ['trʌsti] *a* вѐрен.

truth [tru:θ] *n* ѝстина.

truthful ['tru:θful] *a* чѐстен; правдѝв; вѐрен.

try [trai] *v* опѝтвам(се); изпрòбвам; прòбвам; съдя́; *n* òпит.

trying ['traiiŋ] *a* тѐжък; непоносѝм.

tub [tʌb] *n* вàна; бъ̀чва.

tube [tju:b] *n* тỳба; цев; тỳба(*музикален инструмент*); метрò(*в Лондон*).

tuberculosis [tju‚bə:kju'lousis] *n* туберкулòза.

tuck [tʌk] *v* пъ̀хам; завѝвам; подгрѐвам; *n* бàста; *pl сл* лàкомства.

Tuesdsay [tju:zdi] *n* втòрник.

tuft ['tʌft] *n* тỳфа; кѝчур.

tug [tʌg] *v* тѐгля, влàча; *n* влекàч.

tuition [tju'iʃən] *n* учѐние; обучѐние; учѐбна тàкса.

tulip ['tju:lip] *n* лалѐ.

tumble ['tʌmbl] *v* пàдам; търкàлям (се); разбъ̀рквам; *n* пàдане.

tumbler ['tʌmblə] *n* вòдна чàша; акробàт.

tumult ['tju:mʌlt] *n* шум; безрѐдица; врява; вълнѐние.

tumultuous [tju'mʌltjuəs] *a* шỳмен; бỳен; бỳрен.

tune [tju:n] *n* мелòдия, мотѝв, тон; *v* настрòйвам, акордѝрам.

tunic ['tju:nik] *n* тỳника; курткà.

tunnel ['tʌnl] *n* тунѐл; *v* пробѝвам тунѐл.

turban ['tə:bən] *n* тюрбàн, чалмà.

turbine ['tə:bin] *n* турбѝна.

turbulent ['tə:bjulənt] *a* бỳрен; размѝрен; вълнувàщ се.

turf [tə:f] *n* торф.

turkey ['tə:ki] *n* пуйка.

turmoil ['tə:mɔil] *n* бъркотѝя; вълнѐние; смут.

turn [tə:n] *v* въртя́(се); обръ̀щам(се); преврръ̀щам(се); *n* обръ̀щане; обрàт.

turner ['tə:nə] *n* стругàр.

turnip ['tə:nip] *n* рѐпа.

turnover ['tə:n‚ouvə] *n* оборòт.

turpentine ['tə:pentain] *n* терпентѝн.

turquoise ['tə:kwɑ:z] *n* тюркоàз.

turtle ['tə:tl] *n* мòрска костенỳрка.

tutor ['tju:tə] *n* чàстен учѝтел; настàвник; преподавàтел в университѐт.

twain [twein] *n* две.

twang [twæŋ] *n* звук на струнà; нòсово говòрене; провлàчен гòвор; *v* дрънкам; трептя́(*за струнà*).

tweed [twi:d] *n* мек въ̀лнен плат.

twelfth [twelfθ] *a* дванàдесети.

twelve [twelv] *a*, *n* дванàдесет.

twentieth ['twentiiθ] *a* двàдесети.

twenty ['twenti] *a*, *n* двàдесет.

twice [twais] *adv* два пъ̀ти.

twig [twig] *n* вѐйка, клòнче.

twilight ['twailait] *n* здрач; дрезгавинà; полумрàк.

twin [twin] *n* близнàк; *a* еднàкъв; двòен.

twine [twain] *n* връв; *v* увѝвам; сплѝтам(*венец*).

twinkle ['twiŋkl] *v* трѐпкам; блещỳкам.

twirl [twə:l] *v* въртя́(се); вѝя(се); *n* въртѐне; завъртỳлка.

twist [twist] *v* засỳквам; завѝвам; вѝя(се); извѝвам; изкривя́вам; *n* изкривя́ване; осòбеност.

twitch [twitʃ] *v* дрѐпвам; *n* спàзма; тик.

twitter ['twitə] *v* цвърчà; говòря бъ̀рзо и възбỳдено.

two [tu:] *a*, *n* две.

twopence ['tʌpəns] *n* две пѐни(*монѐта*).

type [taip] *n* вид, тип; шрифт; *v* пѝша на пѝшеща машѝна.

typewriter ['taip‚raitə] *n* пѝшеща машѝна.

typhoid ['taifɔid] *n* корѐмен тиф; *a* тѝфусен.

typical ['tipikəl] *a* типѝчен; харàктѐрен.

typist ['taipist] *n* машинопѝсец; машинопѝска.

tyranny ['tirəni] *n* тиранѝя.

tyrant ['taiərənt] *n* тирàнин.

U

ugliness ['ʌglinis] *n* грозотà.

ugly ['ʌgli] *a* грòзен; застрашѝтелен.

ulcer ['ʌlsə] *n* язва.

ultimate ['ʌltimit] *a* послèден; крàен; оснòвен.

ultimately ['ʌltimitli] *adv* в крàя; в оснòвата си.

ultraviolet ['ʌltrə'vaiəlit] *a* ултравиолèтов.

umbrella [ʌm'brelə] *n* чадъ̀р.

umpire ['ʌmpaiə] *n* арбѝтър; рèфер.

unable [ʌn'eibl] *a* неспосòбен.

unaccustomed ['ʌnə'kʌstəmd] *a* несвѝкнал.

unanimous [ju'næniməs] *a* единодỳшен.

unassuming ['ʌnə'sju:miŋ] *a* скрòмен; непретенциòзен.

unaware ['ʌnə'wɛə] *a* кòйто не забелязва, не знàе.

unawares ['ʌnə'wɛəz] *adv* неочàквано; без да ѝскам.

unbearable [ʌn'bɛərəbl] *a* непоносѝм.

unbelievable ['ʌnbi'li·vəbl] *a* невероятен.

unbiased ['ʌn'baiəst] *a* непредубедèн; безпристрàстен.

unbounded [ʌn'baundid] *a* безкрàен.

unbridled [ʌn'braidld] *a* необуздàн; необуздèн.

uncanny [ʌn'kæni] *a* стрàнен, неестèствен, тàйнствен.

uncertain [ʌn'sə:tn] *a* несѝгурен, неувèрен.

uncertainty [ʌn'sə:tnti] *n* несѝгурност.

unchanged ['ʌn'tʃəindʒd] *a* непроменèн.

uncle ['ʌŋkl] *n* чѝчо, вỳйчо.

uncomfortable [ʌn'kʌmfətəbl] *a* неудòбен.

uncommon [ʌn'kɔmən] *a* необикновèн.

unconscious [ʌn'kɔnʃəs] *a* несъзнàтелен; несъзнàващ; в безсъзнàние.

unconsciously [ʌn'kɔnʃəsli] *adv* несъзнàтелно.

uncouth [ʌn'ku:θ] *a* несрèчен; недодялан.

uncover [ʌn'kʌvə] *v* отвѝвам; открѝвам, разкрѝвам.

undaunted [ʌn'dɔ:ntid] *a* безстрàшен.

under ['ʌndə] *prep* под; на пò-мàлко от; при; в; *adv* дòлу.

underclothes ['ʌndəklouðz] *n, pl* дòлни дрèхи.

underdeveloped ['ʌndədi'veləpt] *a* недорàзвит, изостàнал.

undergo [,ʌndə'gou] *v* (*pt* underwent [,ʌndə'went], *pp* undergone [,ʌndə'gɔn]) претърпявам, преживявам.

undergone *вж* undergo.

undergraduate [,ʌndə'grædjuit] *n* студèнт.

underground ['ʌndə'graund] *a* подзèмен; подмòлен; *n* подзèмна желèзница, метрò.

underlying [,ʌndə'laiiŋ] *a* оснòвен; съ̀ществен.

undermine [,ʌndə'main] *v* подкопàвам; урòнвам.

underneath [,ʌndə'ni:θ] *adv* дòлу; *prep* под.

understand [,ʌndə'stænd] *v* (*pt, pp* understood [,ʌndə'stud]) разбѝрам.

understanding [,ʌndə'stændiŋ] *n* схвàщане; разбирàтелство; споразумèние.

understood *вж* understand.

undertake [,ʌndə'teik] *v* (*pt* undertook [,ʌndə'tuk], *pp* undertaken [,ʌndə'teikn]) предприèмам; гарантѝрам.

undertaking ['ʌndə'teikiŋ] *n* рàбота; начинàние.

undertook *вж* undertake.

underwear ['ʌndəwɛə] *n* дòлни дрèхи.

underworld ['ʌndəwə:ld] *n* ад; нàй-дòлни общèствени слòеве.

undesirable ['ʌndi'zaiərəbl] *a* нежелàтелен.

undid *вж* undo.

undisturbed ['ʌndis'tə:bd] *a* необезпокоèн.

undo ['ʌn'du:] *v* (*pt* undid ['ʌn'did], *pp* undone ['ʌn'dʌn]) разкопчàвам, развъ̀рзвам; премàхвам; отвàрям (*пакèт, писмò*).

undone *вж* undo.

undoubtedly [ʌn'dautidli] *adv* без съмнèние.

undue ['ʌn'dju:] *a* прекалèн; неподхòдящ.

uneasily [ʌn'i:zili] *adv* с безпокойство.

uneasiness [ʌn'i:zinis] *n* безпокойствие; неудобство.

uneasy [ʌn'i:zi] *a* неспокоен; неудобен; обезпокоен.

unemployed ['ʌnim'plɔid] *a* безработен.

unemployment ['ʌnim'plɔimənt] *n* безработица.

unequal ['ʌn'i:kwəl] *a* нераавен, нееднакъв.

uneven ['ʌn'i:vən] *a* нераавен.

unexpected ['ʌniks'pektid] *a* неочакван.

unfair ['ʌn'fɛə] *a* несправедлив; непочтен.

unfaithful ['ʌn'feiθful] *a* неверен.

unfamiliar ['ʌnfə'miljə] *a* непознат.

unfasten ['ʌn'fa:sn] *v* развързвам; отварям.

unfavourable ['ʌn'feivərəbl] *a* неблагоприятен.

unfinished ['ʌnfiniʃt] *a* незавършен.

unfit ['ʌn'fit] *a* неподходящ; негоден.

unfold [ʌn'fould] *v* разгъвам(се); разкривам.

unforgettable ['ʌnfə'getəbl] *a* незабравим.

unforseen [ˌʌnfɔ:'si:n] *a* непредвиден.

unfortunate [ʌn'fɔ:tʃnit] *a* нещастен.

unfortunately [ʌn'fɔ:tʃnitli] *adv* за нещастие.

unfriendly ['ʌn'frendli] *a* неприветлив; враждебен.

unfurl [ʌn'fə:l] *v* разгъвам; развявам.

ungrateful [ʌn'greitful] *a* неблагодарен.

unguarded ['ʌn'ga:did] *a* непредпазлив.

unhappiness [ʌn'hæpinis] *n* нещастие.

unhappy [un'hæpi] *a* нещастен.

unhealthy [ʌn'helθi] *a* болнав.

unheard-of [ʌn'hə:dɔv] *a* нечуван.

uniform ['ju:nifɔ:m] *a* еднообразен; *n* униформа.

uniformity [ˌju:ni'fɔ:miti] *n* еднообразие.

unimportant ['ʌnim'pɔ:tənt] *a* незначителен; неважен.

uninhabited ['ʌnin'hæbitid] *a* необитаван.

uninteresting ['ʌn'intristiŋ] *a* безинтересен.

uninterrupted ['ʌnˌintə'rʌptid] *a* непрекъснат, продължителен.

union ['ju:njən] *n* съюз; обединение.

unique [ju:'ni:k] *a* изключителен; неповторим.

unison ['ju:nisn] *n* хармония; унисон.

unit ['ju:nit] *n* единица; военна част.

unite [ju:'nait] *v* обединявам(се); съединявам(се).

unity ['ju:niti] *n* единство.

universal [ˌju:ni'və:səl] *a* всеобщ, универсален.

universe ['ju:nivə:s] *n* вселена.

university [ˌju:ni'və:siti] *n* университет.

unjust ['ʌn'dʒʌst] *a* несправедлив.

unkind ['ʌn'kaind] *a* нелюбезен; груб.

unknown ['ʌn'noun] *a* непознат; неизвестен.

unlawful ['ʌn'lɔ:ful] *a* незаконен.

unless [ən'les] *conj* освен, ако; ако не, докато не.

unlike ['ʌn'laik] *a* не като; различен; *prep* за разлика от.

unlikely ['ʌn'laikli] *a* невероятен; който то вероятно няма (да).

unlimited ['ʌn'limitid] *a* неограничен.

unload ['ʌn'loud] *v* разтоварвам; изпразвам(оръжие)

unlock ['ʌn'lɔk] *v* отключвам.

unlucky [ʌn'lʌki] *a* нещастен.

unmarried ['ʌn'mærid] *a* неженен.

unmistakable ['ʌnmis'teikəbl] *a* непогрешим; ясен, явен.

unnatural [ʌn'nætʃrəl] *a* неестествен; изкуствен; необикновен.

unnecessary [ʌn'nesisəri] *a* излишен.

unnoticed ['ʌn'noutist] *a* незабелязан.

unobserved ['ʌnəb'zə:vd] *a* ненаблюдаван.

unoccupied ['ʌn'ɔkjupaid] *a* незает.

unpack ['ʌn'pæk] *v* разопаковам.

unpleasant [ʌn'pleznt] *a* неприятен.

unpopular ['ʌn'pɔpjulə] *a* непопулярен.

unprofitable [ʌn'prɔfitəbl] *a* недоходен.

unqualified ['ʌn'kwɔlifaid] *a* неквалифициран.

unquestionable [ʌn'kwestʃənəbl] *a* безспо́рен.

unreal ['ʌn'riəl] *a* недействи́телен.

unreasonable [ʌn'ri:znəbl] *a* неразу́мен.

unreliable ['ʌnri'laiəbl] *a* ненаде́жден, на ко́йто не мо́же да се разчи́та.

unrest ['ʌn'rest] *n* безпоко́йство.

unruly [ʌn'ru:li] *a* непоко́рен.

unsafe ['ʌn'seif] *a* неси́гурен.

unsatisfactory ['ʌn,sætis'fæktəri] *a* незадоволи́телен.

unscrupulous [ʌn'skru:pjuləs] *a* безскру́пулен; лош.

unseen ['ʌn'si:n] *a* неви́ждан; неви́дим.

unsettled [ʌn'setled] *a* неуреде́н; неустано́вен.

unskilled ['ʌn'skild] *a* нео́питен.

unspeakable [ʌn'spi:kəbl] *a* неизрази́м.

unstable ['ʌn'steibl] *a* неусто́йчив, непостоя́нен, колебли́в.

unsteady ['ʌn'stedi] *a* неси́гурен, неусто́йчив, непостоя́нен.

unsuccessful ['ʌnsək'sesful] *a* неполучли́в; неуспе́шен.

unsuitable ['ʌn'sju:təbl] *a* неподходя́щ.

unsuspecting [ʌn'səs'pektiŋ] *a* неподози́ращ.

unthinkable [ʌn'θiŋkəbl] *a* немисли́м; невъзмо́жен.

untidy [ʌn'taidi] *a* не наре́д; неподреде́н.

untie ['ʌn'tai] *v* развъ́рзвам.

until [ən'til] *prep* до; *conj* дока́то.

untimely [ʌn'taimli] *a* ненавре́менен.

untiring [ʌn'taiəriŋ] *a* неумори́м.

untold ['ʌn'tould] *a* неизка́зан; неизя́вен.

untrue ['ʌn'tru:] *a* нейсти́нски.

unusual [ʌn'ju:ʒuəl] *a* необикнове́н.

unwell ['ʌn'wel] *a* не́добре; неразполо́жен.

unwholesome ['ʌn'houlsəm] *a* нездравосло́вен.

unwilling ['ʌn'wiliŋ] *a* неохо́тен.

unwise ['ʌn'waiz] *a* глу́пав; неблагоразу́мен.

unworthy [ʌn'wə:ði] *a* недосто́ен.

unwrap ['ʌn'ræp] *v* развива́м.

up [ʌp] *adv* го́ре; ста́нал прав; нади́гнал се; *prep* наго́ре

upbraid [ʌp'breid] *v* укоря́вам.

upbringing ['ʌp,briŋiŋ] *n* отгле́ждане; възпита́ние.

upheld *вж* uphold.

uphill ['ʌphil] *adv* наго́ре; *a* нанаго́рен; тру́ден.

uphold [ʌp'hould] *v* (*pt, вж* upheld *pp* поддъ́ржам, крепя́; потвържда́вам.

upholster [ʌp'houlstə] *v* тапици́рам.

upland ['ʌplənd] *a* плани́нски; *n* плани́нска част.

uplift [ʌp'lift] *v* повди́гам; *n* подём.

upon [ə'pɔn] *вж* on.

upper ['ʌpə] *a* го́рен; висш.

uppermost ['ʌpəmoust] *a* на́й-висо́к; на́й-висш.

upright ['ʌprait] *a* вертика́лен; прав; почте́н; *n* стълб, подпо́ра.

uprising [ʌp'raiziŋ] *n* въста́ние.

uproar ['ʌp,rɔ:] *n* вря́ва.

uproot [ʌp'ru:t] *v* изкореня́вам.

upset[1] [ʌp'set] *v* (*pt, pp* upset) обръ́щам (се); безпокоя́ (се); *a* обезпокое́н.

upset[2] ['ʌpset] *n* безпоко́йствие; кавга́.

upstairs ['ʌp'stɛəz] *adv* го́ре; на го́рния ета́ж; *a* го́рен.

upstream ['ʌp'stri:m] *adv* наго́ре по река́та.

up-to-date ['ʌptə'deit] *a* съвре́менен.

upturn [ʌp'tə:n] *n* промя́на за по-до́бро.

upward ['ʌpwəd] *a* насо́чен наго́ре.

upwards ['ʌpwədz] *adv* наго́ре.

urban ['ə:bən] *a* гра́дски.

urchin ['ə:tʃin] *n* га́менче; па́лавник.

urge [ə:dʒ] *v* подти́квам; ка́рам; настоя́вам; *n* по́дтик; си́лно жела́ние.

urgent ['ə:dʒənt] *a* належа́щ; нсотло́жен; настоя́телен.

urgently ['ə:dʒəntli] *adv* неотло́жно.

urn [ə:n] *n* у́рна; самова́р.

us [ʌs] *pron* нас.

usage ['ju:sidʒ] *n* отна́сяне; употре́ба; пра́ктика.

use [ju:s] *n* пòлза; употрèба.
use [ju:z] *v* изпòлзвам; употребявам; служа си със.
useful ['ju:sful] *a* полèзен.
usefulness ['ju:sfulnis] *n* полèзност; пòлза.
useless ['ju:slis] *a* безполèзен.
user ['ju:zə] *n* употребùтел; консумàтор.
usher ['ʌʃə] *n* разпоредùтел; *v* въвèждам.
usual ['ju:ʒuəl] *a* обикновèн; обичàен.
usually ['ju:ʒuəli] *adv* обикновèно.
utensil [ju'tensl] *n* съд, прùбор.

utility [ju'tiliti] *n* полèзност; пòлза.
utilize ['ju:tilaiz] *v* изпòлзувам.
utmost ['ʌtmoust] *a* нàй-далèчен; крàен; нàй-голям.
utter ['ʌtə] *a* крàен; абсолютен; *v* изговàрям.
utterance ['ʌtərəns] *n* йзговор; изкàзване.
uttermost ['ʌtəmoust] *вж* utmost.

V

vacancy ['veikənsi] *n* празнотà; вакàнтно място; разсèяност.
vacant ['veikənt] *a* свобòден; вакàнтен; разсèян; прàзен.
vacation [və'keiʃən] *n* освобождàване; вакàнция; опрàзване.
vaccination [,væksi'neiʃən] *n* ваксинàция.
vacillate ['væsileit] *v* колебàя се.
vacuum ['vækjuəm] *n* вàкуум; празнотà.
vagabond ['vægəbɔnd] *n* скùтник; *a* скùтнически.
vagrant ['veigrənt] *n* скùтник; *a* скùташ.
vague [veig] *a* смътен; неясен; далèчен (*за прилика*).
vain [vein] *a* суèтен; напрàзен.
vale [veil] *n* поет долинà.
valentine ['væləntain] *n* любùм(a); избрàн(a) за прàзника на св. Валентùн.
valet ['vælit] *n* прислужник; камериèр.
valiant ['væljənt] *a* хрàбър; дòблестен.
valid ['vælid] *a* валùден, в сùла; сериòзен (*за довод*)
validity [və'liditi] *n* закòнност; валùдност.
valley ['væli] *n* долинà.
valour ['vælə] *n* дòблест.
valuable ['væljuəbl] *a* цèнен.

valuation ['vælju'eiʃən] *n* оцèнка.
value ['vælju:] *n* стòйност; цèнност; ценà; *v* ценя; скъпя.
valve [vælv] *n* клàпа; радиолàмпа.
van [væn] *n* закрùта колà за стòки; фургòн.
vane [vein] *n* ветропоказàтел.
vanguard ['vænga:d] *n* чèлен отряд; авангàрд.
vanilla [və'nilə] *n* ванùлия.
vanish ['væniʃ] *v* изчèзвам.
vanity ['væniti] *n* суетà; суèтност.
vanquish ['vænkwiʃ] *v* побеждàвам; преодолявам.
vapour ['veipə] *n* пàра; изпарèние.
variable ['veəriəbl] *a* промèнлùв; непостоянен.
variation [,veəri'eiʃən] *n* изменèние; вариàция.
varied ['veərid] *a* разнообрàзен.
variegated ['veərigeitid] *a* разноцвèтен.
variety [və'raiəti] *n* разнообрàзие; разновùдност.
various ['veəriəs] *a* разлùчен; разнообрàзен.
varnish ['va:niʃ] *n* лак; глазỳра; лỳстро; *v* лакùрам.
vary ['veəri] *v* меня се; варùрам; разнообразявам.
vase [va:z] *n* вàза.
vassal ['væsəl] *n* васàл.
vast [va:st] *a* обшùрен; огрòмен.
vastly ['va:stli] *adv* значùтелно; до голяма стèпен; *разг* мнòго.
vastness ['va:stnis] *n* обшùрност.
vat [væt] *n* кàца; бъчва.

vaudeville ['voudəvil] *n* оперѐта; воде-
вѝл.

vault¹ [vɔːlt] *n* свод; ѝзба; грѐбница;
склад.

vault² [vɔːlt] *v* скѐчам; *n* скок.

vaunt [vɔːnt] *v* хвали(се); превъзнѐ-
сям; *n* хвалене.

veal [viːl] *n* тѐлешко месѐ.

veer [viə] *v* промѐням посѐката си;
обръщам се.

vegetable ['vedʒitəbl] *a* растѝтелен;
зеленчѐков; *n* зеленчѐк.

vegetation ['vedʒi'teiʃən] *n* растѝтел-
ност; растѐж.

vehemence ['viːiməns] *n* сѝла; бѐй-
ност.

vehement ['viːimənt] *a* сѝлен; бѐен;
ѝростен.

vehicle ['viːikl] *n* превѐзно срѐдство;
колѐ; (ѝзразно) срѐдство.

veil [veil] *n* воѐл; бѐло; *v* покрѝвам с
воѐл; прикрѝвам.

vein [vein] *n* вѐна; кръвонѐсен съд;
жѝла(за руда); склѐнност.

velocity [vi'lɔsiti] *n* скѐрост; бързинѐ.

velvet ['velvit] *n* кадифѐ.

velvety ['velviti] *a* кадифѐн; като кади-
фѐ.

veneer [vi'niə] *n* фурнѝр; лѐстро; *v*
фурнирѐвам.

venerable ['venərəbl] *a* почтѐн, препо-
дѐбен.

vengeance ['vendʒəns] *n* отмъщѐние.

venison ['venzən] *n* месѐ от елѐн.

venom ['venəm] *a* отрѐва; жлъч.

venomous ['venəməs] *a* жлъчен.

vent [vent] *n* отвѐр; клѐпа; отдѐшник;
ѝзраз; *v* прѐвя отвѐр; дѐвам вѐля.

ventilate ['ventileit] *v* проветрѝвам;
обсѐждам, изяснѝвам(въпрос).

ventilation [,venti'leiʃən] *n* проветрѝ-
ване; свобѐдно обсѐждане.

venture ['ventʃə] *n* риск; *v* рискѐвам;
осмелѝвам се.

veranda [və'rændə] *n* верѐнда.

verb [vɔːb] *n* глагѐл.

verbal ['vɔːbl] *a* словѐсен; дослѐвен;
ѐстен; глагѐлен.

verdant ['vɔːdənt] *a* зелѐн; неѐпитен.

verdict ['vɔːdikt] *n* присѐда; мнѐние;
решѐние.

verdure ['vɔːdʒə] *n* зеленинѐ.

verge [vɔːdʒ] *n* край; гранѝца; *v* клонѝ.

verify ['verifai] *v* проверѝвам; докѐз-
вам.

verily ['verili] *adv* действѝтелно.

veritable ['veritəbl] *a* ѝстински.

verity ['veriti] *n* ѝстина; правдѝвост.

vermin ['vɔːmin] *n* паразѝти; гадѝни;
гѐдове.

vernacular [və'nækjulə] *a* мѐстен; на-
рѐден; *n* нарѐден езѝк; мѐстен диа-
лѐкт.

versatile ['vɔːsətail] *a* многострѐнен;
гъвкав; непостоѝнен.

verse [vɔːs] *n* стих; стихотвѐрна фѐр-
ма; поѐзия.

versed [vɔːst] *a* вещ; ѐпитен.

version ['vɔːʃən] *n* прѐвод; вѐрсия.

versus ['vɔːsəs] *prep* протѝв; срещѐ.

vertical ['vɔːtikəl] *a* вертикѐлен.

very ['veri] *adv* мнѐго.

vespers ['vespəz] *n* вечѐрня.

vessel ['vesl] *n* съд(кръвонѐсен, пла-
вѐтелен).

vest [vest] *n* дѐлна фланѐлка; жилѐтка
(от мъжки костюм).

vestige ['vestidʒ] *n* следѐ.

veteran ['vetərən] *n* ветерѐн.

veterinary ['vetrinəri] *a* ветеринѐрен.

veto ['viːtou] *n* вѐто, забрѐна; *v* на-
лѐгам вѐто, забранѝвам.

vex [veks] *v* досѐждам; дрѐзня; безпо-
кой.

vexation ['vek'seiʃən] *n* досѐда; раз-
дразнѐние.

via ['vaiə] *prep* през.

vibrate [vai'breit] *v* трептѝ, треперѝ.

vibration [vai'breiʃən] *n* треперѐне.

vicar ['vikə] *n* викѐрий.

vice [vais] *n* порѐк; мѐнгеме.

vice-president ['vais'prezidənt] *n* под-
предсѐдател; вицепрезидѐнт.

viceroy ['vaisrɔi] *n* вицекрѐл.

vice-versa ['vaisi'vɔːsə] *adv* обрѐтно.

vicinity [vi'siniti] *n* окѐлност.

vicious ['viʃəs] *a* порѐчен; неморѐлен;
злѐбен.

vicissitude [vi'sisitjuːd] *n* преврѐтност.

victim ['viktim] *n* жѐртва.

victor ['viktə] *n* победѝтел.

victorious [vik'tɔːriəs] *a* победонѐсен.

victory ['viktəri] *n* побѐда.

victual ['vitl] *n* (обикн *pl*) хранѐ, про-
вѝзии; *v* снабдѝвам с хранѐ.

vie [vai] *v* съпѐрнича.

view [vjuː] *n* ѝзглед; прѐглед; мнѐние;
намѐрение.

viewpoint ['vju:pɔint] n глѐдище.

vigil ['vidʒil] n бдѐние.

vigilance ['vidʒiləns] n бдѝтелност.

vigilant ['vidʒilənt] a бдѝтелен.

vigorous ['vigərəs] a енергѝчен.

vigour ['vigə] n енѐргия, сѝла.

vile [vail] a пòдъл; дòлен; отвратѝте-
лен.

villa ['vilə] n вѝла; лѣтна къ̀ща.

village ['vilidʒ] n сѐло.

villager ['vilidʒə] n сѐлянин.

villain ['vilən] n злодѐй; мошѐник; не-
гòдник.

villainous ['vilənəs] a нѝзък; пòдъл;
отвратѝтелен.

villainy ['viləni] n пòдлост.

vindicate ['vindikeit] v оправдàвам;
защищàвам.

vindicative [vin'dikətiv] a отмъстѝте-
лен.

vine [vain] n лозà.

vinegar ['vinigə] n оцѐт.

vineyard ['vinjəd] n лòзе.

vintage ['vintidʒ] n гроздобѐр.

viola [vi'oulə] n виòла.

violate ['vaiəleit] v нарушàвам; накър-
нявам; изнасѝлвам.

violation [,vaiə'leiʃən] n нарушàване.

violence ['vaiələns] n сѝла; насѝлие.

violent ['vaiələnt] a сѝлен; бỳен; ярос-
тен.

violet ['vaiəlit] n виолѐтка, виолѐтов
цвят; a виолѐтов.

violin ['vaiəlin] n цигỳлка.

violinist ['vaiəlinist] n цигулàр.

viper ['vaipə] n усòйница.

virgin ['və:dʒin] n девѝца; a дѐвствен.

virtual ['və:tjuəl] a действѝтелен;
фактѝчески.

virtually ['və:tjuəli] adv действѝтелно.

virtue ['və:tju] n добродѐтел; добрò
кàчество.

virtuous ['və:tjuəs] a добродѐтелен.

visage ['vizidʒ] n лицѐ.

viscount ['vaikaunt] n викòнт.

visibility [,vizi'biliti] n вѝдимост.

visible ['vizəbl] a очевѝден; вѝдим.

visibly ['vizəbli] adv вѝдимо.

vision ['viʒən] n зрѐние; въображѐние;
вѝждане; глѐдка.

visit ['vizit] n посещѐние, вѝзита; v по-
сещàвам.

visitation [,vizi'teiʃən] n официàлно
посещѐние; обикòлка; бòжие нака-
зàние.

visitor ['vizitə] n посетѝтел; гост.

vista ['vistə] n ѝзглед; перспектѝва.

visual ['vizjuəl] a зрѝтелен; наглѐден.

visualize ['vizjuəlaiz] v представям си
ясно.

vital ['vaitl] a жѝзнен; жив; съ-
щѐствен.

vitality [vai'tæliti] n жѝзненост; жи-
знеспосòбност.

vivid ['vivid] a жив.

vividly ['vividli] adv жѝво.

vocabulary [və'kæbjuləri] n рѐчник,
запàс от дỳми.

vocal ['voukəl] a глàсен.

vocation [vou'keiʃən] n призвàние.

vocational [vou'keiʃənl] a професио-
нàлен.

vogue [voug] n мòда.

voice [vɔis] n глас; грам залòг.

void [vɔid] a прàзен; лишѐн; юр недей-
ствѝтелен; невалѝден; n празнотà.

volatile ['vɔlətail] a летлѝв; непо-
стòянен.

volcanic [vɔl'kænik] a вулканѝчески.

volcano [vɔl'keinou] n вулкàн

volley ['vɔli] n залп; град (от упреци и
пр.); v дàвам залп.

volume ['vɔljum] n том; кнѝга; обѐм;
вместѝмост.

voluntary ['vɔləntəri] Ia доброволен.

volunteer [,vɔlən'tiə] n доброволец; v
предлàгам доброволно.

vomit ['vɔmit] v повръ̀щам; изрѝгвам;
n повръ̀щане.

vote [vout] n глас; гласỳване; v гла-
сỳвам.

voter ['voutə] n избирàтел; гласопо-
давàтел.

vouch [vautʃ] v гарантѝрам.

vouchsafe [vautʃ'seif] v благоволявам;
удостоявам със.

vowel ['vauəl] n глàсна.

voyage ['vɔidʒ] n пътỳване по морѐ; v
пътешѐствам по морѐ.

voyager ['vɔidʒə] n пътешѐственик.

vulgar ['vʌlgə] a простонарòден; вул-
гàрен; груб.

vulture ['vʌltʃə] n лешоя̀д.

W

wade [weid] v газя; n газене.
wafer ['weifə] n бисквит.
waffle ['wɔfl] n вафла.
waft [wɑ:ft] n полъх; v нося се леко(по въздух или вода).
wag [wæg] v клатя(се); въртя(опашка); n клатене.
wage [weidʒ] n надница.
wager ['weidʒə] n облог; бас; v обзалагам(се).
wagon ['wægən] n кола; открит товарен вагон.
wail [weil] n вой; v вия; оплаквам.
waist [weist] n кръст(талия).
waistcoat ['weistkout] n жилетка.
waistline ['weistlain] n талия.
wait [weit] v чакам; прислужвам.
waiter ['weitə] n сервитьор; поднос.
waiting ['weitiŋ] n чакане.
waitress ['weitris] n сервитьорка.
wake [weik] v (pt woke [wouk], waked [weikt], pp woken [woukn]) събуждам се.
wakeful ['weikful] a буден; бдителен.
waken ['weikən] v събуждам(се).
walk [wɔ:k] n разходка; ходене; ходя; v вървя пеша.
walker ['wɔ:kə] n пешеходец.
wall [wɔ:l] n стена; v ограждам.
wallet ['wɔlit] n портфейл.
wallow ['wɔlou] v валям се, въргалям се.
walnut ['wɔ:lnət] n орех.
waltz [wɔlts] n валс; v танцувам валс.
wan [wɔn] a бледен; изнурен.
wand [wɔnd] n жезъл; диригентска, магическа пръчка.
wander ['wɔndə] v скитам; отклонявам(се).
wanderer ['wɔndərə] n странник; скитник.
wane [wein] v намалявам(за луната); западам.
want [wɔnt] v искам; нуждая се; липсва ми; n липса; нужда.
wanting ['wɔntiŋ] a липсващ; не на висота.
wanton ['wɔntən] a своеволен; необуздан; n безпътна жена; v лудувам.
war [wɔ:] n война.

warble ['wɔ:bl] v чуруликам; n чуруликане.
warbler ['wɔ:blə] n птичка; песнопоец.
ward [wɔ:d] n опека, настойничество; повереник; отделение (на болница).
warden ['wɔ:dn] n началник; управител; пазач.
wardrobe ['wɔ:droub] n гардероб.
ware [weə] n pl изделия, стока.
warehouse ['weəhaus] n склад; v складирам; давам на склад.
warfare ['wɔ:feə] n воюване; война.
warily ['weərili] adv предпазливо.
warlike ['wɔ:laik] a войнствен.
warm [wɔ:m] a топъл; сърдечен; v топля.
warmly ['wɔ:mli] adv топло; сърдечно.
warmth [wɔ:mθ] n топлина.
warn [wɔ:n] v предупреждавам.
warning ['wɔ:niŋ] n предупреждение.
warp [wɔ:p] n основа(на тъкан); изкривяване; v изкривявам(се).
warrant ['wɔrənt] n основание; писмена заповед; гаранция; v гарантирам; оправдавам.
warrior ['wɔriə] n воин.
wart [wɔ:t] n брадавица.
wary ['weəri] a внимателен; предпазлив.
was вж be.
wash [wɔʃ] v мия(се); пера(се); плискам (се); n миене; пране.
washerwoman ['wɔʃəwumən] n перачка.
washing ['wɔʃiŋ] n пране.
washing-machine ['wɔʃiŋmə'ʃi:n] n перална машина.
wasp [wɔsp] n оса.
waste [weist] a пуст, ненаселен; v хабя; прахосвам; n отпадъци.
wasteful ['weistful] a разточителен.
watch [wɔtʃ] v наблюдавам; бдя; внимавам; n ръчен часовник; бдение.
watcher ['wɔtʃə] n наблюдател.
watchful ['wɔtʃful] a бдителен.
watchfulness ['wɔtʃfulnis] n бдителност.
watchman ['wɔtʃmən] n страж; нощен пазач.
water ['wɔ:tə] n вода.
waterfall ['wɔ:təfɔ:l] n водопад.
watermelon ['wɔ:təmelən] n диня.
waterproof ['wɔ:təpru:f] a непромокаем.

waterway ['wɔ:təwei] *n* вôден път; пла-
вателен канал.

watery ['wɔ:təri] *a* вôден; воднист.

watt [wɔt] *n* ват.

wave [weiv] *n* вълнà; мàхане с ръкà; *v*
размàхвам; развявам(се).

waver ['weivə] *v* колебàя(се); трèп-
кам(*за пламък*)

wax¹ [wæks] *n* вôсък.

wax² [wæks] *v* нарàствам.

way [wei] *n* път; разстояние; посôка;
нàчин; *n pl* нàвици.

wayside ['weisaid] *a* крайпътен.

wayward ['weiwəd] *a* своевôлен; ка-
призен.

weak [wi:k] *a* слаб.

weaken ['wi:kən] *v* отслàбвам.

weakly ['wi:kli] *a* болнàв; хѝлав; *adv*
слàбо.

weakness ['wi:knis] *n* слàбост.

weal [wi:l] *n* блàго; благополỳчие.

wealth [welθ] *n* богàтство; изобѝлие.

wealthy ['welθi] *a* богàт.

wean [wi:n] *v* отбѝвам(*кърмàче*); отỳч-
вам.

weapon ['wepən] *n* орѣжие; срèдство.

wear [wɛə] *v* (*pt* wore [wɔ:], *pp* worn
[wɔ:n])нôся; трàя; износвам(се); *n*
нôсене; трàйност.

wearily ['wiərili] *adv* уморèно; от-
пàднало.

weariness ['wiərinis] *n* отпàдналост;
умôра; досàда.

wearisome ['wiərisəm] *a* отегчѝтелен;
уморѝтелен.

weary ['wiəri] *a* уморèн; изморѝтелен;
отегчèн.

weasel ['wi:zl] *n* невестỳлка.

weather ['weðə] *n* врèме.

weathercock ['weðəkɔk] *n* ветропока-
зàтел.

weave [wi:v] *v* (*pt* wove [wouv], *pp* wo-
ven ['wouvn]) тъкà; вѝя; съчинявам.

weaver ['wi:və] *n* тъкàч.

web [web] *n* тъкàн; плавàтелна цѝпа.

wed [wed] *v* венчàвам(се).

wedded ['wedid] *a* отдàден всецяло.

wedding ['wediŋ] *n* венчàвка; свàтба; *a*
венчàлен.

wedge [wedʒ] *n* клин; *v* закрèпвам; за-
бѝвам; разцèпвам.

Wednesday ['wenzdi] *n* срядà.

wee [wi:] *a* мъничък.

weed [wi:d] *n* плèвел; бỳрен; *разг*
кльôщав човèк; тютюн; *v* плевя.

week [wi:k] *n* сèдмица.

weekend ['wi:kend] *n* крàят на сèдми-
цата (*събота и недèля*).

weekly ['wi:kli] *n* сèдмичник; *a* сèдми-
чен; *adv* сèдмично.

weep [wi:p] *v* (*pt, pp* wept [wept])
плàча.

weeping ['wi:piŋ] *n* плач, ридàние.

weigh [wei] *v* претèглям(се), тежà; ва-
жà; преценявам.

weight [weit] *n* тежинà, теглô.

weird [wiəd] *a* свръхестèствен; стрà-
нен.

welcome ['welkəm] *int* добрè дошъл; *v*
привèтствувам.

weld [weld] *v* споявам.

welfare ['welfɛə] *n* благополỳчие, бла-
годèнствие.

well [wel] *n* извор; клàденец; *adv* до-
брè.

well-being ['wel'bi:iŋ] *n* благополỳчие.

well-bred [wel'bred] *a* възпѝтан; чи-
стокрèвен(*за кон*).

well-known ['wel'noun] *a* извèстен.

well-to-do ['wel'tə'du:] *a* замôжен.

wench [wentʃ]. *n ост* момà; слугѝня.

went *вж* go.

wept *вж* weep.

were *вж* be.

west [west] *n* зàпад; *a* зàпаден.

western ['westən] *a* зàпаден.

westward ['westwəd] *adv* на зàпад.

wet [wet] *a* мôкър; дъждôвен; *v* мôкря;
n влàга; дъжд.

whack [wæk] *v разг* ỳдрям; бѝя; *n*
ỳдар.

whale [weil] *n* кит.

wharf [wɔ:f] *n* (*pl* wharves [wɔ:vz])
пристàнище, кей.

what [wɔt] *a* какъв; кой; *pron* каквô;
що; какъв; товà, коèто.

whatever [wɔt'evə] *a, pron* какъвто и;
какъвто и да е; каквôто (и).

whatsoever ['wɔtsou'evə] *a вж* what-
ever.

wheat [wi:t] *n* пшенѝца, жѝто.

wheel [wi:l] *n* колелò; *v* кàрам; обрѣ̀-щам (се).

whelp [welp] *n* мàлко живòтно(кỳчен-це; вълчè; лèвче); гàмен; *v* окỳчвам се.

when [wen] *adv* когà; *conj* когàто.

whence [wens] *adv* отдè; *conj* отдèто.

whenever [wen'evə] *adv* когàто и да е.

where [wɛə] *adv* къдè; *conj* къдèто.

whereabouts ['weərə'bauts] *n* место-нахождèние.

whereas [weə'æz] *conj* докатò.

wherein [wɛə'in] *avd* в коèто; в каквò.

whereupon ['wɛərə'pɔn] *adv* при коèто; и тогàва.

wherever [wɛər'əvə] *adv* къдèто и да е.

whet [wet] *v* òстря, натòчвам; изòст-рям(апетùт).

whether ['weðə] *conj* далѝ.

which [witʃ] *pron* кой, коя̀, коè, кой; кòйто, коя̀то, коèто, които.

whichever [witʃ'evə] *pron* кòйто и да е.

whig [wig] *n* уѝг, виг(член на Парла-мèнта през 17 и 18 век).

while [wail] *n* крàтко врèме; момèнт; *conj* докатò.

whilst [wailst] *conj* вж **while**.

whim [wim] *n* прищя̀вка; каприз.

whimper ['wimpə] *v* хлèнча; *n* хлèнче-не.

whimsical ['wimzikəl] *a* капризен; стрàнен.

whine [wain] *v* хлèнча; вѝя; *n* хлèнче-не; вòй.

whip [wip] *n* камшѝк; партѝсн органи-зàтор(в Парламèнта); *v* бѝя с кам-шѝк; разбѝвам(яйцà).

whipping ['wipiŋ] *n* бой; поражèние.

whir [wə:] *v* трèпкам(за крилà); пър-хам; *n* пърхане.

whirl [wə:l] *v* въртя̀(се); *n* въртèне; вих-рỳшка.

whirlpool ['wə:lpu:l] *n* водовъртèж.

whirlwind ['wə:lwind] *n* вихрỳшка.

whisk [wisk] *n* тел за разбѝване на яй-цà; метлѝчка; бързо движèние; *v* мàхам(опàшка); разбѝвам(яйцà).

whisker ['wiskə] *n* мустàк(на кòтка); *pl* бакенбàрди.

whiskey ['wiski] *n* уѝски.

whisper ['wispə] *n* шèпот; *v* шептя̀.

whistle ['wisl] *n* свѝрка; *v* свѝря с устà; подсвѝрквам.

whistler ['wislə] *n* кòйто свѝри.

whit [wit] *n* частѝца.

white [wait] *a* бял; блèден; *n* белтъ̀к; бял цвят.

whiten ['waitən] *v* побеля̀вам; прàвя бял.

whiteness ['waitnis] *n* белотà.

whitewash ['waitwɔʃ] *n* вар(разтвор); *v* измàзвам с вар; реабилитѝрам.

whither ['wiðə] *adv, conj* накъдè, накъ-дèто.

whittle ['witl] *v* дя̀лкам; намаля̀вам.

whiz [wiz] *n* фучèне; свистèне; *v* фучà; свистя̀.

who [hu:] *pron* кой, кòйто.

whoever [hu'evə] *pron* кòйто и да е.

whole [houl] *a* цял; *n* ця̀ло.

wholesale ['houlseil] *n* продàжба на èдро; *a, adv* наèдро; в голя̀м размèр.

wholesome ['houlsəm] *a* здравослòвен.

wholly ['houli] *adv* изця̀ло; напълно.

whom [hu:m] *pron* когò, когòто.

whoop [hu:p] *вж* **hoop**.

whore [hɔ:] *n* блỳдница; простетỳтка.

whose [hu:z] *pron* чѝй; чия̀, чиè, чий; чѝйто.

why [wai] *adv* защò.

wick [wik] *n* фитѝл.

wicked ['wikid] *a* лош; грèшен; злòбен; врèден; разг немѝрен.

wickedness ['wikidnis] *n* лошотѝя.

wicker ['wikə] *a* плèтен(за стол).

wickerwork ['wikəwə:k] *n* кошничàр-ски изделѝя.

wide [waid] *a* ширòк; голя̀м; обшѝрен; *adv* ширòко.

widely ['waidli] *adv* наширòко; чув-ствѝтелно, значѝтелно.

widen ['waidn] *v* разширя̀вам(се).

widespread ['waidspred] *a* ширòко раз-пространèн.

widow ['widou] *n* вдовѝца.

width [widθ] *n* широчинà.

wield [wi:ld] *v* владèя; мòга да си служа.

wife [waif] *n* съпрỳга.

wig[1] [wig] *n* перỳка.

wig[2] [wig] v смъмрям.

wild [waild] a див; необуздàн; бỳен; нецивилизòван; пуст; прибързан; n пỳстош.

wilderness ['wildənis] n пустѝня.

wile [wail] n хитринà; v примàмвам.

wilful ['wilful] a преднамèрен; упорѝт.

will [wil] v (pt **would** [wud]) ще; ѝскам, желàя; n вòля; завещàние.

willing ['wiliŋ] a готòв; склòнен; с готòвност.

willingly ['wiliŋli] adv с готòвност.

willingness ['wiliŋnis] n готòвност.

willow ['wilou] n върбà.

wily ['waili] a хѝтър, лукàв.

win [win] v (pt, pp **won** [wɔn]) печèля; спечèлвам; достѝгам до; n побèда (спòртна).

wince [wins] v трèпвам; n трèпване.

wind[1] [wind] n вàтър; дъх; прàзни дỳми; дỳхови инструмèнти.

wind[2] [waind] v (pt, pp **wound** [waund]) вѝя се; извѝвам (се); навѝвам; лъкатỳша.

windmill ['windmil] n вàтърна мèлница.

window ['windou] n прозòрец.

windy ['windi] a ветровѝт; многослòвен.

wine [wain] n вѝно.

wing [wiŋ] n крилò; pl кулѝси; v окрилям.

wink [wiŋk] n мѝгане; намѝгане; момèнт; v мѝгам; намѝгам.

winner ['winə] n победѝтел (в състезàние).

winning ['winiŋ] a кòйто печèли; решàващ; привлекàтелен; n, pl печàлба (от комàр).

winter ['wintə] n зимà; v зимỳвам.

wintry ['wintri] a студèн; нелюбèзен.

wipe [waip] v бърша; трѝя; n бърсане.

wire [waiə] n жѝца; телегрàма; v слàгам жѝца; телеграфѝрам.

wireless ['waiəlis] n рàдио; a безжѝчен.

wiry ['waiəri] a катò жѝца; здрав; издръжлѝв.

wisdom ['wizdəm] n мъдрост.

wise [waiz] a мъдър; ỳмен; n нàчин.

wish [wiʃ] n желàние; v желàя; пожелàвам.

wisp [wisp] n ръкòйка; кѝчур (косà).

wistful ['wistful] a замѝслен; изпълнен с копнèж; тъжен.

wit [wit] n ум; остроỳмие, духовѝтост; остроỳмен човèк.

witch [witʃ] n вèщица; магьòсница; вълшèбница.

witchcraft ['witʃkrɑːft] n магѝя.

with [wið] prep с; у; при; от.

withdraw [wið'drɔː] v (pt **withdrew** [wið'druː], pp **withdrawn** [wið'drɔːn]) отдръпвам (се); оттèглям (се).

withdrawal [wið'drɔːəl] n отдръпване; оттèгляне.

withdrawn вж **withdraw**.

withdrew вж **withdraw**.

wither ['wiðə] v повяхвам; попàрвам, смразявам.

withheld вж **withhold**.

withhold [wið'hould] v (pt, pp **withheld** [wið'held]) задържам; не дàвам.

within [wið'in] adv вътре; вкъщи; prep за; вътре във.

without [wið'aut] adv (от)вън; prep без; извън.

withstand [wið'stænd] v (pt, pp **withstood** [wið'stud]) противопостàвям се; издържам.

withstood вж **withstand**.

witness ['witnis] n свидèтел; (свидèтелски) показàния; доказàтелство; v свидèтелствам.

witty ['witi] a остроỳмен.

wizard ['wizəd] n магьòсник.

woe [wou] n бедà, злочестинà.

woeful ['wouful] a печàлен; плачèвен.

woke, woken вж **wake**.

wolf [wulf] n (pl **wolves** [wulvz]) вълк.

woman ['wumən] n (pl **women** ['wimin]) женà.

womanhood ['wumənhud] n жèнска зрèлост; женѝте.

womb [wuːm] n утрòба.

women вж **woman**.

won вж **win**.

wonder ['wʌndə] n чỳдо; чỳдене; v чỳдя се; учỳдвам се.

wonderful ['wʌndəful] a чỳден, чудèсен.

wonderfully [ˈwʌndəfuli] *adv* чудно.
wondrous [ˈwʌndrəs] *a поет* чуден; удивителен.
wont [wount] *n* навик; *a* навикнал.
woo [wu:] *v* ухажвам; придумвам.
wood [wud] *n* дърво(*материал*); гора; дърва.
woodcock [ˈwudkɔk] *n* бекас.
woodcutter [ˈwudkʌtə] *n* дърва́р.
wooded [ˈwudid] *a* залесен; горист.
wooden [ˈwudn] *a* дървен.
woodland [ˈwudlənd] *n* гориста област; гора.
woodman [ˈwudmən] *n* дърва́р; горски пазач.
woodpecker [ˈwudˈpekə] *n* кълвач.
woodwork [ˈwudwə:k] *n* дограма; дърводелство.
woody [ˈwudi] *a* горист; дървесен.
woof [wu:f] *n* вътък.
wool [wul] *n* вълна.
woollen [ˈwulən] *a* вълнен; *n* вълнена тъкан.
woolly [ˈwuli] *n* вълнена жилетка, дреха.
word [wə:d] *n* дума; *pl* забележка; разговор; *v* изразявам с думи.
wore *вж* **wear.**
work [wə:k] *n* работа; дело; произведение; *pl* завод; *v* работя; действувам; вървя; управлявам(*машина*); обработвам *(земя)*; причинявам.
worker [ˈwə:kə] *n* работник.
working [ˈwə:kiŋ] *a* работнически; *n* работа; мина.
workman [ˈwə:kmən] *n* работник.
workmanship [ˈwə:kmənʃip] *n* изкуство; майсторство.
workshop [ˈwə:kʃɔp] *n* работилница.
world [wə:ld] *n* свят.
worldly [ˈwə:ldli] *a* светски.
world-wide [ˈwə:ld-waid] *a* световен.
worm [wə:m] *n* червей.
worn *вж* **wear.**
worn-out [wɔ:nˈaut] *a* износен.
worry [ˈwʌri] *v* безпокоя(се); тревожа се; *n* безпокойство.
worse [wə:s] *a* по-лош.

worship [ˈwə:ʃip] *n* обожаване; богослужение; *v* обожавам; боготворя.
worshipful [ˈwə:ʃipful] *a* почитан.
worshipper [ˈwə:ʃipə] *n* богомолец.
worst [wə:st] *a* най-лош; *adv* най-зле; *n* най-лошото.
worth [wə:θ] *a* на стойност; заслужаващ; *n* цена; стойност.
worthless [ˈwə:θlis] *a* без никаква стойност.
worth-while [ˈwə:θˈwail] *a* който заслужава.
worthy [ˈwə:ði] *a* достоен.
would [wud] *вж* **will.**
wound [wu:nd] *n* рана; *v* ранявам.
wound *вж* **wind.**
wove *вж* **weave.**
woven *вж* **weave.**
wragle [ˈræŋgl] *n* караница; *v* карам се.
wrap [ræp] *v* обвивам; увивам.
wrapper [ˈræpə] *n* обложка; халат; бандерол.
wrapping [ˈræpiŋ] *n* обвивка; амбалаж.
wrath [rɔ:θ] *n поет* гняв.
wreath [ri:θ] *n* венец; кълбо(*дим*).
wreathe [ri:ð] *v* вия венец.
wreck [rek] *a* корабокрушение; развалина(*за къща, човек*).
wreckage [ˈrekidʒ] *n* останка(*от корабокрушение*).
wren [ren] *n* орехче(*птичка*).
wrench [rentʃ] *n* извиване; дърпане; френски ключ; *v* извивам, изтръгвам.
wrest [rest] *v* изопачавам; изтръгвам.
wrestle [ˈresl] *v* боря се; *n* борба.
wrestler [ˈreslə] *n* борец.
wretched [ˈretʃid] *a* нещастен; окаян; жалък.
wretchedness [ˈretʃidnis] *n* нещастие; окаяност.
wriggle [ˈrigl] *v* извивам се; гърча се; измъквам се.
wring [riŋ] *v* (*pt, pp* **wrung** [rʌŋ]) извивам със сила; изстисквам (*дрехи*).
wrinkle [ˈriŋkl] *n* бръчка; гънка; *v* набръчквам (се).
wrist [rist] *n* китка(*на ръка*).
writ [rit] *n* писание; писмена заповед.
write [rait] *v* (*pt* **wrote** [rout], *pp* **written** [ˈritn]) пиша.

writhe [raið] v гърча се.
writing ['raitiŋ] n писание, съчинение.
written вж write.
wrong [rɔŋ] a крив; погрешен; adv криво; погрешно; n неправда; v онеправдавам.
wrote вж write.
wroth [rouθ] a поет гневен; яростен.

wrought-iron ['rɔ:t'aiən] n ковано желязо.
wrung вж wring.
wry [rai] a крив; кисел(за лице).

X

X mas ['krismэs] n Коледа.
X rays ['eks'reiz] pl рентгенови лъчи; v правя рентгенова снимка.

Y

yacht [jɔt] n яхта.
yard [ja:d] n двор; ярд(марка = 91,5 см).
yarn [ja:n] n прежда; разг приказка.
yawn [jɔ:n] v прозявам се; n прозявка.
year [jə:] n година.
yearly ['jə:li] adv всяка година; ежегодно.
yearn [jə:n] v копнея.
yeast [ji:st] n мая.
yell [jel] n вик; v викам.
yellow ['jelou] a жълт.
yellowish ['jelowiʃ] a жълтеникав.
yelp [jelp] v джавкам.
yeoman ['joumən] n дребен земеделец; чифликчия.
yes [jes] adv да.
yesterday ['jestədi] adv вчера.
yet [jet] adv още; все още; все пак.

yew [ju:] n тисово дърво.
yield [ji:ld] v давам; раждам; отстъпвам; n добив.
yielding ['ji:ldiŋ] a поддаващ се; покорен.
yoke [jouk] n иго, ярем; v впрягам; съединявам.
yolk [jouk] n жлътък.
yonder ['jɔndə] adv ей там.
yore [jɔ:] n някога; отдавна.
you [ju:] pron ти; вие.
young [jʌŋ] a млад; малък.
youngster ['jʌŋstə] n младеж; младок.
youth [ju:θ] n младост; младеж(младо поколение).
youthful ['ju:θful] a младолик; млад.

Z

zeal [zi:l] n усърдие; ентусиазъм.
zealous ['zeləs] a ревностен; усърден.
zebra ['zi:brə] n зебра.
zenith ['zeniθ] n зенит.
zephyr ['zefə] n зефир.
zero ['ziərou] n нула.

zest [zest] n наслада; голям интерес, ентусиазъм.
zigzag ['zigzæg] n зигзаг.
zinc [ziŋk] n цинк.
zone [zoun] n зона.
zoo [zu:] n зоологическа градина.
zoological [zouə'lɔdʒikəl] a зоологически.
zoology [zou'ɔlədʒi] n зоология.

ГЕОГРАФСКИ ИМЕНА

Africa [ˈæfrikə] Африка
America [əˈmerikə] Амѐрика
Asia [ˈeiʃə] Азия
Asia Minor [ˈeiʃəˈmainə] Мала Азия
Athens [ˈæθinz] Атина
Atlantic Ocean [ətˈlæntikˈouʃn] Атлан-
   тѝчески океан
Australia [ɔːˈstreiljə] Австрàлия
Austria [ˈɔːstriə] Àвстрия
Balkan Mountains [ˈbɔːlkənˈmauntinz]
   Стàра планинà
Balkan Peninsula [ˈbɔːlkənpenˈinsjulə]
   Балкàнски полуòстров
Balkans [ˈbɔːlkənz] странѝте на Бал-
   кàнския полуòстров
Belgium [ˈbeldʒəm] Бèлгия
Berlin [bəˈlin] Берлѝн
Black Sea [ˈblækˈsiː] Чèрно морè
Brussels [ˈbrʌslz] Брюксел
Bucharest [ˈbjuːkərest] Букурèщ
Budapest [ˈbjuːdəˈpest] Бỳдапèща
Bulgaria [bəlˈgɛəriə] Бългàрия
Cambridge [ˈkeimbridʒ] Кèймбридж
Canada [ˈkænədə] Канàда
Caucasus [ˈkɔːkəsəs] Кавкàз
Chicago [ʃiˈkɑːgou] Чикàго
Chile [ˈtʃili] Чѝли
China [ˈtʃainə] Китàй
Copenhagen [ˈkoupnˈheigən] Кòпен-
   хаген
Crimea [kraiˈmiə] Крѝм
Croatia [krouˈeiʃə] Хървàтско
Cuba [ˈkjuːbə] Кỳба
Cyprus [ˈsaiprəs] Кѝпър
Czechoslovakia [ˈtʃekouslouˈvækiə] Че-
   хословàкия
Danube [ˈdænjuːb] Дỳнав
Denmark [ˈdenmɑːk] Дàния
Dover [ˈdouvə] Дỳвър
Dublin [ˈdʌblin] Дèблин
Edinburgh [ˈedinbərə] Èдинбург
England [ˈiŋglənd] Àнглия
English Channel [ˈiŋgliʃˈtʃænəl] Ла-
   мàнш
Europe [ˈjuərəp] Еврòпа
Federal Republic of Germany [ˈfedrl
   riˈpʌblik əv ˈdʒəːməni] Германска
   федерàлна репỳблика.
Finland [ˈfinlənd] Финлàндия
France [frɑːns] Фрàнция
Geneva [dʒiˈniːvə] Женèва
Germany [ˈdʒəːməni] Гермàния
Gibraltar [dʒiˈbrɔːltə] Гибралтàр

Glasgow [ˈglɑːsgou] Глàзгоу
Great Britain [ˈgreitˈbritən] Велико-
   британия
Greece [griːs] Гърция
Greenwich [ˈgrinidʒ] Грѝнич
Hague [heig] Хàга
Holland [ˈhɔlənd] Холàндия
Hungary [ˈhʌŋgəri] Унгàрия
Iceland [ˈaislənd] Ислàндия
Indian Ocean [ˈindiənˈouʃn] Индѝй-
   ски океан
Ireland [ˈaiələnd] Ирлàндия
Istanbul [ˌistænˈbuːl] Истанбỳл
Italy [ˈitəli] Итàлия
Japan [dʒəˈpæn] Япòния
Korea [kɔˈriə] Корèя
Lisbon [ˈlizbən] Лисабòн
London [ˈlʌndən] Лòндон
Madrid [mədˈrid] Мадрѝд
Malta [ˈmɔːltə] Мàлта
Milan [miˈlæn] Милàно
Moscow [ˈmɔskou] Москвà
Naples [ˈneiplz] Неàпол
New York [ˈnjuːˈjɔːk] Ню Йорк
Niagara [naiˈægərə] Ниагàра
Nile [nail] Нил
Norway [ˈnɔːwei] Норвèгия
Oxford [ˈɔksfəd] Òксфорд
Pacific Ocean [pəˈsifikˈouʃn] Тѝхи
   океан
Paris [ˈpæris] Парѝж
Pekin(g) [piˈkin(-iŋ)] Пекѝн
Poland [ˈpoulənd] Пòлша
Portugal [ˈpɔːtjugəl] Португàлия
Prague [prɑːg] Прàга
Roumania [ruːˈmeinjə] Румѝния
Russia [ˈrʌʃə] Русѝя
Salonica [səˈlɔnikə] Сòлун
Scotland [ˈskɔtlənd] Шотлàндия
Sofia [ˈsoufjə] Сòфия
Spain [spein] Испàния
Suez [ˈsuːiz] Суèцки канàл
Sweden [ˈswiːdn] Швèция
Switzerland [ˈswitsələnd] Швейцàрия
Thames [temz] Тèмза
Tokyo [ˈtoukjou] Тòкио
Turkey [ˈtəːki] Тỳрция
USSR [ˈjuːˈesˈesˈɑː] СССР
USA [ˈjuːˈesˈei] САЩ
Venice [ˈvenis] Венèция
Vienna [viˈenə] Виèна
Warsaw [ˈwɔːsɔː] Варшàва
Washington [ˈwɔʃiŋtən] Вàшингтон
Yugoslavia [ˈjuːgouˈslɑːviə] Югослàвия